취약계층을 위한

인지행동개입의 활용

임파워먼트 관점에서의 **접근**

Empowering Vulnerable Populations:
Cognitive-Behavioral Interventions

Mary Keegan Eamon 저 | **김희진 · 이현정 · 최가영** 공역

학지사

Empowering Vulnerable Populations: Cognitive-Behavioral Interventions
by Mary Keegan Eamon

역자 서문

책 소개/ 책의 가치

인지행동개입은 개인의 사고 및 행동 변화를 위해 가장 많이 사용하는 개입법 중 하나로 주요한 사회복지실천기법으로 주목받아 왔다. 그러나 역설적이게도 그동안 사회복지 전문가들은 인지행동개입이 클라이언트의 자율적 결정을 존중하는 것이 아닌, 치료자가 치료 계획과 과정 전반에 걸쳐 클라이언트를 통제하고 지배한다는 점에서 클라이언트의 임파워먼트를 저해한다는 비판을 해 왔다. 또한 인지행동개입은 사회경제적 요소와 같은 구조적 모순에 대한 고려 없이 개인의 결핍된 부분에만 개입의 초점을 맞춘다는 비판을 받기도 했다.

이 책에서 Mary Keegan Eamon 교수는 기존의 인지행동치료법에 대한 비판과 잘못된 시각에 대해 반박하며, 인지행동개입이 사회복지 핵심 가치에 부합하면서 어떻게 다양한 사회경제적 취약계층 인구를 임파워할 수 있는지에 대해 논의하고 있다. 특히, 단순히 인지행동치료법의 요소나 사례를 나열하는 것이 아닌 폭넓은 연구결과에 근거하여 인지행동개입을 소개하고 있다는 점도 주목할 만하다. 또한 저자는 이 책에서 인지행동개입을 사회경제적 취약계층 인구의 사회정책과정에 대한 적극적인 참여에 응용할 수 있는 방안에 대해서도 논의하고 있다. 이뿐만 아니라, 사회복지사가 사회경제적 취약계층 인구의 임파워먼트를 위해 현장에서 효율적으로 인지행동치료법을 사용할 수 있는 현실적인 제안들과 앞으로 나아가야 할 연구방향을 제시하고 있다.

이 번역서는 다음과 같은 이유에서 사회복지를 전공하는 학부생과 대학원생뿐만 아니라 다양한 분야에서 활동하는 일선 사회복지사와 상담가에게도 유용하게 쓰일 수 있는 책이다.

첫째, 앞서 설명했듯이 사회복지의 핵심 가치인 임파워먼트 관점(empowerment perspective)에서 인지행동치료법에 접근한다는 점에서 이 책은 사회정의를 실천하는 학문인 사회복지에 중요한 함의를 갖는다.

둘째, 개인과 사회환경의 상호작용을 중시하는 사회복지실천은 개인 차원의 개입뿐만 아니라 사회환경에 대한 개입이 불가피하다. 인지행동개입이 통상적으로 개인의 문제해결을 위한 미시적 실천(micro practice)으로 간주되어 왔으나, Eamon 교수는 이 개입방법이 사회정책 변화를 꾀하는 거시적 실천(macro practice)에도 유용하다는 것을 보여 준다.

셋째, 우리 사회에서 취약계층의 사회적 통합은 사회적 의제로 등장하고 있다. 결혼이주자를 포함한 다문화가정과 외국인 거주자가 지속적으로 증가하고 있으며, 사회경제적으로 어려움을 겪고 있는 이들의 사회적응과 통합은 중요한 문제로 부각되고 있다. 또한 사회적 안전망이 미흡한 상황에서, 외환위기 이후 심화된 경제적 양극화는 계층 간의 대립과 사회통합의 기초를 위협하는 요인으로 작용하고 있다. 이러한 우리 사회의 현실에서 사회경제적 약자와 더불어 장애가 있는 아동 · 청소년, 성인 그리고 증가하고 있는 노령인구를 포함한 다양한 취약계층을 위한 임파워먼트 증진은 진정한 사회통합을 이루기 위한 핵심적 과제라고 할 수 있다. Eamon 교수는 이 책을 통해 인지행동개입이 클라이언트의 연령, 성별, 사회경제적 지위를 막론하고 다양하게 응용될 수 있는 개입방안임을 명시한다. 즉, 인지행동개입이 이러한 사회적 목표를 실현하는 도구로 사용될 수 있다는 새로운 시각을 제공한다.

번역 용어

원문을 한국어로 표현하는 데 있어서 그 의미를 온전히 담기 위해서 주요 용어는 번역 대신 영어 원문을 그대로 사용하였다. 예를 들어, 이 책의 주제인 임파워먼트(empowerment)는 한국어로 '역량강화'나 '권리, 권한, 힘의 부여' 등으로 번역할 수 있으나, 역량강화라는 용어의 경우 임파워먼트가 아닌 다른 영문 용어를 설명할 때도 사용되는 경우가 많다(예: reinforcing competency, capabilities 등). 따라서 역자들은 고심 끝에 고유의 의미를 축소하거나 훼손시키지 않기 위해 임파워먼트와 이 용어의 파생단어는 영어 표현을 그대로 옮겼다. 즉, '개인과 지역사회의 임파워먼트(the empowerment of individuals and communities)'나 '개인과 지역사회를 임파워시키는 것(empowering individuals and communities)' 등으로 표현하였다.

다음으로 이 책에서 임파워먼트의 대상인 취약계층의 원표현은 'Vulnerable Populations'로 원문대로라면 취약인구라고 번역할 수 있다. 그러나 취약계층이라는 단어가 이 책의 주요 대상인 저소득여성을 포함한 장애가 있는 아동 · 청소년과 성인 그리고 노인, 인종/민족 소수자, 성적 소수자와 같이 경제적 · 사회적으로 취약한 인구집단을 모두 포함하고 있어, 이 번역서에서는 취약계층 인구라고 주로 번역하였으며 맥락을 고려하여 취약집단, 취약인구 등으로 번역, 혼용하였다.

마지막으로, 사회복지실천을 중요시하는 학문과 전문직을 일컫는 분야로 미국에서는 사회복지(social welfare)와 사회복지사보다는 사회사업(social work)과 사회사업가(social worker)라는 용어가 더 많이 쓰이고 있다. 그에 비해, 우리나라에서는 1990년대 중반에서 2000년 초반부터 사회사업이라는 명칭이 사회복지로, 그리고 사회사업가라는 명칭이 사회복지사로 대체되었다. 이 번역서는 독자와의 원활한 소통을 위해 우리나라의 추세에 맞춰 social work와 social worker의 번역을 되도록 '사회복지'와 '사회복지사'로 하였다. 단, 미국의 사회사업 교육이나 협회에 관한 명칭이나 내용을 다룰 때에는 social work를 '사회사업'으로 번역하였다.

번역 동기 & 감사의 글

심리 · 행동치료와 상담과 같은 미시적 접근방법에 초점을 두는 임상사회사업(clinical social work)은 미국뿐만 아니라 우리나라의 사회복지 교육과 실천에서 각광을 받고 있는 분야다. 임상사회사업 실천에서도 임파워먼트는 중요한 목표이자 관점이다. 그러나 클라이언트의 임파워먼트가 어떻게 취약집단의 빈곤, 실업, 차별, 다문화 사회와 같은 거시체계(macro system)와 밀접하게 연계된 문제해결에 기여하고, 또 더 나아가 궁극적으로 사회복지의 주요 가치인 사회정의 추구와 연계되는지에 대해 직접적이고 통찰력 있게 논의하고 있는 사회복지 전문서적은 드물다. 특히, 특정 개입을 이러한 거시적 관점에서 논하고 있는 사회복지 자료를 찾아보기는 쉽지 않다.

뿐만 아니라 빈곤이나 사회정책의 변화를 추구하는 거시적 실천의 접근방법을 논하는 논문이나 책에서 심리 · 행동치료적 접근을 접목시키는 경우도 흔하지 않다.

우리나라와 미국의 사회복지 교육 및 연구분야에서 활동하고 있는 역자들은 개인의 변화를 꾀하는 개입방법을 어떻게 거시체계 변화에 접목시키고, 궁극적으로는 사회정의 가치 실현의 맥락에서 접근할 수 있는지에 대한 고민을 해 왔다. 그러던 중 『Empowering Vulnerable Populations: Cognitive-Behavioral Interventions』는 이러한 고민 해결의 실마리를 제공해 주었다. 우리나라에서 임상 및 거시적 사회복지실천을 전공하는 학생들과 실천가뿐만 아니라 관련 연구자와도 인지행동개입이 사회복지의 주요 관점과 가치인 임파워먼트와 사회정의 추구에 어떻게 적용되는지 공유하고자 이 책의 번역을 결심하게 되었다. 이 책의 번역은 또한 일리노이대학교 어바나-샴페인 캠퍼스(University of Illinois at Urbana-Champaign)에서 세 역자의 박사학위 논문을 지도해 주신 Mary Keegan Eamon 교수가 저술하였다는 점에서도 역자들에게는 의미가 깊다.

이 번역서가 여러 사회경제적 취약계층 인구들의 사회관계증진, 권익옹호, 취업 그리고 빈곤 탈출과 같은 미시적 · 거시적 목표달성을 돕는 과정에서 다양한 인지행동개입을 활용하는 데 조금이나마 사회복지 실천가와 학생들에게 도움이 되기를 소망한다. 이 번역서의 출간을 흔쾌히 결정하고 편집에 도움을 주신 학지사와, 번역 작업을 하는 동안 응원과 격려를 아끼지 않은 가족과 동료들에게 감사의 마음을 전한다.

2016년 8월

역자 일동

저자 서문

이 책의 목적

이 책은 다수의 논문과 연구결과를 바탕으로 인지행동(Cognitive-Behavioral: CB) 개입이 어떻게 취약계층 인구의 임파워먼트(empowerment)를 증진시킬 수 있는지에 대해 다루고 있다. 이 책의 세 가지 목적은 다음과 같다.

① 취약계층의 임파워먼트 향상과 관련된 목표달성을 위한 광범위한 인지행동개입의 소개와 평가
② 임파워먼트 관점과 일치하는 인지행동개입법 활용의 논의
③ 취약집단이 임파워먼트를 성취하도록 돕는 인지행동개입의 후속연구 제안

취약계층을 위한 인지행동개입의 활용을 논하는 전문서적이나 학술저널이 광범위하게 있긴 하나, 현재 임파워먼트 성과를 얻기 위한 개입으로서의 인지행동개입을 포괄적이고 깊이 있게 다루고 있는 자료는 없다. 이와 같은 내용의 논의는 매우 중요하다. 미국사회사업교육협회(Council on Social Work Education)의 교육정책과 인증기준(Educational Policy and Accreditation Standards)은 사회사업 교과과정에서 취약계층의 사회적 자원에 대한 더욱 공평한 접근을 증진시키는 방안과 취약계층에 관한 내용을 다루도록 명시하고 있다. 미국사회사업가협회(National Association of Social Workers)의 윤리강령(Code of Ethics)에 따르면 사회사업의 주된 임무는 개인의 안녕(well-being) 증진과 기본적 욕구 충족을 돕는 일인데, 특히 여기에서 강조되는 것

이 취약계층의 욕구 충족과 임파워먼트다. 취약계층을 임파워시킬 수 있는 개입방안을 교과과정에 포함시키는 것은 중요하지만, 기존의 인지행동과 관련된 교과서에는 이러한 내용이 거의 다루어지지 않고 있다. 따라서 필자는 앞서 언급한 내용에 대한 자료들(논문, 서적)을 추가적으로 찾아 필자의 인지행동 수업에 적용하였다. 이 책은 이러한 노력의 산물이라고 할 수 있다.

필자는 인지행동기법을 응용한 사례를 소개하는 것과 더불어, 인지행동개입과 임파워먼트 관점이 상반된다고 주장하는 인지행동법에 대한 비판적인 시각에 대해서도 논의하고자 한다. 일부 학자와 실천가는, 특히 사회정의, 페미니스트 그리고 강점관점(strengths-based perspective)의 시각에서 인지행동법이 문제를 유발하고, 불리하거나 정의롭지 못한 환경을 제약하기보다는 클라이언트의 자유를 제한하고, 개인의 약점(결핍)을 부각시키는 등 인간 행동이 발생하는 사회 · 경제 · 문화적 맥락을 무시한다고 주장해 왔다. 이 책에서 필자는 이러한 우려에 대응하는 사례와 근거를 제시하고자 한다.

이 책의 주요 독자층

이 책은 사회복지분야에 있는 학생, 강사, 그리고 실천가뿐만 아니라 교육, 상담, 임상 및 학교심리학, 그리고 직업 및 신체 재활 분야의 전문가에게도 유용할 것이다. 이 책에 소개된 개입들(interventions)은 사회복지사, 교육가 및 그 밖의 전문가가 개인이나 집단을 위한 직접적인 실천(direct practice)의 현장에서 응용할 수 있는 개입들로 선별했다. 이 개입들은 실천가나 다른 전문가들이 지역사회구성원을 동원하거나 직접적으로 거시적 정책 및 실천에 영향을 미치는 것을 필요로 하지 않는다. 그러나 특정 개입들은 취약계층이 거시적 의사결정과 지역사회 및 조직의 실천에 영향을 미칠 수 있는 지식과 기술을 습득하는 데 조력하는바, 이와 같은 개입들을 사용하는 것은 역사적으로 사회사업전문직(social work profession) 내에 긴장을 유발하는 미시적 실천과 거시적 실천의 공백을 메울 수 있을 것이다(Austin, Coombs, & Barr, 2005).

취약계층의 특수한 욕구를 충족시키기 위한 행정, 사회정책, 지역사회실천에 관계된 전문가를 비롯해 연구자 또한 이 책에서 적절한 내용을 찾을 수 있을 것이다. 행정가들은 기관이나, 조직 그리고 학교에 적절한 프로그램과 개입법들을 선정하고 사용하도록 권장하는 위치에 있다. 사회정책의 형성과 실행에 관여하는 사회복지사와 다른 전문가들은 이 책에서 소개된 것처럼 취약계층 사람들이 자신들이 받을 서비스를 결정하고 자신들의 삶에 영향을 미치는 거시적 의사결정과 정책에 영향력을 행사할 수 있도록 돕는 지식과 기술에 관한 교육프로그램을 옹호하는 위치에 있다. 지역사회 조직가들은 거시적 정책과 의사결정과정에서 영향력을 행사하기 위해 직접 사람들을 동원하기도 하지만, 지역사회구성원에게 정치적 기술과 옹호기술을 가르치기도 한다. 이 책은 이러한 목적을 이루기 위한 개입방안들을 담고 있다. 끝으로, 이 책은 취약계층의 임파워먼트를 위한 인지행동개입법의 개발과 평가에 관심이 있는 석사·박사 과정에 있는 학생과 실천가들을 포함한 현재와 미래의 연구자에게도 유용할 것이다. 이 책에서는 이러한 인지행동개입의 다양한 예와 현존하는 연구의 한계점, 그리고 취약계층의 권리와 역량을 강화하는 인지행동개입의 설계와 평가를 위한 제안에 대해 다루고 있다.

책의 구성과 내용

이 책은 총 다섯 부로 나뉘어 있다.

제1부의 세 장에서는 이 책의 개론에 대해 다룬다. 제1장에서는 취약계층을 정의하고, 제2장에서는 인지행동 용어·이론·평가(assessment) 그리고 자주 사용되는 개입방안들을 간단히 논의한다. 제3장에서는 개인의 자유와 통제, 사회정의 그리고 사회적 타당성의 문제들과 관련된 사회복지실천과 임파워먼트에 적용되는 인지행동 방법의 일관성에 대해 논의한다. 제2부에서 제5부까지는 취약계층을 위한 폭넓은 인지행동개입법에 대해 비판적으로 검토하고 있다. 각 부는 임파워먼트 관점과 일관되는 구체적인 성과를 얻을 수 있는 개입들에 대해 중점적으로 다루는 장으로 구성되어 있다. 제2부에서는 사회적 자원을 활용하고 증진시키는 성과에 대해 논의하고 있다. 제3부에서는 경제적 자원의 획득, 유지 및 증진과 같은 인지행동개입의 성과를 다룬다. 제4부에서는 자기결정능력을 향상시키는 인지행동개입에 대해 설명한다. 제5부의 첫 장에서 중점적으로 다루는 성과는 사회정책과 지역사회 및 조직의 실천을 포함한 거시적 의사결정에 영향을 끼치는 것이다. 제5부의 마지막 장에서는 총 열 개 장

에 걸쳐 논의된 인지행동개입의 효과성에 대해 살펴보고, 다시 인지행동방법과 임파워먼트의 일관성에 대해 논의하며, 실천과 후속연구에 대해 제안한다.

제2부에서 제5부까지 기술된 개입방안들은 개입의 목표와 취약계층에 따라 구분된다. 취약계층에는 중증의 정신장애, 지적장애, 감각장애, 학습장애를 포함한 장애가 있는 사람, 빈곤층, 인종/민족, 성 소수자, 노인 그리고 여성이 포함된다. 열 개 장에 걸쳐 다루고 있는 개입들이 인지행동개입의 전부는 아니지만, 다음의 두 가지 주요 요인에 의해 선택되었다. 첫째, 여기에 소개된 개입들은 취약계층이 정해진 목표를 이룰 수 있도록 돕는 인지행동개입의 다양한 예를 제시하고 있다. 둘째, 상당수의 개입들은 특정 취약계층의 특수한 욕구를 충족시키기 위해 어떻게 응용할 수 있는지에 대해 설명하고 있다. 개입들에 대해 설명하고 있는 장에서도 나타나듯이, 취약계층이 특정한 성과를 이룰 수 있도록 돕기 위해 연구자가 개발하고 평가한 상당수의 인지행동개입에는 상당한 차이가 있다.

이 책에서 다루고 있는 내용들의 교육적이고 실질적인 적용을 위해, 필자는 보편적으로 사용되는 인지행동개입들에 관한 지식을 실천가가 활용할 수 있도록 가능한 한 개입들에 대해 자세히 설명하고자 했다. 사회복지실천에서 사회복지사가 의사결정에 있어 근거를 사용하는 것에 대한 요건이 강화된 것에 부합하기 위해, 인지행동개입을 위한 연구설계와 평가결과에 대해서도 서술하고 있다. 각 장의 후반부에서 필자는 소개된 개입법들과 그에 대한 평가에 대해 논의하고 분석한다. 또한 추가적으로 가능한 적용법에 대해 명시하고, 후속연구를 제안한다. 한편, 사회사업과 관련된 분야에서 일하는 실천가, 교육자 그리고 연구자들이 특별히 관심을 갖는 이슈들에 대해서도 논의하고 있다. 여기에는 개입과정에서의 개인의 자유와 통제에 관련된 이슈들, 사회정의, 그리고 개입방안의 목표, 결과 및 과정들의 사회적 적절성뿐만 아니라 개입을 통해 얻은 성과를 유지하고 적용하는 것과 관련된 사안들을 포함한다. 각 장의 마지막 부분에서는 세부적인 복합요소 치료 매뉴얼을 요하는 개입이나 프로그램 및 개입들에 대해 추가적인 정보를 제공하고 있다.

이 책의 활용법

이 책은 인지행동법에 관한 교과서가 아니다. 비록 제2장에서 자주 사용되는 인지행동 용어, 이론, 평가과정 그리고 개입방안들에 대해 간략히 설명하고 있지만, 이 책의 독자가 이러한 내용들에 관한 어느 정도의 사전지식을 가지고 있을 것으로 가정한다. 이 책은 인지행동에 관한 교과목이나 인지행동 이론과 개입에 대해 다루는 실천 관련 교과목에서 참고서적으로 사용될 수 있다. 이 책은 교육자, 학생, 실천가들이 특정 취약계층 클라이언트를 위해 특수한 성과를 내기 위한 개입을 쉽게 찾아볼 수 있고, 개입의 효과성을 평가할 수 있도록 구성되어 있다.

이 책에서 소개된 인지행동개입들(예: 촉진, 강화, 사회기술훈련, 인지재구조화, 문제해결법)은 교과서, 관련 서적 그리고 논문에서 다수의 일반적인 문제를 치료하는 요법으로 받아들여지고 있다. 또한 제2장에서는 다양한 문제를 가진 아동, 청소년 그리고 성인을 치료하기 위한 근거기반실천(evidence-based practice)으로 간주되어 온 수많은 인지행동치료법에 대해 간략히 논한다. 많은 인지행동개입의 효과성을 보여 주는 증거에도 불구하고, 이 책에서 소개된 개입들은 독특한 방식으로 통합되었으며 취약계층 클라이언트의 특수한 욕구에 적용할 수 있게끔 특별한 적용을 시도하였다. 개입들에 대해 평가하는 연구의 질적 수준에는 상당한 차이가 있다. 소수의 평가연구에서만 특정한 개입의 목표획득을 위한 다른 종류의 인지행동개입이나 다양한 인지행동개입의 통합을 비교하고 있다. 심지어 인지행동개입의 효과성을 다른 개입들과 비교하는 연구는 더 적다. 따라서 필자는 이 책에 수록된 특정 인지행동개입이나 복합요소적인 프로그램이 특정 취약계층의 특정한 성과를 내는 데 있어서 이 책에서 소개되지 않은 인지행동개입이나 다른 여타의 개입들보다 동등하거나 더 효과적이라고 주장하지 않는다.

클라이언트를 위한 구체적인 목표와 개입방안의 선정을 위해 필자는 이 책의 사용에 대해 다음의 다섯 가지를 가정한다. 첫째, 문제와 수정할 행동들을 확인하고, 목표를 설정하며, 개입방안을 고르는 과정에서는 반드시 합리적인 임상적 판단과 기능적 분석(functional analysis)에 바탕을 둔 철저히 개별화된 사정을 통해서 수집된 정보를 사용해야 한다. 둘째, 문제선별, 목표설정 그리고 성과측정은 클라이언트와 개입과정에 관계된 다른 사람들과의 협의를 통해 이루어져야 한다. 셋째, 근거기반실천의 맥락에서 실천가는 확인된 목표를 달성하기 위한 여러 가지 개입방안에 대한 효과검증에 있어 다양한 출처의 정보에 의존해야 한다. 넷째, 이 과정의 결과에 따라서 이 책에 설명된 개입들을 클라이언트와 합의된 목표를 달성하는 방안으로서 클라이언트에게 소개할 수도 있다. 단, 그 개입방안들의 효과성과 현실적으로 기대할 수 있는 성과와 위험부담에 대해서도 클라이언트에게 설명을 해 주어야 한다. 다섯째, 이 책의 개입들은 사회복지 그리고 다른 관련 전문 분야의 가치와 윤리에 근거하여 시행되어야 한다.

감사의 글

이 책은 사회복지, 교육, 직업 및 신체 재활, 정신의학, 임상심리학, 지역사회심리학, 학교심리학과 같은 다양한 분야의 수많은 연구자 업적의 산물이다. 취약계층 인구가 특정한 임파워먼트의 목표를 달성할 수 있도록 조력하는 데 인지행동기법을 적용시킴에 있어서 이들의 노력과 헌신이 없었다면, 필자는 이 책을 쓸 수 없었을 것이다.

또한, 출간 전의 원고를 검토해 주고 통찰력 있고 도움이 되는 조언을 주신 검토자들에게 감사드린다. 더불어 이 책을 편집하는 데 있어서 조언을 아끼지 않은 내 남편, Doug Eamon에게 감사의 마음을 전한다. 끝으로, 이 책을 발간하는 데 여러 가지로 도움을 준 일리노이대학교 어바나-샴페인 캠퍼스의 박사과정 학생들인 Saigun Zhang, Cray Mulder, Sachiko Bamba 그리고 Samantha Hack-Ritzo에게도 감사의 마음을 전하고 싶다.

Empowering Vulnerable Populations:
Cognitive-Behavioral Interventions

용기, 자기희생, 근면 그리고 가족에게 헌신하는 것과
가족의 사랑을 알게 해 준 나의 역할 모델들,
토머스 레이먼드 키건(Thomas Raymond Keegan),
메이 더치 키건(Mae Deutch Keegan),
그리고 제니 길지 이몬(Jennie Gilge Eamon)에게

차 례

제2부
사회적 자원에의 접근과 증대

제5부
거시적 의사결정에의 참여증진 및 요약

제1부

취약계층 인구, 인지행동방법 및 임파워먼트

Empowering Vulnerable Populations

취약계층 인구

이 책에서는 취약계층 인구가 네 가지 유형의 임파워먼트(empowerment) 목표를 달성할 수 있도록 돕는 인지행동(Cognitive Behavior: CB) 개입에 대한 논의와 평가가 이루어진다. 이러한 임파워먼트의 목표는 ① 사회적 자원에의 접근과 증대, ② 경제적 자원의 획득과 증대, ③ 자기결정행동의 증가, 그리고 ④ 취약계층의 삶에 영향을 주는 사회정책과 조직 및 지역사회실천에 영향력 미치기 등을 말한다. 이 장에서는 취약계층 인구에 대한 정의가 제시되고, 이들의 임파워먼트 목표를 달성하도록 지원하기 위한 인지행동개입의 적용 가능성뿐 아니라 그 취약성의 이유에 대한 논의가 포함된다. 제2장에서는 이 책 다음의 네 절에서 기술되고 있는, 복합 요소 개입과 프로그램에 흔히 결합되는 인지행동이론과 평가절차 및 전략을 논의한다. 제1부의 마지막 장에서는 인지행동방법론에 대한 일반적인 비판 내용에 대해 다루고, 이 방법론과 임파워먼트 및 사회복지실천과의 일관성 문제에 대해 논의한다.

취약계층의 정의

이 책은 사회복지 교육자 및 학자들이 위기에 처해 있거나(risk) 취약하거나(vulnerable) 또는 억압을 받고 있는(oppressed) 것으로 자주 언급하는 계층을 위한 인지행동개입에 대한 평가를 하고 있다(CSWE, 2001; Gitterman, 1991; Greif & Ephross, 2005; NASW, 1999). 이 용어들은 흔히 상호 교환적으로 사용되고 있고, 다양한 계층의 사람들을 표현하는 데 사용되어 왔다. 일반적으로 이러한 용어들은 불균형하게 많은 양의 사회적 자원과 영향력을 가지고 있는 집단인, 더 젊고, 신체가 건강하며, 이성애자이고, 상대적으로 더 높은 사회경제적 지위를 가지고 있는 백인과는 구분되는 고유한 특성을 공유하고 있는 개인들에게 적용된다. 인종차별, 억압, 적은 사회적 · 경제적 자원의 보유와 의사결정과정에서의 배제 등의 위험에 처해 있는 계층들의 공통적인 특징으로는 다양한 장애, 빈곤, 여성성, 문화, 종교, 소수인종적/민족적 배경, 소수 성 지향성 및 노인 등이 있다.

이 책에서는 장애인, 인종적/민족적 소수자(최근의 이민자 포함), 성 소수자, 여성, 노인 및 저소득 계층 등을 표현하는 데 취약(계층)인구(vulnerable populations)라는 용어를 사용하고 있다.

장애인

1990년의 「미국장애인법(Americans with Disabilities Act)」은 장애를 매일 반복되는 일상활동의 수행을 상당히 방해하는 신체적, 인지적, 심리적 또는 행동적 상황으로 정의하고 있다. 일상활동의 예로는 의사소통, 자기 스스로 돌봄, 보고 듣는 활동 및 신체적 이동 등이 있다. 장애가 있는 다양한 개인적 특성을 밝혀내고 구분하기 위해 다양한 기준이 사용되어 왔다(Msall et al., 2003; Westbrook, Silver, & Stein, 1998). 이 책에서는 이어지는 여러 장들에서 논의하고 있는 구체적인 개입과 관련된 네 가지의 주요한 장애범주에 대해 정의하고 있다. 첫째, 신체장애에는 이동성이 제한되고(예: 마비, 다발성경화증, 뇌성마비) 감각기관(즉, 시청각 기관)이 손상되며 후천성 면역결핍증(AIDS)과 당뇨병 등과 같은 만성적인 질병이 있는 아동과 성인이 해당된다. 둘째, 학습 · 인지 · 발달장애는 발달지체가 있는 아동, 지적장애 · 학습장애 또는 자폐증 등이 있는 아동과 성인, 치매가 있는 성인에게 적용된다. 셋째, 정신건강장애는 행동/정서 장애가 있는 아동 및 몇 가지 정신질환을 가진 것으로 진단을 받은 성인과 관련이 되어 있다[예: 조현병(調絃病, 정신분열증), 조울증 및 주요우울증]. 넷째, 복합장애는 정신장애와 신체장애가 결합한 경우와 같이 최소한 두 가지 종류의 장애를 겪고 있는 개인과 관련이 있다.

이들을 분류하기 위해 사용되는 기준과 관계없이 장애가 있는 개인들은 미국에서 가장 인구가 많고 또 가장 취약한 계층이다(Kopels, 1995). 장애비율은 그 정의에 따라 다르지만(Westbrook et al., 1998), 미국에서는 대략 5,400만 명의 사람들(전체 인구의 약 20%)이 장애를 가지고 있는 것으로 추산되고 있다. 장애비율은 증가 추세에 있는데, 특히 65세 이상의 인구에서 증가가 두드러지게 나타나고 있다(U.S. Department of Health and Human Services, 2000). 이 책의 이어지는 장들에서 논의되고 있는 바와 같이, 장애가 있는 개인들은 신체적이고 정서적인 고통을 경험하는 것뿐 아니라 삶의 여러 영역에서 부정적인 결과를 경험할 가능성이 높다. 이와 같은 영역에는 교육, 사회적 상호작용 및 관계, 여가 및 레크리에이션, 고용, 적절한 서비스, 의료 및 기타 지역사회활동에 대한 접근 기회, 의사소통과 선택, 이들이 받는 서비스에 영향을 미치는 거시적인 결정과정에 대한 참여와 기타 중요한 여러 가지 삶의 측면 등이 있다.

이러한 여러 가지 위험 때문에 이러한 취약집단을 위한 다양한 인지행동개입이 존재한다. 인지행동개입은 사회적 상호작용과 관계, 여가 및 레크리에이션 활동, 그리고 학교, 직장 및 지역사회 환경으로 진입하는 사회적 통합과정을 증대시키는 데 있어서 다양한 장애가 있는 아동·청소년 및 성인을 지원하기 위해 설계된 것이다. 이러한 개입들은 장애가 있는 개인들이 자신들의 의료 및 응급상황에서의 욕구를 충족하고, 필요한 정보를 획득하며 매일 이루어지는 일상적인 활동을 수행하기 위한 지원을 모집하고 이들의 개인적인 목표를 달성하는 과정에서 이들을 지원할 수 있다. 인지행동전략은 또한 장애가 있는 성인들의 경제적 안녕(well-being)을 개선시킬 수 있을 뿐 아니라 장애가 있는 청소년과 성인의 학교, 직장, 가정 및 거주지 환경에서의 자기결정행동을 강화시켜 줄 수 있다. 자기결정의 결과물들은 개인적 목표의 설정과 성취, 교육적 성격을 띠는 모임에의 적극적 참여, 장애인을 위한 교육과 근로 조건의 편의 제공 및 기타 법적 권리에 대한 옹호활동, 매일 이루어지는 일상활동과 비교적 장기간에 걸친 의사결정과정에서 이루어지는 선택활동의 증대 등을 포함한다. 마지막으로, 인지행동개입은 장애가 있는 집단들이 받고 있는 서비스의 범위를 명확하게 하고 이들이 온전하게 사회에 통합되는 데 영향을 미치는 거시적인 정책과 실천을 변화시키기 위해 이들에게 정치적인 역량과 옹호기술들을 지도할 수 있다.

인종적/민족적 소수집단

미국 인구의 3/4은 백인이고, 두 개의 가장 큰 인종적/민족적 소수집단인 라틴계(12.5%)와 흑인(12.3%)으로 구성되어 있다(U.S. Census Bureau, 2001). 미국의 인구는 점점 더 다양해지고 있으며 1980년부터 2000년 사이에 외국인 인구가 두 배로 늘어났다(Tumlin & Zimmermann, 2003). 역사적으로 볼 때 사회복지사들은 이민자가 미국 사회에 성공적으로 정착하는 데 도움을 주어 왔고 광범위한 차별로 인해 흑인이 직면했던 독특한 문제들을 오랜 기간에 걸쳐 인식해 왔다(Diner, 1970).

차별, 주거 및 교육상의 차별, 자원이 많지 않은 지역사회에 거주하면서 낮은 수준의 학교교육을 받고 있는 상황 등으로 인해 인종적/민족적 소수집단은 교육, 고용 및 기타 개인적인 목표를 달성하지 못하는 위기에 처할 수 있다. 라틴계와 흑인, 원주민 및 외국인은 빈곤층이나 장애인이 포함된 기타 취약계층에서도 두드러지게 나타나고 있다(U.S. Census Bureau, 2005, 2006). 이 책에서는 장애인들이 여러 가지 임파워먼트 목표를 달성할 수 있도록 지원하기 위해 설계된 인지행동개입에 대해 기술하는 것과 더불어 인종적/민족적 소수집단이 일자리를 얻고 공공 및 민간 부문으로부터 경제적 지원을 확보하며 개인적인 목표달성을 위해 멘토를 모집할 수 있도록 지원하는 인지행동전략에 대해 논의하고 있다. 또한 흑인청소년과 성인 그리고 동성애자와 이성애자 및 HIV 감염 위험이 높은 집단들이 원하지 않거나 안전하지 않은 성적 활동을 거부할 수 있는 권리를 주장할 수 있도록 교육하기 위해 설계된 인지행동개입에 대해서도 다루고 있다.

성 소수자 집단

이 책에서는 성 소수자 집단을 스스로를 레즈비언, 게이 또는 양성애자(Lesbian Gay Bisexual: LGB)라고 생각하는 사람들로 간주한다.[1] 성 전환자 인구 역시 취약계

1 역자주: 원서에서는 성 소수자 집단에 성인뿐 아니라 청소년에 대한 내용도 일부 다루고 있으나, 해당 분량이 극히 적으며 내용 역시 구체적이지 않음. 또한 사회문화적 차이 등으로 일부 제시된 개입 내용(예: 커밍아웃 지원)의 해석과 적용에 차이가 클 수 있어 이 번역서에서는 다루지 않음. 상세한 내용은 원서나 참고문헌 목록에서 Martel, Safren, & Prince(2004)와 Safren et al(2001)의 자료 참조

층으로 볼 수 있지만 이 책에 나타나 있는 여러 가지 목표를 달성하도록 지원하는 인지행동개입 사례를 이들에게 적용한 경우는 찾아볼 수 없다. 『정신질환 진단 및 통계 편람(*DSM II*)』에서는 이미 30년도 훨씬 전에 동성애를 정신질환에서 삭제한 바 있지만, 양성애자는 계속 '비가시적이고' 낙인이 찍힌 사람으로 취급받고 있다(Martell, Safren, & Prince, 2004). 이와 같은 게이, 레즈비언, 양성애자와 같은 성 소수자 집단은 사회적 고립과 차별을 겪을 수 있으며, 이들에게는 사회적 지원과 의미 있는 관계 형성에 도움이 되는 사회적 기술들을 관찰하고 배울 수 있는 기회가 거의 주어지지 않을 수 있다.

이 장들에서 논의하는 인지행동개입은 동성애 및 양성애자들이 자신의 성적 정체성을 수용하도록 지원하고 동성애자임을 공식적으로 밝히는 과정에 대해 협의하며 개인적인 관계를 수립하고 사회적 지원을 확대하도록 도움을 준다. 동성애 및 양성애자에게 HIV 감염을 포함한 성 접촉에 의한 질병을 유발할 수 있는, 원하지 않거나 무방비한 보호받지 못하는 성적 행위를 거부할 수 있는 권리를 주장하기 위한 기술들을 지도할 수 있는 인지행동개입에 대해서도 기술하고 있다.

여성

이어지는 장들에서 다루고 있는 바와 같이, 여성은 남성과 비교할 때 더 큰 위험에 직면하고 있다. 나이와 관계없이 여성은 빈곤 속에서 살아갈 가능성이 더 크며, 미혼여성 및 자녀가 있는 여성과 미혼남성 및 자녀를 둔 남성 간의 차이는 매우 현저하게 나타난다. 제7장에서 논의하는 바와 같이, 미혼모의 일자리 확보와 경제적 복지 문제는 특히 복지혜택을 누리고 있는 대부분의 어머니들에게 복지혜택 수급조건으로 유급 일자리를 요구하는 「개인 책임 및 근로기회조정법(Personal Responsibility and Work Opportunity Reconciliation Act: PRWORA)」이 통과된 이후에 더욱 중요해졌다. 임신한 청소년과 경제적 자원이 거의 없이 아이를 양육하고 있는 여성 청소년은 높은 수준의 스트레스와 낮은 수준의 사회적 지원, 우울증과 같은 심리적 문제에 취약하다. 여성노인 역시 남성노인보다 장애를 겪거나 보호 시설에서 살아갈 가능성이 더 많다(U.S. Census Bureau, 2005). 여성, 특히 경제적 자원을 거의 가지고 있지 못한 여성은 성적 또는 안전한 성적 행동을 할 것인지의 여부를 자신들의 남성 파트너와 협상해야 하는 불리한 위치에 있다. 제13장에서 더욱 상세하게 논의되고 있는데, 역사적으로 볼 때 여성은 의학연구 수준과 건강문제 관련 정책에의 영향력 행사에 있어서 특히 유방암과 같이 여성에게만 특유하게 영향을 미치는 문제들과 관련하여 참여수준이 낮았다.

이 책에 기술된 인지행동개입은 임신한 청소년과 저소득층 여성에 대한 사회적 · 정서적 · 도구적 지원을 강화하기 위해서 설계된 것이다. 이러한 전략으로 인해 여성의 고용과 이들이 속한 사회적 네트워크와 기타 지역사회로부터 받는 경제적 지원이 증대될 수 있다. 또한 이와 같은 개입은 여성 청소년과 성인에게 원하지 않거나 보호받지 못하는 성적 행위, 원하지 않는 임신과 성 접촉에 의한 질병 유발 행위를 거절할 수 있는 권리를 주장하기 위한 기술들을 지도할 수 있다. 최종적으로 이 장들은 여성의 참여도를 높이고 관련 의학연구 및 정책에 대한 의사결정에 영향을 미칠 수 있는 인지개입에 대해 기술하고 있다.

노 인

미국의 노인인구는 20세기에 극적으로 증가했다. 그 결과 현재는 65세 이상 인구가 3,500만 명이 넘는 상태다(전체 인구의 12%). 이 연령집단이 2000년부터 2030년 사이에 두 배가 될 것으로 예측되는 이와 같은 증가 현상은 주로 2011년에 65세가 되는 최초의 베이비부머들로 인한 결과다. 상대적으로 나이가 더 많은 인구는 인종적/민족적으로 더 다양해질 것으로 예상되며, 이는 최근 미국에서 라틴계와 아시아계의 인구증가 현상을 반영하고 있다. 노인은 다른 사람들과 비교할 때 혼자 살아가거나 감각적 · 신체적 · 정신적 손상과 스스로 돌보기 및 이동성에 손상을 겪을 가능성이 더 많다. 노인의 장애비율은 하락하고 있지만, 이들의 약 80%는 최소한 한 가지의 만성적 질환을 가지고 있으며, 50%는 최소한 두 가지 만성적 질환 상태에 있다. 최근에 백인들 사이에서 요양원(또는 양로원) 보호가 감소하고(흑인들 사이에서는 증가했다) 노인의 대다수는 가정 및 지역사회에 기반을 둔 보호를 받고 있지만 요양원은 이러한 인구를 위한 가장 흔한 형태의 제도화된 보호시설로 남아 있다. 미국의 시설 거주 노인인구의 90% 이상이 요양원에서 살고 있다(U.S. Census Bureau, 2004, 2005).

노인인구의 증가, 이전 세대와 비교할 때 더 길어진 수명, 노인인구의 장애, 사회적 고립 및 보호시설 수용과 관련된 위험 등이 노인과 고령화 영역에서 일하고 있는 정책결정자, 가족, 의료인, 사회기관, 실천가들에게 많은 문제점을 제기하고 있다. 이 책에서 논의하는 인지행동개입은 이와 같은 많은 위험들을 다룸으로써 노인을 임파워시키고 있다. 이와 같은 개입은 노인의 사회적 상호작용을 강화시키고 그들의 여가 및 레크리에이션 활동을 증진시키며 의료 및 응급 상황에 대한 욕구를 충족시키는 한편, 지원을 요청하고 자발적으로 또는 경제적인 이유로 일자리를 원하는 사람들에게 일자리를 확보해 주며, 노화와 관련된 문제에 대한 거시적인 의사결정에 영향을 미치기 위한 정치적 역량과 옹호능력을 습득하는 데 있어서 지원을 제공할 수 있다.

저소득층

미국 인구의 약 13%가 빈곤 속에 살고 있다(U.S. Census Bureau, 2006). 인종적/민족적 소수집단, 여성, 장애인 및 외국에서 태어난 비시민권자로서 소수 인종적/민족적 배경을 가진 노인을 포함하여, 여기에서 취약계층으로 기술되고 있는 다른 인구들 역시 불균형적으로 빈곤한 인구다. 이 책에서 기술하는 인지행동개입들은 노동시장에 고용되지 못하고 경제적 자원이 거의 없는 취약인구의 경제적 안녕(well-being)을 증가시키기 위해 다음의 세 가지 방법으로 설계되었다. 첫째, 개입은 취약계층의 취업을 위한 구직기술의 습득에 도움을 줄 수 있다. 개입은 특히 과거 아시아 지역 출신 난민에게 구직을 위한 적절한 사회적 기술들을 가르치도록 설계되었다. 둘째, 개입은 취약인구에게 취업의 유지와 발전에 영향을 미치는 그들의 생산성, 업무의 질, 그리고 적절한 사회적 기술들을 향상시킬 수 있는 기술들을 가르친다. 셋째, 개입은 취약계층이 그들의 사회적 네트워크와 비영리 민간 기관 등과 같은 공익 프로그램과 민간공급원을 통해 경제적 자원을 얻는 데 필요한 지식과 기술을 배울 수 있도록 돕는다.

마지막으로, 앞서 설명한 인지행동개입은 저소득 여성의 사회적 지원을 강화하고, 저소득 자조집단의 정책위원회가 지역사회문제를 해결하기 위해 자신들의 문제해결 능력을 향상시킬 수 있도록 도우며, 저소득 지역사회에 근무하는 주민서비스센터 직원의 공개연설 능력을 향상시키고, 저소득 주민센터위원회 위원장의 리더십 기술을 강화하도록 고안되었다.

위험요소

소수인종/민족과 같이 고유의 특성을 지닌 개인을 집단으로 분류하거나 취약계층과 같은 넓은 범주로 분류하는 것을 비난하거나 상투적인 것으로 여겨서는 안 된다. 이러한 계층으로 분류되어 취약계층으로 여겨지는 개인들은 많은 다양성과 많은 강점을 가지고 있으며, 대부분은 성공적이고 행복한, 사회의 생산적인 일원이다. 하지만 이 책의 인지행동개입 장의 도입부에서 설명했듯이, 이렇게 분류된 집단의 일원들은 적어도 두 가지 요인 때문에 부정적 상황과 경험들을 하게 된다.

첫째, 정신과적 증상과 학습, 발달, 인지, 의사소통 및 이동장애와 같은 많은 취약계층 인구의 특징들은 임파워먼트와 관련된 목적을 성취하기 위한 적절한 지식과 기술을 얻거나 사용하는 것을 방해할 수 있다. 둘째, 주류집단에 비해 취약인구는 그들을 불리한 결과에 이르게 하는 위험에 빠뜨리는 다양한 사회적 요인들을 더 많이 경험할 것이다. 취약인구는 차별, 낙인, 거부 그리고 높은 스트레스 수준에 더 마주치게 된다. 그들은 자신들의 사회적 · 교육적 · 직업적 그리고 여가 및 레크리에이션의 목적을 달성하기 위한 적절한 지식과 기술을 배울 수 있는 기회를 자주 얻지 못하며, 자신들의 삶의 많은 부분에 영향을 미치는 거시적인 결정에 참여하는 것을 자주 박탈당할 것이다. 이런 개인적이고 사회적인 요인들은 결국 취약계층에 다양한 부정적 결과를 가져올 수 있다. 그 결과들은 사회로부터의 격리와 배제, 무력함과 소외감, 정신건강 문제(또는 정신건강 문제의 악화), 부적절한 경제적 자원, 법과 개인적 권리와 사회적 정책, 그들의 필요에 부응하지 못하는 지역사회와 조직의 거부를 포함한다.

다음 장이 시사하고 있듯이, 실천가들은 이런 부정적 결과를 개선하고 그것들의 발생위험을 줄여 취약계층을 도움으로써 취약계층을 임파워시키기 위해 인지행동개입을 이용할 수 있다. 인지행동개입은 취약한 클라이언트에게 사회적이고 경제적인 자원들을 증가시키고 자기결정을 증진시키며 거시적인 결정에 있어서의 참여와 영향력을 증가시키는 지식과 기술을 가르친다. 많은 경우에서, 장애가 있는 아동이나 성인과 같은 특정 취약계층을 위한 개입은 장애가 없는 또래나 동료를 포함한다. 이런 전략은 장애가 있는 집단과 장애가 없는 동료 사이의 사회적 상호작용을 증가시킬 뿐만 아니라 직장, 학교 및 지역사회 환경에서 장애가 있는 개인의 사회통합을 증진시킬 수 있다. 인지행동개입은 또한 정신과적 증상, 발달, 교육 그리고 의사소통 장애를 포함한 취약한 클라이언트의 특별한 필요와 상황에 부응하며, 자원과 기회가 가능할 경우 클라이언트가 이러한 것들을 이용할 수 있도록 돕는 많은 전략을 포함한다.

많은 개입들이 이 책에서 제시되었고 취약계층에 적용되었음에도 불구하고, 특정 개입목적을 성취하기 위한 개입들은 다음의 두 가지 이유로 모든 취약 집단을 포함하지는 않는다. 첫째, 연구 기반의 적절한 인지행동개입들이 모든 취약계층에 적용될 수는 없다. 이런 경우에는, 제13장의 요약 부분인 '실천과 연구에 대한 분석과 비판(Analysis and Critique For Practice And Research)'에서 추가 응용사례들을 제시하고 있다. 둘째, 취약인구의 일부는 특정한 목적을 성취하는 데 실패할 위험이 있다고 생각되지 않을 수 있다. 예를 들어, 인종적/민족적 소수자들이 그들의 사회적인 상호작용과 교우관계를 증가시키기 위한 사회적 기술들을 배우고 사용하는 데 장애가 있는 것은 아니다. 하지만 격리와 차별과 같은 요소들 때문에 그들이 개인적인 목적을 성취하거나 고용을 확보하는 것을 돕는 멘토를 구하는 사회적 기술들을 배우고 사용하는 데 장애가 있을 수 있다.

취약인구를 임파워시키는 인지행동개입을 기술하기 이전에, 일부 기본원리를 살펴볼 필요가 있다. 제2장은 인지행동이론, 평가절차, 그리고 이 책의 다른 장에서 기술되는 개입에 사용되는 공통전략에 대해 논의한다.

인지행동 이론 및 방법

행동치료(Behavior therapy)는 약 40년 전에 사회복지계에 처음 도입되었다(Reid, 2004). 모든 사회복지사들이 이런 방법의 사용을 포용하지는 않았지만, 사회복지학자들과 실천가들은 행동개입을 사용해 왔으며, 이후에는 다양한 클라이언트들의 문제를 해결하기 위해 인지행동개입을 사용했다(Gambrill, 1995b; Gold, 1981; Granvold, 1994; Rose, 1989; Rose & Edleson, 1987; Thomas, 1967). 인지행동개입은 우울, 걱정, 공포증, 아동·청소년의 행동 및 정서 장애, 피임, 아동학대, 중독, 부부간 불화, 지적장애나 심각한 정신장애, 건강, 노화에 관련된 다양한 문제들에 사용되었다.

이 장에서는 인지행동의 용어를 정의하고, 인지행동개입의 일반적인 특징과 인지행동이론 및 인지행동평가 수행에 대해 논의한다. 또한 개입 장이라고 할 수 있는 제2부에서 제5부의 제13장까지에서 제시되는 치료패키지(treatment package)와 복합요소 프로그램에 포함되어 자주 사용되는 개입에 대한 설명으로 마무리한다.

용어와 인지행동치료 정의하기

용어 정의하기

인지행동 이론 및 치료(treatment)에 대한 문헌과 논문의 저자들뿐 아니라 이 책에 포함된 인지행동개입을 설계하고 평가하는 연구자들(예: Dobson & Khatri, 2000;

Gambrill, 1994; Latimer & Sweet, 1984; Spiegler & Guevremont, 2003)은 행동수정(behavior modification), 행동치료(behavior therapy), 응용행동분석(applied behavior analysis), 인지행동치료(Cognitive-Behavioral therapy) 그리고 인지치료(cognitive therapy)에 대해 다양한 정의를 내린다. 몇몇 용어들은 서로 교체해서 사용된다. 다양한 용어를 정의 및 구분하고, 대표적 개입에 대한 예시를 제시하는 학자들마다 종종 서로 불일치하거나 상반되기도 한다.

그럼에도 불구하고, 행동치료, 행동수정 및 응용행동분석은 넓게는 행동과 환경의 기능적인 관계를 분석하는 과정을 나타낸다. 이 분석 다음에는 표적행동(target behavior)이라고 불리는 목표행동을 변화시키기 위해 환경적인 사건을 변화시키는 개입의 개발과 실행(선행사건과 결과를 유지하는 것을 의미)이 뒤따른다. 행동은 외현적이고 공공연하게 나타날 수 있다. 다시 말하면, 행동은 말처럼 직접적으로 관찰될 수 있다. 행동은 또한 겉으로 드러나지 않을 수도 있다. 즉, 감정과 같이 행동은 간접적으로만 관찰될 수 있다. 일반적인 행동개입은 오랜 시간 발전해 온 조작적 · 반응적 조건화(이 주제에 대한 논의는 Gambrill, 1994; Latimer & Sweet, 1984 참조)와 같은 다양한 학습이론으로부터 만들어져 왔다. 인지치료나 인지행동치료로 여겨지는 개입은 행동개입을 자주 포함시킴에도 불구하고, 인식, 생각, 믿음, 기대와 같은 인지과정이 행동변화를 중재한다는 생각이 이러한 치료의 기본적인 전제다. 그러므로 인지치료나 인지행동치료는 삶의 문제에 대처하는 클라이언트를 돕거나 클라이언트의 외현적이거나 드러나지 않는 행동을 변화시키기 위해서 인지(cognitions)를 직접적으로 변화시키려 시도한다.

이 책에서 행동개입은 실천가, 클라이언트, 또는 인지된 행동의 유지조건을 변화시키기는 하나 직접적으로 인지나 인지과정을 변화시키려 시도하지는 않는 사람들에 의해 실행되는 행동이다. 인지행동개입은 단독으로 혹은 행동개입과 같이 사용될 수 있으나, 그 개입은 특정 목적을 위해 인지나 인지과정을 직접적으로 변화시키려 시도한다. 그리고 인지행동이라는 용어는 행동과 인지 개입 모두를 포함하는 일반적 용어로 사용된다.

특징 정의하기

행동(behavioral)이나 인지행동(CB)으로 명명되는 개입들은 일반적인 특징이나 가치를 공유하는데, 이러한 특징과 가치들은 몇몇의 다른 종류의 치료에서도 찾아볼 수 있다(Evans, 1997; Spiegler & Guevremont, 2003). 이러한 공유되는 특징과 가치들은 개인이나 중요한 타인이 중요하고 가치 있게 여기는 문제해결을 돕고자 하는 목적을 포함하고 있다. 문제, 목표, 개입의 선택은 실천가와 개입에 참여하는 다른 사람들이 포함된 협력적 과정이다. 실천가-클라이언트 관계는 중요하며 성공적인 치료의 필수요소로 여겨진다. 평가와 치료과정은 개별화되고, 치료에는 현재의 문제를 해결하기 위한 다중개입이 자주 포함된다. 복합적 인지행동개입을 통합하는 것을 일반적으로 치료패키지(treatment package)라고 한다.

집단적으로 볼 때 다른 특징들 및 가치는 인지행동개입을 다른 치료들과 구별 짓는다(Evans, 1997; Gambrill, 1994; Spiegler & Guevremont, 2003). 여기에는 과학적 접근에 대한 헌신, 기본적인 치료결정에 대한 정보의 투명한 출처에 대한 가치 부여, 현재 상황에 초점 맞추기가 포함된다. 문제, 평가과정, 목적개입은 명확하게 정의되고, 행동이나 변화를 위한 목표가 되는 문제는 개입 전, 개입 도중, 개입 이후에 모니터링된다. 개입은 실증적으로 검증된 이론과 개입연구에 기반을 두어 선택된다. 인지행동치료는 진단과 분류를 덜 강조하며, 행동의 이론적인 근본 원인을 고려하지 않는다. 대신에, 인지행동개입들은 행동이 생물학적 혹은 유전적 요인에 의해 영향을 받음에도 불구하고 학습이 행동의 발달 · 유지 · 변화에 있어 의미 있는 역할을 할 수 있다는 학습의 중요성을 강조한다. 인지행동개입은 또한 과거의 사건을 중요시하지 않고, 현재 상황을 변화시키기 위해 평가와 개입과정에 개인, 집단, 특정 인물들을 적극적으로 포함시킨다.

인지행동이론

이 절에서는 개입 장에서 설명하는 다양한 개입을 뒷받침하는 이론에 대해 간단하게 살펴본다. 이것은 인지행동이론에 대한 종합적 설명은 아니다. 먼저, 많은 행동개입에 대한 이론적인 기초를 제공하는 조작적 · 반응적 학습이 먼저 논의된다. 그 다음에 많은 인지 혹은 인지행동 중재의 근본적인 이론적 설명을 담당하는 사회적 학습과 인지 이론에 대해 간단하게 논의된다.

행동이론

조작적 조건화

조작적 조건화(operant conditioning)는 행동이 실행된 후의 사건이 행동이 다시 실행될 확률을 증가시키거나 감소시키는 과정이다. 조작적 조건화의 세 가지 주요 원칙에는 강화(reinforcement), 처벌(punishment) 및 소거(extinction)가 있다.

강화(reinforcement)는 행동이 사건(결과, consequence) 이후에 나타날 때 발생하여 행동을 강화시키는 것이다. 즉, 행동이 반복될 확률이 더 높아진다. 강화는 긍정적일 수도, 부정적일 수도 있다. 예를 들어, 장애가 있는 아동이 장애가 없는 또래친구에게 놀자고 하고, 그 친구들이 이 아동과 함께 논다고 하자. 만약 미래에 이 아동이 같은 친구 혹은 다른 장애가 없는 친구에게 더 자주 놀자고 한다면, 정적 강화(positive reinforcement)가 일어난 것이다. 또래친구들이 이 아동과 놀아 주는 것은 놀이행동 개시를 강화하는 결과이며, 이는 정적 강화물(positive reinforcer)이라고 불린다.

부적 강화(negative reinforcement)는 어떠한 행동이 실행되고 난 후, 사건(보통 유쾌하지 못한 것)이 사라지거나 감소 혹은 회피되었을 때 나타나는데, 이러한 행동은 이후에 증가하게 된다. 예를 들어, 장애가 있는 아동이 장애가 없는 친구들과 점심을 같이 먹으려 했는데 이 친구들에게 놀림을 받고 스스로 물러난 후에 놀림이 멈췄다고 하자. 장애가 있는 아동이 그 후 혼자 점심을 먹으려고 한다면 부적 강화가 일어난 것이다. 이 아동이 회피한 놀림을 기피자극(aversive stimulus)이라고 한다.

처벌(punishment)은 개인이 행동을 취한 후 어떠한 사건이 존재하거나 제거되었을 때 일어나며, 그 행동의 횟수는 감소하게 된다. 처벌은 긍정적일 수도, 부정적일 수도 있다. 정적 처벌(positive punishment)은 행동한 다음 기피사건(aversive events)이 뒤따르고, 그 행동이 다시 실행될 가능성이 줄어드는 과정이다. 예를 들어, 흑인 청소년이 명문 대학에 들어가겠다는 자신의 목표를 이루기 위해 지역사회구성원에게 도움을 구했지만, 그 구성원이 이 청소년을 좌절시켰다고 해 보자. 만약 이 청소년이 그 후 지역사회구성원으로부터 도움을 덜 구하거나 구하지 않게 된다면, 정적 처벌이 일어난 것이다. 어떠한 행동 후에 원하는 사건(desirable events)이 없어지고, 그 행동이 그 후 감소한다면, 부적 처벌(negative punishment)이 일어난다. 예를 들어, 학습장애가 있는 아동이 교실에서 부적절하게 행동한 후에(예: 손을 들지 않고 발언하기), 교사가 휴식할 권리를 없앴다고 해 보자. 만약 부적절한 행동이 그 후 감소하였다면, 부적 처벌이 일어난 것이다.

소거(extinction)는 강화물이 기존에 강화된 행동으로부터 철회되고 행동이 그 후 줄어들거나 사라지는 과정이다. 소거의 예로, 정신장애가 있는 성인이 레크리에이션 활동에 참여하는 것에 대해 불평을 했는데 공동생활가정의 실무자가 더 이상 주의를 기울이지 않자 불평이 사라지는 것이다.

강화, 체벌 및 소거의 원칙은 결과가 행동에 영향을 미칠 수 있는 방법에 대해 설명하는 반면, 자극통제(stimulus control)는 선행조건에 적용된다. 자극통제는 개인이 특정 자극이 존재할 때 어떤 행동을 실행하는 것이 처벌받거나 혹은 강화될 것 같다는 것을 깨달을 때 발생한다. 예를 들어, 지적장애가 있는 직원이 교육, 경험 또는 관찰을 통해 감독관이 일할 시간이라고 신호를 보낼 때 이를 거절하고 떠들거나 일을 중단하면 기피사건(처벌)이 뒤따른다는 것을 깨달았다고 하자. 기피사건에는 징계, 작업 구역을 떠나라는 요구, 심지어 실직도 포함된다. 반면, 직원이 일을 하기 시작한다면 칭찬, 급여, 고용의 지속과 같은 원하는 사건(강화물)이 뒤따를 것이다. 행동(예: 일을 시작하는 것)은 사건의 존재(예: 감독관이 일할 시간이라고 신호를 보내는 것)가 특정 행동이 특정 상황에서 실행될 가능성을 증가시킬 때 자극통제하에 있다.

반응적 조건화

어떤 방식으로 (예: 말하기, 일하기, 놀기) 환경에 영향을 미치거나 작동하는 행동에 적용되는 조작적 조건화와 달리, 반응적 조건화(respondent conditioning)는 자동적이고, 자주 자율신경계를 포함하는 행동이나 반응에 적용된다. 예를 들어, 어떤 사람이 신체적 혹은 정신적으로 위협을 받을 때, 일반적인 반응으로 심박, 호흡, 근육긴장의 증가가 나타난다.

반응적 조건화는 이전의 중성적인 사건(neutral events)이나 자극이 무조건반응(Unconditioned Response: UR)을 자동적으로 이끌어 내는 사건인 무조건자극(Unconditioned Stimulus: US)이라는 사건과 병행을 이루는 과정이다. 중성적인 자극이 무조건자극과 병행을 이룬 후에, 중성적인 자극은 무조건반응과 유사한 반응을 이끌어 내는 조건자극(Conditioned Stimulus: CS)이 된다. 이런 반응을 조건반응(Conditioned Response: CR)이라 한다.

반응적 조건화는 불안장애(예: 공포증과 사회불안)를 설명할 때 자주 사용된다. 예를 들어, 남자 고등학생이 자신이 동성애자라는 사실을 반 친구들에게 폭로하기 전에는 친구들과 사회활동에 참여할 때 아무런 불안을 경험하지 않았다(중성자극). 그러나 그가 동성애자라는 사실을 털어놓은 뒤, 사회활동에 참여하는 것은 친구들에 의해 비웃음, 거절, 회피로 이어지게 되고(US), 자동적으로 불안(UR)으로 이어진다. 시간이 지남에 따라, 무조건 자극(비웃음, 거절, 회피)과 이전의 중성적 사건(친구들과의 사회활동 참여)이 병행을 이루게 되면 사회활동 참여가 조건자극(CS)이 되고, 이는 불안을 촉진해 낸다. 그 청소년이 사회적으로 능숙하더라도, 이러한 상황은 높은 수준의 불안으로 이어지기 때문에 친구들과 사회활동에 참여하는 것을 그만두게 되는 결과를 초래할 수 있다.

사회학습과 인지이론

사회학습이론은 반두라(Albert Bandura, 1969, 1977)에 의해 개발되었다. 그의 이론은 조작적 · 반응적 조건화의 중요성을 인정하는 한편, 인지 중재과정도 강조한다. 반두라는 학습은 관찰, 모방, 행동에 직접적으로 영향을 미치는 기대, 믿음, 생각과 같은 인지과정을 통해 일어난다고 주장한다. 이런 학습형태의 예로는 관찰학습(observational learning)이 있고, 여기에는 모델(예: 부모, 형제, 치료사, 동료, 교사)의 행동을 관찰함으로써 행동을 배우는 것이 포함된다. 이것은 인지와 같은 내부사건의 중요성을 인정하지만 이런 사건에 있어 직접적으로 원인적 혹은 설명적 역할을 한다고 생각하지는 않는 '급진적 행동주의'에서 벗어난 것으로 관찰학습에서는 행동 개시요인으로서 내부사건에 초점을 맞춘다(이 주제에 대한 포괄적인 논의는 Gambrill, 1994 참고).

수많은 독특한 인지치료나 인지행동 치료는 인지과정이 행동변화를 중재한다는 기본적인 가정으로부터 도출된다. 스피글러와 게브레몽(Spiegler & Guevremont,

2003)은 이러한 치료법들을 두 가지 기본적인 개입모델로 개념화하였다. 첫 번째는 인지재구조화치료(cognitive restructuring therapy)로, 여기에는 인지치료(cognitive therapy)(A. T. Beck, 1976; J. S. Beck, 1995)와 합리적정서행동치료(Rational Emotive Behavior Therapy: REBT)(Ellis, 1998)가 포함된다. 두 번째 모델인 인지행동대응전략치료(CB coping skills therapy)는 클라이언트에게 어려운 삶의 상황에 더 효과적으로 대응하도록 인지 및 행동 반응을 가르친다. 문제해결치료(problem-solving therapy)(D'Zurilla & Nezu, 1999), 자기지시훈련(self-instructional training)(Meichenbaum & Goodman, 1971), 스트레스면역치료(stress inoculation therapy)(Meichenbaum, 1993)가 이 모델에서 흔히 사용되는 개입이다.

엘리스(Ellis)의 합리적정서행동치료와 벡(Beck)의 인지치료가 치료과정에 있어 여러 다른 인지행동방법을 통합하기는 하지만, 두 치료법 모두 인지가 심리적 문제에 영향을 미치는 방식을 설명하는 기본적인 이론에 기초를 두고 있다. 기본적으로, 엘리스(1998)의 'A-iBs-C'모델은 선행사건(activating event: A)은 개인의 불합리한 믿음(irrational beliefs: iBs)을 유발하고, 이는 불쾌한 감정, 행동 또는 심리적 반응과 같은 결과(consequence: C)로 이어진다. 예를 들어, 조현병 진단을 받은 클라이언트가 스트레스(활성화 사건)를 조절할 수 없고 우울증(결과)을 경험하고 있어 최근 경쟁력 있는 직업을 잃었다면, 엘리스는 그 실직이 이 클라이언트의 우울증의 원인은 아니라고 주장할 것이다. 대신에, '나는 훌륭하고 행복한 사람이 되기 위해 경쟁력 있는 직업을 가져야 해.'라는 불합리한 믿음이 우울증을 일으킨 것으로 보는 것이다.

벡(Beck)의 널리 알려진 이론적 모델(1995)은 더 복잡하다. 이 모델은 개인이 자신, 타인, 세상에 대해 갖는 근본적인 핵심(core) 믿음(인지적 도식, cognitive schema)이 그들이 특정 상황을 인식하는 데 영향을 미치는 일련의 중간(intermediate) 믿음(규칙, 태도, 가정)에 영향을 미친다고 주장한다. 이러한 핵심 및 중간 믿음은 자동적 사고로 표현되며, 이러한 자동적 사고는 불쾌한 감정, 행동 그리고/또는 심리적 반응을 일으키는 결과를 초래한다. 예를 들어, 유아기의 경험과 상호작용을 통해 정신분열 진단을 받은 클라이언트는 자신이 쓸모없다는 핵심믿음을 발달시킨다. 클라이언트는 이 도식 측면에서 이러한 믿음과 관련된 삶의 사건을 해석한다. 핵심믿음은 또한 일련의 중간믿음에도 영향을 미친다. 예를 들어, 클라이언트는 '나에게 중요한 활동에 나는 성공해야 해.'라는 규칙, '나에게 중요한 활동에 실패하는 건 두려워.'라는 태도, '만약 내가 이런 활동에 성공하지 못한다면, 나는 성공할 때까지 시도해야 해.' 라는 가정을 가질 수 있다. 클라이언트가 직업을 잃는 것과 같은 특정 상황이 일어났을 때, 핵심 및 중간 믿음이 활성화되고, 그가 사건을 인식하는 데 영향을 미치며 이는 자동적 사고(예: '나는 패배자야.')에 반영된다. 자동적 사고는 우울증을 일으킨다.

이런 차이에도 불구하고, 엘리스와 벡의 모델은 모두 클라이언트의 인지(인식, 믿음, 생각, 기대, 이미지 등)가 적어도 부분적으로는 그들이 경험하는 문제의 원인이 된다는 가정을 한다. 두 치료법의 목적은 이런 불합리하거나 역기능적인 인지를 확인하고, 이를 직면하거나 조심스럽게 평가한 후 이러한 인지들을 더 기능적이거나 합리적인 믿음, 생각 또는 이미지로 바꾸는 것이다.

인지행동평가

인지행동평가(CB assessment)는 변화를 목적으로 하는 행동을 규정하고 측정하는 것이며, 치료목적 수립과 기능평가 수행을 목표로 한다. 앞서 개입에 대해 여러 번 설명했듯이, 표적행동에 대해 정의 내릴 때에는 과업분석(task analysis)이 흔히 사용된다. 과업분석은 더 복잡한 행동을 그 행동을 적절히 수행하는 데 필요한 세부과업들로 나눈다. 예를 들어, 실천가는 지적장애를 앓고 있는 클라이언트에게 패스트푸드점에서 훌륭히 식사할 수 있도록 가르칠 수 있다. 실천가는 이렇게 하기 위해 복잡한 행동들을 음식점에 들어가기, 무엇을 주문할지 결정하기, 주문하기, 결제하기, 테이블로 쟁반 가져오기, 식사하기, 먹은 자리 치우기와 같은 부과업들로 세분화한다. 또한 행동은 개입 전(기초선이라 부른다), 개입 도중, 개입 이후에 측정된다. 일반적인 측정은 빈도, 지속기간, 행동강도 등을 포함한다. 프로토콜 설계에 따라 분석을 위해 자료를 흔히 그래프로 나타내곤 한다. 기초선 측정은 실천가가 개입이 필요한지의 여부를 결정하는 데 도움을 준다. 만일 개입이 필요하다면 개입의 효과에 대한 피드백을 제공하기 위해 기초선 측정 결과를 개입 도중 및 개입 이후 측정과 비교한다.

기능평가(functional assessment)는 어떤 사건이 확실히 행동을 예측하고 유지하는지 결정하기 위해 표적행동(target behavior)의 선행사건과 결과(환경적인 사건)에 대한 정보를 모으는 개별화된 평가방법이다. 즉, 행동은 환경적인 사건의 한 기능으로 간주된다. 만약 유지조건이 확인되고, 개입이 이를 변화시키기 위해 사용된다면, 행동은 원하는 방향으로 변화된다고 가정한다.

선행사건 유지(maintaining antecedents)는 행동이 실행되고 행동이 실행될 확률을 증가시킬 때 선행되거나 존재하는 자극이나 사건이다. 기능평가는 언제, 어디서, 누구와, 어떤 조건에서 행동이 가장 잘 일어나고, 가장 잘 일어나지 않는지를 결정한다.

선행사건 유지는 자극통제(stimulus control)와 선행조건(prerequisites)이라는 두 개의 큰 범주로 분류될 수 있다(Spiegler & Guevremont, 2003). 자극통제에는 촉진(prompts)과 더 넓고 복잡한 환경사건(setting events)이 포함된다. 자극은 실천가가 장애가 있는 학생에게 "너는 점심 먹을 때 친구들에게 옆에 앉아도 될지 물어볼 수 있어."라고 제시하는 것과 같은 특정 신호를 말한다. 환경사건은 훨씬 더 광범위하며, 특정 행동을 실행하기에 적절한 시간, 장소, 환경 상황을 포함한다. 예를 들어, 환경사건 때문에 우리는 교회에 가는 것과 파티에 참석할 때 매우 다르게 행동한다. 환경사건에는 사회적이고 물리적인 환경이 포함된다. 예를 들어, 주의력 결핍 학생은 더 좁은 교실이나 다른 학생들이 주의력을 분산시키지 않는 교실에서 과제집중 행동을 증가시킬 수 있다. 선행사건 유지의 두 번째 주요 형태인 선행조건에는 목표행동을 실행하는 데 필요한 기술, 자원, 지식, 기회가 포함된다. 예를 들어, 장애가 있는 클라이언트가 자신의 법적 권리와 자기옹호기술을 학습하면 그들은 자신의 법적 권리를 더 잘 옹호할 수 있을 것이다.

생각, 믿음, 기대, 인식, 이미지와 같은 인지(cognitions) 또한 선행사건 유지가 될 수 있다. 기능평가는 클라이언트의 발달연령상 클라이언트의 인지에 대한 평가와 개선의 가능성이 제시될 때와 같이 적절한 시기에 이루어질 수 있다. 평가는 어떠한 인지가 개업의 목표가 되는 공공연하거나(예: 금단현상) 비밀스러운(예: 불안) 행동에 선행하는지 결정한다.

결과유지(maintaining consequences)는 실행된 행동의 결과로 나타나는 사건이나 자극이다. 일반적으로 사건이 긍정적이거나 유리한 것으로 인식되면, 행동이 더욱 반복될 가능성이 높아지며, 이에 따라 행동이 강화될 수 있다. 뒤따르는 사건이 기피되거나 부정적으로 인식되면, 행동이 반복될 확률은 대체로 감소하며, 이에 따라 행동은 처벌된다. 기능평가는 다음과 같은 질문에 답함으로써 결과유지여부를 확인한다. "행동실행의 결과로 무엇이 일어날 것인가?" "클라이언트와 다른 사람은 무엇을 할 것인가?" "어떤 방식으로 클라이언트가 이익을 얻을 것인가?" "클라이언트는 무엇을 기피할 것인가?" 결국 기능평가는 학습되어야 하는 행동과 클라이언트가 현존하는 문제에 대처하기 위해 강화될 수 있다고 학습된 바람직한 행동을 밝혀내는 것이다.

인터뷰 동안에 타당한 질문하기, 자기 스스로 기록하기(즉, 클라이언트가 표적행동과 선행사건의 발생 및 그 결과를 관찰하고 기록하는 것), 타인에게의 기록 요청, 역할극 그리고 자연적인 관찰과 같은 다양한 방법들이 목표로 하는 행동의 유지조건을 확인하는 데 사용된다. 불합리하거나 역기능적인 인지를 밝혀내는 평가과정에는 클라이언트가 특정 상황에 대응하고 변화를 목적으로 하는 공공연하거나 비밀스러운 행동을 유발하는 자신의 인지를 평가할 때 도움이 되는 기록양식 등이 있다(이러한 방법들의 예는 J. S. Beck, 1995; Blankstein & Segal, 2001; Ellis, 1998 참조). 실천가들은 보통 하나 이상의 평가방법을 사용한다.

기능평가 실행에 관한 더 자세한 정보를 얻고 싶은 독자는 이 책의 끝 부분에 있는 '참고문헌'을 참조할 수 있다. 여기에는 또한 성 소수자, 다양한 문화적 배경을 가진 클라이언트, 다양한 장애가 있는 클라이언트와 같은 취약한 클라이언트들을 위해 특별히 고안된 인지행동평가가 포함된다. 독자는 또한 전통적인 행동평가과정을 통합시키는 더 폭넓은 사회복지 평가들(assessment frameworks)에 관심이 있을 수 있다(훌륭한 예로써, Gambrill, 1997; Mattaini, 1997 참조).

공통적 개입들

이 책의 개입 장은 다양한 방법으로 개입 패키지나 복합요소프로그램으로 결합되는 복합적인 인지행동개입에 대해 설명하고 있다. 이 절에서 필자의 초점은 이런 치료 패키지나 프로그램에 자주 사용되어 온 행동주의 개입과 인지행동개입에 맞춰져 있으며, 이후 장에서는 개입의 세부 항목의 반복은 피하고자 한다. 예를 들어, 강화나 사회기술훈련이 실행되었을 때, 이러한 개입은 여기에서 설명할 것이기 때문에 이후 자세히 설명하지 않을 것이다. 이 장에서 다루어지지 않는 개입은 해당 장에서 더 자세히 설명될 것이다.

행동개입

자발적 조건화에 기초하는 선행조건 변화시키기

적절한 시기와 적절한 맥락에서 적절한 행동에 대한 신호를 주기 위해 어떤 자극이나 사건을 도입하는 것(자극통제 구축)은 종종 '촉진하기(prompting)'라고 일컬어진다. 여기에서는 물리적이고 사회적인 환경을 포함하는 환경사건을 바꾸기 위한 촉진과 개입에 대해 먼저 논의한 후, 뒤이어 기술, 지식, 자원, 기회와 같은 선행요건이 부족한 선행조건을 바꾸기 위한 개입에 대한 설명이 제시된다.

촉진(자극, prompts)은 확인된 행동을 실행하기 위한 지침이나 상기시키는 말/행동이다. 여기에는 여러 형태가 있을 수 있다. 촉진은 말로(예: "너는 다음에 뭐 할 거니?"), 음성으로(예: 녹음된 메시지), 사진으로(예: 직무를 수행하는 직원의 모습) 그리고 '사회적 각본(scripts)'이나 다른 서면으로 된 지침으로(예: 리마인더 카드) 나타날 수 있다. 클라이언트가 표적행동을 수행하는 데 도움을 주는 실천가의 물리적인 가이드 또한 행동을 촉진할 수 있다. 실천가, 교사, 동료, 종사자, 보호자, 클라이언트 자신이 많은 형태의 행동을 개시하기 위해 다양한 촉진을 사용하는 예가 개입 장에서 제공된다. 행동에는 사회적 상호작용의 시작 및 유지, 레크리에이션 및 여가 활동 참여, 직무과제 수행, 도움 구하기, 선택평가, 옹호 및 정치적 활동에 참여하는 것이 포함된다.

이 책의 사례에서 제시되듯이, 실천가는 직무과제나 식당에서 음식을 사는 것과 같은 새로운 행동을 가르치기 위해 촉진위계(prompt hierarchy)를 사용할 수 있다. 촉진위계를 사용할 때, 클라이언트에게는 행동을 수행할 기회가 먼저 주어지고, 그 행동이 수행되지 않거나 부적절하게 수행되었을 경우에만 촉진이 뒤따르게 된다. 촉진이 필요할 때에는 통제가 덜한 촉진이 먼저 제공된다. 예를 들어, 언어적 촉진("너는 다음에 뭘 할 거니?"), 다음에는 몸짓(끄덕이기), 최소한의 물리적 촉진(클라이언트의 손을 잡기), 그리고 실천가가 클라이언트로 하여금 행동을 취하도록 물리적으로 가이드하는 완전 물리적 촉진이 이어질 것이다.

용암법(fading)이란, 촉진을 점점 줄여가는 것으로, 클라이언트가 인식된 행동을 더욱 자주 또는 적절하게 수행하게 됨에 따라 물리적인 가이드가 사용될 때 점점 덜 물리적인 지원을 사용하는 것이다. 용암법에는 또한 실천가가 클라이언트가 관련 행동을 수행하는 것을 기다리는 총 시간을 증가시키는 시간지연과정(time delay procedure)이 포함될 수 있다. 예를 들어, 여가놀이를 가르치는 실천가가 말을 통해 클라이언트가 게임조각을 옮기도록 촉진하면 클라이언트는 곧바로 그 말을 따를 것이다. 실천가는 그 후 클라이언트가 촉진 없이 행동을 수행할 수 있을 때까지 언어촉진과 구두지시 또는 다른 형태의 촉진 간의 시간간격(예: 2초, 4초)을 늘리게 된다.

여러 사례에서 물리적 · 사회적 환경과 같은 더 넓은 환경사건은 인식된 행동을 변화시키기 위해 수정되어야 한다. 이 책에 나오는 물리적 환경을 변경시킴으로써 사회적 상호작용을 증가시키는 개입의 예에는 휠체어를 탄 클라이언트를 위해 집 입구 외부에 경사로를 설치하는 것, 보호시설의 식사 서비스를 가정식 같은 식사 서비스로 바꾸는 것, 사무적으로 배치된 가구의 위치를 바꾸는 것, 그리고 학교와 주거 환경에서 레크리에이션 및 여가 활동을 제공하는 것이 포함된다. 또한 칸막이를 사용해 생산 테이블을 나누면 정신장애 근로자의 주의가 덜 산만해지게 될 것이다. 인지행동개입은 또한 사회적 환경을 변화시킬 수 있다. 교육적 환경에서, 실천가는 장애가 없는 친구로 하여금 장애가 있는 학생들과 함께 레크리에이션 및 놀이, 그 밖의 사회적 활동에 참여하고, 그들의 사회적 네트워크의 구성원이 될 수 있도록 가르치고 동기를 부여할 수 있다. 또래친구들은 다른 비장애학생의 태도가 변화되도록 촉진하고, 학습이나 발달장애가 있는 학생들과의 상호작용을 증가시킬 수 있다. 마지막 예시는 동료옹호자를 모집하여 장애가 있는 근로자가 그들의 작업환경에 적응하도록 도와줄 수 있게 하는 것이다. 동료는 점심 시간과 쉬는 시간에 장애가 있는 근로자들과 함께 앉고, 다른 근로자들도 그렇게 하게 하는 등의 다양한 행동을 취한다.

앞서 논의하였듯이, 필요한 기술, 지식, 자원, 기회를 포함하는 전제조건은 클라이언트가 특정 행동을 수행할지 여부를 결정한다. 따라서 특정 기술에 대한 클라이언트의 지식과 기술 부족은 인식된 행동에 참여하는 데 실패한 선례를 유지하게 할 수 있다. 기술훈련(skills training)은 어떠한 일을 하기 위해 요구되는 기술들처럼 기초적인 기술을 가르치는 일반적인 행동개입이다. 사회기술훈련(Social Skills Training: SST)은 특히 다양한 상황에서 대인적 혹은 사회적 역량을 강화하는 기술에 집중한다. 이런 기술에는 대화 참여와 사회적인 상호작용 개시, 약에 대한 정보 구하기, 일상적인 활동의 수행, 응급 치료, 개인적인 목표 성취, 구직면접, 공적 및 민간 자원에의 접근, 교육관련 회의 참여, 선택하기, 자기옹호, 협상, 정치적 리더십 행동이 포함된다.

어떤 한 기술이 기초적인 것인지 또는 사회적인 것인지의 여부와 상관없이, 비슷한 요소들이 그 기술을 가르치기 위해 사용된다. 이러한 요소들에는 자연적인 환경에서 기술을 연습하기 위한 목표기술 정의하기, 이에 대한 근거와 기술에 대한 설명 제시하기, 모델링, 촉진하기, 행동 리허설, 숙제 내 주기 등이 포함된다.

모델링(modeling)에는 다른 사람(모델)이 행동하는 것을 관찰함으로써 행동을 배우는 것이 포함된다. 모델들은 살아 있는 존재일 수도 있으며, 실천가, 동료, 교사, 부모나 다른 보호자도 모델역할을 할 수 있다. 예를 들어, 여자청소년이 다른 여성이 안전한 성적 행동을 결정하는 것을 관찰함으로써 적절한 성적 행동을 결정하는 법을 배울 수 있다. 여기에서 목표로 하는 기술을 수행하는 모델은 또한 비디오를 통해 보여질 수 있고, 이야기책이나 전래 동화 등에서 묘사될 수 있으며, 인형극에 포함될 수도 있다. 촉진은 앞서 논의한 것과 비슷한 방식으로 사용된다.

행동 리허설(behavior rehearsal) 동안, 클라이언트는 모델 행동을 연습한다(역할극 상황에서 자주 일어난다). 클라이언트의 수행에 따라 실천가는 교정 피드백을 제공하거나(코칭), 강화를 제공한다. 역할극(role-playing)에서 클라이언트는 인위적인 상황에 대해 마치 그들이 실제 상황에 있는 것처럼 반응하기를 요구받는다. 실천가는 매뉴얼화된 개입으로부터 미리 구성된 상황을 사용할 수 있고, 실천가, 클라이언트, 집단구성원 또한 상황을 구성할 수 있다. 역할극은 사회적 기술의 완성도를 평가하고, 기술을 연습하는 데 사용될 수 있다.

마지막으로, 수행되길 바라는 환경(예: 학교, 지역사회, 직장, 집)과 상황에서 습득한 기술을 연습하는 숙제(homework assignment)가 클라이언트들에게 주어진다. 이러한 환경과 맥락은 자연적 환경(natural environment)이라고 불린다.

주장(assertion) 혹은 자기주장훈련(assertive training)은 클라이언트에게 주장을 펼치는 행동에 참여하는 방법과 시기를 가르치는 사회기술훈련의 일종이다. 어떤 종류의 상황에서 누구와 함께 주장을 펼치는 행동을 수행할 것인지 결정한 후, 이 과정에는 보통 클라이언트에게 주장반응과 공격적 혹은 수동적인 반응의 차이를 구분할 수 있게 가르쳐 주는 것이 포함된다. 이 과정 후에 사회기술훈련을 이용해 주장반응을 가르치게 된다. 원하는 결과가 이루어지지 않았을 때 성공적인 대처전략을 설계하는 것뿐 아니라 (클라이언트가 제어할 수 없는) 결과 대신에 주장반응을 강화하는 것과 같은 방법이 또한 사용된다. 자기주장훈련이 사용될 수 있는 상황에 대한 이 책의 예에는 휠체어 접근성에 관한 정보 얻기, 도움 구하기, 지역사회 자원 및 서비스 획득하기, 원하지 않거나 보호받지 못하는 성적 행동을 거절할 권리를 주장하는 것 등이 포함된다.

또한 이 책에서 설명하는 개입은 만약 클라이언트가 목표로 하는 행동을 수행하려 한다면, 필요한 자원과 기회뿐만 아니라 다른 형태의 지식을 제공하는 것이 중요하다는 것을 인식하고 있다. 적절한 사회적 반응에 대한 지식을 가르치는 것뿐만 아니라, 관련 지식과 정보를 제공하는 다양한 예들은 분명히 존재한다. 이 예에 포함되는 것은 구직 방법에 대한 지식과 정보, 구직 면접을 준비하는 최근 이민자들에게 제공하는 서구적 가치에 대한 지식과 정보, 지역사회 공동자원과 공적 부조의 사용 가능성에 대한 지식과 정보, 법적 권리(예: 직장 및 교육적 편의와 시민권)와 탄원 절차에 대한 지식과 정보, 피임법, 보호받지 못하는 성행동의 위험성, 안전한 성행동에 대한 지식과 정보, 장애인, 정신장애, 노인, 여성의 건강 관련 문제를 위한 정치적 절차, 사회정책, 사회적 변화 정책에 대한 지식과 정보 등이 해당된다.

개입 장은 또한 클라이언트가 목표로 하는 행동을 시행하기 위해 필요한 자원을 제공하는 다양한 예를 보여 준다. 이 예에는 특별히 디자인된 의사소통책과 사진책, 선택 차트, 효과적으로 소통할 수 없는 클라이언트들을 위한 보완적인 통신시스템이 포함된다. 인지적 제한이 있는 클라이언트를 위한 긴급전화부와 구직을 위해 필수적인 설비와 비품, 기타 자원을 제공하는 것은 또 다른 예다.

또한 클라이언트들이 목표로 하는 행동을 수행할 기회를 제공하는 개입의 예들을 소개하면 다음과 같다. 예를 들어, 동료가 복합장애가 있는 사람에게 작업기술을 가르쳐 주는 것은 그들 사이에 사회적 상호작용이 일어날 가능성을 증가시킨다. 공동생활가정의 종사자가 감독을 하게 되면 일련의 선택, 활동, 교통 등을 제공하게 되어 장애가 있는 클라이언트들이 사회 및 여가활동에 참여하는 기회가 증가하게 된다. 개입 동안, 직업코치들은 저소득이고, 소수민족이며, 심각한 정신장애가 있는 클라이언트들이 직업을 찾고 인터뷰하는 기술을 연습할 수 있도록 다양한 기회를 제공한다. 교사들은 교실에서 장애가 있는 학생들이 그들 자신의 목표(예: 학급에 무언가 기여하는 것)를 이룰 수 있도록 기회를 제공한다. 마지막으로 공동생활가정, 기관, 고용환경에서 종사자가 장애가 있는 클라이언트로 하여금 레크리에이션 및 여가 활동, 식사, 직무, 지역사회 거주에 대한 선택을 할 수 있는 기회를 갖도록 해 줄 수 있다.

반응적 조건화에 기초한 선행조건 변화시키기

노출치료법(exposure therapies)은 외현적이거나(예: 금단현상) 드러나지 않는 행동(예: 불안)에 선행하는 조건을 변화시키기 위해 설계되었다. 이 경우, 조건자극(예: 사회적 상황)은 철회현상이나 불안 같은 행동을 촉진하는 선행조건이다. 다양한 형태의 노출치료가 개발되었는데, 여기에는 체계적인 둔감(systematic desensitization)과 같은 간단하고 점진적인 노출, 홍수법(flooding)(Spiegler & Guevremont, 2003)과 같은 장시간, 집중적인 노출이 포함된다. 이 책의 모든 예는 점진적인 노출에 해당한다.

점진적인 노출(gradual exposure)을 사용할 때, 실천가는 불안/금단현상 행동을 촉진하는 상황을 위계적으로 설계하도록 클라이언트를 도와준다. 일단 최소한의 우울증을 일으키는 상황으로 시작하여, 클라이언트는 더 이상 불안/금단현상을 일으키지 않을 때까지 반복적으로 상황에(은밀하거나 혹은 실제적 상황에서) 노출된다. 그러고 나서 실천가는 클라이언트를 위계의 다음 단계에 노출시키고, 클라이언트는 동일한 방식으로 높은 단계로 올라간다. 간단히 말해서, 체계적인 둔감과 같은 점진적인 노출을 통해 클라이언트는 불안에 대응할 수 있는 반응(예: 심부 근육 이완)을 배우게 된다. 이 책은 남성동성애자의 사회적 불안 감소를 통해 타인과의 상호작용과 다른 남성동성애자들과의 관계 증진을 위한 간단하고 점진적인 노출의 사용 예를 제공한다.

조작적 조건화에 기초한 결과 변화시키기

실천가, 클라이언트, 그 외 사람들은 목표로 하는 행동의 결과를 정적 강화와 부적 강화, 정적 처벌(예: 정서적/행동적 장애가 있는 학생이 학교 일을 끝내지 못했다고 꾸짖음)과 부적 처벌(예: 교실에서 파괴적인 행동을 하면 야외수업 참여 특권을 박탈함), 소거를 통해 바꿀 수 있다. 부적 강화는 개입으로는 거의 사용되지 않는데, 이는 이 책에 설명된 거의 모든 개입패키지가 정적 강화를 사용하기 때문이고, 여기에 필자가 초점을 두고 있다. 처벌(특히 부적 처벌)이 일반적으로 사용됨에도 불구하고, 개입 장에 소개된 치료패키지 중 단 하나만이 이 형태의 개입을 사용한다. 한편 타임아웃 절차를 사용하는 치료패키지가 특정 행동을 사라지게 하는 데 사용될 수 있다.

정적 강화를 사용할 때, 실천가는 먼저 각 클라이언트의 잠재적인 강화제를 규명하여야 한다. 그 후, 클라이언트가 목표로 하는 행동을 수행하는 여부에 따라 강화제(reinforcers) 제공이 이루어진다(예: 강화제는 행동이 실시된 후에만 주어진다). 이후 실천가는 그 행동이 증가하는지 여부를 판단해야 한다. 정적 강화제는 사회적이거나 활동 그리고 유형적(음식과 구체적인 물체 둘 다)일 수 있다. 사회적 강화제의 예로는, 칭찬, 인정, 승인, 포옹, 토닥이기, 감사편지가 있다. 활동에는 게임, 점심 먹으러 나가기, 파티 참석 등이 예가 될 수 있다. 유형적인 강화제(tangible reinforcers)에는 요리나 음료와 같은 음식, 옷, 장난감, 돈, 토큰과 같은 물체가 포함된다.

포인트와 같은 토큰, 체크 표시, 스티커, 가짜 돈 등은 토큰경제(token economy)를 설립하는 데 사용된다. 토큰경제는 개인이 바람직한 행동을 하거나 특정 목표를 달성했는지의 여부에 따라 토큰을 얻을 수 있는 프로그램이다. 실천가는 각 행동이 수행될 때 얻을 수 있는 토큰의 수와 소정의 강화물을 얻기 위한 토큰비용을 결정하는데, 이를 예비강화제(backup reinforcers)라고 한다. 행동이 수행된 직후 소정의 토큰이 주어지고, 이 토큰은 후에 예비강화제로 교환되는 것이다. 토큰경제는 바람직한 행동을 하게 되면 토큰을 얻기도 하지만, 클라이언트가 바람직하지 못한 행동(부적 처벌)을 하게 되면 토큰을 잃게 되기도 한다. 이 책에는 바람직하지 못한 행동을 줄이기 위해 토큰을 회수하는 예시는 없다.

다음 장에서 설명하는 개입에서 실천가, 부모, 교사, 종사자, 동료는 사회적 상호작용 및 레크리에이션 및 여가 활동에 참여하고, 자조모임에 참석하는 것과 같은 넓은 범위의 바람직한 행동을 보여 준 후 학생과 클라이언트의 참여를 강화할 수 있다. 클라이언트는 또한 자기강화(self-reinforce)를 할 수 있는데, 이는 자기관리전략(self-management strategy)으로 여기에는 바람직한 행동을 한 후 자기에게 강화제를 제공하는 것이 포함된다. 예를 들어, 클라이언트는 다른 사람과 사회적으로 상호작용을 한 뒤 자기에게 토큰을 주는 걸 배울 수 있고, 나중에 사탕이나 음료수로 교환할 수 있다.

강화제(강화물) 약화시키기(thinning or fading reinforcers)는 강화제가 주어지기 전에 점차적으로 목표로 하는 행동수행 영역을 늘려 가는 것을 포함한다. 예를 들어, 장애가 있는 학생은 토큰을 받기 전에 한 번은 대화를 먼저 시작해야 한다. 이것이 문제없이 일어난 이후에는 토큰이 주어지기 전 그 주기가 점차 길어지고 결국 토큰은 완전히 중단된다. 사회적 강화제가 자연스럽게 일어나고 있기 때문에, 그들은 공식적인 개입이 끝난 뒤에 더욱 성공적으로 행동을 유지하게 된다. 그러므로 사회적 강화제는 토큰과 같은 인공강화물과 자주 병행되고, 인공강화물이 중단된 후에도 지속될 수 있다.

타임아웃 절차(time-out procedure)는 개인이 바람직하지 못한 행동을 한 후에 사용된다. 예를 들어, 발달지연이 있는 미취학 아동이 다른 아동의 장난감을 부적절하게 빼앗거나, 바람직한 행동(예: 장난감을 돌려 주기)을 수행하도록 교사가 격려해도 반응하지 않았다고 하자. 그 후 아동은 그 환경에서 간단한 타임아웃으로 옮겨진다. 이 과정은 '시간제한적' 소멸(time-limited extinction)로 여겨질 수 있는데(Spiegler & Guevremont, 2003), 이것은 아동이 잠재적인 강화제(예: 장난감이나 다른 아동들과 놀기)에 접근하는 것이 잠시 거부되기 때문이다. 타임아웃 절차가 사용될 때, 타임아웃의 이유가 주어지고, 짧은 시간 동안 강화제로부터 떨어진 위치에 놓이게 된다(보통 아동의 연령에 따라 한 살당 1분, 최고 5분).

목표로 확인된 행동을 유지하는 정적 강화제를 인식하고 제거하는 것이 행동을 소멸시킬 수 있더라도, 이 책에 나오는 개입에서 소멸의 예는 소개되지 않는다. 부적 및 정적 처벌을 사용하면 또한 바람직하지 못한 행동을 감소시킬 수 있으나, 이 책에 나오는 개입에서 체벌은 거의 사용되지 않는다. 예외적으로 지적장애가 있는 직원이 자신의 작업을 완수하지 않겠다고 하면 그를 집으로 보내는 경우가 있다.

인지행동개입

다음 장들에서 기술된 가장 일반적으로 사용되는 인지행동개입들에는 문제해결 치료/훈련, 인지재구조화, 자기지시적 훈련이 있다.

문제해결훈련(Problem-Solving Training: PST)의 목표는 클라이언트에게 그들이 만족스러운 해결책을 찾을 수 없는 일반적인 문제를 해결할 수 있도록 인지기술을 가르치는 것이다(D'Zurilla & Nezu, 1999). 클라이언트가 일반적인 문제에 대한 만족스러운 해결책을 찾을 수 없을 때, 클라이언트는 개인적인 목표를 성취하지 못하는 것과 같은 부정적인 결과뿐만 아니라 바람직하지 못한 감정과 외현적인 행동을 경험할 수 있다. 문제해결훈련은 클라이언트가 문제가 있다는 것을 인식하고, 문제를 예상할 수 있는 삶의 정상적인 부분으로 인식하며, 조심스럽고 신중한 방식으로 문제해결에 접근하도록 도움으로써 시작된다. 그 후 실천가는 클라이언트가 문제와 목적을 인식하고 정의하도록 도와준다. 문제에 대한 대안 및 해결책이 브레인스토밍을 통해 생성된 후, 향후 평가를 위해 가능한 가장 합리적인 해결책이 선택된다. 평가는 장점과 단점, 혹은 각 해결책의 이익과 비용을 나열하고 비교하는 등의 방법으로 이루어진다. 평가에 기초하여, 대안이 선택된다.

클라이언트가 선택된 해결책을 실행하기에 앞서, 실천가는 클라이언트가 선택된 옵션을 실시하는 데 필요한 지식, 자원, 기술, 기회를 가지고 있는지의 여부를 결정해야 한다. 만약 클라이언트가 전제조건을 만족시킨다면, 선택된 옵션이 실행된다. 물론, 클라이언트가 전제조건을 만족시키지 않는다면, 실천가는 클라이언트가 지식과 기술을 배우고, 필요한 자원을 얻고, 확인된 해결책을 실행할 기회가 존재한다는 것과 혹은 다른 해결책이 선택되어야 한다는 것을 알 수 있도록 도와주어야 한다. 실행 후에는 해결책이 문제를 해결했는지 결정하기 위해 평가가 실시되어야 한다. 만약 문제가 해결되었다면, 문제해결은 종료된다. 만약 문제가 해결되지 않았다면, 문제해결은 계속되며, 클라이언트는 문제해결과정의 각 단계로 돌아가야 한다.

이 책에 나오는 개입들이 보여 주듯이, 문제해결훈련의 다양한 변형은 신체적 · 감각적, 그리고/또는 정신적 장애가 있는 아동 · 청소년 및 성인이 다양한 목표를 결정하는 데 있어 도움을 줄 수 있다. 그러한 목표들에는 '적절한 사회적 상호작용 강화하기, 우정관계 증가시키기, 작업성취도나 직업 관련 사회적 기술 향상시키기, 직장에서 증상이나 약물 관리하기, 스트레스 대처하기, 사회적 도움 구하기, 공적 및 사적으로 지원해 줄 자원 얻기, 개인적인 목표를 설립하고 얻기'가 포함된다. 문제해결훈련은 또한 저소득층 거주지역에서 주민이 지역사회 문제를 해결하는 것과 저소득층 여성이나 소수민족 청년이 위험성이 큰 성 행동에 참여할 확률을 증가시키는 선행조건에 대처하는 전략을 발전시키도록 도와줄 수 있다.

인지재구조화(cognitive restructuring)는 클라이언트의 외현적이거나 드러나지 않는 행동을 유지하는 역기능적이고 부적절하며 비이성적인 생각, 믿음 또는 이미지를 확인, 평가 혹은 거부하고, 대체하는 과정이다. 인지재구조화의 기본적인 단계가 다양한 치료모델들과 비슷해 보이나 사실 다른 과정을 사용한다. 예를 들어, 벡의 인지치료는 부드러운 소크라테스식 질문(예: "증거는 어디 있니? 다른 설명이 있을 수 있니?")을 사용하여 클라이언트가 자기 믿음에 대한 증거를 검토하는 것을 돕는 협동과정이다. 반면, 엘리스의 합리적정서행동치료는 더 교훈적인 치료이며 불합리적이거나 비논리적인 생각을 합리적으로 반박하도록 말로 설득한다.

인지재구조화의 몇 가지 예가 개입 장에 제시된다. 남성동성애자 클라이언트는 그의 사회적 불안을 지속시키고 다른 동성애자를 만나지 못하게 막는 부적절한 생각(예: '저 남자와 이야기하고 싶어. 하지만 그는 날 좋아하지 않을 거야.')을 인식하고 도전하도록 배울 수 있게 도움을 받는다. 그 후 치료사는 그에게 역기능적인 생각을 대신할 더 기능적인 생각을 갖도록 가르친다. 여성 동성애자 클라이언트는 여성 동성애자나 동성애자인 자신에 대해 부정적인 생각을 갖는데, 이는 불안을 야기하고 사회적 네트워크 형성을 방해하기 때문에 그녀는 이런 생각을 인식하고 바꾸는 것을 배운다. 마지막 예로, 집단운영자는 청년들에게 안전하지 않은 성적 행동을 하도록 촉진하는 생각을 인식하고 반론하며 더 안전한 행동과 일치하는 말, 예를 들어 "그가 콘돔을 사용하지 않으면, 그는 나를 정말 배려하는 게 아니야."라는 말을 사용하여 생각을 바꾸도록 가르친다.

자기지시적 훈련(self-instructional training)은 클라이언트가 자기 자신에게 새로운 행동이나 자기통제의 목적, 또는 이미 배운 행동을 수행하는 목적에 대해 말하도록 가르치는 것을 포함한다. 상황과 바람직한 행동을 밝혀낸 후, 실천가는 일련의 자기지시를 개발한다. 행동을 수행하는 동안 실천가가 자기지시를 크게 말하고, 실천가가 자기지시를 크게 말하는 동안 클라이언트가 행동을 수행한다. 그 후 클라이언트는 혼자 지시를 크게 말하거나, 지시를 혼잣말로 속삭이면서 또는 지시를 조용히 말하면서 행동을 수행한다. 클라이언트는 자신만의 자기지시를 개발하도록 장려된다. 실천가는 이러한 과정을 가르치는 데 있어 자주 사회기술훈련기법을 사용하는 데, 여기에는 클라이언트가 역할극에서 자기지시를 연습하게 한 후, 자연적 환경에서 연습하게 하는 것이 포함된다. 자기지시 훈련으로 다양한 장애가 있는 클라이언트가 동료들과 사회적 상호작용과 레크리에이션 및 여가 활동을 증가시키고 업무를 수행하도록 돕는 예시가 이 책에 소개된다.

다음에 마지막으로 소개하는 장에서는 인지행동방법과 임파워먼트 및 사회복지실천의 일관성에 대해 논의한다.

임파워먼트와 인지행동방법

이 장은 임파워먼트의 개념에 대해 설명하고 이 책의 목적에 부합하는 임파워먼트에 대해 정의한다. 또한 사회적 자원 증진, 경제적 자원 획득, 자기결정 행동의 증가, 거시적 의사결정에 대한 영향 등 네 가지 광범위한 개입목적의 선정에 대한 이해를 돕는다. 인지행동방법에 대한 일반적인 비판과 함께 인지행동방법과 임파워먼트 및 사회복지실천의 일관성에 대해서도 논의한다.

임파워먼트 및 개입목적의 선정

임파워먼트는 다양하고 애매모호하게 정의되지만 사회복지 및 관련 문헌에서 가장 자주 사용되는 개념 중 하나다. 임파워먼트는 실천, 일련의 전략, 절차, 목표, 산물, 감정, 능력, 생명력, 반성활동, 잠재적으로 통합적인 실천방법, 종사자들의 주요 과업 등으로 여겨져 왔다. 임파워먼트에 대한 개념은 거시적 · 미시적 실천수준과 다양한 클라이언트 집단에 적용되어 왔다. 빈민, 여성, 노인, 여성동성애자, 남성동성애자, 양성애자, 소수민족, 문화적 소수자, 정신적 · 발달적 · 육체적 장애가 있는 사람 등과 같은 취약집단이 임파워먼트 실천의 주요 표적집단이다(Browne, 1995; Carr, 2003; East, 2000; Hasenfeld, 1987; Kondrat, 1995; Lee, 1996; Saleebey, 2002; Simon, 1994; Staples, 1990).

'임파워먼트'라는 용어는 다양하게 정의된다. 솔로몬(Solomon, 1976)은 임파워먼트 실천을 사회복지에 처음 도입한 것으로 명성이 높은데, 그녀의 저서 『블랙 임파워먼트: 억압된 사회에서의 사회복지(Black Empowerment: Social Work in Oppressed Communities)』(Browne, 1995; Lee, 1996)에서 임파워먼트를 "전 생애에 걸쳐 사회적 낙인 범주에 속하는 개인이 대인 영향력 행사의 기술과 귀중한 사회적 역할의 수행을 개발 및 향상하도록 도움받는 과정"(p. 6)으로 정의하였다. 또한 솔로몬은 임파워먼트가 "적절한 목표"(p. 21)가 될 수 있다고 생각했다. 구티에레스(Gutiérrez, 1990)는 임파워먼트를 "개개인이 자신의 삶의 상황을 개선하기 위해 조치를 취할 수 있도록 하는 개인적 · 대인관계적 · 정치적 권력의 과정"으로 표현하였다.

사회복지의 강점관점에서 셀리베이(Saleebey, 2002)는 임파워먼트를 "개인, 집단, 가족, 사회가 그들 안팎에서 자원 및 도구를 찾고 소비하도록 돕고자 하는 목적 및 절차"(p. 9)로써 정의하였다. 중증 정신질환이 있는 클라이언트에의 개입에 적용되는 행동적 관점에서 코리건(Corrigan, 1997)은 임파워먼트에 대해 "치료, 일, 레크리에이션, 주거형태에 대한 개인의 의사결정"(p. 49)으로 정의내렸다. 지역사회심리학자들은 임파워먼트를 "사람, 기관, 지역사회가 그들의 삶에 대한 지배력을 얻는 절차"(Rappaport, 1984, p. 3)와 "개인이나 집단에 대한 주요 자원, 사건, 결과에 통제력을 갖는 절차"(Fawcett et al., 1994, p. 472)로 정의하였다. 리(Lee, 1996)는 임파워먼트에 대해 보다 많은 정의를 제공한다. 이러한 정의의 중심 주제는 개인이나 집단이 그들 삶의 중요한 측면에 대해 권력, 통제력 및 지배력을 개발하는 것이다.

임파워먼트에 대한 또 다른 정의를 제공함으로써 혼동이나 불명료함을 주지 않기 위해 이 책에서는 예헤스켈 하젠펠트(Yeheskel Hasenfeld, 1987)의 정의를 채택하였다. 하젠펠트는 임파워먼트를 "클라이언트가 그들의 환경에 대한 더 큰 통제력과 포부(aspirations)를 가질 수 있도록 하는 개인적 · 조직적 · 지역사회적 자원을 획득하는 과정"(p. 478-479)이라고 정의하였다. 이러한 정의는 개인이 삶에 대한 통제력을 기르고 사회복지의 가치에 상응하는 목표와 결과를 획득할 수 있도록 돕는 다양한 자원획득을 강조하기 때문에 적절하다 할 수 있다.

임파워먼트는 임파워먼트의 습득이나 어떤 절차 이상의 것이라고 추정할 수 있다. 관련 연구는 해당 절차나 습득한 기술이 개인 혹은 집단의 권력강화를 야기한다는 증거를 제시해야만 한다. 이는 사회적 · 경제적 자원, 개인의 의사결정, 취약계층의 삶에 영향을 미치는 거시적 결정 등의 증가로 나타난다. 후자의 가정은 로센과 프록터

(Rosen & Proctor, 1981)가 도구적 결과 및 목표 대(對) 궁극적 결과 및 목표로 정의한 것과 관련된다. 향상된 사회적 임파워먼트나 자기옹호기술과 같은 도구적 목표는 우정 형성, 임파워먼트 탐색, 법률상 권리수호 등과 같은 클라이언트의 궁극적 목표를 성취하기 위해 만들어진다. 이 책은 취약계층의 궁극적 목표달성에 있어 인지행동 개입의 효과성이 연구를 통해 증명된 인지행동개입에 대해 주로 다룬다.

다른 학자들과 동일하게 하젠펠트 역시 임파워먼트가 최소한 실천가-클라이언트 수준, 조직적 수준 그리고 사회정책 수준 등 세 가지 수준에서 발생해야만 한다고 주장한다. 실천가-클라이언트 수준에서 사회복지사는 클라이언트가 자신의 권리를 수호하고 자신의 사회적·경제적 자원을 획득하며 개인의 목표를 달성할 수 있도록 하기 위하여 클라이언트에게 지역사회 자원에 대한 정보를 제공하고 자기옹호기술 등에 대해 가르치는 것을 통해 그들의 권력자원을 증가시켜야 한다. 조직적 수준에서 실천가는 클라이언트의 요구에 부합하기 위하여 자신의 기관의 권력을 활용해야 한다. 정책적 수준에서 사회복지사는 사회정책 결정에 직접적 영향을 받는 클라이언트가 그러한 결정의 과정 및 실행에 영향을 미칠 기회가 있음을 보장해야 한다. 이 책에서 소개된 인지행동개입에 대한 평가는 이러한 개입들이 취약계층이 그들의 권력자원을 증가시키고 그들의 삶에 영향을 미치는 조직적·정책적 결정에 영향을 끼치도록 도울 수 있다는 것을 보여 준다.

인지행동방법론에 대한 비판과 임파워먼트 및 사회복지실천과의 일관성

사회복지실천에서 인지행동방법을 사용하는 것은 직접적으로 비판받거나, 혹은 클라이언트의 장점 대신에 클라이언트의 문제에 집중하는 것과 같은 다른 접근방법과 공유하는 특정 절차들에 대하여 비판을 받아 왔다. 비판은 주로 인본주의 철학이나 성향을 공유하는 학자들, 실천가들에 의해 제기되었다. 페미니즘, 임파워먼트, 강점관점(strengths pespective) 등이 이러한 비판에 해당한다. 인지행동방법의 사용에 대해서 인지행동 연구가와 실천가들 스스로 비판하기도 한다. 인지행동방법에 대한 가장 빈번한 비판 중 하나는 인지행동방법은 전문가에 의해 주도되고 통제되어 개인의 자유를 제한한다는 것이다. 둘째, 인지행동방법은 개인의 약점을 인식하고 변화하게 하여 클라이언트가 현재의 부당하거나 불리한 환경에 적응하도록 하기 때문에 이러한 개입들은 사회적 정의 관점에 부합하지 않는다. 셋째, 인지행동방법은 지엽적이고 제한적으로 정의된 행동을 평가 · 변화시키고 정량적 개입목표를 수립하며 표준절차를 활용하는데, 이 모든 것은 사회적 타당성이 부족하다. 다음의 세 절에서는 이러한 비판들에 대해 차례로 다루며 인지행동개입이 임파워먼트 및 사회복지실천과 어떻게 일관성을 갖는지 논의한다.

인지행동방법이 전문가 통제를 통해 개인의 자유를 제한하는가

인지행동개입은 실험상 검증을 거친 이론과 개입연구에 기초한다는 점에서 전문가 주도적이라고 할 수 있다. 임파워먼트, 페미니스트, 강점관점에 토대를 둔 학자들(예: Hurst & Genest, 1995; Rappaport, 1981; Saleebey, 1996)은 개입과정의 전문가 통제에 대해 반대의 목소리를 높여 왔다. 학자들과 실천가들은 전문가 주도 방법이 개인의 자유를 두 가지 주요 방식으로 제한한다고 주장한다. 첫째, 실천가나 책임을 지고 있는 기타 전문가들은 개인의 행동을 통제하기 위하여 기술을 사용하며, 둘째, 해당 개인이나 집단이 아니라 실천가가 목표행동에 대해 정의하고, 사정 · 개입 · 평가 절차를 선택한다는 것이다. 이러한 실천을 하는 것은 단지 클라이언트의 무력감을 강화시킬 뿐이라고 주장한다.

많은 사회복지 분야의 학자 및 실천가들은 사회복지사들이 사용하는 접근법(예: 페미니스트 접근법, 강점에 기초한 접근법, 인지행동 접근법)에 상관없이 사회복지 종사자들이 사회통제기능을 자주 수행한다는 것을 인정한다(예: Gambrill, 1997; Rothman, 1989). 다시 말해서, 사회복지사들은 특정 문제를 감소시키거나 혹은 제거하고 개인이나 집단이 사회적 규범에 순응하는 것을 돕는 데 빈번하게 개입한다는 것이다. 이는 특히 자녀와 배우자 학대와 같은 문제, 다른 형태의 폭력, 약물남용, 기타 다양한 불법행동 등과 관련된다. 그러나 개인의 그러한 행동 통제를 돕는 것은 개인의 자유를 반드시 감소시키는 것만은 아니며 강화할 수도 있다. 약물남용과 같은 특정 행동을 감소시키거나 통제하는 것은 임파워먼트와 대인관계와 같은 선택을 증가시킬 수 있다. 선택할 대안을 갖는 것은 중요한 자유요소다. 이러한 유형의 행동변화는 임파워먼트와 부합할 수 있다.

이러한 주장에도 불구하고 행동, 특히 취약집단의 행동을 통제하기 위하여 행동기법을 오용하는 '전문가'들에 대한 예시는 분명 많이 있다. 그 예로는 부적절하고 불필요한 혐오기법의 사용, 복종을 요구하고 독립적 의사결정을 막는 강화나 처벌 결과의 수립, 클라이언트가 생계를 위해 일하는 것과 같은 목표행동에 참여할 수 있도록 합법적으로 자격을 부여하는 강화제를 획득할 것을 클라이언트에게 요구하는 것 등이다(Corrigan, 1997). 비록 행동개입이 부적절하게 개인의 자유를 부정하기 위해 사용되어 온 측면도 있지만, 이 책에서는 이러한 적용이 개인의 선택과 자유를 강화하는 데 사용될 수 있는 방법들에 대해 설명한다.

심지어 클라이언트가 자신의 개입목표를 설정하는 상황에서조차 행동요법이 외부통제를 통해 클라이언트의 자율성 및 선택의 자유를 약화시켰다는 초기 비판에 대응하기 위해 인지행동 학자들은 다양한 자기통제 평가(self-control assessment) 및 개입방법을 개발했다(Browder & Shapiro, 1985; Goldfried & Castonguay, 1993; Rasing, Coninx, Duker, & Van den Hurk, 1994). 즉, 클라이언트가 자신의 행동변화를 관찰, 기록, 평가하는 자기기록(self-recording)이 주요 평가방법이다. 자기통제 개입의 예로는 자기지시, 기타 개별화된 촉진의 사용, 자기강화, 문제해결, 인지재구조화 등이 있다. 또한 이 책에서 제시하는 것처럼 인지행동개입은 취약계층의 클라이언트가 자신의 환경의 자원을 증가시키고 평가하며 자기결정을 강화하고, 자신의 삶에서 중요한 측면과 그들이 받아 온 서비스에 관여하는 거시적 의사결정 및 실천에 영향을 미치도록 도울 수 있다. 이와 같이 인지행동개입은 사람을 통제하기보다는 임파워시키기 위해 사용될 수 있다.

인지행동방법에 대한 또 다른 비판은 클라이언트가 아닌 실천가가 변화될 행동에 대한 정의를 내리고 사정, 개입, 평가 절차를 선택하는 데 통제력을 지닌다는 것이 있다. 사회복지실천에 대한 실천가의 철학적 혹은 이론적 성향과 상관없이, 클라이언트의 문제 및 목표 선택과 평가 · 치료 · 사정 절차는 어떤 방식으로든 제한된다(Rothman, 1989). 사회(예: 사회적 규범과 자금출처), 실천가 특성(예: 인종, 신념, 지식 및 훈련, 개인적 성향), 조직 · 기관의 권한, 정책, 자원 등은 모두 이러한 실천적 측면을 제한한다. 인정하건데, 심지어 클라이언트가 문제 및 목표, 평가, 개입절차 등을 정의하는 방법에 대해 선택의 기회를 가질 때에도 인지행동의 적용은 다른 접근법들보다 더 강요적일 수 있다. 예를 들어, 문제와 행동에 대해 명확하고 엄밀하게 정의되고, 평가방법이 제한된 범위의 선택사항으로 구성되며 개입이 빈번히 기술적 · 지시적이고, 또한 경험적 연구에 기반을 두기 때문에 자주 일반화되기도 한다. 이러한 인지행동의 적용 측면은 평가 및 개입 과정의 통제를 전문가의 손에 일임하게 하며, 이는 임파워먼트 접근법에 부합하지 않을 수 있다.

포셋 등(Fawcett, Seekins, Wang, Muiu, & Suarez de Balcazar, 1984)은 개인의 임파워먼트를 위해 사회적 기술을 사용하는 것에서 분명한 모순을 발견하였다(여기에서 사회기술은 다양한 실생활 상황에서 참여자의 사회적으로 적절한 행동을 변화시키기 위해 고안된 일련의 반복 가능한 절차로 정의된다). 이들은 일반화된 개입을 활용하고 참여하기로 선택함으로써 실천가와 참여자가 자유나 통제 일부를 포기해야만 함을 인정했다. 그러나 만일 일반화된 개입을 활용하는 것이 참여자에게 선택사항을 증가시키고 그들의 삶에 더 많은 통제권을 부여한다면 이러한 개입의 활용은 개인의 자유와 임파워먼트를 증가시킬 수 있다. 예를 들어, 만일 어떤 한 실천가가 장애가 있는 클라이언트에게 자기옹호기술을 가르치기 위하여 사회기술훈련을 활용하기로 선택했다면 그 실천가는 필연적으로 그 기술을 가르치기 위하여 개입과정의 일부 통제권을 포기해야만 한다. 만일 클라이언트가 이러한 개입에 동의했다면 그 역시 기술을 배우기 위한 방법 선택에 대해 일부 통제권을 포기할 것이다. 그러나 만일 일반화된 개입을 활용함으로써 클라이언트가 자기옹호기술을 획득한다면 클라이언트는 자원을 획득하고 자신의 삶에 관해 내려진 결정에 영향을 미칠 선택사항을 더 많이 갖게 된다. 또한 만일 이러한 기술의 사용이 클라이언트의 사회적 · 경제적 자원 증가, 클라이언트의 삶에 영향을 미치는 의사결정 참여, 개인의 권리수호 등의 결과를 가져온다면, 이러한 결과는 임파워먼트와 부합한다고 할 수 있다. 이 책에서 설명하는 것처럼, 인지행동의 적용은 취약집단이 그러한 결과를 달성할 수 있도록 돕는 데 활용될 수 있다.

인지행동개입이 클라이언트가 자신의 목표를 달성할 수 있도록 돕는 것을 통해(혹은 다른 개입들과 비교해서 인지행동개입이 더 짧은 시간 안에 클라이언트가 목표를 달성할 수 있도록 하는 것을 통해) 클라이언트를 임파워시킬 수 있다는 주장과 더불어, 이러한 방법은 다른 측면에서 임파워먼트 관점과 사회복지실천에 부합한다.

첫째, 인지행동접근법의 결정적인 특징과 가치는 접근법을 개인 혹은 집단에 사용하는 데 있어 개입에 대한 경험적 · 실증적 평가, 클라이언트에게 연구기반 치료법 제공,

개입의 효과 평가에 전념하는 것을 포함한다는 것이다. 이러한 특징들은 미국사회사업가협회(NASW, 1999)의 윤리강령뿐만 아니라 사회복지 프로그램의 승인 기준과 교육정책에 부합한다(CSWE, 2001). 인지행동개입은 사회복지 및 관련 문헌에서 다양한 클라이언트 문제에 대한 효과적인 개입 중 하나로 언급되고 있다(예: Kazdin & Weisz, 2003; MacDonald, Sheldon, & Gillespie, 1992; O'Hare, 2005; Reid, Kenaley, & Colvin, 2004).

둘째, 개입 장에서 제안하는 것처럼 인지행동의 적용은 또한 전통적 심리치료가 부적절하거나 도움이 되지 않을 수 있는 취약집단에게 유용할 수 있다. 그 예로는, 지적장애가 있는 클라이언트의 사회적 상호작용의 증진을 돕고, 심각한 정신질환이 있는 클라이언트가 자신의 정신질환 상태에 대해 내려진 약물치료 결정에 적극적으로 참여하도록 하며, 학습장애가 있는 학생이 자신의 목표를 정하고 달성하도록 돕는 것 등이 있다. 또한 인지행동기법은 특히 취약계층과 관련이 있는데, 이는 전통적 심리치료를 사용하기 어려울 수 있는 학교나 직장과 같은 환경에서도 시행될 수 있기 때문이다.

셋째로, 문제 및 목표의 선택, 평가 및 개입 절차와 추적과정은 클라이언트에 맞게 개별화되며, 설명 · 협상 · 합의가 가능하다. 특정 문제에 대한 치료에 앞서 실천가는 클라이언트에게 실행 가능한 대안적 개입과 개입절차와 관련된 것들에 대해 설명할 수 있다. 기본적인 근거, 개입의 세부사항, 클라이언트와 중요 인물에게 예상되는 활동, 개입의 지속기간과 성공률에 대한 예측, 개입 선택사항의 장 · 단점 등이 이러한 설명에 포함될 수 있다. 이러한 투명한 과정이 고지된 질문이나 선택을 할 기회를 제공하기 때문에 클라이언트와 주요 인물을 통제하에 두게 한다. 이러한 과정은 기만적 개입(예: 역설적 개입, paradoxical intervention)을 사용하고, 평가 및 개입 절차를 충분히 설명할 수 없거나 설명하지 않으며, 클라이언트와 실천가가 그들이 달성할 수 있을지 여부를 결정하기 매우 어려운 모호한 목표를 설정하고, 절차의 지속기간 및 효과의 예측과 장 · 단점에 대한 정보에 대해 불분명한 개입 옵션을 제시하거나, 심지어 클라이언트에게 인지시키거나 알리지 않고 인지행동개입을 활용하는 것과 같은 또 다른 치료법이나 접근법과는 다르다(Hudson & Macdonald, 1986; Spiegler & Guevremont, 2003; Thyer, 1991).

예를 들어, 사이어(Thyer, 1991)는 행동기법에 대해 훈련받고 이를 활용하는 사회복지사는 학습이론을 따르며 정적 강화와 같은 개입을 정밀하고 전문적인 방법으로 활용한다고 주장했다. 사회복지사는 클라이언트가 치료과정에 전념하도록 동기를 부여하고, 과정 중에 발생하는 문제에 적극적으로 움직이며 클라이언트의 목표와 관련된 과제를 수행하도록 하기 위해 강화제를 활용한다. 또한 사이어는 칼 로저스(Carl Rogers)가 수행한 것처럼 정적 강화가 정신역학 및 내담자 중심 치료에서 주로 활용된다고 주장하는 연구를 인용하였다. 그러나 트루액스(Truax, 1966)가 설명했던 것처럼 로저스는 치료 동안에 자신이 클라이언트의 자기노출과 감정표시에 따라 언어적 혹은 기타 형태의 강화제(예: 눈맞춤)를 사용했음을 인지하지 못했다. 또한 학습원리는 아마도 전통적인 임파워먼트나 강점기반 접근법에 참여하는 실천가들의 활동에 적용될 것이다. 즉, 사회복지사들은 문제나 결점에 대한 클라이언트의 설명으로부터의 관심을 철회하고(소멸시키고), '전문가'인 실천가가 문제해결의 합법적 수단 혹은 강점으로 정의하는 행동에 주의를 기울인다(강화한다). 아마도 전통적인 임파워먼트와 강점기반 접근법은 일부 학자와 실천가가 생각한 것처럼 클라이언트 중심 대(對) 전문가 중심이지는 않은 것 같다.

인지행동방법이 사회정의 관점에 부합하는가

특히 취약계층과 억압계층, 혹은 두 집단을 대변하여 사회정의를 촉진하는 것은 사회복지직의 핵심가치다. 모든 사람에게 평등한 기회, 필요한 정보, 지원, 서비스에 대한 접근, 의사결정에 있어서의 의미 있는 참여 등을 보장하는 것을 목표로 하는 개입은 사회정의를 추구하는 것과 일치한다(NASW, 1999). 일부 사회복지학자와 실천가들은 개인의 문제에 집중하는 인지행동개입이나 실천방법은 사회정의와 개인-환경 관점에 부합하지 않는다고 주장한다. 즉, 그러한 개입을 빈번히 활용하는 실천가는 개인의 결점을 밝혀내고 변화시키는 데 집중하며 따라서 문제를 야기하는 불리하거나 부당한 환경을 바꾸는 것 대신에 개인을 그러한 환경에 적응하도록 한다는 것이다.

강점기반관점을 대표하여 카우거(Cowger, 1994)는 개인의 문제나 결점에 초점을 둔 평가, 사정, 개입절차는 부적절하게도 문제의 원인을 클라이언트에게 둔다고 주장했다. 그러한 실천은 개인이 이미 경험하고 있는 무기력함을 강화할 수 있기 때문에 클라이언트가 개인적 · 사회적 힘을 펼치는 데 추가적 걸림돌이 될 수 있다는 것이다.

또한 이는 문제의 원인인 불공평한 사회적 · 경제적 구조를 바꾸지 못한다. 또한 카우거는 사회복지의 실천 자체가 정치적 활동이며, 개인의 결점을 인간 문제의 원인으로 여기는 것이 정치적으로 보수적이며 현재의 상황을 지지하는 것이라고 주장했던 고르프(Goroff, 1983)의 의견에 동의하였다.

인지행동방법은 문제중심적인 방법으로 목표달성 여부를 결정하기 위해 개입 전후와 과정 중에 개인의 행동을 확인하고 추적한다. 그러나 평가와 개입을 할 때 단지 결점만이 아니라 클라이언트의 강점과 적응행동도 확인되고 자주 강화된다. 또한 개인을 진단하고 분류하는 것은 인지행동평가의 주요 초점이 아니다. 라인하르트(Reinhard, 2000)는 인지치료를 '피해자 책임전가'라고 부르는 것에 반대하였는데, 이는 변화의 필요성을 개인 안에(within the individual) 두기 때문이다. 그는 인지치료가 클라이언트에게 상황에 대응할 수 있는 방법을 자주 선택할 수 있음을 가르침으로써 임파워먼트할 수 있다고 주장했다. 이와 같이 클라이언트는 자신의 과거나 현재 상황의 희생자가 될 필요가 없다. 또한 어떤 개인의 문제에 대한 책임을 인정하는 것은 적절할 수 있고 심지어 성적 학대나 중독과 같은 많은 문제의 치료에 도움이 된다.

다른 인지행동 치료사와 연구자들(예: Goldfried & Castonguay, 1993)은 타인으로부터 자주 자신들이 틀렸다는 반응을 경험했던 클라이언트들이 행동을 변화시킬 수 있도록 돕는 것은 클라이언트가 정말로 결함이 있다는 메시지를 보낼 수 있다고 인정하였다. 골드프리드와 캐스톤과이(Goldfried & Castonguay)는 개입 전에 무조건적 관심을 바탕으로 하는 치료상 관계를 구축하는 것으로 그러한 반응을 피할 수 있다고 주장했다. 인지행동개입은 클라이언트가 자신에게 선택권이 있으며 자신에 대한 타인의 정의를 받아들일 필요가 없다는 것을 인지하도록 도울 수 있다. 또한 페미니스트 학자들은 피해자에 대한 책임전가는 인지행동 실천가가 클라이언트의 경험을 인정해 주고, 병리적 측면이 아니라 부정적 상황에 적응하는 것의 결과로 클라이언트가 자신의 문제를 이해하도록 도움으로써 회피될 수 있다고 주장한다(Hurst & Genest, 1995). 마지막으로, 임파워먼트와 페미니스트 학자들은 자주 문제의 원인에 대한 부적절한 책임감과 문제의 변화 시도에 대한 적절한 책임감을 구별하였는데, 이는 종종 새로운 지식 및 기술 습득을 포함한다(Gutiérrez, 1990; Gutiérrez & Ortega, 1991; Hurst & Genest, 1995; Lee, 1996; Lewis, 1994; Wolfe, 1995).

이 책에서, 그리고 일부 임파워먼트 및 페미니스트 학자들이 주장하는 것처럼 취약계층이 지식(예: 자신의 법적 권리와 정치적 과정에 관한 지식)을 습득하고 기술(예: 자기옹호, 구직, 대인기술, 정치적 기술)을 배울 수 있도록 돕는 것은 그들의 의사결정, 개인적 목표달성, 자신의 삶에 영향을 미치는 거시적 결정 및 실천에의 영향 등을 야기할 수 있다. 알린스키(Alinsky, 1971)와 칸(Kahn, 1970)이 활용하고 지지했던 것처럼, 전통적 지역사회조직 전략과 관련된 발카자르(Balcazar, 1993)의 발언이 이 책에서 설명하는 개입에 적용될 수 있다. 이러한 유명한 창시자들이 이룬 성공은 그들 자신의 기술, 능력, 성격의 결과로 나타났다. 그들이 지역사회구성원들이 개입이 철회된 이후에도 일을 계속할 수 있도록 기술을 훈련시키는 체계적 방법을 사용하는 데 실패했기 때문에 지역사회구성원들 스스로는 그러한 활동을 거의 계속할 수 없었다. 전문가들이 개입 철회 이후, 개인적 · 집단적 목표를 얻기 위해 관련 기술을 학습하고 활용하는 것은 임파워먼트에 필수적이다.

인지행동방법이 사회정의 가치와 반드시 충돌하는 것은 아니라는 이전 주장에도 불구하고 다른 학자들은 대조적인 관점을 제시하고 있다. 사회복지 연구가들(Gorey, Thyer, & Pawluck, 1988)은 개인이 변화할 필요성을 강조함으로써 클라이언트가 자신의 환경에 적응하도록 돕는 '개인적' 사회복지방법(인지행동개입 포함)을 환경을 목표로 하는 '체계-구조적' 혹은 더 '진보적' 사회복지개입(예: 페미니스트와 환경 속의 인간관점접근법)과 대조시킨다. 페미니스트와 마르크스주의 학자들(Hunter & Kelso, 1985; Kantrowitz & Ballou, 1992; Ulman, 1995)뿐만 아니라 다른 사회복지학자들(Berlin, 2002; Wodarski & Horme, 1981) 역시 대부분의 인지행동개입의 목표가 클라이언트가 현재의 상황에 적응하도록 하고 많은 문제의 근본인 사회정치적 환경을 본래 상태 그대로 두는 것임을 관찰했다. 인지행동개입은 내재적 행동(예: 많은 사람 앞에서 말하는 것의 두려움을 줄이기 위한 노출치료와 우울함을 줄이기 위한 인지재구조화의 활용)과 외현적 행동(예: 아동이 잘 따르도록 하기 위하여 아동관리훈련 활용)을 변화시키기 위하여 자주 사용된다. 예를 들어, 심지어 환경이 변화되거나 부모가 자신의 자녀가 순종하도록 촉진하는 것을 학습했을 때 자녀가 순종하면 부모는 자녀를 강화한다. 이처럼 클라이언트에게 목표는 여전히 사회적 규범에 적응하는 것이나 특정 사회적 상황에서 더 효과적으로 상황을 처리하도록 하는 것이다.

물론 향상된 적응력 및 대처능력과 관련된 목표는 사회복지의 가치와 클라이언트, 중요한 타인(significant others), 사회의 목표에 부합하고 적절하다고 할 수 있다. 이는 특히 불법적이고 위험한 행동과, 변화시킬 수 없는 상황(예: 가족의 사망이나 불치병), 각 클라이언트 고유의 문제를 따르기에는 상식적으로 예측할 수 없는 상황(예: 극도의 불안으로 고통받는 개인에게 공적증언을 하게 하는 것), 클라이언트가 거의 혹은 전혀 통제할 수 없는 타인의 행동과 관련된 상황(예: 장애와 같이 개인의 특성 때문에 거부되는 것)과 같은 경우에 해당된다. 많은 경우에 특히 사회적 · 경제적 자원이 빈번히 부족하고 법적 권리에 대한 차별이나 거부를 당하며 개인의 목표를 수립 · 달성하고 거시적 의사결정에 영향을 미칠 수 있는 기회를 제한받는 취약계층에서는 다른 혹은 추가적 개입목표를 수립하는 것이 적절하다.

베를린(Berlin, 1980)이 거의 30년 전에 주목했던 것처럼, 그리고 그 밖의 행동기법 개요(예: Fawcett et al., 1984, 1994; Mattaini, 1993; Thyer, Himle, & Santa, 1986)에서 설명하는 것처럼, 인지행동개입이 클라이언트가 현재의 사회정치적 상황에 적응하도록 돕는 데 매우 빈번히 사용되고 있다는 사실은 개입이 이러한 유형의 목표에 제한되어야만 하는 것을 의미하지는 않는다. 이 책의 많은 예시가 설명하는 것처럼, 인지행동개입은 반드시 정치적으로 보수적이거나 사회정의나 임파워먼트 측면에 모순되는 것은 아니다. 사회복지사와 기타 전문가들은 클라이언트, 특히 취약한 클라이언트가 다른 유형의 목표를 달성하는 것을 돕기 위해 인지행동개입을 활용할 수 있다. 이러한 목표로는 사회적 · 경제적 자원에의 접근 및 증가, 의사결정에 대한 개인의 통제 및 투입의 증가와 선택권 증가, 그리고 법적 · 개인적 권리 수호를 통한 자기결정의 향상, 취약계층의 삶에 영향을 미치는 거시적 의사결정에 대한 영향 등이 있다.

모든 실천모형과 접근법이 그러한 것처럼 실천적 인지행동모형도 가치판단적이다. 그러나 학자들, 특히 페미니스트들(예: Kantrowitz & Ballou, 1992; Van Den Bergh, 2002)은 인지행동접근법과 근본 이론들은 문제가 발생했을 때 문제에 대한 정의를 내리고 문제 · 개입 · 목표를 선택하는 데 담겨 있는 실천가나 사회의 가치들에 관하여 분명하고 명시적이지 않다는 비판을 하였다. 비록 문제와 평가, 개입절차가 정확하게 인지행동의 적용에서 정의되었다고 할지라도 실천가와 클라이언트 간의 사회적 권력 차이가 존재하기 때문에 인지행동의 적용에 있어서의 이러한 투명성이 사회 및 실천가의 가치가 치료과정에 지나치게 영향을 미치지 않도록 막을 수는 없다(Leslie, 1997). 그러한 과도한 영향은 취약계층에 특히 적용될 수 있다. 페미니스트들(예: Fodor, 1988)은 또한 인지행동치료법의 교육적 특성을 고려할 때 실천가가 클라이언트에게 가치와 세계관을 심어 주는 강력한 위치(예: 인지재구조화를 활용할 때)에 있다는 점을 지적했다. 클라이언트에게 개인적 가치나 관점을 부여하는 것은 실천가의 이론적 성향이나 선택 방법에 상관없이 위험한 것이다. 허스트와 제네스트(Hurst & Genest, 1995)가 우려했던 것처럼, 실제로 페미니스트 실천가들은 치료 중에 전통적 목표를 선택하는 여성에게 자신의 관점을 부여하지 않도록 스스로 주의해야 한다.

현대의 인지행동 치료사 및 연구자들은 엄격한 연구방법론의 사용, 훌륭한 의도 및 동기, 절차의 투명성이 임상적 적용과 사회정책 결정에 내재하는 가치판단적 질문에 답을 제공할 수 없다는 것을 인식하고 있다(Evans, 1997; Peterson, 1997). 인지행동전략을 특정 클라이언트, 특히 이 책에 제시된 취약계층을 돕기 위해 적용하는 것은 클라이언트, 주요 타인, 사회, 전문가의 관점 및 가치와 관련된다. 추가적인 가치 검증에 대한 논의는 다음에 이어진다.

인지행동방법은 사회적 타당성이 부족한가

페미니스트 학자들은 치료효과를 판단하기 위해 사용되는 인지행동 평가, 개입, 결과측정, 전통적 과학방법들이 복잡한 인간과정들(complex human processes)을 관찰 및 측정할 수 있는 협소하게 정의된 행동들로 축소시킨다는 이유로 비판해 왔다(Kantrowitz & Ballou, 1992; Van Den Bergh, 2002). 페미니스트 학자들은 더 나아가 이러한 관행이 행동을 수행하는 사회문화적 대인관계 맥락과, 성별, 성적 성향, 문화, 인종/민족, 사회경제적 계층, 발달상태, 개인적 경험 등의 결과로써 나타나는 개별차이를 고려하는 데 실패했다고 주장한다. 인지행동 연구자와 실천가들도 유사한 견해를 보이는데, 이들 중 일부도 역시 페미니스트다(Casa, 1988; Delamater & McNarma, 1986; Iwamasa, 1997; Mathur & Rutherford, 1996; McNair, 1996; Norman, 1996; Olmeda & Kauffman, 2003; Purcell, Campos, & Perilla, 1996). 인지행동접근법의 두 가지 주요 강점은 이러한 비판에 대해 언급한다. 첫째, 치료절차는 모든 집단에 걸쳐 적용되는 이론을 바탕으로 한다. 둘째, 인지행동치료법은 개인의 사회문화적 환경에서 제시되는 문제와 사건 사이의 관계에 대한 이해에 있어 실천가가 확인하는 기능적 분석을 바탕으로 한다(Hansen, Zamboanga, & Sedlar, 2000).

인지행동방법의 적용에 대한 연구와 이 책에서 기술하는 개입이 설명하는 것처럼,

개인의 기능평가는 유감스럽게도 드물며 일반화된 개입이 주로 사용된다. 비록 행동, 목표, 평가 및 개입 절차에 대한 명확한 정의가 정확한 평가, 사정, 결과의 반복적인 검증에 일조할 수 있음에도 불구하고 학자들은 그러한 절차가 지닌 문제를 인정한다. 문화적 영향, 과거 경험, 사회경제적 맥락 등과 같은 요소들을 평가하고 포함시키는 데 실패하는 것은 적어도 다음의 세 가지 주요 측면에서 치료에 영향을 미칠 수 있다. 첫째, 그러한 요소들은 인지행동방법의 수용 가능성에 영향을 미친다. 문제의 원인, 평가, 개입절차에 대한 설명이 클라이언트의 세계관, 삶의 경험(예: 빈곤, 차별, 거절), 현재 처한 상황과 맞지 않을 수도 있다. 둘째, 변화에 대한 기술이나 행동을 밝혀낼 때, 특정 사회문화적 맥락과 개인의 특성이 기술 부족과 기능적 기술로 간주되는 것에 대해 정의한다. 셋째, 개입 혹은 교육용 자료는 그러한 기술이나 행동이 수행되어야 하는 문화적 혹은 사회경제적 맥락과 모순될 수 있다. 이러한 상황에서의 행동은 예기치 못한 불리한 결과를 초래할 수 있다. 이는 특히 취약계층의 경우에 그런데, 이들의 다수는 경제적 · 사회적 힘이 없으며 타인의 보살핌에 의존한다. 예를 들어, 자기주장이나 자기옹호 기술을 가르치는 것은 타인에게서 불합리한 평가를 끌어내고 대인관계에 영향을 미치거나 다른 사회적 · 경제적 혜택에 피해를 입힐 수도 있다.

인지행동 연구자들은 목표행동이나 기술, 평가 및 개입 절차, 개입의 목적 및 결과의 관련성을 사회적 타당성의 문제로서 자주 언급한다. 30년 전에 울프(Wolf, 1978)는 행동치료사와 연구자들은 변화, 개입절차, 개입목적 및 결과를 목표로 하는 그들의 행동이 중요하고 사회적으로 타당하다고 단순하게 추정할 수 없다고 인정했다. 사회적 중요성과 타당성은 주관적 가치판단이기 때문에 그러한 판단은 클라이언트, 돌봄제공자, 개입절차에 영향을 받거나 혹은 관련된 타인이 해야만 한다는 것이다. 울프와 여러 학자들(Baer, Wolf, & Risley, 1987; Foster & Mash, 1999; Kennedy, 2002; Meyer & Evans, 1993)은 인지행동절차가 사회적 타당성을 증명해야만 하는 다섯 가지 영역에 대해 다음과 같이 명시하였다.

첫째, 개입목표의 사회적 중요성이 결정되어야 한다. 즉, 목표는 개입에 영향을 받거나 관련된 타인과 클라이언트의 관점에서 중요하고, 바람직하며, 수용할 만하고, 실행 가능한 것이어야 한다. 둘째, 개입의 효과나 결과(긍정적, 부정적인 면 모두 포함)는 만족할 만한 것이어야 한다. 다시 말해서, 변화의 정도는 클라이언트의 삶의 중요한 측면에서 차이가 발생했음을 결론짓는 것이므로 클라이언트와 주요 타인에게 의미 있고 타당하며 충분한 것이어야 한다. 셋째, 개입절차는 사회적으로 적절해야만 한다. 즉, 치료절차는 개입과정에 관련된 사람들이 수용할 만하고 실행할 만한 것이어야 한다. 문화, 가치, 비용, 특별 자원, 훈련, 관리의 용이성, 개입절차의 준수 등에 대한 고려가 이에 포함된다. 보다 최근에 일부 연구자들은 인지행동 실천가와 연구자들 사이에 우려를 일으킨 두 가지 추가 영역이 사회적으로 타당한 개입의 중요 요소이거나 이에 관련된다고 주장했다(Hansen et al., 2000; Kennedy, 2002; Meyer & Evans, 1993). 이 두 영역은 정식 개입 이후에 개입으로 인한 개선사항을 유지하는 것과 개입 때와는 다른 환경, 맥락, 자료, 개인에 그 개선된 것들을 전이시키는 것이다.

베어 등(Baer et al., 1987)은 연구자와 실천가에게 프로그램 개발에 있어 활발하게 개입하는 참여자들뿐만 아니라 개입 이후 피드백을 주기 위하여 인지행동치료법의 참여자에 대한 방법도 개발할 것을 요구했다. 이렇게 함으로써 개입이 수용되고 목표를 달성할 수 있는 기회를 증가시킨다는 것이다. 제10장에서 논의하는 인지행동개입의 평가에서 설명하는 것처럼 개입목표, 결과, 절차의 사회적 타당성을 평가하는 많은 방법들은 전통적인 과학적 방법에서 벗어난다. 대신에 이러한 방법들은 주관적이고 정량적인 평가에 더욱 의존한다. 이 책에서 검토한 개입에 대한 평가는 클라이언트, 돌봄제공자, 가족구성원, 교육자, 동료, 그리고 개입 전후와 개입과정에 관여하는 사람들에게 그러한 방법을 활용한 많은 예시를 제공한다. 또한 개입으로 인한 개선을 유지하고 전이시키는 것에 대한 많은 전략은 이후 장들에서 계속될 것이다.

요 약

인지행동의 적용은 중요한 측면에서 임파워먼트 및 사회복지의 실천과 부합한다. 실천가들은 클라이언트와 협력적 관계를 구축하며, 클라이언트는 문제 · 목표 · 개 입 · 평가 절차를 선택하는 데 있어 적극적 참여자다. 평가 및 개입 절차는 연구를 통해 개별화되고, 투명하게 알려지며, 개인, 환경적 절차, 클라이언트 강점을 강조한다. 마지막으로, 인지행동개입은 사회정의와 임파워먼트 측면에 부합하는 목적을 개인 및 집단이 획득할 수 있도록 돕기 위해 사용될 수 있다. 이러한 많은 적용에 대해서는 제10장에서 설명한다.

인지행동방법이 부적절하게 적용되거나 오용되지 않았다고 말하는 것은 아니다.

다른 유형의 개입에서도 그렇듯이 인지행동전략은 부적절하게 행동을 통제하고 자유를 제한하며 개인이 부당한 사회적 · 경제적 환경에 적응하도록 하는 데 사용되어 왔다. 실천가와 연구자들은 종종 개인의 특성과 함께, 특정 행동이 수행되는 맥락을 무시해 왔으며, 단순히 그들의 목표, 개입, 치료결과의 사회적 중요성과 관련해서 추정해 왔다. 이 책에서 설명하는 일부 개입은 후자의 문제에 대한 전형적인 예다. 그러나 이 책에서는 인지행동방법이 종종 사용되어 온 방법과 사용될 수 있는 방법을 구분하였다. 이 책에서 설명하는 것처럼, 사회적으로 타당한 인지행동개입이 개발될 수 있으며 클라이언트가 임파워먼트 측면과 사회복지의 가치에 부합하는 목표를 성취할 수 있도록 도울 수 있다.

이 책의 이후 장들에서 설명하는 사회적 타당성의 문제와 더불어 인지행동방법의 두 가지 측면은 임파워먼트의 일부 정의를 반박하기 위해 고찰되었다. 첫째, 실천가는 실증적이고 경험적인 뒷받침을 가지고 있는 개입을 제공하고 활용한다는 점에서 '전문가'의 역할을 수행한다. 둘째, 다수의 개입이 사실상 지시적이고 교훈적이다. 그러나 만일 개입이 클라이언트와 개입에 관련된 사람이 충분히 세부적으로 공지된 의사결정을 하도록 설명을 듣고 그들의 목표에 부합하는 개입을 선택한다면 개입의 활용과 임파워먼트 측면 사이의 모순은 존재하지 않는다. 사실상 실천가가 개인과 집단에게 그들의 목표달성을 위해 선택할 수 있는 개입 선택에 대해 설명하고 이를 제시할 때만 임파워먼트가 가능하다. 특정 이념, 철학을 바탕으로 클라이언트에게 무엇이 최선인지 안다고 가정하고, 이후 클라이언트에게 그 이념이나 철학과 상충되는 특정 개입 유형(예: 상대적으로 지시적이거나 문제중심적인 연구에 근거한 개입)을 제공하는 것을 줄이는 것은 임파워먼트의 반대되는 것이다. 카우거(Cowger, 1994)가 주장한 것처럼 임파워먼트에 근거하는 사회복지의 실천은 개인이 이용 가능한 선택사항을 갖고 스스로 선택을 해야만 한다는 것을 가정한다.

제2부에서 제5부까지의 개관

이 책의 이어지는 제2부에서 제5부까지는 취약계층이 임파워먼트 관점에 부합하는 네 가지 주요목적을 달성할 수 있도록 돕는 인지행동개입에 대해 설명하고 이에 대해 비판적으로 검토한다.

제2부에서 이러한 목적은 사회적 자원에 접근하고 증가시키는 것과 관련된다. 표적목표로는 사회적 상호작용의 수와 질을 증가시키는 것, 여가 및 레크리에이션과 기타 지역사회 활동을 증가시키는 것, 사회적 지원을 강화시키고 의료적이고 긴급한 욕구를 충족시키며 일상적 활동을 수행하고 개인적으로 정의한 목표달성을 도울 사람을 모집하는 것 등이 있다.

제3부에서 임파워먼트 목표는 경제적 자원의 증가와 관련된다. 구체적인 성과로는 구직기술 학습을 통한 고용획득, 근무 중 생산성 및 노동의 질과 관련 사회적 기술 증진을 통한 고용유지 및 발전, 그리고 사회적 네트워크, 사회복지프로그램과 다른 지역사회 출처를 통한 경제적 원조 획득 등이 있다.

제4부에서 임파워먼트의 목표는 자기결정의 증가와 관련된다. 더 구체적으로 그 성과들에는 학업 · 가정 · 직장 환경에서 의사결정에 대한 투입과 개인적 통제를 강화하는 것, 일상활동과 장기적 결정을 하는 선택을 증가시키는 것, 법적 · 개인적 권리를 확보하는 것 등이 있다. 제5부의 마지막 개입 장에서는 취약계층이 그들의 삶에 영향을 미치는 지역사회 및 기관의 실천과 거시적 의사결정에 영향을 미칠 수 있도록 돕는 인지행동개입에 초점을 둔다.

마지막으로, 제5부의 제14장은 앞의 장들에서 논의한 인지행동 적용의 효과에 대해 검토한다. 이 장에서는 개인의 자유 및 통제, 사회정의, 사회적 타당성의 문제를 포함하여 인지행동방법과 임파워먼트 사이의 일관성에 대한 논의로 회귀한다. 취약계층을 임파워시키는 인지행동개입에 대한 추가연구에는 실천가를 위한 제안과 권고방향이 제시된다.

취약계층을 위한 인지행동개입의 활용

제2부

사회적 자원에의 접근과 증대

Empowering Vulnerable Populations

사회적 상호작용 향상시키기

미국사회사업가협회(NASW)의 윤리규정(1999)에서는 인간관계의 중요성을 기본적인 사회사업 가치로서 인식하고 있다. 개인과 집단 간 관계를 구축하고 강화하는 것은 모든 개인의 안녕(well-being)에 매우 핵심적이다. 불행히도 취약계층 인구는 대인관계를 발전시키는 데 있어서나, 거주지, 학교, 직장 그리고 기타 지역사회 환경에서 다양한 형태의 사회적인 자원에 접근하는 데 자주 성공하지 못한다. 제2부의 세 개의 장에서 기술하는 인지행동개입은 취약계층 인구가 사회적 자원을 증진시키는 것과 관련된 세 가지 주요 목표들을 성취할 수 있도록 도와준다. 여기에는 의미있는 관계 구축, 여가 및 레크리에이션 활동 참여, 일상적인 활동을 수행하고 개인적인 안녕을 강화하기 위해 필요한 자원들을 모집하는 것과 함께 사회적 상호작용을 시작하고 참여하는 것을 포함하고 있다. 이 개입은 취약계층 인구로 하여금 배우고, 일하며, 매일의 활동에 참여하는 환경에서 사회적인 자원에 접근하고 이를 증가시킬 수 있도록 임파워시킨다.

이 장은 다양한 장애(신체적, 감각, 학습/발달, 정서/행동, 중증 정신장애 등)를 가지고 있는 아동·청소년, 성인 그리고 노약자 및 성 소수자들의 사회적 상호작용의 수와 질적 수준을 증가시키는 인지행동전략에 초점을 둔다. 이 장은 먼저 기본적인 의사소통과 사회적 기술 습득의 중요성에 대한 논의로 시작한다. 취약계층 아동·청소년의 사회적 상호작용을 향상시키는 인지행동개입의 사례가 먼저 제시되며, 뒤이어 취약계층 성인을 위한 인지행동개입에 대해 기술된다. 이 장은 인지행동개입을 면밀히 검증하는 것으로 마무리하며, 여기에는 개인의 자유, 통제, 사회정의와 사회적 타당성의 이슈뿐 아니라 이 개입의 효과성과 추가적 적용에 대한 내용을 포함하고 있다.

기본적인 의사소통과 사회적 기술 습득하기

효과적인 의사소통능력은 임파워먼트뿐 아니라 의미 있는 인생을 사는 데 필수적이다. 타인과의 의사소통에 능숙한 개인은 필요한 정보를 얻고, 타인에게 자신의 선택과 욕구를 전달하고 사회적 상호작용을 하며, 의미 있는 대인관계 및 로맨틱한 관계를 발전시키고 유지하는 데 더 능숙하다(Chadsey-Rusch, Drasgow, Reinoehl, Halle, & Collet-Klingenberg, 1993; Schloss & Wood, 1990). 또한 기본적인 의사소통기술의 습득은 의사소통을 잘하지 못하는 클라이언트가 더 의미 있는 사회적 상호작용을 하고 관계를 맺기 위한 첫 단계가 될 수 있다(Wong & Woolsey, 1989). 사회적 상호작용을 시작하고 유지하는 데 있어 적절한 사회적 기술이 부족한 개인은 대인관계를 잘 구축하지 못한다. 그 대신 의사소통 시도가 부적절할 경우, 더 자주 거부(rejection)에 직면하게 되고, 결국 사회적 상호작용을 덜 시도하게 되며, 사회적 고립을 야기하게 된다(Kelly, Urey, & Patterson, 1980).

많은 연구들이 취약계층 인구의 기본적인 언어/비언어 대화, 데이트 및 관련 사회적 기술을 증가시키는 것을 돕는 인지행동개입을 평가하였다. 이 개입의 전략은 청각장애(Van Hasselt, Hersen, Kazdin, Simon, & Mastanuono, 1983), 지적장애(Downing, 1987), 복합장애(Taras, Matson, & Leary, 1988)가 있는 아동 · 청소년, 지적장애(Hall, Schlesinger, & Dineen, 1997; Valenti-Hein, Yarnold, & Mueser, 1994)와 중증 정신장애(Wong & Woolsey, 1989)를 가지고 있는 성인, 그리고 노인(Berger, 1981)을 위한 사회기술훈련과 문제해결훈련을 포함하고 있다. 역할극, 대화능력 평가, 치료환경(treatment settings)에서의 관찰을 통해 측정된 바에 따르면, 이 사회기술훈련과 문제해결훈련 개입에 대한 평가는 다양한 대화와 다른 사회적 기술을 증가시키는 데 일반적으로 효과적임을 나타내 주고 있다. 실천가들이 이러한 개입의 유용성을 발견했지만, 이 평가들은 대화와 그 밖의 사회적 능력에서의 개선이 참여자의 사회적 자원(예: 대화를 시작하고 유지하며, 관계를 형성하는 것)을 증가시켰는지를 밝히는 데에는 실패했다. 그러한 성과가 측정된 경우는 오로지 치료환경에서나 또 다른 인위적인 환경에서만 평가된 결과다. 이 책에 제시된 개입들에서의 임파워먼트는 기존 연구들에서 이 개입이 기술개발(skill development) 이상의 결과를 가져온다는 증거가 제시될 것을 전제로 한다. 즉, 취약한 개인이 습득한 기술은 반드시 그들이 일하고 놀고 학습하며 매일의 일상활동에 관여하는 환경에서 특정 유형의 사회적 자원에 접근하기 위해 사용되어야 한다. 이 장과 다음 두 개의 장은 관련 연구들이 그러한 증거를 제시하고 있는 개입들에 초점을 두고 있다.

취약계층 아동 · 청소년을 위한 개입

교육자, 정책담당자 그리고 원조전문가들(helping professionals)은 장애가 있는 아동 · 청소년의 통합교실, 경쟁적 일자리, 그리고 그 밖의 지역사회 환경으로의 배치가 건강한 또래에 의한 수용과 사회적 상호작용을 증가시킬 것이라고 전제한다. 그러나 이러한 성과가 항상 실현되는 것은 아니다. 장애가 있는 아동 · 청소년은 건강한 또래에 의해 자주 거부, 회피, 소외되며 대부분의 경우 긍정적이지 않은 사회적 상호작용을 경험한다(Gresham, Sugai, & Horner, 2001; Helpler, 1997; King et al., 1997; Storey & Garff, 1999).

장애가 있는 많은 아동 · 청소년이 사회적 자원에 접근하고, 학교, 일 그리고 그 밖의 지역사회 환경에 사회적으로 통합되지 못하는 이유에는 여러 가지가 있다. 신체적 · 인지적 · 신경인지적(neurocognitive) 한계와 정신장애 증상은 이러한 아동 · 청소년이 건강한 또래 및 타인이 사회적으로 적절하다고 간주하는 행동들을 학습하고 표현하는 것을 방해할 수 있다. 장애가 있는 아동 · 청소년이 부적절하거나 무반응적인 사회적 행동을 하게 되면, 대인관계에서의 상호작용은 그들의 건강한 또래아동 · 청소년에게 무용지물이 될 수 있다. 장애가 있는 아동 · 청소년의 경우, 습득한 사회적 기술을 건강한 또래와 사용할 수 있는 기회가 제한적일 수 있으며, 또 효과적으로 의사소통할 수 있는 전문화된 장치나 필요한 의사소통 프로그램에의 접근이 부족할 수도 있다. 타인의 부정적이고 편견이 있는 태도, 그리고 장애 아동 · 청소년의 특별한 문제와 의사소통 행동에 대한 무지는 결국 이들이 건강한 또래와 거의 사회적 상호작용을 하지 못하는 것으로 귀결될 수 있다(Helpler, 1997; King et al., 1997).

여기에서는 신체장애, 감각장애, 발달 및 학습 문제(학습장애, 지적장애, 자폐증), 행동/정서 장애 그리고 복합장애가 있는 아동 · 청소년이 사회적 상호작용의 빈도와 질적 수준을 높이는 것을 도울 수 있는 인지행동개입을 검증한다. 이 개입들은 장애가 있는 아동 · 청소년이 사회적 자원을 증가시키고 이에 접근하는 것을 저해하는 많은 요인들을 다루고 있다.

신체 및 감각장애가 있는 아동 · 청소년

신체 및 감각장애가 있는 아동 · 청소년의 사회적 상호작용의 향상을 지원하기 위해서는 개입이 필요하다. 신체장애가 있는 아동 · 청소년의 신체적 한계는 타인과의 사회적 활동을 제한할 수 있다. 그러한 한계는 적절한 사회적 기술을 배우고 실천하며, 대인관계를 형성할 수 있는 기회를 거의 갖지 못하게 한다. 감각장애가 있는 아동 · 청소년 역시 사회적인 불이익에 처할 수 있다. 그들은 일반적으로 사람들이 시각과 청력을 통해 습득하는 지식(예: 유행하는 옷과 현재 대화 주제들)을 얻기 어려우며, 또 적절한 모델을 관찰하고 청취함으로써 적절한 사회적 기술을 배우기도 어렵다(Erin, Dignan, & Brown, 1991). 청각장애가 있는 아동 · 청소년 또한 타인과 언어적 의사소통을 하는 데 어려움을 갖는다. 이러한 문제들은 신체 및 감각장애를 가지고 있는 아동 · 청소년으로 하여금 사회적 상호작용에 거의 참여하지 못하게 하거나 또래와의 의미 있는 관계형성을 하지 못하게 할 수 있다. 이러한 관찰결과는 여기에서 제시하고 있는 개입들의 참여자들의 설명과도 일치한다. 이들 아동 · 청소년은 인기가 없으며, 사회적으로 위축되어 있고, 연령에 맞는 사회적 기술을 거의 보여 주지 못하는 것으로 기술되고 있다.

여기서 논의하고 있는 세 가지 치료패키지(treatment package)는 신체장애와 청각장애가 있는 아동 · 청소년의 사회적 상호작용을 향상시키기 위한 인지행동개입의 다양한 조합을 사용한다. 이 프로그램은 사회기술훈련전략(즉, 지시, 모델링, 촉진, 실천, 강화, 피드백)을 독특한 방식으로 적용한다. 문제해결훈련, 추가적인 자기관리전략 그리고 강화와 같은 다른 개입들도 활용된다. 모든 개입들은 복수기초선설계(multiple-baseline designs)를 활용하여 평가되었다.

신체장애

'조이닝 인(joining in)'은 뇌성마비와 척추피열(spina bifida)(King et al., 1997)과 같은 신체장애가 있는 8~15세 학생들의 사회적 자원을 증가시키기 위해 고안된 집단사회기술훈련개입이다. 이 집단개입은 교사와 치료사들에 의해 선정된 다섯 가지 기본적인 사회적 기술들의 습득을 목표로 한다. 이 기술에는 대인관계 문제해결하기, 언어적/비언어적 의사소통하기, 또래와의 상호작용과 의사소통기술 시작하기, 어려운 타인에게 대처하기가 포함된다.

집단운영자는 각각의 기술을 구성하는 요소들을 정의하고, "문제해결기술 사용으로 얻게 되는 사회적 · 개인적 이익은 무엇인가?" 그리고 "실생활에서 문제해결을 적용하는 데 있어 일반적인 어려움은 무엇이며, 어떻게 이 어려움들에 대처할 수 있는가?"와 같은 구체적인 질문들에 대한 토론에 집단구성원들을 포함시킴으로써 개입을 시작한다. 집단구성원들은 건강한 또래아동들과 적절하게 또는 부적절하게 상호작용하기 때문에, 이들 장애아동들은 기술을 따라하는 비디오를 먼저 시청한다. 적절한 상호작용은 또래인정과 같은 긍정적인 결과가 뒤따르지만, 부적절한 상호작용은 또래거부와 같은 부정적인 결과로 이어진다. 집단운영자는 집단구성원들이 비디오에서 관찰한 기술들을 가르치기 위해 다른 사회기술훈련기법을 활용한다. 개인들이 타인의 반응을 통제할 수 없기 때문에 '현실검토(reality check)'가 그 개입에 포함된다. 집단운영자는 구성원들이 그 기술들을 적절히 실행한다고 해도 항상 긍정적인 결과를 기대할 수 없음을 구성원들에게 인지시킨다. 이후에는 거절을 경험하는 상황에 대한 예시들을 발표하고 토론한다. 집단구성원들에게는 '임무(missions)'라고 불리는 숙제가 주어지는데, 여기에는 타인의 상호작용을 관찰 · 평가하며, 사회적 기술을 실천하고, 그들 자신의 수행을 평가하는 것이 포함된다.

'조이닝 인'의 평가에는 11명의 학생이 참여하였다. 자존감(self-worth), 사회적 수용, 친한 친구와 급우의 지지, 소외감 그리고 그들 관계의 불만족에 대한 기초선 자기보고 척도(baseline self-report measures)는 개입 직후와 6개월 후에 비교되었다. 다섯 가지 척도 중에, 사회적 수용에 대한 학생들의 보고만이 개입 이후에 개선되었으나, 6개월 후에는 유지되지 않았다. 소외감과 관계에서의 불만족에 대한 자기보고는 6개월 후에 감소하였다. 소외감의 감소는 보통의 비장애아동들의 결과와 유사한 수준으로 나타났기 때문에 사회적으로 적절한 것으로 간주되었다.

청각장애

여기에서 논의하는 청각장애가 있는 아동·청소년을 위한 두 가지 인지행동개입의 첫 번째는 주로 구두로(orally) 의사소통했던 중등도-중증 청각장애가 있는 미취학 아동의 사회적 상호작용을 증가시키기 위해 고안된 것이다(Ducharme & Holborn, 1997). 변화를 목적으로 하는 이 기술은 교사와 부모에 의해 선택되었는데, 놀이 조직하기(즉, 아동이 놀이활동을 시작하거나 유지하는 것), 공유하고 협력하기, 요청에 반응하거나 도움을 제공함으로써 다른 아동 돕기(예: "내가 거울 비춰 줄까?") 등을 포함하고 있다. '놀이상대'로서 선정된, 사회적으로 숙련된 또래아동 역시 이 개입에 포함된다.

실천가는 놀이활동의 맥락 내에서 해당 기술을 먼저 교육한 이후에, 그 기술을 더욱 분명하게 가르치기 위해 사회기술훈련을 활용한다. 회기 동안에 실천가는 놀이재료들을 먼저 준비한 후, 아동으로 하여금 활동을 선택하고 놀이상대에게 함께 놀 것을 요청하도록 촉진한다. 아동이 잘 따라하면, 실천가는 아동을 칭찬한다. 만약 아동이 놀이상대를 구하지 못하면, 실천가는 또 다시 촉구한다. 만약 아동이 계속 성공하지 못하면, 실천가는 아동을 놀이상대 중 한 명에게 데리고 가서 어떻게 놀이를 조직하는지 따라하게 하고(예: 만약 얼굴 그리기가 선택되었다면, 실천가는 "나는 네가 나를 어릿광대로 만들기를 원해. 내 코를 빨갛게 만들어 줘."라고 말할 수 있다), 아동이 스스로 관찰한 것을 모방하도록 가르친다. 만약 놀이상대가 거절하면, 실천가는 아동이 요청을 반복하도록 촉구한다. 놀이상대가 또 거절하면, 실천가는 놀이상대가 그 아동과 함께 놀 수 있도록 지도한다. 그때 실천가는 아동이 공유하고 협력하며 타인을 돕는 것을 가르치기 위해 동일한 기법을 활용한다.

개입 이후 평가에 참여한 다섯 명의 아동들의 사회적 사회작용은 훈련환경에서 증가되었으며 지속되었다. 다수의 강사, 또래아동, 놀이활동들이 포함된 일반화전략을 실행한 이후에, 촉진과 칭찬은 점차 철회되었으며, 그 개입은 추가적인 촉진과 강화 없이 다른 또래, 교사, 놀이재료가 있는 두 번째 학급환경으로 전이되었다. 개입 이후에 교사와 부모들은 선택된 기술과 그 개입의 지속적인 활용에 대해 계속 지지하였다. 개입의 효과성과 자연적 환경으로의 기술 전이에 대한 그들의 평가는 긍정적이었다. 그러나 소요된 교육시간과 일부 교사의 '완전한 아동주도(child-directed) 놀이' 철학과 갈등을 일으킨 구조화된 훈련은 문제로 드러났다.

청각장애 때문에 시설에서 생활하고 있는 청소년을 위해 개발된 이 개입은 자기관리전략을 사회기술훈련 프로그램 집단에 결합시켰다(Rasing, Coninx, & Van den Hurk. 1994). 개입의 목표행동, 그리고 이러한 행동의 적절한 사례와 비적절한 사례들이 교사와 시설종사자에 의해 선정되었다. 목표기술은 상호작용 시작하기(예: 청력이 있는 사람의 이름을 한 번 부르고, 청력이 있거나 청각장애가 있는 사람의 팔을 한 번이나 두 번 두드리기)를 포함하며, 그 다음으로 차례 기다리기, 그 주제에 머물러 있기, 구두로 의사소통하기, 적절한 문장 사용하기로 전환된다.

집단운영자는 벽이나 바닥에 붙여진 특정 행동들의 적절한/부적절한 예시를 청소년들에게 보여 주고, 적절한 행동을 수행하기 위한 이유를 토론하도록 촉진함으로써 개입을 시작한다. 집단운영자는 그 청소년들이 특정 행동이 일어날 상황에 대한 각본을 읽도록 요청함으로써, 자기관리전략(벽이나 바닥에 붙여진)을 가르친다. 문제해결훈련과 동일하게, 집단운영자는 청소년들이 다음의 질문들을 활용하여 그 상황들에 대해 분석하고 토론하도록 촉진한다.

> 문제가 무엇인가?
> 그 문제를 어떻게 다룰 수 있는가?
> 이전 질문에서의 반응의 결과는 무엇인가?
> 내가 어떻게 반응해야 하는가?
> 나는 옳은 반응을 선택했는가?(Rasing et al., 1994, p. 418)

집단에서는 네 번째 질문인, 어떻게 반응해야 하는지에 관한 실제 청소년들의 반응에 대해 역할극을 실시하고, 그 반응의 적절성에 대해 토론하고 가장 적절한 반응을 선택한다. 집단운영자는 구성원들에게 그 목표기술과 관련한 그들 자신의 경험을 토론하게 함으로써 개입을 개별화시킨다.

자연적 환경으로의 기술전이를 촉진하기 위하여, 교사와 시설종사자들은 청소년들이 자기관리절차를 수행하도록 언어적 촉진을 사용한다(궁극적으로는 사라지게 된다). 청소년들 역시 자신의 목표행동을 점검하고, 자신의 수행을 기록하며, 획득한 보상과 예비강화제(backup reinforcers)를 스스로에게 제공한다.

이 개입은 네 명의 청소년으로 이루어진 두 집단에서 평가되었다. 청각장애와 언어장애가 있는 청소년 집단의 경우, 개선된 사회적 상호작용은 개입 이후에 교실과 거주시설의 저녁식사 시간에 관찰되었다. 이러한 개선은 프로그램이 끝난 이후에 19주에서 34주 정도 유지되었다. 청각장애와 중증 언어장애가 있는 청소년집단을 위한 개입도, 의사소통의 형태로 손짓대화(finger spelling)를 사용한 것을 제외하면 동일한 결과를 보였다. 그러나 이들 청소년들의 상호작용기술에서의 개선은 임상적으로 의미 있게 간주되지는 않았다.

학습, 인지, 발달장애가 있는 아동 · 청소년

여기에서는 학습장애, 지적장애/발달지연, 자폐증으로 진단된 아동 · 청소년의 사회적 상호작용을 향상시키기 위해 고안된 인지행동전략을 논의한다. 학습장애가 있는 아동 · 청소년의 경우, 청력, 주의집중, 기억력, 공간 및 시각 인지, 운동 및 언어기술에 부정적으로 영향을 주는 신경학적 문제를 가지고 있는데, 이러한 문제들 모두 사회적 기능에 영향을 미칠 수 있다. 예를 들면, 대화를 따라가고 집단규범을 기억하는 것은 단기 기억장애가 있는 아동 · 청소년에게 더 어려운 일이다. 사회적 상황을 가늠하는 데 있어 중요한 단서를 관찰하지 못하거나 잘못 해석하는 것 역시 부적절한 사회적 행동으로 귀결된다(Hepler, 1997).

지적장애나 발달지연이 있는 아동 · 청소년은 인지적, 언어적 한계를 갖고 있으며, 결국 사회적 기술을 학습하고 의사소통을 하거나 대인관계를 구축하는 데 어려움을 갖게 된다(Hall, Dineen, Schlesinger, & Stanton, 2000). 자폐증을 가진 사람들은 적절한 사회적 기술을 개발하고 활용하는 것을 방해하는 다양한 행동(예: 타인에 대한 무관심과 무반응, 남의 말 흉내내기, 동일한 것에 대한 고집, 관련 없는 물건이나 주제에 집중하기)을 나타낸다(Pollard, 1998).

사회적 기술이 거의 없는 경우, 또래거부와 사회적 고립으로 이어질 수 있고, 의미 있는 사회적 관계를 거의 발전시키지 못한다. 여기에서 논의하는 개입의 평가에 참여한 취약계층 아동 · 청소년에 대한 기술(descriptions)은 이러한 문제점들을 반영하고 있다. 이들 참여자들은 제한된 사회적 기술을 가지고 있었고, 타인과 거의 상호작용을 하지 않거나 또는 부적절하게 하였으며, 건강한 또래들과 우정을 쌓지 못했다. 심지어 기회가 있었음에도, 직장 · 학교 · 지역사회 환경에서 사회적인 통합을 거의 또는 전혀 경험하지 못했다.

이제 학습과 발달문제가 있는 아동 · 청소년의 사회적 상호작용을 향상시키기 위한 열 가지 인지행동 프로그램을 살펴보고자 한다. 사회기술훈련 프로그램은 게임, 비디오, 애정활동, 문제해결훈련, 그 밖의 자기관리전략, 가정에서의 숙제 등을 포함하여 다양하게 활용되며, 다양한 촉진과 강화 개입 또한 자주 활용된다. 프로그램 중 7개는 건강한 또래아동을 포함하였다. 한 개입에서는 또래들이 장애가 있는 아동의 특별한 행동과 의사소통 방식에 민감하도록 했다. 또래집단은 장애가 있는 아동들의 모델이며, 파트너로서, 그리고 지지망(support networks)의 구성원으로 역할을 수행한다. 또래를 포함시킴으로써 학습과 발달문제가 있는 아동 · 청소년에 대한 건강한 또래들의 태도 변화를 촉진시키며, 상호 간의 상호작용을 증가시킬 수 있다. 한 가지 개입을 제외한(Hepler, 1997) 나머지 개입들은 복수기초선설계(multiple-baseline designs)를 사용하여 평가되었다.

학습장애

헤플러(Hepler, 1997)는 학습장애가 있는 5학년 학생과 학습장애가 없는 또래집단의 사회적 상호작용을 증가시키기 위해 집단인지행동 프로그램을 개발하였다. 이 프로그램은 대화 시작하기, 대화 유지하기, 현재 진행 중인 활동에 들어가기, 다른 사람 포함시키기, 부정적인 말에 적절히 반응하기의 다섯 가지 사회적 기술에 초점을 둔다. 4~5명으로 이루어진 소규모의 집단은 학습장애가 있는 학생들과 또래들이 좋아하는 비학습장애 학생들을 포함하고 있다. 먼저, 앞서 언급한 사회적 기술 중 하나에 초점을 둔 사회적 상황을 소개한 후에, 집단운영자는 가장 효과적인 반응을 찾기 위해 문제해결과정을 이용하여 학생들을 이끈다. 모델링과 역할놀이가 목표로 하는 사회적 기술을 가르치기 위해 활용된다. 프로그램이 진행되고 있는 그 주간에 학생들은 다양한 사회적 상호작용에서의 구체적인 단계에 대한 체크리스트를 포함한 숙제를 완성한다. 그 다음 주에 집단운영자는 숙제와 학생들이 경험한 문제들에 대해 함께 토론한다. 프로그램에 대한 동기와 참여를 높이기 위하여 학생들은 집단에 참여하고, 숙제를 완성한 것에 대한 보상을 받는다. 보상을 위해 피자파티를 할 수도 있다(각 회기의 상세 내용을 제공하는 사회기술훈련 매뉴얼은 저자를 통해 이용 가능하다).

프로그램의 효과성을 평가하기 위해, 네 개 학급이 다섯 개의 소규모집단이나 통제집단에 무작위로 배정되었다(총 41명). 개입 이후에 치료집단의 학습장애가 있는 학생들의 또래 사회관계 척도(개별학생들이 얼마나 다른 학생들과 활동하는 것을 좋아했는지를 나타내는 점수)는 증가하였으나, 통제집단에서 학습장애가 있는 학생들의 점수는 감소하였다. 치료집단에서 학습장애 아동의 사회관계 평가결과, 학년 말에는 사회관계 점수가 다소 감소하였으나, 여전히 기초선 수준 위에 있었다. 참여학생들 중 다수는 프로그램에 즐겁게 참여했고, 새로운 친구도 만들었으며, 또한 급우에 대해서 더 긍정적인 감정을 경험했다고 보고하였다. 참여교사의 평가도 매우 긍정적이었다. 자유놀이(free play) 관찰결과, 치료집단의 학습장애 학생은 통제집단의 학생에 비해 비학습장애 또래들과 더 잘 통합되었다.

지적장애/발달지연

여기에서 논의하는 두 가지 행동치료 프로그램은 지적장애 및 발달지연을 가진 아동들이 학교환경에서 사회적으로 더 잘 통합되도록 도와준다. 또래들은 두 가지 일련의 개입에 참여하게 된다. 첫 번째 개입인, '단짝 기술훈련 프로그램'은 통합유치원에서 발달지연 아동과 정상 범주 내의 또래들 간의 사회적 상호작용과 우정을 증가시키기 위해 고안되었다(English, Goldstein, Shafer, & Kaczmarek, 1997). 또래를 위한 개입은 두 가지 주요 요소를 가지고 있다. 첫째, 실천가는 참여아동들과 함께 그들이 발달지연을 가진 아동이 의사소통할 때 사용할 수 있는 주목끌기(attention-getting)와 요청행동(requesting behaviors)에 민감해지도록 비디오테이프를 시청하고 토론을 실시한다. 둘째, 실천가는 참여 아동들이 지시받고 따라하며 실천하는 세 가지 전략으로, '머물러 있기 – 놀기 – 말하기(STAY-PLAY-TALK)'라고 불리는 일련의 연속적인 훈련을 실시한다. 이 전략은 다음과 같다.

1. 말로 일러 주면, 배정된 아동 가까이에 있도록 한다.
2. 아동의 이름을 말하며 관심을 얻고, 놀이활동을 제안하거나 현재 활동에 대해서 이야기한다.
3. 그 아동과 가까이 있으면서 계속해서 함께 놀고 이야기한다.

발달지연이 있는 아동과 그 또래들을 포함한 회기에서, 실천가는 그 아동에게 또래친구와 '머물면서 놀기(stay and play)'를 가르치기 위해 지시, 모델링, 실천 등의 개입을 활용한다. 또래들은 돌아가면서 친구와 어울리는 날(buddy days)에 배정되며, 정해진 아동과 함께 학습된 전략을 사용하도록 지시받는다. 프로그램 후반에 실천가는 각자의 짝들에게 그날 언제든지 그들의 친구전략을 사용하도록 이야기한다. 스티커(나중에 사라짐), 교사의 칭찬, 학급의 도움이 강화제로서 제공된다. 평가결과는 발달지연이 있는 다섯 명의 유치원생에 대하여 네 명의 또래친구와 다른 급우들이 주도한 사회적 상호작용의 수가 증가하였음을 보여 주었다. 발달지연이 있는 아동들의 경우에도 급우들에 의해 주도된 사회적 상호작용이 증가하였다. 개입 이후에, 초기 아동기 개입을 수행한 실천가들은 발달지연이 있는 아동과 그들 또래들 간의 사회적이고 의사소통적인 상호작용이 개선되었다고 평가하였다. 그러나 아동의 사회관계 평가결과, 개입 이후에 거의 바뀐 것이 없으며, 그 개입이 우정을 향상시키지는 않은 것으로 나타났다.

지적장애가 있는 아동을 위해 고안된 두 번째 개입은 또래 훈련가(peer trainer)를 포함하고 있으며, 아동들의 게임을 이 과정에 통합시켰다(McMahon, Wacker, Sasso, Berg, & Newton, 1996). 이 개입의 목표는 통합공립학교 내에서 경도와 중등도 사이의 지적장애가 있는 학생과 건강한 또래 사이의 상호작용의 빈도와 유형을 증가시키는 것이다. 개입회기는 한 명의 학생과 또 다른 한 명의 또래와 함께 수행된다. 회기 동안, 실천가는 보드게임(예: Candyland와 Trouble)을 하는 동안 그 또래가 일곱 개의 게임기술을 학생에게 가르치도록 지시한다. 그 기술은 함께 놀 것을 또래에게 요청하기, 반응 기다리기, 또래와 함께 게임 준비하기, 누가 먼저 움직일 것인지 결정하기, 적절히 차례 지키기, 언제 게임을 끝낼 것인지 결정하기, 게임을 함께 정리하기다. 실천가는 그 또래에게 학생의 놀이행동을 촉진 · 격려 · 교정하도록 지시한다. 그 학생의 기술이 개선될수록, 실천가는 그 또래로 하여금 서서히 피드백을 줄이도록 지시한다.

평가에 참여한 지적장애가 있는 네 명의 학생들은 게임하는 기술을 학습했으며, 또래들과의 상호작용 역시 전반적으로 빈도가 증가하였다. 이 개입이 종료된 후에 세 쌍의 학생들 간에 사회적인 상호작용이 있었으며, 그 기술은 특별히 지시하는 사람이 없는 다른 놀이 상황으로 일반화되었다. 다섯 명의 학생(지적장애학생 두 명, 또래 세 명)으로 구성된 한 집단에서는 방과후 돌봄교실에서 자유롭게 놀고 있는 상황에서 발달지연 학생과 건강한 또래와의 상호작용이 덜 꾸준하게 나타났다.

자폐증

주로 행동적 기법을 평가한 수많은 연구들은 자폐증 진단을 받은 아동·청소년에게 보편적으로 나타나는 의사소통 및 사회적 상호작용 문제를 고려하여 이들 집단을 대상으로 평가를 수행하였다. 일곱 개의 복합요소 인지행동기법이 여기에서 논의되는데, 그중 네 개는 그 개입과정에 또래를 포함시켰다.

첫 번째 프로그램은 통합된 초기아동기 교육환경에서 자폐증이 있는 어린 아동의 사회적 상호작용을 증가시키기 위해 고안된 '애정활동(affection activities)'을 포함하고 있다(McEvoy et al., 1988). 이 개입은 자폐아동을 장애가 전혀 없는 여섯 명의 또래자원자와 정규학급 아동의 유치원 교실로 이동시키는 것을 포함한다. 교실의 한 구석에, 그러나 모든 아동이 보이는 곳에서, 각 자폐아동은 개별적으로 여섯 명의 또래들과 어울린다. 사회기술훈련기법을 활용해서, 그 과정을 훈련받은 학급의 교사는 아동들이 다양한 동요를 부르는 동안 애정활동을 활용하도록 가르친다. 예를 들면, 아동들이 〈너는 행복해. 그리고 너는 그것을 알고 있어.〉라는 동요를 부를 때, 아동들은 "친구를 껴안으세요." "옆의 친구와 하이파이브 하세요." 또는 "친구의 등을 쓰다듬으세요."와 같은 요청을 받는다. 이러한 애정활동 이후, 이 개입에 참여한 세 명의 자폐아동의 언어적/비언어적 상호작용이 증가하였다. 이 사회적 상호작용은 자폐아동과 학급의 모든 아동들이 포함된 자유놀이 상황에도 전이되었다.

'비디오 모델링(video modeling)' 역시 자폐를 가진 아동이 타인과의 대화를 시작하고, 그 대화에 참여하는 데 잘 기능할 수 있도록 도울 수 있다(Charlop & Milstein, 1989). 개입의 첫 단계에서 실천가는 아동들이 선호하는 장난감을 주제로 한 다섯 가지의 대화 각본을 개발한다. 그리고 그 장난감을 가지고 대화를 하고 있는 두 명의 친숙한 어른들의 모습을 녹화한다. 녹화된 비디오테이프를 3회 본 후에, 실천가는 아동들로 하여금 유사한 대화를 하게 한다. 적절한 반응에는 칭찬해 주면서 아동이 각 대화를 다 익힐 때까지 이 단계를 반복한다. 개입 이후에 평가에 참여한 세 명의 소년 모두(6세와 7세) 대화에 적절히 개입하기 위해 설정된 기준을 충족시켰다. 이 대화기술은 훈련되지 않은 대화 주제와 다른 내용, 사람들, 그리고 가정을 포함한 자연적인 환경에도 일반화되었으며, 이후에 15개월 동안 유지되었다. 개입 전후의 참여자의 대화를 녹화한 테이프를 평가한 비장애아동의 부모들 역시 아동들의 대화에서 긍정적인 변화를 관찰하였다. 예를 들면, 아동들의 말은 자연스럽게 들렸고 다른 아동들도 그 대화에 흥미를 보였다.

이 개입에는 자기관리절차(self-management procedures)가 포함되는데, 자폐증으로 진단된 아동의 사회적 민감성(responsiveness)을 개선시키기 위한 임상환경에서 수행될 수 있다(Keogel, Koegel, Hurley, & Frea, 1992). 자기관리훈련은 아동 임상가가 아동의 흥미와 인지적 능력에 기초한 질문을 하면서 시작된다(예: "누가 너의 가장 친한 친구니?" "네가 가장 좋아하는 TV프로그램은 뭐니?"). 임상가는 아동의 적절한 또는 비적절한 반응을 구분하고, 적절한 반응은 손목계산기에 기록하는 것을 가르치고 이를 위해 앞의 질문과 모델링을 활용한다. 이 과정을 통해 아동은 적절한 반응과 자기기록(self-recoding)절차를 연습한다. 필요한 경우 이러한 내용을 상기시켜 주고, 적절한 반응 후에는 강화제로 간식이 제공된다. 아동이 기술을 습득하면서, 이러한 촉구와 강화제도 점차 약하게 제공된다. 아동이 자기관리기법을 익히면, 임상실천가는 아동에게 가정, 학교, 지역사회 환경에서 다른 사람들에게 적절히 반응함으로써 점수(예비강화제로 교환될 수 있는)를 얻을 수 있음을 알려 준다.

치료가 끝날 때에, 이 평가에 참여한 네 명의 남자아동(6~11세)은 임상환경에서의 90~100%의 사회적 상황에 적절히 반응했다(기초선은 35~61%). 이 개입을 통한 성과는 공식적인 개입이 끝난 후에도 유지되었다. 심지어 기초선보다 낮았던 가정과 지역사회 환경에서의 수행수준도 유사한 수준으로 증가하였다. 비공식적 관찰에 의한 평가에 따르면, 네 명 중 두 명의 아동의 언어적 시작행동이 증가하였으며, 세 명의 아동은 손목계산기 없이 자연적인 환경에서 대화를 시작하였다.

프린스턴 아동발달연구소(Princeton Child Development Institute)의 연구자들은 자폐아동을 위한 민간 비영리교육 및 치료프로그램에서, 자폐증을 가진 4~5세(Krantz & McClannahan, 1998)의 아동과 10~15세(Stevenson, Krantz & McClannahan, 2000)의 청소년이 대화를 시작하고 유지하기 위한 '각본 용암(script-fading)'이라고 불리는 행동절차를 개발하였다. 개입 이후에 아동 · 청소년을 대상으로 한 각각의 평가에서 참여자가 대화를 시작하고 유지하는 것이 증가되었다. 두 번째 연구에서 평가된, 글을 읽지 못하는 자폐증이 있는 초기 청소년을 위한 고유의 개입에 대해 설명하면 다음과 같다.

훈련자료에는 다섯 개의 사회적 활동과 25개의 비사회적 활동이 포함된다. 비사회적 활동에는 훈련교실에서 이용 가능한 여가(예: 퍼즐)와 학습자료(예: 연습문제지) 사진이 제시된다(한 회기에 다섯 개만 이용 가능). 사회적 활동은 이전에 다양한 표현과 질문이 기록된 각본카드를 보여 주는 '언어학습카드(Language Master Card)' 사진 다섯 개로 제시된다. 이 사진들은 청소년들로 하여금 친숙한 교사에게 다가가서 상호작용을 시작하게 한다. 훈련 동안 교사는 청소년의 뒤에 서서 다음 과제를 성취하기 위해 요구되는 정도의 매뉴얼 가이드만 제공하는 점진적 촉진전략(graduated prompting strategy)을 활용한다.

1. 활동스케줄 책을 펼친다.
2. 게시판에서 사진을 선택한다.
3. 적절한 페이지에 사진을 정리한다.
4. 묘사된 재료를 구한다.
5. 언어학습기(Language Master)를 가지고 있거나 무릎 위에 언어학습카드가 있는 교사에게 다가가기, 언어학습기에서 가장 최근에 많이 시연된 언어 반복하기, 비사회적 활동에 관한 단어들을 말하기 등으로 활동을 마무리한다.
6 재료들을 원래 위치로 가져다 놓는다.
7. 활동스케줄 책으로 돌아와서 그 페이지를 넘긴다.

만약 청소년이 그 언어학습카드를 사용할 것을 선택하거나 교사에게 말하려고 하면, 교사는 적절히 반응하도록 한다. 궁극적으로 교사는 단어를 삭제함으로써 각본을 약화시키고, 언어학습카드의 사진 일부를 잘라 냄으로써 사회적 활동을 나타내는 사진을 사라지게 한다.

평가결과는 그 각본용암 개입을 통해 네 명의 남자 참여자의 사회적 상호작용이 증가되었음을 보여 주었다. 그 청소년들은 각본을 모두 익혔으며, 각본으로 되어 있지 않은 반응들을 증가시켰고, 10~92회기 동안 사회적 기술을 유지시켰다(상세 정보는 자폐증을 가진 개인들을 치료하기 위한 프린스턴 아동발달연구소와 인지행동자원 참조, 이 책 끝의 '참고문헌' 참조).

다음의 두 가지 행동개입은 자폐증 학생의 사회적 통합을 강화하기 위해서 또래를 포함하여 학교 내에 또래지지(peer support)를 구축하는 것이다. 사회기술훈련과 또래 네트워크 전략(peer network strategy)을 포함하고 있는 첫 번째 개입은 중도-고 기능(moderate to high functioning) 자폐증이 있는 초등학생의 사회적 상호작용을 증가시키기 위해 설계된 것이다(Kamps, Potucek, Lopez, Kravits, & Kemmerer, 1997). 개별 학생을 위해 실천가는 복합적이고 자연스러운 학교환경에 적절한 개별화된 또래 네트워크 개입을 연속적으로 적용한다. 이러한 학교환경의 예로는 교실, 센터, 게임, 점심식사 그리고 쉬는 시간들이 포함된다. 비록 환경과 학생에 따라 그 개입의 정도가 다양하지만, 또래지지 집단구성원으로서 기본적으로 2~5명까지의 또래들이 교대로 집단에 포함된다. 실천가는 또래들에게 각각의 환경을 위한 적절한 사회기술과 상호작용 전략을 가르치기 위해 사회기술훈련을 활용한다. 예를 들면, 쉬는 시간을 위한 기술은 차례 지키기, 돕기, 칭찬하기, 게임규칙 지키기를 포함한다. 상호작용 전략에는 자폐증 학생들의 참여를 촉진하고, 참여 이후에는 그 학생들을 칭찬하는 것도 해당된다. 회기 동안에 또래들은 자폐증이 있는 학생들과 그러한 기술을 연습하고, 실천가는 또래들에게 과제와 사회적 각본을 제공함으로써 이를 촉진한다. '별자리표(star charts)'와 같은 강화체계가 또래 상호작용을 위해 설정된다. 교사는 중간에 또래들을 촉진하고, 다른 환경에서 이들이 자폐증 학생과 상호작용하게 되면 칭찬을 해 준다.

또래 네트워크 개입 이후에, 이 연구에 참여한 자폐증을 가진 세 명의 학생들(6~8세)의 사회적 상호작용의 지속기간이 증가하였으며, 이러한 개선은 그 중 두 명 학생의 비개입환경에서도 일반화되었다. 비공식적인 관찰에 따르면, 비훈련환경에서 일어난 상호작용은 이 개입에 포함된 또래와 포함되지 않은 또래 모두에 의해 시작된 것이었다. 자폐증을 가진 학생 또한 모든 또래들의 사회적 상호작용에 더 반응하게 되었다.

복합적 행동전략이 포함된 두 번째 또래지지 개입은 자폐증으로 진단된 초기 청소년기 학생들의 사회적 상호작용과 대인관계를 향상시키기 위해 개발되었다(Haring & Breen, 1992). 이 개입에서는 4~5명의 건강한 학생들이 자폐가 있는 학생들의 또래지지망의 구성원으로서 역할을 하게 된다. 사회적 네트워크 구성원들은 자폐증이 있는 학생과 함께 집단운영자들과 일주일에 한 번 모임을 갖는다. 모임을 갖는 동안 운영자는 구성원들이 또래통제(peer control)와 네트워크 개입에 최대한 투입되도록 격려 · 촉진 · 지지 · 강화시키고, 필요 시 토론에 초점을 둔다. 주기적으로 토론 · 강화되는 주제는 상호작용 정상화하기, 도움을 주는 관계보다는 우정 쌓기, 학생들의 능력과 그 네트워크의 또래 소유권(peer ownership) 존중하기 등을 포함한다. 행동전략에는 다음과 같은 내용들이 포함된다.

1. 또래와 자폐증 진단 학생들 간의 상호작용 일정 계획하기: 또래는 상호작용을 기록하고 그 적절성을 평가한다.
2. 그 학생들과의 접촉을 시작하고(예: 대화를 시작하는 주제와 시선을 맞추는 방법 찾기), 더 큰 집단활동에 학생들을 포함시키기 위한 전략 토론하기
3. 자주 사용된 또래 시작행동을 학생들에게 가르치기 위해 사회기술훈련 활용하기
4. 또래들이 학생들의 반응(지속적으로 적절한 반응을 모델링하는 것과 같은)을 촉진하게 하는 전략 개발하기

이 사회적 네트워크 개입의 평가결과, 개입 이후에 자폐증이 있는 두 명의 학생(13세)과 그들의 건강한 또래들 사이에 사회적 상호작용의 수와 질적 수준이 향상된 것으로 나타났다. 또한 이 개입의 결과로서 자폐증이 있는 학생과 또래들 간에 우정이 발전되었으며, 이 개입을 통해 개선된 내용들은 지역사회환경으로까지 일반화되었다. 예를 들어, 지역사회에서의 또래들과의 사회적 상호작용은 함께 해변에 가거나 친구의 집에서 저녁식사를 하고, 또 쇼핑을 하러 가는 것 등이 해당된다. 한 학생의 어머니는 자녀가 지역사회활동에서 또래친구와 함께한 경험이 처음이라고 보고하였다. 이 학생의 또래 네트워크는 고등학교로 진학하기 전에 그에게 사회적 네트워크를 제공하기 위해 친구 중 다섯 명을 모집하였다. 또래와 학생들은 모두 그 개입에 매우 만족하였으며, 또래 중 다수는 그 학생들과의 관계를 우정으로 묘사하였다. 또래, 부모 그리고 교사로부터의 또 다른 일화적 증거는 이 개입이 자폐증 학생이 사회적으로 학교에 통합되는 데 도움이 되었음을 시사하였다.

비장애또래들은 사회기술훈련 프로그램에도 포함되었는데, 이 프로그램은 심각한 자폐증이 있는 고등학생들이 일하는 장소에서 휴식시간 동안 이루어지는 사회적 상호작용을 증가시키기 위해 고안된 것이다(Breen, Haring, Pitts-Conway, & Gaylord-Ross, 1989). 이 또래들은 휴식장소에서 수행된 학생들의 훈련 동안에 '훈련시키는 동료'로서의 역할을 수행하였다. 먼저 실천가는 학생들이 대화를 시작할 때의 반응예

시들(예: 학생이 "안녕, 잘 지내고 있니?"라고 말할 때, 그 동료는 "좋아." "아주 좋아." 또는 "괜찮아."라고 반응할 수 있다)과 이후 질문들의 예시가 포함된 각본을 훈련시키는 동료들에게 제공한다. 실천가는 그 동료들이 학생들에게 반응하는 것을 훈련시키기 위해 각본을 활용하되, 그들에게 자연스럽게 반응할 것을 지시한다.

동료와 자폐증 학생을 포함한 훈련의 두 번째 부분에서, 실천가는 각 학생들을 위한 휴식시간 동안 일련의 사회적으로 발생 가능한 일들에 대해 기존에 개발된 과업분석을 활용한다. 학생들의 과업의 예는 일하는 장소 떠나기, 커피 얻기, 동료와의 대화를 시작하고 유지하기 등이다.

훈련 동안 자폐증 학생이 관련 단계 중 어떠한 것이라도 독립적으로 수행했다면 실천가는 이에 대해 언어적인 칭찬을 해 준다. 만약 그 학생이 그 단계를 적절히 수행하지 못했다면, 실천가는 최소한에서 최대한의 범위까지 연속적으로 다음과 같이 촉진할 수 있다.

1. 간접적으로 언어적인 것(예: "다음에는 무엇을 할 예정인가요?")
2. 직접적으로 언어적인 것(예: "커피를 만들어 오세요.")
3. 손짓하기(예: 커피 가리키기)
4. 부분적으로 신체적인 것(예: 숟가락 들 손을 알려 주기)
5. 완전히 신체적인 것(예: 숟가락 들 손을 알려 주기, 숟가락 위에 올려놓기, 숟가락을 잡도록 손가락 누르기)

학생들이 훈련시키는 동료와 함께 연습할 때, 실천가는 언어적 · 사회적 반응을 가르치기 위해 간접적(예: "어떻게 생각하나요?"), 직접적(예: "커피를 원한다고 말하세요.") 모델링 둘 다를 활용한다. 학생이 이 기술을 익히는 대로, 촉진과 칭찬은 점차적으로 사라진다.

이 또래개입의 평가에 참여한 네 명의 남자학생들은 개입 동안에 동료와의 대화를 시작하고 수행하는 것을 학습했다. 학생 중 두 명은, 또 다른 동료와 연습한 후 그 기술이 자연적인 환경으로 전이되었다. 개입 이후에 학생 중 두 명은 자발적으로 사회적인 발언들을 했고, 학생들이 사회적 상호작용을 시작했을 때 동료들 대부분은 그 상호작용을 지속했다.

정서/행동장애가 있는 아동 · 청소년

정서/행동장애가 있는 아동 · 청소년들도 그들 또래와 긍정적인 사회적 상호작용을 거의 하지 못한다. 이 아동 · 청소년들의 정신적 증상과 관련 행동들은 그들의 적절한 사회적 기술의 학습을 방해할 수 있고, 좋지 않은 사회적 기능으로 귀결된다. 또래와 지역사회구성원들은 이 아동 · 청소년들의 이러한 사회적 행동을 자주 부정적으로 인식하게 되며, 결국 통합된 교육환경과 지역사회 및 근로환경에서의 거부와 사회적 소외로 이어질 수 있다(Plienis et al., 1987).

여기에서는 학교환경에서 수행되도록 설계된 두 가지의 인지행동 프로그램이 논의된다. 주기적으로 정규학급에 통합됨에도 불구하고, 이 개입의 평가에 참여한 정서/행동장애가 있는 학생들은 사회적 기술이 거의 없었으며, 사회적으로 고립되어 있었다. 또한 또래로부터 무시와 조롱을 받으며, 욕을 듣기도 했다. 두 가지 개입 모두 집단사회기술 훈련기법을 활용하였다. 첫 번째 개입은 학교환경에서 정서/행동장애가 있는 학생의 사회적 상호작용과 사회적 통합을 향상시키기 위해 장애가 없는 또래가 '우정클럽(friendship circles)'에 포함되었으며, 두 번째 개입은 문제해결훈련을 활용하였다. 두 가지 프로그램은 복수기초선설계를 활용하여 평가되었다.

첫 번째 개입에는 정서/행동장애를 위한 특수교육을 받는 초기 청소년들과 그들의 비장애또래 간의 사회적 상호작용을 향상시키기 위해 또래들이 우정클럽에 포함된다(Miller, Cooke, Test, & White, 2003). 네 명의 건강한 또래와 정서/행동장애가 있는 한 명의 학생이 포함된 우정클럽은 매주 모임을 갖는다. 첫 번째 회기에서, 집단운영자는 서먹한 분위기를 깰 수 있는 활동들을 활용하고, 우정클럽 구성원의 주요 책임감에 대한 집단토론을 하게 한다. 이 책임감은 점심시간에 함께 앉아 우정행동(friendship behaviors)을 하는 것을 포함한다. 구성원들은 그들의 클럽 이름을 짓고 우정을 정의하는 특징들을 적어서 목록을 만드는데, 이 목록은 벽에 게시되어 향후 모임 동안에 계속 참고하게 된다. 마지막으로 구성원들은 그들이 과거에 우정행동을 표현했던 상황에 대해 토론한다. 이후 이어지는 모임에서의 주요 활동은 이전 주에 있었던 정서/행동장애가 있는 학생과 또래 간의 상호작용과 관련된 강점과 문제점, 그리고 관련 제안에 대해 토론하는 것을 포함한다. 또 우정클럽 구성원들은 집단운영자나 일반교육 교사가 관찰한 부적절한 사회적 상호작용에 관한 상황에 대해 역할극을 해 본다. 역할극을 하는 동안 집단구성원들은 그 상황을 재연하면서 우정행동을 표현한다. 협동게임을 한 후에 집단운영자는 학생들로 하여금 우정행동을 연습하도록 촉진한다.

우정클럽 평가에 참여한 열한 살의 세 명의 장애학생들은(정서/행동장애 두 명, 청각장애 한 명) 점심시간 동안에 그들의 적절한 사회적 상호작용 비율이 증가하였음을 나타냈다. 이러한 개선은 학생 두 명의 휴식시간에도 일반화되었다. 긍정적인 사회적 상호작용은 개입 이후 약 5주간 지속되었으며, 상호작용 수준은 비교 또래집단 수준에 근접하였다. 교사들은 그 하루 동안 세 명의 학생 중 두 명의 사회적 상호작용이 개선되었다고 보고하였다. 소시오그램(sociograms)으로부터 수집된 정보들 또한 이 개입 이후에 장애 학생들이 우정클럽의 구성원들을 자신의 친구로서 더 자주 생각하고 있음을 보여 주였다. 그러나 이 학생들을 친구로 생각하는 비장애또래는 거의 없었다.

사회기술훈련과 문제해결훈련을 활용하는 두 번째 집단개입의 목표는 우울증과 정신분열증을 포함한 정서/행동장애가 있는 청소년의 사회적 상호작용을 향상시키는 것이다(Plienis et al., 1987). 이 개입에 있어 평가와 변화의 목표가 되는 대화기술은 그 기술과 사회적인 호감 간의 관계를 정립한 연구, 또는 외로운 청소년과 그렇지 않은 청소년을 구별한 연구에 근거해서 선택되었다. 청소년들 사이에서 매우 흥미가 있는 사회기술훈련에 사용된 대화주제는 그 학생들의 고등학교에서 청소년들을 대상으로 한 설문조사를 통해 확인되었다.

대화기술단계에서 실천가는 집단구성원이 대화에서 적절한 질문을 하고, 언어적/비언어적 흥미와 주의를 전달하는 것을 가르치기 위해 사회기술훈련을 이용한다. 그리고 적절한 개인정보를 드러내며, 관심이 높은 주제를 토론하고, 또 적절하게 대화의 흐름에 맞출 수 있도록 가르친다. 실천가는 학생에게 다른 사람과 대화할 수 있는 기회를 제공하는 학교와 지역사회에서의 개인적 상황을 확인하게 함으로써 이 개입을 개별화시킨다. 학생이 기술을 적용하는 데 있어서의 문제를 이야기할 때, 실천가는 그 기술을 성공적으로 활용한 학생들의 발표를 강화시키고, 집단토론으로 이끈다. 마지막으로, 실천가는 학생들이 마주치는 어려운 인생의 문제를 토론하도록 격려하고, 집단구성원들이 그러한 상황에서 기본적인 문제해결기술(사회기술훈련기법 활용 시 배운)을 적용하도록 가르친다.

이 개입의 효과성은 평가에 참여한 세 명의 학생별로, 그리고 결과 측정도구에 따라 다르게 나타났다. 그러나 학생들 모두 새로운 사람과의 대화를 포함한 비구조화된 연습대화 동안에 그들의 사회적 대화의 질적 수준이 강화되었다. 한 학생을 제외하고, 개입 이후 비공식 학급 파티에서 참여학생들의 사회적 시작행동(social initiation), 시작에 대한 반응 그리고 대화의 질이 증가하였다. 학급에서의 사회적 상호작용에 대한 교사의 평가에서는 한 학생을 제외하고 모두 개선된 것으로 나타났다. 6주 후의 후속연구결과, 이러한 개입에 따른 개선이 유지된 것으로 나타났다. 연구가 끝난 후에 학교 관계자는 정서/행동문제를 가지고 있는 다른 학생들을 위해 그 프로그램을 지속할 것을 요청하였다.

복합장애가 있는 아동 · 청소년

여기에서 논의하는 여섯 가지 인지행동개입은 여러 유형의 장애가 있는 아동 · 청소년의 사회적 자원을 증가시키기 위해 고안되었다. 이 장애들은 정서/행동장애와 신체적, 감각적, 학습, 발달장애의 조합을 포함한다. 만약 한 가지 유형의 장애가 적절한 사회적 기술의 학습과 사용, 그리고 대인관계의 발달과 유지를 방해한다면, 복합장애가 있는 아동 · 청소년은 이러한 영역에서 더 심각한 문제에 직면하게 된다. 전제한 바와 같이, 이러한 개입의 평가에 참여한 아동 · 청소년은 극히 사회적으로 고립되었고, 다른 아동들과의 놀이를 포함한 사회적 상호작용을 시작하고 유지하는 데 문제를 보였으며, 학교나 지역사회에서의 사회적 상호작용에 거의 관여하지 않았다.

여기에서 제시하는 인지행동 프로그램은 사회기술훈련의 변형, 타임아웃 절차, 점진적 촉진전략, 고반응 요구(high-probability requests), 자기관리 훈련 그리고 강화를 포함하고 있다. 이 개입들 모두 장애가 있거나 장애가 없는 또래를 치료과정에 포함시켰다. 또래들은 실천을 위한 파트너, 사회적 상호작용의 개시인(initiator), 역할모델 그리고 업무코치로서의 역할을 수행한다. 두 개의 프로그램에서, 또래들은 복합장애가 있는 아동으로 인해 직면하는 독특한 사회적 시작행동이나 문제들에 민감해지게 된다. 한 가지 개입(LeBlanc & Matson, 1995)을 제외하고, 모든 개입들은 복수기초선설계로 평가되었다.

르블랑과 맷슨(LeBlanc & Matson, 1995)은 경도 – 중등도의 발달지연과 신체적 장애/감각장애가 있는 미취학아동을 위해 복합요소개입(multicomponent intervention)을 개발하였다. 이 개입은 적절한 안부인사, 장난감 요청하기/보여 주기 그리고 놀이 시작하기 등과 같은 사회적 행동을 목표로 한다. 아동들의 어린 나이와 발달수준에 맞추기 위하여, 치료사와 조수는 사회적 기술의 모델로서 인형을 활용한다. 각 아동은 먼저 인형과 함께 그 행동을 연습하고, 그다음에는 다른 아동과 연습한다. 치료사가 아동들이 목표기술에 참여하도록 촉진하는 동안, 아동들은 교실에서 자유놀이에 참여한다. 치료사는 아동이 사회적 상호작용 기술을 수행한 후에 칭찬과 간식을 제공한다. 만약 아동이 다른 아동으로부터 장난감을 빼앗는 것과 같은 부적절한 행동을 할 경우, 연관된 친사회적 행동을 하도록 촉구된다(예: 장난감 돌려 주기). 만약 아동이 따르지 않으면, 아동은 단기간의 타임아웃에 보내진다.

이 개입을 평가하기 위해, 흑인아동과 백인아동 32명이 사회적 행동의 적절성 수준에 따라 치료집단과 통제집단에 각각 배정되었다. 그 결과, 실험집단의 아동들만이 사회적 상호작용이 증가하였으며, 그 기술은 교실환경에서 새로운 아동들과의 상호작용에도 일반화되었다. 그러나 아동들의 상호작용을 녹화한 비디오테이프를 평가한 교사들은 개입 이후에 아동들의 사회적 행동의 변화를 발견하지 못했다.

이 행동개입은 중증의 복합장애(지적장애, 자폐증, 언어장애의 조합 등)가 있는 어린 아동과 건강한 또래와의 사회적 상호작용을 증가시키기 위해 고반응 요구(high-probability requests)를 활용하였다(Davis, Brady, Hamilton, McEvoy, & Williams, 1994). 각 아동을 위해서 실천가는 개입이 수행되는 두 가지의 자연스러운 놀이환경에 참여할 여덟 명의 비장애또래를 선택하였다. 또 각 아동을 위하여, 실천가는 사회적 상호작용을 시작하는 저반응 요구(low-probability requests)와 고반응 사회적 요구 모두를 확인하였다. 저반응 요구는 반응하지 않는 아동들에게 해당되는 것인데, 건강한 또래와의 사회적 상호작용을 시작하는 저반응 요구의 예는 “맥스, 라이언에게 공을 가져다주세요.” 등이다. 고반응 요구는 반응하는 아동에 대한 지시나 요구다(예: “나에게 다섯 개를 주세요.”).

장애가 있는 아동의 사회적인 시작행동을 인지하기 위해 또래들은 비장애아동의 환경과 이용 가능한 장난감 등의 놀이상황에 대한 실천가의 구체적인 설명을 먼저 청취하고 이후에 그 아동들의 시작행동을 확인하였다. 또래들은 어떻게 그러한 사회적 시작행동에 반응하고 그들의 사회적 반응에 대해 역할극을 해야 할지를 설명한다. 또래들이 함께 하는 고반응 개입에서 실천가는 아동에게 신속히 3~5개의 고반응 요구를 하고, 아동이 수행하는 각각의 행동에 사회적인 강화제를 제공한다. 마지막 고반응 요구를 수행하기 위한 강화 이후, 저반응 요구는 5초가 주어진다. 만약 그 아동이 고반응 요구에 반응하지 않으면, 실천가는 아동이 연속 세 번 반응할 때까지 계속 요구한다. 아동이 적절히 반응하는 법을 배우게 되면, 촉진(고반응과 저반응 요구)은 사라진다. 개입 이후에 이 평가에 참여한 세 명의 5~6세 소년들의 경우, 촉진되지 않았음에도 사회적 시작행동이 증가하였으며, 훈련된 또래와 개입에 참여하지 않은 또래와의 사회적 상호작용의 지속기간이 증가하였다. 이러한 결과는 비개입환경에서도 관찰되었으며, 사회적 상호작용의 개선은 12주 동안 유지되었다.

이 행동 프로그램의 목적은 비장애아동(동반자)과 법적으로 시각장애이면서 또 다른 학습, 청각 그리고 신체적 장애와 같은 복합장애가 있는 아동 간의 학교환경에서의 사회적 상호환경을 증가시키는 것이다(Sission, Van Hasselt, Hersen, & Strain, 1985). 개입의 첫 단계에서 실천가는 각 동반자(companion, 두 명의 아동을 위한 한 명의 동반자)들과 회기를 진행한다. 회기 동안에 실천가는 그 동반자와 아동의 장애에 대해 토론하고 장애에 대한 동반자의 이해를 강화시킨다. 이는 동반자로 하여금 다양한 장난감을 가지고 놀게 하면서, 시각적인 장애를 느끼게 해 주는 안경과 청력을 왜곡시키는 귀마개 사용과 같은 활동에 참여하게 함으로써 이루어진다. 사회기술훈련 전략을 사용하면서, 실천가는 동반자에게 놀이를 촉진할 네 가지 기술을 가르친다. 그 기술들은 놀이를 제안하고, 복합장애가 있는 아동에게 놀이방법을 보여 주며, 장난감을 공유하고, 도움을 제공하는 것이다. 또한 동반자는 그 아동의 놀이시작을 방해하는 부적절한 행동에 대처하고, 그 아동의 팔을 두드리고 동반자에게 주의를 돌리도록 기다림으로써 무반응을 다루는 법을 배운다. 역할극을 하는 동안 실천가는 장애가 있는 아동들의 전형적인 행동들을 재현한다. 비장애아동과 동반자는 그 아동들의 학급에 배치되고, 동반자는 그 두 명의 아동 중 한 명과 놀이를 시작하도록 촉진된다.

두 명의 동반자와 네 명의 9~11세 복합장애 아동을 포함한 개입의 평가결과는 비구조화된 자유놀이에서 동반자와 장애 아동과의 사회적 시작행동이 증가했음을 보여주었다. 장애가 있는 아동 또한 적절한 사회적 반응과 사회적 시작행동이 증가하였다. 이러한 개입성과는 동반자가 놀이를 시작하지 않은 놀이상황에서도 나타났으며, 상호작용 평가는 4개월 이후의 후속연구에서도 높은 수준을 유지했다. 관찰자들의 보고에서도 동반자와 장애 아동의 상호작용에 질적 변화가 제시되었다. 그리고 이 개입의 참여에 대해, 장애 아동, 동반자 그리고 감독하는 종사자의 비공식적인 의견 역시 긍정적이었다.

이 개입에서 장애가 있는 또래와 비장애또래들은 경도의 지적장애와 복합적인 신체적 행동문제가 있는 고등학생의 사회적 상호작용을 증가시키기 위해 이들에게 자기지시적(self-instructional) 전략을 가르친다(Hughes, Harmer, Killian, & Niarhos, 1995). 확인된 사회적 기술들은 상대가 반응하도록 대화를 시작하고, 상대와 시선을 맞추는 것을 포함하고 있다. 이와 같은 기술들은 지적장애와 행동문제가 있는 학생들에 대한 기술의 중요성과 일반교육 학생과 교사에 의해 수행된 설문조사로부터 취합된 정보에 기초하여 선택되었다. 연구자들 또한 학생들의 일련의 수용 가능한 대화의 범위를 확인하기 위하여 다양한 고등학생들의 대화를 관찰하였으며, 학생들의 설문지는 적절한 대화개시의 예를 제공하였다.

자기지시적 사회기술훈련의 요소를 가르치기 위하여 또래 개인교사(peer tutor)에게는 각본(저자로부터 허락받은)이 주어진다. 훈련회기 동안 또래 개인교사는 장애가 있는 학생들을 대상으로 무작위로 차례가 돌아가는 데, 이때 적절한 대화를 모델링하면서 자기지시적 문장을 말로 표현하게 된다. 그 절차는 다음의 단계를 포함하고 있다.

1. 또래는 지적장애와 행동문제가 있는 학생을 응시하고, 대화시작 목록에서 선택한 질문들을 한다.
2. 그 학생은 또래가 자기지시를 소리 내어 말로 표현하는 동안 또래를 바라보고, 그에게 적절한 질문을 한다.
3. 학생은 자기지시를 스스로 말로 표현하면서 사회적 시작행동을 실천한다.

자기지시의 연속적인 행동과 이에 상응하는 문장들은 다음과 같다.

첫째, 문제를 확인한다(예: "나는 말하고 싶어요.").
둘째, 반응을 진술한다(예: "나는 보고 말하길 원합니다.").
셋째, 자기평가를 한다(예: "나는 그것을 했고, 이야기했습니다.").

넷째, 자기강화를 한다(예: "나는 잘 했습니다.")(Hughes et al., 1995, p. 207).

지적장애와 행동문제가 있는 학생들은 이 말들을 자신의 것으로 응용·개발하며, 그 또래는 촉진과 함께 적절한 반응에는 칭찬하고, 무반응과 부적절한 반응에 대해서는 옳은 피드백을 제공한다. 피드백은 적절한 반응을 모델링하고, 학생들이 이를 연습하도록 요청하는 것이다.

이 프로그램의 평가결과는 또래들이 성공적으로 자기지시를 가르칠 수 있음을 제안하고 있다. 개입 이후에, 이 연구에 참여한 네 명의 여자 고등학교 상급생들(백인 세 명, 흑인 한 명)의 경우 복합적인 학교환경에서 훈련받은 또래와 또 다른 또래들과의 대화시작과 시선 맞추기 등이 증가하였다. 강화된 수행 정도는 일반교육 학생들에 미치는 수준이었다.

학교를 계속 다니고 있는 두 명의 고등학생을 위한 9~11개월 후의 후속연구에서 한 학생은 일반교육 학생들의 범위 내에서 대화시작 비율을 유지하였고, 다른 학생의 비율은 그 범위보다 약간 낮았다. 학생, 또래, 교사, 가족구성원과의 설문조사와 인터뷰는 이 프로그램이 사회적으로 가치있는 개입이었으며, 학생들의 사회적 상호작용이 변화하였음을 나타내고 있다. 예를 들어, 프로그램 참여 학생들은 프로그램 참여를 즐거워했으며, 타인과 이야기하는 것에 매우 편안함을 보고하였고, 더 빈번하게 큰 소리로 이야기하였다. 가족구성원들은 그 학생들이 자기주장에 더 적극적이 되었고, 자신감이 생겼으며, 대화를 더 시작하게 되었다고 보고하였다.

이 행동개입은 또래와 함께 고유의 편의를 도모하는 '의사소통 책(communication book)'을 포함하고 있다. 이 의사소통 책은 건강한 또래와의 사회적 시작행동과 긴 대화를 증가시키는 데 있어서 구음문제(articulation problems)와 다른 중증의 복합장애(예: 지적장애와 발작장애)를 가진 고등학생들을 원조하기 위해 고안되었다(Hunt, Alwell, & Goetz, & Sailor, 1990; 교육용 핸드북을 위해서는 이 책 끝에 제시한 '참고문헌'의 Hunt, Alwell, & Goetz, 1990 참조).

첫 번째 단계는 구음문제와 중증복합장애가 있는 학생들의 의사소통 책을 개발하는 것이다. 실천가는 그 학생들이 즐길 수 있고 좋아할 만한 활동, 재료, 사람들을 찾기 위해 그 학생들과 중요한 타인들을 인터뷰한다. 이 정보를 활용해서 의사소통 책의 주제 영역 내용들을 만든다. 의사소통 수단으로 쓰이게 되는 이 의사소통 책은 주제와 관련된 사물, 장소, 활동 그리고 개인에 대한 그림들과 관련 사진들을 포함한다. 대화상대(정규교육 학생)의 사진 해석을 돕기 위해, 그 그림들에는 활동이나 개인을 확인할 수 있는 짧은 문구의 라벨이 붙여진다. 사진들은 활동, 개인, 장소, 사물이 제시되거나 일어나는 환경(가정, 학교, 지역사회)별로, 그리고 특별한 사건(예: 생일파티)에 따라 구분된다. 사진들은 그 학생들과 대화 상대의 흥미를 유지하기 위해 최소한 매주 업데이트된다.

이 개입은 다양한 교실, 학교 그리고 직업 환경에서 대화상대와 함께 수행된다. 실천가는 학생들이 가지고 다니는 작은 가방에서 의사소통 책을 없애고 학생들의 언어적 표현과 관련 사진들의 짝을 맞춤으로써, 학생들이 대화를 시작하도록 가르친다. 학생들에게 이 과정을 가르치기 위해 학생들의 수행능력과 필요에 따라 신체적인 몸짓과 언어적 촉진을 포함한 '촉구-용암 교수전략(a prompt-fade teaching strategy)'이 사용된다. 적절한 반응에는 사회적 강화제가 따라오게 된다. 실천가는 대화상대들이 그 학생들의 시작행동에 대답하도록 가르치기 위해 사회기술훈련을 사용한다. 즉, 대화상대는 학생의 의사소통 책의 사진을 참조하여 사진 중 하나와 관련된 질문을 하도록 지시받는다. 또 대화상대는 대화를 계속하기 위한 또 다른 기회를 제공하기 위해, 그 학생이 질문에 대답한 이후에 잠시 멈추도록 배운다. 평가에 참여한 세 명의 학생 모두 개입 이후에 대화 시작행동이 증가하였으며, 서로 차례를 지키는 것으로 나타났다. 이러한 개선 사항은 대화할 기회가 있는(즉, 대화상대가 그 학생 옆에 앉아 있고 다른 활동에 참여하고 있지 않는) 다른 학교환경이나 근로장소의 훈련되지 않은 대화상대에게로 일반화되었다. 학생의 교사 또한 그 학생과 대화상대 간에 상호 교류가 더 많아졌다고 피드백하였다.

마지막 행동개입은 경쟁적 고용 환경(competitive employment settings, 또는 일반경쟁고용)에 사회적으로 통합되는 데 있어서 복합장애(학습장애, 언어지연, 정서/행동장애의 조합)가 있는 전환기 연령의 고등학생들을 원조하기 위하여 '자연스러운 지지(natural supports)'를 활용하는 것이다(Storey & Garff, 1999). 이 개입은 장애가 있는 학생에게 사회적 기술을 직접적으로 가르치지는 않는다. 대신에 실천가는 학생의 비장애동료에게 사회적 상호작용 기회를 제공하는 새로운 업무를 지시하는 방법을 가르친다. 개입의 첫 단계에서, 실천가는 그 동료가 학생에게 새로운 업무(예: 사회복지서비스 고객 관련 서류 준비하기)를 가르치는 데 필요한 지시기술(instructional skills)

을 가르치기 위하여 기술훈련 매뉴얼(이 책 끝에 있는 '참고문헌'에서 Curl & Hall, 1990 참고)을 활용한다. 지시기술은 '말하기 – 보여 주기 – 지켜보기 – 코치하기(Tell-Show-Watch-Coach)'로 지칭되는 전통적인 기술훈련기법(지시, 모델링, 실천, 피드백, 강화)을 포함한다. 두 번째 단계에서, 동료는 그 학생들에게 직업기술을 가르친다. 이는 그 동료가 지시기술을 숙지한 이후에 이루어지는데, 이는 동료들이 작업기술을 실천가에게 다시 가르치는 그 지시기술을 활용하는 능력 정도에 따라 판단된다.

일반적인 비교에 따라 개입 이후에 장애 학생들과 그들의 동료, 그리고 직업코치 간에 적절한 사회적 상호작용의 증가가 관찰되었다. 대화에는 사회적 주제뿐 아니라 일과 관련된 주제도 포함되었다. 직업코치의 평가 역시 그 학생들의 사회적 상호작용과 함께, 일과 관련되지 않은 주제에 대한 토론, 전반적인 사회적 기술 그리고 근로장소에서의 동료와의 통합 등이 증가하였다고 지적하였다. 반면에, 흥미롭게도, 평가결과는 직업코치가 미리 직업훈련을 제공함으로써 학생들의 일자리에의 통합을 실제로 방해하였음을 시사하였다.

취약계층 성인을 위한 개입

이 절에서 논의되는 인지행동개입은 신체장애, 지적장애, 중증 정신장애, 복합장애가 있는 성인과, 노령자, 동성애 남성을 포함한 취약계층 성인의 사회적 상호작용을 강화하기 위해 고안되었다. 장애가 있는 아동 · 청소년을 적절한 사회적 기술과 지원 없이 학교에 통합 배치하는 것과 마찬가지로 인지적 · 정신적 · 신체적 장애가 있는 성인을 적절한 사회적 기술과 지원 없이 지역사회에 통합시키려는 시도는 부정적인 사회적 결과를 초래할 수 있다. 지역사회, 직장 그리고 거주지역에서의 사회적 활동에의 참여 제한, 지역사회구성원과의 지지적인 유대감 부재 그리고 사회적인 고립과 재시설화 등이 이러한 부정적인 결과에 포함된다(Griffiths, Feldman, & Tough, 1997; Hall et al., 2000).

여기에서 기술하는 개입 프로그램은 신체적 · 인지적 · 정신적 장애가 있는 성인이 인지행동개입의 다양한 조합을 활용함으로써 그들의 사회적 상호작용을 강화시키는 것을 도울 수 있다. 이 전략에는 사회기술훈련, 문제해결훈련, 기타 자기관리기술, 숙제, 물리적 환경변화, 사회적 상호작용과 사회적 통합을 위한 기회 제공, 사회적 행동의 촉진/강화, 그리고 클라이언트 옹호에 타인 포함시키기 등이 포함된다. 이 개입의 일부는 또래와 직장동료들을 포함하며, 이러한 취약계층 클라이언트의 욕구에 맞춰 조정된다.

많은 노인들의 노화과정은 신체적 · 사회적 변화와 사회적 고립을 유발하는 거주지 변화 등을 포함한다. 여기에서의 인지행동개입은 노인의 사회적 상호작용 강화를 돕기 위해 설계되었다. 이 전략에는 적절한 편지 쓰기, 사회적 상호작용 촉진하기, 물리적 환경의 재배치와 풍요롭게 하기 그리고 사회기술훈련이 포함된다. 마지막 두 개의 사례연구는 동성애 남성의 사회적 상호작용을 증가시키고 대인관계 향상을 위한 다중인지행동개입을 제시한다. 이 개입은 사회기술훈련, 인지재구조화, 노출치료 그리고 숙제를 포함하고 있다.

신체장애가 있는 성인

다틸로와 카마라타(Dattilo & Camarata, 1991)는 뇌성마비(cerebral palsy)로 인한 심각한 운동 및 언어 장애가 있는 성인의 사회적 시작행동과 상호작용을 증가시키기 위한 행동적 개입을 개발하였다. 이 개입은 보완의사소통 시스템, 즉 터치 토커(Touch Talker)를 포함하고 있다. 터치 토커는 키보드와 모니터, 그리고 각 클라이언트의 개인적 메시지를 프로그램화하는 데 활용되는 소프트웨어로 구성되어 있다. 클라이언트의 메시지는 모니터에 나타나며, 합성/인조 언어(synthetic speech)로 재생된다. 메시지 목록은 클라이언트의 인지적 능력에 따라 조정될 수 있다. 예를 들어, 클라이언트의 메시지 목록은 하나의 주제(카드놀이나 음악감상과 같이 선호하는 여가활동에의 참여 요청)와 관련된 다섯 가지 문장만을 포함할 수 있다. 또 다른 클라이언트의 메시지 목록에는 외식, 음악토론, 학교, 여가활동 그리고 일반적인 대화와 같은 다수의 주요 주제로 구분된 문장들이 포함될 수 있다. 각 주제 영역에는 사전 프로그램화된 복수의 문장들을 포함하는데, 이는 클라이언트가 특별한 주제의 대화를 요청하고 참여할 능력을 촉진한다. 예를 들면, 외식과 관련한 문장들은 "나는 토스트 샐러드를 원합니다." "이 음식은 정말 맛있습니다." "나는 떠날 준비가 되었습니다."와 같은 내용들이 포함될 수 있다.

지시, 촉진, 실천을 포함한 기술훈련기법은 클라이언트가 터치 토커를 독립적으로 사용할 수 있도록 교육하는 데 활용된다. 기술훈련이 클라이언트로 하여금 그 장치들을 작동할 수 있도록 교육시킬 수 있지만, 클라이언트가 단순히 타인의 대화에 반응하기보다 대화의 시작행동을 증가시키기 위해서는 추가적인 개입이 필요할 수 있다. 이는 실천가가 각 클라이언트가 볼 수 있는 곳에 레크리에이션 활동재료를 놓아둠으로써, 또 클라이언트의 터치 토커를 통한 요청에 실천가가 반응한다는 것을 클라이언트에게 알려 주는 것이다. 따라서 클라이언트가 그러한 요청을 하면, 실천가는 즉시 반응한다. 두 번째 개입 이후에 평가에 참여한 두 명의 남자들의 경우, 스스로 주도한 대화의 비율이 그들의 거주지에서뿐 아니라 치료환경에서도 눈에 띄게 증가하였다(복수기초선설계 사용). 이러한 개선 내용은 다양한 지역사회환경에서 이들의 사회적 행동과 상호작용에서의 긍정적인 변화를 보고한 친구들과 보호자들에 의해서도 입증되었다.

많은 경우에 신체적 장애가 있는 성인의 사회적 상호작용과 관계형성에서 어려움을 경험하는 이유가 의사소통의 문제와 사회적 기술의 부족 때문만은 아니다. 휠체어 사용자가 자신의 집에 독립적으로 출입하는 것을 방해하는 장애물과 같은 물리적 환경의 선행조건이 장애가 있는 개인의 사회적 자원개발과 접근을 막을 수 있다. 한 연구는 휠체어 사용자의 집 입구에 간단히 외부경사로를 설치하는 것만으로도 신체적 장애가 있는 개인의 사회적 상호작용을 향상시킬 수 있다고 제안하였다(White, Paine-Andrews, Matthews, & Fawcett, 1995). 이 개입에서 지역사회개발 보조기금은 여섯 명의 저소득 휠체어 사용자의 집에 외부경사로를 설치하는 데 사용되었다. 이 개입 이후에 지역사회의 방문과 가정 방문자의 수, 그리고 참여자의 사회적 네트워크의 규모가 모두 증가하였다.

지적장애가 있는 성인

여기에서는 세 가지의 인지행동 프로그램과 지적장애가 있는 성인의 사회적 상호작용을 향상시키기 위한 물리적 환경을 변화시키는 한 가지 개입에 대해 논의한다. 이 개입은 전통적인 사회기술훈련과 사회적 상호작용을 위한 기회 제공과 촉진 및 강화와 같은 구체적인 전략을 포함한다. 프로그램들도 문제해결훈련과 다양한 자기관리기법[자기점검(self-monitoring), 자기강화(self-reinforcement), 자기지시(self-instruction)]을 포함하고 있다. 여기에서 논의되는 마지막 개입은 식사제공 방식의 단순한 변경을 통해 시설 거주자들 사이의 사회적 상호작용을 향상시킨 내용에 대한 것이다. 그리피스 등(Griffiths et al., 1997)이 수행한 평가를 제외하고, 복수기초선설계가 모든 개입의 평가에 활용되었다.

'사회생활(social life)' 프로그램은 경도-중등도의 지적장애가 있는 성인들의 사회적 역량을 증가시키기 위해 고안된 독특한 집단개입방법이다(Griffiths et al., 1997). 이 프로그램은 카드게임, 사회기술훈련, 문제해결훈련, 그리고 개선 내용의 자연적 환경으로의 전이를 강화하기 위한 여섯 개의 일반화 전략을 포함하고 있다. 일반화 전략에는 ① 클라이언트의 다양하고 적절한 사회적 기술이 요청되는 상황에 대한 복합적인 예시 활용하기, ② 개입 시 개별적으로 선택된 사회적 기술을 연습할 기회 제공하기, ③ 자연적 환경에서의 훈련 수행하기(예: 그룹홈과 보호작업장), ④ 문제해결과정 가르치기, ⑤ 클라이언트가 목표로 확인된 사회적 기술을 자연적인 일반 환경에서 수행하도록 기회를 제공하고, 피드백이나 사회적 강화 수행하기, 그리고 ⑥ 선행조건을 다르게 하기 등과 같은 내용들이 포함된다.

이 개입에서 목표로 하는 사회적 기술은 상대적인 중요성과 시설거주자의 기술을 배우고자 하는 욕구와 같은 기준에 기초하여 그룹홈 거주자와 시설 관계자에 의해 개별적으로 선택된다. 이 선택과정에서 나타난 공통적인 주제는 관계 맺기(예: 친구 만들고 유지하기), 문제해결(예: 갈등해결), 상호작용(대화기술) 그리고 적절한 감정표현 등이다. 이 기술들은 네 가지 범주의 총 72개의 게임 카드를 통해 학습되는데, 이 카드에는 클라이언트가 이기거나 질 경우에 해당하는 일정 금액의 게임머니가 표시되어 있다. 네 개의 범주와 각각의 예는 다음과 같다.

첫째, '주고받기(give and take)' 카드는 적절한 또는 부적절한 사회적 상황을 묘사하되, 게임하는 사람의 반응을 요구하지 않는다(예: "당신이 처음으로 누군가에게 소개될 때 악수를 하면, 5달러를 얻게 됩니다." 또는 "당신이 낯선 사람과 포옹을 하게 되면, 5달러를 잃게 됩니다.").

둘째, '맞거나 틀리거나(right or wrong)' 카드는 게임하는 사람으로 하여금, 옳고 틀린 것으로 문장을 판단할 것을 요구한다(예: "당신은 낯선 사람을 집에 들어오게 해서는 안 됩니다. 당신의 반응에 따라 10달러를 얻거나 잃게 됩니다.").

셋째, '채우기(fill-in)' 카드는 게임하는 사람으로 하여금 빈 공간을 채울 것을 요구한다(예: "만약 내가 길을 잃는다면, 나는 (   )한다. 괄호 안에 적절한 응답을 하면 15달러를 얻게 됩니다.").

넷째, '역할해 보기(play a role)' 카드는 게임하는 사람으로 하여금 타인과 적절히 상호작용할 것을 요구한다(예: "낯선 사람과 이야기하기 위해 어떻게 해야 할지 보여 주세요. 적절한 상호작용 시 20달러를 얻게 됩니다.").

게임을 할 때 집단구성원들은 주사위를 던지고, 일정한 공간에서 움직이며, 게임카드를 집어들고, 그 카드에 반응하게 된다. 집단운영자는 그때 집단의 문제해결과정을 촉진한다. 집단구성원들은 게임하는 사람의 반응을 예측하고, 대안적인 반응과 그 결과를 평가하며, 반응이 그 특별한 상황에서 가장 적절한 것이었는지를 결정한다. 만약 게임하는 사람의 반응이 적절하다면, 집단운영자는 칭찬과 할당된 게임머니를 가지고 그 반응을 강화한다. 반응이 부적절하다면, 집단운영자는 적절한 반응을 시범적으로 제시한다. 다음 순서에서 클라이언트는 동일한 카드에 반응하거나, 새로운 카드를 뽑는 것 중 선택권을 갖는다. 게임 이후에 집단운영자는 각 참여자가 얻게 되는 게임머니의 양에 따라 실제 강화물을 제공한다. 사회적 기술의 자연적인 환경으로의 전이를 강화하기 위하여, 거주 및 직업 시설의 종사자는 클라이언트가 그 목표로 하는 확인된 기술들을 표현하기 위한 여러 다양한 환경에서의 상황을 준비하고 기회를 제공할 것을 지시받는다. 시설종사자는 클라이언트에게 사회적인 강화제나 옳은 피드백, 모델링을 적절히 제공한다. 그리고 다른 선행사건을 다양화하고(예: 다양한 촉진의 사용), 클라이언트가 목표로 한 사회적 기술을 자발적으로 수행한 후에는 사회적 강화를 제공한다.

사회생활 프로그램은 경도-중등도의 지적장애가 있는 43명의 성인을 '사회생활' 집단과 세 가지 일반화 전략을 가진 '게임' 집단이나 '비훈련' 통제집단으로의 무작위 할당을 통해 평가되었다. 통제집단과 비교하여 사회생활 집단의 클라이언트는 거주시설과 근로환경에서 그들의 목표기술을 더 자주 수행하였다. 또한 또래, 가족, 그 밖의 공동체 구성원과의 상호작용에 대한 관찰결과, 사회생활 집단 참여자들의 관계에서의 호감과 관계의 질에 대한 평가가 통제집단에서보다 높은 것으로 나타났다. 다른 한편, 게임집단은 단지 한 가지 일반화 척도(낯선 사람과의 대화에 대한 평가)에서 통제집단보다 유의미하게 더 나은 수준으로 평가되었다. 거의 모든 척도에서, 사회생활집단 참여자들의 개선 내용은 3개월 후의 후속연구에서도 그대로 유지되었다.

맷슨과 앤드라식(Matson & Andrasik, 1982)이 개발한 인지행동개입은 경도–중등도의 지적장애가 있는 성인 클라이언트가 자연적인 환경에서 사회적 상호작용을 향상시키고 일반화시킬 수 있도록 자기관리 전략을 활용하였다. 이 개입은 거주시설에서 생활하면서 지역사회 생활을 준비하는 클라이언트를 위해 고안되었다. 이 개입은 실천가가 클라이언트에게 다양한 사회적 기술을 가르치는 것으로부터 시작되는데, 이 사회적 기술에는 자신을 소개하거나 타인에게 인사하기, 타인에게 질문을 하거나 부탁하기, 타인과 활동을 같이 하기 위해 제안하기, 그리고 아이템 사용을 요청하기 등을 포함한다. 실천가는 역할극의 한 장면을 묘사하면서 그 기술을 가르치게 되는데 여기에는 목표로 하는 사회적 기술을 포함하고 있다. 이후 거주시설의 조수(이전에 동일한 절차의 활용을 훈련받은)가 클라이언트의 반응을 촉진하는 과정으로 이어진다. 그 반응의 질에 따라서, 시설의 조수는 사회적 강화 또는 지시, 피드백, 모델링을 제공한다. 만약 클라이언트가 부적절한 사회적 기술을 보였다면, 이는 부적절한 것으로 판단되며, 대안으로 적절한 사회적 반응의 예시들이 제공된다. 실천가는 또한 자기관리 절차를 가르치기 위해 사회기술훈련기법을 사용한다. 그 절차에는 이러한 사회적 기술을 사용한 경우 클라이언트가 자연적인 환경(예: 거주시설에서의 여가시간)에서의 기록과 자신의 사회적 상호작용이 적절하다고 판단할 때 스스로에게 보상(사탕과 음료수로 교환 가능)을 주는 것을 포함하고 있다. 시설종사자의 관찰과 클라이언트의 기록이 일치하지 않을 경우, 실천가는 적절한 피드백을 제공한다.

8명에 대한 평가결과, 이 프로그램이 적절한 언어적 상호작용을 증가시키는 데 효과적이었으며, 사회적 상호작용의 증가가 경도–중등도의 지적장애가 있는 성인을 위한 휴게실과 같은 자연적인 환경으로 일반화된 것으로 나타났다. 이 평가는 사회적 상호작용을 증가시키는 데 있어 사회기술훈련, 자기점검 그리고 자기강화의 조합이 사회기술훈련만 활용하는 경우보다 더 효과적인 것을 발견했다.

맷슨과 애드킨스(Matson & Adkins, 1980)는 기본적인 사회적 상호작용기술이 부족한 중등도의 지적장애가 있는 성인을 위해, 자기지시와 녹음(audiotape recoding)

을 포함한 사회기술훈련 프로그램을 설계하였다. 개입을 위해 목표로 확인된 기술에는 대화 시작하기, 다른 사람 칭찬하기, 적절한 요청하기, 요청에 적절히 반응하기 등이 포함된다. 녹음은 이 기술들의 적절한 사용을 묘사하는 10개의 다른 장면을 제시하고 있다. 다음은 치료사가 다른 사람을 칭찬하는 기술을 가르치기 위해 제시한 상황에 대한 녹음의 예다.

> "당신이 좋게 이야기하면 사람들과 더 잘 어울릴 수 있습니다. 당신은 그들의 외모에 대해서 좋게 이야기할 수 있습니다." 이 말 다음에는 "당신은 누군가에 대해서 좋게 이야기할 수 있습니까?"라는 자극이 이어지고, 이후 대상자가 반응할 수 있도록 10초 동안 침묵한다. 이에 대한 답이 되는 반응이 그때 제공된다. "만약 당신이 '나는 당신의 머리카락을 좋아합니다.'라고 말한다면, 좋을 것입니다. 당신은 외모와 관련해서 사람의 기분을 좋게 하는 말을 한 적이 있습니까?" (Matson & Adkins, 1980, p. 246)

자기지시 다음에, 치료사는 클라이언트와 그 장면을 검토한다. 필요하다면 추가적인 사회기술훈련기법(예: 지시, 모델링, 역할극, 수행에 대한 피드백)이 사용된다. 개입 이후에 이 평가에 참여한 두 명의 지적장애 성인들에게서 거주시설에서의 여가시간 동안 적절한 언어적 상호작용이 실질적으로 증가하였다.

화이트 등(White et al., 1995)이 휠체어 사용자들의 집에 경사로를 제공한 사례에서와 같이, 취약계층 클라이언트들의 사회적 상호작용을 증가시키기 위한 지원에 항상 사회기술훈련을 필요로 하는 것은 아니다. 지적장애가 있는 시설의 청년들 간의 사회적 상호작용은, 예를 들어 시설에서의 음식 제공을 가족적인 방식으로 제공하기 위해 개인접시에 음식을 담는 것과 같은 단순한 변경만으로도 증가될 수 있다(VanBiervliet, Spangler, & Marshall, 1981).

중증 정신장애가 있는 성인

중증 정신장애의 정의에는 다양한 정신적 장애(예: 양극성 정동장애, 주요우울증, 정신분열증)가 포함된다. 그러나 중증 정신장애로 진단된 클라이언트의 사회적 상호작용을 강화하기 위해 개발된 개입의 대부분은 조현병에 초점을 두고 있다. 조현병은 정신병적 특성(예: 망상, 환각)의 장애와 다른 증상(예: 사고장애), 그리고 사회적 기능에의 심각한 문제, 대인관계 악화 등으로 특징 지어지는 유전적인, 생체심리학적인 장애다. 생체심리학적 취약성, 관련 증상 그리고 사회 · 환경적 요인들(예: 시설화, 사회적 고립, 타인으로부터의 거부)의 조합은 조현병으로 진단된 많은 클라이언트로 하여금 적응적인 사회적 기술을 배우거나 사용하지 못하게 하는 것으로 나타났다. 비록 신경이완제가 증상을 조절하고 조현병 클라이언트의 재발률을 감소시킨다고 해도, 이러한 약물은 사회적 기능을 강화시키는 데 거의 기여하지 못한다. 효과적으로 사회적 환경에 대처하지 못하는 것은 이러한 클라이언트 다수의 스트레스의 주요 원인이 될 수 있으며, 결국 불만족스러운 생활방식과 재발로 귀결된다(Halford & Hayes, 1991; Hampton, James, Wrigley, & Fullwood, 1980; Liberman et al., 1993).

이 절 후반에서 논의하는 두 가지의 개입(남성이 여성과의 사회적 상호작용을 증가시키기 위한 사회기술 집단개입, 정신과 입원환자의 사회적 상호작용을 증가시키기 위한 사회기술훈련 또래개입)을 제외하고, 지금 여기에서 설명하는 개입은 로버트 리버만(Robert Liberman)과 찰스 월리스(Charles Wallace), 그리고 그들의 동료들에 의해 개발된 것이다. 이 연구자들은 중증 정신장애가 있는 클라이언트들의 사회적이고 독립적인 생활기술을 증가시키기 위한 UCLA 정신병 치료 및 재활 연구센터(Center for Research on Treatment and Rehabilitation of Psychosis: CRTRP)에서 사회적이고 독립적인 생활기술모듈을 개발하였다. 여기에서는 그 모듈의 근거에 대한 개요와 모듈에 대한 설명(Liberman & Glynn, Blair, Ross, & Marder, 2002)을 제시한 후, 이 모듈의 효과성을 평가한 연구들(우정과 친밀감에 대한 모듈을 포함한 이 모듈들의 이용 가능성에 대해서는 이 책의 끝에 제시하는 '참고문헌'을 참고)에 대해 논의할 것이다.

이 훈련모듈은 중증 정신장애가 있는 클라이언트의 사회적 · 독립적 생활기술 증진을 위한 효과적인 개입은 세 가지 주요 전제에 기초해야 한다는 신념에 기반을 두고 있다. 개입은 반드시 중증 정신장애의 '취약성 – 스트레스 – 대처 – 역량모델(vulnerability-stress-coping-competence model)'과 일치하여야 하고, 반드시 학습원칙을 포함하여야 하며, 또한 사회적으로 숙련된 행동의 구체적인 요소들에 초점을 두어야 한다. 역량모델(competence model)은 생체생물학적 취약성, 사회환경적 스트레스 요인(예: 가족갈등, 일 스트레스) 그리고 보호요인(예: 사회적 지지, 적절한 사회적 기술, 신경이완제 약물) 간의 상호작용이 정신장애 증세와 심리사회적 안녕(well-being)과 관련되어 있음을 전제로 한다. 이 모듈에 통합된 사회훈련기술과 문제해결훈련의 주요 목표는 생체심리학적 취약성과 사회환경적 스트레스의 영향을 완충시킬 수 있는 보호요인을 증가시키는 것이며, 이를 통해 사회적 기능을 향상시키는 것이다.

각각의 모듈은 효과적인 지역사회 기능을 위해 요구되는 구체적인 기술영역을 가르치기 위한 커리큘럼을 제공한다. 예를 들면, 이 모듈에는 약물관리, 증상관리, 여가를 위한 레크리에이션, 대화기술, 지역사회 재진입 등을 위한 기술영역이 포함된다. 이러한 모듈 모두가 클라이언트의 사회적 자원에 대한 접근능력을 향상시킬 수 있으나, 여기에서는 기본적인 대화기술을 위한 기술영역만 상세하게 논의한다. 여가를 위한 레크리에이션과 약물 및 증상 관리를 위한 기술영역은 제5장과 제6장에서 이어서 논의한다.

기본적인 대화기술을 위한 일반적인 영역에는 적극적으로 경청하기(효과적인 언어적/비언어적 경청 기법), 대화 시작하기(타인을 만나기 좋은 장소와 타인이 기꺼이 함께 대화할 것인지 확인하기), 대화를 유지하고 끝내기, 모든 기술영역을 자연스럽고 자발적인 대화에 통합하기 등이 포함된다. 사회훈련기술과 문제해결훈련 집단에서 자주 수행되는 다음의 7개의 인지행동전략은 그 기술들을 가르치기 위해 사용된다. 첫째, 치료사는 이 기술들에 관한 기본적인 지시와 근거를 제공하고, 집단구성원들과 토론한다. 둘째, 그 기술에 대한 비디오 모델링을 제시하고, 이후 집단토론을 실시한다. 셋째, 역할극을 사용한다. 역할극에서의 클라이언트가 받아들이고, 처리하며(그 상황을 설명할 다양한 대안적 기술 평가), 보내는(언어적/비언어적 기술 통합) 기술은 치료사와 집단구성원으로부터 평가받는다. 사회적 상호작용 시작과 관련된 수신기술(Receiving Skills), 처리기술(Processing Skills), 송신기술(Sending Skills)의 예는 〈표 4-1〉과 같다.

넷째, 치료사는 클라이언트가 자연적인 환경에서 그 기술을 사용하도록 준비시킨다. 치료사는 클라이언트에게 기술수행에 요구되는 자원을 확인하기 위한 문제해결과정을 가르치기 위해 촉진, 코칭, 피드백을 사용한다. 다섯째, 치료사는 클라이언트가 그 기술수행 시 예상하지 못한 장애나 방해물을 극복하기 위해 문제해결과정을 적용하도록 가르친다. 치료사는 클라이언트가 그러한 장애물의 다양한 측면을 확인하고(수신기술), 그러한 장애물을 제거하기 위한 방법을 브레인스토밍하는 것(처리기

〈표 4-1〉 수신, 처리, 송신 기술의 예

수신기술	처리기술	송신기술
나는 댄스홀에 한 소녀가 혼자 앉아 있는 것을 봤다.	코너에서 나를 바라보는 소녀는 내가 그녀에게 함께 춤추자고 요청하기를 바라는 것 같다.	
나는 댄스홀에서 음악을 듣는다.	춤추는 것에 대한 나의 여러 대안은 다음과 같다. 그 소녀에게 춤을 추자고 청한다. 다른 사람에게 춤을 추자고 청한다. 또는 다과가 있는 탁자로 간다.	나는 그 소녀에게 다가가서, 시선을 맞추고, 즐거운 목소리로 "나는 당신과 춤을 추고 싶습니다."라고 말하면서 그녀에게 춤을 청한다.

출처: "Designing New Psychosocial Treatment for Schizophrenia," by R. P. Liberman and P. W. Corrigan, 1993, Psychiatry, 56, p. 241. copyright 1993 by Guilford. 1993. 허가를 받아 게재함.

술)을 지원한다. 그러한 장애물을 해결하기 위한 방법을 선택한 이후에, 클라이언트는 그 해결에 대해 역할극을 함으로써 언어적/비언어적 전달 기술(송신기술)을 연습한다. 여섯째, 치료사는 클라이언트가 동의한 대로 자연적인 환경에서의 과업을 수행하였는지를 감독한다. 일곱째, 클라이언트는 그 기술의 독립적인 수행을 요구하는 숙제를 완료하고, 이에 대한 증거를 제시한다.

이 모듈은 또한 중증 정신장애인이 자주 경험하며, 그들의 사회적 기술습득을 방해할 수 있는 사고장애, 과다각성, 주의산만을 다룰 수 있는 다양한 전략을 통합하고 있다. 전략에는 외적인 주의집중 방해(물) 줄이기, 훈련과업을 간단하게 집중적으로 천천히 유지하기, 촉진과 인센티브를 자주 제공하기, 기술영역들을 설명하는 차트 게시하기, 그리고 환각과 다른 사고장애로 발생되는 주의집중 방해(물)에 대한 사고를 중단(thought stopping)하도록 가르치는 것이 포함된다.

사고를 중단시키려고 할 때, 실천가는 "그만!"이라고 조용히 말함으로써 클라이언트가 원치 않거나 불안감을 주는 생각을 멈추는 방법을 가르친다. 이후 클라이언트는 원치 않는 생각을 즐겁고 더 기능적인 사고로 대체한다. 증상을 악화시킬 수 있는 스트레스를 피하기 위한 자기점검과 다른 기법들도 사용된다. 기술 습득 및 사용이 어려운 클라이언트를 위해서 실천가는 추가적으로 환경적 지원을 제공할 수 있다. 예를 들면, 자연적인 환경에서 개입 수행하기, 새롭게 습득한 기술의 촉진 및 강화를 위해 중요한 타인 가르치기, 그리고 더 제한적인 일련의 기술을 요구하는 전문적이고 지지적인 환경 구성하기가 포함된다. 실천가는 치료를 통한 개선이 유지되고 자연적인 환경으로 전이되도록 지지회기(booster session)를 수행할 수 있다.

마더 등(Marder et al., 1996)은 조현병으로 진단받은 외래환자 80명의 클라이언트(모두 남자로 비백인이 다수)를 사회기술훈련집단과 지지적 집단치료집단으로 무작위 할당함으로써 이 모듈 중 네 가지의 효과성을 평가하였다. 모든 클라이언트의 신경이완제 투여량은 그대로 유지되었다. 사회기술훈련집단의 클라이언트는 처음 6개월 동안 약물자기관리와 증상자기관리 모듈에 참여하였고, 그다음 6개월 동안은 사회적 문제해결 모듈에 참여하였다. 사회적 문제해결 모듈은 클라이언트에게 지역사회에서의 생활목표를 획득하는 데 있어서의 사회적 장애를 깨닫고, 적절한 해결을 확인하고 선택하며 이를 수행하는 것을 가르쳤다. 마지막 훈련인 성공적인 생활기술 모듈은 클라이언트에게 그들 자신의 목표를 찾고 추구할 것을 가르쳤다. 사회기술훈련은 지지적인 집단치료보다 더 효과적인 것으로 판단되었는데, 이는 개인의 안녕(well-being) 척도(예: 개인 외모에 대한 관심, 외로움, 전반적 만족도), 그리고 일, 가사, 가족역할, 사회적 활동 및 여가활동, 개인적 안녕과 같은 영역의 기능에 대한 클라이언트의 평가를 포함한 전체적인 적응척도에 의해 제시되었다. 지지적인 집단치료에 비해 사회기술훈련의 장점은 재발 관련 증상이 증가하고 있는 클라이언트의 적극적인 약물보조제와 결합될 때 가장 크게 나타났다. 특별히 이러한 차이는 사회적 여가활동(친구와의 관계 및 로맨틱한 관계에서의 상호작용의 양과 질을 포함한), 클라이언트의 가족구성원과의 상호작용과 반응, 그리고 전체적인 적응척도에서 나타났다. 사회기술훈련은 비교적 조현병 초기인 환자(24세 및 그 이하)에게만 지지적인 집단치료보다 더 효과적이었고, 안정적인 상태를 유지하고 있는, 그리고 만약 불안정하다면 효과적인 약물개입을 받고 있는 클라이언트에게 최적의 효과를 나타냈다.

모듈에 대한 후속 평가에는 지속적인 조현병을 가지고 있으며 현재 신경억제제 치료 중인 80명의 외래환자(백인, 흑인, 라틴계와 아시아인)가 참여하였다(Liberman et al., 1998). 클라이언트들은 집중적인 사회기술훈련 프로그램이나 심리사회적 직업치료집단에 무작위로 할당되었다. 사회기술훈련 프로그램은 기본적인 대화, 여가를 위한 레크리에이션, 약물관리, 증상관리 모듈에 통합되었다. 6개월 동안의 개입이 끝날 무렵에, 클라이언트는 18개월 동안 지역사회 사례관리자에게 배정되었다. 사례관리자의 주요 책임은 클라이언트가 그들이 습득한 사회적 기술을 자연적인 환경에서 사용하고, 지역사회에의 성공적인 적응을 조정하고 촉진하는 것이다. 2년 후의 후속연구에서 사회기술훈련을 받은 클라이언트의 점수는 6개월 전 그들이 참여한 구체적인 활동을 평가한 독립 생활기술 조사(independent living skills survey)에서보다 유의미하게 더 높게 나타났다. 그 활동들은 사회적 관계에 참여하는 것도 포함하고 있다.

요약하면, 중증 정신장애를 가지고 있는 사람들을 위해 UCLA 정신병 치료 및 재활 연구센터(CRTRP)에서 개발한 이 모듈들은 사회적 기술을 향상시키고, 사회적 관계를 구축하며, 지역사회로의 통합을 촉진하는 복합적이고 포괄적인 인지행동 프로그램을 제공하고 있다. 마지막 두 개의 사회기술훈련개입은 조현병으로 진단받은 개인들의 사회적 상호작용을 향상시키기 위해 고안된 것이다. 이 개입들은 모두 복수기초선설계를 활용하여 평가되었다.

이 집단사회기술훈련개입은 조현병으로 진단된 남성이 친숙하지 않은 여성과의 대화를 시작하는 데 있어서의 어려움에 특별히 초점을 두고 있다(Kelly et al., 1980). 이 개입은 그동안의 연구들을 통해 대화에 대한 우호적 평가가 예상되는 세 가지 사회적 기술습득을 목표로 하고 있다. 그 기술에는 정보 이끌어 내기, 적절히 자기 공개하기, 찬사 활용하기 등이 포함된다. 치료사는 목표로 하는 대화기술을 확인하고 이를 제공한 이후에, 관련된 기술을 사용해서 남성과 여성이 서로 상호작용하고 있는 모델링 비디오를 보여 준다. 치료사는 때때로 비디오 테이프를 멈추고, 구성원들이 그 확인된 기술이 언제 그리고 어떤 방식으로 사용되는지에 관심을 갖게 한다. 또한 치료사는 집단구성원들이 그 기술을 연습한 이후에 자신의 상호작용에서 그 기술을 사용할 수 있는 방법의 예시를 제시하도록 촉진한다. 그 회기 동안에, 치료사는 학습된 기술의 일반적인 수준을 강조하되, 집단구성원들이 비디오에서 보인 또는 다른 구성원들에 의해 수행된 구체적인 행동을 앵무새처럼 따라하지 않도록 한다.

조현병으로 진단받았으며 지역사회의 사후치료 프로그램에 참여한 세 명의 남자 청년들이 이 집단사회기술훈련개입의 평가에 참여하였다. 개입 이후에 세 명 모두 세 가지 기술영역에서 수행 정도가 증가하였다. 게다가 여성들에 대한 적극적인 관심과 그들의 반응 및 정서에서 진정성을 보여 주는 등 다른 영역에서의 전반적인 평가도 긍정적이었다. 개선된 이러한 기술들은 10주 후에도 전반적으로 유지되었다. 개입 이후에 이 남자들은 지역사회에서의 사회적인 접촉의 증가와 더불어, 친숙하지 않은 여성에게 다가갈 때 더 편안해졌음을 보고하였다. 마지막으로, 프로그램 관계자들은 그 남자들의 사회적 상호작용의 빈도와 적절성의 증가를 관찰하였다.

마지막 개입에서는 식사시간 동료(meal-time peer)들이 사회기술훈련 프로그램 과정에 포함되었는데, 이는 조현병으로 진단받고 지역사회 기반의 거주시설에서 살고 있는 소외된 클라이언트의 사회적 상호작용을 증가시키기 위한 것이다. 목표로 하고 있는 사회적 기술은 적절히 참여하고, 적절한 몸짓을 하며, 동료들과의 사회적 상호작용에 언어적으로 반응하고, 사회적 상호작용을 시작하는 것이다. 집단회기 동안, 치료사는 사회적으로 소외된 거주자와 그의 식사시간 동료들에게 기술을 가르치기 위해 사회기술훈련을 사용하였으며, 집단구성원들은 집단 밖에서 그 행동들을 연습하였다. 식사시간 동료만을 포함한 추가적인 지지회기 시간에, 치료사는 그 동료들에게 세 가지 사회적 기술의 촉진을 가르쳤고, 거주자의 기술수행을 강화시키기 위해 사회기술훈련을 활용하였다. 참여행동의 예시는 거주자의 이름을 부른 후, "나는 내가 당신에게 말할 때 당신이 관심을 보이는 것이 좋습니다."와 같은 언어적인 강화가 이어지는 것이다. 개입 이후의 평가에 참여한 성인 남성 클라이언트는 그와 다섯 명의 식사시간 동료들 간의 상호작용 증가를 포함하여, 세 가지 사회적 기술에서 두드러진 개선을 보였다. 이를 통해 얻어진 개선사항들은 이후 6개월까지 유지되었다. 시설종사자와 거주자들 또한, 개입 이후에 거주시설에서 클라이언트가 사회적 활동에 더 활발하게 참여하였다고 보고하였다.

복합장애가 있는 성인

여기에서 제시되는 두 가지 사례연구는 복합장애가 있는 근로자 두 명의 경쟁적 고용환경에의 사회적 통합을 증진시키기 위한 사회기술훈련의 활용과 동료개입의 예시를 제공한다(Gaylord-Ross, Park, Johnston, Lee, & Goetz, 1995). 이 클라이언트들의 이름은 테리(Terry)와 툿시(Tootsie)였는데, 둘 다 심각한 중증 지적장애로 진단받았으며 시각 및 청각 문제를 가지고 있었다. 이 여성들은 정부지원의 직업프로그램에 참여하고 있었으며, 다른 근로자와의 상호작용은 거의 없었다. 사회적 상호작용을 촉진하기 위한 사회기술훈련이 두 여성의 근로장소에서 자연적으로 발생하는 상황에서 수행되었다. 테리를 위한 상황은 피자헛 식당의 출근 시점과 휴게실에서 이루어졌다. 툿시를 위한 상황은 백화점 네 개 부서의 동료들의 시작행동에 반응하는 것을 포함하였다. 개입의 첫 단계는 개별 클라이언트의 사회적인 일상을 확인하는 것이다. 예를 들어, 테리의 출근은 다음의 열 가지 과업을 포함하는데, 카운터/등록기로 가기, 스위치를 켜면서 "안녕하세요."라고 하기, 동료의 "안녕하세요." 인사를 기다리기, 서명하면서 "안녕하세요."라고 인사하기, "저를 (출근) 등록시켜 주세요."라고 말하며 출근카드를 동료에게 주기, 동료가 그녀를 위해 (출근 카드를) 찍는 것을 기다리기, 동료로부터 카드 받기, 카드 집어넣기, 동료가 스위치를 끄는 것을 기다리기, 서명하면서 "고맙습니다."라고 하기 등이 해당된다. 툿시에게 사회적으로 반복되는 일상은 손을 내밀어서 인사하는 동료를 맞이하도록 그녀의 머리와 몸을 그 방향으로 향하고, 그녀가 동료와 악수하기 위해 손을 내미는 것을 포함한다.

이 사회기술훈련은 각 클라이언트와 그들의 동료에게 유사한 방식으로 진행된다. 예를 들면, 테리의 출근을 위해 실천가는 동료를 위한 사회적 일상(social routine)을 모델링하고 나서, 언어적 신호를 교환함으로써 그 동료를 돕는다. 실천가가 그 일상적인 일을 통해 테리를 신체적으로 안내하고 난 후 안내는 점차 사라졌다. 그리고 테리가 그 일련의 연속적인 일들을 정확하게 수행하였을 때 사회적인 강화가 제공되었다. 개입의 두 번째 부분은 프로그램을 도울 '동료옹호자'를 모집하는 것이다. 6주의 개입회기 동안에, 옹호자는 여성의 일터에 통합을 촉진할 수 있는 하나 이상의 활동을 찾았다(예: 휴식시간 동안 동료와 함께 앉기). 전략은 토론 후 작성되었으며, 각 여성의 일터에서 수행되었다. 이어지는 모임에서 실천가와 동료옹호자는 그 활동을 수행하는 데 있어 발생하는 문제들을 토론하고, 필요한 변화를 수행하였으며, 추가활동을 만들어 냈다.

기초선과 비교하여, 각 개입이 수행된 이후에 이 여성들과 동료들 간의 사회적 상호작용의 수와 지속기간이 증가되었다. 동료의 사회적 타당성 평가에서는 전반적인 사회적 역량과 사회적 수용에서 툿시에게서는 유의미한 변화가 있었으나, 테리의 경우는 그렇지 않은 것으로 나타났다. 그러나 테리의 옹호자(그녀의 관리자이기도 했던)의 평가에서는 이 두 가지 사회적 성과에서 꾸준한 증가가 보고되었다.

노 인

노인은 여러 가지 이유로 사회적 소외를 경험할 수 있다. 만성질환, 시각 · 청각 · 인지적장애, 타인을 만날 운동능력과 기회 감소, 의미 있는 중요한 타인의 죽음, 은퇴 후 이주, 요양원과 같은 시설환경으로의 배치 등이 그 이유에 속한다. 이러한 변화들 때문에 노인은 의료진, 사회복지사, 간병인과 같은 사람들과의 새로운 상호작용에 성공적으로 대처하기 위해 이전에 습득된 사회적 기술을 다시 재개하거나 새로 학습하기를 원할 수 있다. 게다가 요양원으로의 배치는 갑작스러울 수 있으며, 이들이 새로운 물리적 · 사회적 환경에 성공적으로 대처하고 상호작용하는 데 필요한 사회적 기술을 개발할 만한 시간을 갖기 어렵다. 요양원 종사자와 물리적 환경 역시 의도하지 않게 노인들의 사회적 상호작용이나 의미 있는 활동참여와 같은 적응적인 행동을 저해할 수 있고, 오히려 소극적인 태도와 사회적 소외와 같은 부적응적 태도를 강화시킬 수 있다. 요양원 입소 이후에 가족과 친구들과의 상호작용은 줄어들게 되며, 이는 사회적 소외, 무기력, 외로움에 기여하게 된다(Berger, 1981; Engelman, Altus, & Mathews, 1999; Fernandez Ballesteros, Izal, Diaz, Gonzalez, & Souto, 1988; Goldstein, & Baer, 1976). 여기에서 논의하는 행동개입 중 한 가지를 제외하고는, 모두 요양원이나 다른 시설환경에서 수행된 것이다. 개입에 대한 평가(일부는 실험설계 포함)결과, 단순한 물리적 · 사회적 환경의 변화는 노인들 간의 사회적 상호작용을 증가시킬 수 있음을 제안하였다. 마지막 사례연구는 시각장애가 있는 여성노인의 사회적 상호작용을 향상시키기 위해 사회기술훈련을 활용하였다.

30년도 훨씬 전에, 골드스타인과 배어(Goldstein & Baer, 1976)는 방문자가 거의 없는 요양원 노인의 우편통신을 증가시키기 위해 'RSVP(répondez s'il vous plait, 회신 요망)' 과정을 개발하였다. 이 행동개입은 시설거주자가 다른 사람에게 편지를 쓰고(만약 직접 쓸 수 없다면 편지를 받아쓰게 함), 또 신속하게 답장에 응하도록 촉진하는 것으로 구성되어 있다. 거주자들은 각 편지에 우표를 붙이고, 스스로 봉투에 주소를 쓰며, 또 답장을 받을 수 있는 내용을 포함하도록 촉진되었다. 예를 들면, 답장을 요청하는 질문을 포함하되, 답장을 쓰지 않은 개인을 질책하는 것(예: "왜 나에게 지금까지 편지를 쓰지 않나요?")은 삼가도록 하고, 답장을 쓴 사람에게는 감사표현을 하도록 했다. 복수기초선설계에 따른 평가결과에 의하면 이 평가에 참여한 세 명의 노인

거주자들은 개입 이후에 편지를 쓰고, 편지로 의사소통하는 사람의 수와 답장을 받는 비율이 증가하였다.

의자를 벽이나 텔레비전 주변, 원형테이블 주변에 재배치하고, 작은 주방을 추가하거나, 가족적인 방식으로 식사 제공방식을 변경하는 것과 같은 물리적 환경을 변화시키는 개입은 시설환경에서의 노인거주자들 간의 언어적인 그리고 촉각(tactile)과 관련한 상호작용을 증가시킬 수 있다(Bakos, Bozic, Chapin, & Neuman, 1980; Melin & Götestam, 1981; Peterson, Knapp, Rosen, & Pither, 1977). 시설에 있는 다른 거주자와의 상호작용의 증가는 특히 디자인 변경에 대한 의사결정에 참여한 거주자들 사이에서 높게 나타날 수 있다(Bakos et al., 1980).

노인을 위한 시설환경에서 수행된 다른 개입들은 물리적 환경을 더 풍요롭게 하고 더 촉진하는 것이 거주자들 간의 사회적 상호작용을 증가시킬 수 있음을 보여 주고 있다. 예를 들면, 시설의 라운지에 커피와 과자를 제공하고(Quattrochi-Tubin & Jason, 1980), 아침식사 전에 시설의 공용 공간에 음료수를 제공하는 것(Blackman, Howe, & Pinkston, 1976)은 거주자들 간의 사회적 상호작용을 증가시킬 수 있다. 첫 번째 개입의 평가에서, 사회적 상호작용의 증가는 그 시설 내의 다른 시간과 장소로 일반화되었다. 두 번째 개입에서 시설종사자는 미리 다과가 제공됨을 알리고, 그 이벤트를 거주자들에게 개별적으로 일깨워 주고, 참여를 희망하되 도움이 필요한 거주자들을 도움으로써 거주자들이 그 활동에 참여하도록 촉진하였다.

린스크, 하우, 핑크스톤(Linsk, Howe, & Pinkston, 1975) 또한 여성요양원 거주자들의 세 가지 집단활동에의 참여와 사회적 상호작용을 증가시킬 수 있는 성공적인 촉진개입을 설명하였다. 이 집단활동은 신문 내용 토론, 전래동화 읽기 그리고 거주자 모임을 포함한다. 각 모임 전에 사회복지사는 노인들을 방문하여 격려하면서 참여를 요청하였고, 일부 노인들의 경우 집단활동에 참여할 수 있도록 신체적으로 도움을 주었다. 반전설계(reversal design)를 통한 평가에서는 사회복지사가 노인참여자들에게 질문을 증가시킴으로써 집단토론에서의 참여와 상호작용을 증가시켰다고 지적하고 있다.

마지막 사례의 예시는 주요우울증과, 진행성 안질환인 황반변성(나중에 시력을 완전히 잃게 되는 질환)으로 진단받은 65세의 미망인 여성에게 치료사가 사회기술훈련을 활용한 것이다(Donohue, Acierno, Van Hasselt, & Hersen, 1995). 이 여성은 황반변성 진단 이후, 치료사가 2년 전에 그녀의 초기 우울증을 판단했던 노인을 위한 클리닉을 방문하였다. 이 클라이언트는 시각적인 장애가 발생하기 전에는 적극적이고 만족스러운 사회적 생활을 영위하였다. 그러나 시각장애 이후에는 다른 사람이 그녀에게 사회적 활동을 하도록 요청할 때 불안감을 느끼게 되었다. 치료사는 그녀의 사회적 기술을 평가하기 위해 시각장애인을 위한 센터에서 클라이언트들에 의해 발생하는 사회적 상황에 관련된 역할극 시나리오를 활용하였다. 그 클라이언트에게 지원이 필요한 세 가지 주요 영역 중 하나는 타인에게 사회적 활동에 참여하도록 요청하는 것이었다. 치료사는 전통적인 사회기술훈련기법을 활용하여 그 기술을 가르쳤다(훈련과정에 대한 상세 매뉴얼은 '참고문헌'의 Donohue, Acierno, Hersen, & Van Hasselt, 1995 참조). 치료사가 사회기술훈련에서 활용한 사회적 관여(social involvement) 영역에서의 시나리오의 예시는 다음과 같다. "당신은 당신의 아파트로 걸어가고 있습니다. 당신은 현재 지루하고, 미래에 당신과 시간을 함께 보낼 수 있는 누군가를 찾기 원합니다. 그때 당신은 오랜 친구가 당신에게 '잘 지냈어?'라고 인사하는 것을 갑자기 듣게 됩니다."

복수기초선설계에 의한 평가결과는 그 클라이언트의 자연적인 환경에서의 사회적 기술 사용이 점진적으로 개선되었음을 보여 주었다. 클라이언트의 자신감 점수와 행복감에 대한 평가 또한 증가하였으며, 우울증은 비임상적 수준으로 낮아졌다. 대인관계 기술과 우울증 점수는 7개월 이후의 후속연구에서도 유지되었다. 그러나 6개월 후 평가에서, 치료사는 전화로 지지회기를 수행하였는데, 그때 클라이언트는 시력개선을 위한 최근 수술이 실패한 이후 우울증의 증가를 경험하였다고 보고하였다.

동성애 남성

다음의 두 가지 사례연구는 대인관계 구축에 어려움을 겪는 동성애 남성(gay)을 돕기 위한 사회기술훈련, 인지재구조화, 노출치료를 포함한 복합적인 인지행동개입의 활용을 보여 주고 있다.

첫 번째 사례연구에서는 다른 동성애 남성과의 상호작용과 대인관계 구축에 장기간 어려움을 보인 35세의 동성애 남성이 포함되었다(St. Lawrence et al., 1983). 타인과의 상호작용 시 거절에 대한 두려움과 불안 증가 때문에 그 클라이언트는 게이 바(gay bars)에서 거의 대화를 시작하지 못했다.

이 클라이언트의 목표는 타인을 만날 때 대화를 더 편하게 시작하며, 타인의 사회적 시작행동에 적절히 반응하고, 그 자신의 감정과 견해를 주장하는 것이다(특히 다른 동성애 남성과 함께). 클라이언트와의 몇 번의 인터뷰를 통해 수집된 정보에 기초하여, 치료사는 그 클라이언트에게 문제가 되는 상황에 대한 역할극 시나리오를 구성하였다. 시나리오의 절반은 대화 시작하기, 칭찬 주고받기, 애정 표현하기와 같은 타인과의 긍정적인 상호작용을 포함하고 있다. 나머지 시나리오에는 타인으로부터의 비합리적인 요구에 반응하기, 불쾌감이나 정당한 분노 표현하기 등 클라이언트의 자기주장이 요구될 때 클라이언트가 직면할 수 있는 어려운 상황을 포함하고 있다.

치료사는 목표로 하는 언어적(예: 인사하고 대화를 위한 질문하기), 비언어적 기술(예: 시선 맞추기, 의자를 흔드는 것과 같은 관련 없는 움직임 통제하기)을 클라이언트에게 가르치기 위해 구조화된 시나리오와 함께 사회기술훈련을 활용하였다. 치료사는 또한 클라이언트에게 사회적 접촉을 시작하는 데 있어 그의 불안함과 침묵을 촉발하는 부정적인 인식변화를 위해 인지재구조화를 가르쳤다. 이 과정 동안, 클라이언트는 그가 불안을 느끼는 상황을 묘사하였고, 그의 불안에 기여하는 자기진술(self-statement)을 확인하였다. 예를 들면, 클라이언트는 "나는 그와 이야기하고 싶지만, 그가 나를 거부할지 모른다. 나는 큰 충격을 받을 것이고, 그날 밤은 엉망이 될 것이다."로 시작하는 일련의 연속적인 자기진술을 확인하였다. 실천가는 클라이언트에게 그러한 연속적인 자기진술을 초기에 중단하고, 이에 대해 평가하고 더 기능적인 생각으로 대체하도록 가르쳤다. 그 예는 다음과 같다.

> 나는 그와 이야기하고 싶지만, 그가 나를 좋아하지 않을지도 모른다(멈추도록 신호를 줌). 그러나 내가 말을 거는 모든 사람이 나를 좋아하게 되는 것은 아니며, 내가 함께 이야기하는 사람들이 많을수록, 나중에 우정으로 발전할 수 있는 기회는 더 많아질 것이다. 게다가 그는 재미있어 보이고, 나는 몇 분 동안 그와 즐겁게 이야기하게 될지도 모른다(St. Lawrence et al., 1993, p. 47).

이 클라이언트는 점점 더 많은 불안을 일으키는 단계마다 자기대화(self-talk)를 수정하는 것을 연습했다. 이후 실천가는 클라이언트가 불편함을 많이 경험하는 상황 및 상호작용과 관련한 숙제를 내 주었다. 예를 들면, 클라이언트는 사회적 상호작용 동안 시선 맞추기의 중요성을 수용하기를 주저했는데, 이러한 이유로, 치료사는 클라이언트가 게이 바에 가서 인기 있는 남자와 소외된 남자를 찾아내고, 그들 각각이 동반자와 시선을 맞추는지 여부를 관찰하도록 요청했다. 이 숙제는 처음에는 클라이언트에게 최소한의 불안을 만들어 내는 상황에서 주어졌고, 점진적으로 더 많은 불안을 가져올 수 있는 상황으로 진행되었다.

자기조사(self-surveys), 자기점검 그리고 일반화를 위한 역할극 시나리오에서 클라이언트의 수행에 대한 훈련된 관찰자의 평가결과, 이 개입은 결국 사회적 기술을 향상시켰고, 불안을 감소시켰으며, 사회적 접촉과 의미 있는 관계를 증가시킨 것으로 나타났다. 1개월과 6개월 이후 후속연구에서, 클라이언트는 그의 대인관계 기술과 관계에 대해서 지속적인 만족을 보고하였다. 그는 또한 대화를 시작할 때 부끄러움과 불안감이 줄었다고 보고하였으며, 습득된 기술을 지속적으로 사용하였고, 다양한 사회적 환경에서 그의 새로운 동성애 친구들과 더 많은 시간을 보내게 되었다.

두 번째 사례연구에서는 사회적 불안증상을 경험하고 있는 25세의 동성애 백인 남성인 마이클을 위해 인지행동개입을 사용하였다(Safren & Rogers, 2001). 이 클라이언트에게는 우정을 나누는 관계가 거의 없었으며, 외로움과 사회적 고립과 함께 다른 남성과의 의미 있는 관계를 전혀 경험하지 못했다고 보고하였다. 클라이언트의 사회적 불안감은 그가 또래의 다른 소년들과 다르다고 느끼기 시작한 중학교 때로 거슬러 올라갔다. 대학생 기간 동안 그의 사회적 불안감은 성적으로, 정서적으로 주로 남성에게 매력을 갖게 된다는 것을 깨닫기 시작할 때 고조되었다. 그 시절 마이클의 몇 안 되는 친구들은 동성 · 양성애(LGB) 학생연합에 참여하는 학생들을 조롱하였고, 결국 마이클은 다른 남성 동성애자를 만날 수 있는 기회를 피하게 되었다.

치료사는 초기평가에서 다른 사람들이 자신을 싫어하고, 무관심하며, 그의 불안을 알아챌 것이라는 두려움과 같은 마이클의 사회적 불안이 그의 사회적 회피에 책임이 있다고 밝혔다. 개입에는 인지재구조화, 불안을 조성하는 상황에 대한 역할극, 확인된 불안조성 상황에 대한 실생활에의 노출 등이 포함되었다(이 개입을 보여 주는 클라이언트-치료사의 광범위한 대화를 위한 글 참조). 기초선과 비교하여, 마이클은 개입 이후 불안감이 감소하였으며 사회적 접촉과 사회적 활동에서의 실질적인 증가를 보고하였다.

실천과 연구를 위한 분석과 비판

이 장에서는 취약계층 인구의 사회적 상호작용을 향상시킬 수 있는 인지행동개입의 예시를 제시하였다. 취약계층 인구는 신체적, 감각적, 학습/발달, 정서/행동, 복합적 장애가 있는 아동·청소년, 성인 그리고 노인과 성 소수자를 포함한다. 사회적 상호작용 향상의 구체적인 수단은 대인간 상호작용 시작하기, 증가시키기, 유지하기(예: 또래, 동료, 의미 있는 타인과의 대화와 놀이, 우편을 통한 통신), 지역사회와 가정 방문 빈도 증가시키기, 우정과 대인관계 발전시키기, 사회적 수용 증가시키기 그리고 소외감 감소시키기 등이다.

사회기술훈련은 취약한 클라이언트의 사회적 상호작용 향상이라는 목적을 달성하기 위해 가장 일반적으로 사용되는 개입이다. 사회기술훈련은 문제해결훈련, 인지재구조화 그리고 그 밖의 자기관리개입(즉, 자기점검, 자기강화, 자기지시)과 같은 추가적인 인지행동 전략과 결합되어 있다. 단독으로 또는 사회기술훈련과의 조합으로 사용된 다른 개입들에는 촉진전략, 강화, 타임아웃 절차, 노출전략, 고반응 요구, 그리고 물리적 환경을 풍요롭게 하고 변화시키는 것 등이 포함된다. 개입은 개별적으로 또는 집단으로 운영될 수 있다. 장애/비장애 또래, 거주시설에서 함께 살고 있는 사람들, 그리고 건강한 동료들이 이 개입에 자주 포함된다. 또래는 놀이와 대화상대, 친구, 동반자, 개인교사, 코치, 모델, 그리고 지지망의 구성원으로서의 역할을 한다. 이들 또래들은 지시, 촉진, 피드백, 강화를 제공하고 장애가 있는 아동·청소년, 성인이 학교, 직업, 지역사회 환경에 통합되도록 원조한다.

이러한 개입들은 실천가가 취약계층 인구의 사회적 상호작용을 향상시키기 위한 다양한 선택들을 이들에게 요청하고, 또 제시할 수 있음을 제안하고 있다. 이 개입들에 대한 더 비판적이고 상세한 평가는 다음 장에서 논의된다. 이 개입의 효과성과 추가적 적용, 개인의 자유·통제와 사회정의, 그리고 사회적 타당성과 같은 이슈들이 검증된다.

효과성과 추가적 적용

인지행동개입의 전반적인 긍정적 결과에도 불구하고, 그 평가결과가 단정적이라고 보기는 어렵다. 참여자들은 대개 자발적으로 참여하였고(무작위로 선택되지 않음), 이들을 통제집단이나 치료집단으로 무선할당한 연구는 거의 없기 때문에, 긍정적인 결과와 관련한 다른 대안적인 설명을 배제하기 어렵다. 대부분의 연구에서 참여자의 수가 적은 데다가, 클라이언트와 그들 환경의 고유의 특징은 그 결과가 다른 클라이언트와 환경에 적용되지 않을 수 있음을 시사한다. 예를 들면, 학교체계와 장애가 있는 학생 또는 그들의 건강한 또래의 고유한 특징은 특정 학교 내에서의 또래를 포함한 개입의 긍정적인 결과를 설명할 수도 있다. 많은 평가연구들은 기술의 발달과, 우정관계 구축과, 감소한 외로움과 같은 서로 다른 결과척도들 간의 관계성을 수립하는 데 실패했다. 대부분의 연구들이 어떤 참여자들에게는 일관적이지 않거나 개선이 없었음을 보고하였다. 이러한 결과는 실천가들에게 목표로 하고 있는 기술과 다른 성과척도들을 추적하고, 지속적으로 관련된 증상(예: 조현병과 관련된 증상들)을 평가하며, 치료 시 필요한 조정을 해야 할 필요가 있음을 지적하고 있다.

학습 및 지적 장애, 정서/행동 문제와 같은 장애가 있는 아동 · 청소년을 대상으로 한 연구들에 대한 그레셤, 수가이와 홀러(Gresham, Sugai, & Horler, 2001)의 고찰은 인지행동개입이 가변적이긴 하지만 사회적으로 역량있는 행동을 향상시키는 데 전반적으로 다소 효과가 있다고 결론지었다. 이 검토결과는 사회적 기술과 관련 성과를 증가시키는 데 있어, 모델링, 코칭 그리고 강화의 조합이 문제해결훈련과 자기지시훈련과 같은 개입보다 더 효과적인 경향이 있다고 제안하였다. 그러나 어떠한 개입, 또는 개입들의 조합이 특정 클라이언트와 목표에 가장 효과적인지는 단정 짓기 어렵다. 특정 개입과 그 개입의 조합이 어떠한 특별한 성과를 가져오는지 밝히지 못하는 상황에서 복합적인 개입의 사용은 이러한 불확실성의 이유 중 하나가 된다.

장애 아동 · 청소년의 다양한 사회적 행동에 관한 인지행동개입(주로 사회기술훈련)의 영향력을 검증한 연구들에 대한 카베일과 모스테르트(Kavale & Mostert, 2004)의 최근 메타분석은 이 개입이 가변적이지만 일반적으로 다소 효과가 있음을 지적하였다. 이러한 크지 않은 효과에 대한 이유는 개입의 실천과 후속연구 둘 다에 정보를 제공한다. 그 이유들에는 더 집중적이고 오랜 기간의 치료 프로그램을 이용하지 못한 것, 개별적인 사정(assessment)을 수행하지 못해 구체적인 사회적 기술문제를 개입과정에 맞추지 못한 것, 자연적인 환경에서 개입을 수행하지 못한 것, 치료절차의 정확성과 일관성을 보장하지 못한 것, 그리고 (사회적) 기술의 전이와 유지를 위해 적절히 프로그램을 계획하기 못한 것 등이 포함된다.

중증 정신장애가 있는 클라이언트를 위한 사회기술훈련의 평가연구들에 대한 딜크와 본드(Dilk & Bond, 1996)의 메타분석은 이 개입들이 사회적 기술을 증진시키고 정신병적 증상을 감소시키는 데 보통 이상의 강한 효과가 있었다고 결론지었다. 그러나 사회기술훈련은 사회적 기능을 다양한 맥락에서 적절하게 향상시키는 데에는 덜 효과적인 것으로 나타났다. 중증 정신장애가 있는 클라이언트를 위한 사회기술훈련에 대한 딜크와 본드의 비판은 장애가 있는 아동·청소년을 대상으로 한 이전의 두 개의 연구 및 검토 결과와 유사하다. 그러나 한 취약한 클라이언트 집단에서 학습을 촉진한 기법이 다른 집단에 적용 가능하지 않을 수 있다. 예를 들어, 리버만 등(Liberman et al., 1993)은 조현병으로 진단된 개인들을 위해서는 더 오랜 기간의 집중적인 회기(약 4개월 동안 일주일에 2~3회, 각 한 시간에서 한 시간 반 정도)를 추천하였다. 그러나 버거(Berger, 1981)는 노인요양원의 거주자들을 위한 사회기술훈련에서 회기를 길게 한 경우, 중도하차의 증가를 관찰하였다. 개입회기의 강도와 기간과 같은 치료문제를 결정할 때 실천가와 연구자들은 반드시 취약한 클라이언트의 특별한 문제들을 고려하여야 한다. 쉽게 피로해지고, 오랜 시간 집중을 유지하지 못하며 휠체어 사용자에서와 같은 가중된 불편함이(Glueckauf & Quittner, 1992) 이러한 문제들에 해당된다.

기존 연구들은 어떤 상황에서 개인치료보다 집단치료가, 그리고 그 과정에 비장애 또래를 포함시키는 것이 치료성과를 향상시켜 주는지 결정하지 못했다. 이 장에서 논의하는 개입들은 이러한 영역에서의 실천에 정보를 제공할 수 있다. 예를 들어, 집단으로 개입하는 것은 많은 이점을 갖고 있다. 여기에는 집단구성원에게 일반적인 문제를 다룰 수 있는 안전한 환경과 기술을 연습하고 추가적인 피드백을 해 줄 수 있는 또래들, 그리고 구체적인 기술의 적용과 숙제를 토론할 수 있는 포럼을 제공하는 것이 포함된다. 이러한 이점들은 특히 유사한 문제를 가진 또래들과의 상호작용 기회가 거의 없는 취약한 클라이언트의 사회적 상호작용을 향상시키는 데 특히 적합할 수 있다. 개입과정에 또래(건강한 또는 장애가 있는 또래)를 포함시키는 것은 사회적 기술,

상호작용 그리고 관계 유지 및 자연적인 환경으로의 전이를 향상시키는 것과 같은 부가적인 이점을 가질 수 있다. 건강한 또래의 참여는 장애가 있는 또래에 대한 긍정적인 태도를 증가시킬 수 있으며, 결과적으로 우정과 더불어 장애가 있는 개인들의 일, 학교 그리고 지역사회 환경으로의 통합을 증가시킬 수 있다.

취약한 클라이언트의 사회적 상호작용을 향상시키기 위해 고안된 인지행동개입의 평가는 제1장에서 밝히고 있는 모든 취약계층 인구를 포함하고 있지 않다. 이 개입은 또한 적용 가능한 다른 환경에서 평가되지도 않았다. 비록 추가 적용에 대한 검증은 후속연구 영역이지만, 실천가는 다른 취약한 클라이언트 또는 다른 환경에서의 활용을 위해 이 개입을 채택할 수 있다. 개입과정에 또래를 통합시키는 이 인지행동전략은 학교, 직장, 거주시설 또는 지역사회 환경 내에서의 상호작용과 또래집단에서 배제될 가능성이 더 높은 아동·청소년, 성인에게 적용할 수 있다. 예를 들면, 소수 인종/민족, 최근 이민자, 그리고 정서/행동 문제의 다른 유형들(예: 사회적 불안), 또는 사회적 고립(예: HIV 감염 아동, 청소년, 성인)이나 만성적인 신체적 장애나 질환으로 인해 클라이언트가 적절한 사회적 기술을 배우고 사용하는 능력을 위태롭게 할 수 있는 상황 등이 포함된다. 동성애 남성의 사회적 관계향상을 지원하는 마지막 두 개의 사례연구에서 사용된 인지행동전략은 동성애 여성, 양성애자, 성전환 클라이언트와 또 다른 취약한 클라이언트에게 적용 가능하다.

실천가는 또한 이 개입의 일부가 다른 환경에 적용될 수 있음을 알 수 있다. 예를 들어, 학교환경에서 수행된 집단사회기술훈련 프로그램의 일부는 외래 정신건강클리닉, 입원 및 거주시설, 의료 및 재활 시설에서 수행될 수 있다. 또래중재 프로그램 역시 방과후 지역사회 프로그램, 주간보호센터, 그룹홈과 그 밖의 거주시설(예: 요양원)의 취약계층 집단에 적용할 수 있다.

자유와 통제, 그리고 사회정의

이 장에서 논의된 개입들은 개입과정에서의 참여자의 투입과 통제를 향상시키기 위한 다양한 방법을 포함하고 있다. 집단운영자들은 변화를 목표로 하는 사회적 기술을 정의하는 구체적인 행동을 찾기 위해 신체적 장애가 있는 집단구성원을 포함시켰다. 그리고 대인관계를 향상시키는 데 있어 동성애 남성을 원조하기 위해 인지행동을 응용한 사례연구는 개인적 목표와 클라이언트 고유의 상황을 표준화된 인지재구조화와 노출치료에 통합시키는 방법을 설명하였다. 중증 정신장애를 가지고 있는 개인들을 위해 개발된 모듈은, 이들이 목표를 세우고 개입과정에 투입될 수 있는 기회를 제공함으로써 이들을 원조한다. 자기지시, 자기기록, 자기강화, 문제해결과 같은 자기관리전략은 클라이언트의 자유와 통제력을 향상시키는 인지행동개입의 또 다른 예시다. 이어서 '사회적 타당성' 부분 또한 클라이언트의 개입을 개별화함으로써 클라이언트의 자유와 통제를 증가시킬 수 있는 추가적인 방법을 설명한다.

또한 여러 개입이 사회기술훈련과 같은 인지행동개입에 대한 임파워먼트 관점으로부터의 타당한 비판을 다루고 있다. 즉, 훈련가는 먼저 그러한 방법이 요구되는지에 대한 결정 없이, 지시 · 모델링 · 촉구와 같은 방법을 자주 사용한다는 것이다. 이러한 유형의 실천은 클라이언트에게 그들이 사회적 기술이 없다는 메시지를 전달할 수 있으며, 또한 그들이 이미 가지고 있는 기술을 구축하는 것을 실천가가 방해할 수도 있다. 실천가는 클라이언트에게 기술을 표현하는 기회를 제공함으로써 이러한 우려를 해결할 수 있고, 필요한 경우에만 더 간섭하거나, 포괄적인 개입을 사용한다. 마지막으로 클라이언트가 적절한 기술을 배우고, 불안이 감소하며, 부정적인 인식이 변화된 후에 그들의 자유는 더 향상된다. 클라이언트들은 이제 사회적 상호작용에 참여할 것인지, 타인과의 관계를 발전시킬 것인지의 선택권을 가지게 된다.

앞서 논의한 인지행동개입의 목표는 사회정의의 관점과 일치한다. 취약한 아동 · 청소년과 성인이 사회적 자원에 접근할 수 있는 능력을 증가시키는 것, 예를 들면 다른 사람들을 놀이와 대화, 그 밖의 사회적 활동에 참여시키고, 다른 사람과 관계를 형성하며, 학교, 직장, 지역사회 환경으로의 사회적 통합을 증가시키는 것 모두 사회정의의 가치와 일치한다. 게다가 일부 개입은 비장애인이 장애가 있는 또래 고유의 문제와 의사소통상의 문제에 민감할 수 있게 해 준다. 이러한 개입이 장애가 있는 또래/동료에 대한 건강한 사람들의 긍정적인 인식을 향상시키며, 이들과의 사회적 상호작용을 증가시킬 경우 이러한 활동과 성과 또한 사회정의 관점과 일치하는 것이다.

사회적 타당성

사회적으로 적절한 목표와 결과

이 장에서 논의한 개입의 기획자들은 개입목표에 공유되고 있는 사회적 가치를 인용함으로써 개입목표의 사회적 타당성을 설정하였다. 사회에서는 취약계층 집단이 기본적인 사회적 기술을 습득하고, 사회적 상호작용에 참여하며, 관계를 형성하고, 사회적으로 통합되는 것에 가치를 둔다. 그러나 대다수의 개입목표는 대화 및 그 밖의 유형의 사회적 상호작용 또는 사회적 상호작용의 질(예: 특정 대화주제에 머물기)을 증가시키는 데 관련되어 있었다. 우정이나 로맨틱한 관계형성과 같은 더욱 의미 있는 목표는 자주 수립되지 않았다. 물론 일부 클라이언트(예: 중증 자폐증을 가진 사람들)의 경우 로맨틱한 관계형성과 같은 목표는 비현실적일 수 있다. 오직 드문 경우에 한하여 이러한 개입은 사회적 타당성과 임파워먼트 관점에서 특별히 중요할 수 있는, 개인의 목표설정에서 편의를 도모한다. 이러한 관찰결과는 연구자가 사회적 상호작용 향상과 관련하여 사회적으로 더 적합한 목표를 성취할 인지행동개입을 개발 · 평가할 필요성을 제안한다. 실천가들이 클라이언트와 함께 수립한 목표들은 반드시 사회적으로 타당해야 한다. 그 목표는 개별화되고 의미 있어야 하며 클라이언트의 역량, 문화, 사회경제적 배경, 성별, 성적 취향, 인종/민족을 포함한 그들 고유의 특징들을 고려해야 한다.

실천가가 사용할 수 있는 또 다른 방법은 개입의 중요한 목표(예: 구체적인 사회적 기술 증가시키기)와 궁극적인 목표(예: 대화를 시작하고 관계를 형성하기)의 사회적 타당성을 수립하는 것이다. 이 방법에는 교사, 부모, 또래/동료, 참여자, 시설종사자를 대상으로 설문조사하기, 사회적 행동과 자연적으로 일어나는 연속적인 일들 관찰하기, 그리고 결과척도(예: 특정 사회적 기술)와 관련된 개인 특징(예: 호감) 간의 관계성을 구축하는 연구문헌들 검증하기가 있다.

평가결과는 이 개입들이 설정된 목표를 달성할 수 있다는 최소한의 증거를 제공하고 있다. 그러나 앞서 논의한 바와 같이, 제한적인 맥락에서의 클라이언트와 타인(예: 장애가 있는 학생과 그들의 건강한 또래) 간의 대화, 언어적 반응, 또는 다른 사회적 상호작용의 증가가 꼭 의미 있거나, 클라이언트가 사회적으로 역량이 있다는 것을 보여 주는 것은 아니다. 사회적으로 역량이 있다는 것은 복합적인 맥락에서의 구체적인 사회적 행동에 대한 판단이나 평가에 기초한다(Haring & Breen, 1992; McMahon et al., 1996).

앞서 언급하였듯이, 인지행동개입의 평가결과는 실천가와 연구자로 하여금 향상된 상호작용(예: 사회적 상호작용의 적절성, 질, 지속기간의 증가, 다양한 환경으로의 사회적 통합, 사회적 수용, 우정 형성)이 클라이언트에게 사회적으로 의미 있는지를 판단하도록 제안하고 있다. 이러한 방법의 예로는 자연적인 환경에서의 상호작용 관찰하기, 치료 후 개선 내용의 타당성에 대한 질적판단을 요구하는 내용으로 클라이언트와 중요한 타인(예: 부모, 교사, 시설종사자, 직업코치, 또래/동료)에 대한 인터뷰와 설문조사하기 등이 포함된다.

취약한 클라이언트를 위한 치료결과의 사회적 타당성을 구축하기 위한 또 다른 방법은 일반적인 또래표본의 성과와 비교하는 것이다. 그러나 일부 연구자들은(예: McMahon et al., 1996) 장애가 있는 취약한 클라이언트를 위한 기준으로 '보통'의 아동·청소년의 상호작용을 활용하는 것이 적절한지에 대해 의문을 제기한다. 복합 및 중증장애를 가지고 있는 클라이언트를 위해서는 의미 있는 변화에 대한 정의가 그들의 장애와 역량 맥락 내에서 이루어져야 한다. 예를 들면, 자폐아동의 대화시작 능력에 개선이 이루어졌다고 해도 아직 그의 말은 자연스럽지 않기 때문이다. 일부 클라이언트에게 그것은 수용 가능한 성과일 수 있으며, 그들의 말은 결국 더 자연스러워질 수 있다(Stevenson et al., 2000). 의미 있는 행동과 목표를 확인하고 측정하는 것이 비록 모든 클라이언트에게 중요하지만, 취약계층 인구에게는 특히 타당하면서도 도전이 되는 일이다.

사회적으로 적절한 개입절차

사회적 타당성 관점에서, 이전에 논의된 개입의 심각한 한계(실천과 연구 모두에서 중요한)는 개입 이전에 개별화된 평가(individualized assessments)를 수행하지 못한 것이다. 많은 평가에서 참여자들은 사회적 기술결핍이 사회적 소외의 주요원인이라는 누군가의 우연한 평가에 기초하여 자주 개입에 의뢰되었다. 비록 목표대상인 사회적 기술의 기초선이 측정되었다고 하더라도 낮은 수준의 사회적 상호작용이 가능한 유지조건을 결정하기 위한 기능적 평가는 거의 없었다. 행동적 평가에서 알 수 있는 것처럼, 사회적 기술의 부족이 개인이 사회적 상호작용에 참여하는 것을 방해하는 선행사건은 아닐 수 있다. 예를 들면, 심리적 문제(예: 불안이나 우울증), 신체적 · 인지적 장애를 위한 편의증진(accommodations)의 미흡, 적절치 못한 차림새와 복장 그리고 환경적 요인(예: 이동제약이 있는 클라이언트를 위한 가정에의 접근성, 시설환경에서의 거주자의 자리배치와 식사 방식) 등은 심지어 사회적으로 숙련된 클라이언트들의 사회적 상호작용도 저해할 수 있다. 사회적 상호작용 시도 후 거절이나 조롱과 같은 부정적인 결과를 경험하는 것은 사회적으로 숙련된 클라이언트에게 있어서도 향후 타인과의 사회적 상호작용에 참여하려는 시도를 막을 수 있다. 실천가와 연구자가 만약 개입을 설계하고 수행하기 전에 완벽한 개별적인 평가를 수행할 수 있다면, 취약한 클라이언트들의 사회적 자원 증가를 더욱 성공적으로 도울 수 있다.

어떠한 연구도 개입이 수행되기 이전에 그 개입(예: 사회기술훈련의 요소)의 수용 가능성, 실행 가능성 그리고 적절성을 발전시키거나 평가하는 데 있어 참여자나 중요한 타인들을 포함하지 않았다. 그러나 실천가와 연구자는 그들의 개입자료와 과정의 사회적 타당성을 증가시키기 위한 방안으로 앞서 설명된 개입에서 사용된 방법으로부터 학습할 수 있다. 참여자와 유사한 특성을 가진 모델 활용하기, 관심이 높은 대화주제와 사회기술훈련에 사용된 사회적 시나리오를 찾기 위해 장애/비장애 또래/동료들을 조사하고 관찰하기, 그리고 요양원의 설계 변경과 관련한 의사결정에 노인들을 포함시키기 등이 그 예가 된다.

관련된 자료, 활동, 개입을 개별화함으로써 클라이언트 고유의 상황에 맞춰 편의를 증진시키는 것은 개입의 사회적 타당성을 향상시키는 것이기도 하다. 예를 들면, 의사소통 책의 대화주제는 클라이언트와 중요한 타인들에 대한 조사를 통해서 개별화시킬 수 있다. 클라이언트는 관련성이 있는 시연(rehearsal)을 위해 예정된 상황들을 선택할 수 있고, 또 그들은 자신의 상황을 연습과 문제해결을 위해 제공할 수 있다. 실천가는 또한 클라이언트에게 문제해결전략을 가르침으로써 그들이 자신의 삶의 맥락에서 문제를 가장 잘 해결하는 사회적 상황에 대한 반응을 선택하는 것을 도울 수 있다.

만약 그 개입들이 수용 가능하고, 실행할 만하다면, 실천가는 취약한 클라이언트의 특별한 특징과 상황에 맞추어야만 한다. 그러한 예는 이 장에서 논의한 많은 개입들에 포함되어 있다. 청각장애가 있는 개인들을 위해 목표로 확인된 기술과 자기관리 전략은 벽과 바닥에 게시될 수 있다. 사회기술훈련에 참여하는 또래들은 장애가 있는 아동의 특별한 의사소통 행동에 민감해질 수 있다(예: 지시 및 예시 제공하기, 또래가 아동의 장애를 모의실험하기). 사회적 기술을 따라하는 데 인형이 사용될 수 있으며, 게임 역시 제한적인 인지적 능력을 가지고 있는 클라이언트를 위한 사회기술훈련에 포함될 수 있다. 의사소통에 어려움이 있는 클라이언트를 위해서는 언어마스터와 터치 토커와 같은 기계적인 또는 전자적인 장치나 특별히 설계된 의사소통 책이 의사소통 매개체로서 사용될 수 있다. 외부의 주의산만 요인 줄이기, 훈련과제를 단순하게 초점을 맞춰서 느린 속도로 유지하기, 정신장애 증상을 통제할 수 있는 기법을 가르치기 등은 조현병으로 진단받은 개인의 특수한 요구(special needs)에 부응하는 것이다. 마지막으로 개입을 수행하는 데 있어 클라이언트를 도울 사람들을 모집할 수 있는데, RSVP(회신 요망) 개입에 포함된 노인 클라이언트를 위한 편지쓰기 같은 일을 할 수 있다(클라이언트가 직접 할 수 없을 때). 이러한 예시 모두 실천가와 연구자가 취약한 클라이언트의 특수한 요구에 부응하며, 사회적으로 적절한 방법과 내용에 대한 욕구를 가늠하고 이를 확인하는 것의 중요성을 강조한다.

이 개입의 평가는 개입의 사회적 타당성을 측정하기 위해 실천가와 연구자가 공식적인 치료기간과 그 이후에 사용할 수 있는 방법들을 제안하고 있다. 이러한 방법에는 개입의 실행 가능성과 수용성을 결정하기 위해 개입의 참여자와 다른 사람들을 대상으로 한 설문조사, 인터뷰, 관찰하기 등이 있다. 학교관계자가 정서/행동 문제가 있는 학생들의 사회적 상호작용을 향상시키기 위해 집단개입을 지속하도록 요청한 것은 사회적 타당성 척도의 또 다른 예시가 된다. 개입의 수용가능성이 평가된 모든 사례에서, 참여자와 중요한 타인들은 그 절차에 대한 인정과 만족감을 보고했다. 이는 실천가들로 하여금 클라이언트와 이들과 관련된 타인들에게 이 장에서 설명한 개입들을 제공하는 데 주저할 필요가 없음을 보여 준다. 그러나 다른 사회적 타당성 문제들은 반드시 고려되어야 한다. 예를 들면, 학교환경에서 수행된 인지개입은 교사의 시간제한 때문에, 그리고 아동 주도적인 놀이에 대한 교사의 철학과 구조화된 훈련과의 충돌 때문에 실현 가능하지 않을 수 있다. 시간제한, 가치 및 철학과의 갈등과 같은 문제들은 개입과정에 포함된 환경, 클라이언트, 그 밖의 다른 사람들에게 개입의 수용 가능성을 제한한다. 인지행동개입을 개발 · 활용할 때 실천가와 연구자가 고려해야 할 중요한 사회적 타당성의 또 다른 문제로는 개별적인 자료들을 제작하고(예: 의사소통 책을 위한), 개입을 수행하는 데 요구되는 훈련과 전문적인 장치의 비용(예:

터치 토커) 등이 포함된다.

유지와 일반화

이 장에서 논의된 인지행동개입은 이로 인한 개선을 유지하고, 복합적이고 자연적인 환경과 다른 개인들, 재료, 맥락들로 전이시키는 것을 자주 간과하거나 부적절하게 측정한 것으로 나타났다. 그러나 향후 연구자와 실천가들은 개입에 포함될 수 있는 일반화 및 유지 전략을 채택할 수 있다. 이 전략에는 일, 학교 그리고 거주시설 환경과 같은 자연적인 환경에서의 사회적 기술을 가르치는 것이 포함된다. 복합적인 환경, 강사, 또래들, 재료, 그리고 상황과 반응의 적절한 예를 활용하고, 클라이언트가 다른 맥락에서 다양하고 적절한 사회적 기술을 연습하는 것은 치료성과를 일반화시키기 위한 또 다른 전략들이다. 그러나 실천가 역시 반드시 일부 전략의 활용에 따른 부정적인 결과를 평가하여야만 한다. 예를 들면, 잉글리시 등(English et al., 1997)은 돌아가면서 또래를 만나는 것(peer rotation)이 '또래친구'와 발달장애가 있는 미취학아동 간에 우정이 발전되지 못한 주요 이유라고 믿었다. 연구자들은 다수의 또래들에 대한 사회적 기술의 전이를 증가시킬 것으로 기대되었던 돌아가면서 또래를 만나는 방법이 결과적으로 우정을 발전시키기에는 불충분한 시간을 초래한 것으로 추측하였다.

실천가가 사용할 수 있는 또 다른 유지/일반화 전략은 실제 생활환경에서 적절한 기술을 연습하도록 숙제를 내 주고, 중요한 타인들이 클라이언트에게 기술 연습, 촉진, 피드백 그리고 강화를 위한 기회를 제공하도록 지원을 이끌어 내고 이를 조직화하는 것이다. 추가적인 방법으로는 인위적인 촉진 철회하기나 장치(devices) 점검하기, 인위적인 강화제를 사회적인 강화제와 매치시키기, 그리고 이를 점진적으로 약화시키기 등이다.

목표로 확인된 기술(예: 자기지시, 자기점검, 자기강화) 수행에 대한 클라이언트의 자각을 증진시키기 위한 자기관리전략과, 기계적인 암기 대신 적절한 반응을 확인하기 위한 문제해결을 가르치는 것이 개입 성과의 일반화 및 유지를 증가시킬 수도 있다. 그러나 자기관리전략을 사용하기 전에, 실천가는 반드시 클라이언트가 적절한 반응에 대한 점검과 자기강화를 위한 인지적 능력, 동기 및 기술을 가지고 있는지 여부를 평가하여야 한다. 사회적 환경 바꾸기(예: 장애가 있는 학생에 대한 급우의 인식과 태도를 바꾸는 것)는 사회적 기술 및 상호작용의 유지와 자연적 환경으로의 이전을 향상시킨다. 마지막으로, 실천가는 클라이언트가 예상하지 못한 상황과 장애에 대처하는 데 있어 그들의 기술을 새롭게 상기시키고 그들을 돕기 위해 지지회기(booster sessions)를 가질 수 있으며, 따라서 습득된 기술과 강화된 사회적 상호작용이 유지되거나 증가될 가능성이 커지게 된다.

실천가와 연구자가 앞서 언급한 개입들에 통합된 이러한 전략들을 사용한다고 해도 그들은 취약한 클라이언트가 사회적 기술과 대인 간 상호작용에서의 개선사항을 유지하고, 이를 복합적인 자연적 환경으로 이전시키는 것을 도울 때 어려움을 겪을 수 있다. 예를 들면, 클라이언트가 자연적 환경에서 배운 기술이라고 해도 그들이 습득한 기술을 사용하기에 적절한 맥락을 깨닫도록 도울 수 있는 방법은 거의 없다. 또 다른 간과되었던 영역은 클라이언트로 하여금 습득한 사회적 기술을 사용하고 관계를 형성한 이후에 타인으로부터의 부정적인 반응이나 다른 부정적인 결과에 대처할 수 있도록 준비시키는 것이다. '조이닝 인(Joining-in)' 집단사회기술훈련에 포함된 현실점검(reality check)은 그러한 상황에 클라이언트를 준비시킬 수 있는 방법의 예다. 그러나 부정적인 결과가 관찰되었음에도 클라이언트를 준비시키는 전략을 포함한 개입은 거의 없다. 예를 들면, 브린 등(Breen et al., 1989)은 자폐증을 가진 청소년이 동료들과 대화를 시도한 후에 일부 동료들로부터 부정적인 반응을 관찰하였음을 보고하고 있다. 그러나 그 연구자들은 그러한 결과에 대처하기 위해 청소년들을 원조하였는지 여부는 보고하지 않았다. 다른 사람과의 상호작용 이후에 부정적이거나 바람직하지 않은 반응들을 경험하는 것에 대해 실천가가 클라이언트를 적절하게 준비시키지 않는다면, 클라이언트가 사회적 상호작용과 관계를 시작하고 유지하려는 시도는 더 줄어들게 될 것이다. 이러한 결과는 특히 장애, 성적 취향 그리고 기타 소수자적인 위치 때문에 타인으로부터 부정적인 반응을 경험한 클라이언트의 경우에 해당될 것이다.

만약 개입성과가 유지되고 자연적인 환경으로 전이된다면, 실천가는 공식적인 치료가 끝나기 전에 필요한 촉진과 강화, 그리고 지지가 적절히 준비되는지를 반드시 평가하고 보장하여야 한다. 예를 들어, 맥마흔 등(McMahon et al., 1996)은 지적장애가 있는 아동과 인지적 문제가 없는 또래 간의 상호작용이 유지되었는지, 그리고 인지적 문제가 없는 아동에게 적합하지 않는 놀이와 다른 환경으로 일반화되었는지 여부에 의문을 제기하였다. 이러한 환경에서 그 또래들은 그들과 유사한 인지적 수준을 가진 또래들이 더 흥미 있어 하는 활동을 선택할 수 있으며, 결국 지적장애 아동이 배제될 수 있다. 심지어 개입 이후 특정 장애를(예: 중증 자폐증과 지적장애) 가진 클라이언트의 제한적인 대화와 사회적 상호작용기술을 고려할 때, 비장애또래와의 사회적 시작행동과 관계가 유지되며 다양한 자연적 환경으로 전이될 수 있는지 여부는 명확하지 않다. 예를 들면, 성인의 지지와 강화 없이 또래 네트워크와 '친구(buddies)'와의 상호작용이 지속될 수 있을 것인지 의문이다.

현재 진행 중인 다른 개입들을 위한 지지는 사회적 자원을 유지시키기 위해 요구된다. 예를 들어, RSVP(회신 요망) 개입에서 요양원의 거주자가 편지를 쓸 수 없을 때 누군가가 그들을 위해 편지를 써야만 한다. 이러한 관찰은 개입이 철회되기 전에, 실천가가 필요한 자원과 지지가 준비되었는지를 반드시 평가하고 보장하여야 함을 제안하고 있다. 촉진, 강화, 그리고 다른 구조들(예: 진행 중인 또래모임)을 여러 번 철회하는 것은 적절하지 않을 수 있다. 그러한 철회는 클라이언트의 개입을 통한 개선 내용의 손실과 사기저하, 절망으로 이어질 수 있다.

이 장에서 설명한 개입들의 평가결과가 개입에 따른 개선사항이 새로운 개인과 환경으로 전이되었다는 증거를 제공하였음에도 불구하고, 그 개인과 환경들은 대개 공식적인 개입이 있었던 동일한 조직이나 시설 내에서였다. 개입의 대다수는 학교, 가족, 지역사회 내에서와 같은 다양한 환경에서의 치료를 조직화시키는 방법이 부족했다. 조현병으로 진단된 클라이언트에게 사례관리자를 제공한 것은 치료환경에서 학습된 사회적 기술을 유지하고 가족과 지역사회로의 전이를 위한 조직화 노력의 한 예다. 리버만 등(Liberman et al., 2002)은 인지행동기법으로 훈련된 사례관리자를 포함하고 있는 생체내 증폭기술훈련(In Vivo Amplified Skills Training: IVAST)의 활용에 대해 설명하였다. 이 사례관리자는 클라이언트가 습득한 기술을 계속 사용할 기회를 제공하고 격려하며 강화시킬 수 있는 다른 치료관계자, 가족구성원 그리고 지역사회 기관과의 연락담당자 역할을 수행하였다. 사회기술훈련을 받은 클라이언트와 비교해서, IVAST의 평가결과는 사회적 기능척도(사회적 관계와 관련된 항목 포함)에서 클라이언트가 더 빨리 그리고 더 많은 개선점을 얻는다고 제안하였다(Glynn et al., 2002).

대부분의 취약한 클라이언트가 가지고 있는 복합적인 욕구를 고려할 때, 다수의 환경에서 중요한 타인과의 치료를 조직화하는 실천가는 클라이언트의 개선 내용의 유지와 전이에 있어 도움을 줄 수 있다. 그러나 자연적인 환경에서의 개입을 수행하는 데 있어 교사와 부모와 같은 중요한 타인을 포함시키는 것은 또 다른 도전에 직면하게 한다. 훈련시간, 온전한 개입 보장, 중요한 타인의 사회경제적 배경, 성, 인종/민족, 문화, 가치, 그리고 또 다른 개인적인 환경에 따른 개입의 수용 가능성을 결정하는 것 등이 이러한 도전에 포함된다.

이 장에서는 노인, 성 소수자, 그리고 다양한 장애를 가지고 있는 아동 · 청소년, 성인들의 사회적 상호작용을 향상시키는 것을 원조함으로써 이들을 임파워시킬 수 있는 인지행동의 다양한 조합의 예시들을 제공하였다. 다음 장에서는 취약계층 인구들의 여가 및 레크리에이션, 그리고 거주시설, 학교, 다른 지역사회 환경에서의 관련 활동을 증가시키기 위한 기술을 가르치고 자원을 제공함으로써 이들을 임파워시킬 인지행동개입을 설명한다.

여가/레크리에이션 및 관련 활동 증가시키기

제4장에서 논의한 바와 같이, 신체적 · 발달적 · 정신적 장애와 학습 및 감각 장애를 가지고 있는 사람들은 그들의 장애로 인해 다양한 한계를 가지게 된다. 이러한 문제는 이들이 이용 가능한 여가 및 레크리에이션과 기타 지역사회 활동에 접근하고 참여하는 데 필요한 기술을 학습하는 것을 저해할 수 있다. 게다가 돌봄제공자(caregivers, 또는 간병인), 거주시설 및 그룹홈의 종사자, 교사들은 장애가 있는 사람들이 의미 있는 레크리에이션 및 여가 활동에 참여할 수 있는 기회를 자주 제공하지 못한다. 취약한 개인의 특수한 요구에 맞추지 못하고, 또 적절한 기술을 가르치지 못하는 것은 이들의 기회를 제한시키는 데 영향을 줄 수 있다. 요양원이나 기타 거주시설의 노인들의 의미 있는 레크리에이션 및 여가 활동에의 낮은 참여수준은 결국 권태로움, 사회적 고립 그리고 보람 없는 삶을 초래할 수 있다.

이 장에서는 취약한 개인들이 관련된 기술을 배우고, 그들의 거주지, 학교, 지역사회에서 여가 및 레크리에이션과 기타 활동들에 접근하는 것을 도움으로써 이들을 임파워시킬 수 있는 인지행동개입에 대해 논의한다. 취약계층 인구에는 신체적 장애, 학습 및 발달 문제(지적장애와 자폐증), 복합장애, 중증 정신장애가 있는 아동 · 청소년과 성인, 그리고 노인이 포함된다. 이 개입들은 취약한 아동 · 청소년, 성인 순으로 제시된다. 이 장은 이 개입들에 대한 비판적인 요약으로 마무리하며, 실천가 및 연구자를 위한 추가 적용도 제시한다.

취약계층 아동 · 청소년을 위한 개입

장애학생들의 옹호자들은 물리적으로 통합된 학급과 학교에서의 다른 활동에의 참여증진이 중요한 교육적 · 사회적 목표라고 주장한다. 이러한 경험은 생애 동안의 여가 및 레크리에이션 활동을 개발할 뿐 아니라 취약한 학생들이 적절한 사회적 행동을 배우고 우정을 형성할 수 있는 기회를 증가시킬 수 있다. 학생들의 집, 거주시설, 그리고 기타 지역사회 환경에서의 의미 있는 여가 및 레크리에이션 활동참여는 권태감을 감소시키고, 심리적 · 사회적 · 신체적 안녕(well-being)을 향상시키며, 지역사회 통합을 촉진할 수 있다(Hughes et al., 2004).

신체적 장애, 지적장애, 자폐증, 복합장애를 가지고 있는 아동 · 청소년을 위한 인지행동개입은 교육 및 직업 환경, 가정, 거주시설 그리고 기타 지역사회 환경에서 수행될 수 있다. 여기에서 설명되는 여섯 개의 인지행동 프로그램은 다양한 전략을 사용하고 있는데, 대부분이 장애가 있는 아동과 청소년의 특수한 요구에 맞춘 것이다. 이 개입들은 전통적인 사회기술훈련, 모델링, 자기지시, 촉진[예: 언어적 · 신체적 촉진, 그리고 고정시간 지연(constant time delay)], 강화, 지지회기 등을 포함하고 있다. 독립적으로 식당의 음식값을 지불하는 것을 촉진하기 위한 작은 가방 이용하기, 학습을 촉진시킬 수 있는 지시(instruction)를 위한 중요한 순간 식별하기, 그리고 특별한 여가 및 레크리에이션 활동참여에 대한 욕구를 의사소통하기 위해 사진책 디자인하기 등은 특별한 편의증진의 예다.

인지행동개입 프로그램 중 세 가지에는 돌봄제공자들(예: 부모, 성인 형제자매, 시설 종사자, 활동보조원)이 포함된다. 레크리에이션 상대로서, 한 개입은 장애가 있는 또래를 포함시켰으며, 다른 개입들은 건강한 또래를 모집했다. 개입 중 하나를 제외하고 모두 복수기초선설계를 사용하여 평가되었다.

신체장애가 있는 아동 · 청소년

소워스와 파워스(Sowers & Powers, 1995)는 뇌성마비와 근육위축병이 있는 청소년들이 더 독립적으로 지역사회 패스트푸드점에서 식사하는 개인적인 목표성취를 도울 수 있는 행동개입을 개발하였다. 이 개입은 전동 스쿠터와 휠체어를 사용하는 클라이언트와 제한적인 의사소통기술과 팔 및 손목 통제가 힘든 클라이언트를 위해 설계되었다. 부모와 개인적인 활동보조원이 이 개입을 수행하는 데 포함된다.

학습목표인 일반적인 과업은 패스트푸드점에서 주문하고 식사하며 자신의 식사자리를 깨끗하게 하는 것을 포함한다. 각 과업 단계의 개발과정에서 실천가는 클라이언트가 조정전략(adaptive strategy)을 필요로 하는지 결정하기 위해 클라이언트의 물리치료사에게 자문을 구해야 한다. 만약 필요하다면, 실천가는 클라이언트가 가장 독립적으로 각 단계를 수행하는 것을 도울 수 있는 전략을 찾아야 한다. 예를 들어, 만약 클라이언트가 돈을 다루고 그 가치를 인지하는 데 어려움이 있다면, '돈 꺼내기' 단계를 위한 전략은 편한 곳에 위치한 작은 가방에서 5달러 지폐 한 장을 꺼내는 것일 수 있다(29개의 단계와 학생의 전략에 대한 안내의 예시는 Sowers & Powers, 1995, p. 213의 〈표 1〉 참조). 사회기술훈련은 인위적인 환경(예: 학교의 회의실)에서 클라이언트가 선호하는 음식을 활용하여 목표로 확인된 각 단계들을 가르치는 데 활용된다. 클라이언트가 패스트푸드점에서 더 독립적으로 식사하는 것을 포함한 각 단계를 연습할 때, 실천가는 클라이언트가 과제를 성공적으로 수행할 수 없을 때만 도움을 제공한다.

클라이언트가 각 단계를 익힌 후에, 실천가는 부모와 활동보조원이 클라이언트가 패스트푸드점을 더 독립적으로 이용하도록 도울 수 있는 방법을 가르치기 위해 사회기술훈련을 사용한다. 실천가는 돌봄제공자들에게 각 전략의 근거와 클라이언트의 각 단계수행을 위해 특별히 고안된 방법을 설명하는 전략에 대한 안내와 클라이언트가 독립적으로 참여하는 것을 돕고 격려할 수 있는 여섯 가지 일반적인 규칙을 제공한다. 이 규칙은 다음의 단계를 포함하고 있다.

1. 거주지를 떠나기 전에 클라이언트와 각 단계를 검토한다.
2. 클라이언트를 돕기 전에 이들이 각 과제를 수행할 수 있도록 충분한 시간을 허용한다.

3. 도움을 줄 때는 클라이언트가 그 과제를 수행하는 데 있어 필요한 정도의 도움만 제공한다.
4. 실수가 있는 경우, 도움을 주기 전에 클라이언트가 바로잡을 수 있는 기회를 준다.
5. 만약 음식점의 종업원이 클라이언트를 돌보는 사람들과 상호작용을 시도한다면, 그 종업원을 클라이언트에게로 향하게 한다.
6. 음식점을 떠난 후에는 이 과업을 독립적으로 수행한 클라이언트 자신의 능력에 대한 자부심에 대해 토론한다. 그리고 클라이언트가 쉽게 수행하지 못한 단계가 있다면 이에 대해서 논의하고, 클라이언트가 향후에는 더욱 쉽게 독립적으로 각 단계를 수행할 수 있는 방법을 제안한다.

클라이언트가 패스트푸드점에서 독립적으로 식사하는 과제와 독립성을 격려하는 일반규칙을 돌봄제공자들이 배운 이후에, 클라이언트는 그 과업을 실천하게 되며, 이때 돌봄제공자들은 필요한 지시, 피드백, 도움을 제공한다.

개입 이후 그리고 6주 후의 후속조치에서, 평가에 참여한 세 명의 청소년(14세, 15세, 18세)들이 지역사회 패스트푸드점에서 식사하는 동안 그들의 참여와 독립성이 매우 증가하였다. 세 명 중 두 명의 청소년은 그들이 각 단계를 계속해서 수행할 수 있는지에 대해 "확신한다."고 보고하였다(한 명은 "그렇게 확신하지 않는다."고 하였다). 세 명의 참여자 모두 더 독립적으로 음식점에서 식사하는 것을 배운 후에, 다른 일도 더 독립적으로 할 수 있는지에 대해 "훨씬 더 확신한다."고 응답하였다. 클라이언트의 돌봄제공자들도 유사한 방식으로 동일한 질문에 응답하였는데, 이들 중 두 명은 청소년들이 개입 이후에 습득한 기술을 더 독립적으로 다른 환경에서 사용했다고 보고하였다.

학습/발달문제가 있는 아동 · 청소년

이 자기지시적 프로그램(self-instructional program)은 거주시설에서 살고 있는 중증 지적장애 청소년의 사회적 여가활동을 증가시키기 위해 사용될 수 있다(Keogh, Faw, Whitman, & Reid, 1984). 협동, 차례지키기, 게임단계 학습을 요구하는 상업적으로 이용 가능한 게임[예: 바지 속의 개미(Ants in the Pants)와 고리던지기(Ring Toss)]도 이 개입에 사용된다. 실천가는 자기지시를 하면서 2~3명의 거주자들을 위한 게임 단계를 모델링함으로써 개입을 시작한다. 그때 거주자들은 실천가가 자기지시를 언어화하는 동안 그 게임의 단계를 수행한다. 이 단계를 따라서, 실천가는 거주자들이 자기지시를 사용하고 게임단계를 수행하도록 촉진한다. 만약 거주자가 적절히 반응하지 않는다면, 실천가는 게임하는 다른 사람들에게 그들이 도울 수 있는지를 묻는다. 만약 그 사람이 도움을 제공할 수 없다면, 지시가 주어지고, 신체적인 촉진과 안내가 필요에 따라 제공된다. 상호작용을 촉진하고 일반화를 향상시키기 위해, 실천가는 거주자들이 서로 칭찬하도록 촉진한다(예: "존, 수에게 그녀가 잘했다고 이야기해 주세요."). 음식물 강화제와 사회적인 강화제 역시 거주자가 적절하고 지속적으로 게임을 할 때 사용된다. 만약 초기개입에서 거주자가 만족스러운 수준으로 게임을 하지 못한다면 다른 촉진이 추가될 수 있다. 예를 들어, 실천가는 게임단계를 실행하기 위한 최소한의(예: "존, 다음에는 뭘 해야 하지요?"), 구체적인(예: "수, 카드를 집으세요.") 언어적 촉진을 사용할 수 있다. 부적절한 반응을 막는 것과 같은 신체적인 촉진도 사용될 수 있다. 만약 게임하는 기술이 자유놀이환경으로 전이되지 않는다면, 실천가는 마찬가지로 그곳에서도 촉진과 사회적 강화제를 사용할 수 있다.

개입 이후에, 평가에 참여한 두 명의 남성 거주자는 자기지시와 비교적 복잡한 기술을 필요로 하는 세 가지 다른 게임을 할 수 있는 능력, 그리고 언어적 상호작용이 향상되었다. 통제집단의 역할을 한 두 명의 거주자에게서는 변화가 없었다. 그러나 촉진과 칭찬은 그 기술을 유지하고 다른 환경으로 게임기술이 전이되는 데 필요했다. 또한 후속평가에서 게임에 대한 능숙함이 낮은 수준으로 확인되자, 5~18주 이후에 지지회기가 요구되었다.

돌봄제공자들(예: 성인 형제자매, 부모)은 경증-중증 지적장애나 자폐증이 있는 청소년에게 여가기술을 가르치기 위해 고정시간 지연(Constant Time Delay: CTD)을 배울 수 있다(Wall & Gast, 1997b). 그 청소년들과 돌봄제공자들과의 관찰과 자문에 기초하여, 실천가는 각 클라이언트를 위한 세 가지 여가활동을 찾아냈다(예: 카드게임이나 테이블 게임, 말굽편자게임, 크로켓). 비록 개입은 클라이언트의 거주지에서 수행되었지만, 복합적인 전형들(즉, 여가 내용의 다양한 유형, 레크리에이션 상대, 시간, 장소)이 그 기술의 일반화를 촉진하기 위해 사용되었다. 실천가는 먼저 돌봄제공자들에게 다음 단락에서 설명되는 CTD과정(더 자세한 내용은 Wall & Gast, 1997a 참고)을 가르치기 위해 사회기술훈련을 사용한다. 그 이후에, 실천가는 돌봄제공자들이 청소년들에게 첫 번째 여가활동에 포함된 기술을 가르치기 위해 그 절차를 이용하는 것을 돕는다. 그때 돌봄제공자들은 청소년들에게 다른 활동을 위해 요구되는 기술을 독립적으로 가르친다.

이 개입회기는 돌봄제공자가 예상 가능한 신호, 예를 들면 "우리는 어제 카드놀이로 재밌는 시간을 보냈어요." 등을 제공하면서 시작된다. 이 신호 후에 그들은 적절한 반응을 요구하는 주의신호(attentional cue)를 줄 수 있는데, 예를 들면 청소년에게 카드게임을 보여 줄 것을 요청하는 것이다. 또한 그때 그가 가르치고 있는 활동과 관련한 구체적인 과업을 요청할 수 있는데, 예를 들면 카드게임을 위해서 청소년이 그 카드를 돌리도록 요청하는 것이다. 이 CTD과정은 돌봄제공자가 과업요청을 하거나, 청소년이 그 활동을 계속하도록 격려한 후에 사용된다. 돌봄제공자는 통제적 촉진(controlling prompt)과 함께, 즉시 과업요청이나 격려를 계속하는데, 직접적인 언어적 지시나 정확한 위치를 손으로 지적하는 것이 예가 될 수 있다. 이어지는 회기 동안 4초 시간지연이 활용되는데, 돌봄제공자는 자연스러운 신호, 언어적 과업요청 또는 격려를 준 이후에 4초를 기다린다. 만약 청소년이 반응하지 않으면, 그때 돌봄제공자는 통제적 촉진을 사용한다. 만약 청소년의 반응이 부적절하다면, 돌봄제공자는 그 반응을 중단시키고 통제적 촉진을 전달한다. 이들은 또한 적절한 반응과 놀이에 대해서는 강화제를 제공한다. 이 개입의 평가결과, 돌봄제공자는 네 명의 남자청소년의 여가기술을 성공적으로 가르친 것으로 나타났으며, 이 게임기술은 2개월 동안 유지되었다.

복합장애가 있는 아동 · 청소년

고정시간 지연(CTD)과정은 다양한 신체적 · 발달적 장애가 있는 고등학생들의 물품구매기술을 가르치는 데도 사용될 수 있다(DiPipiHoy & Jitendra, 2004). 이 기술은 레크리에이션 및 여가 활동과 관련된 많은 품목들을 구매하는 데 필요하다. 실천가들은 부모들에게 CTD개입을 가르치고, 부모들은 그 개입을 청소년 자녀들이 지역사회 상점에서 쇼핑 시 구매하는 기술을 가르칠 때 사용한다. 개별 부모와 청소년들과의 자문에 기초하여, 실천가는 목표로 하는 구매기술을 선정한다. 기획시간에는 교육계획을 개발하고 적절한 사회적 강화제(예: 언어적 칭찬, 미소)와 촉진(예: "계산원에게 지불하세요.")을 찾기 위해 부모와 청소년이 함께 참여한다.

실천가는 이때 부모들에게 사회기술훈련기법을 활용한 CTD과정을 가르쳐 준다. 사회기술훈련기법은 CTD과정을 사용하는 이유와 과정에 대한 설명(과업지시, 언어적 촉진, 2초 지연, 피드백 포함) 제공하기, 과정 모델링하기, 부모와 함께 그 과정을 역할극으로 해 보기 등을 포함한다. 또한 부모는 모델이 청소년에게 현금지급기에서 현금을 인출하는 것을 가르치기 위해 CTD과정을 녹화한 비디오를 시청한다. 마지막으로, 부모는 청소년 자녀에게 지역사회에서의 구매기술을 가르치기 위해 동일한 과정을 사용해 본다.

부모와 청소년이 지역의 상점에 도착하면, 부모는 각 기술의 원리를 알려 준다. 예를 들면, 부모는 청소년에게 쇼핑의 목적이 구체적인 품목을(예: 그림 그리기를 위한 물감과 붓) 구매하는 것이라고 이야기한다. 부모는 청소년에게 구체적인 품목을 가져오도록 요청하는 것과 같은 언어적 촉진과 함께 구매활동의 각 단계를 앞서 실행한다. 부모는 청소년이 반응할 수 있도록 2초 정도 기다린 후 옳은 반응에 대해서는 언어적 칭찬을, 그리고 옳지 않은 반응에 대해서는 언어적 교정과 모델링의 형태로 피드백을 전달하며, 개입은 서서히 사라지게 된다. 개입의 평가결과, 부모들은 자녀들에게(세 쌍의 부모-여자청소년이 평가에 참여함) 지역사회에서의 구매에 필요한 기술을 성공적으로 가르칠 수 있었음을 시사하였으며, 그 기술은 6~8주 후에도 유지되었다. 사회적 타당성 평가 역시 그 부모와 청소년들이 이 개입과 개입의 효과성에 크게 만족하였음을 보여 주었다.

다음의 행동 프로그램은 복합적인 신체적 · 인지적 · 감각적 장애가 있는 중증장애 학생들이 공립학교와 지역사회 환경에서 그들 또래와의 활동에 참여하는 데 필요한 구체적인 기술을 학습하는 것을 돕는다(Gee, Graham, Sailor, & Goetz, 1995). 연구자들은 그 개입을 학생 네 명의 특별한 욕구에 맞게 수정하였지만, 여기서는 한 명의 학생, 닐(Neil)을 위한 개입만을 논의한다.

닐은 발작장애, 사지마비, 시각 및 청각 장애를 포함한 신체장애가 있는 9세의 학생이다. 복합장애 때문에 닐은 정동(affect)과 어조(tone)의 변화를 통해서만 의사소통이 가능하다. 닐의 부모 및 교사와의 자문 후에 세 가지 목표가 확인되었는데, 여기에는 더 통합적인 활동에 참여하기, 건강한 또래와 만나는 기회 증가시키기 그리고 우정 형성하기가 포함되었다. 이러한 닐의 목표를 위해 선택된 활동은 학교운동장에서 비장애학생들과 아이스크림을 파는 것이었다. 학교운동장에서의 학생들의 아이스크림 판매에 대한 맥락적 분석과(다른 학생들의 동일한 활동을 관찰함으로써 수행됨) 닐의 능력에 대한 임상적·교육적 평가에 기초하여, 이 활동참여에 필요한 구체적인 기술을 배우기 위한 '중요한 교육적 순간'(critical instructional moments)이 확인되었다. 중요한 순간은 '① 자연적인 환경에서의 사건과 그 활동에서의 사회적 상호작용이 클라이언트가 구체적인 행동을 수행하도록 확인가능한 신호를 제공하는 시점, ② 클라이언트가 그 행동을 수행할 때(즉, 그 사회적·물리적 환경의 결과에 대해 쉽게 확인할 수 있는 바람직한 영향이 발생하는 시점)'로 정의된다.

닐의 장애의 심각성 때문에, 그 기술들은 세분화된 행동들을 포함하였고, 때때로 타인에 의한 조정과 촉진을 필요로 했다. 개입 동안에 교사는 목표로 확인된 행동을 촉진하기 위하여 중요한 순간에 자연스러운 기회를 활용하였다. 신체적 도움을 점차 덜 주게 됨으로써 촉진은 사라지게 되었다. 예를 들면, 닐의 네 가지 확인된 기술 중 하나(물건을 잡도록 도움받은 후에 물건들을 꽉 잡기)를 위한 네 번의 중요한 교육적 순간이 확인되었다. 한 가지 중요한 순간은 닐이 돈 상자(money box)를 쟁반에 놓도록 도움받으면서, 그것을 꽉 잡고 있는 것이다. 첫 번째 촉진과정은 그 돈 상자를 닐의 팔 아래 놓는 것이다. 그가 그 상자를 잡은 후에, 종사자는 그가 잠깐 동안 그것을 붙잡고 있도록 돕는다. 마지막 촉진과정은 그 상자를 닐의 손바닥에 놓는 것이다(네 가지 기술, 중요한 순간, 수행기준, 촉진절차에 대해서는 Gee et al., 1995, p. 38의 〈표 1〉 참조). 옳은 반응은 사회적 강화제뿐 아니라, 그 활동의 지속적인 참여에 따른 자연스러운 결과에 의해서 강화된다. 개입이 끝날 무렵, 닐은 학교운동장에서 아이스크림 판매에 참여하는 데 필요한 기술을 수행할 수 있었다. 지 등(Gee et al., 1995)은 닐과 세 명의 다른 학생들을 위한 개입의 결과가 자연적인 환경에서의 개입의 중요성을 보여 준다고 결론지었다. 또한 그 연구자들은 적절한 개입과 함께, 중증·복합장애가 있는 학생들이 다양한 통합된 일반교육과 지역사회활동에 참여할 수 있다고 결론 내렸다.

마지막 개입은 지적장애와 언어 및 의사소통 문제를 가지고 있는 학생들을 원조하기 위한 사회기술훈련 프로그램과, 이들이 일반교육을 받는 학생들과의 레크리에이션 활동을 시작하고 참여하기 위한 광범위한 교육적 지원을 포함한다(Hughes et al.,

2004). 이 개입은 교사가 모든 학생들에게 레크리에이션 및 스포츠 활동(예: 배구, 농구, 보드 및 비디오 게임)을 선택하여 시작하도록 지시한 후에 체육시간 동안에 수행된다. 먼저 실천가는 훈련회기 동안 장애가 있는 학생의 체육시간에 레크리에이션 활동 상대가 될 일반학생들을 모집한다. 그 훈련상대는 장애가 있는 학생들에게 무작위로 배정된다. 개입을 시작하기 전에, 실천가는 장애가 있는 학생들이 레크리에이션 활동 참여와 목표성취를 위해 일련의 설명된 과업들을 배우기를 원하는지 확인한다. 학생들의 의사소통장애를 고려하여 개입 동안 두 개의 사진이 포함된 사진책이 사용된다. 사회기술훈련을 사용하여, 실천가는 장애가 있는 학생들에게 다음의 다섯 가지 단계를 가르친다(교육용 대본은 저자로부터 이용 가능하다).

1. 체육교사가 학생들에게 "이제 무언가를 하러 갈 시간입니다."라고 지시하면, 학생들은 사진책을 집는다.
2. 학생들은 물건을 들고 있는 청소년을 묘사한 첫 번째 사진을 보고 가리킨다. 이는 학생들이 활동을 선택하도록 촉진한다.
3. 학생들은 청소년들이 서로 상호작용하는 것을 보여 주는 두 번째 사진을 보고 가리킨다. 이는 그들이 레크리에이션 활동상대에게 선택된 활동에 참여하도록 요청하는 것을 촉진한다.
4. 학생들은 사진책을 내려놓고, 그들의 상대와 활동을 시작한다.
5. 학생들은 자신의 수행내용과 레크리에이션 활동목표의 충족 여부를 스스로 평가한다. 청소년들은 실천가와 만나서 세 가지 질문(그들이 활동을 선택했는지, 상대에게 참여하자고 요청했는지, 활동에의 참여를 시작했는지)에 대한 자신들의 반응을 레크리에이션 활동목표와 비교한다.

평가에 참여한 장애가 있는 9학년의 흑인학생들 다섯 명 모두(여학생 네 명, 남학생 한 명) 그들 상대와 함께하는 레크리에이션 활동의 시작행동이 증가하였다. 개입 이후에 체육시간의 레크리에이션 참여는 대부분 증가하였다(기초선에서는 0점). 장애학생과 그들의 레크리에이션 활동상대는 상호작용이 재미있었다고 보고하였고, 장애학생들은 새로운 친구가 생겼다고 보고하였다. 장애학생들은 또한 그들의 목표달성에 대한 평가를 정확히 할 수 있었으며, 다섯 명의 학생 중 네 명은 그 사진책이 도움이

되었다고 보고하였다. 평가의 유지단계 동안에, 레크리에이션 관련 자료들은 그 학생들 가까이에 있었으며, 교사는 언어적인 신호("무언가를 할 시간입니다.")를 사용하였고, 학생들은 사진책을 넘겨받았다.

취약계층 성인을 위한 개입

장애가 있는 아동 · 청소년의 경우와 마찬가지로, 장애가 있는 성인의 여가 및 레크리에이션, 그리고 관련 지역사회 활동을 증가시키는 것은 가치 있는 개인적 · 사회적 목표다. 장애가 있는 성인을 위한 활동들은 적절한 사회적 · 독립적 생활기술, 우정 형성, 신체적 · 심리적 안녕(well-being), 그리고 지역사회 통합을 향상시킬 수 있다(Wilson, Arnold, Rowland, & Burnham, 1997). 노인 시설거주자들의 레크리에이션 및 여가 활동을 증가시키는 것은 의미 있는 활동에의 참여와 향상된 사회적 상호작용으로 귀결될 수 있다. 여기에서 논의하는 프로그램에 참여한 노인거주자들은 개입 전에는 그들 방에서 대부분의 시간을 보냈으며, 여가 및 레크리에이션 활동이나 사회적 상호작용에는 거의 참여하지 않았었다. 사회적 상호작용과 여가 및 레크리에이션 활동을 향상시키는 것과 더불어, 인지행동개입은 취약한 성인들이 이러한 활동에 더 독립적으로 참여하도록 도움으로써 이들을 임파워시킬 수 있다.

이 영역에서는 신체장애, 지적장애, 중증 정신장애, 복합장애가 있는 성인들과 노인들을 위한 열두 가지 인지행동개입이 논의된다. 그 개입 중 일부는 이미 제4장에서 설명하였다. 그 개입들은 사회적 상호작용을 향상시키고, 여가 및 레크리에이션과 지역사회 활동을 증가시키는 것과 관련된 목표를 성취하도록 설계되었기 때문에, 이 장에서는 간단하게 논의한다. 취약한 성인을 위한 개입에는 다양한 인지행동전략이 포함된다. 그 개입들은 환경을 풍요롭게 하고(예: 다양한 여가 및 레크리에이션 활동과 재료들을 이용 가능하게 하는 것), 여가 및 레크리에이션 활동, 기술훈련, 사회기술훈련, 촉구전략(예: 촉구위계), 강화 그리고 문제해결훈련에 참여하는 목적과 그 이점에 대한 설명을 제공하는 것을 포함하고 있다.

많은 개입들이 취약계층 성인의 특수한 요구를 위해 편의 증진 및 조정된다. 예를 들면, 의사소통 장치(예: 터치 토커)는 의사소통을 효과적으로 하지 못하는 신체적 장애가 있는 성인을 돕기 위해 사용된다. 학습장애가 있는 클라이언트의 특수한 요구에 맞추기 위하여 게임과 교육자료를 개발하고, 음식점에서 음식값 지불을 위해 클라이언트에게 손가락으로 숫자세기를 가르치는 것과 같은 전략들이 사용된다. 놀이, 활동, 역할극의 상대인 또래들도 많은 개입에 포함된다. 거주시설의 종사자 역시 개입의 일부를 수행하기 위해 학습하게 된다.

연구자들은 여기에서 논의하는 여러 개입들을 평가하기 위해 실험설계방법을 활용하였다(예: Brown & Munford, 1983; Marder et al., 1996). 또 다른 개입들은 시연과 사전-사후조사설계로 평가되었다(Konarski, Johnson, & Whitman, 1980; McClannahan & Risley, 1975; Schleien, Kiernan, & Wehman, 1981). 나머지 개입들의 경우 복수기초선설계로 평가되었다.

신체장애가 있는 성인

다틸로와 카마라타(Dattilo & Camarata, 1991)가 개발한, 뇌성마비가 있는 성인에게 터치 토커와 어의를 확장하는 의사소통체계 사용을 가르치는 개입은 앞 장에서 논의하였다. 식당에서의 음식 주문과 선호하는 레크리에이션 활동(예: 카드놀이, 음악감상)에 타인이 참여하도록 요청하는 것을 포함한 레크리에이션 및 여가 활동에 클라이언트의 참여를 증가시키는 것이 이 개입목표 중 하나였으며, 성공적인 결과로 이어졌다. 장애와 관련하여 의사소통에 문제가 있고, 레크리에이션 및 여가 활동의 증가를 원하는 클라이언트와 일하는 실천가는 이 개입이 도움이 된다는 것을 발견할 수 있다.

지적장애가 있는 성인

실천가는 '여가기술(leisure skills) 프로그램'(Schleien et al., 1981)을 수행함으로써, 경도의 지적장애가 있는 성인의 그룹홈에서의 레크리에이션 및 여가 활동을 증가시킬 수 있다. 이 프로그램에는 여가와 레크리에이션 활동 참여의 목적과 혜택, 가능한 활동의 유형들, 거주자의 흥미와 같은 주제들이 논의되는 매주의 여가를 위한 상담회기가 포함된다. 이후 다양한 활동(예: 다트게임, 카드게임, 퍼즐, 당구대, 실크스크린 인쇄 재료)이 이용 가능하게 되며, 실천가는 거주자들에게 각 활동에 필요한 기술을 가르치기 위해 기술훈련을 사용한다. 거주자들은 또한 그들의 자유시간 동안 스스로 선택한 여가활동에 참여하도록 권장된다. 여가기술 토너먼트 역시 수행되는데, 이것은 그 토너먼트 활동을 결정하는 거주자, 실천가, 그룹홈 종사자와 함께 시작된다. 그 활동들을 능력 있게 수행한 거주자들에게는 상(awards)과 자격증을 포함한 다양한 강화물들이 주어진다. 개입 이후에, 프로그램 평가에 참여한 여섯 명의 거주자들에게서 여가활동의 유의미한 증가가 관찰되었다. 그러나 그 행동을 유지하기 위해서는 매주 개입이 진행될 필요가 있었다.

실천가는 또한 지적장애가 있는 성인에게 협동게임하는 것을 가르치기 위해 행동적 기법을 사용할 수 있다. 예를 들어, 니에툽스키와 스바보다(Nietupski & Svoboda, 1982)의 개입은 중증 지적장애가 있는 거주자들에게 로또게임을 가르쳤다. 게임 재료는 두 개의 로또판으로 구성되었는데, 여기에는 거주자들이 시설에서 자주 관찰할 수 있는 물건이나 대상들(예: 침대, 옷장, 버스, 동료, 점심식사 쟁반)에 대한 네 개의 다른 사진들을 포함하고 있다. 호출카드들은 로또판에 있는 것들과 일치하는 8개의 사진으로 구성되어 있다. 실천가는 거주자들이 그 호출카드를 섞고, 쌓으며, 각 카드를 선택하여 그것을 로또판에 있는 것들과 짝을 맞추거나, 또는 한 명이 전체 로또판을 차지할 때까지 상대편에게 그 카드를 넘겨 주는 방법을 가르친다. 누군가가 전체 로또판을 차지하면, 그때 거주자는 그 사람이 승리자라고 이야기한다. 거주자들에게 그 로또게임 기술을 가르치기 위해, 실천가는 '체계적 촉진위계'(systematic prompt hierarchy)를 사용한다. 이것은 거주자가 도움을 필요로 할 경우에만 개입의 다음 수준을 활용하는 것으로, 그 위계는 다음과 같다.

1. 간접적인 언어적 신호(예: "짐, 그 카드를 가지고 무엇을 하시겠습니까?")
2. 직접적인 언어적 신호(예: "짐, 그 카드를 수에게 주세요.")
3. 모델링과 시연
4. 신체적인 촉진

실천가는 또한 옳은 반응에 대해서는 사회적인 강화제와 음식 강화물을 제공한다. 개입이 끝날 때까지, 평가에 참여한 여섯 명의 성인거주자들은 외부의 강화물 없이 이 로또게임을 수행하였다. 종사자들은 시설거주자들이 게임을 배운 장소에서뿐 아니라 2주 후에 시설의 다른 곳에서도 그 게임을 시작하는 것을 관찰하였다. 마지막으로 종사자들은 거주자들이 그 게임을 즐기는 것으로 나타났다고 보고하였다.

오라일리 등(O'Reilly, Lancioni, & Kierans, 2000)이 개발한 새로운 개입은 경도의 지적장애가 있는 성인 그룹홈 거주자들에게 지역의 술집(bar)에서 음료를 주문하기 위한 사회적 기술을 가르치는 것이다. 음료 주문을 위한 기본적인 사회적 기술에 대한 일반적 과업분석을 통해 훈련의 초점이 될 다섯 가지 기술을 찾아냈다. 그 기술에는 종업원에게 인사하기, 상호작용하는 동안 그 사람과 시선 맞추기를 유지하기, 음료를 받고 종업원에게 감사 인사하기, 음료수값 지불하기 등이 포함된다. 치료사는 사회적 기술 문제해결개입을 수행하였는데, 이는 클라이언트가 술집에서 음료 주문을 위한 적절한 사회적 기술을 하기 위해, 그들에게 해독(decoding) · 결정 · 수행 · 평가의 규칙을 가르치는 것이다. 음료수를 주문하기 위한 이해 · 결정 · 수행 · 평가 기술을 훈련하기 위한 질문과 문장들은 〈표 5-1〉에 나타나 있다.

〈표 5-1〉 음료 주문을 위한 해독 · 결정 · 수행 · 평가 기술을 위한 질문과 문장들

해독
- 무슨 일이지?
- 종업원이 나에게 음료를 원하는지를 물었다.

결정
- 내가 뭘 해야 하지?
- 나는 아무것도 말할 수 없다.
- 나는 음료를 주문할 수 있다.
- 나는 음료를 주문할 것이다.

수행(본문의 사회적 기술 문단 참조)

평가
- 내가 음료를 주문했을 때 무슨 일이 있었지?
- 그 종업원이 내가 원하는 음료를 가져다 주었다.
- 내가 제대로 했나?
- 그렇다.

출처: "Teaching Leisure Social Skills to Adults with Moderate Mental Retardation: An Analysis of Acquisition, Generalization, and Maintenance" by M. F. O'Reilly, G. E. Lancioni, & I. Kierans (2000), *Education and Training in Mental Retardation and Developmental Disabilities*, 35, p. 254. Copyright 2000 by the Division on Mental Retardation and Developmental Disabilities. 허가를 받아 게재함.

이 개입은 그룹홈의 클라이언트가 짝을 맞춰 수행하도록 고안되었다. 이 개입을 수행하면서 치료사는 사회적 맥락(즉, 술집 종업원은 클라이언트가 어떤 음료를 원하는지 질문한다)을 설명하고 사회적 규칙과 사회적 기술의 시범을 보인다. 치료사는 그 규칙과 사회적 기술을 말로 표현할 수 있는 언어적 능력을 갖춘 클라이언트 중 한 명과 그 기술에 대해 역할극을 하고, 다른 클라이언트는 이 역할극을 관찰한다.

개입 이후에 평가에 참여한 네 명의 남성 및 여성 그룹홈 거주자들은 지역의 술집에서 그 사회적 기술을 정확히 수행할 수 있었다. 약 3년 후에 그들은 음료를 주문하는 사회적 기술을 유지하였으며, 그 기술을 또 다른 술집 두 군데에서도 사용하였다. 치료사가 술집의 손님들과 상호작용하기 위한 사회적 기술은 가르치지 않았음에도 불구하고, 개입 이후에 네 명의 거주자와 다른 술집 손님들 간의 사회적 상호작용이 실질적으로 증가하였다. 또한, 그들은 지역 술집 방문이 더 편안해졌고, 술집의 종업원 및 손님과의 상호작용에서의 즐거움도 증가하였다고 보고하였다.

스토리, 베이츠와 핸슨(Storey, Bates, & Hanson, 1984)은 경증 – 중증 지적장애가 있는 성인들에게 지역사회 일반음식점에서 커피를 주문하는 기술을 가르치기 위한 촉진전략을 개발하였다. 실천가는 최소에서 최대한의 촉진까지의 위계를 활용하여, 그 기술을 일반적인 활동(예: 앉기, 주문하기, 커피 마시기, 계산원에게 비용 지불하기)을 포함한 여러 단계로 나누었다. 이 개입을 수행하면서, 실천가는 클라이언트에게 먼저 그 단계를 수행할 기회를 주었다. 만약 그들이 단계를 적절히 수행하지 못할 경우, 실천가는 언어적인 지시를 제공하고, 이어 몸짓과 최소한의 신체적 안내를, 이후에는 전체적인 신체적 안내를 제공하였다. 옳은 반응에 대해서는 사회적 강화제가 주어졌다. 개입이 끝날 때에 이 평가에 참여한 여섯 명의 성인들은 적절히 커피를 주문했을 뿐 아니라 인지적인 문제가 없는 고객의 모습을 보였다. 이들은 그 기술을 다른 두 곳의 일반음식점에서 그리고 한 군데의 패스트푸드점에서 사용할 수 있었다. 그들은 그 기술을 2~5개월 이후까지 유지하였다.

중증 정신장애가 있는 성인

만성 조현병으로 진단받은 정신과 외래환자를 포함한 생활기술훈련 프로그램의 많은 성과척도 중 하나는 지역사회의 레크리에이션 및 여가 자원의 활용을 증가시키는 것이다(Brown & Munford, 1983). 집단사회기술훈련을 활용해서 집단운영자는 언어적 · 비언어적 기술 모두를 가르친다. 비언어적 기술의 예로는, 시선 맞추기, 목소리 어조, 언어적 내용을 포함한다. 언어적인 사회적 기술의 예로, 친근한 대화와 지역사회의 사회적 활동에 대한 정보를 얻기 위한 전화이용을 들 수 있다. 숙제로써, 그 환자들은 병동에서의 기술을 연습하고, 지역사회 환경에서 레크리에이션 및 여가 활동과 관련된 과업을 수행하게 된다. 과업의 예로는 음식점에서 식사하기, 관련된 지역사회 자원에 대한 정보 습득하기 등이 포함된다. 프로그램은 28명의 남성 클라이언트의 생활기술훈련 또는 전통적인 미국재향군인국(The Department of Veterans Affairs: VA) 재활 프로그램에의 무작위 할당을 통해서 평가되었다. 사회기술훈련집단은 지역사회 레크리에이션과 여가 자원의 활용을 포함한 전반적인 대인관계 기술과 자기보고 척도에서 더 높은 수준을 보였다.

UCLA 정신병 치료 및 재활 연구센터(Center for Research on Treatment and Rehabilitation of Psychosis: CRTRP)에서 개발한 모듈 중 하나는 '여가를 위한 레크리에이션'에서의 기술훈련을 포함하고 있다(Liberman & Corrigan, 1993, 그 기술을 가르치는 데 사용된 사회기술훈련과 문제해결개입, '여가모듈을 위한 레크리에이션'을 위한 정보는 제4장 참조). 목표로 하는 기술은 다음과 같다.

1. 다양한 레크리에이션 활동의 이점을 찾고, 바람직한 이점들에 기초하여 활동을 선택한다.
2. 활동에 대한 정보를 얻고, 어떻게 그 정보를 사용할 것인지를 결정한다.
3. 그 활동을 시작하기 전에 필요한 자원을 확인한다.
4. 활동이 즐겁고 계속할 가치가 있는지를 판단한다.
5. 선정된 활동에 참여하기 위한 장기적인 계획을 수립한다.

불행히도, UCLA CRTRP에서 개발된 다양한 모듈의 효과를 검증한 연구는 '여가를 위한 레크리에이션'과 같이 구체적인 모듈을 가르치는 것이 각 목표를 성취하였는지 여부를 평가하지 못했다. 그러나 제4장에서 논의된 마더 등(Marder et al., 1996)의 연구는 일련의 모듈을 통해 훈련을 받은 조현병 클라이언트의 특정 집단이 지지적인 집단치료를 받은 클라이언트에 비해 더 이점이 있었음을 논하고 있다. 이점의

하나는 클라이언트의 여가에 관한 흥미와 활동참여가 증가한 것이었다. 이후 연구(Liberman et al., 1998)에서는 만성 조현병으로 진단된 클라이언트 집단을 위한 모듈훈련과 여가 및 레크리에이션 활동 참여 간에 관련성이 없는 것으로 나타났다.

복합장애가 있는 성인

실천가는 지적장애, 그리고 최소한 한 가지의 다른 신체적 · 정서적 장애로 진단받은 성인에게 패스트푸드점에서의 주문과 식사를 가르치기 위해 행동적 기법을 사용할 수 있다. 복합장애가 있는 클라이언트를 위한 지역사회 생존기술(community survival skills) 프로그램의 한 요소로 개발된 이 내용은 네 가지의 주요 기술영역(자리 잡기, 주문하기, 지불하기, 식사하고 나가기)을 가르친다(Van den Pol et al., 1981). 실천가는 복합장애가 있는 성인들에게 자연적인 환경 이전에 먼저 교실에서 음식점에서의 기술을 가르치기 위해 그 기술에 대한 슬라이드를 보여 주고, 또 다른 사회기술훈련 전략을 사용한다. 클라이언트의 인지적 능력 수준에 맞춘 다른 기법과 더불어, 개입하는 동안에 모의재료(예: 카운터와 벽에 걸린 메뉴)가 사용된다. 예를 들어, 클라이언트가 계산원이 그들에게 정확한 거스름돈을 주었는지 알아내는 것을 돕기 위해, 실천가는 다음과 같은 절차를 가르친다.

1. 음식가격에 가장 가까운 돈을 모은 후, 이에 상응하는 숫자만큼 한 손('음식값 손')의 손가락을 올린다.
2. 계산원에게 지불해야 할 금액에 상응하는 수만큼 다른 손('지불할 금액 손')의 손가락을 올린다.
3. '음식값 손'에서 올린 손가락 수와 '지불할 금액 손'에서 올린 손가락의 수를 맞춰 본다. 맞지 않는 손가락의 수는 더 지불해야 할 금액의 수다.

개입 이후에, 평가에 참여한 세 명의 남자청년들은 지역사회의 패스트푸드점에서 그들의 기술을 성공적으로 사용할 수 있었다. 그 기술은 다른 패스트푸드점에서도 사용되었고, 1년 후에도 유지되었다. 참여자의 기술수준 또한 인지적 문제가 없는 일반적인 개인표본들의 수행에 필적한다고 판단되었다.

할라츠－디즈와 큐보(Halasz-Dees & Cuvo, 1986)는 행동적 방법이 지적장애와 다양한 신체적 · 정신건강적 문제가 있는 클라이언트의 여가기술 향상을 위해 재활환경에서 사용될 수 있음을 보여 주었다. 이 특별한 개입은 클라이언트에게 매듭공예 기술과 그 활동을 위해 필요한 재료를 구입하기 위해 요구되는 적절한 사회적 기술을 가르치는 것이다. 사회기술훈련을 사용하면서 실천가는 매듭공예 재료를 성공적으로 구입하기 위해 요구되는 24개의 과제들을 가르친다. 이 과제의 예시로는 상점을 다녀오는 교통수단 찾기, 필요한 재료를 찾고 선택하기, 재료 구입하기가 포함된다. 또한 클라이언트는 매듭공예 서적과 숙련가의 자문을 통해 확인된 여섯 가지 기초적인 매듭을 배운다. 실천가는 클라이언트의 학습욕구를 충족시키기 위해 상업적으로 이용 가능한 교육매뉴얼(예: 그 매뉴얼은 추가적인 상세내용과 단계를 제공한다)과 '오류교정 절차'(error sequence correction procedure)를 사용하여 기술을 가르친다. 클라이언트는 각 단계를 위해 매뉴얼을 참조하도록 교육받으며, 그들이 반응하지 않거나 적절하지 않게 반응할 때, 그리고 그들이 도움을 원할 때만 원조를 받게 된다.

도움을 필요로 하는 클라이언트를 위한 개입의 순서는 다음과 같다. 실천가는 ① 매듭의 완성된 모델, ② 각 매듭을 위한 손 그림에서 보여지는 일련의 대응, ③ 각 손이 그려진 그림에 붙여져 있는 실제 삼베끈의 일련의 단계 등을 클라이언트에게 보여 주면서 지시를 통해 언어적으로 촉진한다. 수정절차의 마지막 제2단계에서 실천가는 그 단계를 모델링하면서 매듭의 각 단계를 위한 절차를 언어화한다. 마지막으로, 실천가는 각 단계별로 클라이언트에게 신체적인 안내를 하면서 언어적 지시를 제공한다. 옳은 반응에 대해서 실천가는 사회적 강화를 제공한다. 클라이언트가 기초적인 매듭을 묶는 것을 배운 후에, 그들은 추가적인 매듭 프로젝트를 완성하기 위해 독립적으로 교육자료를 사용한다. 평가에 참여한 다섯 명의 클라이언트는, 그들의 독립적인 쇼핑과 새로운 프로젝트 수행으로 증명된 바와 같이, 그 기술을 배우고 유지하였으며, 다른 상황에서도 그 기술을 사용하였다.

노 인

여기에서는 시설에서의 노인거주자의 여가 및 레크리에이션 활동참여를 증가시킬 수 있는 세 가지 행동 프로그램을 논의한다. 전문보호요양시설을 위해 개발된 초기개입은 시설 라운지에서의 한 시간 동안의 퍼즐과 게임을 전시하고 거주자들이 활동에 참여하도록 촉진하는 것으로 구성되어 있다(McClannahan & Risley, 1975). 예를 들면, 거주자들의 손에 재료들을 쥐어 주고, "이것을 해 보고 싶으세요?" 또는 "어떻게 하는 것인지 제가 보여 드리겠습니다." 또는 "이제 스스로 해 보세요."와 같은 질문이나 말로 촉진하는 것이다. 평가결과, 이 재료들과 활동을 공개적으로 제시하고 종사자들이 참여를 촉구할 때, 노인거주자들은 여가 및 레크리에이션 활동에 더 잘 참여하는 것으로 나타났다.

또한 시설종사자들은 노인거주자들의 활동 프로그램 참여를 증가시키기 위해 다른 조합의 행동개입을 사용할 수 있다(Konarski et al., 1980). 이 개입은 종사자들이 각 거주자들에게 개별적으로 프로그램에 대한 정보를 알리고, 최소한 여섯 가지의 다른 활동(예: 게임, 운동, 정원 가꾸기)을 제공한다. 만약 거주자가 원할 경우, 활동이 이루어지는 곳으로 이동하는 것을 돕는다. 활동장소에서 종사자는 비언어적으로 촉진할 뿐 아니라 "우리는 여러분이 우리 활동에 참여했으면 좋겠습니다."와 같은 언어적 촉진도 사용한다. 예를 들면, 종사자는 거주자들이 원하는 활동 쪽으로 그들을 신체적으로 안내하고 또 그 활동을 보여 준다. 종사자들은 또한 활동의 중간과 끝날 무렵에 음료와 과자를 제공하는 것과 같은 또 다른 형태의 격려와 정적 강화물을 제공한다. 전체 프로그램과 개별적인 요소들은 중간단계 보호시설(intermediate care facility)에서 평가되었다. 평가결과, 프로그램의 개별적인 요소만을 사용한 경우와 비교할 때 복합치료 프로그램에서 활동참여가 높은 수준으로 증가하였을 뿐만 아니라 지속된 것으로 나타났다. 참여로 인한 개선은 10주 후에도 유지되었다. 그러나 그 행동들은 시설 내 다른 활동 프로그램에는 일반화되지 않았으며, 거주자의 생활이나 시설 만족도에 어떠한 변화도 가져오지 않았다.

이후에 엥겔만 등(Engelman et al., 1999)은 원호생활시설(assisted living facility)에서 살고 있는 치매진단 노인거주자들의 레크리에이션 및 여가 활동을 증가시키기 위한 유사한 행동개입을 설계하였다. 거주자들에게는 운동하기, 개와 함께 놀기, 그림 그리기, 독서하기와 같은 많은 활동들이 이용 가능했다. 실천가가 공인 간호보조원들(Certified Nursing Assistants: CNAs)에게 촉진과 사회적 강화의 적절한 사용을 가르친 이후에, 이 간호보조원들은 각 거주자들과 구체적인 일정 시간(최소 매 15분 정도)의 개인적인 접촉을 가졌다. 만약 그 거주자가 적절한 활동에 참여한다면, 이에 대해 보조원이 칭찬하였다. 거주자가 참여하지 않은 경우, 간호보조원은 최소한 두 개의 활동에 대한 선택권을 줌으로써 그 거주자를 촉진하였다. 개입 이후에 평가에 참여한 다섯 명의 거주자들이 활동에 적절히 참여하여 보낸 시간이 두드러지게 증가하였다. 그들이 참여한 활동의 수와 다양성도 증가하였다.

실천과 연구를 위한 분석과 비판

이 장은 실천가들이 신체장애, 발달/학습장애, 복합장애, 중증 정신장애가 있는 클라이언트와 노인들의 다양한 유형의 여가 및 레크리에이션과 기타 다른 지역사회 활동에의 참여를 증가시키기 위해 이들에게 제공할 수 있는 다양한 인지행동개입을 설명하였다. 이 활동들은 교육환경(예: 점심시간에 아이스크림 판매하기, 체육교육시간 참여하기), 거주시설, 개인거주지, 그룹홈(예: 협동 게임하기, 음악 감상하기, 매듭 만들기), 그리고 다른 지역사회 환경(예: 술집에서 음료를 주문하고 손님들과 상호작용하기, 음식점에서 식사하기)에서 수행될 수 있다. 이 개입들은 활동과 재료들을 이용 가능하게 함으로써 물리적 환경을 변화시키는 것을 포함하며, 촉진전략, 강화, 자기지시적 훈련, 기술훈련, 사회기술훈련과 문제해결훈련도 포함한다. 장애/비장애 또래/동료, 돌봄제공자(예: 가족구성원, 개인적인 활동보조원), 그리고 그룹홈과 거주시설의 종사자 등이 이 개입에 자주 포함된다.

이 개입들의 평가결과는 실천가, 종사자 및 돌봄제공자와 같은 타인들이 취약한 클라이언트의 여가 및 레크리에이션 활동참여를 증가시키기 위해 인지행동전략을 사용할 수 있음을 제안하고 있다. 이 개입들은 또한 학교와 지역사회의 통합을 촉진하는 것으로 나타났다. 이 장에 제시된 개입들에 대한 더욱 비판적인 분석은 다음과 같다.

효과성과 추가적 적용

비록 이러한 개입들에 대한 평가결과는 다양한 인지행동전략이 취약한 클라이언트의 여가 및 레크리에이션 활동을 증가시킬 수 있음을 제안하고 있지만, 그 평가들은 대부분 복수기초선설계와 작은 규모의 표본에 의존하고 있다. 특정 클라이언트와 기술발달을 위한 특별한 인지행동개입이나 그 조합의 효과성을 단정지을 수는 없다(제 4장의 이에 대한 많은 논의가 여기에도 해당된다). 일부 개입들에 관한 연구는 복합적인 인지행동개입의 결합이 특별히 취약한 클라이언트의 레크리에이션 및 여가 활동참여에 필요하다고 제안하고 있다. 예를 들면, 보호시설의 노인거주자들을 포함한 개입의 평가에서, 최적화된 효과적인 프로그램은 레크리에이션 및 여가 활동과 재료들을 제공하고 공개적으로 보여 주었으며, 촉진 · 원조 · 강화를 사용하였다고 지적하고 있다.

이 개입들이 모든 취약계층 인구와 개입이 사용될 수 있는 환경을 포함하지는 않지만, 실천가는 그 개입들을 다른 취약한 클라이언트를 위해 또 다른 환경에서 사용할 수 있다. 예를 들면, 복합적인 신체장애학생인 닐을 위해 학교환경에 제공된 개입은 다른 유형의 중증장애(예: 중증 지적장애나 자폐증)를 가진 학생이나 재활 및 거주 시설의 클라이언트에게 적용될 수 있다. 사진책과 터치 토커를 포함한 행동개입은 언어적 의사소통이 불가능한 장애조건을 가진 클라이언트에게 적용될 수 있다. 이러한 적용과 개입은 보육 및 위탁 보호, 거주치료시설, 재활센터, 요양원, 그룹홈 그리고 가정을 포함한 기타 환경에서도 수행될 수 있다. 특정 기술(예: 게임하기와 음식점에서 식사하기를 위한)을 가르치기 위해 사용된 행동절차는 지역사회 여가시설에서의 야구경기나 지역의 영화관 가기와 같은 지역사회 환경의 다른 레크리에이션 및 여가 기술을 가르치기 위해 사용될 수 있다.

오라일리 등(O'Reilly et al., 2000)이 주목한 것처럼, 경도의 지적장애가 있는 클라이언트에게 지역의 술집(bar)에서 음료 주문을 가르치는 것은 전형적인 활동(예: 미술과 공작에 참여하기)을 넘어 장애가 있는 사람들의 여가활동을 확장시킨 것이다. 술집에서 음료를 주문하는 것을 배우는 것은 아동 · 청소년, 그리고 중증 정신장애나 약물중독 경력이 있는 개인과 같은 모든 클라이언트 집단에 적용 가능하지 않으며, 모든 기관과 클라이언트 및 중요한 타인들에게 사회적으로 수용 가능한 것도 아니다. 그러나 실천가는 취약한 클라이언트가 다른 지역사회활동(예: 노인 클라이언트가 노인을 위한 행사에 참여하도록 돕기)에 적극적으로 참여하도록 돕기 위해 문제해결개입을 적용할 수 있다. 이 개입은 또한 실천가와 연구자로 하여금 취약한 클라이언트의 레크리에이션 및 여가 활동참여를 위한 선택의 범위를 증가시키기 위해 이들 클라이언트에게 자문을 받도록 하고 있다.

저소득층, 소수 인종/민족, 성 소수자와 같은 일부 취약집단이 여가 및 레크리에이션 활동과 특정 유형의 활동에 참여하고 접근하는 것은 기술을 발달시키는 것 이상을 요구할 것이다. 예를 들면, 부족한 경제적 자원은 특정 유형의 여가 및 레크리에이션 재료를 구매하고 지역사회활동에 참여하기 위한 클라이언트의 능력을 제한하는 선행 조건이 된다. 많은 소수 인종/민족뿐 아니라 저소득층 클라이언트들은 대개 자원이 부족한 지역사회에 거주한다. 자원이 더 많은 지역사회에서는 쉽게 이용 가능한 레크리에이션 및 여가 활동을 위한 기회가 이러한 지역사회에서는 부족할 수 있다. 다양한 형태의 차별 역시 성 소수자나 소수 인종적/민족적 배경을 가진 클라이언트가 학교, 거주시설 및 지역사회 환경에서 일부 유형의 여가 및 레크리에이션 활동에 참여하는 것을 저해할지도 모른다. 이들 선행조건들의 대부분은 이 장에서 논의된 인지행동개입에 의해 바뀔 수 없다. 그러나 실천가는 이러한 조건을 변화시키기 위해 이 책의 다음 장에서 논의하는 자기옹호기술, 정치적 기술 그리고 일과 관련한 기술을 가르치기 위해 인지행동개입을 사용할 수 있다. 저소득층, 소수 인종/민족, 그리고 성 소수자인 클라이언트가 모든 범위의 여가 및 레크리에이션 활동에의 접근을 막는 고유의 문제들을 다루기 위한 인지행동방법에 관한 연구가 필요하다.

자유와 통제 그리고 사회정의

일부 제한점에도 불구하고 이 장에서 논의한 인지행동개입은 클라이언트의 자유와 통제를 증대시켰고, 여러 가지 방법으로 사회정의를 포용하고 있다. 명백하게 이 개입은 클라이언트가 그들의 개인적인 여가 및 레크리에이션 목표를 설정하고, 관련된 선택들 중에서 고를 수 있는 기회를 다양하게 제공한다. 게다가 많은 개입들은 개입의 계획자나 시설의 종사자에 의해 선택된 한 가지 여가 및 레크리에이션 활동(예: 매듭 만들기)이나 활동군(群)(예: 여러 게임이나 활동 및 재료들)을 가르친다. 다른 개입에서는 참여자들 스스로(예: 사진책을 활용한 체육시간의 학생들, 여가모듈을 위해 레크리에이션에 참여한 중증 정신장애 클라이언트), 그리고/또는 중요한 타인들(예: 부모)이 목표를 세우고 활동을 선택하는 데 적극적으로 참여한다. 실천가는 여가 및 레크리에이션 활동참여를 위한 목표를 세우는 데 있어 클라이언트를 적극적으로 참여시키는 두 번째 방법을 채택할 수 있는데, 이는 또한 사회적 타당성과 임파워먼트 관점 모두에서 중요하다.

체육교육을 받는 학생들을 위한 개입은 목표를 수립하고 개입을 수용하는 데 있어 클라이언트의 선택과 통제력을 향상시킬 수 있는 좋은 예를 제공한다. 개입 전에 실천가는 학생들이 레크리에이션 활동에 참여하고 그 목표를 성취하기 위한 일련의 과업을 배우기 위해 그들의 욕구를 함께 확인한다. 학생들에게는 여가 및 레크리에이션 활동에 참여하기 위한 다양한 선택들이 제공된다. 실천가는 또한 클라이언트가 이미 가지고 있는 기술을 기반으로 이를 존중하기 위한 다양한 촉진전략을 사용할 수 있다. 자기평가, 자기지시 그리고 문제해결절차를 가르치는 것 역시 클라이언트가 그 개입과정에 더 통제력을 행사할 수 있도록 돕는다.

인지행동개입의 실천가와 향후 개발자가 클라이언트의 통제와 자유를 향상시키기 위해 사용할 수 있는 또 다른 방법은 가능한 독립적으로 클라이언트의 여가 및 레크리에이션 활동참여를 촉진할 적응전략을 찾고 이를 사용하는 것이다(예: 지적장애가 있는 클라이언트가 음식점에서 식사비용을 지불하는 것을 돕는 손가락 전략). 여기에서 검토한 거의 모든 개입들은 여가 및 레크리에이션 활동에 참여하는 데 있어 클라이언트의 독립성을 향상시킨다. 따라서 클라이언트는 식사를 주문하고 비용을 지불하며, 여가활동을 찾고, 특별한 게임과 활동을 하기 위해서 종사자, 부모, 형제자매 및 활동보조원과 같은 타인에게 전적으로 의지하지 않는다. 더 나아가, 클라이언트가 구체적인 여가 및 레크리에이션 활동을 더 독립적으로 수행하는 것을 배운 이후의 많은 개입들은 클라이언트가 동일한 활동들을 더 독립적으로 수행할 수 있음을 제안한다.

클라이언트의 투입과 통제력을 증가시키기 위한 이러한 기회들이 있지만, 만약 실천가가 이 개입들을 통해 확실히 클라이언트를 임파워시키고자 한다면 추가적인 활동과 주의할 점을 고려하여야 한다. 학교, 그룹홈, 시설, 그리고 개인의 선택과 통제가 쉽게 타협될 수 있는 환경에서 개입들이 수행될 때, 실천가는 클라이언트의 투입에 특별한 주의를 기울여야 한다. 예를 들면, 실천가는 촉진과 같은 계속되는 개입이 강압적이지 않도록 과정 중 평가를 실시하여야 한다. 실천가는 또한 특히 의사소통에 문제가 있거나 시설에서 생활하고 있는 클라이언트가 여가 및 레크리에이션 활동참여로부터의 자연스러운 강화(예: 즐거움과 만족)를 선택하고 얻음으로써 정말로 임파워되었는지를 평가할 필요가 있다. 이는 특히 진행 중인 개입이 클라이언트들의 참여를 유지하는 것이 필요한 상황에서 적용된다.

이 장에서 설명한 인지행동개입의 목표는 사회정의 관점과도 일치한다. 클라이언트의 여가 및 레크리에이션 활동참여를 위해 필요한 기술습득을 돕는 것은 현존하는 사회적 자원접근에 대한 사회정의 가치와 일치한다. 그러한 기술을 학습하는 것은 선택의 자유, 독립적인 생활, 자기확신, 대인관계 기술, 그리고 취약집단의 학교와 지역사회환경으로의 통합을 향상시킬 수 있다.

사회적 타당성

사회적으로 적절한 목표와 결과

앞서 설명한 개입의 계획자는 여가 및 레크리에이션 활동의 참여를 증가시키는 개입목표에 대해 다양한 방법으로 사회적 타당성을 설정하였다. 개인의 신체적·사회적·심리적 안녕, 장애가 있는 개인의 학교와 지역사회 환경에의 사회적 통합, 그리고 독립적인 생활향상을 위해 이러한 유형의 활동에 참여하는 것의 사회적 중요성을 강조하는 것이 보편적인 방법이다. 학교환경에서 수행된 개입 역시 학생의 일반적인 교육목표에 일치하는 레크리에이션 및 여가 목표를 설정하였다. 앞 장에서 주목한 바와 같이, 사회적으로 타당한 목표를 설정하기 위해서 실천가와 연구자는 반드시 취약한 클라이언트의 능력을 고려하여야 하며, 그들이 가지고 있는 기술을 인식하고 이에 기반하여야 한다. 닐과 같은 아동을 위해 '잡는 것을 도운 이후에 물건을 집게 하는 것'과 같은 제한된 학습목표를 세우는 것은 더 큰 범위의 능력을 가지고 있는 건강한 아동을 위해 더 복잡한 목표를 세우는 것 만큼이나 타당한 일이다(Gee et al., 1995).

이 개입의 평가에 참여한 다수의 참여자들은 여가 및 레크리에이션 기술을 배웠으며, 이러한 활동에 대한 참여도 증가하였다. 실천가와 연구자는 만약 클라이언트가 그들의 여가 및 레크리에이션 목표를 성취했다면, 그리고 필요한 기술을 배운 후에도 그들이 인위적인 강화 없이 활동에 계속 참여한다면, 그 참여가 의미 있는 것이라고 추론할 수 있다. 일부 연구자들은 여가 및 레크리에이션 활동에의 참여증가가 사회적으로 타당한지, 즉 그 활동이 참여자에게 의미 있는지 또는 그들의 삶의 질을 향상시켰는지를 직접적으로 평가하였다. 일반적인 평가방법에는 참여자들의 여가 및 레크리에이션 기술수행에 있어서의 자신감, 활동참여 시의 즐거움, 만족감, 편안함 수준, 활동참여를 통해 다른 긍정적인 성과에 관한 피드백을 받는 것이 포함된다. 이러한 내용의 질문에 응답한 대부분의 참여자들의 반응은 이 개입이 사회적으로 타당했다는 것을 시사한다. 예를 들어, 독립적으로 패스트푸드점에서 식사하는 능력을 향상시킨 장애청소년들은 이 활동뿐 아니라 다른 활동에 독립적으로 참여하는 데 있어 그들의 능력에 대한 자신감이 증가하였다고 보고하였다. 의사소통장애가 있는 학생들은 레크리에이션을 위한 상대를 찾고 모집하기 위해 사진책을 활용하였는데, 그들은 레크리에이션 상대와 마찬가지로 상호작용이 즐거웠다고 이야기하였다. 학생들은 또한 새로운 친구를 사귀었다고 보고하였다. 지적장애가 있는 그룹홈 거주자들은 술집(bar)에 가는 것이 더 편안해졌고, 그들의 향상된 사회적 상호작용으로 행복하다고 보고하였다.

한 평가에서만 노인 거주시설에서의 여가 및 레크리에이션 활동의 참여증가가 노인들에게 의미 있었는지를 검증하였다. 불행히도, 중간단계 보호시설의 노인거주자들은 여가 및 레크리에이션 활동참여의 증가에도 불구하고 생활만족도와 시설만족도 어느 것도 증가하지 않았다. 만약 거주자들이 이 활동들을 선정하는 데 참여하였다면, 이 사회적 타당성 척도는 개입성과가 노인거주자들에게 사회적으로 의미 있다는 것을 보여 주었을지 모른다. 실천가와 연구자들이 채택할 수 있는 추가적인 사회적 타당성 척도로는 표준적인 표본들(normative samples)의 치료결과와의 비교와 거주자들이 활동에 참여하는 동안 그들의 반응에 대한 종사자들의 보고(예: 그들은 활동을 즐기는 것으로 나타났다)가 해당된다.

사회적으로 적절한 개입절차

두 개의 개입에서 전문가들은(예: 신체장애학생을 위한 물리치료사) 그 개입과정에 요구되는 특별한 편의증진이 가능함을 밝혔다. 여가 및 레크리에이션 활동의 낮은 참여수준과 관련하여, 기술, 지식 또는 이용 가능한 활동이나 재료들의 부족 외에, 다른 가능한 선행조건들을 확인할 수 있는 어떠한 개별 기능적 평가도 수행되지 않았다. 기능적 평가는 더 적절한 개입을 제안할 수도 있는 다른 유지시킬 수 있는 조건을 밝혀낼 수도 있다. 실패에 대한 두려움, 사회적 불안, 위험한 지역 거주, 자원과 기회 및 필요한 편의증진의 미흡, 이용 가능한 여가 및 레크리에이션에 대한 무관심 등이 지속적인 선행조건이 될 수 있다. 기술을 익히기 위한 시도 이후의 좌절이나 실패도 부정적인 결과에 포함될 수 있다. 개별화된 평가결과에 따라서 실천가는 인지재구조화, 노출치료와 같은 개입을 사용할 수 있는데, 이 기술들은 더 관리하기 쉬운 단계들로 나눌 수 있으며 필요한 자원을 제공하거나 더 넓은 범위의 옵션들을 제공할 수 있다.

여가 및 레크리에이션 활동증가를 위해 고안된 개입의 수용 가능성은 비용, 가치와 문화와의 갈등, 그리고 특별한 훈련이나 자원의 필요와 같은 문제와 관련될 수 있다. 앞서 논의한 개입들은 이를 개별화하고 참여 이후 피드백을 제공하는 데 있어 클라이언트와 중요한 타인들을 포함하는 방법을 제공하고 있다. 이러한 방법은 개입의 현재와 미래에의 응용에 대한 사회적 적절성을 증가시킬 수 있다. 디피피와 지텐드라(Dipipi & Jitendra, 2004)는 적절한 촉진과 강화제를 확인하는 과정에서 부모와 그들의 자녀를 포함한 예시를 제공하였다. 체육수업시간의 학생들은 이 활동을 증가시키는 데 있어 사진책이 도움이 되었는지에 대한 질문을 받았다. 실천가와 연구자가 개입의 타당성을 설정하기 위해 사용할 수 있는 또 다른 방법은 자연적인 환경에서 활동을 위해 필요한 기술에 대한 과업과 맥락적 분석을 수행하는 것이다(예: 운동장에서 아이스크림 판매하기).

개입의 적절성과 수행 가능성은 클라이언트의 특수한 요구를 위해 개입을 조정·응용하는 실천가와 연구자들에 의해 향상될 수 있다. 이 장에서 논의한 예시들은 변화를 위한 작은 행동들을 정의하였고, 복합장애가 있는 학생의 행동수행을 촉진시키기 위해 타인을 포함시켰다. 또 다른 예로는, 지적장애와 언어장애가 있는 학생들의 체육교육활동에의 참여를 촉진하기 위해 사진책을 사용한 것이다. 또 중증 운동 및 언어 결손이 있는 클라이언트의 지역사회활동의 적극적인 참여를 향상시키기 위해 어의확장 의사소통체계를 사용한 것도 예시가 된다. 발달 및 신체 장애가 있는 사람들을 위해 매듭기술 교습을 위한 관련 교육용 도서(추가적인 상세 내용과 단계를 제공하기 위한)를 사용하고, 특별한 재료를 제공하며(예: 5달러가 들어 있는 작은 가방), 구체적인 전략(예: 거스름돈을 정확히 받았는지를 결정하기 위해 손가락 사용하기)을 가르치는 것도 특별한 편의 증진의 또 다른 예들이다.

개입의 다수가 학교, 거주시설 및 그룹홈에서 수행되기 때문에 활동, 재료, 교통수단, 필요한 신체적 보조 등이 이용 가능하거나 연구자에 의해서 제공되었다. 그러나 만약 그 개입들이 다른 환경(예: 개인주택)에서 실행되거나 공식적인 개입 이후에 동일 환경에 응용된다면, 실천가는 반드시 필요한 자원들이 지속적으로 이용 가능한지를 평가하여야 한다. 예를 들면, 여가 및 레크리에이션 활동시설, 재료, 비용, 교통수단, 또한 선택된 활동을 수행하기 위해 필요한 지원들의 이용 가능성에 대한 평가가 필요하게 된다. 그러한 평가는 취약계층 인구들의 특수한 필요 때문에 특히 중요하다. 예를 들어, 글뤽아우프와 퀴트너(Glueckauf & Quittner, 1992)는 건축상의 장벽과 같은 방해물, 전문적인 교통수단의 필요, 의료적 한계들이 휠체어 사용자가 가정과 지역사회의 다양한 여가 및 레크리에이션 활동에 참여하는 것을 저해할 수 있음을 관찰하였다.

다른 한편으로 학교는 사회적으로 타당한 프로그램을 지속하기 위한 종사자, 시간, 교통수단과 같은 자원을 갖고 있지 못하다. 장애가 있는 학생들의 패스트푸드점의 이용능력을 증가시키기 위해 고안된 소워스와 파워스(Sowers & Powers, 1995)의 프로그램이 한 예가 될 수 있다. 이 활동은 학교의 필수 교과과정과 경쟁할 수도 있다. 실천가들은 부모와 다른 돌봄제공자들이 학생들이 여가 및 레크리에이션 기술을 배우는 것을 도울 수 있도록 가르침으로써 이 문제를 부분적으로 해결할 수 있다. 그러나 만약 구체적인 개입이 학교와 같은 환경에서 수용 가능하고 실행될 수 있다면, 학교시간 문제, 교육 제공자 확인, 그리고 일부 개입에 필요한 전문적인 장치 고안(예: 사진책) 등은 반드시 해결되어야 한다.

유지와 일반화

앞서 검토한 많은 개입들은 음식점, 학교, 거주시설과 같은 자연적인 환경에서 수행되도록 계획되었는데, 이는 개입을 통한 개선의 전이와 유지(transfer and maintenance) 모두에 분명히 이점을 가지고 있다. 그러나 실천가가 자연적인 환경에서 기술을 가르칠 때에도 지속적인 지원이 요구되며, 이는 공식적인 개입 이후에 클라이언트의 기술과 참여를 유지하는 데 필요하다. 운동장에서 아이스크림 판매를 계속하기 위해 닐에게 필요한 신체적인 도움을 제공하고 체육교육활동에 학생들의 계속적인 참여를 위해서는 촉진이 필요한 것이 그 예다. 지속적인 개입은 또한 동일한 기관이나 시설 내의 다른 환경에서 그 (기술)행동들을 유지하고 전이시키기 위해 요구된다. 예를 들면, 개입 이후에 노인거주자들의 중간단계 보호시설에서의 다른 활동 프로그램의 참여는 증가하지 않았다. 중증 지적장애가 있는 청소년들은 그들의 게임 기술을 유지하고, 거주시설 내의 복합적인 환경으로 일반화되기 위해 추가적인 개입(촉진과 강화 등)을 필요로 하였다. 공식적인 개입이 끝나기 전에 실천가는 치료성과를 유지하고, 여가 및 레크리에이션 활동에서의 참여를 다른 환경, 개인, 재료로 일반화시키기 위해 어떤 지원이 필요한지를 평가해야 한다.

이 장에서 논의한 개입의 다른 평가들은 일부 습득된 기술의 경우 추가적인 개입 없이 다수의 음식점이나 술집과 같은 유사한 환경으로 일반화될 수 있다고 제안한다. 일부 개입들은 또한 인위적인 환경(예: 학교 회의실)에서 수행되었고, 이때 습득된 기술은 다른 환경으로도 옮겨졌다(예: 지역사회 패스트푸드점). 이러한 결과는 특히 실천가가 취약한 클라이언트가 습득한 기술을 일반화하고 유지하는 데 도움을 주는 전략을 사용한다면, 실천가는 더 전통적인 환경에서 개입을 성공적으로 사용할 수 있음을 시사한다. 그 기법에는 개입을 수행하는 데 있어 중요한 타인(예: 부모, 다른 돌봄제공자) 포함하기, 자연적인 환경에서와 유사한 재료 사용하기, 참여자들이 서로 사회적인 강화를 하도록 가르치기, 복합적인 본보기 활용하기(예: 다양한 유형의 여가 재료, 레크리에이션 활동의 상대, 환경), 자기관리기술 가르치기(예: 문제해결, 자기지시), 지지회기 수행하기 등이 포함된다. 이 개입 중 두 가지에서는 습득된 기술들이 결과적으로 다른 유형의 행동으로 일반화되었다. 비록 치료사는 지적장애가 있는 그룹홈 거주자들에게 지역의 술집에서 자신의 음료를 주문하고 비용을 지불하는 것을 가르쳤지만, 실제로 다른 손님과의 사회적 상호작용 역시 증가하였다. 오라일리 등(O'Reilly et al., 2000)은 거주자들의 향상된 사회적 상호작용은 사회적 독립성의 증가, 음료 주문에 따른 상호작용 기회 증가, 반응의 일반화의 결과로 일어났다고 제안하였다. 반응의 일반화라는 것은 그 거주자가 음료를 주문하면서 학습한 사회적 규칙을 다른 유형의 사회적 상호작용에 적용하는 것을 말한다. 닐과 중증 복합장애를 가지고 있는 다른 학생들은 각 활동들을 위해 새로운 기술을 배우기 위한 시도들을 덜 요구하게 되었다. 연구자는 아동들이 학습하고자 하는 것은 그 아동들이 원인이 되는 사건이나 그들 환경에 대한 통제를 획득하는 것에서 비롯되는 동기부여(motivational boost) 때문일지도 모른다고 가정한다(Gee et al., 1995). 이러한 결과는 클라이언트가 특별한 기술을 습득함으로써 추가적인 사회적 혜택을 기대할 수 있으며, 시간이 지나면서 기술들이 더 빨리 습득될 수 있다고 제안하고 있다.

앞서 논의한 개입들에 대한 평가는 몇 주에서부터 3년까지의 여가 및 레크리에이션 활동에서의 기술습득과 참여 증가를 측정하였다. 그러나 그 활동을 유지시키는 데 있어 클라이언트를 지원하기 위한 전략을 사용한 어떠한 개입도 부정적인 결과를 초래하지 않았다. 예를 들어, 실천가가 단지 한 가지 기술이나 여가 및 레크리에이션 활동유형을 가르친다면 클라이언트는 지루해할지도 모른다. 타인의 부정적인 반응(예: 식당의 다른 손님으로부터의) 역시 지역사회활동의 지속적인 참여를 저해할 수 있다. 연구자들은 클라이언트가 그러한 상황에 대처하는 것을 도울 수 있는 전략을 개발하고 평가하여야 하며, 실천가들은 유사한 활동에 클라이언트와 함께 참여해야 한다.

윌슨 등(Wilson et al., 1997)은 만약 취약한 클라이언트(예: 장애가 있는 사람들)가 다른 환경에서 다양한 여가 및 레크리에이션 활동에 참여하고자 한다면, 교사, 타인을 돕는 원조전문가, 부모와 같은 중요한 타인들 간의 협력이 필요하다고 주장한다. 연구자들은 또한 취약한 클라이언트를 위해 지역사회, 가정, 학교의 여가 및 레크리에이션 활동으로의 통합이 이루어진다면 관련된 환경들은 평가되어야 하며, 연구에 기초하여 행동적 개입의 활용이 조정되어야 한다고 주장한다. 이러한 주장은 실천가들이 복합적인 환경을 평가하고 응용하며, 다양한 환경에 걸쳐 취약한 클라이언트를 위한 개입을 조정할 필요성을 제안한다. 후속연구는 효과적인 개입과 조정, 그리고 다양한 환경에서 자신들의 여가 및 레크리에이션 활동을 증가시키기를 희망하는 취약한 클라이언트를 위한 개입을 통합하고 조직화하는 방법을 결정하는 것을 도울 수 있다.

이 장은 신체적 장애, 학습/발달적 장애와 복합장애 및 중증 정신장애를 가지고 있는 아동 · 청소년과 성인 그리고 노인을 포함한 취약계층 인구의 여가 및 레크리에이션 활동의 기술과 참여를 증가시킬 수 있는 인지행동개입의 예시들을 논의하였다. 다음 제2부의 마지막 장에서는 취약계층 인구들의 사회적 지지향상, 의료적인 긴급한 욕구충족, 일상적인 매일의 활동수행, 개인적인 목표달성을 위한 도움요청을 지원함으로써 이들을 임파워시키는 인지행동개입들을 논의한다.

개인적 안녕을 증진시키기 위한 도움 요청하기

제2부의 마지막 장에서는 취약계층 인구의 개인적 안녕(well-being)의 증진과 관련된 목표를 성취하기 위해 도움을 요청하고, 잠재적인 조력자와 다른 지역사회 자원으로부터의 정보획득을 돕기 위한 인지행동개입에 대해 논의한다. 이러한 목표들은 사회정서적 지지 증진시키기, 의료적이고 긴급한 욕구충족하기, 일상적인 매일의 활동 수행하기, 그리고 개인적으로 정한 목표달성하기를 포함한다. 이 목표들은 특히 저소득층 여성, 성 소수자, 소수 인종/민족, 노인, 장애가 있는 개인들과 관련된다. 이 집단들의 경우 사회적, 정서적, 그리고 다른 유형의 지지와 의료 및 응급상황, 그리고 매일의 욕구를 충족시키고 개인적인 목표를 성취하는 데 필요한 도움을 제공할 수 있는 잠재적인 원조자와 다른 지역사회 자원에 대한 접근이 일반적으로 부족하다. 취약계층 인구는 높은 수준의 스트레스가 유발될 수 있는 차별과 분리(segregation), 그리고 경제적 자원의 부족과 같은 환경적 스트레스 요인들을 자주 경험한다. 신체적 · 인지적, 그리고 정신건강 문제를 포함한 개인적인 특징들은 효과적인 의사소통, 지지적인 관계수립, 그리고 도움을 요청하는 기술의 학습을 저해할 수 있다.

이 장의 개입들이 제안하는 바와 같이, 잠재적인 조력자와 다른 지역사회 자원으로부터 도움을 요청하고 정보를 얻는 기술의 학습은 취약계층 클라이언트들이 자신의 필요와 욕구를 만족시키고, 그들 환경에 대해 더 큰 통제력을 얻을 수 있도록 도울 수 있다. 또한 그들이 자신의 의료적 · 정신과적 치료에 대한 정보를 찾고 자신의 목표를 설정하고 성취하는 것도 도울 수 있다. 이 장의 끝부분에서는 실천과 연구에 대한 시사점과 개입에 대한 비판적 논의를 제시한다.

사회정서적 지지 증진시키기

여기에서 논의하는 인지행동개입은 임신한 청소년, 부모역할을 하는 미혼모 청소년, 저소득층 여성 그리고 동성애 여성들의 사회정서적 지지를 증진시키기 위해 고안되었다. 장애가 있는 청소년의 소외감 감소와 또래 네트워크 구축을 목표로 하는(앞서 제4장에서 논의한 몇 가지 개입들은 여기에도 관련되어 있지만) 개입의 평가는 사회정서적 지지의 증진을 직접적으로 측정하지는 않았다. 따라서 이런 이유로 이 장에서는 이 개입들에 대해 다시 논의하지 않는다.

이 절에서는 취약한 클라이언트의 사회정서적 지지와 관련 성과를 증진시키는 인지행동개입의 몇 가지 유형과 그 조합들을 설명한다. 이 개입에는 집단 및 개인 사회기술훈련, 정보와 지역사회 자원의 출처 제공, 촉진, 강화, 숙제 및 인지재구조화가 포함된다. 우울증과 스트레스를 감소시키고 안녕(well-being)의 다른 척도를 향상시키기 위해 다양한 대처전략(예: 자기대화, 긍정적인 활동 참여)을 가르치는 것과 같은 다른 인지행동개입도 사용되었다. 이 개입들은 유사실험설계, 단일체계설계, 사전사후설계, 그리고 복수기초선설계를 사용하여 평가되었다.

빈곤, 소수집단 임신청소년과 자녀양육을 하는 미혼모 청소년

빈곤한 소수집단 임신청소년이나 부모역할을 하는 청소년들의 사회적 지지와 심리적 안녕을 증진시키기 위한 대부분의 인지행동 프로그램은 1980년대 중반에 리처드 바스와 그의 동료들에 의해 개발되었다(Barth & Maxwell, 1985; Barth & Schinke, 1984; Barth, Schinke, & Maxwell, 1985). 이 프로그램의 요소는 미혼모 청소년의 특성과 경험을 밝혀내는 연구들에 기초하고 있다. 연구들은 미혼모 청소년이 빈곤, 사회적 소외, 생물학적 변화 및 가족갈등을 포함하는 다양한 원인의 스트레스를 자주 경험한다고 지적하고 있다. 미혼모 청소년은 또한 자녀양육과 정신건강에 관한 스트레스 요인들의 부정적인 영향력을 완화시킬 수 있는 사회적 지지망을 구축하고, 이에 접근하며, 유지하기 위한 인지적 · 행동적 기술이 일반적으로 부족하다.

연구결과뿐 아니라 이 프로그램의 구체적 요소들에 대한 정보는 부모역할 프로그램의 학생들과 스트레스가 많은 상황과 청소년의 적절한 대처기술을 밝히고자 하는 설문지의 응답을 통해 수집되었다. 부모역할을 하고 있는 청소년들은 스트레스의 빈도, 어려움 그리고 향후 발생 가능성에 근거하여 스트레스 상황을 평가하였다. 이들의 문제상황들은 보육, 가정에서의 갈등과 파트너와의 갈등, 그리고 학교출석 및 직업찾기와 같은 중요한 활동에의 참여와 관련되어 있었다. 이러한 문제상황은 프로그램의 목표대상인 대처기술과 사회적 기술뿐만 아니라 사회기술훈련과 과제에서 사용되는 구체적인 예시로 선정되었다. 그 기술들은 4개의 범주로 나뉘었는데, 원치 않는 조언이나 비판에 대처하기, 원치 않는 요청 거절하기, 중요한 타인의 공격적인 행동 다루기, 개인적인 고충 감소시키기 등이다.

집단개입 동안에, 운영자는 청소년들에게 구체적인 대처 및 사회적 기술을 가르치기 위해 사회기술훈련을 사용한다. 이 기술은 비언어적 행동, 도움 찾기(help seeking), 협상 및 타협하기, 문제해결하기, 긍정적인 인식을 찾아서 활용하기, 우울증에 대처하기, 평정심을 유지하면서 비판과 스트레스 다루기 등을 포함한다. 우울증을 다루기 위한 전략의 예는 긍정적인 활동을 찾아서 참여하고, 청소년의 사회적 지지망의 구성원들에게 도움을 청하는 것이다. 비판과 스트레스를 성공적으로 다루기 위해 청소년들은 스트레스가 많은 언쟁 동안에는 자기대화(self-talk)를 사용하고, 평정심을 유지할 때 강화하고 인정하는 것을 배우게 된다. 자기대화의 예는 "참아, 평정심을 유지해." 그리고 "괜찮아. 나는 포기하거나 너무 속상해하지 않을 거야." (Barth & Schinke, 1984, pp. 528-529) 등이다. 집단운영자는 또한 다양한 유형의 지지를 제공해 줄 수 있는 사회적 지지망의 구성원을 찾도록 집단구성원을 촉진하는 유인물을 제공한다(유인물은 Barth & Schinke, 1984, p.529 참조). 청소년들의 다양한 욕구충족을 돕기 위해, 집단운영자는 그들에게 가족, 또래들 및 이웃의 범위를 넘는 광범위한 이용 가능한 자원을 확인하고, 토론하며, 접근할 수 있도록, 그리고 그 자원을 사용하는 데 있어 개인적인 비용을 평가하도록 격려한다. 집단구성원은 또한 교통수단을 구하는 것과 같이 구체적인 문제를 도울 수 있는 잠재적인 사회적 지지를 찾는다. 청소년들이 가정과 지역사회에서 그 기술을 사용하도록 퀴즈와 과제도 주어진다.

대안고등학교에 재학 중인 79명의 프로그램 평가 대상 청소년들은 치료집단과 비교집단에 자발적으로 참여하였다. 개입 이후에, 집단개입에 참여한 청소년들은 비교집단과 비교해서 더 강한 사회적 지지망을 가지게 되었다. 개입을 통해 얻게 된 개선점은 4개월 뒤 후속연구에서도 유지되었는데, 이는 '원조요청척도(Asking for Aid Scale)'를 포함한 네 개의 사회적 지지 척도 중 세 개에서 나타났다. 또한 그 청소년들은 프로그램 참여와 그 혜택에 만족한다고 보고하였다.

저소득층 여성

저소득층 여성 역시 낮은 수준의 사회적 지지를 경험할 가능성이 많다. 경제적인 자원을 더 많이 가진 여성과 비교해서 이 여성들의 욕구가 더 큼에도 불구하고, 이들은 사회적 접촉이 더 없으며 물질적 · 정서적 · 사회적 지지의 수준이 낮다. 이러한 지지의 결핍은 심리적인 고충과 부모역할의 어려움과 같은 부정적인 결과를 초래할 수 있다(Belle, 1982; Klebanov, Brooks-Gunn, & Duncan, 1994). 30년도 훨씬 전에, 밀러와 밀러(Miller & Miller, 1970)는 저소득층 여성의 자조집단(self-help groups) 참여를 증가시키기 위한 강화 개입(reinforcement intervention)을 개발하였다. 이 개입의 개발자는 저소득층 여성들이 자조집단과 관련된 집단활동에 참여하는 데 있어서의 어려움을 인식하였다(심지어 그 집단이 사회적 지지와 같은 혜택을 제공함에도 불구하고). 따라서 그들은 자조집단모임에 이러한 여성들의 참여를 증가시키기 위한 정적(positive) 강화를 사용하였다.

저소득층 여성들을 돕는 실천가가 이들의 사회적 · 정서적 · 물질적 지지를 증진시키기 위해 이 개입을 적용할 수 있는 이유는 두 가지다. 첫째, 자조모임은 집단구성원에게 지지를 제공할 수 있다. 예를 들어, 집단활동 중에 운영자는 개인의 문제를 확인하기 위하여 그 여성들을 초대할 수 있고, 이후 집단구성원들이 그 문제해결에 대해 토론하고 해결방법을 제공할 수 있다. 또한 강화물로는 구체적인 생활용품(예: 주방용품과 기구, 가구, 옷, 장난감)을 포함할 수 있으며, 소득이 높은 이웃으로부터 서비스(예: 복지수급에 대한 불만 처리 지원, 주거지 결정, 주거개선을 위한 집주인과의 협상, 법률 문제해결)와 정보(예: 사회서비스 기관으로부터 수혜받기)에 관한 도움을 받을 수 있다. 모임의 출석률을 보면, 개입 이전에는 평균 세 명이 참여하였으나 강화 이후에는 평균 15명으로 놀랍게 증가하였다(전체 52명). 자조모임에의 참석은 또 다른 자조활동에의 참여와도 연결되었다.

복합요소 행동개입 역시 저소득 여성의 사회적 지지를 향상시키기 위한 자조집단이나 상호원조집단(mutual-aid groups)에서 수행될 수 있다(Paine, Suarez-Balcazar, Fawcett, & Borck-Jameson, 1992). 이 개입은 상호원조집단이 저소득층 대상 시설의 비전문적 종사자인 집단운영자의 기술을 향상시킴으로써 집단의 목표를 성취하는 것을 돕기 위해 고안되었다. 이 목표는 일반적인 생활문제의 해결을 위해 서로 지지를 주고받으며, 격려하고, 돕는 것을 포함하고 있다. 문제의 예로는, 알코올중독 및 학대 배우자에 대처하기, 한정된 소득으로 생활하기, 적합한 보육과 취업처 찾기 등이 포함된다.

이 개입은 자조집단의 운영자 핸드북을 사용하여 수행되는데, 여기에는 자조행동평가도구(Self-Help Behavioral Assessment Instrument)로 측정되는 지지 유형을 위해 개발된 리더십 기술 내용이 포함되어 있다. 이 도구는 관련 연구 고찰, 상호원조집단 모임의 녹음 내용 분석, 그리고 자조 및 사회적 지지 영역에서의 전문가 자문을 통하여 개발되었다. 목표로 하는 지지의 유형은 개인의 문제 공유하기, 공감적인 반응 제공하기, 그리고 가능한 문제해결방법 토론하기를 포함한다. 어려운 상황에 대처하고(예: 자주 지각하는 구성원), 집단모임을 시작하고 종료하는 것과 같은 리더십기술이 이 핸드북이 목표로 하고 있는 것이다. 개입 시 핸드북 사용은 상호원조집단 운영자들과의 협력하에 개발된 그 핸드북을 꼭 따라야 하는 것을 의미하지 않으며, 집단운영자들과 구성원들에게 도움이 될 수 있는 요소들을 선택하도록 격려하는 역할을 한다[자조행동평가도구와 자조집단운영자 핸드북을 얻기 위한 정보는, 이 책 끝의 '참고문헌'에 있는 '독립적인 생활을 위한 연구 및 훈련 센터(Research and Training Center on Independent Living)' 참조].

훈련회기 동안에 실천가는 목표로 확인된 지지행동(support behaviors)과 리더십 기술에 초점을 둔 핸드북의 내용을 집단운영자에게 가르치기 위해 사회기술훈련을 사용한다. 일반적인 회기에서 집단운영자는 관련된 내용을 읽고, 연습과 학습안내 질문에 대답하며, 역할극을 통해 기술을 연습한다. 그리고 뒤이어 실천가는 이러한 수행에 대한 피드백을 제공한다. 리더십 기술은 모의 상호원조집단에서 연습된다. 사전훈련과 사후훈련 관찰비교 결과, 개입 이후에 상호원조집단에서 구성원들의 개인적인 걱정거리 표출과 다양한 지지행동(예: 대안제시하기, 일반적인 정보와 지지하는 말 등을 제공하기)의 증가가 관찰되었다. 또한 전문가 두 명의 평가결과, 자조모임 동안에 서로에게 제공한 원조와 지지 역시 개입 이후에 증가하였다. 다른 사회적 타당성 척도는 집단운영자가 그 개입의 중요성, 유용성, 편의성에 매우 만족하였음을 보여주었다. 그러나 그 개입은 집단모임에 대한 구성원들의 만족도에는 영향이 없는 것으로 나타났다.

저소득층이면서 도시에 거주하는 그리고 우선적으로 소수집단인 여성을 위해 서스턴과 동료들(Thurston, 1990; Thurston, Dasta, & Greenwood, 1984)이 개발한 생존기술워크숍의 목표 중 하나는 참여자의 사회적 지지를 향상시키는 것이다. 이 워크숍은 동료훈련가(peer trainer)가 사회기술훈련과 준비된 자료들을 활용하여 수행하였다. 교육 및 취업을 위해 필요로 하는 기술영역은 도시의 저소득층 여성과 일하는 전문가 대상의 설문조사와 지역사회활동기관으로부터의 지원요청에 대한 분석을 통하여 선정되었다. 워크숍의 초점이 된 기술영역은 자기주장, 아동관리, 자기옹호, 위기대처, 취업 및 지역사회 자원획득 등이다. 역할극과 집단토의와 같은 개입은 여성들이 지지적인 사회적 상호작용에 참여하고 워크숍이 끝난 이후에도 지속될 수 있는 관계형성을 위한 기회를 극대화한다. 여성들에게는 또한 정보가 담긴 유인물, 자원목록, 작업표와 같은 자료들이 주어진다. 그 기술들의 자연적인 환경으로의 전이는 워크숍 내용과 여성들 자신의 목표와 관련된 매주 숙제를 통해서 성취된다. 이러한 목표의 예는, 구체적으로 어려운 상황에 대한 적극적인 반응을 찾고, 이를 해내는 것이다(생존기술워크숍에 대한 추가적인 정보는 이 책 끝의 '참고문헌'의 '생존기술 교육과 발달 Survival Skills Education & Development' 참조)

이 워크숍은 사전/사후훈련 인터뷰와 생존기술지식검사 점수, 그리고 매주 숙제의 완료 여부에 대한 집단구성원들의 증거를 활용하여 평가되었다. 200명 이상의 여성이 참여한 14번의 워크숍 결과는 개입 이후에 여성들의 생존기술지식검사 점수가 증가하였음을 보여 주였다. 거의 과반수의 여성들이 목표로 하는 행동을 수행한 것으로 나타났다. 여성들은 또한 현재의 문제해결을 위해 워크숍으로부터 얻은 정보를 적용하였고, 그들의 미래의 목표를 충족시키기 위한 능력 향상과 사회적 상호작용의 증가를 보고하였다. 이 여성들은 그 프로그램과 워크숍의 자료, 적절성에 대한 만족도, 그리고 현재의 문제를 해결하는 능력과 미래의 목표를 달성하는 데 미친 영향에 대해 높게 평가하였다(5점 척도에서 4.4~4.6점).

동성애 여성

사프렌과 로저스(Safren & Rogers, 2001)는 집중력 문제로 지난 3년 동안 여러 번 실직을 하게 된 24세의 백인여성 앤(Anne)을 원조하기 위해 인지행동개입을 사용한 사례연구를 보고하였다. 앤의 문제는 자신이 동성애자라는 자각에 대처하지 못한 것에서 비롯된 것으로 나타났다. 앤을 위한 치료의 일부로써, 치료사는 그녀의 커밍아웃 과정에서 불안을 줄이고 사회적 지지를 증가시키는 것을 돕기 위해 인지행동방법을 사용하였다.

치료의 시작단계에서 앤은 그녀의 걱정, 부정적인 판단, 그리고 동성애 여성에 대한 뒤섞인 생각과 느낌을 분명히 이야기하였다. 그녀는 동성애 여성을 두려워하면서도 그들과 동일시하기를 원했다. 앤의 양면적인 생각과 정서를 해결하는 것을 돕기 위해 치료사는 인지재구조화를 사용하였다. 치료사는 먼저 그녀에게 일반적인 동성애 여성에 대해 무의식적으로 떠오르는 생각과 그녀가 동성애 여성이 된다는 것이 무엇을 의미하는지를 작성하도록 요청하였다. 이러한 개입 이후에, 앤은 자신이 동성애 여성에 대해서 갖고 있던 부정적인 신념(예: 그들은 화가 나 있고, 남자를 증오하며, 불행하다)과 그녀 자신을 동성애 여성으로 보는 것에 대한 부정적인 신념(예: 그녀는 아이를 가질 수 없으며, 가족들과 소원해지고, 항상 외로울 것이다)을 확인할 수 있었다. 앤은 또한 스스로가 '그들 중 하나'라고 인정하는 것에 놀라기도 했다. 치료사는 앤이 대안적인 문장과 신념을 위한 증거를 찾도록 지원하였고, 앤이 그녀 자신의 무의식적인 생각(예: 동성애 여성은 화가 나 있다)을 테스트할 과제를 함께 개발하였다. 앤은 지역의 (동성애) 관련 서점에 가는 것에 동의하였고, 그곳에서 동성애 여성들과 상호작용하고, 그녀의 무의식적인 생각과는 다른 동성애 여성에 대한 이미지를 묘사한 책을 읽었다. 회기 중간에 앤은 그녀 자신과 다른 동성애 여성에 대한 부정적인 신념을 확인하기 위하여, 이들에 대한 그녀의 생각과 자신의 성적 취향을 기록하였다. 앤은 이러한 생각의 증거들을 검증하고 더 기능적인 대체생각을 찾는 법을 배웠다.

동성애 여성으로의 인생에 대한 그녀의 무의식적인 생각과 신념의 변화에 진전을 보인 후에, 치료사는 앤이 다른 동성애 여성을 만날 수 있는 기회를 막는 그녀의 생각을 확인하고 바꾸는 것을 돕기 위해 인지재구조화를 사용하였다. 가까운 친구와 지인들의 작은 집단을 구성한 후에, 앤은 그녀의 가족에게 동성애자임을 밝히는 것에 점점 불안을 갖게 되었다. 치료사는 먼저 그녀의 커밍아웃 결정 시기를 선택하는 이유와 커밍아웃의 장점과 단점을 앤과 함께 탐색하였다. 이후에 치료사는 앤이 그녀의 성적 정체성을 공유하기 원하고, 이를 위해 치료사의 도움이 필요한 사람들의 목록을 만들도록 하였다. 그러고 난 후 치료사는 앤과 함께 그녀의 커밍아웃 발표를 시연했다. 그들은 앤이 가장 불안을 적게 느끼는 사람(예: 그녀의 자매)과 먼저 시작했고, 가장 불안해했던 그녀의 어머니에게로 진행하였다. 치료가 끝났을 때, 앤은 그녀의 성적 취향과 그녀 인생의 다른 측면에 대해 불안과 우울을 덜 경험하게 되었다. 앤은 또한 그녀의 동성애 여성 정체성에 대해 훨씬 더 편안하게 되었고, 그녀에게 중요한 사람들에게 커밍아웃할 수 있었다.

의료적이고 긴급한 욕구충족

여기에서 논의하는 인지행동방법은 만성적인 건강문제, 지적장애, 중증 정신장애가 있는 성인 클라이언트와 노인들을 위해 계획된 것이다. 이 개입들은 중요한 전제를 기반으로 하고 있다. 즉, 장애가 있는 개인 및 노인들이 성공적으로 지역사회에 통합되기 위해서는 스스로 반드시 응급상황을 다루고, 자신의 의료적 · 정신장애적 치료에 대한 정보를 얻기 위해 도움을 요청할 수 있는 필수적인 기술을 가지고 있어야 한다. 취약한 클라이언트가 그들의 의료적이고 긴급한 욕구를 충족시킬 수 있도록 능력을 향상시키는 개입은 개인 및 집단사회기술훈련, 문제해결, 촉구전략, 강화, 숙제를 포함한다. 이 개입들 중 두 가지는 실험설계(Brown & Munford, 1983; Dow, Verdi, & Sacco, 1991)를 사용하여 평가되었다. 평가되지 않은 첫 번째 집단개입을 제외하고, 나머지 개입들은 단일설계, 복수기초선설계 및 사전사후설계를 활용하여 평가되었다.

만성질환이 있는 성인

이 인지행동개입은 아동기에 신체에서 설탕, 탄수화물 및 그 밖의 음식을 에너지로 전환시킬 때 필요한 만큼의 인슐린을 생산하지 못한다고 진단받은 제1형 당뇨병을 가진 성인을 위해 고안되었다(Petrides et al., 1995). 이 개입은 제1형 당뇨병을 가진 성인이 자신의 만성적인 건강상태를 포함하여 사회적인 상황에서 더 효과적으로 대처하도록 돕는다. 실천가는 클라이언트와 관련된 사람들(예: 가까운 친구, 동료, 직장에서의 관리자, 낯선 사람)과 사회적 맥락(예: 주거지, 직장, 상점)에 따라 공유하기에 적절한 건강관련 정보의 양을 결정하는 것을 도우면서 이 개입을 시작한다.

클라이언트는 자신을 도울 수 있는 사람들을 확인하고, 잠재적인 조력자에게 제공할 적절한 정보와 설명을 확인하며, 다양한 맥락에서 구체적인 도움을 요청하는 것을 배운다. 예를 들면, 집단구성원들은 그들의 직장에서 중증 저혈당 상태에서 글루카곤(glucagon) 주사나 인슐린 반응을 위해 음식을 필요로 할 때 그들을 도울 수 있는 잠재적인 조력자를 확인한다. 개인적인 특징과 맥락에 기초하여 클라이언트는 토론하고 전략을 개발·수정하며, 역할극을 통해 그 기술을 연습한다. 개입의 효과성은 평가되지 않았으나, 실천가들이 다양한 유형의 만성적인 건강문제나 장애가 있는 클라이언트에게 이 개입을 적용할 수 있기 때문에 여기에 소개하였다.

지적장애가 있는 성인

리슬리와 쿠보(Risley & Cuvo, 1980)는 지적장애가 있는 성인이 소방서나 경찰서, 의사에게 응급전화를 하는 것을 가르치기 위해 촉진과 강화전략을 포함한 행동개입을 계획하였다. 이 개입을 개발하면서 연구자는 전화로 긴급한 도움을 찾는 것과 관련한 네 가지 하위목표에 도달하는데 필요한 구체적인 단계를 확인하고, 이를 수정하기 위해 다양한 기법을 사용하였다. 그 기법은 먼저 지적장애가 있는 숙련된 사람이 그 행동을 수행하는 것을 관찰하고, 관련된 정보와 지역의 전화회사 자문과 소방서와 경찰서로부터 피드백을 얻고, 전화를 사용한 훈련영상을 관찰하는 것이다. 네 가지 하위목표는 다음과 같다.

1. 전화할 사람 결정하기
2. 전화번호부에서 응급상황 담당자의 전화번호 찾기
3. 전화하기
4. 필요한 정보를 제공하기

이 개입에서는 클라이언트의 특별한 학습욕구에 맞추어 고안된 전화번호부가 사용되었다. 이 전화번호부에는 각 응급 관련 서비스제공자(예: 소방관, 경찰, 의사)의 사진, 직업, 전화번호가 포함되어 있다. 주방에서의 화재와 같은 각 유형의 응급상황 사진도 훈련기간에 사용되었다. 개입 동안에 실천가는 클라이언트에게 사진들을 제시하고, 만약 사진에서의 일이 발생하면 누구에게 전화해야 하는지 묻고, 클라이언트가 전화와 전화번호부를 사용하도록 촉진한다. 만약 클라이언트가 반응하지 않거나, 반응이 적절하지 않으면, 실천가는 그때 언어적 촉진(예: 수화기를 들고 발신음에 귀를 기울이세요)을 사용한다. 만약 그 과업이 성공적으로 수행되지 않는다면, 실천가는 언어적 지시와 모델링을 사용한다. 예를 들면, "저를 보세요. 제가 어떻게 수화기를 들고 발신음을 듣고 있는지 보이나요? 이제 당신이 해 보세요."라고 할 수 있다. 필요하다면, 실천가는 신체적으로 안내하고, 정확한 반응에 대해서는 칭찬한다. 또한 피드백과 추가적인 강화를 제공하기 위해, 실천가는 응급전화의 단계를 설명하는 온도계를 게시판에 설치해 둔다. 각 단계가 정확하게 수행되면, 클라이언트는 온도계에 묶인 리본을 움직이고, 그 리본이 맨 위에 도달하면 게임에 이기게 된다. 평가에 참여한 세 명의 클라이언트에 대한 복수기초선설계 평가에서 그들 모두 세 가지 유형의 상황에서 성공적으로 응급전화를 하는 법을 배웠다. 그 기술은 1~2주 후에도 유지되었다.

중증 정신장애가 있는 성인

앞 장에서 논의한 사회기술훈련 프로그램은 만성 조현병을 가지고 있는 입원환자에게 다양한 사회적 기술과 약물 관련 정보에 접근하기 위한 기술을 가르쳤다. 예를 들면, 환자는 자신이 복용하는 약물의 부작용을 논의하기 위해 바쁜 의사와 진료 예약하는 것을 배운다. 또 그 환자는 병동에서뿐 아니라 지역사회에서도 그 기술을 연습한다. 자기보고 및 역할극 결과, 이 환자들이 의사와의 약속을 잡고 약물문제를 논의하는 데 있어, 사회기술훈련집단이 전통적인 재활 프로그램의 개인들보다 더 잘 수행한 것으로 나타났다.

UCLA의 정신병치료 및 재활연구센터(CRTRP)에서 개발한 두 가지의 훈련모듈인 약물자기관리(Medication Self-Management)와 증상자기관리(Symptom Self-Management)는 중증 정신장애로 진단받은 클라이언트가 약물문제와 관련한 문제에 성공적으로 대처하는 것을 돕는다(훈련모듈의 기본적인 요소에 대한 논의와 정보는 제4장 참조). 실천가가 클라이언트에게 약물자기관리를 위해 교육시키는 기술에는 정신장애 약물에 대한 정보의 획득, 부작용과 이를 경감하는 방법의 확인, 의료진과의 약물문제에 대한 협의를 포함한다. 증상자기관리에서 배우는 기술은 재발의 경고신호를 알아채고 관리하는 것을 포함하는데, 예를 들면 응급상황계획을 발전시키고 타인의 도움과 함께 재발신호를 점검하는 것을 포함한다.

약물자기관리 모듈에 기초하여 다우 등(Dow et al., 1991)은 다양한 진단을 받은 정신과 입원환자들(주로 조현병, 주요우울증, 양극성 정동장애)을 위한 약물의사소통 프로그램(Medication Communication Skills Program, 이하 MCSP)을 평가하였다. 이 MCSP 프로그램을 수행하면서, 집단운영자는 환자들에게 다양한 비언어적 의사소통(예: 시선 맞추기, 목소리 크기 조절하기), 언어적 의사소통(예: 구체적인 요청하기, 약물관련 질문하기) 기술을 가르치기 위해 사회기술훈련을 사용하였다. 운영자는 또한 집단구성원들에게 환자와 의사 간의 의사소통개선을 위한 자원을 찾고 활용하기 위한 추가기술을 가르쳤다. 그 기술은 전화하기, 의사의 사무실로 가기 위한 교통수단 찾기, 부작용 기록하기 등이다. 이 기술의 일반화를 향상시키기 위해 환자들은 (병원의) 타부서에서 일하는 사람들과 그 기술에 대해 역할극을 하고 타 부서 의사에게 약물 관련 질문을 하였다. 예를 들면, 환자들은 의사에게 일반적인 부작용과 이를 경감시키기 위한 방법들에 대해 설명해 줄 것을 요청하였다. 집단구성원은 또한 그 모듈식 훈련의 문제해결 요소를 배우고, 집단운영자는 환자와 의사 간에 발생할 수 있는 문제상황에 대처하기 위한 방법에 대해 토론을 시작한다. 이 문제 상황들에는 의사의 약물 부작용 설명 거부, 의사의 약속 불이행, 그리고 복용약의 소진과 약값 부족 등이 포함된다. 마지막으로, 집단운영자는 환자가 의사와 경험하는 문제상황을 이끌어 내고 이에 대해 토론한다.

48명의 정신과 입원환자는 MCSP 집단이나 약물교육집단에 무선할당되었다. 정신과의사는 비교집단보다 MCSP 집단이 더 오래 대화하였고, 약물과 관련된 더 구체적인 질문을 했다는 것을 발견하였다. 비교집단에 비해 MCSP 집단 참여자가 치료 관련 정보찾기, 새롭게 처방된 약에 대한 정보얻기, 적절한 사회적 기술표현과 시선맞추기, 약물요법 준수 등에서 더 높은 자신감을 보인 것으로 나타났다.

노인

루벤(Ruben, 1987)의 사회기술훈련은 노인이 의사와 약사에게 적절한 질문을 하지 못해 처방약에 대해 부정확하고 불완전한 지식을 갖고 있음을 지적하는 연구에 기초하고 있다. 이러한 정보를 얻지 못하면, 투약 오류와 의사에 대한 불만족이 발생하게 된다. 이 개입은 지역사회에 거주하는 항우울제 처방을 받은 여성노인을 위해 설계되었으나, 처방 유형과 관계없이 투약 중인 모든 노인들에게 적용할 수 있다. 이 개입에서 실천가는 집단구성원이 의사와 약사에게 적절한 질문을 하도록 가르치기 위해 집단사회기술훈련을 사용한다. 구체적인 질문과 진술들을 목록으로 정리한 간단한 기록지가 훈련기간 동안에 사용되었다(Ruben, 1987, pp. 9-10 참조). 질문예시는 다음과 같다.

> 복용하고 있는 약에 대해서 몇 가지 질문이 있습니다. 내 약의 이름은 ( )입니다. 이 약은 무엇을 위한 것인가요? 라벨에는 ( )라고 쓰여 있는데, 뭘 의미하는 건가요? 이 약의 부작용은 무엇입니까?

집단구성원은 다른 구성원과 해당 지역의 약사와 세 번의 전화통화를 하면서 이 양식을 이용하였으며, 그 기술을 지역의 의사와의 전화통화에서도 사용하였다. 사전개입과 사후개입 척도 결과에 나타난 바와 같이, 개입 이후에 20명의 집단구성원들은 지역의 약사와 의사들로부터 그들의 약물에 대한 정보를 얻는 능력이 증가하였다. 제4장에서 논의한 주요우울증(major depression) 정신장애 진단과 시각장애가 있는 64세의 미망인 여성에 대한 사례연구에서도 클라이언트가 타인으로부터 도움을 요청하는 것을 가르치기 위해 사회기술훈련이 사용되었다(Donohue, Acierno, Van Hasselt, & Hersen, 1995). 의사를 만나러 가기 위해 교통수단을 누군가에게 요청하는 내용의 역할극에 사용된 다음의 시나리오 예시는 도너휴 등(Donohue, Acierno, Hersen, & Van Hasselt, 1995)의 연구에서 발췌하였다.

> 당신은 안과의사와 중요한 약속이 있습니다. 친척이 당신을 데려다주기로 했는데, 친척이 아프게 되어 그렇게 할 수 없게 되었습니다. 그때 친구로부터 전화가 왔습니다. 당신은 이 사람에게 당신을 의사에게 데리고 가 달라고 요청하길 원

> 합니다. 그 사람이 당신에게 인사를 합니다. "안녕하세요, (　　), 잘 지냈어요?" (pp. 389-390)

이 사회기술훈련을 통해 이러한 도움에 대한 클라이언트의 요청이 증가한 것으로 나타났다.

매일의 일상적인 활동 수행하기

일부 유형의 장애가 있는 개인들은 일반적으로 타인의 도움 없이는 매일의 일상적인 활동을 수행할 수 없다. 여기에서는 도움이 필요할 때 타인으로부터 필요한 도움을 얻기 위한 기술을 가르침으로써, 취약한 클라이언트를 임파워시키는 인지행동개입을 논의한다. 이 개입은 지적장애, 학습장애 및 복합장애가 있는 아동·청소년이 학교숙제를 마치고, 또한 학교환경 내에서의 일상적인 활동에 참여하는 데 있어 그들을 도울 수 있는 사람들을 모집하는 것을 가르친다. 신체장애가 있는 성인과 노인들에게 일상적인 활동수행을 위해 도움을 요청하는 것을 가르치는 행동개입도 논의한다.

여기에 제시하는 인지행동전략은 고유의 개입패키지를 구성하기 위해 다양한 방법으로 결합되었다. 이 전략은 자기주장훈련을 포함한 사회기술훈련을 포함하며, 분노조절과 자기효능감 관련 인지의 확인과 변화시키기, 완화기법, 혼잣말 전략, 촉진, 강화, 숙제, 일반적인 사례교육 등을 포함한다. 한 가지 예외(Glueckauf & Quittner, 1992)를 제외한 모든 개입이 단일체계설계, 복수기초선설계, 복수간헐기초선설계(multiple probe design)를 활용하여 평가되었다.

신체장애와 시각장애가 있는 성인

이 자기주장기술 집단 프로그램은 척수손상, 다발성경화증, 뇌성마비를 포함한 다양한 신체장애를 가지고 있는 성인 휠체어 사용자에게 자신의 욕구주장과 관련된 목표달성을 가르치도록 설계되었다(Glueckauf & Quittner, 1992). 프로그램의 목표는 ① 휠체어 접근성에 대한 정보를 얻고 타인에게 도움을 요청하는 상황에서 자기주장기술을 적절히 사용하기(역할극으로 평가), ② 도로경계석에 오르기 위한 도움요청과 같은 다양한 휠체어 관련 활동으로 일어날 수 있는 사회적 불안 감소시키기(사회적 불편 척도로 측정), ③ 휠체어 관련 활동을 수행하기 위한 성향 증가시키기 등이다(자기보고로 평가). 치료사는 적절한 자기주장기술을 가르치기 위해 사회기술훈련을 사용한다. 그 기법은 구조화된 삽화, 시청각 모델링, 치료사 모델링을 포함한다. 다른 개입으로는 지난 주와 다음 주 숙제에 대해 토론하기, 분노조절 및 자기효능감과 관련한 조건을 찾고 변화시키기, 완화기법 가르치기, 개인적인 자기주장목표를 수행하기가 포함된다. 비록 대기자 통제집단에서는 사전/사후 검사점수에 유의미한 차이가 없었지만, 34명의 백인이 참여한 자기주장훈련 집단에서는 세 가지 성과척도 수행이 증가하였다. 역할극 검사를 제외하고, 치료집단의 경우 6개월 이후에도 이 개선 내용이 유지되었다.

또한 실천가는 시각장애가 있는 성인이 도움을 요청하는 행동을 증가시키기 위해 자기주장기술을 가르칠 수 있다(Everhart, Luzader, & Tullos, 1980). 이 개입에서 집단운영자는 사회기술훈련을 상호적인 집단형식에 결합시켰다. 집단구성원은 재활센터 밖에서 도움 요청하기, 버스나 택시 운전사에게 자신이 원하는 곳으로 가도록 이야기하기, 그리고 상점에서 상품을 찾기 위한 도움 요청하기와 같은 집단의 목표를 설정하였다. 집단구성원은 또한 세 가지 개인적인 목표를 확인하였다. 이어지는 회기에서 개인적인 목표성취를 위한 시도의 성공 및 실패 경험이 공유되었고, 일부 경험들은 역할극화 되었다. 시각장애인을 위한 재활센터에서 집단개입에 참여한 8명의 전체 집단구성원들은 집단목표에 기초한 역할극 상황에서의 그들의 수행평가를 통과하였다. 센터의 종사자 역시 한 명의 집단구성원을 제외하고는 긍정적인 변화를 보였다고 보고하였으며, 클라이언트 중 다섯 명은 이 집단이 도움이 되었다고 보고하였다. 그러나 집단구성원의 도움찾기 행동이 증가하였는지를 평가하기 위한 행동의 기초선은 정해져 있지 않았다.

제4장에서 논의한 다틸로와 카마라타(Dattilo & Camarata, 1991)에 의해 개발된 개입에서는 중증 운동 및 언어 문제를 가지고 있는 청년의 대화기술 증가를 위해 어의를 확장시키는 의사소통 시스템(터치 토커)의 사용법을 가르치는 행동기법이 사용되었다. 이 평가의 결과 중 하나는 이 장에서도 적용할 수 있는데, 개입 이후에 클라이언트가 의료진에게 보낸 도움요청 신호의 빈도가 증가하였다.

학습 · 인지 · 발달장애가 있는 개인

지적장애

이 개입은 경도-중등도의 지적장애가 있는 초등학생들에게 교사의 도움을 요청하고 일반학급에서의 숙제에 대한 피드백을 가르치는 것이다(Craft, Alber, & Heward, 1998). 이 행동 프로그램은 세 가지 요소로 구성되어 있다. 첫째, 실천가는 학생들에게 교사의 도움을 얻는 것을 가르치기 위해 사회기술훈련을 사용한다. 혼잣말하기 기법(think-aloud technique)은 도움요청기술을 따라하는 데 사용된다(예: "좋아, 나는 과제의 절반을 했어. 이제 선생님이 바쁘신지 봐야지, 선생님이 바쁘시지 않으니 나는 손을 들어야겠다."). 교사의 도움을 찾기에 적절한 환경을 토론한 이후에(예: 학생이 과제를 이해하지 못하고, 교사가 시간이 있을 때), 실천가는 학생에게 적절한 도움요청행동을 가르친다. 이 행동에는 학생들이 한 수업당 손을 두세 번 들거나 교사의 책상으로 다가가는 것을 포함한다. 만약 다른 학생들이 교사의 책상 옆에 있다면, 학생은 교사가 알아챌 때까지 줄을 서서 기다리도록 배운다. 이때 학생은 자신의 의견을 개진하거나(예: "이 문제를 이해하지 못하겠습니다." "다 했습니다.") 질문을 한다(예: "저를 도와주실 수 있나요?").

둘째, 실천가는 매일 아침 학생들이 일반학급에 들어가기 전에 교사의 도움을 요청할 수 있도록 학생들을 촉진한다. 실천가는 학생의 학급과제(예: 철자법 연습장) 위에 세 개의 작은 박스를 그리고, 그들이 교사의 도움을 요청할 때마다 박스에 표시를 하고, 세 개의 박스가 모두 표시가 되면 그만두도록 지시한다. 마지막으로 그날의 수업이 끝날 무렵에, 실천가는 학생들의 진도를 검토한다. 실천가는 만약 학생들이 교사의 도움을 요청하지 않았다면 학생들을 촉진하고, 요청하였다면 비싸지 않은 강화물(예: 스티커, 연필)을 제공한다. 촉진과 인위적인 강화물은 점차적으로 사라지게 되고, 사회적인 강화제(교사의 칭찬)가 적절하게 사용된다.

네 명의 학생에 대한 복수기초선설계 평가는 개입 이후에 모든 학생들의 요청행동과 연습지를 완성하고 수정하는 비율이 증가하였음을 보여 주었다. 개입 이후에, 일반교사들은 더 자주 피드백을 제공하였으며, 학생들이 적절하게 도움을 요청하였다고 보고하였다. 네 명의 학생 모두 이러한 도움요청을 통해 더 많은 일을 성취하였고, 그들이 학교교사로부터 칭찬을 받을 때 기분이 좋았다고 보고하였다. 그러나 그 기술과 성과는 단지 다섯 개의 수업시간에서만 유지된 것으로 측정되었다.

학습장애

정규학급의 교사가 특별한 욕구가 있는 학생들에게 필요한 도움을 모두 제공하기에는 시간이 충분치 않다. 이 개입에서 보여 주는 것과 같이, 학생들에게 또래의 도움을 요청하도록 가르치는 것은 교사의 도움을 보충할 수 있다(Wolford, Heward, & Alber, 2001). 이 행동개입은 협동학습집단(Cooperative Learning Group, CLG)에서 학습장애가 있는 중학생들에게 그들의 과제완성에 도움을 줄 수 있는 장애가 없는 또래들을 모집하는 것에 대해 가르친다. 이 개입의 수행을 위해 훈련된 특수교육 교사는 도움을 요청할 적절한 시간에 대해 학생과 토론한다. 그 시간은 학생이 과제를 시작하고 과제지시를 이해하지 못할 때, 과제의 절반 정도는 완성했을 때, 그리고 그 과제를 완성했을 때 등이다. 교사는 각 학생에게 다음의 도움찾기행동(help-seeking behaviors)을 가르치기 위해 사회기술훈련을 사용한다.

1. 그 학생은 또래의 팔이나 등을 가볍게 두드림으로써 또래의 주의를 끌며, "실례지만…"이라고 말하거나 그 또래의 이름을 말한다.
2. 만약 그 또래가 5분 내에 반응하지 않으면, 그 학생은 동일한 행동을 반복함으로써 관심을 끌기 위한 시도를 한다.
3. 학생은 또래에게 긍정적인 관심이나 적절한 반응을 이끌어 낼 수 있는 질문을 한다. 예: "내가 이 질문에 맞게 응답했니?" "이 질문에 대해 도움을 줄 수 있니?" "내가 지금까지 한 것이 어땠는지 말해 줄 수 있니?"
4. 또래가 응답한 후에 그 학생은 감사를 표한다.

교사는 요청단계를 목록화한 신호카드를 학생에게 제공하고 격려한다. 필요하다면, 그 카드를 협동학습집단에서 참고한다. 그날의 수업이 끝날 즈음에, 교사는 그 도움요청 행동을 검토하고 적절한 경우에 비싸지 않은 품목으로 학생을 강화시킨다. 이러한 활동은 점차 사라진다.

네 명의 학생에 대한 복수기초선설계(각 협동학습집단은 학습장애가 있는 한 명의 학생과 장애가 없는 세 명의 또래로 구성된다)는 개입 이후에 그 학생의 요청에 대한 반응, 교육적 피드백과 또래로부터의 칭찬, 그리고 그들이 완성한 언어과목 과제의 수와 정확성이 증가하였음을 보여 주었다. 그 요청 행동은 또한 다른 학급에서도 활용되었다. 유지단계 동안에 요청반응 비율은 줄어들었으나, 기초선 훨씬 위에 그리고 희망하는 범위 내에서 유지되었다. 학생, 또래, 교사로부터 수집된 질적 정보는 학생들이 도움요청행동에 만족하였으며, 학습장애학생에게 또래로부터의 도움을 적절히 요청하는 것을 가르치는 데 있어서 이러한 개입이 효과가 있음을 보여 주었다.

복합장애가 있는 개인

일반적인 사례교육(즉, 도움요청 상황, 촉진 및 강화요인의 복합적인 예시 사용하기)은 지적장애와 복합적인 신체장애를 가지고 있는 개인의 도움요청행동을 가르치는 데 활용될 수 있다(Chadsey-Rusch et al., 1993). 이 개입은 도움이 필요한 매일의 상황에 직면해 있고, 또 도움받기 위한 신호를 보내거나 요청을 할 능력이 있으나 누군가의 촉진 없이는 도움요청을 거의 시작하지 못하는 클라이언트를 위해 계획되었다. 이 개입은 클라이언트가 다양한 과업에 참여하기 위해 도움을 필요로 하는 자연적인 환경상황에서 수행된다. 이 과업의 예는 음식에 다가가기, 식수대 작동하기, 문 열기, 학교(예: 카페테리아, 교실, 복도)와 지역사회 환경(예: 직업훈련 및 근로 장소, 쇼핑몰)에서 걸어 다니기를 포함한다.

일반적인 사례교육 동안에 실천가는 각 클라이언트의 도움요청을 위해 하루에 다섯 가지 기회를 준비한다. 학교 카페테리아에서 뜯지 않은 감자튀김 봉지를 클라이언트에게 주는 것도 한 예가 된다. 실천가는 클라이언트가 도움을 요청하거나, 신호를 보내거나, 또는 자구책을 시도할 것을 기다린다. 만일 클라이언트가 도움을 요청한다면, 실천가는 그를 돕는다. 그리고 만약 클라이언트가 필요한 도움을 요청하지 않는다면, 실천가는 클라이언트가 도움을 요청하도록 언어적 또는 신호 촉진을 제공한다. 클라이언트가 도움요청에 반응한 후에 실천가는 클라이언트를 조력하면서 그 반응을 강화시킨다. 평가에 참여한 세 명의 여자 청소년 중 두 명의 자발적인 도움요청행동이 개입 이후에 증가하였다(참여자들에게 복수간헐기초선설계가 사용되었다). 이 두 명 학생의 도움요청행동의 개선 내용은 새로운 상황에서도 일반화되었으며, 그 기술은 5~8주 동안 유지되었다.

노인

제4장에서 그리고 이 장의 앞 절에서 논의한 사례연구는 주요우울증과 시각장애를 가지고 있는 64세 미망인의 도움요청행동을 증가시키기 위한 사회기술훈련의 활용을 보여 준다(Donohue, Acierno, Van Hasselt, & Hersen, 1995). 도움을 요청하는 역할극 시나리오의 예는 도노휴 등(Donohue, Acierno, Hersen, & Van Hasselt, 1995)의 연구로부터 확인할 수 있다.

> 당신은 주차장에서 당신의 아파트로 걸어가고 있습니다. 당신은 친구와의 긴 시간 동안의 대화를 방금 끝냈는데, 집에 가는 방법을 잊어버렸습니다. 게다가, 당신은 울퉁불퉁한 주차장의 보도 때문에 걷는 것이 힘듭니다. 그때 당신은 누군가의 발자국소리를 들었고, 당신은 이 사람에게 당신을 부축하여 당신의 아파트까지 안내해 주길 요청하고 싶습니다. 그 사람은 당신에게 "지금 길을 잃은 것처럼 보이는데요."라고 말합니다(p. 408).

개인적으로 설정한 목표달성하기

세 가지 유사한 사회기술훈련 프로그램이 파브리시오 발카사르(Fabricio Balcazar)와 그의 동료들에 의해 개발되었는데, 이는 취약계층 청소년들에게 그들 개인의 목표달성을 위해 잠재적인 조력자로부터 도움을 요청하기 위한 기술을 가르치는 것이다. 비록 앞서 두 장에서 논의한 개입들의 일부가 클라이언트로 하여금 자신의 목표를 정의하는 것을 제공하지만, 여기에서 논의하는 프로그램은 좀 더 특별하다. 청소년은 자신의 목표를 설정하고 이를 성취함으로써 잠재적인 조력자를 모집하는 구체적인 기술을 배우게 되며, 이후 목표달성에 대해 평가하게 된다. 신체장애가 있는 학생, 흑인학생, 그리고 정서장애 · 행동장애 · 학습장애가 있는 시설의 청소년들이 이 개입의 평가에 참여하였다. 세 가지의 개입 중 첫 번째는 좀 더 상세하게 설명되며 나머지 두 가지 개입에 대한 설명은 간단하게 제시된다(이 개입에 대한 정보는 '참고문헌'의 Balcazar, Garrate-Serafini, & Keys, 1999 참조).

신체 및 감각장애가 있는 성인

이 사회기술훈련 프로그램은 시각, 청각, 운동 장애가 있는 성인이 개인적 목표를 성취하기 위해 도움을 요청하는 것을 가르친다(Balcazar, Fawcett, & Seekins, 1991). 이 개입은 장애가 있는 개인이 도움을 요청하는 행동의 맥락을 확인하는 상황분석에 기초하고 있다. 이 분석은 신체장애가 있는 사람들과 관련 전문가의 인터뷰와 문헌고찰을 통해 얻어진 정보를 사용한다. 이 확인된 상황의 예로는 목표를 명료화하기, 의뢰(referrals) 확보하기, 목표달성을 저해할 수 있는 방해물 제거하기, 이용 가능한 기회에 대한 정보 확보하기 등을 위해 도움과 조언을 요청하는 것을 포함한다. 역할극 장면은 이러한 확인된 상황에 기초하여 준비된다. 연구자들은 비디오테이프에서 묘사하는 모의 도움요청상황을 평가하기 위하여, 관련 문헌고찰과 신체적 장애가 있는 사람들과의 인터뷰, 그리고 장애가 있는 사람들과 일한 경험이 많은 사람들에게 물어봄으로써 개입의 목표가 되는 도움요청기술을 확인하였다. 〈표 6-1〉은 이 개입에서 목표로 하는 25개의 도움요청기술을 제시하고 있다.

실천가들은 준비된 훈련매뉴얼을 사용해서 클라이언트에게 목표로 확인된 기술을 개인적으로 가르친다. 실천가는 교습 내용을 검토하면서 개입을 시작하는데, 여기에는 잠재적 조력자와의 대화에서 사용된 반응에 대한 정의와 이러한 대화의 예시를 포함한다. 클라이언트는 그들이 적절한 반응을 목록화하도록 요구하는 서면으로 된 연습을 완료한다. 클라이언트는 역할극을 통해 그 기술을 연습하고, 실천가는 이에 대한 피드백을 제공하며, 적절한 경우 사회적 강화제를 제공한다. 클라이언트는 또한 건강, 교육, 사회적 관계와 관련된 개인적인 목표를 설정하고, 그들의 목표달성을 위한 도움을 요청하기 위해 지역사회와 교육적인 환경에 관련된 개인들(예: 대학 교수와 대학원생)과 모임을 가진다. 단기목표의 예로는 수업을 위한 노트 필기자 배치, 일자리 찾기, 그리고 휠체어 경주를 연습하기 위해 필요한 장비 획득하기가 포함된다.

장애가 있는 사람들과 일한 경험이 있는 원조 전문가들(helping professionals)에 의한 역할극 연습의 사전개입과 사후개입 평가결과, 개입 이후에 평가에 참여한 모두 네 명의 대학생들에게서 도움을 요청하는 기술수행이 유의미하게 더 높게 나타났다. 학생들의 잠재적 조력자들(그 학생이 다니는 대학의 교수와 대학원생)과의 비디오테이프로 녹화된 모임의 질적수준에 대한 평가는 개입 이후에 더 높았다. 그 학생들이 제안

〈표 6-1〉 도움요청기술

시작하기

1. 인사하고 자신을 소개한다.
2. 비공식적인 대화 시작을 위해 발언한다.
3. 당신을 의뢰한 사람을 언급한다(해당사항이 있는 경우).
4. 당신의 일반적인 목표를 말한다.
5. 당신의 상황을 말한다.
6. 당신의 강점과 능력을 말한다.

요청하기

7. 당신이 한 일을 설명한다.
8. 당신의 개인적인 자원과 경험을 말한다.
9. 구체적인 요청 내용을 말한다.
10. 그 도움의 잠재적인 이점을 말한다.
11. 당신 목표에 대한 확인을 요청한다.

당신의 요청에 대한 거절 다루기

12. 당신과 같은 상황에서 조력자가 무엇을 할 것인지 그에게 묻는다.

만일 조력자가 제안을 한다면,

13. 그 제안이 당신의 목표와 양립될 수 있는지 말한다.
14. 그 제안의 실행 가능성을 말한다.
15. 당신이 그 제안을 따를 수 있는지 말한다.

만약 당신이 제안을 따르기를 결정했거나, 그 조력자가 당신을 돕는 것에 동의했다면,

16. 언제, 어디서, 어떻게 그 도움이 가능한지 묻는다.

만약 당신이 제안을 따르지 않기로 결정했다면,

17. 추가적인 조언을 요청한다.

만약 추가적인 조언이 없다면,

18. 다른 요청을 한다.
19. 의뢰를 요청한다.
20. 의뢰받은 사람이 도움을 줄 수 있는지 묻는다.
21. 의뢰에 대해 말할 때 조력자의 이름을 사용하도록 승인을 요청한다.

끝맺음하기

22. 그 조력자의 시간과 도움에 대한 감사를 말로 표현한다.
23. 그 동의에 대해 당신이 이해한 내용을 요약한다.
24. 당신이 이 모임을 즐겼음을 이야기한다.
25. 마지막 마무리로 이야기한다.

출처: "Teaching People with Disabilities to Recruit Help to Attain Personal Goals," by Balcazar, F. E., Fawcett, S. B., & Seekins, T. (1991). *Rehabilitation Psychology*, 36, p. 34. Copyright 1991 by the Division of Rehabilitation Psychology of the American Psychological Association. 허가를 받아 게재함.

한 20개의 목표 중 75%의 목표가 달성되었으며, 달성된 목표의 47%는 기대했던 결과보다 더 달성되었다. 개입 이후, 물질적 지원, 조언, 긍정적 피드백, 신체적 도움, 그리고 사회적 지지 제공자를 포함한 참여자의 사회적 지지망의 크기는 기초선에서 4개월까지 유의미하게 증가하였다. 개입에 대한 참여자들의 만족도 평가는 그들이 매우 만족하였음을 보여 주었다(7점 척도에서 평균 6.5점).

흑인 청소년

앞서 언급한 취약계층 인구들 이외에도 다른 취약계층들 또한 적절한 사회적 자원에 접근하는 데 어려움을 가질 수 있다. 소수 인종/민족의 경우, 차별, 경제적 불이익 그리고 거주지역 및 교육적 분리(segregation) 등은 모두 이들의 개인적인 목표달성을 지원할 수 있는 사회적 지지망으로의 접근을 제한시킬 수 있다. 관련 연구에 기초하여, 발카사르와 메이저스 등(Balcazar, Majors et al., 1991)은 도심 내 학교에 다니고 있는 미국 흑인 고등학생들에게 그들의 교육적 · 개인적 목표달성을 위해 도움을 요청하는 것을 가르치는 사회기술훈련 프로그램을 개발하였다. 흑인 학생들이 타인으로부터의 도움을 요청하는 데 있어 경험할 수 있는 전형적인 상황을 밝혀내고, 도움찾기과정과 관련된 효과적인 기술을 찾기 위해 이전 개입에서 묘사된 비슷한 기법이 사용되었다.

이전 행동개입에서와 마찬가지로, 이 프로그램은 잠재적인 조력자와의 전형적인 모임을 네 가지 주요 단계로 구분한다. 여기에는 모임을 열기 위한 30개의 확인된 기술 포함하기, 도움 요청하기, 거절과 제안 다루기, 모임 마무리하기 등이 있다. 실천가는 학생들에게 ('to' 단어를 사용해서) '~를 하기' 형식으로 관찰가능한 목표를 쓰도록 지시한다. 이 단어('to') 다음에는 그 목표가 성취되었을 때의 주요 결과 중 하나를 명확하게 구체화할 동작을 표현하는 동사가 뒤따른다. 목표들의 예에는 '일자리 찾기' '대학등록을 위한 장학금 신청하기', '문서작성기 사용법 배우기' 등이 포함된다. 학생들이 세운 목표를 달성하기 위한 도움요청과 관련된 기술을 가르치기 위해, 이전 개입에서 설명된 것과 유사한 절차의 훈련매뉴얼이 사용된다. 흑인 자문가는 그 매뉴얼의 훈련예시와 언어가 그들 청소년의 연령과 문화에 적절한지를 확실히 하기 위해 매뉴얼을 검토하였다. 집단회기 동안에 실천가와 학생들은 각 회기에서 도움을 구하는 상황에 대한 역할극을 실시하였다. 상황에 대한 예는 다음과 같다.

> 당신은 대학에서의 첫 학기에 어떤 수업을 수강해야 할지 생각하던 중이었습니다. 당신은 경험 있는 누군가로부터 조언을 듣고 싶습니다. 당신이 누구에게 도움을 청해야 할지 나에게 이야기하고, 마치 내가 그 사람인 것처럼 나에게 와서 이야기하십시오(Balcazar, Majors, et al., 1991, p. 448).

이 평가에 참여한 세 명의 학생들의 역할극 수행에 대한 사전/사후 개입평가는 훈련 이후에 그들의 도움찾기행동이 유의미하게 증가하였음을 보여 주었다. 개입 전후에 각 학생들이 다양한 소수집단 전문가를 만난 도움찾기행동(예: 회계사가 되길 희망하는 두 명의 학생은 회계사와 부은행장의 도움을 요청하였다)에 대한 평가 또한 목표로 확인된 기술에서의 유의미한 개선을 보여 주었다. 그들의 목표달성에 대한 학생들의 보고 역시 긍정적이었다. 학생들에 의해 제안된 12개의 목표 중 10개가 개입 이후 3개월 만에 기대했던 성공수준 만큼 또는 그 이상으로 성취되었다. 설정된 목표 중 어떤 것도 부정적인 결과로 이어지지는 않았지만, 두개의 목표가 기대했던 성공보다는 낮은 수준으로 달성되었다. 세 명의 학생 모두 이 프로젝트를 마친 후 가을학기에 대학에 입학하였다.

행동/정서장애와 학습장애가 있는 청소년

발카사르와 그의 동료들(Balcazar, Keys, & Garate-Serafini, 1995)은 정서/행동장애, 경도 지적장애 또는 학습장애가 있는 청소년들에게 '과도기적'(transitional) 목표를 세우고 그들의 목표성취를 도울 수 있는 잠재적인 조력자 모집을 가르치기 위해 유사한 사회기술훈련 프로그램을 개발하였다. 평가에 참여한 청소년은 법원명령에 따라 가족과 분리되어 중증 행동/정서문제가 있는 학생들을 위한 거주시설이 있는 학교에 다니고 있었고, 가까운 미래에 지역사회로의 이행이 기대되었다. 도움요청과정(모임 시작하기, 요청하기, 도움에 동의한 사람이나 거절 다루기, 모임 마치기)의 주요 단계, 도움찾기 기술 및 역할극 시나리오는 첫 번째 도움찾기 개입에서 설명된 바와 같이 유사한 절차를 사용해서 선정되었다.

실천가는 두 가지 단계로 구분된 훈련매뉴얼을 활용하고 있는 집단에서 사회기술훈련을 수행하였다. 첫 번째 단계에서, 실천가는 청소년들에게 개인적인 강점 찾기, 교육 · 취업 · 사회생활 · 독립적인 생활 영역에서의 개인적인 과도기적 목표 세우기, 잠재적인 조력자를 찾는 동안 행동계획 개발하기 등을 가르친다. 두 번째 단계에서, 실천가는 첫 번째 도움요청개입에서 묘사한 것과 유사한 지시적 내용을 사용해서 도움요청기술을 가르친다. 사회기술훈련 동안에는 직업과 대학에 대해 알아보고 적응하기, 재정지원과 장학금에 대한 정보 찾기, 의료서비스 찾기, 그리고 지역사회의 개입과 사회적 관계 증가시키기와 같은 문제영역을 포함한 상황들에 대한 역할극이 실시된다. 준비된 역할극 상황을 연습하면서 청소년들은 그들의 직업, 교육, 독립생활 문제에 대한 개인적 경험에 기초한 상황들을 제안하고 역할극을 수행한다.

사전/사후 훈련 역할극과 남자 청소년(흑인 두 명, 백인 네 명)의 실제 도움찾기에 대한 인터뷰의 평가는 그들의 도움찾기기술이 개선되었음을 보여 주었다. 청소년들에 의해 수립된 17개의 목표 중 65%가 성취되었으며, 평가종결시점까지 23%가 진행되었다. 최소한 일곱 개의 영역 중 하나에서 도움을 제공한 개인을 포함한 참여자의 사회적 네트워크의 규모도 증가하였다. 청소년들의 평가도 이 훈련과 훈련자료의 내용에 만족하였음을 나타냈다(7점 척도에서 각각 5.2점과 4.5점). 개입 1년 후에 여섯 명 중 다섯 명의 학생들이 취업하였거나 재활서비스에 의해 재정지원을 받는 직업훈련 과정 중에 있었다.

실천과 연구를 위한 분석과 비판

제2부의 마지막 장은 저소득층 여성, 소수 인종/민족, 동성애 여성, 노인, 장애가 있는 아동 · 청소년과 성인들을 포함한 취약계층 인구에게 네 가지 주요 목표를 성취하기 위한 도움을 요청하고 관련 정보를 얻도록 가르침으로써 취약계층 인구를 임파워시키는 인지행동전략에 대해 논의하였다. 그 목표는 ① 사회정서적 지지 증진시키기(예: 일상생활 문제해결을 위한 공감, 조언, 정보, 도움받기) ② 의료적이고 긴급한 욕구 충족시키기(예: 응급상황 시 도움받기를 위한 기술학습하기, 약물에 관한 정보 얻기, 약물에 대한 욕구와 문제 협의하기, 의료서비스 제공자와의 약속 지키기), ③ 매일의 일상적인 활

동 수행하기(예: 학교과제 완료하기, 휠체어 사용자의 도로경계석 올라가기, 식수대 조정하기, 의료진에 의해 언급된 개인적 욕구 갖기 등), ④ 개인적으로 정한 목표달성하기(예: 대학수업을 위한 노트 필기자 배치하기, 대학재학을 위한 장학금 신청하기, 취업하기)를 포함하고 있다.

이 개입에 대한 평가결과 인지행동개입의 범위와 다양한 조합은 설정된 목표성취를 위해 개인적/집단적으로 사용될 수 있음을 시사하고 있다. 이 개입은 사회기술훈련, 문제해결훈련, 촉구하기 전략, 강화, 정보출처와 지역사회 지지 제공, 인지재구조화, 과제, 완화기법, 혼잣말 전략, 일반적인 사례교육을 포함하고 있다. 다음 절에서는 이러한 개입을 더욱 비판적으로 논의하고, 실천과 후속연구를 위한 시사점을 제안하고자 한다.

효과성과 추가적 적용

앞의 두 장에서와 마찬가지로, 이러한 인지개입평가는 많은 제한점을 가지고 있다. 이 개입은 주로 자발적 참여자와 함께 수행되었고 무선할당 대신 단일체계설계와 복수기초선설계를 사용하였으며, 인지행동개입은 다양한 방식으로 조합되었고, 고유의 특징을 가진 소수의 참여자를 포함하고 있다. 따라서 어떤 인지행동개입과 개입들의 조합이 특정 클라이언트의 특별한 목표를 성취하는 데 효과적인지 결정적으로 판단하기 힘들며, 이에 대한 후속연구가 필요하다. 현재 연구의 제한점과 더불어 평가결과를 다른 개인과 집단에 적용하는 것을 주의해야 하지만(Paine et al., 1992)(저소득 여성의 상호원조집단의 지지적 상호작용의 증가에 효과적이었던 리더십훈련이 다발성경화집단에서는 효과적이지 않은 것으로 나타났다), 많은 개입들이 유사한 목표를 성취하기를 희망하는 다른 취약계층 인구에 적용 가능할 수 있다.

개인의 사회정서적 지지의 증진을 돕는 이 인지행동개입은 저소득층인 소수 인종/민족 여성을 대상으로 수행되었으나, 유사한 개입이 다른 취약계층 집단에게도 적용될 수 있다. 이러한 집단에는 소수 인종/민족 남성, 성 소수자, 노인, 그리고 신체적 장애, 학습/감각 장애가 있는 클라이언트가 포함될 수 있다. 실천가는 당뇨병을 가지고 있는 성인이 다양한 환경(예: 병원, 재활센터, 요양원, 그룹홈, 정신과 클리닉)에서 의료적 도움, 또는 다른 긴급상황에서 도움을 얻을 수 있도록 가르치기 위해 집단사회기술훈련을 수행할 수 있다. 이 사회기술훈련은 다른 만성적 건강문제나 장애를 경험하고 있는 클라이언트가 필요한 도움을 요청하는 것을 지원하는 데도 사용될 수도 있다. 중증 정신장애가 있는 클라이언트의 자신의 약물과 정신과적 상태에 대한 정보습득, 약물에 대한 논의와 협상, 그리고 의료 관련 약속을 지키기 위한 자원을 얻는 법 등을 가르치기 위해 고안된 이 개입은, 다른 유형의 장애와 만성 의료적 문제를 가진 청소년과 성인에게도 적절한 것으로 나타났다.

실천가는 신체적 · 발달적 장애가 있는 학생들이 학교숙제와 다른 일상적인 과업들을 수행하는 것을 돕도록 타인을 동원하는 법을 그들에게 가르칠 뿐 아니라 다른 환경과 다른 취약계층 클라이언트에게도 유사한 행동적 방법을 사용할 수 있다. 예를 들면, 실천가는 저소득층의 소수 인종/민족 배경을 가지고 있고, 고소득층 백인학생들과 비교하여 학업성취가 낮은 학생들이 학교숙제를 다 마치며, 학교 · 거주지 및 기타 지역사회 환경에서 관련 자원을 획득할 수 있도록 도움을 요청하는 것을 가르치기 위해 사회기술훈련을 사용할 수 있다. 흑인 청소년과 장애가 있는 학생들이 개인적인 목표를 세우고, 그들의 목표달성을 도울 수 있는 타인들을 모집하는 것을 가르치기 위해 고안된 행동적 개입은 취약한 클라이언트의 부적절한 사회적 네트워크와 기존의 사회적 네트워크 접근을 위한 사회적 기술의 부족이 목표달성을 저해하고 있다고 판단될 때 적용할 수 있다. 실천가는 또한 다른 소수 인종/민족, 성 소수자, 저소득층 클라이언트 및 여성을 위해 유사한 개입을 사용할 수 있다.

유사한 사회기술훈련 프로그램이 최근 이민자집단에도 적절할 수 있다. 미국인은 자신의 개인적 목표를 성취하기 위해 적극적으로 타인의 도움을 찾고 타인을 동원할 수 있을 것으로 기대된다. 그러나 다른 인종집단에 속한 개인들(예: 아시아인과 라틴계)은 그들의 문화가 상호의존을 강조하기 때문에 다른 사람들이 자동적으로 도움을 제공할 것이라고 기대할지도 모른다. 마지막으로, 실천가는 거주시설에서 독립적인 생활로 전환하는 취약계층 청소년을 위해 개발된 사회기술훈련 프로그램이 다른 종류의 이행을 하는 클라이언트에게도 적용 가능하다는 것을 발견할 수 있다. 이러한 예로는 그룹홈이나 위탁가정에서 독립생활로 전환하는 아동복지 클라이언트(대부분 빈곤한 흑인)와 재활센터, 장기보호시설, 정신과 병원에서 퇴원한 환자가 지역사회로 돌아가는 것이 해당된다.

자유와 통제 그리고 사회정의

앞서 논의한 인지행동개입은 향후 실천가와 연구자가 개인의 자유와 통제, 그리고 개입과정에의 투입을 향상시키기 위해 사용할 수 있는 몇 가지 방법을 보여 준다. 예를 들면, 앤의 사례연구에서 인지재구조화는 그녀의 커밍아웃 과정에서 그녀를 돕기 위해 사용되었다. 그녀를 힘들게 만들었던 생각을 검증하고 도전하며 변화시킴으로써, 앤은 개입과정과 더불어 궁극적으로 그녀 자신의 생각과 행동을 통제할 수 있었다. 실천가와 연구자는 저소득층 상호원조집단을 위한 리더십훈련 내용과 같은 개입을 제공함으로써 집단운영자와 집단구성원이 자신의 강점을 사용하고, 자율성을 유지하고자 하는 욕구를 인식할 수 있다. 앞의 두 개 장들에서 논의한 연구들과 유사하게, 이 장에서 검증된 개입들은 클라이언트의 강점을 인식하고 이를 기반으로 한 다양한 촉진전략을 사용하였다. 실천가는 또한 클라이언트에게 자신의 목표, 고위험상황, 사회적 지지, 고유의 혼잣말 등을 확인하도록 요청함으로써 개입과정에 클라이언트의 투입기회를 제공할 수 있다. 인지행동개입의 개별화에 대한 추가적인 예시는 다음의 두 개 영역에서 논의된다.

클라이언트로 하여금 자신의 정신과적 증상을 점검하고, 응급상황계획을 세우며, 개인적인 문제를 위한 도움을 찾고, 가정 · 학교 · 지역사회에서 일상적인 활동을 수행하는 것을 가르치는 인지행동개입은 클라이언트의 자유와 통제를 향상시킨다. 그러한 기술을 습득하고 나면, 취약계층 클라이언트는 누군가가 그를 알아차리고 도울 수 있도록 기다릴 필요가 없다. 언제, 누구에게, 어떻게 필요한 도움을 요청할지는 클라이언트 스스로의 통제 안에 있다. 자신의 약물에 대해 적절히 질문하는 법을 배운 클라이언트는 그들의 의료적인, 정신과적 치료에 대해서 잘 알고 결정할 수 있다. 도움을 요청하고 지역사회 자원에 대한 정보를 획득하는 기술을 배운 취약계층 청소년은 환경에 대한 통제력을 더 행사하고, 자신의 욕구와 희망을 만족시키며, 목표를 성취할 수 있다.

이 개입은 취약계층 집단이 자신의 목표를 성취하고, 사회적 지지, 학업, 매일의 일상적인 일을 수행하는 것을 향상시키며, 그들의 의료적으로 긴급한 상황에서의 필요를 충족시키기 위한 자원, 원조, 정보를 얻는 것을 지원한다. 이 결과들은 사회정의 관점과도 일치한다. 마지막으로, 이러한 목표가 취약계층 집단의 지역사회로의 성공적인 통합으로 귀결된다면, 이 또한 사회정의의 가치에 부합하는 것이다.

사회적 타당성

사회적으로 적절한 목표와 결과

이 장에서 논의한 개입은 실천가와 연구자들이 그들의 중요한 궁극적인 치료목표의 사회적 타당성을 설정하기 위해 사용할 수 있는 몇 가지 방법을 보여 준다. 예를 들면, 미혼모 청소년의 안녕(well-being)에 있어서의 사회적 지지의 중요성, 그리고 응급상황을 다루기 위해 도움을 요청하고 필요한 자원과 정보를 얻기 위해 관련 기술학습의 중요성을 지지하는 연구를 확인하는 것이다. 앞의 두 번째 기술을 습득하는 것은 취약집단의 학교 및 지역사회에의 통합을 성공적으로 향상시킬 수 있다. 유사한 특성(예: 저소득층 여성)을 가진 개인들과 관련된 경험을 가진 전문가(예: 장애가 있는 개인들과 일하는 사람)를 대상으로 한 설문조사를 통해서도 사회적으로 타당한 기술을 확인할 수 있다. 그 행동들이 수행되는 맥락에서의 상호작용 분석은 사회적으로 타당한 개입목표를 수립하는 기술을 찾기 위한 또 다른 방법이다. 또 다른 예는, 지지적인 행동을 결정하기 위해 상호원조집단 모임의 녹음테이프를 검토하는 것이다. 클라이언트가 자신의 목표를 세우고, 목표를 위해 일할 수 있는 기회를 만드는 것 역시 그 개입목표의 수용 가능성, 바람직함, 중요성을 향상시키는 것이다. 집단모임으로부터 얻는 혜택과 관련한 목표수립 없이 자조집단에의 참석을 증가시키는 것은 사회적으로 덜 타당할지도 모르는 개입목표의 예다 .

거의 예외 없이(예: Petrides et al., 1995), 개입들의 평가결과는 이 개입들이 대부분의 사람들이 사회적으로 적절하다고 여기는 사회적 자원에 클라이언트가 접근하고 이를 증가시키는 것을 원조하였다는 증거를 제공한다. 이 사회적 자원에는 학교 수업과제를 완성하기 위해 다른 사람으로부터 도움얻기, 다른 매일의 일상적인 활동수행하기, 개인적인 문제해결하기, 약물과 의료적 치료와 관련된 지식 배우기, 개인적인 목표달성하기, 그리고 사회적 지지망 증가시키기 등이 포함된다. 클라이언트의 사회적 자원을 얻기 위한 기술의 실제 사용(예: 응급상황에서 도움을 줄 경찰, 소방서, 또는 의료적 서비스에 접근하기)을 측정하는 것이 어려울 수 있다고 한 다른 연구에서도 결국 클라이언트가 적절한 사회적 기술을 배웠다는 증거가 제시되었다. 그러나 다른 성과들(예: 사회적 지지망의 규모, 가능성 척도, 생존기술검사, 역할극에서 나타난 기술 등)에서의 증가와 개선이 참여자의 생활에 실제로 의미 있고 적절했는지는 명확하지 않다.

실천가와 연구자는 개입결과의 사회적 타당성을 설정하기 위하여 앞서 설명된 개입들로부터 추가적인 방법을 채택할 수도 있다. 이 예시에는 개입성과의 만족도를 판별하기 위해 클라이언트와 관련 타인들(예: 교사, 또래/동료)을 설문조사하고 인터뷰하는 것을 포함한다. 전문가와 이 개입에 포함된 타인들은 습득된 기술과 궁극적인 성과의 질을 평가할 수 있다(예: 도움찾기기술과 자연적인 환경에서의 지지적인 행동). 도움찾기행동이 증가한 장애학생들의 수업과제의 완성도와 정확성 비율의 증가를 판단하는 것은 사회적으로 타당한 척도의 또 다른 예다. 마지막으로, 클라이언트는 그들 자신의 목표달성의 성공에 대해 평가할 수 있다. 개인적인 목표달성을 위한 노력이 흑인 청소년들에게 부정적인 결과를 초래하였는지를 평가한 경우를 제외하고는, 어떠한 평가도 개입의 결과로서 부정적인 결과에 대해 보고하지 않았다.

사회적으로 적절한 개입절차

앞서 두 장에서 논의된 개입의 사례에서와 마찬가지로, 기능적 평가(functional assessments)는 이 장에서 설명된 어떠한 개입의 수행 전에도 완료되지 않았다. 만약 신체적 또는 다른 장애(예: 교통수단, 전화, 필요한 경제적 자원에의 접근성), 우울증과 불안, 또는 기대되는 결과의 부정적인 인식과 같은 선행조건이 존재한다면, 심지어 사회적으로 숙련된 클라이언트도 지역사회 지지, 잠재적 조력자, 그리고 다른 자원들에 덜 접근하게 될 수 있다. 이는 실천가와 연구자가 그들의 개입이 확실히 사회적으로 타당하다는 것을 보장하기 위해 기능적 평가를 수행할 필요가 있음을 제안하고 있으며, 이 개입은 도움요청기술과 같은 확인된 행동을 유지시키는 조건에 대해 다루어야 한다.

역할극 상황과 참여자가 학습하고 연습한 반응과 같은 개입자료를 선택하기 위해 다양한 원리가 제공된다. 예를 들면, 발카사르와 바스(Balcazar and Barth) 및 동료들이 개발한 개입은 개입의 내용이 참여자의 특성과 상황에 민감할 수 있도록 상세하고 광범위한 맥락분석을 사용하였다(Goldfried & D'Zurilla, 1969에 기초함). 실천가와 연구자는 선행연구와 함께, 클라이언트와 그들과 유사한 특징(예: 신체적 장애, 소수인종, 성, 연령, 수입)을 가지고 있는 개인들, 그리고 개입의 사회적 타당성을 확실히 하기 위해 개입자료를 개발 · 수정하는 관련 전문가를 대상으로 한 조사와 인터뷰를 통합한 기법을 사용할 수도 있다. 페트리데스 등(Petrides et al., 1995)이 개발한 개입은 제1형 당뇨병을 가진 개인이 긴급한 의료적 원조를 찾기 위해 정보를 공유하고 도움을 요청하는 행동을 할 수 있는 사회적 맥락에 특별히 민감한 전략을 사용한다. 클라이언트와 이 개입과정에 참여한 타인들의 만족도평가는 실천가와 연구자가 그들의 개입이 사회적으로 타당한지를 결정하는 데 사용할 수 있는 또 다른 방법이다.

앞서 논의한 개입은 실천가와 연구자가 치료를 개별화하기 위해 사용할 수 있는 다양한 방법을 제안하였는데, 이는 또한 다른 개입의 수용성과 응용성을 향상시킬 수 있다. 이에 대한 예로는 클라이언트에게 그들의 고위기 상황, 높은 스트레스 상황을 다루는 데 있어 스스로를 돕기 위한 고유의 혼잣말, 그리고 우울증을 이겨 낼 긍정적인 활동을 찾는 것을 가르치는 것을 포함한다. 클라이언트는 다양한 방법으로 자신들을 도울 수 있는 사회적 지지망을 확인하고, 그들 고유의 문제와 관련한 숙제를 완성하며, 개인의 목표를 성취하는 데 필요한 기술을 연습하고, 다양한 강화물 중에서 선택하게 된다.

앞의 두 장에서 논의한 특별한 편의증진(예: 터치 토커)에 더해, 이 장에서 제시한 개입은 실천가와 연구자가 개입의 수용성과 실현 가능성을 향상시키기 위해 사용할 수 있는 추가적인 편의증진과 조정을 제안하고 있다. 이 예로는 지적장애 클라이언트의 인지적 능력에 맞게 구조화된 긴급전화번호부의 사용이 포함된다. 학습 및 발달 문제가 있는 학생에게 그들의 수업과제 위의 체크박스를 이용해 교사로부터 도움을 얻도록 가르치고 촉진하며, 학습장애가 있는 학생이 또래의 도움을 요청하는 단계를 기억하는 것을 돕기 위해 신호카드를 제공하는 것도 또 다른 예다. 그러나 신체적 장애가 있는 휠체어 사용자에게 완화기법(relaxation techniques)을 가르치는 것과 같이, 참여자를 위한 특별한 편의증진이나 적응방안에 대한 보고가 일부 개입에서 찾아볼 수 없다는 것은 놀라운 일이다.

유지와 일반화

이전에 논의된 개입의 평가는 사회적 기술에서의 개선과 궁극적인 성과가 공식적인 개입이 끝난 후에도 유지되는지에 대한 확인을 자주 간과하였다. 그리고 이러한 개선 내용이 유지되었는지를 측정한 경우는 일반적으로 몇 주 정도의 단기적으로 측정한 것이었다. 이어지는 두 장의 요약에서 논의되듯이, 실천가와 연구자는 여러 이유로 습득된 기술이나 기술의 사용이 항상 유지되거나 다른 환경 · 개인 · 맥락에서 적용되지 않을 수 있다는 것을 반드시 인식해야 한다. 그 이유에는 타인과의 부정적인 경험(예: 의료진이나 사회적 지지망의 구성원), 신체적 · 정신적 상태의 악화 그리고 사회적 지지망의 변화가 포함된다. 예를 들면, 특정 유형의 지지나 정보를 제공한 개인이 더 이상 이용 가능하지 않거나, 학생이 새로운 교사나 학습집단으로 배정될 수도 있다. 저소득 여성의 자조집단 출석을 강화시킨다고 해도 만약 그 여성이 집단구성원으로부터 정서적인 지지나 도움을 받지 못하거나, 다른 저해요인(예: 교통수단이나 보육문제)이 해결되지 못한다면, 장기출석으로 이어지지 못할 수 있다.

이 개입의 평가연구는 개입으로 인한 성과가 개입환경 밖의 환경으로 전이되었는지를 검증하였다. 이미 주목한 바와 같이, 경찰서, 소방서 및 의료적 응급서비스 찾기와 같은 드물게 사용되는 기술이 실제 응급상황으로 일반화되는지를 밝히는 것은 매우 어렵다. 연구자들은 개입성과가 자연스러운 환경으로 전이되는지를 평가할 때도, 그러한 개선사항이 다수의 환경, 개인, 맥락으로 전이되는지에 대한 평가를 자주 간과하였다. 예를 들면, 지적장애가 있는 학생이 교사의 지원과 수업과제에 대한 피드백 요청을 위해 습득한 기술은 오직 특정 유형의 과제, 교실, 교사에 관해서만 평가되었다. 장애가 있는 대학생은 자신의 개인적 목표달성을 위하여 단지 대학 관계자로부터의 도움만 요청하였다. 만약 클라이언트의 목표가 습득된 기술이 다른 내용, 환경, 상황, 또는 개인에게 전이되는 것이라면, 그때 습득된 기술은 그러한 상황하에서 평가되어야 한다. 그리고 필요하다면 실천가와 연구자는 그 기술의 일반화를 향상시키기 위해 동일한 전략을 사용하거나 추가적인 전략을 개발하여야 한다.

클라이언트가 개입을 통해 개선된 것을 유지하고 다른 상황으로 전이시키는 것을 돕기 위해 실천가와 연구자는 이 장에서 논의된 개입에 사용된 기법을 채택할 수 있다. 예를 들면, 클라이언트는 다양한 자연스러운 환경에서 과제를 마칠 수 있으며, 약물 관련 정보 찾기나 타협기술과 같은 목표기술을 자연적인 환경과 관련된 사람들(예: 의사와 약사)을 포함한 다수의 개인들과 실천할 수 있다. 클라이언트는 그들과 의사 사이의 문제적 상황에 대처하기 위한 방법을 찾고 개발하기 위해 문제해결 연습을 실천할 수 있다. 클라이언트의 도움찾기기술을 연습하기 위해 자연적인 다양한 환경에서의 여러 상황이 준비될 수 있으며, 클라이언트는 잠재적인 조력자로부터 도움을 요청하는 과정에서 거절에 대처하는 전략을 배울 수 있다. 촉진과 인위적인 강화제를 단계적으로 중지시키는 것 또한 그 기술의 유지와 일반화를 향상시킬 수 있다. 그러나 어떠한 개입도(앞의 두 장에서 논의된 대부분의 개입에서와 마찬가지로) 그 치료와 다른 환경 간의(예: 학교와 가정 간의) 개입을 조직화하기 위해 의미 있는 중요한 타인을 포함시키지 않았다. 이러한 분석은 실천가로 하여금 사례를 끝내기 전에, 개입에 따른 개선점의 전이와 유지를 방해하는 장애물을 확인하고 필요시 이를 해결할 필요가 있음을 제안하고 있다. 연구자 또한 개선사항을 유지하고 다수의 자료, 개인, 상황으로의 전이를 향상시킬 효과적인 방법을 지속적으로 평가할 필요가 있다.

제2부의 세 개 장에서는 실천가가 취약계층 클라이언트의 다양한 사회적 지원에의 접근과 이를 증가시키는 것을 지원하는 데 사용할 수 있는 인지행동개입에 대해 논의하였다. 선행연구들이 많은 개입의 효과성에 대한 증거를 제공했지만, 이러한 개입과 평가의 상당수는 실천가와 연구자에게 지속적으로 도전을 주는 제한점을 가지고 있다. 그 제한점들은 연구설계, 결과에 대한 유사한 또는 다른 취약계층 클라이언트에의 적용 가능성, 그리고 사회적으로 타당한 개입, 방법, 목표, 결과의 설정 등과 관련되어 있다. 이 도전들에는 특수한 요구가 있는 취약계층 클라이언트를 위한 특별한 편의 증진과 적응방안을 확인하고 제공하기, 평가와 치료 개별화하기, 치료결과를 유지하고 다른 내용 · 환경 · 맥락과 개인에게 전이시키기가 포함된다. 이러한 도전에도 불구하고 제2부는 취약계층 클라이언트가 그들의 사회적 자원에 접근하고 증가시키는 것을 돕기 위해 실천가가 사용할 수 있는, 그리고 관련 성과를 성취하기 위해 인지행동개입을 개발 · 평가하는 데 관심이 있는 연구자를 위해 풍부한 개입과 정보의 원천을 제공한다.

제3부는 세 개 장으로 구성되어 있는데, 취약계층 인구가 그들의 경제적 자원을 획득 · 유지 · 증가시키는 것을 원조함으로써 임파워시킬 수 있는 인지행동개입을 논의한다. 구체적인 목표로는 구직기술 습득을 통한 고용안정, 작업에서의 생산성, 근로의 질적수준, 그리고 관련된 사회적 기술 증가를 통한 고용유지와 발전, 공적부조 프로그램과 민간으로부터의 경제적 자원획득이 포함된다.

제3부

경제적 자원의 획득과 증진

Empowering Vulnerable Populations

일자리 획득하기

사회복지는 역사적으로 불공정한 경제적 자원 배분과 경제적 박탈이 개인과 가족의 안녕(well-being)에 미치는 영향에 대해 고심해 왔다(Brieland, 1995). 미국사회사업가협회(NASW, 1999) 윤리강령에 명시된 사회정의의 주요 가치에도 빈곤과 실업에 대한 사회복지사들의 우려가 반영되어 있다. 사회복지사들은 모든 개인의 경제적 안녕을 증진시킬 수 있는 사회정책을 옹호하고 개인이 필요한 자원을 이용할 수 있도록 옹호하는 일에 도전을 받는다. 빈곤은 경제적으로 개인을 여러 불리한 결과에 처하게 하고, 취약집단에게도 불평등한 영향을 미칠 수 있다. 이 장을 포함한 제3부에서는 취약계층이 경제적 안녕을 증진시키도록 다음의 세 가지 목표달성을 도움으로써 그들이 권리를 누리고 임파워될 수 있는 인지행동개입에 대해 설명한다. 이에는 일자리 얻기, 일자리 유지 및 일자리에서 발전하기, 그리고 사회적 지지망, 정부 프로그램, 지역사회를 통한 경제적 자원과 관련 자원 획득하기가 포함된다.

이 장은 취약계층 클라이언트가 일자리박람회 찾기, 채용을 위한 지원자료 준비하기, 인터뷰하기, 그리고 멘토와 잠재적인 조력자들을 구하는 것과 같은 구직기술(job-seeking skills)을 배움으로써 일자리를 얻을 수 있도록 돕는 인지행동기법에 초점을 두고 있다. 우선, 취약계층을 위한 경제적 자원에 대해 살펴보고 빈곤을 비롯해 취약집단의 저소득의 원인과 결과에 대해 논의한다. 다음으로, 저소득층, 노인들, 소수 인종/민족, 최근에 이민 온 이민자들, 그리고 지적장애, 중증 정신장애 및 신체적 장애가 있는 사람들의 고용 보장을 돕는 인지행동개입에 대해 다룬다. 이 장의 마지막 부분에서는 개입에 대한 실천과 연구의 함의에 대해 고찰한다. 구체적으로는, 개입의 효과성과 추가적 적용, 자유와 통제 및 사회정의, 사회적 타당성과 관련된 문제들에 대해 논의한다.

취약계층의 경제적 자원

미국의 경우, 약 37만 명(총 인구의 12.6%)의 인구가 의식주와 같은 기본적인 생필품의 지원이 필요한 것으로 연방정부에서 지정한 기준 이하의 소득을 갖고 있다(U.S. Census Bureau, 2006). 빈곤은 성인과 아동을 육체적 · 정신적 건강상의 문제, 범죄행동, 손상된 인지발달, 낮은 교육적 성취와 성과, 청소년기의 임신, 결혼 갈등 그리고 노숙(homelessness)과 같은 수많은 부정적 결과를 낳을 수 있는 위험에 노출시킨다(Duncan & Brooks-Gunn, 1997; Eamon, 2001, 2005; Luthar, 1999 참조). 실업(job loss)은 빈곤으로 이어지지 않는다고 해도 정신건강에 문제가 생길 수 있는 위험도를 높이고, 자존감과 삶의 만족도를 떨어뜨릴 가능성을 증가시킨다(Caplan, Vinokur, Price, & van Ryn, 1989).

빈곤은 개인에게 여러 가지의 불리한 결과를 초래하기 때문에 빈곤 속에 사는 개인들은 취약계층으로 구분된다. 통상적으로 취약계층으로 분류된 다른 집단들 또한 더 불균형하게 빈곤의 위험에 노출되어 있다(U.S. Census Bureau, 2006). 미국에서 비히스패닉계 백인(non-Hispanic whites)의 빈곤율은 약 8%에 이르지만, 약 22%의 히스패닉(Hispanic)과 25%의 흑인인구가 빈곤에 살고 있다. 아동 · 청소년의 빈곤율(약 18%) 또한 비슷한 양상을 띤다. 즉, 10%의 비히스패닉계 백인, 28.3%의 히스패닉 그리고 34.5%의 흑인 아동들이 빈곤 속에 살고 있다. 해외에서 출생한 개인들 또한 불균형적인 빈곤율을 보인다(해외에서 출생한 개인의 빈곤율: 16.5%, 미국 태생 빈곤율: 12.1%). 최근에 미국에 거주하는 해외 출생자의 수가 두 배 이상으로 증가한 것을 감안한다면 마지막 통계에 특별히 주목해야 할 필요가 있다(Tumlin & Zimmermann, 2003). 또한, 미혼여성은 미혼남성보다 2배 이상 빈곤에 처할 가능성이 높고(28.7%), 결혼한 부부들보다는 5배 이상 빈곤해질 가능성이 있다.

소수 인종/민족의 여성과 노인은 빈곤에 특히 취약하다. 최소 65세까지의 빈곤율은 상대적으로 낮은 편이나(약 10%) 히스패닉과 흑인 노인의 빈곤율은 이의 2배다.

생활 수단을 잃은 주부나 불충분한 소득을 가진 성인들과 같이 상당수의 노인이 새로 일을 시작하거나 지속적으로 유지해야 한다. 그렇지 않으면 빈곤에 직면할 수밖에 없다(Braddy & Gray, 1987; Mor-Barak & Tynan, 1993). 미국의 2000년도 인구조사에서는 다른 취약계층의 경제적 불리함에 대해서도 강조하고 있다. 예를 들어, 약 19%의 신체적·정신적 장애가 있는 개인들이 빈곤한 삶을 살고 있는데, 이러한 빈곤율은 비장애인들에 비해 2배가 되는 수치다(U.S. Census Bureau, 2003). 동성애자임을 공개한 사람들 또한 이성애자들에 비해 소득에 있어서 불리한 위치에 있을 수 있다(30~32%). 비록 동성애 여성이나 양성애자 여성의 경우 남성보다 낮은 임금을 받지만, 실제로 이성애자 여성에 비하면 더 높은 임금을 받는다(Blandford, 2003).

당연하게 빈곤율은 고용 및 소득과 밀접한 관계가 있다. 13%의 시간제(park-time) 근로자와 22%의 실업자들이 빈곤에 처한 반면, 3% 미만의 상근직(full-time) 근로자가 빈곤층에 속한다(U.S. Census Bureau, 2006). 실업률과 임금은 빈곤율과 비슷한 양상을 띤다. 즉, 백인이 아니거나 미국시민이 아닌 사람, 여성 및 장애인이 실업률과 임금문제에 있어서 불균등하게 불이익을 받고 있다(U. S. Census Bureau, 2003, 2006; U.S. Department of Labor, 2006). 미국의회가 1996년도에 「복지개혁법: 개인책임 및 근로기회 조정법(Personal Responsibility and Work Opportunity Reconciliation Act: PRWORA)」을 통과시킨 이래로, 저소득층 어머니들에게는 일자리를 찾고 유지하는 것이 매우 중요해졌다. 이 복지개혁법은 아동이 있는 저소득층 가정에게 지급되던 현금보조혜택을 없애고, 임시가족지원제도(Temporary Assistance to Needy Families: TANF)를 5년으로 제한함과 동시에, 각 주에서는 엄격한 근로 프로그램(work program)을 시행하게 하였고, 법 규정에 따르지 않는 수혜자들에게 벌칙을 강화하였다(Kim, 2000). 불행히도, 이전 TANF 수혜자와 같이 경제적으로 불리한 인구집단은 안정적인 고용 상태에 있다 하더라도 종종 근로복지혜택을 거의 받지 못하는 저임금 직장에서 일한다(Long, 2011; Zedlewski, 2002).

빈곤율이 현저히 낮은 다른 산업화된 서구사회와 비교했을 때, 더 낮은 수준인 미국의 최저임금과 사회 프로그램 혜택, 그리고 미국의 취약계층의 빈곤에 영향을 미치는 실업과 저소득에는 다른 요인들이 작용한다. 고용과 임금의 차별, 사회적 낙인, (서비스) 전문가들의 태도, 가족구성원, 소비자 및 고용주가 그 요인들이다. 적합한 일자리를 확보하는 데 있어서 사회보장 프로그램의 경제적 인센티브, 직업관련 서비스 접근의 부족, 지지적 고용(supportive employment) 및 근로 편의(work accommodations)의 부족이 추가적인 장애물이 될 수 있다. 많은 취약계층에게 인지적 · 신체적 · 의료적 · 정신적 문제들과 더불어 부적절한 교육, 직업기술, 구직기술이 직업목표(vocational goals)를 달성하는 데 방해가 될 수 있다. 실업률이 높고, 대중교통 및 보육시설이 부족한 주거지역 또한 일자리 확보와 유지에 어려움을 줄 수 있다(Blandford, 2003; Drake, McHugo, Becker, Anthony, & Clark, 1996; Montague, 1998; Sauter & Nevid, 1991). 한편, 최근에 이민 온 사람들에게는 부족한 영어능력, 짧은 일자리 경력, 문화적 관습이나 가치와 같은 요인들이 취업의 장애물이 될 수 있다(Jung & Jason, 1998; Tumlin & Zimmermann, 2003).

고령근로자(미노동국은 고령근로자를 50세 이상의 개인으로 정의한다) 또한 일자리를 확보하고 유지하는 데 특별한 어려움을 겪는다. 고령근로자는 특히 회사조직 개편, 공장폐쇄, 해고와 같은 노동시장의 변화에 취약하다. 고령근로자는 더 낮은 교육수준과 구식 직업기술을 가지고 있을 가능성이 더 크고, 일의 생산성과 기여도에 있어서 부정적인 편견에 직면한다. 뿐만 아니라, 고령근로자는 종종 의욕을 잃고 조기에 구직을 포기한다(Braddy & Gray, 1987; Mor-Barak & Tynan, 1993; Rife & Belcher, 1994).

자신의 경제적 안녕에 대한 책임감과 더 많은 통제력을 갖는 것은 개인을 임파워시킬 수 있다. 그리고 대부분의 사람들에게 고용은 부가적인 사회심리적 혜택을 가져다준다. 일은 성인으로서의 역할 기대를 충족시키는 중요한 한 부분이다. 또한 취업은 일상생활과 사회적 상호작용에 구조(structure)와 기회를 제공한다. 고용은 개인의 자존감과 정체성, 사회적 지위, 문제해결 및 사회기술 능력을 증진시킬 수 있으며, 지역사회로의 통합을 촉진시킬 수 있다(Corrigan, Reedy, Thadani, & Ganet, 1995; Tice, 1994; Tsang, 2003; Twamley, Jeste, & Lehman, 2003). 장수하면서 건강한 삶을 영위하고 있는 많은 노인이 의미 있는 사회참여를 지속하기 위해 직장을 갖는다(Mor-Barak & Tynan, 1993). 취약계층에 관한 연구를 고찰해 보면 대부분의 취약계층에 속한 사람들이 취업하기를 갈망하는 것으로 보고되고 있다(Bond, 2004; Braddy & Gray, 1987; Lovett & Harris, 1987 참조).

구직기술의 습득을 통한 일자리 확보

여기에서는 장애인, 저소득층, 노인, 여성, 최근의 이민자들, 소수 인종/민족 집단들과 같은 취약계층에게 구직기술을 가르침으로써 취업을 돕는 인지행동기법에 대해 논의한다. 구직기술은 채용공고를 찾고 지원과정을 진행시키는 능력, 면접 보기, 그리고 멘토들과 잠재적인 조력자들로부터 도움을 구할 수 있는 능력과 관련이 있다. 다양한 구직기술을 가르치는 행동적 요법인 잡클럽(Job Club)에 대해서도 설명하고자 한다.

취약집단의 구직기술 향상을 위한 다른 여러 인지행동개입방안은 이 절에 포함되지 않는다. 예를 들어, 사회기술훈련은 학습장애가 있는 고등학교 졸업반 학생(Mathews & Fawcett, 1984), 일과 관련된 장애가 있는 성인(Mathews, 1984), 경도에서 중등도의 지적장애가 있는 여성(Hall, Sheldon-Wildgen, & Sherman, 1980), 흑인과 라틴계 미혼모 청소년(Schinke, Gilchrist, Smith, & Wong, 1978), 그리고 저소득층 청소년 및 성인(Barbee & Keil, 1973; Heimberg, Cunningham, Stanley, & Blankenberg, 1982)이 효과적으로 채용신청서 작성과 면접을 마칠 수 있도록 돕는 데 사용될 수 있다. 인지행동기법은 또한 저소득층의 소수 인종/민족 미혼모 청소년(Staab & Lodish, 1985), 정신과적 병력이 있는 실업 상태의 저소득 여성(Arnold & Parrott, 1978), 그리고 다양한 신체적 · 인지적 · 정신적 장애가 있는 개인(Farley, 1987; Farley & Akridge, 1987)이 구직기술을 익히고 일자리를 구하는 과정에 방해가 될 수 있는 불안감을 비롯한 다른 부정적 감정들, 자기파괴적인 생각과 행동들을 다스릴 수 있는 법을 배우는 데도 활용될 수 있다.

비록 이러한 인지행동개입들을 통해 대부분의 참여자가 구직기술을 향상시켰거나 부정적인 감정 · 행동 · 인식을 다루는 법을 익혔다고 평가되고 있지만, 참여자들이 개입종료 후 고용을 유지하는 데 도움이 되었는지는 보여 주지 못했다. 다음에서는 제3장에서 논의한 임파워먼트의 정의와 일관되게 구직기술의 향상이 개입 참여자들의 실제 구직으로 이어졌다는 증거가 뒷받침되는 인지행동개입법에 대해 살펴본다.

면접기술

여기에서 논의하는 인지행동개입의 개발자들이 주장한 것처럼, 면접과정은 취업하는 데 있어서 굉장히 중요하다. 취업지원자가 확실한 면접의 기회를 잡았다면 고용과정에서 그다음으로 중요한 단계는 고용주가 지원자의 면접행동을 평가하는 것이다. 많은 취약계층들이 취업을 위한 면접과정에 대해 잘 모를 뿐만 아니라 자기 자신을 긍정적으로 표현하는 데 필요한 사회기술이 부족하다. 이는 종종 그들이 일자리를 얻지 못하는 결과를 초래한다.

지금부터 소개하는 개입들은 지적장애와 중증의 정신장애가 있는 사람들의 취업면접기술을 향상시키기 위한 사회기술훈련 과정을 사용한다. 또한 아시아 난민이었던 사람들의 면접기술을 발전시키는 것에 초점을 둔 사회기술훈련 프로그램에 대해서도 소개한다. 여기에서 논의하는 사회기술훈련 프로그램은 다양한 취업면접기술에 대해 명시하고, 개인과 집단 혹은 동료들 간에도 사용될 수 있다. 아시아 난민을 위해 개발된 사회기술훈련은 최근에 이민 온 사람들이 효과적으로 취업면접을 보는 데 있어서 배워 두어야 할 중요한 기술, 지식, 가치와 문화적 쟁점에 대해 명시하고 있다는 점에서 특별하다고 할 수 있다. (이 장에서 앞으로 소개할) 모든 개입법들은 복수기초선설계를 이용해 검증되었다.

지적장애가 있는 성인과 청소년

여기에서 소개하는 집단사회기술훈련 프로그램은 경도의 지적장애가 있는 클라이언트의 취업면접기술을 향상시키기 위해 고안된 것이다(Kelly, Wildman, & Berler, 1980). 이 행동개입법은 기존 연구에서 인사관리자로부터 취업 후보자가 좋은 평가를 받을 수 있는지에 관한 예측변수로 선정한 세 가지 주요 기술 부분에 초점을 두고 있다. 세 가지의 주요 기술은 다음과 같다.

1. 면접자의 관심사, 경험, 훈련, 그리고 직업 관련 기술과 같은 장점을 적절하게 드러내기
2. 구하는 일자리에 관심 표현하기
3. 면접관에게 적절한 질문하기

사회기술훈련의 일환으로, 집단구성원들은 이와 같은 세 가지 기술들이 설명된 세 가지의 모델링 비디오를 시청한다. 비디오 시청 후, 집단운영자가 기술의 중요성에 대해 설명하고 다른 예를 들어 준다. 집단구성원들은 자신들에게 적합한 답변들을 찾아내어 이 세 가지 기술들을 연습한다. 이 과정에서 집단구성원들과 운영자는 적절한 피드백을 제공한다. 집단사회기술훈련에 대한 평가(단기보호치료 프로그램에 거주하는 네 명의 남성 청소년들을 대상으로 한 집단사회기술훈련의 평가)에서 이 훈련이 역할놀이(role plays)에서뿐만 아니라 패스트푸드점 면접과정에서도 취업면접능력을 향상시킨 것으로 나타났다. 인사담당 면접관들이 시행한 면접 전반에 걸친 평가에서 면접응시자들은 사회기술훈련을 받은 후에 향상된 면접기술을 보여 주었다. 이 면접평가에는 청소년의 관심사, 경험과 그동안의 훈련, 역량, 능력, 그리고 그 청소년을 고용할 확률 등의 내용이 포함되었다. 집단사회기술훈련 6개월 후, 네 명 중 두 명의 청소년이 취업하였다.

쉴로스 등(Schloss, Santoro, Wood, & Bedner, 1988)이 경도의 지적장애를 가진 클라이언트들을 위해 실천가들과 동료들간 사용할 수 있는 취업면접훈련을 개발하였다. 이 개입에 사용된 질문들은 관련된 취업 분야(예: 서비스 및 경공업 분야)의 고용주들로부터 취합한 것이다. 질문에 대한 적절한 답변은 클라이언트 및 고용주들과 상의 후에 만들어졌다. 실천가는 클라이언트가 질문에 적절히 답하기 어려운 정도에 따라 세 가지 일반적 분야(개인사, 직장/일, 교육)를 섭렵하는 80개의 질문들 중 20개의 면접질문들을 뽑는다. 앞 장에는 질문이 적혀 있고 뒷장에는 적절한 답이 적힌 면접질문 지시카드를 클라이언트 한 명당 준비한다. 또한 각 장의 지시카드 뒷면에는 '+'가 표시된 10개의 칸과 '−'가 담긴 10개의 칸이 그어진 상자가 있다. 동료와 실천가들이 훈련을 진행할 수 있도록 훈련의 단계를 설명하는 포스터도 준비한다. 마지막으로, '순서카드(order card)'를 이용해 서로의 훈련을 도와줄 동료훈련가(peer trainer)로 활동할 클라이언트가 지도활동(tutoring activies)을 기억하도록 돕는다. 비슷한 방식으로 실천가는 모델링, 최소한의 촉진시스템(a system of least prompts: 독립적인 활동을 허락하는 것, 구두로 먼저 자극을 주고 모델링을 통한 자극을 주는 것), 리허설, 피드백 및 칭찬을 통해 클라이언들에게 동료훈련의 과정에 대해 가르친다.

동료 주도 훈련과정(peer-directed procedures)의 시행을 위해서는 클라이언트 중 한 명(개인교사, tutor)이 순서카드의 첫 번째 네모 칸에 토큰을 올려놓고 면접질문카드 묶음 중 첫 번째 지시카드에 적힌 질문을 읽는다. 클라이언트(훈련참여자)의 답이 카드 뒷면에 적힌 답과 일치하면, 개인교사는 포스터에 적힌 대로 촉진한다. 즉, 이때의 촉진은 개인교사가 정답임을 인정하고(예: "정답입니다"), 면접질문카드의 첫 번째 '+' 박스에 표기한 후, 다음 질문으로 넘어가도록 지시하는 것이다. 만일 응답자가 카드 뒷면과 일치하지 않는 답을 말한 경우, 포스터에는 정답에 대한 피드백을 주고, 질문을 반복하고, 면접질문카드의 첫 번째 '−' 박스에 표기하라는 지시가 적혀 있다. 그런 다음, 개인교사는 순서토큰을 두 번째 네모 칸에 옮겨 놓고 질문을 반복한다. 두 번째 시도에서 클라이언트의 답이 맞으면 개인교사는 정답임을 인정한다. 만일 이번에도 오답을 말했다면, 개인교사는 토큰을 세 번째 네모 칸에 옮긴 후 면접질문을 다시 읽는다. 정답이면 답을 인정해 준다. 오답을 말했다면, 개인교사는 질문을 반복해서 묻고 클라이언트(응답자)가 질문카드를 보도록 카드를 돌려놓는다. 그리고 응답자는 정답을 읽고 개인교사는 정답임을 확인해 준다. 첫 번째 시도에서 '+' 표시가 세 번 연달아 체크되면, 그 카드는 제외한다. 실천가 주도 훈련(practitioner-directed instruction)은 동료 주도 훈련(peer-directed instruction)과 유사하다. 모의실험에서 실행된 면접에 대한 평가에 의하면 두 가지 방법 모두 세 가지 분야의 질문(개인사, 일/직장, 교육)에서 두 명의 여성 클라이언트들의 적절한 답변을 상당히 향상시킨 것으로 나타났다. 6개월 후의 사후관리에서는 두 명 중 한 명의 기술수준이 유지되었다. 그러나 훈련 직후 두 명의 클라이언트 모두 경쟁적 고용 환경(competitive employment settings)에서 고용되었다.

중증 정신장애가 있는 성인

켈리(Kelly)와 그의 동료들은 입원경력이 있는 정신질환 환자들에게 면접기술을 가르치는 두 가지의 사회기술훈련 프로그램을 개발·평가하였다. 첫 번째 프로그램은 클라이언트들에게 개별적으로 면접기술을 가르치는 것이고(Furman, Geller, Simon, & Kelly, 1979), 두 번째 프로그램은 집단 형식을 이용하는 것이다(Kelly, Laughlin, Claiborne, & Patterson, 1979). 개별훈련에서는 표준면접훈련 대본을 이용한 초기평가결과를 바탕으로 실천가가 각각의 클라이언트에게 맞는 기술을 선정한다. 비록 클라이언트마다 다른 기술을 배우게 되지만, 공통적으로 직장경험이나 교육에 관한 적절한 긍정적 제스처 사용하기, 구직 일자리에 관심 혹은 열정 표현하기, 면접관에게 적절한 질문하기와 같은 기술을 배운다. 개별훈련프로그램의 주요 4단계 과정은 다음과 같다.

1. 실천가는 이전에 시행된 면접비디오를 검토하고 클라이언트에게 수행평가를 해준다.
2. 실천가는 클라이언트가 특정 기술 사용을 향상시킬 수 있도록 지도해 주고, 클라이언트는 그 기술을 연습한다. 또한 클라이언트가 다음 면접에서 해당 기술을 사용할 수 있도록 자극을 준다.
3. 역할놀이를 활용한 취업 면접을 시행하고 동영상으로 녹화한다.
4. 녹화된 영상을 검토한 후, 실천가는 적절한 피드백과 함께 필요시 강화제를 제공한다.

집단사회기술훈련에서 목표로 하는 기술은 개별사회기술훈련에서 클라이언트에게 공통적으로 가르치는 기술과 유사하다. 실천가는 사회기술훈련에서 사용되는 영상녹화된 모델링, 집단토론, 행동시연, 피드백 및 강화제를 사용한다. 개별 및 집단사회기술훈련의 두 프로그램 평가에서 모든 클라이언트들의 면접기술이 향상되었다(개별훈련 세 명, 집단훈련 여섯 명 참여). 실제 인사 관리자들의 평가에서도 아홉 명 중 여덟 명이 두 프로그램 중 하나에 참여한 후 모든 기술 부분에 있어서 향상되었음을 보여 주었다. 개별사회기술훈련에 참여하기 전 2년 동안 직장을 구하지 못했던 두 명의 클라이언트는 개입 이후 취업하였다. 프로그램 종료 3개월 후에도 이들은 취업상태를 유지하고 있었다. 1년 동안 취업에 성공하지 못했던 다섯 명의 클라이언트는 집단사회기술훈련 프로그램 참가 후 경쟁적 고용 환경에서 유급 일자리를 얻었다.

최근 이민자들

융과 제이슨(Jung & Jason, 1998)은 아시아 난민이었던 사람들을 위해 3일 동안 진행하는 독특한 직장면접 사회기술훈련 프로그램을 개발하였다. 개별훈련으로 이루어지는 이 프로그램은 1984년에 매튜, 왕과 포셋(Mathews, Wang, & Fawcett, 1984)이 개발한 기술점검표에서 선정한 14개의 행동과 성공적인 구직면접에 중요한 네 가지 분야의 서구의 가치와 사회적 관습을 대표하는 26개의 추가행동에 초점을 맞춘다. 사회기술훈련에서 가르치는 기술들은 다음의 네 개의 주요 분야로 나뉜다. 즉, 적절한 인사법(예: 눈 마주치기), 일자리에 대한 자격과 요건을 명확히 자신 있게 표현하는 법, 독립적으로 일할 능력과 좋은 사회성을 표현하는 법, 그리고 결단력과 인내력을 표하는 법 등이다. 첫 훈련회기에서 실천가는 클라이언트에게 아시아와 서구적 가치에서 오는 문화적 차이(예: 복종 vs. 자기주장하기)와 유사함(예: 열심히 일해서 성공하는 것)에 대한 정보를 제공한다. 실천가는 두 문화권에서 이러한 가치들이 어떻게 인식되는지 설명하고 클라이언트에게 면접을 볼 때 두 문화권이 공유하는 가치에 대해 표현하도록 장려한다. 또한 실천가는 클라이언트가 적절한 인사법을 사용할 수 있도록 자신이 모델이 되어 사회기술훈련을 적용한다. 이후 세 번의 회기에서는 사회기술훈련을 통해 나머지 세 개의 주요기술 부분에 대해 가르친다.

개입 이후, 두 명의 여성과 한 명의 남성 참여자들이 서구사회의 사회적 관습과 면접과정에 대한 이해력이 증진되었을 뿐만 아니라, 면접 시뮬레이션에서도 향상된 수행 모습을 보여 주었으며, 자신감 또한 높아졌다. 개입종료 한 달 뒤에 시행된 사후평가에서 참여자들은 더 많은 직장을 검색하였으며, 한 참여자는 일자리 제의를 받았다. 프로그램 참여자들의 의미 있는 타인들 또한 참여자들이 사회기술훈련 프로그램에 참가한 후, 구직에 대한 의욕이 증가했으며, 사회적 기술이 향상되었고, 구직에 대한 자신감도 높아졌다고 보고하였다.

'멘토/조력자' 동원기술

제6장의 서론에서도 논의된 것처럼, 소수 인종/민족과 장애인들은 차별과 경제적 불리함, 그리고 거주지역과 교육 면에서 차별대우를 받을 위험이 있다. 이러한 상황은 그들이 취업하는 것과 같은 개인적인 목표를 달성하는 데 도움이 될 만한 사회적 네트워크에 접근하는 것을 제한한다. 멘토와 잠재적 조력자들을 모집하는 기술을 가르치는 사회기술훈련이 구직의 기회를 확대할 수 있다.

이전 장에서도 설명되었듯이, 발카사르 등(Balcazar et al., 1991)이 개발한 세 가지의 사회기술훈련 프로그램은 흑인 고등학생, 신체적 장애가 있는 대학생(Balcazar et al., 1991), 그리고 비행으로 법원의 판결을 받은 정신적 · 행동적 장애, 학습장애 및 경증의 지적장애가 있는 청소년(Balcazar et al., 1991)이 개인적 목표를 달성하기 위해 도움요청행동(help-recruiting behaviors)을 배우는 데 도움이 되었다. 몇몇의 참여자들은 일자리 확보와 관련된 목표를 설정하고 달성하였으므로, 발카사르 등이 설명하는 도움요청행동은 이 장에서 논의하는 것이 적절하다. 세 명의 흑인학생들 중 두 명이 '여름방학 일자리 구하기'를 목표로 설정하였다. 개입 이후에 두 명의 학생들 모두 일자리를 확보하였다. 네 명의 신체적 장애가 있는 대학생들 중 한 명 역시 여름방학 일자리 구하기를 개인적인 목표로 세웠다. 개입 이후, 이 학생은 두 개의 일자리를 구했다. 법원의 판결을 받은 정서적 · 행동적 장애와 학습에 문제가 있는 청소년은 구인 일자리 알아보기, 일자리에 지원하고 면접의 단계까지 도달하기와 같은 목표들을 중도목표(transitional goals)로 설정하였다. 사회기술훈련개입이 종료되고 1년 후에 시행한 사후점검에서, 여섯 명 중 세 명의 청소년들이 경쟁력 있는 일자리에 취직하였고, 두 명은 직업훈련을 받으면서 재활서비스에서 지원해 주는 일자리를 갖고 있었다.

잡클럽 활용방안

잡클럽(Job Club)은 특정 목표달성을 위한 수업계획에 따라 일자리를 구하는 집단접근방법을 활용하는 표준화된 방안이다. 현금공적부조서비스를 한시적으로 제공하면서 일(work)을 강조하는 1996년의 복지개혁(welfare reforms)의 결과로 현재와 과거의 공적부조 수혜자들이 직장을 구할 수 있도록 돕는 효과적인 구직방안을 개발하는 것이 매우 중요해졌다. 잡클럽 프로그램은 한시적 빈곤가족 프로그램(TANF) 수혜자들의 구직을 돕는 많은 근로연계복지 프로그램(Welfare-to-Work Programs)에 포함되어서 제공되었으며(Brooks, Nackerud, & Risler, 2001), 다른 저소득층, 노인근로자, 신체적 · 정신적 장애가 있는 사람들이 일자리를 구하는 데 사용되어 왔다.

애즈린과 베살렐(Azrin & Besalel, 1980)은 잡클럽을 행동심리학의 원리를 직업상담(vocational counseling)과 일자리를 구하는 과정에 응용하는 하나의 예로 설명한다. 잡클럽의 목적은 "잡클럽에 참여하는 모든 구직자들이 현실 가능한 최단기간 안에 실행 가능성 있는 최상의 직장을 구하는 것"(p. 1)이다. 이 프로그램은 직장을 잡기 위해 필요한 모든 분야에서 구직자들을 돕기 위해 포괄적인 접근방법을 사용한다(Azrin, Flores, & Kaplan, 1975). 구직을 위해 준비해야 할 분야에는 다음과 같은 활동들이 포함된다. 즉, 직장의 선택의 폭을 넓히기, 일자리를 찾는 과정에서 오는 실망감 극복하기, 가족 · 친구와 사회적 네트워크 안에서 지지와 정보 얻기, 교통편 확보하기, 전문적인 조언받기, 구인정보/공고 찾기, 이력서 작성 준비하기, 면접/인터뷰 기회를 얻고 잘 수행해 내기, 구직활동을 위한 스케줄잡기 등이다.

잡클럽을 활용하는 방안은 구직자들을 임파워시킬 수 있다. 구직자의 강점에 초점을 맞추고 또한 취업을 통해 취약계층의 경제적 자원을 증진시킬 수 있는 자조기술(self-help skills)을 가르치기에 효과적인 방법이다. 잡클럽 프로그램은 구직자가 일자리를 구할 때까지 그 기간에 관계없이 도움을 준다. 만일 근로자가 실업상태가 되거나 직장을 그만둘 경우, 바로 프로그램에 재가입할 수 있다. 다음은 잡클럽 상담가 매뉴얼(Job-Club Counselor's Manual, Azrin & Beasalel, 1980)에서 요약한 내용으로, 취업희망자들에게 거는 기대와 책임, 직업상담가의 책임, 상담유형 및 방법에 대해 간략히 설명한다.

잡클럽 회원들이 정해진 활동을 수행하고, 구직활동을 상근직 일처럼 여기기 위해 모임에 참석하는 것을 원칙으로 한다. 회원들은 구직정보/공고와 인터뷰 기회를 얻고 이러한 활동들을 위한 일정을 계획해야 한다. 자신의 사회적 네트워크 안에 있는 사람들을 일자리 정보/공고의 주요 공급처로 간주하기 때문에 구직자들은 친구, 친지, 지인들에게 연락하고 일자리 공고에 대해 문의하도록 한다. 잡클럽 매뉴얼에는 구직자들이 이러한 활동들을 수행할 때뿐만 아니라 약속을 잡고 활동사항들을 기록할 때 사용할 수 있는 양식, 사례와 연습대본이 제시되어 있다.

잡클럽 상담가의 주요 업무는 구직자들에게 필요한 시설과 비품, 지지, 지도, 그리고 그들이 필요한 책임을 수행하는 데 적절한 기술들을 연습해 볼 수 있는 기회를 제공하는 것이다. 이때 상담가는 발전과 최종 결과물을 강조하는 지시적인 방법을 사용하되 구직자들에게 격려하고 용기를 주도록 한다. 상담가는 구직자들이 정서적 지지, 용기, 구직정보/공고, 구직에 관한 제안, 교통수단, 그리고 오랜 구직활동으로 소요되는 비용과 같이 가족으로부터 받는 다양한 형태의 원조를 받을 수 있도록 가르친다. 상담가는 또한 집단구성원들이 서로를 지지하도록 격려하고, 각각의 집단구성원들에게 서로에게 용기와 충고, 그리고 구직활동에 필요한 실질적인 도움을 줄 수 있는 '짝(buddy)'을 지어 준다. 짝은 이력서 작성, 구직 관련 전화 모니터링, 구직공고 확인, 교통수단 및 면접연습 등과 같은 활동을 도와준다.

잡클럽 상담가는 모든 회원들이 직장을 구할 수 있도록 최선을 다해 돕는다. 상담가는 각각의 구직자에게 자주 개별적 관심을 주고, 구직자의 교육수준, 장애나 과거의 경험에 상관없이 모든 구직자가 취업할 수 있다고 믿는다. 상담가는 구직자의 긍정적인 성격이나 적절한 수행 및 발전적인 모습에 대해 지속적으로 칭찬을 해 주고, 구직자의 단점이나 그들이 구직 기회를 갖지 못할 것이라는 생각은 하지 않는다. 상담가는 구직정보/공고를 수집·제공하며, 구직기술을 가르치고 연습하도록 돕는다. 구직기술에는 이력서 및 지원서류 작성하기, 구직정보/공고 찾기, 구직 관련 문의전화 걸기, 교통수단 마련하기, 지역신문에 구직공고 게재하기, 그리고 면접질문에 적절히 답하기 등이 있다.

잡클럽 상담가는 구직자들이 지원서, 이력서, 초기 구직문의, 그리고 면접에서 자신들의 개인적·사회적 그리고 직업 관련 기술들을 강조할 수 있도록 가르친다. 상담가는 또한 눈에 띄는 장애나 다른 단점으로 간주될 수 있는 것들에 대해 얘기하는 법이나 덜 부각시키는 법, 혹은 이러한 것들이 장점으로 부각시킬 수 있는 방안들에 대해 교육하기도 한다. 뿐만 아니라 상담가는 공고가 나지 않은 일자리에서 면접을 보는 법에 대해서도 가르친다. 이에는 사회적 네트워크 활용하기, 전화연락해 보기, 업소목록 활용하기, 성과가 없었던 일자리 문의를 향후 일자리 정보로 활용하기, 그리고 예전 직장상사를 찾아가 보기 등이 있다. 구직자는 이를 통해 다양한 직종과 필요하다면 다른 지역에서 일자리를 구하는 것도 고려하게 된다.

다음으로, 중증의 정신장애와 기타 장애진단을 받은 사람, 실업자, 공적부조 수혜자 및 노인을 위한 잡클럽 방안평가에 대해 살펴본다. 평가에 대한 엄격성은 단순히 잡클럽 참여 후 취업을 한 사람들의 비율을 보고한 것부터 참여자들을 잡클럽이나 통제집단 혹은 다른 구직서비스 집단에 무작위로 배정하여 효과를 측정한 것까지 범위가 넓다. 첫 번째로 살펴볼 정신장애가 있는 클라이언트들에게 적용하는 잡클럽 방법에서는 이 취약계층의 특수욕구를 충족시키는 특별한 편의증진과 적응방안에 대해서도 논의한다.

중증 정신장애가 있는 성인

앞서 소개된 중증 정신장애가 있는 클라이언트를 위한 세 가지 잡클럽 프로그램에 대해 병원에 입원한 정신장애인들의 특수욕구를 충족시키기 위해 일련의 수정작업이 이루어졌다(Jacobs, Kardashian, Kreinbring, Ponder, & Simpson, 1984). 프로그램의 구조(structure)와 지지를 제공하기 위해서는 클라이언트의 전일 참석이 요구된다. 이 프로그램에는 일일 목표설정하기, 잡클럽 직원과 병동 실무자와의 의사소통체계 구축하기, 교통수단 제공하기, 프로그램 참석장려를 위한 물질적 강화제 사용하기, 일상생활기술이 수반되는 문제해결 돕기, 그리고 취업한 클라이언트들에게 취업유지 서비스 제공하기와 같은 편의증진 서비스가 포함된다. 취업유지 서비스에는 사회적 상호작용에서 비롯된 문제해결을 돕기 위한 전략과 스트레스 및 정신질환 증상을 다루는 법을 가르치는 내용이 포함된다. 개입 이후, 56%(총 97명 참여)의 정신과 환자들이 프로그램 처음 8개월 동안 취업하였고, 10%는 상근직 직업훈련 프로그램에 들어갔다. 6개월 간격으로 실시한 사후관리에서 취업을 했거나 직업훈련 프로그램에 들어간 클라이언트들 중, 30일, 60일, 90일, 180일후, 차례로 80%, 75%, 80%, 67.5%의 클라이언트가 여전히 취업 상태였거나 직업훈련에 지속적으로 참여하고 있었다. 이 평가에서 비교나 통제 집단은 사용되지 않았다.

제이콥스 등(Jacobs, Collier, & Wissusik, 1992)은 추후에 정신장애가 있는 사람들을 위한 기존의 잡클럽 프로그램을 발전시킨 구직 동호회 모듈(Job-Finding Club module, 제1저자로부터 구할 수 있음)을 개발하였다. 이 모듈은 기술 매뉴얼, 훈련가 매뉴얼, 클라이언트 워크북 및 기술향상을 위한 비디오를 포함하며, 지역사회 내 일반경쟁고용환경에서 일자리를 구할 수 있는 적절한 개인적 · 사회적 기술 및 취업기술을 지닌 정신장애가 있는 클라이언트들을 돕기 위한 것이다. 모듈에 포함된 중점적인 일곱 가지 취업기술 분야에는 취업준비, 일자리 관심사, 구인정보/공고찾기, 잠재적인 고용주에게 연락하기, 지원서 작성하기, 면접 보기, 고용제의 마무리하기가 있다. 다양한 정신질환 장애 판정을 받은 개인들에게 적용한 이 모듈에 대한 평가에서 35~60%의 취업률이 보고되었다. 이는 대부분의 정신과에서 퇴원한 환자들의 현저히 낮은 취업률(5~15%)과 비교가 된다. 그러나 조현병과 같은 가장 지속적이고 심각한 정신질환을 가진 사람들의 취업률은 우울증과 같은 다른 정신과 진단을 받은 사람들의 취업률과 비교했을 때 절반에서 1/3 정도 낮은 취업률을 보였다.

코리건 등(Corrigan et al., 1995)도 중증정신장애 진단을 받은 정신과 외래환자들을 대상으로 구직 동호회 모듈을 평가하였다.

44명의 클라이언트 중 70.5%가 프로그램 도중 하차하였고, 프로그램 시작 6개월 후에 34%가 경쟁력 있는 일자리를 구하거나 직업훈련 프로그램에서 자리를 구했다. 그러나 프로그램에 남은 사람들과 중도 하차한 사람들의 취업률에는 의미 있는 차이가 없었다.

잡클럽 개입법은 입원시설, 중간자립시설(halfway houses) 및 외래 클리닉으로부터 의뢰된 다양한 정신장애 진단을 받은(주로 조현병, 기타 정신질환, 정동장애) 미국 주정부 병원 환자들의 특수한 욕구를 위해 변형·적용되기도 하였다(Brey, Zadny, Gonzalez-Huss, & Ament, 1989). 이들의 편의를 증진시키기 위한 방법들은 다음과 같다.

1. 클라이언트에게 '짝'을 배정하지 않는다. 잡클럽 회원들의 각기 다른 능력과 기질 때문에 짝을 배정하는 것은 클라이언트에게 스트레스를 조장할 수 있다.
2. 클라이언트가 정신건강 치료활동에 참여할 수 있도록 회기는 하루에 두 시간으로 제한한다. 그러나 클라이언트가 구직활동에 최대한 많은 시간을 할애하도록 권장한다.
3. 취업활동기록은 회기 중에만 하도록 하고 연락한 직장만 기록하도록 한다.
4. 대부분의 클라이언트들은 가족과 친구들의 사회적 지지로부터 소원해졌기 때문에 이들로부터 받는 도움은 최소화하도록 한다.
5. 구직광고는 지역신문에 싣지 않는다.
6. 경제적 원조는 필요에 따라 제공한다(예: 적절한 의류, 생활비, 교통비 제공).
7. 병원 밖의 주소가 없는 클라이언트를 위해 취업지원서에 기재할 전화번호와 우편함(post office box)을 제공한다.
8. 프로그램을 시작할 때 클라이언트는 상호 책임을 규정하는 프로그램 약관에 서약한다. 클라이언트의 책임으로는 프로그램 활동들로 인해 과다한 스트레스를 받거나 자살에 대한 생각이 들면 잡클럽 직원에게 알려 주고 약물 사용을 자제하는 것이 포함된다.

이와 같은 개입 실시 후, 78%의 클라이언트(총 122명 참여)가 일반경쟁고용 환경에서 취업에 성공하였다.

실업자와 공적부조를 받는 클라이언트

애즈린 등(Azrin et al., 1975)은 잡클럽 방안의 첫 평가 중 하나를 수행하였다. 평가는 대중교통이 없고 평균 이상의 실업률이 오랫동안 지속된 작은 대학가에서 이루어졌다. 연구자들은 다양한 경로를 통해 연구참여자들을 모집하였고, 시간제로 고용된 사람, 실업수당을 받지 않는 사람 그리고 상근직 취업을 원하는 모든 사람을 참여시켰다. 참여자들의 취업 가능성 지수를 측정한 후, 통제집단과 잡클럽에 참여자들을 무선할당하였다. 잡클럽에 참여한 구직자들이 보통 14일(중앙값) 후에 일하기 시작한 것에 반해 통제집단에 있던 사람들은 구직에 53일이 걸렸다. 2달 안에, 90%의 잡클럽 참여자들이 상근직 일자리를 구한 것에 비해, 통제집단에서는 55%만이 취업에 성공하였다. 뿐만 아니라 잡클럽 참여자들의 초반 급여가 대략 1/3 정도 더 많았다.

애즈린과 필립(Azrin & Pillip, 1979)이 잡클럽 개입에 대해 진행한 후속연구(총 154명 참여)에서는 86%의 클라이언트들이 공공기관으로부터 어떤 형태든 재정지원을 받고 있었고 고용의 기회를 제한하는 신체적 · 정서적 · 지적장애와 만성적 실업과 같은 문제점을 갖고 있었다. 클라이언트들은 잡클럽이나 이틀간 진행되는 강연, 토론 및 역할놀이 프로그램에 무선할당되었다. 6개월 후 실시된 사후평가에서 28%의 비교집단이 취업한 것에 비해, 95%의 잡클럽 클라이언트들이 일자리를 구했다. 또한 잡클럽 클라이언트들은 더 빠른 시간 내에 일자리를 구했다(잡클럽 클라이언트가 일자리를 구하는 데 걸린 시간은 평균 10일인 데 비해 비교집단 클라이언트들은 30일이 걸렸다). 잡클럽 참여자들의 임금의 중앙값이 비교집단보다 22% 더 많았지만, 이들의 급여는 최소임금에 근접한 수준이었다.

애즈린 등(Azrin, Philip, Thienes-Hontos, & Besalel, 1980)은 또한 각기 다른 다섯 개의 도시에서 공적부조를 받는 클라이언트들(총 979명 참여)이 참여한 잡클럽 개입법을 평가연구하였다. 클라이언트들은 각 프로그램이 제공되는 장소에서 잡클럽 프로그램이나 기존의 일자리상담 프로그램에 무선할당되었다. 해당 도시들의 실업률 범위는 위치타(Wichita)[1]의 4.6%부터 할렘(Harlem)[2]의 15%였다. 각 프로그램에 실제로 참여한 클라이언트들 중(잡클럽집단의 22%, 비교집단의 31%가 중도 하차였음),

---

1 캔자스 주에서 가장 큰 도시

2 뉴욕 시에 있는 빈곤지역

6개월 후 실시한 사후평가에서 잡클럽의 80%, 비교집단의 48%가 취업에 성공하였다. 12개월 후 사후평가에서는 잡클럽의 87%, 비교집단의 59%가 취업상태였다. 클라이언트의 성별, 교육수준, 인종/민족, 장애 상태, 나이 및 참여 의무 여부에 상관없이 각 도시에서 잡클럽 프로그램이 더 효과적이었다(86%의 할렘 잡클럽 클라이언트들이 취직하였음). 또한 잡클럽 참여자들이 구한 직장들은 대체로 장기적인 일자리였고, 정부보조금을 받지 않는 참여자들 스스로 노력해서 구한 것이었다. 잡클럽 클라이언트들의 직장은 통제집단의 직장과 평균임금, 상근직 및 직종 면에서는 비슷했다. 잡클럽 회원들은 대개 6회기의 프로그램 후(중앙값, 평균 11회기) 취업하였고, 90%가 23회기 이내에 직장을 잡았다. 6개월 후 사후평가에서 다른 프로그램에 참여한 사람들(78%)에 비해서 더 많은 잡클럽 참여자들(84%)이 일자리에 만족한다는 결과가 나왔다. 공적부조를 받는 사람들을 대상으로 한 잡클럽 프로그램을 평가한 조금 더 최신의 두 연구에서도 비슷한 결과가 나왔다. 스티드햄과 렘리(Stidham & Remley, 1992)에 따르면, 같은 회계년도 동안 전반적으로 기관에서 취업시킨 비율이 29%인 것에 비해 70.8%의 잡클럽 참여자들(116명)이 취업하였다.

조지아 주의 임시가족지원제도(TANF) 수혜자를 위한 네 개의 2주간의 잡클럽 프로그램 평가연구에서는 62.5%의 프로그램 참여자들이 일자리를 구했다고 보고하고 있으나, 이 연구는 통제집단이나 비교집단을 사용하지 않았다(Brooks et al., 2001). 연구진들이 TANF 수혜자들 중 취업을 한 사람들과 그렇지 못한 사람들의 취업난관에 대한 의견을 고찰한 결과, 취업을 하지 못한 사람들이 취업의 최대 장애물로 교통수단을 꼽는 경우가 취업한 수혜자들보다 두 배가 넘었다(54% vs. 24%). 그러나 취업에 성공하지 못한 사람들(69%)이 취업한 사람들(56%)보다 더 자동차를 소유한 것으로 보고되었다. 연구자들은 어떤 구직자들에게는 현실 자체보다는 현실을 어떻게 인지하는가가 구직행동에 더 중요하게 영향을 미칠 수 있다고 제안하였다. 클라이언트가 취업 난관이라고 여기는 것들에 대해 평가할 수 있는 방안이 도입된다면 잡클럽이 좀 더 성공적일 것이다.

고령근로자

여기에서는 고령근로자를 위한 잡클럽 개입에 대한 네 개의 평가연구를 살펴본다. 첫 번째로 논의되는 연구에서는 고령근로자들(46명)을 평범한 구직서비스와 잡클럽 프로그램에 무선할당하였다(Gray, 1983). 12개월 후 시행한 사후평가에서 74%의 잡클럽 참여자들이 취업하였고 22%의 비교집단 노인들이 취업했다는 결과가 나타났다. 두 집단 간의 직업유형은 비슷했으나, 잡클럽 참여자들이 더 많은 시간을 일했고 급여는 더 많았다. 그러나 두 집단 모두 급여와 직위는 대체로 낮았다.

후속연구에서는 35명의 노인구직자들을 잡클럽 프로그램이나 잡클럽에서 사용하는 구직매뉴얼을 나눠 주는 집단에 무선할당하였다(Braddy & Gray, 1987). 후자의 집단에 배정된 연구참여자들에게도 노인고용 서비스와 다른 지역사회기관에서 제공하는 일자리정보와 취업알선 서비스(referral assistance)를 이용하도록 장려하였다. 12개월 후, 비교집단 참여자들의 25%가 취업한 것에 반해, 잡클럽 참여자들의 89%가 취업하였다. 두 집단에서 취업한 사람들의 직장은 비슷했다.

그레이와 브래디(Gray & Braddy, 1988)는 실업률이 10%에 달하는 지역에서 고용서비스에 참여하고 있는 노인들(48명)을 대상으로 잡클럽에 대한 유사한 평가를 실시하였다. 노인들은 약식버전의 잡클럽 프로그램과 일반적인 서비스집단에 무선할당되었다. 12개월 후 시행된 사후평가에서 83%의 잡클럽 참여자들이 고용되었으며, 일반서비스집단에서는 26%의 노인들만이 취업에 성공하였다. 이 연구는 또한 잡클럽이 효과적일 수 있었던 이유로 참여자들의 구직 관련 지식과 사회적 네크워크의 증가를 꼽았다. 잡클럽에서 제공되는 사회적 지지의 중요성을 고찰하기 위해 그레이와 브래디는 실업률이 낮은 지역(3~5%의 실업률)에 사는 35명의 미취업 노인들을 잡클럽 프로그램과 잡클럽에서 사용하는 일자리 찾기 핸드북과 일반적인 서비스만 제공하는 집단에 무선할당하였다. 잡클럽 참여자 대부분(94.7%)이 취직한 것에 반해, 통제집단 노인들 38%만이 직장을 구하였다. 이 연구에서는 사회적 지지가 잡클럽 참여자들의 높은 취업률을 설명할 수 있다는 가설의 일부만 입증하였다.

마지막으로, 라이프와 벨체르(Rife & Belcher, 1994)는 지역사회기관의 고용서비스에 지원한 실업 상태의 노인들(52명)을 위한 잡클럽 개입방안을 평가하였다. 이 노인들은 잡클럽 프로그램이나 주정부 일자리서비스 및 지역사회 연계 프로그램에 무선할당되었다. 12개월 후, 65.4%의 잡클럽 참여자들이 고용된 것에 비해, 통제집단의 경우 26.9%만이 취업하였다. 지속적인 고용, 수입 및 근로시간에 대한 모든 측정값이 잡클럽 참여자들에게서 더 높게 나타났다. 그러나 두 집단 모두 급여는 낮은 편에 속했으며, 일자리 또한 대개 시간제였다.

실천과 연구를 위한 분석과 비판

이 장에서는 취약계층에게 구직기술을 가르침으로써 일자리를 확보하도록 돕고 임파워먼트를 증진하는 행동개입에 초점을 두었다. 논의한 구직기술에는 일자리 공고와 정보 찾기, 지원자료 준비하기, 면접 보기, 그리고 사회적 지지를 증가시키고 이용하기가 포함된다. 취약계층에는 노인, 소수 인종/민족, 최근에 이민 온 사람들, 지적장애가 있는 사람들, 중증정신장애자, 신체장애자 및 저소득층이 있다. 인지행동기법은 주로 모델링, 촉진, 시연, 피드백 및 강화와 같은 사회기술훈련을 포함한다. 클라이언트들이 취업을 유지할 수 있도록 돕기 위해 필수적인 자원(예: 작업할 수 있는 공간과 물품, 일자리 공고 및 정보, 우표, 교통수단)을 제공하고 문제해결방법에 대해 교육한다. 개입방안들은 개인별로 혹은 집단으로 시행될 수 있고, 어떤 개입법에서는 동료들이 서로를 교육시킬 수도 있다. 잡클럽과 같은 집단개입법은 구성원들에게 격려와 일자리 연락처 및 교통수단과 같은 다양한 도움을 줄 수 있다는 점에서 더 큰 이점이 있다. 여기에서는 개입과 이를 평가한 연구에 대해 좀 더 비판적인 고찰을 하고자 한다.

효과성과 추가적 적용

인지행동개입 프로그램에 대한 평가에서 이 개입이후에 많은 사람들이 고용되었음이 입증되었다. '면접기술'과 '멘토/조력자 동원기술' 부분에서 논의한, 구직기술향상이라는 도구적 목표달성을 위한 사회기술훈련의 효과성을 입증하기 위해 복수기초선설계를 하였고, 이를 통해 연구자들은 상당수의 참여자들이 궁극적 목표인 취업을 달성했다고 보고하였다. 그러나 연구참여자들을 인지행동개입 프로그램과 다른 연구실험집단에 무선할당하지 않고서는 연구에서 평가한 사회기술훈련이 참여자들의 구직기술을 증진시켰는지 또 실제 취업으로 귀결되었는지 단정 짓기 어렵다. 비록 모든 잡클럽 개입 평가연구에서 실험설계를 사용한 것은 아니지만, 많은 평가에서 실험설계를 적용한 결과 잡클럽 참여자들이 통제집단이나 다른 개입집단보다 더 많이 취업하였음을 보여 주었다. 잡클럽과 비교 집단의 취업률의 큰 차이를 보여 주는 연구들도 있다.

잡클럽의 성공적인 결과를 보고하는 연구들이 많이 있지만, 특정 클라이언트를 잡클럽과 같은 개입방법에 의뢰하거나 포함시킬 때 실천가는 각별한 주의를 기울여야 한다. 연구결과를 살펴보면, 잡클럽 방안이 더 효과적이거나, 실패와 성공의 복합적인 결과를 보이거나, 덜 효과적인 클라이언트 유형이 있다. 예를 들어, 잡클럽은 취업경력이 있는 사람들에게 더 효과적이며, 공적부조를 받는 사람들에게는 효과적일 수도 비효과적일수도 있다는 복합적인 연구결과가 있다. 일부 연구에서는 중증의 정신장애가 있는 사람에게는 비교적 덜 효과적이라고 보고되었다. 브룩스 등(Brooks et al., 2001)에 따르면, 50% 이상의 잡클럽 프로그램에 배정받은 공적부조를 받는 사람들은 프로그램 참석이 의무였음에도 불구하고 첫 회기에 나오지 않았다. 일부 클라이언트의 경우, 즉 심각한 인지장애나 신체장애 또는 치료되지 않은 정신질환(예: 정신분열적 또는 파괴적 행동장애), 심각한 알코올이나 약물 문제 및 특정 의료적인 문제가 있을 경우에는 잡클럽에 참여할 자격이 안 된다. 애즈린 등(Azrin et al., 1980)은 높은 실업률, 교통수단 및 보육시설의 부족과 같은 문제가 함께 고려되지 않으면 잡클럽의 효과성이 떨어질 수 있음을 지적하였다.

이러한 주의점들이 있음에도 불구하고, 사회기술훈련과 잡클럽 프로그램에 대한 평가는 취약계층 클라이언트가 구직기술을 향상시키고 취업하도록 돕기 위해 실천가들이 이 방법들을 사용할 수 있음을 시사한다. 잡클럽 개입법은 또한 청각 및 시각 장애가 있는 클라이언트(Amrine & Bullis, 1985; Dickson, 1979; Dickson & McDonnel, 1982), 고등학교를 졸업하고 사회로 이행하는 시기의 장애학생들(Lindstrom, Benz, & Johnson, 1996)과 같은 여러 취약계층의 특정 욕구를 고려해서 사용되기도 하였다. 그러나 이와 같이 변형된 잡클럽 프로그램들에 대한 설명만 있을 뿐, 평가가 이루어지지 않았기 때문에 이 장에서는 논의하지 않았다. 이러한 잡클럽 프로그램들의 효과성은 후속연구를 통해 반드시 검증되어야 한다. 잡클럽은 인간 면역결핍 바이러스(HIV) 감염자나 후천성면역결핍증(AIDS)에 걸린 사람들에게도 유용할 수 있다. 더욱 효과적인 의약의 도움으로 이 질병을 가진 사람들 중에서 직장생활을 영위하는 등 정상적인 일상생활을 하는 사람들이 점점 늘고 있다(Arns, Martin, & Chernoff, 2004). 또한 아시아 이민자를 포함한 이민자 집단들을 위해 실천가와 연구자들은 융과 제이슨(1998)이 고안한 개입의 사용을 고려해 볼 수 있을 것이다. 이 개입을 통해 서구적인 가치와 관습에 대한 이민자들의 지식이 증대되었고, 이들의 구직기술 또한 향상되었다.

실천가들은 정신건강, 건강 및 재활, 학교, 그리고 지역사회 내의 노인 관련 서비스 분야, 시민단체와 공공사회 서비스 기관과 같은 지역사회의 다양한 분야에서 앞서 논의된 개입방안들을 활용할 수 있다. 비록 직업 사회복지사들이 이와 같은 분야에서 일할 수는 있으나, 이 분야의 대부분의 사회복지사들과 사회복지연구자들은 근로자 지원 프로그램(employee assistance programs)을 통해 취업한 클라이언트들과 일한다. 아이버슨(Iversen, 1998)은 사회복지전문직은 실업자들과 빈곤노동자들의 취업기술을 향상시키는 실천지식과 기술 및 연구에 초점을 두어야 한다고 주장한다. 아이버슨의 근로연계복지 프로그램에 관한 문헌고찰을 살펴보면 대부분의 성공적인 프로그램들은 클라이언트의 욕구를 충족시키는 다양한 개별맞춤형 서비스를 제공했음을 알 수 있다. 개별사정 결과에 따라 이 장에서 논의한 개입들은 실업자와 빈곤노동자들이 삶을 영위할 수 있는 수준의 임금을 받는 직장을 구할 수 있도록 돕는 종합적인 서비스 또는 그 중 한 요소가 될 수 있다.

자유와 통제 그리고 사회정의

고용을 통해 취약계층 인구가 자신의 경제적 상황을 향상시키고 경제적 독립성을 갖도록 돕는 것은 개인의 자유와 통제를 증진시키며 사회정의 관점과 일치하는 것이다. 다른 많은 고용 프로그램과 비교했을 때, 잡클럽 방안이 취약계층 클라이언트가 취업하고, 좀 더 빠른 시일 내에 일자리를 찾고, 어떤 경우에는 더 많은 근무시간과 보수를 받는 일자리를 구하도록 돕는 데 더 효과적이다. 애즈린 등(Azrin et al., 1980)은 사회정의 관점에서 "한 클라이언트의 일자리가 다른 클라이언트들이 대가를 치름으로써 보장되는가?"와 같은 중요한 질문에 대해 다루기도 했다. 이 연구자들은 잡클럽 참여자들이 구한 약 55%의 일자리에 대한 공고가 나지 않았다는 점을 미루어 봤을 때 많은 일자리들이 잡클럽 참여자들의 구직활동을 통해 생성되었거나 더 일찍 일자리가 마련되었을 것이라고 주장한다. 따라서 한 명의 잡클럽 참여자가 구한 일자리는 다른 사람에게 돌아갈 일자리를 빼앗는 것은 아니다.

비록 앞서 논의한 인지행동 프로그램에서 대다수의 참여자들이 취업을 개인적 목표라고 했지만, 모든 사람에게 꼭 그러한 것은 아니다. 특히 공적부조를 받는 잡클럽 참여자들은 실업 상태를 유지하는 것을 더 선호할 수도 있다. 반드시 취업을 하기 위해서가 아니라 이들은 공적부조 수혜중단과 같은 부정적인 결과를 피하기 위해 잡클럽에 참여하기도 한다. 구직기술을 습득하고 클라이언트가 취업하기를 결심한 후에도 실업률이 높은 지역에 거주하거나 낮은 교육수준과 짧은 취업경력과 같은 문제점들로 인해 클라이언트들의 일자리 선택의 폭이 넓지 않을 수 있다. 게다가 취업하는 것이 소득지원 프로그램을 받는 것보다(가능하다면) 반드시 더 나은 삶의 질이나 경제적 복지증진으로 이어지는 것은 아니다. 이에 대해서는 다음 절에서 좀 더 논의한다.

이러한 구직을 위한 개입은 클라이언트의 의견과 주도권을 개입과정 중에 증진시키는 여러 가지 방법들을 사용한다. 이 개입법에는 점진적 촉진 전략 사용하기, 클라이언트가 자신의 면접답안을 작성하고 시연하기, 서로에게 동료지도교사와 조력자로 활동하기, 그리고 구직을 도와줄 수 있는 멘토 또는 사회적 조력자를 스스로 찾기 등이 있다. 또한 클라이언트가 어떤 직장에 지원할지를 선택하는 과정에서 자신들의 구직기술을 관리하는 방법도 이에 해당된다.

사회적 타당성

사회적으로 적절한 목표와 결과

직장면접과 같은 특정 구직기술을 향상시키 위한 도구적 목표의 사회적 적절성은 다양한 방법으로 확립되었다. 예를 들어, 관련 기술들은 고용관련 문헌고찰, 해당 직업 분야의 고용주와의 인터뷰, 그리고 타당도가 확립된 기술 점검표를 통해 확인되었다. 비록 취업이라는 최종 목표가 모든 사람들의 관점에서 이상적인 목표가 아닐 수 있으나, 일반적으로 취약 계층을 포함한 대부분의 사회구성원들은 취업에 가치를 둔다. 취업은 또한 성인기의 사람들의 안녕(well-being)과도 연관된다.

이 장에서 논의된 프로그램 평가들은 취업을 위한 개입방안들이, 특히 잡클럽의 경우 많은 취약계층 클라이언트들의 취업을 증진시킬 수 있음을 시사한다. 이는 적어도 평가된 개입들의 결과가 사회적으로 타당함을 보여 주는 것이라 하겠다. 앞서 언급했듯이, 몇몇의 잡클럽에 관한 평가는 다른 취업프로그램과 비교해서 잡클럽 참여자들이 일자리를 더 빨리 구하고, 더 많은 임금을 받고, 또 더 많은 시간을 일한다고 보고하고 있다. 또, 애즈린 등(Azrin et al., 1980)의 평가에서 78%의 다른 프로그램 참여자들이 자신들의 일자리에 만족하는 것으로 드러난 것에 비해, 공적부조 수혜자 잡클럽 참여자들의 84%가 자신들의 일자리에 만족한다고 밝히고 있다. 이러한 모든 연구결과는 잡클럽 개입이 사회적으로 타당하다는 것을 가리킨다. 또한 기관과 실천가들이 많은 취약계층 클라이언트 집단에게 주저 없이 이 개입을 제공해야 한다는 것을 시사한다.

그러나 상당수의 평가에서 근로자의 임금이나 고용이 상근직(full-time) 수준이었는지는 보고하고 있지 않다. 임금이 언급된 경우, 보수가 낮은 경향이 있는 것으로 나타났다. 공적부조를 통해 받는 금액보다 고용을 통해 받는 보수가 더 많을 경우, 건강보험과 같은 근로복지혜택이 있었는지 혹은 삶의 질이 높아졌는지에 대해서 그 어떤 연구도 평가하지 않았다. 또한 이 평가들은 취업이 고용 프로그램 참여자들이나 그 가족들에게 예기치 못한 결과를 초래했는지 혹은 부정적인 영향을 미쳤는지에 대해 고찰하지 못했다. 예를 들어, 부정적인 영향에는 줄어든 소득이나 복지혜택, 낮은 질의 보육프로그램, 낮은 삶의 질, 높은 수준의 스트레스 혹은 악화된 정신적 · 신체적(병적) 증상이 포함될 수 있다. 실천가들과 연구자들은 클라이언트의 안정적 고용의 측정을 위해 더욱 포괄적이고 사회적으로 타당한 척도를 사용할 수 있는데, 여기에는 생활가능 임금, 근로복지혜택, 희망근로시간, 그리고 근로자와 가족의 향상된 삶의 질 등이 포함될 수 있다.

최근의 복지개혁(welfare reforms)과 잡클럽을 활용한 개입을 포함한 미국 정부의 일자리 프로그램 평가결과들을 고려했을 때, 마지막에 언급한 척도들은 중요하다. 많은 일자리 프로그램 참여자들이 푸드스탬프(food stamps)와 공적부조와 같은 정부 혜택과 근로소득을 합쳤을 때 통제집단과 거의 같은 소득수준인 것으로 나타났다(Michalopoulos, Schwartz, & Adams-Ciardullo, 2000). 비록 대다수의 공적부조 수혜자들이 정부지원 혜택을 벗어난 후 일을 하고 있긴 하지만, 대부분 낮은 보수와 근로복지 혜택이 미약한 불안정한 일자리를 가지고 있다(Zedlewski, 2002). 구직프로그램들은 많은 클라이언트들이 공적부조에서 성공적인 경제적 자립으로 이어지는 일자리를 얻고 유지하는 과정을 돕는 데 불충분하다. 많은 공적부조 수혜자들이 고용과 경제적인 목표를 달성하기 위해서는 근로소득지원세제(Earned Income Tax Credit, EITC), 주정부지원세제, 그리고 고등교육과 같은 다른 전략들이 반드시 사용되어야 한다.

사회적으로 적절한 개입절차

이 장에서 논의한 인지행동개입 프로그램들 중 그 어떤 것도 개입시작에 앞서 더 적합한 개입 설계를 도울 수 있는 개별화된 기능적 평가(functional assessment)를 하지 않았다. 이러한 기능평가는 기술부족 이외에 참여자가 취업에 실패하는 다른 원인을 규명했을 수도 있다. 브룩스와 동료들의 연구(2001)는 실천가들과 연구자들이 구직행동의 다른 유지조건을 평가할 필요가 있음을 제안하였다. 일부 잡클럽 참여자들은 취업을 하지 못한 이유를 그들의 교통수단에 문제가 있다고 인식하였으나 실제로 상당수는 사용할 수 있는 자동차가 있었다. 어떤 사람에게는 교통수단의 부족, 특히 시골지역에서 구직기술 사용이나 취업 실패의 선행조건이 될 수도 있다. 다른 연구에서는 정서불안, 역기능적 신념(예: 수행과 관련된), 낮은 교육수준, 장애, 자녀 수, 제한된 영어능력과 같은 요인들을 구직기술의 사용이나 구직실패의 선행조건으로 제안한다(Farley, 1987; Kim, 2000). 개별화된 평가는 실천가들이 적절한 개입방안을 선정하는 데 도움을 줄 수 있다.

역할놀이 상황이나 면접응답들과 같이 사회적으로 타당한 개입 자료들이 프로그램 참여자와 잠재적 고용주 및 인사관리자들과의 상의를 통해 많은 프로그램에서 개발되어 왔다. 융과 제이슨(1998)이 개발한 사회기술훈련은 특히 문화적으로 정의된 사회기술을 민감하게 다루며 아시아계 미국인들의 출신국과 미국의 사회적 규범의 유사점과 차이점에 대해서도 다루고 있다. 제6장의 마지막 절에서 발카사르와 동료들은 취약한 클라이언트들이 개인적 목표달성을 위해 잠재적 조력자를 동원하도록 돕는 개입의 사회적 적절성에 대해서 논의하고 있다.

개입의 사회적 적절성을 증진하기 위해서 연구자들과 실천가들은 이 장에서 논의한 표준화된 행동기법들을 개별화할 수 있는 방안들을 채택할 수 있다. 예를 들어, 클라이언트는 자신에게 문제가 있는 면접 기술들과 질문들에 초점을 맞추고, 스스로 면접답안을 찾고 연습해 볼 수 있다. 다른 개입방안은 면접연습 비디오테이프를 사용하고, 실천가들이 개별적인 피드백을 주는 것을 포함한다. 구직기술을 가르치기 위한 구조화되고 표준화된 접근에도 불구하고, 잡클럽 방법은 개입들을 개별화하고, 임파워먼트와 체계적 접근의 치료와 일관되는 많은 방법들을 사용한다. 예를 들어, 실천가는 각각의 잡클럽 회원들과 자주 개별적으로 대화하고, 그들의 강점을 강화하며, 긍정적 행동에 초점을 맞춤과 동시에 약점이나 부정적 행동에 대해서는 부각시키지 않거나 관심을 갖지 않는다. 기관들 또한 자원(예: 활동공간, 전화, 취업정보, 교통수단확보 지원)을 제공하고, 실천가들은 잡클럽 회원들이 다양한 출처(예: 가족, 사회적 지지망에 있는 다른 구성원들, 전 고용주, 집단구성원들)를 통해 자원에 접근하도록 가르치고 지지한다.

이 장에서 설명된 개입에 포함된 대부분의 편의증진은 중증의 정신장애가 있는 클라이언트들을 위한 잡클럽에서 사용되었다. 편의증진에 관해서는 이 장의 앞부분에서 상세히 설명되었다. 쉴로스 등(Schloss et al., 1988)이 개발한 개입은 경증의 지적장애가 있는 성인에게 면접기술을 가르치기 위해 특수한 방안을 고안한다. 이 편의증진에는 특별히 제작된 면접질문카드들과 동료지도(peer instruction)에 활용할 지시카드 한 장이 사용된다. 발카사르 등이 평가한 연구결과를 제외하면, 이 개입법들이 참여자들과 개입에 영향을 받거나 관련된 사람들에게 수용될 만한 지를 보여 주지 못했다. 그러나 잡클럽을 활용한 개입은 많은 유형의 클라이언트들과 다양한 환경에서 사용되어 왔다. 이는 이 프로그램이 실현 가능성이 있고, 많은 클라이언트들과 기관관계자들, 그리고 사회정책개발자들에게도 받아들여질 수 있음을 시사한다(예: 비용, 가치, 필요한 자원, 행정적 편의와 관련된 사회정책). 또한 실직한 저소득층 클라이언트를 위한 잡클럽 방안을 평가한 한 연구는 잡클럽 참여자들 중 22%가 중도 하차하였으나, 다른 구직프로그램 참여자들 중에서는 31%가 중도하차했다고 보고하였다(Azrin et al., 1980). 그러나 정신장애가 있는 사람들을 위한 잡클럽과 같은 일부 잡클럽 집단들의 중도 하차 비율은 예외적으로 높다. 이는 잡클럽 방안이 모든 클라이언트들에게 적합하지 않다는 것과 가능한 한 실천가와 연구자들이 클라이언트들의 참여를 방해하는 조건을 평가하고 다루어야 함을 보여 주는 것이다.

유지와 일반화

취업이 목표인 클라이언트에게는 구직기술들이 반드시 자연적인 환경으로 옮겨져야 하며 일자리를 확보할 때까지 충분히 유지되어야 한다. 잡클럽에서는 회원들이 실제 취업지원서와 이력서를 작성하는 것을 돕고 있지만, 이러한 행동에 필요한 시간과 이 행동들이 다른 취업에 쓰일 지원서와 이력서를 작성하는 데에도 적용되는지에 관해서는 알려진 것이 없다. 잡클럽 회원은 일자리를 찾기 전까지 잡클럽에 남아 있을 수 있기 때문에 최소한 이론적으로로는 잡클럽방법으로 구직기술을 유지하는 것이 가능하다. 이전 잡클럽 회원들 또한 부가적인 도움이 필요하다면 잡클럽에 다시 올 수 있다. 잡클럽을 평가한 한 연구에서는 잡클럽을 통해서 얻은 일자리를 잃은 50%의 정신장애 클라이언트들이 이 열린문 정책(open door policy)을 이용한 것으로 나타났다(Jacobs et al., 1984). 그러나 어떤 클라이언트들은 잡클럽이 속한 정신병원의 낙인 때문에 돌아오지 않기로 결정하기도 했다. 후자의 연구결과는 취업프로그램이 반드시 성공적인 취업과 연관된 장소에서 제공되어야 한다는 것을 시사한다.

이 장의 처음 두 개의 개입에서 논의된 사회기술 프로그램들의 여러 평가에서는 참여자들이 실제 고용환경에서 잠재적인 고용주와 면접하는 것을 평가함으로써 면접기술이 자연스러운 환경으로 전이되는지에 대해 측정하였다. 그러나 참여자들이 자신들의 행동을 유지했는지 혹은 다른 종류의 환경이나 면접자들에게도 그들의 기술이 활용되었는지에 관해서는 거의 연구가 이루어지지 않았다. 취업면접기술의 유지에 관해 평가한 한 연구에 따르면, 두 명의 참여자들 중 한 명의 기술이 6개월 후에 저하되었다. 이 연구결과는 실천가들이 즉시 일자리를 구하지 못한 클라이언트들을 위해 지지회기(booster sessions)를 제공할 필요성을 보여 주고 있다. 오직 한 사회기술훈련 프로그램 연구에서 참여자들이 고용을 유지했는지에 관해 보고하고 있으나, 이 사후평가는 구직 후 3개월밖에 안 된 시점에서 시행된 것이었다.

취업유지에 관한 평가는 특히 취약계층에게 중요하다. 취약집단은 처음에 취업의 장애물이 되는 문제들을 취업 후에도 겪을 가능성이 높다. 이 문제들에는 중증의 정신질환, 신체적·인지적 장애로 인해 겪는 제약들, 부적절한 사회적 상호작용, 교통수단이나 보육프로그램의 결핍, 지역의 경제적 상황들이 있다. 근로복지 혜택 자격(예: 건강보험과 실업수당), 승진, 임금인상, 그리고 아동이 있는 저소득층 가정들의 안전망의 부재 때문에라도 지속적으로 일자리를 유지하는 것은 중요하다. 임파워먼트 관점에서 비자발적인 실직이나 근로자가 취업을 유지하고 싶지만 미해결 문제들로 인해 일을 그만두는 것은 분명 임파워먼트와 거리가 멀다.

비록 잡클럽 평가에서 잡클럽 프로그램 참여 후 다른 시기에 취업한(예: 30~180일 후) 근로자들의 비율을 보고하고 있지만 이 연구들에는 방법론적으로 문제점이 있다. 첫째, 사후평가 기간이 길어질수록 더 적은 수의 (이전)잡클럽 회원들만 일자리를 유지하였다. 둘째, 대부분의 연구자들은 실직이 비자발적으로 이루어진 것인지 알아보지 않았고, 비자발적으로 이루어졌을 경우 실직의 이유에 대해서도 조사하지 않았다.

제이콥스 등(1984)은 정신장애를 지닌 환자들을 위한 잡클럽 방안의 효과성에 관한 추후 자료에서 구직에 성공한 회원의 1/3이 그들의 일자리를 유지하지 못했다는 것을 알아냈다. 일 관련 스트레스, 정신적 증상 및 경제적 어려움으로 인한 해고는 실직과 의미 있는 관련성을 나타냈다. 다음 장에서 논의하는 평가연구에서 보여 주듯이, 많은 취약계층의 실직률은 높은 수준이다. 상당수의 취약계층 근로자들이 일자리를 유지하거나 직장에서 발전하기 위해서는 생산성을 증진시키고, 일의 질을 높이며, 일과 관련된 사회적 기술의 향상을 위한 초기 및 지속적인 지지적 개입이 필요하다. 이러한 결과들을 가져올 수 있는 인지행동개입에 대해서는 다음 제8장에서 논의하고자 한다.

고용유지하기와 직장에서 발전하기

직장을 갖는다는 것이 취약한 근로자에게는 평등이나 해고로부터 보호를 보장해 주지 않는다. 보호작업장(sheltered workshop)에 고용되거나 일반경쟁고용 환경(competitive employment settings)에 있는 취약계층의 근로자들은 종종 낮은 임금을 받고, 직장에서 발전하지 못하고, 단기적으로만 일자리를 유지한다. 이러한 부정적인 결과는 보통 부적절한 도움과 지지, 낮은 생산성과 일의 질, 부적절한 사회적 행동, 지속적인 슈퍼비전의 필요성, 정신장애 증상 극복의 어려움 및 기타 다양한 사회심리적 스트레스에 기인한다(Corrigan et al., 1995; Elksnin, Elksnin, & Sabornie, 1994; Grossi & Heward, 1998). 이 장에서 논의하는 인지행동개입은 취약계층 근로자가 이러한 많은 문제들을 해결하고 관리하도록 돕기 위해 설계되었다. 이러한 문제들을 성공적으로 해결하는 근로자는 직장을 유지하고, 더 만족스럽고 높은 보수를 받을 수 있는 일자리를 갖게 될 가능성이 높다. 이 개입들은 보호작업장에 취업한 근로자들이 일반경쟁고용에서 일자리를 구하는 데 도움을 줄 수 있을 것이다. 이러한 성공경험들이 취약계층 근로자를 임파워시켜 줄 수 있다.

이 장에서는 먼저 지원고용(supported employment)의 구성 요소와 목표에 대해 간략히 살펴보고, 취약계층 근로자들이 근로생산성과 질을 높일 수 있는 인지행동개입에 대해 설명한다. 다음으로, 취약계층 근로자의 고용유지나 직장에서의 발전으로 이어질 수도 있는 직무관련 사회기술을 증진시키는 인지행동개입에 관해 논의한다. 마지막으로, 효과성과 추가적 적용, 자유와 통제 및 사회정의의 문제들을 포함한 실천과 후속연구에 대한 분석과 비판 그리고 사회적 타당성에 대해 살펴본다.

지원 고용

전통적으로 직업재활 프로그램(vocational rehabilitation programs)은 취약계층 근로자(주로 지적장애인, 중증의 정신질환자, 신체장애인)가 일자리를 찾고 유지하는 것을 돕기 위해 세 가지의 주요 접근방법들을 사용해 왔다(Twamley et al., 2003). 첫 번째 접근방법은 근로자가 집단으로 공장에서 하는 일(factory-type jobs)을 비장애인과 분리되어 수행하는 보호작업장에서의 고용이다. 보호작업장에서 일하는 클라이언트는 일반경쟁고용에 필요한 기술에 대해 거의 교육받지 못하기 때문에 그들 중 5% 미만의 근로자들만이 지역사회 일자리를 얻는다. 두 번째 접근방법은 사회심리적 재활 직업 프로그램이다. 이 프로그램에는 취업 전 교육(prevocational training, 직업과 구직기술 교육)과 일반경쟁고용 일자리를 구하기 전에 최저임금보다 낮은 보수를 받고 시간제나 자원봉사로 일해 보는 것과 같은 전환기 혹은 시범 고용이 있다. 이 방법은 클라이언트가 일반경쟁고용에서 성공할 수 있도록 충분한 기간의 지지적인 서비스를 제공하지 못함에 따라 비판받아 왔다. 그러나 격리된 작업환경과 사회심리적 재활직업 프로그램 접근법에 대한 비판에도 불구하고, 이 두 방법은 장애를 가진 근로자들을 위해 가장 보편적으로 이용 가능한 직업재활서비스다.

취약한 근로자를 돕기 위한 세 번째 접근방법은 집중적이고 지속적인 지원서비스 없이는 독립적으로 경쟁력 있는 직업환경에서 일할 수 없는 근로자를 위한 지원고용(supported employment)서비스다(Twamley et al., 2003). 지원고용의 목적은 보호작업장이나 사회심리적 재활과는 다르다. 지원고용 프로그램은 빠른 시일 내에 최저임금을 지급하는 통합적인 일반경쟁고용 환경을 찾아 클라이언트를 배치하는데 초점을 둔다. 지원고용의 전문가는 근로자에게 현장직업훈련(on-the-job training), 그들의 특별한 욕구에 맞춘 작업 수정, 습득한 직업기술을 유지시키기 위한 전략 수립, 그리고 근로자들의 취업 유지를 위해 지속적이고 개방적인 사후 개입 제공과 같은 서비스를 제공한다. 개입방안에는 교통수단 보조와 클라이언트의 동료, 슈퍼바이저, 기타 서비스 제공자 및 의미 있는 타인들과 서비스를 조정하는 것을 포함한다.

지원고용에 참여하는 클라이언트는 보호작업장에서 일하는 사람들보다 수입이 더 많고 장애가 없는 직장동료들 및 다른 지역사회구성원들과 교류할 기회도 갖는다.

연구결과에 따르면, 지원고용 프로그램이 다양한 장애가 있는 근로자의 일반경쟁고용을 증진시키는 데 효과적인 것으로 나타났다(Kregel, Wehman, & Banks, 1989; Rusch & hughes, 1989; Twamley et al., 2003). 인지행동방법은 직무분석과 훈련, 작업환경의 선행조건 수정, 근로자의 독립 전략 교육, 그리고 의사소통과 사회적 기술 증진을 통해 지원고용 프로그램에서 중요한 역할을 담당해 왔다(McDonnell, Nofs, Hardman, & Chambless, 1989; Wacher, Fromm-Steege, Berg, & Flynn, 1989).

이 장에서 설명하는 모든 인지행동개입들은 어떤 형태든 장애가 있는 근로자를 위해 개발된 것이다. 경제적 취약자와 같은 기타 여러 취약계층의 근로자가 직장을 구하고 유지하도록 돕기 위해 미국 주정부는 직업기회와 기본기술훈련 프로그램(Job Opportunities and Basic Skills: JOBS), 「직업훈련협약법(Job Training Partnership Act: JTPA)」, 그리고 근래에는 근로연계복지(Welfare-to Work) 프로그램을 통해 다양한 고용활동에 경제적 지원을 하고 있다. 대부분의 미국 주정부에서 지원하는 프로그램들은 직업훈련, 사례관리, 직업 관련 지원활동(예: 현장직업훈련과 취업 후 다른 서비스)을 제공한다(Greenberg, Meyer, Michalopoulos, & Wiseman, 1003; Perez Johnson, Hershey, & Bellotti, 2000). 이는 현장직업훈련이 많은 직무훈련에 효과적이고 선호되는 방법이며, 저소득층과 공적부조 수혜자였던 사람들의 고용 유지를 위해서는 지속적인 지원이 필요하다는 정책개발자들의 인식을 보여 준다.

비록 정부고용 프로그램들에 관한 수많은 평가가 이루어졌지만, 클라이언트가 이 프로그램들에 참여하면서 직업기술과 이와 관련된 사회적 기술을 배우는 데 있어 인지행동기법의 기여를 평가하기는 어렵다. 이러한 난관은 프로그램들이 수백 개의 다른 지역의 기관들과 장소에서 관리되고 있다는 점에서 비롯된다. 이로 인해, 모니터링되는 프로그램들의 요소와 방법에 차이가 발생하게 된다. 복합 요소적인 프로그램들에 적용된 특정 인지행동방법에 관한 공식적인 평가 역시 드물다(Bloom & Michalopoulos, 2001; Greenberg et al., 2003). 이러한 문제들로 인해 여기에서 논의하는 개입들은 다음의 세 가지 기준을 충족시킨 잘 정립된 인지행동개입들로 제한한다. 첫째, 개입들은 근로자의 직업기술과 고용환경에 관련된 사회적 기술향상을 위해 고안되었다. 둘째, 개입들은 그 효과성을 측정하기 위해 평가되었다. 셋째, 이 평가에서 직업기술과 관련 사회기술이 향상되었으며, 근로자가 직장을 유지하거나 직장에서 승진했다는 증거를 제공하였다.

일의 생산성과 질 향상시키기

이 절에서는 현재 보호작업장이나 일반경쟁고용 환경에서 근무하는 신체장애, 지적장애 및 중증의 정신질환이 있는 근로자의 근로생산성과 질을 높이기 위해 고안된 인지행동개입에 대해 살펴본다. 이 개입에는 촉진법(예: 점진적 촉진, 그림, 사진, 구두, 녹음된 촉진), 강화(예: 칭찬, 인정, 돈), 모델링 및 기타 사회기술훈련 기법 등과 같은 다양한 통합적인 인지행동기법이 포함된다. 많은 개입방안들은 자기강화(self-reinforcement), 자기점검(self-monitoring), 수행평가(performance feedback)(예: 그래프, 쌓인 토큰, 타이머, 칭찬받아내기, 스스로 감독하는 촉진시스템), 자기지시(self-instruction), 문제해결(problem solving) 그리고 생산목표 정하기 등을 포함한 여러 가지 자기관리전략을 사용한다. 두 가지의 개입법을 제외하고 설명된 모든 개입들은 복수기초선설계나 단일사례설계를 통해 평가되었다.

이 절에 포함시키지 않은 다른 인지행동개입들도 취약계층 근로자에게 기초적인 직업기술을 가르치기 위해 사용되었다. 그러나 이 개입에 대한 평가는 이 기술의 학습이 프로그램 참여자의 고용확보, 고용증진 혹은 고용유지로 이어졌는지 보여 주지는 않는다. 이러한 이유에서 이 개입들은 이 장이나 앞 장에서 상세히 다루어지지 않았다. 대신, 이 평가연구들은 다음 절들의 해당 내용에 인용되었다. 직업기술을 가르치거나 향상시킴으로써 취약계층 근로자의 고용을 증진 혹은 유지시켜 줄 수 있는 부가적인 방법들에 대해 관심이 있는 실천가들은 해당 연구를 참고하길 바란다.

신체장애가 있는 근로자

다소 오래된 이 사례는 뇌성마비와 중증의 언어장애가 있는 18세 남성, 에릭(Eric)의 이야기다(Wehman, Hill, & Koehler, 1979). 이 사례는 장애가 있는 한 개인을 직업코치의 지원과 고용역량 프로젝트(Project Employability)의 지지를 통해 일반경쟁고용에 취업시키는 것을 보여 준다. 이 프로젝트의 목표는 중증의 장애가 있으며 공식적인 직업훈련을 받지 않은 개인들의 고용잠재성을 보여 주는 데 있다.

에릭은 큰 병원에서 화물용 엘리베이터와 승강기를 작동하는 일에 고용되었다. 그의 직무는 엘리베이터를 작동하고 적절한 때에 명확한 언어를 사용하는 것(예: "올라갑니다.")이다. 에릭은 또한 응급상황 시 어떻게 엘리베이터를 작동해야 하는지에 대해서도 배웠다. 현장교육 동안, 직업코치는 언어촉진과, 필요에 따라서는 더 강한 촉진을 사용하기도 했다. 에릭이 직무를 숙지하면서부터 코치는 점차 엘리베이터 뒤편으로 이동하고 엘리베이터에 동행하는 횟수를 줄였다. 직업코치는 또한 정기적으로 엘리베이터에 탑승하는 다른 직원들에게 에릭의 장애에 관해 옹호하였는데, 이는 직원들이 에릭의 능력과 한계에 대해 더 잘 이해하도록 도와주었다. 개입 이후, 에릭은 병원의 많은 직원들과 우호적인 관계를 형성하였으며, 엘리베이터에 낯선 사람들이 타면 직원들은 에릭을 옹호하였다. 시간제로 일을 시작한 에릭은 상근직으로 고용되었다.

그로시(Grossi, 1998)는 중증의 신체장애가 있는 두 명의 근로자들의 업무수행능력을 향상시키기 위해 사용되는 자가작동 청각촉진 시스템(self-operated auditory prompting system)을 이용한 두 가지 사례를 설명한다. 두 명 모두 일자리를 유지하고 싶어 했으나 이를 위해서는 업무수행능력을 향상시켜야 했다. 지나(Gina)는 골다공증과 재발성발작을 동반한 심한 간질로 고통받고 있었다. 지나는 발작 중에 입을 수도 있는 부상에 대비해 휠체어를 사용해야 했다. 큰 상점에서 일했던 지나는 상품을 정렬하고 재고를 보충하며, 전등에 먼지를 털어 내는 일을 담당했다. 업무집중의 어려움, 느린 업무수행, 그리고 다른 사람들과의 부적절한 교류(예: 직장동료와 고객을 방해하는 것)와 같은 여러 가지 행동들이 지나가 일을 계속하는 데 방해가 되었다. 심한 간질과 뇌성마비가 있는 롭(Rob)은 여러 빌딩을 청소하는 여섯 명의 이동청소팀 중 한 명이다. 그가 담당한 일은 싱크대 주변과 탁자 및 회의실을 청소하는 것이었다. 롭은 종종 일에 집중하지 못했고 일이 마음대로 되지 않을 땐 소리 내어 벌컥 화를 냈고, 일하는 중에 자주 그의 어머니에게 전화를 걸었으며, 부적절하게 빌딩을 배회하고 다녔다. 비록 현장에서 직업코치가 슈퍼비전과 지원을 해 주었지만, 지나와 롭을 다시 업무에 복귀하게 하기 위해서 직원들의 시간을 너무 많이 빼앗았다.

이 두 근로자가 자신들의 업무에 집중하도록 촉진하기 위해서 자가작동 청각촉진 시스템이 고안되었고, 두 명 모두 이 시스템을 사용하였다. 이들은 직접 음악테이프를 골랐고, 직업코치는 다양한 때에 작동하는 청각촉진을 이 테이프에 포함시켰다(평균 30초마다 청각촉진이 이루어졌다). 청각촉진은 지나와 롭이 업무를 수행하고 있었는지 평가하고 다시 업무에 복귀하도록 상기시켜 주었다. 예를 들어, "지나, 당신은 일을 하고 있습니까? (잠시 멈추었다가) 일을 하도록 하세요!" 그리고 "일을 하고 있습니까? (잠시 멈추었다가) 당신의 손이 계속해서 움직이게 하세요!"라고 청각촉진을 음악테이프에 포함시키는 것이다. 맡은 업무를 수행하는 동안 이 직원들은 헤드폰을 끼고 플레이어를 일에 방해가 되지 않도록 지니고 다녔다(예: 파우치 활용).

역전설계(reversal design)에서 이 개입이 지나와 롭 모두의 업무수행능력을 향상시켰음을 보여 주었다(예: 일을 하는 시간이 증가했고, 일처리의 정확도 역시 향상되었다). 직원들과 슈퍼바이저들 또한 이 개입에 만족했고 도움이 되었다고 생각했다. 개입이 끝난 후, 지나는 같은 회사 내에서 다른 두 개의 부서로 발령받은 1년 동안 청각촉진 시스템을 사용했고 필요에 따라 계속해서 이 시스템을 사용했다. 롭은 그의 향상된 업무수행능력에 기반해 혼자 일하는 자리로 이동되었고 임금이 인상되었다.

지적장애가 있는 근로자

보호작업장

여기에서 소개하는 네 개의 인지행동개입들은 보호작업장 근로자의 업무수행능력을 향상시키기 위해서 개발되었다. 첫 번째 행동개입은 경증부터 중증의 지적장애가 있는 성인 근로자의 주의산만함을 줄이고 촉진과 강화를 통해 일의 생산성을 증진시키는 것이다(Martin, Pallotta-Cornick, Johnstone, & Goyos, 1980). 근로자의 산만함을 줄이기 위해서 생산테이블을 네 개의 구역으로 파티션으로 나눠서 각 구역에 두 명의 근로자들이 있게 한다. 실천가는 각각의 근로자 앞에 그들이 생산하고 있는 물건들과(예: 비행기에서 사용하는 커피팩) 그들이 벌 수 있는 돈의 연관성을 그린 사진들을 붙이고 물건들을 걸어 둔다. 이후, 근로자들은 열심히 일하도록 촉진역할을 하는 사진을 보고, 일이 끝난 후에 맛있는 것을 구입할 수 있는 돈을 벌기 위해 많은 제품을 생산하도록 교육받는다.

실천가는 또한 근로자의 생산성을 증진시키기 위해 강화와 피드백 시스템을 사용한다. 첫째, 근로자가 매주 임금을 받는 대신, 하루에 생산한 제품 개수에 따라 일일 임금을 받는다. 둘째, 슈퍼바이저는 근로자의 생산성에 대해 지속적인 피드백을 주도록 훈련을 받는다. 이를 위해서 특별히 제작된 수신쟁반을 각 근로자 앞에 있는 파티션에 부착한다. 쟁반은 여러 개의 칸으로 나뉘는데, 각 칸의 크기는 기초선에서 측정된 평균시간당 생산율로 결정된다. 각 업무시간 동안 슈퍼바이저는 수신쟁반의 다 채워진 칸에서 제품을 수거해 가고 근로자들이 번 여러 개의 동전의 액수를 계산한다(예: 5센트, 25센트 등과 같은 동전들이 생산율에 따라 다르게 지급된다). 그런 다음, 각 근로자에게 빈도를 나타내는 막대그래프를 통해 피드백을 준다. 근로자는 슈퍼바이저들이 근로자들이 번 동전 하나당 '×' 표시를 함으로써 막대그래프를 완성해 가는 것을 지켜본다. 근로자는 이전 업무시간보다 더 높은 ×' 표시의 막대그래프를 만들어 가도록 격려받는다. 또한 슈퍼바이저는 칭찬을 강화제로 사용한다.

개입 평가에 참여한 모든 근로자들(16명)의 생산율이 개입 이후 기초선 측정과 비교했을 때 미미한 수준부터 150%까지 다양한 범위로 증가하였다. 생산테이블이나 이전의 작업장 환경 중에서 선택해서 일할 수 있는 슈퍼바이저와 근로자들은 생산테이블을 선호하였다. 이러한 평가결과는 근로자의 생산성을 증진시키기 위해서 이 개입이 지속되어야 함을 시사한다.

이 인지행동개입에서는 보호작업장에서 일하는, 경미한 수준부터 중증 범위의 지적장애를 지닌 직원의 생산성을 증진시키기 위해 수행평가, 강화 그리고 자기점검기법 등을 이용한다. 자기점검과정을 적용할 때에는 슈퍼바이저가 근로자에게 다수의 분홍색 토큰을(기초선 기간 동안 측정한 매일의 생산단위의 평균 개수보다 하나 적게) 제공하여 여러 개의 파란색 토큰 위에 놓게 한다. 그런 다음 슈퍼바이저는 근로자에게 매 생산의 단위(예: 병뚜껑을 병에 고정시키기)가 끝날 때마다 맨 꼭대기에 있는 토큰을 자신의 통으로 옮기라고 지시한다. 근로자는 자신들의 목표가 기초선 기간 동안 수행한 생산량과 같은 성과를 나타내는 첫 번째 파란색 토큰에 도달하는 것이라고 전달받는다. 근로자는 자신이 첫 번째 파란색 토큰에 도달하면 현장 슈퍼바이저에게 알리도록 교육받는다. 그러면 슈퍼바이저는 근로자들이 목표에 도달했음 알리기 위해 그날 하루 동안 전등을 켜 둔다. 그 전날의 평균생산량에 따라 생산량의 목표는 며칠에 한 번씩 다시 정해진다. 하루의 일과가 끝난 후 근로자에게 30분간의 여가활동 시간을 주는 것으로 목표달성은 강화된다. 뿐만 아니라 매일 하루 일과가 끝날 무렵 슈퍼바이저는 파란색 토큰을 근로자의 토큰통에서 꺼내 벽에 부착된 막대그래프에 붙인다. 한 주 동안 일하면서 가장 많은 파란색 토큰을 모은 세 명의 근로자가 점심식사를 대접받는다. A-B-A 역전설계를 이용한 연구결과는 이 개입이 평가에 참여한

13명의 근로자들의 큰 폭의 생산율 증가와 연관성이 있음을 보여 주었다. 비록 한 명의 근로자의 생산성만이 지속적으로 생산율에 다가갔지만, 근로자들이 그들의 일일 목표에 도달하거나 넘은 경우도 95%로 나타났다.

휴스와 피터슨(Hughes & Petersen, 1989)은 보호작업장에서 경증에서 중증의 지적장애가 있는 직원들의 업무행동과 업무수행능력을 증진시키기 위해 촉진, 수행평가, 강화전략에 자기지시훈련을 첨가하였다. 이 개입은 훈련가가 업무수행 행동과 능력을 개선시켜야 하는 이유에 대해 설명하는 것으로 시작된다. 예를 들어, "만일 당신이 일을 더 잘한다면, 당신의 슈퍼바이저는 당신을 더 많이 칭찬할 것이며, 비판하지 않으며 당신에게 무엇을 하라고 자주 말하지도 않을 겁니다. 또한, 당신은 일반경쟁고용에서 직업을 갖게 될 수도 있습니다."라고 그 이유를 설명한다. 훈련가는 근로자들에게 생산과 더 많은 급여를 받는 상관관계에 대해 설명하면서 달러 지폐를 보여 준다. 훈련가는 또한 근로자들에게 스스로 번 돈으로 무엇을 사고 싶은지 물어본다. 그런 다음, 훈련가는 기초선기간 동안 측정된 근로자들의 업무수행행동을 나타내는 밝은 색으로 칠해진 막대그래프를 보여 주고 현재의 그래프는 저조한 업무수행능력을 보여 주고 있음을 설명해 준다. 그리고 훈련가는 근로자가 일을 더 잘하면 그래프의 막대가 올라갈 것이라고 얘기해 준다. 막대그래프는 매일 하루 업무가 끝난 후 수행평가를 위해 업데이트되고, 이를 근로자들에게 보여 준다.

훈련가는 자기지시훈련을 통해 근로자들이 업무를 수행하는 동안 스스로에게 지시하는 법을 가르친다. 그러나 훈련은 근로자들이 자기지시 사항을 속으로 말하는 대신 스스로에게 속삭이면서 자신들의 작업을 완료하는 것으로 끝난다. 근로자들은 스스로 자기지시 사항들을 만들도록 격려받긴 하지만 다음과 같은 '봉투 채워 넣기' 작업에서 사용할 수 있는 자기지시 사항 예문들을 사용할 수도 있다.

1. "_____는 내가 무엇을 하기를 원하지?" (업무에 관한 질문)
2. "먼저, 나는 봉투를 집어 든다. 그다음, 노란 편지, 초록색 편지를 봉투에 넣는다. 자, 이제 봉투를 내려놓자." (업무수행에 관한 지시)
3. "자, 이제 다시 점검해 보자. 잘했군. 내가 잘했어. 다음 봉투작업으로 넘어가자." (자기강화와 촉진을 위한 지시)
4. "다시 확인해 봐. 아뿔싸. 다시 해야겠어." (실수를 했을 때 그 실수를 교정하는 지시)

이와 더불어, 근로자들에게 스스로가 작업장에서 일하고 있는 사진을 보여 준다. 그리고 근로자들은 각 작업을 마치기 위해 자기지시법을 사용한 후, 사진을 보고 스스로를 강화시키고 계속 일을 하기 위해 '다음 작업'이라고 말하도록 전달받는다. 작업 중에 훈련가는 근로자들의 집중도와 제대로 된 작업수행에 따라 다양한 강화제를 사용한다. 공식적인 훈련 후에, 근로자들이 업무에 집중하도록 촉진하는 사진 보기를 제외한 모든 개입을 철회한다. 연구평가에 참여한 네 명의 모든 근로자들의 작업행동이 훈련을 받은 후 크게 향상되었으며, 이는 훈련에서 작업환경으로 이어졌다. 작업행동들은 개입이 끝난 지 3주 후에도 유지되었다. 이 개입은 근로자들의 작업 완성에 있어서는 (긍정과 부정의) 혼합된 결과를 보였다.

마지막으로 소개하는 인지행동개입은 보호작업장에서 일하는 경미한 수준부터 중증 범위의 지적장애를 지닌 직원들의 생산성을 증진시키기 위한 것으로 근로자들이 자기점검절차와 더불어 '칭찬 동원하기 패키지(recruitment-of-praise package)'를 실행하는 것을 배운다(Hildebrand, Martin, Furer, & Hazen, 1990). 근로자들이 자신들의 생산성에 대해 자기점검하는 법을 가르치기 전에, 훈련가는 박스가 세로로 그려진 자기점검표를 만든다. 이 자기점검표를 각 근로자가 완성된 제품을 넣는 수신통에 넣는다. 훈련가는 근로자들이 자기점검표에 제품을 하나 완성시킬 때마다 박스 하나에 순차적으로 사선을 그어 가도록 기술훈련을 이용한다.

근로자들이 자기점검절차에 익숙해지면 훈련가는 근로자들이 생산목표에 도달할 경우 칭찬을 받도록 가르친다. 각 근로자에게 훈련가는 각자 단기생산목표를 달성했다는 표시로 자기점검표에 그려진 박스 아래 분홍색 선을 긋는다. 근로자들이 자신들의 단기생산목표를 성취하면(즉, 분홍색 선이 그어진 박스에 생산량이 도달했을 때), 훈련가는 손을 들거나 작은 카드의 흰색 면을 분홍색 면으로 뒤집어 들어 보이는 행동으로 칭찬을 구하는 법을 사회기술훈련을 통해 가르친다. 이렇게 칭찬을 구하면 훈련가는 근로자들이 자신들의 자기점검표에 사용할 도장(예: 웃는 얼굴)을 골라 찍는 사회적 강화기법을 사용한다. 그런 다음, 훈련가는 근로자의 자기점검표의 적당한 박스 밑에 분홍선으로 새로운 생산목표를 표시해 둔다. 만일 자기점검이 부정확하거나 칭찬을 구하는 방법이 부적절했을 때는 이를 수정할 수 있는 피드백이 주어지며 동일한 단기목표가 반복된다.

이 개입 이후, 평가연구에 참여한 세 명 중 두 명의 근로자들이 향상된 생산율을 보였고, 개입 한 달 후에도 높은 생산율이 유지되었다. 생산율을 향상시킨 이 두 근로자들은 통상적인 생산율의 91%에서 93%의 성과를 내었다. 그러나 이 개입은 나머지 한 명의 근로자에게는 생산율을 떨어뜨리는 결과를 가져왔다. 기초선 기간 동안에 높았던 생산의 정확성은 칭찬 동원하기 개입 중에 약간 증가했다. 세 명의 근로자들 모두 '칭찬 동원하기 패키지' 방법을 선호했고, 직원은 이 개입법을 생산율의 증가를 보인 두 명의 근로자들에게 계속해서 사용했다.

일반경쟁고용

경쟁적인 고용 환경에서 일하는 지적장애가 있는 직원들의 업무수행능력을 향상시키기 위해 고안된 일곱 개의 인지행동응용기법의 첫 번째의 목표는 업무를 수행하는 데 걸리는 시간을 줄이는 것이다(Crouch, Karlan, & Rusch, 1984). 개입이 진행되는 동안에 근로자들에게 손목시계를 나눠 주고, 작업(예: 식기세척기 돌리기, 생산라인 채워 넣기, 바닥 쓸기, 걸레질하기)이 시작되기 전에 동료들은 이 근로자들이 특정 시간 내에 주어진 일을 시작하고 끝내도록 촉진하는 법을 교육받는다. 근로자들이 자기에게 주어진 일을 시작하기 몇 분 전에 동료들은 그들에게 언제 주어진 일을 시작하고 끝낼 것인지 말하도록 지시한다. 근로자들은 또한 손목시계나 벽시계가 작업을 시작한 시간과 끝낸 시간이 어떻게 보이는지 설명하도록 요구받는다. 예를 들어, 9시 15분의 경우, 시계의 긴 바늘은 숫자 3에 가 있고 짧은 바늘은 숫자 9에 가 있을 것이다. 해당 작업에 주어진 시간의 중간 정도에 동료들은 근로자들이 언제 작업을 마칠 것인지 말하도록 촉구한다. 또한 동료들은 근로자들이 작업을 수행하고 작업시간에 관해 이야기한 이후 이를 사회적으로 강화한다. 개입 이후, 연구평가에 참여한 세 명의 직원들 모두 업무수행능력이 향상되었고, 슈퍼바이저가 정한 각 업무의 시간기준에 거의 부합했다.

루시 등(Rusch, Morgan, Martin, Riva, & Agran, 1985)은 경증에서 중증의 지적장애가 있는 직원들의 업무수행능력을 향상시키기 위해 자기지시 훈련을 사용하였다. 이 훈련법은 이 장에서 앞서 논의한 휴스와 피터슨(1989)이 개발한 것과 흡사하다. 루쉬와 동료들이 고안한 이 자기지시훈련이 앞서 논의한 훈련과 다른 점이 있다면, 근로자들이 작업수행 중에 속으로 자기지시를 내린다는 것에 있다. 개입 이후, 연구평가에 참여한 두 명의 근로자 모두 자신들의 직업인 대학교 기숙사의 주방보조가 하는 일의 세 가지 중 최소한 한 가지 일에서 업무수행능력의 향상을 보여 주었다. 또한 그들이 일에 할애하는 시간이 늘었고, 근로자들은 장애가 없는 정직원들의 생산기준에 부합하거나 그 기준을 넘었다. 개입이 끝난 지 2주 후 시행한 평가에서 근로자들이 개입을 통해 배운 기술은 유지되었다.

크리스틴과 폴링(Christian & Poling, 1997)은 일반경쟁고용 직장에서 일하는 경증의 지적장애가 있는 직원들의 생산성을 향상시키기 위해 세 가지 과정의 자기관리법(self-management)—스스로 시간재기, 스스로에게 지시하기, 스스로 기록하기—을 촉진하고 강화하는 인지행동개입을 설계하였다. 개입의 첫 단계에서, 실천가는 근로자들이 어느 정도 용인된 수준으로 할 수 있는 한 가지의 작업(예: 테이블 세팅하기, 식기류를 냅킨으로 감싸기)을 완료하는 동안 자기관리전략들에 대해 가르쳐 준다. 실천가는 특정 시간이 지났음을 알려 주는 타이머 사용법, 자기지시법 및 데이터기록법을 시연한다. 근로자들이 어떤 작업을 정해진 시간 내에 마쳤는지 기록해 두는 노트에 특정 작업수행에 적합한 시간을 기입해 둔다. 실천가는 직원들이 자기관리행동을 수행하도록 구두로 촉구하며 정확한 기록을 하고 용납할 만한 시간 내에 작업을 완료하도록 강화한다. 훈련의 두 번째 단계에서, 실천가는 일의 속도가 너무 느리게 수행되는 작업에 대해 적당한 시간을 정하고(기초선 기간 동안 측정된 근로자들의 작업수행시간에 기반해서) 직원들은 스스로 시간을 재고, 자기지시하며, 스스로 기록하는 과정을 통해 이 작업을 수행한다. 강화제들은 서서히 철회된다. 개입 이후, 두 참여자의 생산성이 증진되었다. 이들은 장애가 없는 동료들의 생산성의 75%나 그보다 높은 생산율을 보였으며, 향상된 생산성은 2개월 동안 유지되었다. 개입과정은 근로자, 동료 및 슈퍼바이저 모두가 감당할 수 있는 수준이었다. 두 근로자들 모두 잃을 뻔한 일자리를 유지할 수 있었고, 이 중 한 명은 업무능력에 따라 임금이 인상되었다.

브라우더와 미나로빅(Browder & Minarovic, 2000)이 개발한 이 인지행동 프로그램은 중등도의 지적장애가 있는 직원들이 스스로 일을 시작하는 행동을 증진시키기 위한 자기관리전략들 이외에, 사이트 워드(sight words, 일견어휘 또는 시각단어)를 가르치는 것이 포함된다. 직원들이 스스로 시작해야 할 업무목록에서 훈련가는 주요 사이트 워드들을 찾아낸다. 예를 들어, 슈퍼마켓에서 물건들을 봉지에 담아 주는 사람에게, "카운터에 봉지를 더 갖다 놓으시오(Replace bags at checkout)."에 해당하는 주요 사이트 워드들은 “봉지를 채워 놓으시오(fill bags).”다.[1] 사이트 워드들을 찾아낸 후, 훈련가는 직원들에게 점진적 시간지연과정(progressive time-delay procedure)을 통해서 이 단어들을 가르친다. 이를 위해서, 단어들을 플래시카드에 기입하고 직원에게 보여 준다. 훈련 초반에 만일 직원이 틀린 단어를 제시했을 경우 훈련가는 즉각 맞는 단어를 말해 준다. 점차적으로 훈련가는 카드를 보여 준 후 맞는 답을 제시해 주는 시간을 늘려 간다. 직원이 맞는 답을 할 경우 훈련가는 그를 칭찬해 준다.

이 개입의 두 번째 단계에서 훈련가는 직원들이 스스로 작업을 시작할 수 있도록 다음의 ‘지금–(확실히) 했어–그 다음(Now-Did-Next)’이라는 자기지시법을 가르친다.

1. 훈련가가 체크리스트에서 “봉지를 채우시오.”라고 쓴 단어들을 가리키고, “지금 나는 봉지를 채울 것입니다(NOW I'm going to fill the bags).”라고 말한다. 그런 다음, 봉지를 채워 넣는 것을 역할놀이를 통해 보여 준다.
2. 훈련가는, “나는 확실히 봉지를 채웠어(I DID fill the bags). 그러니까 이렇게 “봉지를 채웠어(fill bags).”라는 단어들을 체크리스트에 표시하면 됩니다.”라고 말하면서 이를 행동으로 보여 준다.
3. 훈련가는 ‘(바닥을) 쓸다(sweep)’이라는 단어를 가리키면서 “그다음, 나는 바닥을 쓸겠습니다(NEXT, I am going to sweep).”라고 말한다.

훈련가가 각 단계를 소개한 후, 직원은 자기지시과정을 순서대로 연습한다. 모든 단어들이 체크리스트에 표시될 때까지 연습과정이 반복된다. 만일 이 개입이 근로환경으로 이어지는 것이 아닌, 다른 상황에서 진행될 경우, 훈련가는 직원들이 다음과 같은 위계적 언어촉구시스템을 사용함으로써 자기관리전략을 사용하도록 격려한다.

1. 작업목록에 대한 구체적이지 않은 촉구: “당신은 무엇을 기억해야 합니까?”
2. 작업목록에 대한 구체적인 촉구: “당신의 목록을 사용하십시오.”

---

1 가게에서 봉지에 물건을 담아 주는 일을 하는 사람, 슈퍼마켓에서 청소하는 사람, 식당에서 요리보조일을 하는 사람, 그리고 옷 공장에서 재봉사로 일하는 사람들과 관련된 업무에 따른 사이트 워드들의 목록을 보려면 Browder & Minarovic, p. 80 〈table 1〉 참조

3. 자기관리에 대한 일반적인 촉구: "당신은 이 목록을 어떻게 사용할 겁니까?"
4. 자기관리에 대한 구체적인 촉구: "당신의 '이제 – (확실히) 했어 – 그다음' 기법을 사용하시오."

개입 이후, 연구평가에 참여한 세 명의 모든 직원들은 할당된 작업과 관련된 사이트 워드들을 숙지했음을 보여 주었고, 사이트 워드 체크리스트를 사용했으며, 그들이 맡은 일에 독립적으로 착수했다. 직원들의 작업수행에 대한 고용주들의 만족감 또한 증가했다. 슈퍼바이저들은 사이트 워드를 사용하는 것을 받아들였고, 의미 있는 타인의 비공식적인 관찰과 보고에 따르면 세 명의 직원들은 이 개입법에 대해 매우 수용적인 것으로 나타났다.

그로시와 헤워드(Grossi & Heward, 1998)는 경증의 지적장애가 있는 직원들의 생산성을 높이기 위해 목표설정, 자기점검, 자기평가가 포함된 좀 더 포괄적인 자기관리 훈련프로그램을 설계하였다. 이 프로그램에서는 근로자들이 직무분석을 통해 정해진 업무(예: 냄비 닦기, 바닥 쓸고 걸레질하기)를 능숙하게 배우도록 돕는 자기관리절차를 가르쳐 주기 위한 기술훈련이 도입된다. 실천가는 직원들에게 기초선 기간 동안 그들의 생산성을 측정한 것을 한 줄로 나타낸 그래프를 일반경쟁고용의 표준(그래프 안에 색칠되어 있는 부분)과 비교해서 보여 줌으로써 직원들이 스스로 업무목표를 세우도록 도와준다. 그러고 나서, 직원들은 자신들의 업무수행능력을 스스로 점검하는 것을 배우게 된다. 먼저, 스톱워치나 카운트다운 타이머를 사용해서 몇 개의 업무 단위를 완성했는지 혹은 한 가지 일을 하는 데 시간이 얼마나 걸리는지를 측정하고 기록하도록 배운다. 이후, 직원들은 자신들의 업무수행을 측정기나 스톱워치에 나타난 숫자와 일치하는 숫자를 노트에서 찾아 동그라미로 표시한다. 마지막으로, 실천가는 직원들이 자신들의 업무수행을 이전에 설정한 목표나 일반경쟁고용의 표준과 비교함으로써 자기평가를 할 수 있도록 가르친다. 업무수행능력에 따라, 직원들은 자신들의 업무수행목표를 조절한다. 직원들은 자신들이 일반경쟁고용의 표준범위에 도달했는지 말로써 표현하도록 교육받는다. 예를 들어, "좋았어. 나는 이 색칠된 범위에 있어."라고 말하는 것이다.

연구에 참여한 네 명의 직원들은 목표 설정하기, 일의 생산성 자기점검하기, 그리고 일반경쟁고용의 표준과 비교해서 자신들의 업무수행능력 평가하기에 대해 배웠다. 개입 이후, 각 직원은 맡은 일의 질적 수준을 유지하면서 생산성을 향상시켰다. 네 명 중 세 명의 직원들이 개입방안을 긍정적으로 평가하였으나 나머지 한 명은 개입들이 너무 많은 스트레스를 주었다고 평가하였다. 슈퍼바이저들 또한 이 개입 프로그램에 만족했으며, 자기검검이 근로자들의 생산성과 일의 질적수준을 향상시켰고 그들의 독립성을 증진시켰다고 보고하였다. 개입이 끝난 후, 지역사회 내의 직업훈련 프로그램에서 훈련수당을 받던 네 명의 근로자들 모두 직업코치의 도움을 받아 일반 경쟁고용 직종에 취업하였다.

이번에 소개할 행동개입은 중등도 지적장애가 있는 직원들이 업무에 집중하도록 돕기 위한 자기점검절차와 사회적 강화 및 자기강화를 포함한다(Kaplan, Hemmes, Motz, & Rodrigues, 1996). 개입은 실천가가 근로자들이 맡은 일을 하고 있는 모습(예: 바닥을 쓸고 닦는 모습, 식탁을 청소하는 모습, 식탁과 쟁반을 닦는 모습)을 사진 찍는 것으로 시작된다. 이 사진은 근로자들이 주머니에 가지고 다니는 작은 지갑에 보관된다. 근로자들은 자신들이 일을 하고 있는지 아닌지를 인식하도록 교육받는다. 이를 위해서, 직원들과 슈퍼바이저들은 직원들이 근무일 동안 다양한 시간 때에 일을 하는지 안 하는지 평가한 후, 슈퍼바이저들은 직원들에게 스스로의 평가가 정확한지 피드백을 준다. 그런 후, 직원들은 10센트짜리 동전이 꽉 찬 서랍이 달린 타이머를 하나씩 받게 되는데, 이 타이머는 30초마다 울리게 설정되어 있다. 타어머가 울리면 직원들은 신호가 나타나기 전에 즉각 자신들이 일을 하고 있었는지 평가한다. 만약 직원들이 일을 하고 있었다면, 직원들은 타이머에서 동전 하나를 꺼내 자신들의 주머니에 넣고, 다시 타이머를 세팅해 놓고 하던 일로 돌아간다. 반면에 일을 하고 있지 않았다면 무슨 일을 하고 있었는지 알아내기 위해서 지갑에서 적당한 사진을 찾아서 본다. 하루 일과가 끝난 후, 근로자들은 자신들이 번 동전들을 갖는다. 또한 그들의 업무수행에 따라, 슈퍼바이저들은 피드백과 사회적 강화를 제공한다. 만일 근로자들의 업무에 관한 자기평가가 단 한 개의 업무관찰에서만 (슈퍼바이저의 평가결과와) 다르게 나왔다면 50센트를 더 받는다. 공식적인 개입 이후, 직원들은 시간을 재는 도구들을 계속해서 사용하고 자기점검을 수행하기 위해 자신이 선택한 강화제 또는 강화물을 받는다.

일곱 명의 근로자를 대상으로 한 연구평가에서 자기강화기법의 사용이 자기감독 절차와 사회적 강화기법만 사용하는 것에 비해 여섯 명의 남성근로자들의 업무행동을 향상시키는 데 더 효과적이라는 결과가 나왔다. 또한 이 연구는 스틸 워셔(steel washers)[2] 보다는 10센트짜리 동전을 자기강화제로 사용하는 것이 더 효과적이라고 평가하였다. 직원들 또한 자기강화가 포함된 개입을 선호하였다. 개입 이후, 근로자들과 슈퍼바이저들은 직원들의 업무수행능력과 업무행동이 향상되었다고 보고하였다. 향상된 업무수행과 행동은 공식적인 개입방안 종료 후 몇 주 뒤에도 지속되었다.

존스(Jones) 씨의 사례연구에서도 기술되었듯이, 사진을 이용한 촉진은 중증의 지적장애가 있는 근로자들이 더 독립적으로 일할 수 있도록 돕는 데 사용될 수 있다 (Wilson, Schepis, & Mason-Main, 1987). 중증 지적장애가 있는 36세의 존스 씨는 20년 이상을 시설에서 거주하였으며, 식당에서 일하고 있었다. 존스 씨가 맡은 일은 식기류를 포장하거나 설거지와 같이 음식서비스와 관련된 것들이었다. 사진촉진훈련의 첫 단계에서 존스 씨의 직업코치는 존스 씨가 맡은 일들을 하나씩 수행하는 사진이 담긴 사진첩을 미리 준비하여, 그것을 사용하는 법을 가르쳤다. 식당에서 직업코치는 한 가지 업무수행에 필요한 일들을 순차적으로 묘사하는 사진첩을 한 장 한 장씩 설명해 주었다. 직업코치는 사진이 무엇을 상징하고 있는지 말로 설명해 주고 필요한 정보를 사진에서 가리켰으며 업무를 시연해 보였다. 업무가 수행되고 근무환경에서 적절한 정보가 사진 속의 내용과 일치하면 직업코치는 사진첩의 해당 페이지 밑에 그려진 박스에 '×' 표시를 하고 다음 페이지로 넘어갔다. 그런 다음, 존스 씨는 이 행동들을 연습했다. 가끔씩 사진 속의 수행해야 할 업무가 이미 완료된 경우가 있었는데, 이는 존스 씨를 혼란스럽게 했다. 예를 들어, 사진은 존스 씨가 싱크대를 물비누로 채우도록 촉구하는데 싱크대에는 이미 물비누가 채워져 있었다. 이러한 상황에서 클라이언트(존스)가 적절히 대처하는 법을 가르치기 위해 존스 씨가 사진을 보기 전에 직업코치는 사진 속의 일들이 이미 처리되어 있게끔 일하는 환경을 배치하기도 했다. 이러한 상황이 발생했을 때 직업코치는 "다른 사람이 이미 _____하기를 마친 거 같군요."와 같이 말하면서 사진을 설명하였다. 그런 다음 직업코치는 앞서 설명한 훈련과정을 진행시켰다.

개입의 두 번째 단계에서 존스 씨는 직업코치가 지켜보는 가운데 그가 맡은 일을 마치기 위해 사진첩을 이용한 촉진을 사용했다. 존스 씨가 일을 잘 수행해 내면 그는

---

2 가운데 구멍이 뚫린 엽전 모양의 쇠붙이

간간이 칭찬을 받았다. 존스 씨가 실수를 하거나 적절하게 대처하지 못하면 직업코치는 앞서 묘사된 방법들을 사용했다. 존스 씨가 맡은 일에 좀 더 능숙해지고 독립적으로 처리할 수 있게 되었을 때 직업코치는 서서히 도와주는 것을 줄였고, 식당이 존스 씨를 지도감독하는 책임을 맡았다. 사진을 이용한 촉구도 서서히 철회되었으며, 약 2개월 후, 존스 씨는 도움 없이도 스스로 맡은 일을 수행하고 있었다. 20년 후에도, 존스 씨는 같은 식당의 직원으로 남아 있었으며, 식당주인은 그를 최고의 직원 중 한 명으로 꼽았다.

다음 연구들 또한 지적장애가 있는 사람들의 업무기술과 수행능력을 향상시키기 위한 다양한 인지행동개입을 평가하였다. 그러나 이 연구들은 연구참여자들이 개입 이후 직장을 확보했는지, 유지했는지 아니면 더 나은 직장을 구했는지에 대해 설명하고 있지 않기 때문에, 여기에서는 간략히 소개하고자 한다. 중등도에서 중증의 지적장애가 있는 청소년과 성인들에게 청소기술을 가르쳐 주기 위해서 촉진이 사용되었다(Cuvo, Leaf, & Borakove, 1978; Simmons & Flexer, 1992). 기술훈련은 중증의 지적장애를 지닌 한 청년이 지역사회 내의 식당에서 종업원으로 일하기 위해 필요한 기술을 배우는 데 활용되었고(Cetro, Mezzullo, & Hunter, 1985), 직장동료들이 경증의 지적장애가 있는 여성들에게 음식을 준비하는 기술을 가르치는 데에도 이용되었다(Likins, Salzerg, Stowitschek, Kraft, & Curl, 1989). 또, 병원 주방에서 쟁반을 치우는 일을 하는 중등도의 지적장애가 있는 한 여성의 일의 속도를 향상시키기 위해 그래프를 이용해 피드백을 주는 방법이 사용되었다(Davis, Bates, & Cuvo, 1983). 자기지시, 자기강화, 생산목표 설정하기를 포함한 다양한 자기관리기법들이 경증에서 중증의 지적장애가 있는 성인들이 다양한 업무를 수행하고(Agran, Fodor-Davis, & Moore, 1986; Salend, Ellis, & Reynold, 1989), 생산성을 증진시키는 데 도움을 주었다(Moore, Agran, & Fodor-Davis, 1989). 또한 자기관리기법들은 지적장애가 있는 고등학교 학생들이 독립적으로 일을 수행하는 것을 도와주었다(Sowers, Verdi, Bourbeau, & Sheehan, 1985).

중증 정신장애가 있는 근로자

유일하게 이 절에서 상세히 논의하는 인지행동개입은 조현병(schizophrenia)이나 분열정동장애(schizoaffective disorder) 진단을 받은 클라이언트들을 위해 전환기 고용현장에서 개발되었다(Bell et al., 2003). 이 개입은 직원들과 슈퍼바이저들이 클라이언트에게 현장훈련을 제공하는 일자리지원프로그램의 일부로 클라이언트가 요구하면 직업코치가 배정된다. 이 지원프로그램은 슈퍼바이저와의 지속적인 접촉, 편의증진 서비스, 그리고 위기상황에서 원조해 주는 것과 같은 기타 지원서비스도 제공한다. 인지행동개입은 16주 동안 여섯 집단에서 이루어진다. 집단운영자들은 슈퍼바이저들의 관찰과 면접에 기반해 격주로 클라이언트들의 업무수행능력을 평가하기 위해 작업행동평가척도(Work Behavior Inventory)를 사용하였다. 중증의 정신장애가 있는 클라이언트들을 위해 특별히 개발된 작업행동평가척도는 작업습관, 작업의 질 그리고 다양한 직무관련 사회기술을 평가하는 다섯 개의 하위척도로 구성되어 있다.

집단활동 시간 동안, 집단운영자들은 근로자들의 각 작업행동척도에 나타난 점수와 점수의 증감에 따라 특정 척도 항목에 관해 피드백을 해 준다. 근로자들은 또한 그들이 각 하위척도에서 받은 점수가 표시된 그래프를 받는다. 집단구성원들은 각자 받은 점수에 대해 토론하고 어려움을 겪고 있는 분야를 향상시키기 위한 문제해결전략에 대해 논의한다. 이 토론활동 후에 집단구성원들은 향후 2주간의 구체적인 업무수행 목표를 세우고 하루 근무시간을 기록하는 자신들의 시간표에 이 목표들을 적어 둔다. 그런 다음 집단모임에서 근로자들은 자신들의 목표를 어느정도 성취하고 있는지 토론한다. 만일 목표를 이루었다면, 새로운 목표를 세운다. 이 연구에 참여한 남성 근로자들(63명)은 무작위로 인지행동개입과 통상적인 지원서비스가 제공되는 집단에 배정되었다. 인지행동개입집단에 참여한 근로자들은 그렇지 않은 집단과 비교했을 때 전반적인 업무수행능력을 현저하게 향상시켰고, 36% 더 많은 시간을 일했으며 22% 더 많은 기간 동안 일하였다.

비록 행동기법들이 연구참여자들의 고용의 확보 · 유지 · 승진까지 이어졌는지에 대한 연구자료는 없으나, 다음 두 연구는 이 개입을 통해 중증 정신장애가 있는 사람들의 일자리 기술이 증진될 수 있다고 제안한다. 사우터와 네비드(Sauter & Nevid, 1991)의 연구평가는 기술훈련이 만성조현병으로 입원한 환자들이 자신이 완료한 작업량에 따라 보수를 받는 일의 생산율을 증가시킬 수 있음을 보여 준다. 이후 연구에 따르면, 실수 없는 학습법(errorless learning, 한 가지 일을 실수 없이 자동적으로 수행할 수 있을 때까지 반복하는 것)이 표준화된 기술훈련보다 조현병을 진단받은 클라이언트들의 조립공정에서의 생산성과 정확도를 증가시키는 데 더 효과적이라고 제안한다(Kern, Liberman, Kopelowicz, Mintz, & Green, 2002).

직업관련 사회적 기술 증진시키기

여기에서는 일과 관련된 지시 따르기, 적절한 의복과 외모관리하기, 비판에 대처하기, 그리고 직업을 유지하거나 승진에 필요한 다른 다양한 사회적 상호관계 맺기와 같은 사회적 기술을 가르치는 인지행동개입을 논의한다. 취약계층 근로자에는 지적장애와 중증의 정신장애가 있는 사람들이 포함된다. 인지행동개입으로는 사회기술훈련, 자기지시, 처벌, 문제해결이 포함된다. 세 경우를 제외하면(Bell et al., 2033; Tsang, 2001; Wallace, Tauber, & Wilde, 1999), 이 개입들은 단일사례설계나 복수기초선설계를 이용하여 평가되었다.

취약계층 클라이언트들이 일과 관련된 사회적 기술을 배우기 위해 고안된 다른 인지행동기법들은 이 기술들의 학습이 고용과 관련해서 어떤 성과물을 냈는지 평가하지 않았기 때문에 이 장에서 추후에 간략히 언급만 하도록 하겠다. 여기에서 논의하는 개입들은 이 개입들이 전체적으로 개입참여자들의 일과 관련된 사회적 기술을 향상시키는 데 효과적이었다는 것을 보여 주고 있다. 이 개입들은 고용 획득, 유지 및 승진을 위해 일관련 사회적 기술을 배우고 싶어 하는 취약계층 클라이언트에게 서비스를 제공하는 실천가나 기관에게 적합할 것이다.

발달장애와 신체장애가 있는 근로자

이 사례는 일반경쟁고용 현장에서 일하는 중등도의 지적장애가 있는 청년인 필(Phil)에게 적절한 사회적 행동을 가르치기 위해 사용되는 여러 가지 행동개입법들의 활용에 대해 보여 준다(Wheeler, Bates, marshall, & Miller, 1988). 필은 한 대학 실험실에서 동물을 보살피는 일을 하고 있었다. 그의 기본적인 직무에는 동물들을 보살피고 먹이며, 장비들과 시설들을 유지시키는 것이었다. 연장지원근로훈련(extended supportive work training) 후에 시행된 슈퍼바이저들과 동료들과의 면담, 그리고 공식적인 관찰에서 필의 지속적인 고용을 저해하는 다음과 같은 일곱 가지 부적절한 사회적 행동을 찾아냈다. 즉, ① 면도를 안하는 것, ② 상대방 인사에 무대응하는 것, ③ 지시사항을 따르지 않는 것, ④ 사회적 상호작용을 먼저 시도하지 않는것, ⑤ 불평하는 행동, ⑥ 과음에 대해 얘기하는 것, 그리고 ⑦ 토라지는 행동 등이다. 직업코치는 필이 인사에 응답하고 사회적 상호작용을 시작하도록 가르치기 위해 사회기술훈련을 사용하였다. 나머지 다섯 가지 행동들은 코팅된 벽보판에 체크리스트 형태로 기록되었고, 필의 사물함에 놓여졌다. 직업코치는 필이 체크리스트를 사용하도록 다음의 단계를 활용하였다.

1. 필이 직장에 도착하면 직업코치는 필과 함께 그의 사물함까지 동행했다.
2. 직업코치는 목록에 있는 행동 하나하나에 대해 말하면서 예를 들어 주었다. 지시사항 따르기의 예로, 필에게 슈퍼바이저가 어떤 지시를 내리면 필은 그 지시를 5초 안에 따르기 시작해야 한다고 알려 주는 것이다.
3. 직업코치는 필에게 정오까지 적절하게 처신한 행동 옆에는 '+' 더하기 표시를 그리고 부적절하게 처신한 행동 옆에는 '–' 표시를 하도록 가르쳤다.
4. 직업코치는 필에게 하루종일 피드백을 줄 것이며 필이 최선을 다해야 한다고 알려 주었다.
5. 정오에 직업코치는 필과 함께 사물함으로 가서 필이 스스로 자기평가를 하도록 촉진했다.
6. 직업코치는 필에게 자신이 한 행동을 재평가하도록 촉진하고, 만일 필이 부정확하게 자신의 평가를 기록했다면 정확하게 하도록 촉진했다.
7. 직업코치는 서서히 촉진제, 피드백, 그리고 그가 필과 현장에 있는 것을 철회하였다.

개입 이후, 필의 일곱 가지 문제행동들이 개선되었다. 필의 업무수행에 대한 직장 동료들의 평가 또한 필이 많이 향상되었음을 보여 주었고, 필은 세 번 연속 직장평가에서 평균에서 평균 이상의 범위 안에 들었다. 또한 필에게는 추가로 더 복잡한 업무가 주어졌고, 공무원 신분을 얻었다. 필의 향상된 행동들은 38주 이상 유지되었고, 이 기간 동안에 필은 그의 직업코치로부터 최소한의 지원만을 필요로 했다.

이제 소개할 두 번째 사례연구에서는 중등도의 지적장애가 있는 26세 된 직원인 짐(Jim)의 직장유지를 돕기 위한 행동개입들이 사용되었다(Rusch & Menchetti, 1981). 짐은 식당 주방에서 상근직으로 고용되었으나, 그가 배정받은 일(예: 석쇠 청소하기)을 거부하거나 동료들이 도움을 요청했을 때(예: 무거운 짐을 드는 요리사들을 도와주기) 거절하는 행동들로 고용유지가 어렵게 되었다. 짐은 또한 현재 반독립적으로 사는 법을 배우는 아파트 훈련프로그램에 참여 중이었다. 주거 훈련(Residential training) 담당자는 짐이 직장을 잃게 되면 다시 중간보호시설로 이사해야 하기 때문에 행동개입에 동참하게 되었다. 개입은 전통적인 사회기술훈련기법들로 구성되었다. 훈련가는 짐의 근무시간 전에 다음의 행동들을 짐에게 가르쳤고 짐은 이를 연습했다.

1. 직장동료나 슈퍼바이저가 어떤 일을 하라고 했을 때에는 즉각 현재하고 있는 일을 멈춘다.
2. 요청사항을 들었다는 표시로 친절한 목소리로 "네." 또는 "알았어요."라고 답한다.
3. 요청된 일을 정확하게 수행한다.
4. 그 일이 끝나면 하던 일로 돌아간다.

또한 훈련가는 짐에게 만일 그가 요청을 거부한다면, 근무 중인 슈퍼바이저가 그를 집으로 돌려보낼 것이며, 이는 직장에서의 요구사항들을 거부하는 근로자에게 주어지는 보통의 결과라고 알려 주었다. 주거훈련 담당자와 짐은 그가 집으로 돌려보내졌을 경우에 따를 절차에 합의했다. 짐은 즉시 그의 아파트로 돌아가서 그의 거주 코디네이터에게 연락하고 코디네이터가 도착할 때까지 아파트에서 기다린다. 코디네이터는 짐과 함께 직장에서 집으로 되돌려 보내진 이유에 대해 이야기하고 적절한 행동이 무엇이었는지 짐이 말하도록 촉진한다. 개입 이후, 짐의 순응적인 행동의 비율은 눈에 띄게 증가했다. 짐은 일 요청을 거부한 것 때문에 단 한 번만 집으로 돌려보내졌다. 18개월 후에 시행된 사후평가에서 짐의 슈퍼바이저는 짐이 맡고 있는 직위의 모든 요건을 만족시켰으며, 그가 작업현장의 자산이라고 보고하였다.

다른 연구평가들 또한 인지행동개입들이 다양한 장애가 있는 클라이언트들의 일과 관련된 사회적 기술을 증진시킬 수 있음을 제안한다. 이 개입에는 중등도의 지적장애가 있는 젊은 성인들이 일과 관련된 비판에 대해 적절한 대응을 증가시키기 위한 문제해결방법이 있다(Collet-Klingenberg & Chadsey-Rusch, 1991). 비판에 적절히 대응하기, 의견 불일치 시 협상하기, 그리고 업무를 마치기 위해서 도움주기와 같은 다양한 문제해결방법들은 뇌장애(brain injury)를 입은 근로자들(O'Reilly, Lancioni, & O'Kane, 2000)과 경증에서 중증의 지적장애가 있는 청소년들(Park & Gaylord-Ross, 1989)의 일 관련 사회적 기술을 증진시킬 수 있다. 사회기술훈련 기법들은 중등도에서 중증까지의 지적장애가 있는 성인들이 적절히 업무관련 비판을 수용하고(Eckert, 2000), 슈퍼바이저로부터 도움을 요청하며(Morgan, Salzberg, 1992), 업무행동을 시작하도록(McCuller, Salzberg, & Kraft, 1987) 가르칠 수 있다. 뿐만 아니라, 사회기술훈련을 통해 학습장애와 정서/행동장애가 있는 고등학생들에게도 일 관련 사회적 기술을 가르칠 수 있다(Montague, 1988; Whang, Fawcett, & Mathews, 1984). 이 사회적 기술에는 칭찬 주고받기, 슈퍼바이저의 지시사항 및 비판 수용하기, 건설적인 피드백 주기, 그리고 문제를 슈퍼바이저에게 설명하기가 있다.

경증 지적장애가 있는 고등학생들을 대상으로 한 또 다른 연구에서는 슈퍼바이저들과 동료들과 더 적절하게 교류하기 위한 사회적 기술을 향상시키기 위해서 네 가지 각기 다른 기법들—교사 따라하기, 비디오테이프 따라하기, 문제해결하기, 행동시연하기—의 효과성을 비교하였다(Foss, Autry, & Irvin, 1989). 여러 평가결과들은 자기지시훈련이 학습장애와 신체장애가 있는 근로자들의 직무관련 사회적 행동들을 증진시킬 수 있다고 제안한다. 사회적 행동의 예들로, 일에 필요한 물품들이 떨어졌거나 중등도에서 중증의 지적장애와 자폐증이 있는 직원들이 작업을 마치기 위해서 도움이 필요할 때 슈퍼바이저에게 알리는 것(Agran, Salzberg, & Stowitschek, 1987), 중증의 지적장애가 있는 근로자들이 맡은 일을 마치는 데 방해가 되는 일과 관련된 문제들을 해결하기 위해 도움찾기 시도를 늘리는 것(Hughes & Rusch, 1989), 그리고 여러 지적장애와 뇌성마비를 복합적으로 가진 고등학생이 생산에 필요한 물품들이 필요할 때 요청하는 행동을 늘리는 것(Rusch, McKee, Chadsey-Rusch, & Renzaglia, 1988)이 있다.

중증 정신장애가 있는 근로자

연구에 따르면, 통합배치 및 지원(Integraged Placement and Support: IPS)과 같은

지원고용서비스가 전통적인 직업재활 프로그램보다 중증의 정신장애가 있는 클라이언트들이 고용을 확보하는 데에 더 효과적일 수 있다(Drake et al., 1996). 그러나 통합배치 및 지원 프로그램에 참여한 클라이언트들이 전통적인 직업재활서비스를 받은 클라이언트들과 비교했을 때 더 많이 직장을 유지하는 것은 아니었다. 중증의 정신장애가 있는 클라이언트들을 대상으로 하는 고용지원 프로그램에서 자주 간과되는 사회적 기능과 관련된 문제들이 고용중단의 주된 이유로 보인다. 사회기술훈련을 고용지원 프로그램에 통합시키는 것은 중증 정신장애가 있는 직원들이 고객을 상대하고, 슈퍼바이저의 비판을 수용하며, 직장동료들이 낙인을 찍는 행동에 대처하는 것과 같은 대인관계의 상호작용을 다루는 능력을 증진시킬 수 있다(Tsang, 2003; Wallace et al., 1999).

고용지원 프로그램의 한계점을 극복하기 위해서 UCLA 정신병 치료 및 재활 연구센터(CRTRP)의 월리스(wallace)와 그의 동료들은 통합적이고 구조화된 치료프로그램인, 직장기본모듈(Workplace Fundamentals module)을 개발했다. 고용지원 프로그램에 통합될 목적으로 설계된 이 직장모듈은 UCLA 센터에서 개발된 사회적이고 독립적인 생활기술모듈 중 하나다. 관련 연구, 임상문헌, 그리고 전문가와 직원, 중증의 정신장애가 있는 근로자들과의 면담을 통해 수집한 정보를 기반으로 모듈의 내용을 개발하고 검증하였다.

이 모듈은 중증 정신장애가 있는 클라이언트들에게 다양한 기술 분야에서 여러 가지 전략을 가르쳐 줌으로써 그들이 직장을 유지할 수 있도록 돕는다. 기술 분야에는 직장이 클라이언트들의 인생을 어떻게 변화시키는지 찾아내고, 업무수행에 필요한 것들이 무엇인지 배우며, 개인의 강점과 선호하는 것들을 알아낸 다음 이러한 것들이 현재의 직장과 맞지 않는 점이 무엇인지 알아내는 것이 포함된다. 클라이언트들은 또한 직장에 영향을 끼치는 스트레스 요인과 약물사용에 대처하고, 질환의 증상과 약복용을 일터에서 잘 다루기 위해, 그리고 사회적 지지를 얻고 직장동료 및 슈퍼바이저와 잘 지내기 위해 일반적인 문제해결법 활용에 대해서도 배운다. 실천가들은 중증의 정신질환 클라이언트들에게 다양한 사회적 기술과 지역사회거주에 필요한 기술들을 가르치기 위해 사용되는 다른 모듈에서 응용한 인지행동기법들을 활용하여 직장에서 필요한 기술들을 가르친다(이 훈련 모듈의 기본구성에 관한 논의와 모듈 주문에 관한 정보는 제4장 참조).

월리스 등(Wallace et al., 1999)은 계약 직업훈련기관으로부터 서비스를 받는 열 명의 클라이언트(다섯 명은 취업집단에, 그리고 나머지 다섯 명은 실업집단에 있었다)를 대상으로 직장기본모듈의 파일럿 연구를 진행하였다. 개입 직후와 6개월 후 실시된 사후평가(각 집단을 분석하기 위해 반복측정분산분석이 이용되었다)에서 두 집단 모두 이 모듈훈련이 직업훈련 내용에 관한 지식과 기술들을 수행하는 데 상당한 발전을 이루었다. 연구가 진행되는 9개월 동안 취업집단에 있던 클라이언트들은 직장을 유지했고, 그중 네 명은 평생 동안 가장 오랫동안 취업 상태를 유지했다. 실업집단에 있던 다섯 명 중 세 명의 클라이언트들이 고용을 확보 · 유지하였다.

창(Tsang, 2001)은 홍콩에서 직장이 없는, 조현병 진단을 받은 클라이언트들(총 97명 참여)을 대상으로 이와 비슷한 일과 관련된 사회기술훈련을 평가하였다. 클라이언트들이 거주하는 아홉 개의 지역사회 주거시설들은 세 개의 집단(후속지원이 제공되는 사회기술훈련집단, 후속지원이 없는 사회기술훈련집단, 그리고 일반적인 개입을 받는 통제집단) 중 하나에 배정되었다. 두 사회기술훈련집단에 있는 클라이언트들은 직장과 관련된 상황에 대처하는 데 있어 더 높은 수준의 자신감과 더 나은 직무관련 사회적 기술을 보인 통제집단과 비교되었다. 후속지원을 받은 사회기술훈련집단은 46.7%의 취업률을 보였고, 개입 3개월 후 고용을 유지하였다. 후속지원이 없는 사회기술훈련집단에서는 23.1%의 클라이언트만이, 통제집단에서는 2.4%만이 취업에 성공하였다. 후속지원이 있는 사회기술훈련집단에 있던 클라이언트들은 전반적으로 그직장에 만족하였고 직장동료들과 슈퍼바이저들과도 좋은 관계를 발전시켜 나아갔다. 이 연구결과는 사회기술훈련을 직업재활 프로그램에 통합시키는 것이 중증의 정신질환이 있는 사람들의 취업률과 취업유지율을 증진시킬 수 있다는 것을 시사한다.

앞서 논의한 지원근로현장에서 일하는 조현병이나 분열정동장애가 있는 직원들을 위한 목표설정과 피드백을 이용한 인지행동개입법은 여기에서 논의하기에 적합하다. 작업행동평가척도(Work Behavior Inventory)의 세 가지 하위척도인, ① 사회기술(예: 타인에게 관심갖기, 적절히 감정표현하기), ② 자신을 보이는 일(예: 위생, 태도, 의복 상태), 그리고 ③ 협동심(예: 건설적인 비판을 적절히 수용하기, 지시사항 열심히 듣기, 주저하지 않고 지시사항 이행하기)을 이용하여 앞서 말한 정신장애가 있는 직원들의 직무관련 사회적 기술을 평가하였다. 연구결과에 따르면, 통제집단과 비교했을 때 인지행동개입집단의 사회적 기술이 훨씬 더 많이 향상되었다. 개입집단에 있던 클라이언트들은 또한 더 많은 시간, 더 오랜 기간 동안 일을 하였다.

마지막으로 소개할 이 사례연구에서는 오랫동안 우울증, 야경증(sleep terror), 분열성 인격장애와 같은 정신과적 문제를 가진 28세의 흑인 남성을 돕기 위해 사회기술훈련을 사용하였다(Mueser, Foy, & Carter, 1986). 이 클라이언트는 사무실 기기 관련 서비스를 제공하는 회사에서 일하고 있었다. 그는 여러 사무실을 돌아다니면서 기계를 수리하고 고객들과 교류해야 했다. 클라이언트가 치료를 받으러 왔을 때, 클라이언트의 슈퍼바이저는 그가 성질을 참지 못하고 기계를 수리하는 중에 무례하게 군 것에 대한 네 건의 불만신고를 접수받은 상태였다. 클라이언트 및 슈퍼바이저와의 면담에서 치료사는 클라이언트의 사회적 기술을 평가하기 위해 열세 가지의 상황을 만들었다. 이 상황들은 고객, 경비원, 그리고 직장동료 및 슈퍼바이저와의 상호작용을 담고 있다. 평가결과, 치료사와 클라이언트의 행동들을 훈련에서 다루기로 했는데, 이에는 목소리 크기 조절하기, 감정 및 시선 맞추기를 모두 사용하기, 응답하기(예: 고객의 감정 인지하기), 제안 유도하기(예: 문제를 해결하기 위해 사무실 출입허가를 받기), 어떤 사람이 클라이언트가 한 일에 비판할 경우 좀 더 설명해 달라고 부탁하기, 그리고 슈퍼바이저의 비판이 정당하지 않다고 여길 때에는 적절하게 자기 주장하기가 포함된다.

클라이언트는 역할놀이를 통해 이러한 기술들을 고객, 경비원, 슈퍼바이저 등 다양한 역할을 맡은 사람들과 연습하였다. 행동시연 중에, 치료사는 행동변화를 위해 구두로 지시사항을 전달하고, 모델링기법을 사용하며, 칭찬도 해 주고 긍정적인 요구도 하였다. 클라이언트는 배운 기술들을 직장에서도 연습했다. 개입 종료 후, 클라이언트의 다섯 가지 행동이 기초선 측정 때보다 크게 향상되었고, 3개월 후에도 유지되었다. 슈퍼바이저가 평가한 세 가지 업무수행능력—전반적인 업무수행능력, 비판에 대한 대응, 고객과의 상호작용의 질—또한 개입 이후에 현저히 향상되었고, 향상된 업무수행능력은 3개월까지도 유지되었다. 치료가 끝난 후, 그리고 8개월 후에도 슈퍼바이저는 클라이언트의 고객들로부터 불만을 듣지 않았다.

실천과 연구를 위한 분석과 비판

이 장에서는 일의 생산성과 질, 작업행동 그리고 직무관련 사회적 기술을 향상시킴으로써 지적장애, 신체장애, 그리고 중증 정신질환이 있는 근로자들을 임파워시킬 수 있는 여러 가지 인지행동기법들을 살펴보았다. 직장에서의 이러한 향상은 이 근로자들의 임금인상 및 승진, 그리고 보호작업장에서 일반경쟁고용으로의 이직과 같이 이들의 고용유지와 직장에서의 발전으로 이어질 수 있다. 일과 직무관련 기술을 향상시키기 위해 고안된 개입에는 전통적인 기법과 사회기술훈련, 촉진, 피드백, 강화, 처벌 및 기타 다양한 자기관리전략들이 있다.

이러한 개입들의 연구평가는 정신건강, 직업훈련 그리고 고용분야(예: 직원지원 프로그램)에서 일하는 실천가들이 취약계층 클라이언트들이 직장을 유지하거나 직장에서 발전하는 데 필요한 사회적 기술을 향상시킬 수 있음을 시사한다. 일의 생산성 및 질과 연관된 행동들을 증진시키는 개입들 또한 고용, 직업훈련 그리고 재활현장에 도입될 수 있다. 이 장에서 소개한 개입들을 분석하면 다음과 같다.

효과성과 추가적 적용

대부분의 인지행동개입의 평가는 적은 수의 참여자를 대상으로 단일사례설계나 복수기초선설계로 이루어졌다. 이러한 연구설계의 한계점들은 제4장 끝부분에서 논의하였다. 이러한 한계점에도 불구하고, 이 장에서 살펴본 결과, 개입의 평가와 요약(예: Agran & Moore, 1994; Lagomarcino, Hughes, & Rusch, 1989; Martin & Hrydowy, 1989)은 인지행동개입들이 업무수행능력과 관련된 사회적 행동을 증진시키는 데 효과적일 수 있다고 제안한다. 취약계층 근로자의 일자리와 직무관련 사회적 기술을 강화하는 것과 고용을 유지하고 직장에서 발전하는 것과의 관계를 밝혀내는 것은 더 어렵다. 그러나 이 장에서 인지행동개입들이 중증 장애가 있는 근로자들이 그들의 고용상황을 개선시키는 데 도움이 될 수 있다는 증거를 제시하고 있다.

이 장에서 소개한 개입들에 관한 평가는 개입에 참여한 모든 근로자의 업무수행능력과 이와 관련된 사회적 기술이 향상된 것은 아니라는 것을 보여 주었다. 또한 만일 이러한 부분이 향상되었다 하더라도 참여자 간 그 정도에 큰 차이가 있었다. 한 연구 평가에서는 근로자의 생산성이 감소하기까지 했다. 이러한 결과는 실천가와 연구자들이 자신들의 개입을 지속적으로 평가하고, 어떤 요인들이 개입의 다양한 효과성에 영향을 미치는지 밝혀낼 필요성을 보여 준다. 앞 장들에서도 논의하였지만, 효과성과 관련된 또 다른 중요한 쟁점은 어떤 인지행동개입, 혹은 개입의 조합이 특정 기술(향상)이나 클라이언트에게 효과적인가에 관한 지식이 부족하다는 점이다.

이 장에서 상세히 논의한 개입방안들은 지적장애, 신체장애 그리고 중증 정신질환이 있는 근로자들에게 한정되었다. 실천가는 이 장에서 자세히 논의되지 않은 뇌장애, 자폐증, 학습장애 및 기타 행동/정서장애가 있는 개인들의 직무관련 사회적 기술을 향상시키기 위한 인지행동개입들이 이 클라이언트 집단이 고용을 유지하고 직장에서 발전해 나아가는 데 효과적이라고 여길 수 있다. 또한 이 장에서 논의하는 인지행동개입활용법들이 다른 취약계층 클라이언트들에게도 효과적일 수 있다. 예를 들어, 어떤 기법들은 저소득층 그리고 소수 민족/인종 근로자가 업무수행능력을 향상시키는 기술을 배우고, 독립적으로 업무행동을 관리하며, 슈퍼바이저, 직장동료 또는 고객과 사회적으로 수용되는 방식으로 소통하는 법을 배우게 함으로써 직업목표를 달성하는 데 도움을 줄 수 있다. 사회적 관습과 직장에서 용인되는 소통방식에 대해 잘 모를 수 있는 최근의 이민자 역시 그들의 직장에서의 목표를 추구하는 데 있어서 사회기술훈련의 덕을 볼 수도 있다. 끝으로, 주의력결핍장애가 있는 클라이언트 또한 업무행동을 향상시키는 인지행동개입의 도움을 받을 수 있다. 이와 같은 인지행동개입의 응용은 향후 연구에서 지속되어야 할 분야다.

자유와 통제 그리고 사회정의

이 장에서 논의한 많은 개입들은 통합적인 일반경쟁고용 환경에서 수행되었다. 타이스(Tice, 1994)도 논의한 바와 같이, 지원근로 프로그램들의 목표는 임파워먼트 관점, 그리고 사회정의 가치와 일관된다. 이 프로그램들은 장애가 있는 개인들이 지역사회 일자리에서 일하고, 장애가 없는 동료들과 교류하며, 최소한 최저임금을 받도록 기회를 제공한다. 타이스의 연구 또한 통합된 고용환경이 장애를 지닌 동료에 대한 비장애근로자의 긍정적인 행동과 태도를 증진시킬 수 있다고 제안한다. 예를 들어, 비장애

근로자는 장애가 있는 동료와 일하는 데 더 큰 선호도를 보였으며, 이 동료들이 새로운 기술을 배울 능력이 있음을 알게 되었다. 고용을 유지하고, 직장에서 발전하며, 보호작업장에서 통합적인 일반경쟁고용으로의 전환을 성공시키는 일자리 기술과 직무관련 사회적 기술을 강화하는 것은 임파워먼트와 사회정의와 일치한다.

많은 개입들은 또한 클라이언트의 자유와 통제능력을 증진시키는 것과도 일관된다. 예를 들어, 점진적 촉진전략, 근로자들 스스로의 생산목표 설정, 자기관리전략(예: 시각적 촉진 사용, 긍정적 행동 강화제 획득, 문제해결, 자기점검, 자기강화, 자기지시)이 포함된다. 자기관리전략들은 근로자가 자신의 환경을 통제할 능력을 키우고, 좀 더 독립적으로 업무를 수행하며, 슈퍼바이저나 직업코치와 같은 사람들로부터 지속적인 촉진, 교정, 강화 없이도 변화하는 환경에 적응하게 한다(Agran & Moore, 1994; Grossi & Heward, 1998).

취약계층 클라이언트가 스스로 자신의 목표를 설정하거나 자기관리전략들을 사용하는 것과는 별개로 사회정의와 임파워먼트 관점에서 다른 윤리적 문제들과 평가의 문제들이 있을 수 있다. 예를 들어, 특정 상황에서 촉진하기, 자기관리기술 사용하기(예: 타이머 이용하기), 그리고 생산율 강조하기와 사회적 행동 따르기 등이 클라이언트를 임파워시키는 것인지 아니면 강압적인 것인지 등의 문제들이다. 이러한 개입들은 유의미하지 않거나 클라이언트의 다른 영역의 삶의 안녕(well-being)을 해치는 방향으로 직업을 유지시킬 수도 있다. 예를 들어, 정신질환을 증가시키거나, 클라이언트의 이익이 아닌 고용주의 이익을 위하는 결과를 초래할 수 있다. 이러한 것들은 실천가와 연구자가 관찰하고, 클라이언트를 면담하며, 클라이언트와 (그리고 그들의 의미 있는 타인과) 인생목표를 설정하고, 개입방안 선택에 대해 논의하며, 개입이 가져다줄 이익과 손실을 선택 가능한 직장과 비교하는 것을 통해 지속적으로 다루어야 할 평가와 윤리적 질문들이다.

사회적 타당성

사회적으로 적절한 목표와 결과

인지행동개입의 평가는 실천가와 연구자가 고용의 사회적 타당성과 변화의 목표가 되는 직무관련 사회적 행동들을 보장하고 궁극적인 개입 목표를 보장하기 위해서 사용할 수 있는 다양한 방법들을 제안하고 있다. 사회적으로 적절한 직장에서의 행동을 알아내는 방법의 예로써 고용주, 슈퍼바이저, 다른 근로자 및 클라이언트들 자신에게 자문을 구할 수 있다. 관련된 문헌을 찾아보거나 정해진 업무를 수행하는 근로자를 관찰하는 것에 기반해 직무분석을 하는 것도 추가적인 방법이다. 비록 이 장에서 검토한 개입과 관련된 근로자들은 그들의 생산성, 작업의 질, 혹은 직무관련 사회적 행동을 증진시키는 것을 목표로 삼는 것에 동의하지만 치료목표는 대개 외부의 작업기준에 의해 결정된다(예: 슈퍼바이저나 고용주에 의해 결정되는 작업기준). 물론, 클라이언트의 목표가 고용을 유지하거나 직장에서 발전하는 것이라면 업무나 사회적 행동은 이러한 외부기준에 어느 정도 부합해야 할 것이다.

생산성, 일의 질 또는 사회적 기술을 증진시키기 위한 목표가 설정된 후에는, 항상 그랬던 것은 아니지만, 변화를 측정하기 위해 사회적으로 적절한 방법들이 사용되었다. 사회적으로 적절한 측정법에는 업무수행능력을 산업현장의 표준이나 비장애 근로자들의 표준과 비교하는 것, 그리고 슈퍼바이저, 동료 및 근로자 스스로가 평가한 업무수행능력에 관한 질적만족도가 있다. 그러나 대부분의 사람들에게 일이 삶에서 중요한 기능을 하는 만큼 조현병과 같이 중증의 장애가 있는 사람들과 같은 많은 취약계층 인구는 상근직 일자리를(심지어 시간제 고용도) 유지하지 못한다(Tsang, 2003). 이는 실천가가 클라이언트들이 실현가능한 목표를 설정하고, 지속적인 평가를 하도록, 그리고 필요에 따라 직업상의 목표를 수정하는 것에 참여하도록 도와야 할 필요성을 나타낸다.

인지행동개입의 평가연구는 대부분의 근로자들이 업무수행능력을 향상시켰고, 직장을 유지했으며, 인상된 임금과 직장 혜택을 받았거나, 더 나은 직책을 맡게 되었음을 보여 주었다. 이러한 모든 것들은 사회적으로 타당한 결과로 보인다. 반면에, 그 어떤 연구도 근로자들의 향상된 일의 생산성, 질 혹은 관련 사회적 행동이 충분히 빈곤기준선(poverty threshold)에 미칠 정도의 임금이나 근로시간의 유지 또는 인상으로 이어졌는지에 관해 논의하고 있지 않다. 임금, 직장에서의 복지 혜택 그리고 근로시간에 대한 근로자의 만족도를 측정하는 것은 이러한 인지행동개입이 취약계층 근로자를 성공적으로 임파워시켰는지의 중요한 지표가 될 것이다. 끝으로, 경제적 이득에 상관없이, 사회적 순응, 일의 생산성 및 질의 증진이 반드시 더 나은 삶의 질로 이어지는 것은 아니다.

사회적으로 적절한 개입절차

앞서 설명한 인지행동개입법의 활용 중 그 어떤 것도 개입에 앞서 개인의 기능적 평가를 하지 않았다. 개별화된 평가와 개입은 인지행동기법의 중요한 특징이며 지원근로 프로그램(McDonnell et al., 1989)과 근로연계복지 프로그램(Welfare-to-Work programs)의 중요한 요소들로써, 적합한 개입방안을 선정하는 데 꼭 필요하다. 후앙과 쿠보(Huang & Cuvo, 1997)는 고용환경에서 지적장애가 있는 성인들의 사회기술 훈련을 평가하는 여러 연구를 검토하면서 연구자들이 근로환경에 대해 기능적, 생태적 평가를 하지 않은 것을 비판하고 있다. 이러한 평가는 적합한 행동, 특정 상황에서 발생하는 특별한 부적응적 행동, 그리고 자연스럽게 발생하는 행동변화유도 신호와 교정결과를 찾을 수 있도록 한다. 그 후, 이 정보는 적절한 개입방안을 설계하는 데 사용될 수 있다.

개별평가의 부족에도 불구하고, 이 장에서 논의한 인지행동개입은 실천가들과 연구자들이 개입의 사회적 적절성을 향상시키기 위해서 사용할 수 있는 방법들을 제안하고 있다. 예를 들어, 적당한 역할놀이 상황이나 직무관련 사회적 기술의 증진을 위해 사용할 수 있는 적절한 대응법은 관련 문헌과 클라이언트, 슈퍼바이저, 고용주 및 기타 근로자들과의 면담을 통해 구할 수 있다. 실천가가 근로환경에서 인지행동개입을 사용할 때나 클라이언트가 공식적인 개입이 종료된 후 계속해서 이를 사용할 때, 반드시 클라이언트, 고용주, 슈퍼바이저 및 동료들의 관점에서 이 개입의 실용성과 수용성에 대해 평가해야 한다. 예를 들어, 개입의 훈련이나 지속적인 사용이 근로자나 다른 직원들의 활동에 방해가 된다면(예: 언어적 자기지시, 타이머의 사용), 이 개입은 거부될 것이다. 많은 인지행동개입 평가에서 개입의 적합성, 만족도, 선호도, 그리고 지속적인 사용에 대해 개입참여자와 직장동료 및 슈퍼바이저들의 긍정적인 피드백이 보고되고 있다. 그러나 한 근로자는 일의 생산성을 증진시키기 위해 사용하는 자기평가절차가 너무 많은 스트레스를 주었다고 보고하였다. 이는 연구자와 실천가들이 개입이 수용될 만한지 아니면 부정적인 결과를 초래하는지에 대해 꾸준히 평가해야 할 필요성을 나타낸다.

일부 취약계층 근로자들의 특수한 상황에 대해 편의를 도모하기 위해, 실천가와 연구자들은 이 장에서 논의된 인지행동개입기법들을 조정할 수 있다. 이러한 조정사항들은 주로 지적장애가 있는 근로자의 인지능력 부족에 대한 편의를 도모하기 위해 이용되는데, 사진과 물건들을 쌓아 놓고 생산성과 그에 대한 대가를 버는 것의 연관성을 보여 주는 것, 그리고 근로자들에게 축약된 자기관리언어[예: '지금-(확실히) 했어-그 다음']를 사용하는 것이 해당된다. 근로자들이 일을 하고 있는 모습을 담은 사진과 자가 작동하는 청각촉구 시스템과 같이 특별히 고안된 촉진제의 사용 또한 다른 기법들의 예다. 근로자들의 업무수행능력을 증진시키기 위해 특별히 제작된 생산쟁반, 그래프, 숫자를 세는 카운터와 타이머, 자기관리 체크리스트와 생산기록지 및 색칠된 토큰과 같은 다양한 피드백시스템 또한 사용될 수 있다. 또한 생산성 증가를 위해서는 현금을 이용한 강화제의 경우 강화제 제공을 지연시키는 것보다는 즉각적으로 사용하는 것이 좋다.

유지와 일반화

앞서 논의한 개입들의 긍정적인 결과(예: 직업을 유지했거나 업무능력 및 사회적 기술의 향상)를 보고한 평가들은 개입 이후 얻은 성과가 유지되었는지에 대해서는 보고하지 않고 있다. 성과가 유지되었는지에 관해 측정한 경우에는, 단기간 동안에만 자료가 수집되었다(예: 2주 동안). 일부 연구에서는 공식적인 개입이 철회된 후 근로자들이 향상된 일의 생산성을 유지하지 못했음을 보여 주었는데, 이는 실천가가 일(직장)에 대해 지속적으로 지원해야 할 필요성을 시사한다. 향상된 업무수행능력과 직장유지를 위해 효과적인 전략을 세우는 것은 많은 취약계층 근로자에게 특히 더 중요하다. 일례로, 한 연구에 따르면, 조현병을 진단받은 근로자들 중 절반만이 지원고용서비스를 받는 중에도 6개월 이상 직장을 유지한다(Kern et al., 2002).

앞서 논의한 개입들과 그 밖의 연구들(예: Huang & Cuvo, 1997; Wacker et al., 1989)은 실천가들이 취약계층 근로자들의 직장동료와 슈퍼바이저들을 훈련 중에 참여시키고, 지지회기(booster session)를 사용하며, 자기관리전략들을 가르치고, 때때로 지속적인 외부점검과 촉진을 통해 개입 성과를 유지시킬 수 있음을 시사한다. 일부 취약근로자들, 특히 지원고용 서비스를 받는 직원들에게는 향상된 업무수행능력이나 직무관련 사회적 행동을 유지하기 위해서 최소한의 서비스를 받는 것이 합리적인 목표가 될 수 있다.

이 장에서 논의한 대부분의 개입들은 보호작업장이나 일반경쟁고용 환경에서 활용되었다. 이는 개입을 통해 배운 기술들을 인위적인 상황에서 실제의 직업현장으로 전이시킬 때 발생할 수 있는 문제점들을 제거할 수 있다. 다른 환경에서 가르치는 일자리 기술과 직무관련 사회적 기술은 단기의 개입 이후 실제 근로현장으로 보편화되었다. 그러나 보호작업장에서 습득된 기술들이 일반경쟁고용으로 전이될 수 있는지, 혹은 일반고용경쟁 현장과 환경(예: 특정 슈퍼바이저, 동료, 업무를 통해)에서 배운 기술들이 다른 업무 책임이나 사회적 상황들로 전이될 수 있는지에 관해서는 거의 연구되지 않았다. 습득한 기술을 새로운 상황으로 전이시켜 사용할 수 있는 능력은 고용을 유지하는 데 있어 매우 중요하다. 끝으로, 관련 연구에 따르면, 실천가들이 클라이언트들에게 자기관리기법들을 가르침으로써 개입을 통해서 얻은 일자리 기술과 직무관련 사회적 기술의 성과물을 전이시키고 유지시키는 것을 증진할 수 있다고 제안한다(Grossi & Heward, 1998; Martin & Hrydowy, 1989). 그러나 특정 클라이언트가 자신이 획득한 기술들을 유지하고 다른 환경으로 전이시켜 사용하는 데 가장 효과적인 자기관리전략들이 무엇인지 찾아내기 위해서는 더 많은 연구가 이루어져야 한다.

이 장과 앞 장에서는 대체로 긍정적인 평가결과에 대해 보고하고 있는 취약계층 근로자들이 고용을 획득하며 유지하고 또 직장에서 발전하는 데 도움을 줄 수 있는 다양한 인지행동개입들을 소개하였다. 그러나 이러한 낙관적인 평가에도 불구하고, 많은 취약계층 클라이언트가 이러한 직업상의 목표를 달성하지 못하고 있다. 취약계층 근로자가 성공적으로 직장을 구하고 유지한다고 해도, 많은 일자리가 이들의 기본적인 욕구를 충족시키기 위한 충분한 임금과 근로 혜택을 제공하지 않는다. 이러한 이유에서 실천가들은 반드시 취약계층 클라이언트들이 다른 곳으로부터 경제적 지원과 기타 관련 지원을 받을 수 있도록 돕는 개입들에 대해 알고 있어야 한다. 제9장에서는 이러한 목표를 달성시킬 수 있는 인지행동개입들에 대해 논의한다.

공적 및 민간 경제적 자원 이용하기

제7장에서 논의되었다시피, 빈곤은 아동·청소년 및 성인을 건강과 정신건강, 교육, 대인관계 그리고 사회적 결과 등 여러 가지 측면에서 위험에 처하게 한다. 여성, 비시민권자, 장애인, 그리고 인종적/민족적 소수집단과 같은 취약계층 인구는 불균형적으로 빈곤하다. 취약계층 인구가 고용을 확보하거나 유지하지 못하게 된다면, 혹은 직장을 통해 버는 임금이 그들 자신과 가족의 기본적인 욕구를 충족시키기에 부족하다면, 그들은 다른 공적 및 민간 원조에 의존해야만 한다. 이 장은 경제적으로 불리한 위치에 있는 클라이언트들이 공적 및 민간의 경제적 원조를 확보하는 것을 돕기 위한 인지행동개입들에 초점을 맞추고 있다.

먼저, 저소득층 개인과 그 가족이 이용할 수 있는 공적 및 민간 원조의 종류와 그 중요성에 대해서 간략히 논의한 후 이러한 인지행동개입에 대해 설명한다. 다음으로 공적지원 프로그램, 사회지지망의 구성원들 그리고 기타 지역사회 자원을 통해서 취약계층 클라이언트가 재정 관련 자원들을 이용할 수 있도록 돕는 인지행동개입들에 대해 논의한다. 마지막 절에서는 사회복지실천과 후속연구를 위해 이 장에서 논의된 내용들에 대한 분석과 비판을 제시한다.

공적 및 민간 경제적 지원의 출처

저소득층 가구에서 자산조사를 통한 공적부조(means-tested public benefits)를 받는 것은 흔한 일이다(Mosley & Tiehen, 1004; Wu & Eamon, 2007). 미국의 공적 지원에는 현금보조, 주택과 에너지 보조, 보충적 소득보장제도(Supplemental Security Income: SSI), 식량보조 프로그램(food stamps), 의료보호(Medicaid), 근로소득지원제(Earned Income Tax Credit: EITC), 여성, 유아, 아동 영양보충 프로그램인 WIC(Women, Infants and Children)의 특별보충 프로그램(Special Supplemental Program for WIC) 및 학교급식이 있다. 안타깝게도, 최근 수십 년간 사회정책의 변화는 경제적으로 취약한 개인과 그 가족의 사회적 보호를 침식시켰다. 이러한 공적지원 프로그램의 민영화, 권한이양 그리고 예산삭감이 이러한 변화에 속한다.

미 연방정부의 책임인 경제적으로 취약한 개인들과 가족들에 대한 지원의 민영화 경향은 자원봉사 및 민간기관에 대한 의존을 증가시켰다. 비영리사설기관 및 조직 같은 민간 부분으로 할당되는 정부의 자금이 직접적으로 저소득층의 경제적 지원에 쓰이는 경우는 드물다. 프로그램 수혜에 관한 행정적 결정권을 연방정부로부터 주정부로 이전하는 권한이양은 주정부에게 자산조사를 통한 복지프로그램을 설계하고 시행하는 데 더 많은 자유를 주었다. 이러한 유연성은 프로그램 자격요건, 혜택과 서비스에 큰 차이를 가져다주었다. 특히 1996년도에 시행된 「복지개혁법(PRWORA)」은 복지혜택을 줄이고 경제적으로 취약한 가족과 아동의 자격요건을 강화하였다. 또한 이 법안은 이민자와 장애인과 같은 다른 취약계층의 프로그램 복지혜택의 자격요건을 강화하였다(Greenberg et al., 2002; Hacker, 2004; Lynn, 2002).

많은 저소득층 가구들이 자격요건을 갖췄음에도 공적 복지혜택을 받지 못했다. 그 이유로는 제한적 규모의 혜택, 비용과 불편함(예: 오래 기다려야 하는 줄, 지원과정, 자산정리, 부담금), 사회적 낙인, 받을 수 있는 혜택에 대한 무지, 자격요건, 항소절차 그리고 자기주장기술의 부족 등이 해당된다. 이민자에게는 언어문제와 그들의 시민권 상태에 대한 걱정이 추가적인 장애물이 될 수 있다(Greenberg et al., 2002; Remler & Glied, 2003).

경제적으로 취약한 가구들은 공적부조(public benefits) 이외에 교회, 응급식량 제공처, 그리고 다른 지역사회 단체들과 그들의 사회지지망과 같은 자선단체나 비영리단체로부터 도움을 받을 수 있다. 민간지원(private assistance)은 현금, 식량, 보육, 주택, 의류 등을 제공한다. 비록 이러한 지원이 안녕(well-being)을 증진시키고 매일의 생존을 보장하지만, 저소득층 가구들은 민간지원보다 공적복지혜택에 훨씬 더 많이 의존하는 경향이 있다(Danziger, Corcoran, Danziger, & Heflin, 2000; Hollar, 2003; Wu & Eamon, 2007). 많은 경우, 비영리 단체나 기관들로부터 받을 수 있는 지원을 저소득층 가구들이 이용하는 것은 불가능하다. 한편, 민간지원을 사용할 수 있는 경우라도 정보 부족, 부적절한 사회기술, 심리적 요인, 그리고 한시적이고 불안정한 지원의 특성들은 저소득층 개인이 이를 이용하는 것을 저해할 수도 있다(Ahluwalia, Dodds, & Baligh, 1998; Henly & Lyons, 2000).

다른 요인들이 경제적으로 불리한 처지에 있는 개인이 자신의 사회지지망으로부터 재정관련 정보를 얻는 것을 방해할 수도 있다. 저소득층 개인은 긴급한 욕구와 부정적인 경제적 상황들(예: 실직)에도 불구하고, 최저의 그리고 경제적으로 가장 취약한 사회지지망을 갖고 있다. 따라서 사회적 지지에 대한 문화적 가치가 많은 취약집단에서 강조됨에도 불구하고, 낮은 임금으로 생활하는 사람들은 그들의 사회지지망으로부터 필요한 도움을 활용하지 못할 수도 있다(McLeod & Kessler, 1990; Mickelson & Kubzansky, 2003).

많은 저소득층에 속한 개인과 그 가족은 취약계층을 위한 공적부조와 민간지원의 한계에도 불구하고, 그들의 기본적인 욕구충족을 위해 이러한 종류의 지원에 전적으로 의존하거나 이를 통해 부족한 소득을 보충해야만 한다. 인지행동개입은 취약계층 클라이언트가 이러한 중요한 경제적 지원을 이용할 수 있게끔 도와줄 수 있다.

취약계층의 공적 및 민간 원조 이용 돕기

여기에서 논의하는 인지행동개입들은 중증의 정신장애가 있는 클라이언트, 흑인 청소년, 신체장애와 행동/정서장애가 있는 청소년, 그리고 여성을 포함한 경제적 자원이 거의 없는 사람들이 공적 및 민간의 경제적 지원을 받을 수 있도록 돕는다. 상대적으로 취약계층 클라이언트들이 이 두 종류의 지원을 받을 수 있도록 설계된 인지행동개입들은 드물며, 한 가지 개입을 제외하고 모든 개입들은 앞 장에서 논의되었다. 앞서 논의한 개입들은 취약집단이 공적 및 민간 원천의 경제적 지원에 접근할 수 있도록 돕는 전략들을 포함하기 때문에 이 장에서 논의하기에 적합하다. 이 개입들은 주로 자기주장훈련을 포함해 사회기술훈련을 다룬다. 또한 문제해결훈련과 강화기법도 사용된다.

중증 정신장애가 있는 성인

UCLA 정신병 치료 및 재활 연구센터(RTRP)에서 개발한 중증 정신장애가 있는 클라이언트의 대인관계 문제해결기술을 증진시키기 위해 설계된 사회적 기술과 독립거주기술 모듈은 취업과 관계없이 경제적 자원을 확보하는 방법에 대한 훈련을 담고 있다(Liberman, Eckman, & Marder, 2001; 이 훈련의 기본적인 구성에 대한 설명과 주문 정보는 제4장 참조). 예를 들어, 한 역할놀이의 시나리오는 장애복지혜택(disability benefits)의 수혜자가 매달 받는 수당을 받지 못하고 사회보장국(Social Security Office) 직원으로부터 적절한 도움을 받지 못하고 있는 상황을 보여 준다.

제5장에서 설명한 만성 조현병을 진단받은 클라이언트들이 지역사회 내에서 맞닥뜨린 상황에 좀 더 효과적으로 대처할 수 있도록 돕는 사회기술을 가르치는 집단사회기술훈련 프로그램은 재정기술훈련을 포함하고 있다(Brown & Munford, 1983). 재정기술의 예로, 경제적 자원을 찾기 위해 사회복지사와 이야기를 하고 통장 개설을 위해 지역은행에서 정보를 얻을 수 있다. 이러한 기술들은 클라이언트 병원의 병동에서 연습된다. 재정자원에 대한 정보를 얻는 것과 같은 일은 지역사회 내에서 수행된다. 역할놀이의 평가와 생활기술척도(Life Skills Inventory)의 재정 관련 평가결과와 마찬가지로 클라이언트들의 사회기술이 훈련 후에 증진되었다.

소수인종 청소년과 장애가 있는 청소년

발카사르 등(Balcazar et al., 1991; Balcazar, Majors, et al., 1991; BalCazar et al., 1995)은 신체적, 행동적/정서적 그리고 학습장애가 있는 소수 인종/민족 청소년 및 청년들이 목표를 설정하고 이 목표들을 달성할 수 있도록 도울 수 있는 사람들을 동원하는 것을 가르치는 세 가지의 사회기술훈련을 개발하였다. 이 내용은 제6장에서도 소개되었다. 일부 훈련의 성과와 자료들이 경제적 지원과 관련됨으로 여기에서 간략히 논의한다.

개입 이후, 세 가지 사회기술훈련 프로그램에 참여한 청소년들은 그들을 도울 수 있는 사람들을 찾는 사회적 기술을 증진시켰다. 이러한 성공의 지표 중 하나는 그들에게 물질적 도움을 주는 사회적 네트워크의 구성원들이 늘어났다는 것이다. 흑인 고등학생 중 한 명은 대학장학금에 지원하는 것을 목표로 세웠다. 사회기술훈련 후, 이 학생은 두 가지의 대학장학금을 받게 되었다. 마지막으로, 행동/정서 그리고 학습 문제를 가진 청소년들이 그들이 전환기의 목표 달성을 위해 잠재적인 조력자 활용을 가르치기 위한 사회기술훈련자료로는 경제적 자원 획득과 관련된 상황에서 역할놀이를 하는 것이 해당된다. 또한 경제적 자원의 예로, 장학금과 대학교육을 위한 경제적 지원, 건강보험 및 주택공급이 있다.

저소득 여성

제6장에서 논의한 다른 인지행동개입 프로그램들 또한 저소득 여성이 공적 및 민간 지원처로부터 경제적으로 지원을 받도록 돕는 데 적절하다.

첫 번째 프로그램은 주로 빈곤층, 임신한 혹은 자녀를 양육하는 소수인종 청소년의 사회적 지지와 심리적 안녕을 증진시키기 위해 고안되었다(Barth & Maxwell, 1985; Barth & Schinke, 1984; Barth et al., 1985). 이러한 목표를 이루기 위해서, 집단사회기술훈련은 청소년에게 인쇄물을 나눠 주고 그들의 사회지지망 안에서 다양한 지원(보육, 교통, 현금 등)을 제공해 줄 수 있는 구성원들을 찾아내도록 촉진하는 도움찾기기술(help-seeking sills)을 가르친다(Barth & Schinke, 1984, p. 529 참조). 개입 이후, 이 인지행동 프로그램에 참여한 청소년들은 비교집단과 비교했을 때 더 강한 사회지지망을 갖고 있었다. 개입 이후 4개월 뒤에 실시한 평가에서 그들은 '도움 요청하기 척도(Asking for Aid Scale)'를 포함해 네 개의 사회지지 측정 중 세 개의 측정에서 더 높은 사회적 지지를 가진 것으로 나타났다.

두 번째 프로그램에서 상담가는 저소득 여성이 자조집단모임에 참석하는 횟수를 늘리기 위해 다양한 강화제를 사용한다(Miller & Miller, 1970). 이 개입은 이 여성들의 경제적·물질적 자원을 두 가지 방법으로 증가시킬 수 있다.

첫째, 이 모임의 주된 목적 중 하나는 이 여성들이 경제적 문제들을, 특히 공적부조 혜택과 관련해서 해결하는 것을 돕는 것이다. 각 모임을 시작할 때마다 집단운영자는 공적부조와 관련된 문제들의 체크리스트를 점검한다. 체크리스트에는 집단구성원들이 그들의 공적부조 수표를 제때 받았는지, 건강카드를 받았는지, 그리고 그들의 혜택에 어떤 변화를 경험했는지에 관한 질문들이 속해 있다. 집단은 체크리스트 점검을 통해 드러난 문제들이나 집단구성원들이 제기한 문제들을(다른 경제 관련 문제들을 포함해서) 토론하고 문제해결과 지역사회자원을 이용하기 위한 자세한 전략을 제시한다.

둘째, 모임 참석률을 높이기 위해 제공되는 강화제는 경제적 혹은 물품 자원과 연관된다. 이때 사용하는 강화제로는 물건(예: 주요 기구, 가구, 의류), 서비스(공적부조혜택에 관한 불만해소를 위해 협상하는 것 돕기, 좀 더 나은 주거지를 찾기, 일일캠프 장학금 찾기) 그리고 정보(예: 지역사회 사회서비스기관으로부터 이용 가능한 복지혜택에 관한 정보)가 있다. 이 개입방안은 집단모임의 참석률을 현저히 증가시켰고, 52명의 집단구성원들 중 상당수는 경제 관련 강화제를 받았다. 그러나 자조집단모임에 참석하는 것이 강화제를 받는 것 이외에 이 여성들의 경제적 안녕을 향상시켰는지는 측정되지 않았다.

이 장에서 논의하기에 적합한, 제6장에서 마지막으로 논의한 인지행동 프로그램은 도시의, 저소득층, 그리고 주로 소수인종 여성을 위해 개발된 생존기술워크숍이다(Thurston, 1990; Thurston et al., 1984). 지역사회 자원을 획득하는 것은 워크숍의 여러 훈련 주제 중 하나다. 기술훈련 중에, 훈련주제에 맞는 자료들을 사용하는 것과 더불어, 워크숍 진행자는 집단구성원들에게 지역사회 자원목록을 나눠 주고 획득할 지역사회의 자원과 관련된 과제를 내 준다. 비록 많은 비율의 여성들이 이 숙제를 했다는 증거를 제출하였고 그들의 생존기술에 관한 지식시험에서 점수를 향상시킨 것으로 나타났으나 이 여성들이 자신들의 경제적 자원을 증가시켰는지는 확인되지 않았다.

린다 서스턴(Linda Thurston)과 동료들(Thurston, 1994)은 이후에 여성을 위한 생존기술(Survival Skills for Women: SSW) 프로그램을 개발하였다. 이 프로그램은 여성이 다른 훈련과 교육 프로그램에서 성공하고 궁극적으로 경제적으로 독립하기 위한 기술, 지식 그리고 정서적 지지를 제공한다.이 생존기술 프로그램은 많은 미국의 주정부의 복지개혁 시도에 포함되었고, 남성과 취약계층 청소년을 포함하도록 확대되었다. 그러나 동료검토(peer review)를 거친 이 프로그램에 대한 평가를 찾을 수 없었다(프로그램의 부가적인 정보와 워크숍 자료를 구하려면 이 책의 마지막 부분의 '참고문헌' 참조).

갈린스키 등(Galinsky, Schopler, Safier, & Gambrill, 1978)은 공적부조 클라이언

트가 독립적으로 지역사회 자원과 서비스를 획득하는 능력을 증진시키기 위한 자기주장훈련 워크숍을 위한 모델을 개발하였다. 워크숍에 대한 평가는 이루어지지 않았으나 취약집단이 경제 관련 지원을 이용하도록 돕는 인지행동활용법을 거의 찾을 수 없기 때문에, 이 워크숍에 대해 간단히 설명한다. 여섯 개 집단 회기는 전통적인 자기주장훈련과 일치하며 다음의 치료목표들을 포함한다.

1. 수동적, 공격적 그리고 자기주장적인 응답을 구별하는 법에 대해 배우고 클라이언트가 좀 더 자기주장을 펴고 싶은 문제상황 알아내기
2. 미리 준비되었거나 클라이언트가 지적한 문제상황의 역할놀이를 이용해 자기주장기술 배우기
3. 자기주장평가의 비언어적 요소들에 대해 배우기(예: 눈 마주치기, 몸짓, 얼굴표정)
4. 개인의 권리 알기(예: 존중할 권리, 감정과 의견 표현하기, 정보 요구하고 부탁하기, 죄책감 느끼지 않고 거절하기)와 행동의 이득과 손실의 비교를 통해 자기주장을 펴는 것이 클라이언트의 최상의 이익을 증진시키는 상황임을 알아내기
5. 다른 사람으로부터 받을 수 있는 부정적 반응에 대처하는 법 배우기
6. 적절히 칭찬을 해 주고 받는 것에 대해 배우기

각 회기 후에, 집단운영자는 집단구성원들에게 회기 내용과 관련된 과제를 내 준다. 다음 회기에서 필요에 따라 과제를 검토하고, 토론하며, 시연해 본다. 경제 관련 자원을 획득하는 데 적합한 연습문제와 예제에는 전화통화 중 통화가 끊겼을 때, 푸드스탬프를 위한 예약이 정확하게 기록되어 있지 않을 때, 그리고 요금이 더 많이 청구되었을 때 대처하기, 하자가 있는 물건 반납하기, 그리고 사회복지사에게 주거수당에 대해 문의하기가 있다.

실천과 연구를 위한 분석과 비판

빈곤 속에서 사는 사람들은 취약계층이긴 하나, 다른 취약계층의 빈곤율보다 그 비율이 불균형적으로 높기 때문에 공적 및 민간의 경제적 지원을 확보하는 것은 특히

중요하다. 경제적으로 곤경에 처한 사람들은 세금공제, 대학학자금 지원, 보충적 소득보장제도(SSI), 임시가족지원제도(TANF), 현금지원, 그리고 건강보험, 식량, 보육서비스, 주거서비스와 같은 경제 관련 자원들을 정부지원혜택 프로그램 및 민간지원처(예: 비영리기관, 교회, 교육제도, 사회지지망의 구성원들)를 통해서 받을 수 있다. 취약계층 클라이언트가 이와 같은 지원을 획득하는 것을 돕는 인지행동개입들이 상대적으로 드물게 개발되고 평가되어 왔다. 많은 취약계층 인구가 적합한 경제적 자원을 찾고 이용하는 데 있어서 사례관리자나 다른 원조전문가들에게 의존해야만 했다. 만일 저소득층 개인이 이러한 지원을 받지 못한다면 적절한 정보와 자원 및 기술의 부족으로 그들이 받을 권리를 획득할 수 있는 경제적 자원을 받지 못할 수도 있다. 한 가지의 개입을 제외하고 이 장에서 검토한 모든 개입들은 앞 장에 포함되었기 때문에, 이번 장에서는 간략히 다루었다. 취약계층 사람들의 경제적 자원확보를 돕기 위한 인지행동개입에 대해서는 다음의 비판과 또 다른 인지행동활용법을 제안하고자 한다.

인지행동개입의 평가는 비실험(nonexperimental) 연구방법의 사용으로 제한적이다. 무선할당을 사용한 경우에도(Brown & Munford, 1983), 연구자들은 사회기술훈련이나 비교집단의 참여자들이 실제로 경제적 자원을 획득했는지 결론 내지 않았다. 따라서 개입들이 흑인청소년, 장애가 있는 청소년, 중증 정신질환을 가진 성인 그리고 저소득 여성의 경제적 자원을 증가시킬 수 있는지의 여부는 후속연구의 주제로 남아 있다. 이와 관계없이, 이 장에서 검토한 개입들과 이전 두 장에서 논의된 다른 개입들(예: 잡클럽 방안)은 취약계층 클라이언트가 고용과 연관되지 않은 경제적 자원을 이용하기 위해서 실천가와 기관들이 다양한 인지행동기법들을 이용할 수 있다는 점을 시사한다.

이 개입들은 공적부조 프로그램과 다른 경제적인 지원 제공처에 대한 정보를 제공할 수 있다. 여기에는 공적부조 프로그램과 자격요건에 대한 설명, 기관과 조직의 명칭, 전화번호, 주소가 포함될 수 있으며, 정부 프로그램에서는 탄원절차(appeals process) 혜택 지원이 불합리하게 거절되었을 때의 탄원절차에 대한 정보와 법적 지원에 관한 정보가 포함될 수 있다. 다른 인지행동개입에서도 필요한 지원서류를 작성하고 전화사용이나 인터넷 연결이 된 컴퓨터와 같은 자원을 이용하기 위한 설명과 도움을 제공할 수 있다. 예를 들어, 영어를 사용하지 않거나 신체적 또는 감각적 장애가 있는 사람들을 위해 의사소통 문제해결과 교통수단을 제공할 수 있는 사람들을 구하는 것도 적절한 개입이 될 수 있다.

일부 기관들(예: DuPage Foundation on Human Services Reform, RealBenefits, Community Service Society of New York)은 이용 가능한 공적부조 프로그램과 클라이언트가 그들에게 권리로 보장된 혜택을 받을 수 있도록 돕는 탄원절차에 대한 사회복지사의 지식을 증진시키기 위해 통합적인 훈련자료를 만들어 왔다(이 기관들의 연락처는 이 책의 끝부분의 '참고문헌' 참조). 이러한 지식을 공적부조의 잠재적 수혜자들이 직접 이용할 수 있도록 함으로써 취약계층을 임파워시킬 수 있다. 예를 들어, 뉴욕 지역사회 서비스 협회의 인터넷 사이트(http://benefitsplus.cssny.org/benefit-tool/benefit-applications)는 잠재적 수혜자들이 다양한 혜택에 지원하는 것을 돕기 위해 공적부조 프로그램의 정보와 온라인 지원서를 제공하고 있다. 관련기관들과 연구자들 또한 클라이언트들에게 적절한 기술과 지식을 가르칠 수 있는 프로그램을 개발 · 평가 · 제공할 수 있을 것이며, 가능한 지원서를 온라인상에서 사용할 수 있도록 만들 수 있다. 이러한 온라인상의 자료는 인터넷 사용이 가능한 사람 누구나 이용할 수 있다. 따라서 취약계층 인구는 사회복지사나 다른 사회서비스 직원들에게 덜 의존하게 될 것이다.

적절한 정보, 설명 그리고 필요한 도움을 제공하는 것과 함께, 적은 경제적 자원을 가진 클라이언트가 공적 및 민간으로부터 경제적 자원을 이용하는 것을 돕기 위해 인지행동개입들이 개발되고 평가될 수 있다. 자기주장훈련을 포함한 사회기술훈련은 필요한 전화를 걸고 사무실을 방문하며, 관련된 질문을 하고, 오해가 있는 부분에 대해 설명하며, 혜택이 거부되었을 경우 행정적 시정이나 법적 지원을 구하기 위한 기술이 부족한 클라이언트에게 적절하다. 사회적 불안이 있는 클라이언트에게는 점진적 노출치료(graduated exposure therapy)가 유용할 수 있으며, 경제적 지원을 수용하는 것에 대한 클라이언트의 생각이나 믿음이 그들이 지원하는 것에 장애를 겪는 경우 인지재구조화가 도움이 될 수 있다. 또한 사회기술훈련, 노출치료, 그리고 인지재구조화는 사회지지망 내의 구성원들을 통해 경제적 자원 이용에 어려움을 겪는 클라이언트에게도 적용될 수 있을 것이다. 끝으로, 문제해결훈련은 클라이언트가 다양한 공적 및 민간 제공처로부터 받을 수 있는 지원에 대해 요구하고 수용하는 데 있어서 이익과 손실(예: 부정적 심리적 반응과 의무감)에 대해 평가할 수 있도록 도울 수 있다.

여기에서 논의하고 제안한 인지행동개입들은 정신의료, 학교, 의료서비스, 아동복지, 직업훈련, 지역사회활동 그리고 이민자 서비스 분야와 같은 다양한 현장뿐 아니라 개인과 집단에게도 활용될 수 있다. 직업정보를 활용하고 다른 구직에 필요한 도움(예: 교통수단)을 획득하는 데 있어서 사회지지망의 중요성을 감안한다면, 취약한 클라이언트가 경제적 자원을 이용하도록 돕기 위해 집단개입을 하는 것은 특히 효과적일 수 있다. 경제적 자원의 이용을 방해하는 부족한 지식, 사회적 기술 혹은 자원과 심리적 장애물에 직면한 취약한 클라이언트들은 여기에서 제안한 인지행동개입이 도움이 될 수 있다. 또한 이러한 제안들은 후속연구에서 다루어질 수 있는 주제를 제공하기도 한다.

요 약

제3부의 세 개 장에서는 취약계층 사람들이 경제적 자원을 획득하고 증가시키는 것을 도움으로써 이들을 임파워시킬 수 있는 다양한 인지행동개입에 대해 설명하였다. 인지행동기법들은 취약한 집단들에게 구직기술을 가르침으로써 이들이 취업하고, 업무생산성을 증진시키며 또한 직무 관련 사회적 기술을 향상시킴으로써 고용을 유지하고 직장에서 발전할 수 있도록, 그리고 관련 지식과 사회적 기술을 증진시킴으로써 사회지지망의 구성원과 다른 민간지원 제공처 그리고 공적부조 프로그램들을 통해 경제적 자원을 이용할 수 있도록 도울 수 있다.

제2부와 제3부에서 논의된 인지행동 프로그램들은 취약계층 인구의 사회경제적 자원을 증진시키는 것을 돕는다는 점에서 임파워먼트 관점과 일치한다. 그러나 이 세 장에서 논의한 대부분의 인지행동활용법에는 세 가지의 중요한 한계점들이 있다. 첫째, 사회적 · 직업적 목표를 설정할 때 참여자들이 능동적인 의사결정자가 되기 위한 필요한 기술을 갖고 있었는지에 대한 평가가 이루어지지 않았다. 둘째, 참여자들이 능동적인 의사결정자가 되기 위한 기술과 기회가 부족한 경우, 이 개입들은 그들이 필요한 기술을 획득하도록 혹은 다른 사람들이 이러한 기회를 만들도록 함에 있어서 거의 지원을 하지 않았다. 끝으로, 이 개입들은 개인의 권리와 법적 권리가 거부되었을 때 대처할 수 있는 적절한 지식과 자기옹호기술을 거의 가르치지 않고 있다. 제4부에서는 이러한 한계점을 다루기 위한 인지행동개입과 관련 성과에 대해 논의한다.

제4부

자기결정능력 향상하기

Empowering Vulnerable Populations

개인적 통제와 의사결정과정에 대한 투입 강화하기

역사적으로 볼 때, 자기결정의 정의와 자기결정권을 행사할 수 있는 상황에 대해서 오랜 기간에 걸쳐 다양하게 논의되고 적용되어 왔지만, 하나의 전문직종으로서의 사회복지는 오랫동안 자기결정을 모든 인간이 가지는 권리로 인정해 왔다(Freedberg, 1989; Rothman, 1989). 클라이언트가 자신의 치료목표를 스스로 수립할 수 있는 권리를 포함하여 클라이언트가 지니는 자기결정권은 미국사회사업가협회(NASW, 1999)의 윤리강령(Code of Ethics)에 반영되어 있다. 장애인의 자기결정권은 장애인 클라이언트가 사회에 통합될 수 있도록 지원하기 위한 자기옹호훈련을 권장하고 있는 이 주제와 관련하여 미국사회사업가협회(2000)의 정책성명서에도 포함되어 있다. 미국 연방법에서도 장애인 개인이 행사하는 자기결정권의 중요성이 인정되고 있다. 예를 들면, 1997년에 개정된 「장애인교육법(Individuals with Disabilities Education Act, IDEA, PL 105-17)」은 학교가 14세가 된 장애학생들을 개인별교육프로그램(Individual Education Program, IEP) 및 전환계획회의에 참가시킬 것을 요구한다. 또한 이 학생들은 자체 교육목표를 수립하는 데 필요한 투입을 제공하여야 한다(Test et al., 2004).

제4부의 3개 장에서는 ① 학업, 가정, 직장 등과 같은 환경에서 개인적인 통제와 의사결정에 대한 투입을 강화하고, ② 레크리에이션/여가, 근로, 식사 및 자기 스스로 돌보기 등을 포함한 일상적인 활동과 거주할 지역사회를 선택하는 장기적인 의사결정을 하는 데 있어서 선택권의 범위를 높이며, ③ 일반시민과 장애인의 거주권 및 원하지 않거나 보호받지 못하는 성적 행동을 거부할 수 있는 권리와 같은 법률적 권리

를 확보하기 위해 취약계층 인구에게 지식, 기술 및 기타 전략을 교육시킴으로써 이들을 임파워시키는 인지행동개입에 대해 기술하고 있다.

제2부와 제3부에서 논의한 인지행동개입 역시 취약계층 인구의 자기결정과정을 용이하게 해 줄 수 있다. 예를 들면, 도움과 경제적인 자원을 획득하는 데 필요한 기술뿐만 아니라 사회, 레크리에이션/여가 및 취업 기술을 획득하는 과정도 클라이언트의 선택 범위를 확대시켜 줄 수 있는 것이다. 문제해결과 같은 기타 기술들을 강화함으로써 클라이언트가 여러 가지 대안들 중에서 적절한 것을 평가하고 선택하는 과정에 도움을 줄 수 있다. 또한 물리적인 환경을 재배치하고 좀 더 풍요롭게 함으로써 선택의 기회를 증가시켜 줄 수도 있다. 그러나 제4부에서 논의하는 인지행동개입은 독특한 측면이 있다. 구체적으로 말하자면, 이 인지행동개입은 개인들이 스스로 선택하고 자신만의 목표를 설정하며 자신들의 개인적인 법률적 권리를 확보할 수 있는 개별적인 능력을 갖추도록 하는 의도를 가진 선택권 및 자기옹호와 같은 자기결정과 기타 관련 기술들을 교육시키는 데 초점을 맞추고 있다.

자기결정의 개념, 취약계층의 자기결정권 제한의 이유, 자기결정에 의한 행동강화의 중요성 등은 차후에 논의한다. 이어서 신체적·학습적·인지적·정신적 건강문제와 복합장애가 있는 학생 및 클라이언트가 통제력을 높이고 개인적인 의사결정에 대한 투입을 강화하기 위한 자기결정적 기술을 학습하고 사용하도록 지원하는 인지행동개입에 대해 논의한다. 마지막 부분에는 실천과 연구를 위한 여러 가지 응용사례를 포함한 인지행동개입에 대한 분석내용이 포함되어 있다.

취약계층의 자기결정

장애인 권리옹호자뿐만 아니라 제4부에서 기술하는 여러 가지 인지행동개입을 개발해 온 심리학, 교육 및 재활 등의 분야를 포함한 여러 가지 전문 분야의 학자들 역시 자기결정적 행동을 할 수 있는 기본적인 권리와 이것이 취약계층집단에 미치는 중요성에 대해 인식하고 있다. 필드(Field, 1996)는 자기결정에 대한 여러 가지 정의에서 세 가지의 공통적인 요소인 자유, 선택, 통제를 찾아냈는데, 이들 역시 임파워먼트에 대한 정의의 핵심적인 요소가 된다. 필드와 여러 학자들(예: Durlak, Rose, &

Bursuck, 1994; Rothman, 1989; Snyder, 2002)이 주장하고 있듯이, 자기결정권을 행사한다는 것은 개인이 다른 사람의 부당한 외부개입이나 영향을 받지 않고 능력, 가치 및 선호하는 것을 포함한 개인적 특성에 좌우되는 여러 가지 선택방안들 중에서 적절한 것을 찾아내어 선택할 수 있는 자유를 가지고 있다는 것을 의미한다. 자기결정권을 가장 적절한 방법으로 행사하기 위해 개인 역시 이 장에서 논의하고 있는 인지행동개입으로 많은 부분 강화될 수 있는 특별한 지식, 능력, 기술 및 태도 등을 갖추고 있어야 한다. 예를 들면, 개인은 이용 가능한 선택방안에 대한 지식을 갖추어야 함과 아울러 개인적인 목표를 정의하고 선택방안을 찾아 선택하며 그 선택한 것을 공유하는 능력을 가져야 한다. 또한 개인은 설정된 목표를 달성하는 데 필요한 자기관리, 자기주장, 자기옹호 및 자기효능감 등과 같은 기술과 태도를 갖추어야 한다.

자원, 법률, 서비스 위임계약의 이용 가능성, 조직과 기구에 대한 사회적 통제기능 및 기타 전문 분야 가치와의 갈등 등과 같은 외부요인들은 모든 클라이언트의 자기결정권의 행사에 제약이 된다(Rothman, 1989). 그러나 취약계층의 자기결정권은 다른 집단과 비교할 때 불필요한 제한을 받는 경우가 자주 있다. 예를 들면, 장애를 가진 사람들은 자신의 삶에 대해 통제권을 거의 가지고 있지 못한 것으로 생각하고 있으며, 관련 연구는 이러한 인식을 뒷받침한다. 가족구성원, 돌봄제공자, 서비스 제공자, 교육자 및 기타 전문직 종사자들은 장애인이 스스로 가장 좋아하는 바를 표현하고, 교육과 직업 훈련계획에 적극적으로 참여하며, 개인적인 목표를 설정할 수 있는 기회를 거의 제공하지 못하고 있다(Agran, Blanchard, & Wehmeyer, 2000).

다른 집단들과 비교할 때, 일부 취약계층이 지니고 있는 독특한 특징들은 자기 스스로 결정한 행동을 학습하고 행사하는 능력을 더 많이 제한한다. 예를 들면, 여러 가지 목표와 그 목표를 달성하기 위한 선택방안을 찾고, 이를 타인과 공유하며, 행동을 개시하거나 다양한 환경에 유연하게 대응하는 능력은 흔히 지적장애, 학습장애, 심각한 정신질환 및 일부 신체장애가 있는 개인에게 있어서 타협되는 경우가 빈번하다(Field, 1996; Liberman & Kopelowicz, 2002). 이 장에서 기술한 개입평가에서 예증하고 있는 바와 같이, 이와 관련된 지식과 기술 부족 역시도 자기 스스로 결정하는 행동을 제한할 수 있는 요인들 중 하나다. 예를 들면, 장애가 있는 사람들은 자신의 장애에 대한 지식이나 이해가 부족할 뿐만 아니라 목표를 설정해서 달성하고, 선택을 해서 이를 공유하며, 자신의 이익을 스스로 옹호하는 데 필요한 법적 · 개인적 권리와 기술이 부족한 경우가 많다. 안타깝게도, 장애가 있는 많은 사람들에게 이와 관련된 지식과 기술을 습득할 수 있는 기회가 거의 주어지지 않고 있다.

흔히 사회정책에 반영되어 있는 사회적인 태도와 가치관, 여러 프로그램 및 가족 구성원, 원조전문가, 교육자와 지원인력 등의 행동 역시도 취약계층이 스스로 결정하는 행동을 배우고 실행하는 데 방해가 되고 있다. 예를 들면, 일반인은 필요 이상으로 장애를 가진 사람들을 위한 선택을 하고 이를 실행에 옮기고 있다. 이들은 장애가 있는 사람들은 보호가 필요하고 스스로 결정하는 행동을 위한 기술을 배울 수 없기 때문에 부실한 선택을 하거나 교육목표나 재활목표와 부합하지 않는 방법을 선택할 것이라는 생각을 가지고 있다(Linhorst & Eckert, 2003; Sievert, Cuvo, & Davis, 1988). 심지어 사회복지사조차도 조력자로서의 역할을 수행하는 데 있어 자기결정운동(self-determination movement)을 수용하기 위한 방향보다는 여전히 전통적인 지원역할만을 하고 있다는 이유로 건강 및 재활 분야에서 비난받고 있다(Beaulaurier & Taylor, 2001). 개인적 자율성 역시 효율성을 높이고 갈등을 피하기 위하여 제약을 받을 수 있다(Kondrat, 1995). 예를 들면, 종사자와 가족구성원은 아동 · 청소년 및 장애가 있는 성인을 위해 결정을 내리고 그들이 내린 결정을 실행에 옮기는 방향을 선호할 수 있는데, 이는 아동 · 청소년 및 장애가 있는 성인이 스스로 결정을 내리고 이를 실행에 옮기도록 협상하고 지원할 경우 소요되는 시간과 갈등을 증가시킬 수 있기 때문이다.

자기결정기술을 지도하거나 이를 이용하기 위한 기회를 부여하지 못하게 되면 장애가 있는 사람들은 자신이 선택을 하고 자신의 삶을 가능한 정도로 통제할 수 있는 권리를 부정당하게 된다. 스스로 결정을 내리는 행동이 제약을 받으면 다른 부정적인 결과도 발생될 수 있다. 가족구성원, 전문가 및 지원인력에게 과도하게 의존하게 되면 장애가 있는 클라이언트가 사회생활에 적응해서 가능한 한 독립적으로 생활할 가능성이 줄어들 수 있다(Cooper & Browder, 2001). 선택권과 자신의 환경에 대한 통제권이 제한되는 것 역시 삶의 질을 떨어뜨리고, 학습에 대한 무력감을 불러일으키며, 공격, 자해 또는 불응 등과 같은 행동을 조장하게 된다. 연구자들은 이러한 행동을 클라이언트가 바람직하지 못한 활동이나 타인의 통제로부터 벗어나려고 시도하는 것으로 해석해 왔다(Bambara, Koger, Katzer, & Davenport, 1995). 자기결정권을 강화하는 것은 취약계층의 임파워먼트에 있어서 기본이 되는 것이며, 자유와 통제 및 선택권의 수준을 높이는 것은 수많은 긍정적인 결과와 관련되어 있다. 이러한 긍정적인 결과에는 삶의 질이 더 나아지고, 자존감과 자기효능감 수준이 높아지며, 교육, 의사소통, 사회화, 고용, 독립적인 생활, 여가/레크리에이션 및 자기보호 등의 성과가 향상되는 것 등이 포함된다(Agran et al., 2000; Browder, Cooper, & Lehigh, 1998; Field, 1996; Hicks-Cooolick & Kurtz, 1997; Kearney, Bergan, & McKnight, 1998; Wehmeyer & Palmer, 2003).

다음 절에서는 몇 가지 정신장애가 있는 성인뿐만 아니라 장애(예: 지적장애, 학습장애, 정서/행동장애, 신체적인 복합장애)가 있는 청소년들이 다양한 자기결정기술을 배우고 이용할 수 있도록 지원함으로써 이들을 임파워시키는 인지행동개입에 대해 기술하고 있다. 이 기술은 취약한 청소년과 성인이 학교, 직장, 가정 및 지역사회에서 자신들의 삶에 대해 내린 결정에 대한 통제권을 더 많이 확보하는 데 도움이 된다.

개인적인 의사결정에 대한 통제권 강화

여기에서 논의하는 인지행동개입은 두 가지 주요 내용으로 나뉜다. 먼저 장애가 있는 학생들이 개인적인 의사결정에 대한 통제권을 강화하고 교육회의에 효과적으로 참여할 수 있도록 하기 위해 자기결정기술을 지도하는 개입을 설명한다. 다음으로, 장애가 있는 학생과 몇 가지 정신장애가 있는 성인이 자신의 개인적 목표를 수립하고 달성할 수 있도록 지도하기 위해 설계된 인지행동 프로그램에 대해 기술한다.

다양한 영역에서의 의사결정과 교육회의에의 참여

장애가 있는 학생들이 스스로 결정한 행동을 익히고 이용할 수 있도록 지원하기 위해 이 절에서 기술하고 있는 세 가지 프로그램에는 다양한 인지행동개입활동이 포함되어 있다. 이와 같은 개입에는 지시, 개인적인 목표의 설정 및 실행 연습, 언어적/비언어적 의사소통 및 경청기술의 확인과 연습, 수동적·공격적·적극적 대응에 대한 역할극 상황 등을 비롯하여 문제해결훈련, 촉진 모의실험 및 사회기술훈련기법 등이 포함된다.

연구자들은 사전-사후실험설계(Abery, Rudrud, Arndt, Schuben, & Eggebeen, 1995), 단일사례조사, 중다간헐 기초선설계(Van Reusen, Bos, Schumaker, & Deshler, 1994) 그리고 기술 분야 간 복수기초선설계(Snyder, 2002) 등을 이용하여 이 프로그램들을 평가하였다. 한 가지 평가방식에는 학생들을 두 개의 개입집단과 한 개의 비교집단에 배정하는 세 가지의 연구설계가 사용되었다(Lancaster, Schumaker, & Deshler, 2002). 이때 연구자들은 모든 참여자를 대상으로 하는 중다간헐 기초선설계, 실험집단과 비교집단의 성과를 비교하는 실험 후 비교집단설계 그리고 두 실험집단의 성과를 비교한 사전-사후실험설계 등을 사용했다.

지적장애가 있는 학생들

에이버리와 그의 동료들(Abery et al., 1995)은 경증부터 중증 정도의 지적장애가 있는 고등학생의 자기결정권을 강화하기 위해 하나의 인지행동 프로그램을 설계하여 평가하였다. 학생들을 위한 10개 모듈의 역량-구축 요소와 그 가족들을 위한 8개 모듈의 교육요소 및 지원요소 등이 포함되어 있는 이 프로그램은 세 가지의 주요한 원천으로부터 얻은 정보를 통해 개발된 것이다. 이 원천에는 장애가 있는 사람들과 그 부모들, 장애학생을 돌보는 교육자들로 구성된 핵심집단, 자기결정권과 관련된 현행 연구 및 다양한 학군의 교사들과의 협력 등이 포함되어 있다.

학생모듈이 다루고 있는 열 가지 주제는 자기인식, 자기존중, 개인통제, 개인가치, 목표설정, 적극적인 의사소통, 선택, 자기규제, 문제해결 및 자기옹호 등이다. 개입회기들은 학생이 자신의 삶에 대해 더 많은 통제권을 이끌어 낼 수 있고, 개인적인 목표를 개발하며, 자기결정권을 강화하면서 관련 지역사회의 자원들에 관한 지식을 획득하는 동시에, 자신의 권리와 책임에 대해 더 잘 이해할 수 있는 개인적인 특징을 찾아낼 수 있는 기회를 제공하도록 설계된 것이다. 첫 번째 집단회기를 제외하고, 집단운영자가 이전의 회의에서 제시된 주요한 개념과 기술을 요약·검토하고 학생들이 전 시간에 배운 기술을 자연적인 상황에 적용하도록 하는 과제에 대해 토의하게 된다. 그후 집단운영자는 현재 진행되고 있는 회의주제와 관련된 주요한 개념과 기술을 제시하고, 이어서 집단토의와 학습경험 발표 및 과제 부여가 이루어진다. 이 학생모듈에서 사용되는 인지행동개입활동에는 문제해결훈련, 개인목표의 수립과 실행, 언어적/비언어적 의사소통과 경청기술의 연습 그리고 수동적·공격적·적극적 대응에 대한 역할연기 상황 등이 포함된다.

실천가는 학생들의 집에서 가족지원 요소(family support component)를 시행한다. 여러 차례 회기 동안 실천가는 가족구성원에게 자기결정권의 개념과 중요성에 대해 교육시키고, 청소년이 자기결정행동을 개발하고 실천하는 것을 지원하기 위해 가족구성원이 사용할 수 있는 실천적인 방법론을 제시하게 된다. 가족이 다루게 되는 여러 가지 주제들에 대한 사례로는 학생의 장래에 대한 계획, 자기결정권과 가족들의 가치관에 대한 균형 유지, 선택권의 증진, 문제해결의 지원, 개인목표의 달성, 자기옹호의 권장 및 가정과 지역사회 간의 유대관계의 개발 등이 있다. 이와 같은 주제들은 교육, 역할연기, 촉진 모의실험, 토론 및 개인 경험의 공유 등을 통해 교육이 이루어진다(교육훈련의 모듈을 얻으려면 이 책의 끝부분에 있는 '참고문헌'의 Abery et al., 1994 참조).

이 프로그램의 평가에 참여한 부모들은 지난 3개월 동안 전반적인 자기결정기술뿐만 아니라 선택, 자기조절, 문제해결 및 자기옹호와 같은 구체적인 기술면에서도 자녀들(18명)이 의미 있는 향상을 보였다고 평가했다. 부모들은 개입이 있은 후에 청소년 자녀가 가정 내에서 자신의 건강보호문제에 대해 더 많은 통제권을 가지게 되는 기회가 상당히 늘어났음을 보고하였다. 또한 부모들은 자녀에게 제공된 더 많은 결정을 자녀가 시도하는 모습을 관찰했음을 보고하기도 했다. 그러나 직장에 고용된 학생들의 경우 학교나 직장에서는 자기결정기술의 변화가 전혀 관찰되지 않았다.

발달장애, 학습 및 신체장애와 정서 및 행동 장애가 있는 학생들

여기에서 논의되고 있는 세 가지 인지행동개입인 자기옹호전략, 상호작용적 하이퍼미디어 프로그램(Interactive Hypermedia Program: IHP) 그리고 자기주도 개인별 교육프로그램(Self-Directed IEP Program)의 중요한 목표는 장애가 있는 학생이 자신을 위한 교육회의에 적극적으로 참여하도록 지원하는 것이다. 스나이더(Snyder, 2002) 또한 장애가 있는 학생에게 자신을 위한 교육회의에 효과적으로 참여하는 데 필요한 기술을 지도하는 것이 학생 자신들의 목표와 관심 그리고 선호하는 바를 주장하도록 배우는 데 있어 중요한 단계라고 주장하고 있다.

자기옹호전략은 장애가 있는 중·고등학생이 교육과 전환계획회의에 참여할 수 있는 능력을 준비하도록 고안된 동기부여적인 자기결정 프로그램이다(Test & Neale, 2004). 이와 같은 자기옹호 프로그램은 교육자 편람에 제시되어 있는 교훈을 따르는

지시적 기법과 사회기술훈련 기법을 이용하여 교육이 이루어지는 다섯 가지 단계로 구성되어 있다(편람을 얻으려면 이 책의 끝부분에 있는 '참고문헌'의 Van Reusen et al., 1994 참조). I-PLAN이라는 앞 문자는 다음과 같은 다섯 가지 단계를 교육하는 과정을 용이하게 하는 데 사용된다.

1. Inventory(목록작성 단계): 학생이 자신의 강점, 향상이 필요한 부분, 교육 및 변화 목표의 분야, 요구되는 편의 증진 및 학습 선호 내용 등의 목록을 작성한다. 이 정보는 IEP 회의에 가져갈 수 있도록 학생들의 목록용지에 기록된다.
2. Provide Your Inventory Information(목표정보 제시 단계): 학생이 회의가 진행되는 동안 이전에 확인된 정보를 제공하는 방법을 배운다.
3. Listen and Respond(경청 및 대응 단계): 학생이 다른 사람의 진술이나 질문을 경청하고 이에 적절히 대응하는 방법을 배운다.
4. Ask Questions(질문 단계): 학생이 관련 정보를 얻기 위해 적절한 질문을 하는 방법을 배운다.
5. Name Your Goals(목표명명 단계): 학생이 개인목표를 공유하고 그 목표를 달성하기 위한 여러 가지 행동계획을 제시하는 방법을 배운다.

개입 이후, 이 프로그램 평가에 참여했지만, 이전에 IEP 회의에 한 번도 참석한 적이 없었던 네 명의 8학년 학생들(흑인과 백인 각각 두 명)이 자신들을 위한 회의에 참석해서 자신들의 응답점수를 향상시켰다. 응답점수는 학생들의 기여수준과 실제 IEP 회의에 일반화된 기술들을 측정한 것이었다. 학생들은 개입 이후에 자신들의 자기결정점수를 향상시켰지만, 이와 같은 향상이 기초측정치로부터 통계적으로 의미가 있는 것은 아니었다. 그러나 최종적으로 학생들은 이 프로그램이 자신들의 IEP 회의를 준비하고 이에 참여하는 데 도움을 준 정도를 호의적으로 평가했다.

자기옹호전략 역시 장애가 있는 고등학생에게 의사소통과 I-PLAN 자기결정기술을 지도하는 상호작용적 하이퍼미디어 프로그램(IHP)에 포함되어 왔다(Lancaster et al., 2002). IHP는 CD에 탑재되어 있으며, 시청각 부분, 본문, 그래픽과 애니메이션이 포함되어 있어서 학생들에게 개별적인 피드백을 제공하고 있다. 이 전략은 학생이 어떠한 종류의 교육회의이건 이를 준비하고 참여하는 데 도움을 주도록 설계된 것이다. 이 프로그램은 SHARE 행동(sitting erectly, having a pleasant tone of voice, activating thinking, relaxing, and engaging in eye contact: 바르게 앉기, 유쾌한 목소리 갖기, 적극적으로 사고하기, 편안하게 하기, 눈 마주치기)이라는 다섯 가지의 의사소통 기술을 지도하고 있다. 다음으로는 I-PLAN(이전의 개입에서 기술하였듯이)의 다섯 가지 단계에 대한 교육이 이어진다. 실제로, 약 한 시간 정도 진행되는 교육이 이 프로그램에 포함되며, 교육에는 프로그램에 대한 설명을 하고 내용에 대한 학생의 이해도를 살펴보면서 역할연기를 촉진하는 실무자의 참여가 포함되어 있다. 학생 역시 모의실험이 이루어진 교육회의에 참여한다. 학생의 IEP 회의가 있기 전에, 실무자가 개인적으로 학생과 만나서 회의절차를 점검하고 학생이 얻은 기술을 사용할 수 있도록 격려하며 질문에 답하면서 학생에게 개별목록을 부여하게 된다.

학습장애, 행동장애 또는 건강장애를 가진 자발적으로 이 프로그램 평가에 참여하고 있는 학생들(22명)에게는 개입집단이나 지시를 전혀 받지 않는 비교집단에 포함되는 선택권이 부여된다. 이때 개입집단을 선택한 학생들은 실제로 진행되는 교육이나 IHP에 무선할당되었다. 실무자가 참여하는 IHP는 실제로 진행되는 교육만큼 똑같이 기술을 지도하는 데 효과적이었다(내용은 동일하지만 서면으로 진행되는 것이었다). 개입집단에 속한 학생들은 비교집단에 속한 학생들과 비교할 때 자신들의 장점, 약점, 학습 및 시험과 관련된 선호도와 목표 등을 비롯한 관련 IEP 정보를 공유하는 데 훨씬 더 능숙했다. 회의의 만족도에 대한 학생들의 평가는 개입집단의 경우에 더 높았지만, 그 차이는 통계적으로 유의미한 것은 아니었다. 그러나 교사들과 부모들에 의해서 완성된 조사는 실험집단에 속한 학생들이 준비성, 질문에 대한 대응과 질문하기, 자신들의 목표, 학습선호도 및 효과적인 학습활동에 대한 명확한 설명 등에 있어서 우수한 성과를 보였음을 뒷받침하였다.

이 세 번째 프로그램인 자기주도 IEP(J. E. Martin과 동료들, 1993a; 1993b 개발; Snyder, 2002 평가)는 청소년기에 있는 장애학생들에게 자신만의 IEP 회의를 이끌 수 있도록 지도하고 있다. 사회기술훈련 기법이 포함되어 있는 이 자기주도 프로그램은 11회기로 구성되어 있다. 개입에는 교육패키지의 개요를 설명하고 자신의 IEP 회의를 진행하는 학생을 묘사하는 화상 프레젠테이션이 포함되어 있다. 실천가는 다양한 주제에 관한 문제집 성격의 과제를 부여하게 된다. 이와 같은 주제에는 개인적인 목표를 확인하고 과거의 목표와 성과 및 확인된 목표를 달성하는 데 필요한 조치 등을 점검하며, IEP팀 구성원들로부터 받는 피드백과 적절한 질문과 타협기술 등을 얻기 위한 방법을 찾아내고 필요한 지원을 요청하는 등의 내용이 포함되어 있다. 또한 실천가는 학생들이 자신들의 IEP 회의를 위한 각본을 완성하도록 지원하며, 예상되는 행동에 대해 토론하면서 구두지시를 하기도 한다. 회기는 학생이 네 가지의 주요 영역, 즉 자신의 IEP 회의를 다른 사람에게 소개하는 과정, 과거의 IEP 목표에 대한 점검, 미래목표에 대한 토론, 회의를 마무리하는 과정 등에서 기술을 개발하는 데 초점을 맞추고 있다. 마지막으로 모의실험에 의한 IEP 회기는 준비된 각본을 사용하여 각 학생을 대상으로 시행된다(회기와 모의실험에 의한 IEP 회의 각본에 대한 더욱 구체적인 설명은 Snyder, 2002; 부록 C, D 참조).

경증 지적장애와 행동장애 진단을 받은 다섯 명의 학생들(라틴계 학생 2명, 백인학생 2명, 흑인학생 1명)이 이 프로그램 평가에 참여했다. 개입 이후 이 네 가지 주요영역에서 모든 학생이 사실상 기술을 향상시켰다. 비디오테이프 녹화를 통해 모의실험이 이루어진 IEP 회의와 실제로 진행된 IEP 회의에 대한 평가 역시 기술이 향상되었음을 확인시켜 주었다. 마지막으로, 학생들은 이 프로그램에 전반적으로 만족감을 표시했고 그 결과를 높게 평가했다.

개인목표의 설정과 달성

장애가 있는 학생들이 개인적인 목표를 수립하고 달성할 수 있도록 지도함으로써 이들의 자기결정권을 강화시켜 주고자 설계된 두 개의 인지행동 프로그램들에 대해 먼저 기술하고자 한다. 마지막 프로그램은 심각한 정신장애가 있는 클라이언트가 개인적인 목표를 수립하고 달성할 수 있도록 지원하고 있다. 전체 세 개로 이루어진 이 프로그램들은 사회기술훈련기법과 습득한 기술을 자연적인 환경으로 전이시키는 방법을 사용하고 있다(예: 과제부여 및 교사와 주요 타인들로부터 협력을 이끌어 내는 것). 이 프로그램에 포함된 기타 인지행동개입으로는 강화, 촉진(그림, 큐 카드), 그리고 문제해결, 자기지시, 자기점검 및 자기평가 등과 같은 자기관리전략이 포함되어 있다. 이 프로그램들은 복수기초선설계, 사전-사후 실험설계 및 간단한 기술통계 등을 이용하여 평가가 이루어졌다.

발달장애, 학습 및 신체장애와 정서/행동장애가 있는 학생들

아그란 등(Agran et al., 2000)은 장애가 있는 중 · 고등학생에게 자신의 목표를 설정하고 그 목표를 단계적으로 달성하며, 필요한 경우 해당 목표와 행동 단계를 조정할 수 있도록 지도하기 위해 '자기결정학습모델(Self-Determination Learning Model of Instruction, SDLMI)'을 개발했다(이 프로그램에 대한 더욱 상세한 기술은 이 책의 끝에 제시한 '참고문헌'의 Mithaug, Wehmeyer, Agran, Martin, & Palmer, 1998 참조). 학생들은 실천가의 지원으로 일, 사회적인 상호관계, 교육 또는 지역사회 생활 등의 향상을 위한 기술을 찾아내고 선택하게 된다. 지시사항의 준수, 직무성과의 향상, 개인위생, 예산편성, 컴퓨터의 사용 및 교통정리 등이 이와 같은 기술영역의 사례다. 일과 관련된 기술과 같이 적용이 가능한 경우에는 이와 관련되어 있는 개인들(예: 업무감독자)이 이 기술을 탐색하는 과정을 지원하게 된다. 실천가들은 이 모델을 교육하기 위해 세 가지의 지시단계를 사용하게 되는데, 그 각각에서는 반드시 해결해야 하는 한 가지 문제점이 제시되고, 학생이 그 문제를 해결하기 위해 제기하고 답하는 네 가지의 질문도 제시된다. 첫 번째 단계에서, 학생은 다음과 같은 네 가지 질문에 답변을 함으로써 목표를 찾아내게 된다.

1. "내가 배우고자 하는 것은 무엇인가?"
2. "현재 내가 알고 있는 것은 무엇인가?"
3. "내가 모르고 있는 것을 배우려면 어떤 변화가 필요한가?"
4. "이렇게 하는 데 있어서 내가 할 수 있는 것은 무엇인가?" (Agran et al., 2000, p. 358).

두 번째 단계에서, 학생들은 다음과 같은 네 가지 질문에 답변함으로써 그 목표를 달성하기 위한 계획을 찾아내게 된다.

1. "내가 모르고 있는 것을 배우기 위해 할 수 있는 것은 무엇인가?"
2. "내가 조치를 취하는 데 방해가 될 수 있는 것은 무엇인가?"
3. "이와 같은 장애물을 제거하기 위해 할 수 있는 것은 무엇인가?"
4. "언제 행동에 옮길 것인가?"

해당 실천가는 학생에게 이 모델의 처음 두 단계를 배우도록 지원하기 위해 설계된 연습 문제지를 제공한다. 또한 이 실천가는 학생에게 스스로 선택한 목표를 실행하기 위해 사용할 수 있는 구체적인 인지행동전략을 확인하고 습득하는 방법을 가르친다. 이와 같은 전략의 사례로는 자기지시, 자기점검, 자기평가, 문제해결 및 그림카드 등이 있다. 학생은 자신의 행동계획을 실행에 옮기고 자기주도적 학습전략을 이용하면서 이 모델의 세 번째 단계에 속하는 네 가지 질문사항을 적용하도록 지도받는다. 학생들이 필요할 때 자신들의 목표나 행동계획을 수정하도록 지원하는 네 가지 질문은 다음과 같다.

1. "나는 어떤 행동을 취했는가?"
2. "어떤 장애물이 제거되었는가?"
3. "내가 모르고 있는 것에는 어떤 변화가 일어났는가?"
4. "나는 내가 알기 원하는 것이 무엇인지를 알고 있는가?"

실천가는 질문 내용을 읽고 필요한 그 의미를 명확하게 해 주며, 학생이 질문에 답을 한 후에는 칭찬을 해 주고 적절한 경우 올바른 피드백을 제시한다.

세 개의 학생집단 간 복수기초선설계는 19명의 참여자 중 두 명을 제외한 모든 학생에게서 개입이 끝난 후 확인된 기술의 성과가 눈에 띄게 증가했다는 사실을 입증했다. 참여자들은 하나의 장애(학습장애 또는 지적장애) 또는 학습장애나 정신장애와 다른 신체 및 감각 장애 등이 결합된 장애를 지니고 있었다. 이 학생들의 대다수는 공식적인 개입이 끝난 후에 향상된 상태의 성과를 유지했다. 개입 전후의 교사의 평가결과에 따르면, 학생들이 설정한 목표의 89%가 예상했던 결과 수준이나 그 이상의 수준에서 달성이 되었음을 알 수 있었다. 교사들 역시도 학생들이 그 과정을 즐기며 자신이 내린 결정과 행동에 책임감을 가지고 있다는 사실을 인지하고 있었다. 모든 학생이 이 프로그램으로 자신들의 기술 숙련도와 독립심이 높아졌고 자신들이 이 문제해결과정을 즐겼다는 사실을 보고했다.

아그란 등(Agran, Blanchard, Wehmeyer, & Hughes, 2002) 역시 보통에서 중증 정도의 지적장애, 자폐증 및 복합장애가 있는 중학생을 수용하기 위해 자기결정학습모델(SDLMI)를 채택했다. 이 프로그램에서 실천가는 학생이 자신의 목표를 선택하도록 지원한 후 다음과 같은 질문을 던지고 그에 대한 답을 구함으로써 학생에게 문제해결과정을 지도하기 위해 사회기술훈련 기법을 이용하게 된다.

1. "무엇이 문제인가?"
2. "그 문제에 대해 내가 할 수 있는 것이 무엇인가?"
3. 선택된 해법을 시행한 후, "그것이 문제를 해결해 주었는가?"
4. "나 자신의 목표를 달성했는가? (p. 283)

담당 실천가는 학생이 문제해결과정을 익히도록 더 지원하고, 그 여러 가지 단계를 기억하는 데 도움이 필요한 경우 촉진을 위해 큐 카드를 제시한다. 또한 실천가는 학생이 각 수업이 시작될 때 문제해결과정을 따르도록 격려하고, 해당 수업을 진행하는 교사는 학생이 교실에서 자신의 목표를 달성하도록 이 여러 가지 단계를 적용할 수 있는 기회를 제공한다. 학생이 세우는 여러 가지 목표의 예로는 지시사항에 따르고 수업에 기여하는 것 등이 있다. 이 평가과정에 참여한 네 명의 학생 모두가 개입 이후 자신들의 목표를 달성했거나 초과달성했으며, 이들은 스스로 확인한 행동들을 담당교사들이 기대했던 수준 이상으로 초과달성했다. 이 학생들은 이 개입이 문제해결을 익히고 자신들이 확인한 기술을 향상시키며 스스로에 대한 긍정적인 느낌을 강화하는데 도움이 되었다고 보고했다. 이와 같은 행동들은 2주간이나 지속되었다.

연구자들 역시도 지적장애와 학습장애(Palmer & Wehmeyer, 2003)에 대한 교육지원을 받고 있는 저학년 초등학생(5~9세)과 지적장애 및 학습장애(Palmer, Wehmeyer, Gipson, & Agran, 2004)를 지닌 중학생의 인지수준과 발달수준을 충족시키기 위해 SDLMI를 채택했다. 평가결과는 유사한 긍정적 결과를 보였다.

이 두 번째 주요한 프로그램인 '행동 취하기(Take Action)'는 경증에서 중증 정도에 이르는 지적장애가 있는 고등학생이 자신의 IEP 목표를 달성하도록 지도하는 프로그램이다. 이 프로그램은 후버-마샬 등(Huber-Marshall et al., 1999)이 개발하였고, 후에 평가가 이루어졌다(German, Martin, Marshall, & Sale, 2000). 실천가는 두 가지 형식—장기목표 및 일일목표의 달성—중 하나를 이용하여 이 프로그램을 지도할 수 있다. 첫 번째 형식에는 자신의 장기적인 목표를 일주일 이내에 끝마칠 수 있는 체계적이고 단기적인 여러 단계로 세분하도록 학생을 지도하는 8개의 수업이 포함되어 있다. 그 후 학생은 여섯 가지의 주요한 단계와 관련된 여섯 가지의 질문에 응답함으로써 자신의 목표를 달성하기 위한 계획을 수립하게 된다.

1. 기준: "나는 무엇에 만족하게 되는가?"
2. 피드백: "나 자신의 성과에 대해 어떻게 피드백을 얻게 되는가?"
3. 동기부여: "왜 이런 일을 하고자 하는가?"
4. 전략: "어떤 방법을 사용할 것인가?"
5. 지원: "나는 어떤 도움이 필요한가?"
6. 일정: "언제 이 일을 하게 되는가?" (Huber-Marshall et al., 1999, p. 30)

일일목표를 달성하기 위한 형식은 학생이 한 주를 기준으로 하는 것이 아니라 일일계획을 평가하고 조정하도록 교사가 지도하는 마지막 세 가지 단계와만 관련되어 있다. 이와 같은 형식을 지도하는 데 있어서 실천가는 각 학생에게 실행할 수는 있지만 적절한 방법으로 수행할 수는 없는 다양한 과제가 포함된 30장의 일일목표카드를 만들어서 배부한다. 그러면 학생들은 자신이 입력한 IEP에서 도출한 매일의 목표들 중 세 개를 선택한다. 이러한 목표들에 대한 두 가지 예로는 일간신문에서 구직구인 광고란을 찾는 것과 촉진 없이 연속해서 다섯 가지의 과제를 완성하는 것이다. 실천가는 네 개의 수업이 포함되어 있는 교육패키지를 이용하여 '행동 취하기' 과정을 지도하게 된다. 이 수업들은 학생이 다음과 같은 행동을 취하는 것과 관련되어 있다.

1. 이 과정의 네 가지 단계인 계획, 행동, 평가, 적응을 익히기 위한 일련의 활동을 완성한다.
2. 고등학생이 자신의 목표를 달성하기 위해 이 과정을 이용하는 모습을 보여 주는 비디오를 시청한 다음, 실천가가 전략, 지원, 일정 등의 단계를 지도한다.
3. 예시가 되는 계획을 검토하고, 계획작성을 연습하며, 학생들 자신의 목표를 달성하기 위한 계획을 작성한다.
4. 개발된 전략, 지원, 일정 활동이 목표를 달성했는지 여부를 파악하기 위해 평가전략을 익힌다. 목표가 달성되지 않은 경우에는 해당 계획들을 조정하는 방법을 배운다.

이 네 번의 회기를 완료한 후, 학생은 6일 동안에 걸쳐 자신의 일일계획을 달성하기 위해 '행동 취하기' 활용을 연습하게 된다. 학생이 자신의 행동계획을 완성해서 실행에 옮기게 되면, 실천가는 촉진과 피드백을 제공하게 된다. 또한 실천가는 그날의 마지막 시간에 학생이 평가를 끝마치고 자신의 과업을 조정하게 되면 지원, 지시 및 피드백도 제공하게 된다. 공식적인 개입이 끝나고 나면, 학생은 자신이 가지고 있는 카드로부터 세 개의 일일목표를 선택해서 자신의 계획 양식을 완성한다(실천가가 계획작성을 지원할 수 있다). 그 날의 마지막 시간에 실천가는 어느 것이든 학생이 달성한 목표가 있다면 그에 대해 구두로 칭찬을 해 준다.

일일목표의 달성 형식을 평가하기 위해 사용된 복수기초선설계는 모든 참여자들(여섯 명)의 일일목표 달성률이 높아졌다는 사실을 입증했다. 기초선 과정이 진행되는 동안, 학생들이 달성한 목표의 수는 0~2개였다. 개입이 있은 지 10일 후에는 대다수 학생들이 자신들의 목표 세 가지를 모두 달성했다. 학생들은 이 프로그램이 '바보 같은(stupid)' 느낌 없이 자신들의 목표를 달성하기 위한 전략을 가르쳐 주었다고 보고했다. 또한 학생들의 목표달성은 스스로에 대한 인식이 강화된 것뿐만 아니라 선택과정에 자신감이 높아진 것과도 관련이 있었다.

중증 정신장애가 있는 성인

'성공적 삶을 위한 개인의 효과성'(Personal Effectiveness for Successful Living: PESL) 프로그램은 심각한 정신장애가 있는 클라이언트가 '자신의 사례관리자'가 되도록 지도하는 인지행동개입이다(Liberman & Kopelowicz, 2002). 30년이 넘는 기간 동안, 이 프로그램은 정신보건센터, 개인병원, 정신병원 그리고 재향군인의료센터를 포함한 전 세계의 다양한 치료환경에서 시행되어 왔다.

개인, 가족 또는 집단을 대상으로 시행될 수 있는 PESL 프로그램은 클라이언트가 목표를 설정하고 문제해결에 참여하며, 적절한 언어적/비언어적 행동을 배우고, 지역사회에 기반을 둔 과제를 완료하는 것을 지도하는 사회기술훈련을 사용한다. 클라이언트는 벽에 게시된 포스터에 있는 정보를 통해 의사소통기술과 문제해결기술을 되새기게 된다. 임상가(clincian)는 클라이언트에게 적절한 의사소통기술에 참여하는 과정을 묘사하는 역할연기를 강조하는 비디오 피드백을 제공한다. 또한 클라이언트는 습득한 비언어적 의사소통 행동(예: 눈 맞추기, 적절한 목소리 톤과 얼굴표정, 목적을 염두에 둔 의사소통)을 이용하기 위해 날짜, 숙제, 촉진을 포함한 기억카드의 형태로 과제를 받는다.

이러한 회기들 동안, 임상가는 클라이언트가 긍정적인 개인의 장기적인 목표를 분명하게 표현하는 것을 돕고, 그것이 만약 성공적으로 완료되었다면, 그들의 목표달성에 한 걸음 더 다가갈 수 있는 특별한 행동을 찾을 수 있도록 돕는다. 예를 들어, 만약 클라이언트가 친구를 늘리고 싶다는 목표를 선택한다면, 이를 장기적인 목표로 이끌 수 있는 일련의 행동목표는 아마도 '자신의 종교적 성향을 공유하는 사람들이 있을 법한 성경교실에 참석'하거나 '연락이 닿는 고등학교 친구를 불러 커피를 마시거나 영화를 보자고 초청'하는 것이 될 것이다. 기술훈련회기 동안에 임상가는 클라이언트가 구체적이고 점점 늘어 가는 목표들을 설정하는 것을 돕기 위해 SMART(Specific, Meaningful, Attainable, Realistic, and Transfer, 구체적인, 의미 있는, 달성 가능한, 현실적인, 전이되는) 기법을 사용한다. 첫째, 클라이언트는 특정한 목표들을 세우기 위해 다음 세 가지 질문에 응답한다.

1. "목표는 무엇인가?"
2. "그 목표를 이루기 위해서 누구와 상호작용을 해야 하는가?"
3. "이와 같은 상호작용이 언제 어디서 이루어질 것인가?" (p. 1377)

둘째, 클라이언트는 목표를 장기적인 개인목표와 연결한다. 셋째, 각각의 목표는 달성 가능해야 하며 달성하기 너무 어렵거나 너무 쉬워서는 안 된다. 넷째, 목표는 현실적이어야 한다. 즉, 클라이언트의 현재 가지고 있는 강점과 자원에 근거를 두고 구축이 되어야 하는 반면, 목표는 클라이언트의 권리, 책임 그리고 그들의 사회적 기능을 증진시키는 데에도 부합해야 한다. 마지막으로, 임상가는 치료환경에서 클라이언트의 일상으로의 기술전이를 촉진하기 위하여 지역사회 중심 사례관리자 및 클라이언트의 사회지지망 구성원들을 동원한다('개인적인 효과성' 임상 매뉴얼을 획득하기 위한 정보는 이 책의 끝에 제시한 '참고문헌'의 UCLA CRTRP 참조).

리버만과 코펠로위츠(Liberman & Kopelowicz, 2002)는 다양한 치료 환경에서 다양한 전문가들에 의해 행해진 PESL 집단에 참여한 79명의 클라이언트들의 목표들을 점검했다. 연구자들은 658개의 특정한 행동 과제를 포함한 123개의 개인목표들 전체를 확인했으며, 그중 72%의 과제가 만족스럽게 수행된 것을 알 수 있었다. 클라이언트들 또한 자신들의 전체 개인목표들 중에 63%를 성공적으로 달성했다고 보고했다. 하지만 결과는 각기 달랐다. 증상이 안정적이거나 완화된 클라이언트들은 가장 많은 목표를 달성한 반면에, 더 많은 사고장애나 정신과적 증상이 있는 클라이언트들은 상대적으로 적은 목표를 달성했다. 고도의 동기를 부여하는 장기간의 목표(예: 운전면허 회복하기, 자녀 양육권 유지하기)를 설정한 클라이언트들 또한 자신들의 목표를 달성하는 데 있어서 더 성공적이었다. 안타깝게도, 기초선 측정치와 PESL 프로그램에 대한 다른 평가결과는 보고된 바가 없다.

실천과 연구를 위한 분석과 비판

이 장에서는 지적장애, 학습장애, 감정/행동장애, 신체장애와 중증장애가 있는 학생, 그리고 심각한 정신질환이 있는 성인을 포함한 취약계층에게 삶을 통제할 수 있는 지식, 기술, 전략 등을 지도함으로써 임파워시키도록 설계된 인지행동개입에 대해 설명하였다. 다양한 인지행동방법들은 때로는 다른 교육적인 기술들과 결합하여 장애가 있는 학생과 클라이언트가 자기결정적인 행동을 획득하고 배우도록 도움을 준다. 이와 같은 방법들로는 사회기술훈련, 문제해결, 촉진, 자기지시, 자기평가, 자기점검, 그리고 자연스러운 환경에서 기술을 연습하는 것 등이 있다. 심각한 정신장애가 있는 클라이언트를 위한 PESL 프로그램을 제외하고, 개입은 학교제도와 결합하여 이루어진다. 이와 같은 개입은 학교와 정신건강을 담당하는 사회복지사에게 직접 적용되기는 하지만, 사회복지사에 의해 개발되거나 평가되지 않았다. 특히 취약계층을 위한 사회복지실천을 이끄는 기본가치로서의 자기결정의 중요성을 고려할 때, 이와 같은 현실은 놀라운 것이며 향후 사회복지 연구가 필요한 분야임을 시사한다.

효과성과 추가적 적용

앞서 설명한 인지행동개입들에 대한 평가결과, 이 개입들이 취약한 아동 · 청소년, 성인에게 적절한 기술들을 제공할 수 있으며, 그들의 삶에 대한 더 많은 통제를 행사할 기회를 증가시켰다는 것을 시사하고 있다. 이러한 낙관적인 결과들에도 불구하고, 이 평가결과에는 많은 한계가 있다. 조사자들은 주로 비실험적인 설계방법을 사용했으며, PESL 프로그램의 평가 역시 단순히 클라이언트가 달성한, 완료된 과제와 목표들의 비율만을 보고했다. 두 개의 다른 개입집단(IHP 또는 전통적 교육)에 무선할당된 학생들에 대한 평가에서는, 학생들은 먼저 개입 또는 비교집단 중 어디에 참가할 것인지 선택하였다. 따라서 이러한 자기선택이 개입집단에서 발견되는 긍정적 결과에 영향을 미쳤을 수도 있다. 게다가 참여자들은 종종 특정 계층에 있는 모든 개인을 대표하지 못하는 특징들을 기반으로 선택되는 경우가 많았다. 예를 들어, 저먼 등(German et al., 2000)은 '행동 취하기' 프로그램에 참여시키기 위해 학교 출석률이 가장 좋은 학생들을 선택했다.

또한 모든 학생이나 클라이언트가 결과측정에서 향상된 모습을 보인 것은 아니었으며, 몇몇 평가에서는 개입이 특정 성향을 가진 클라이언트에게 더 성공적이었다는 것을 보여 주었다. 예를 들어, 중증 정신장애가 있는 클라이언트가 자신의 목표를 설정하고 달성하는 것을 돕는 PESL 프로그램에서, 정신과적 증상이 안정적이거나 완화된 클라이언트는 성공적일 가능성이 더 높았다. 기타 연구들도 참여자들이 단지 특정한 환경에서만 향상되었으며, 중요한 결과 측정치에 있어서는 변화가 전혀 없었다는 것을 보여 주기도 하였다(예: 자기결정 범위).

이러한 개입들을 평가하는 연구결과와 방법론적인 결점들은 특정한 클라이언트에 대한 이러한 개입의 효율성이나 적용과 관련한 확고한 결론을 이끌어 내는 데 방해가 된다. 하지만 이와 같은 평가는 일부 장애가 있는 청소년과 성인이 자신의 목표를 세우고 달성하며, 학교회의에 적극적으로 참가하고, 자신의 삶에 관한 결정들이 이루어지는 데 필요한 투입을 증가시키기 위해 다양한 자기결정기술들을 배울 수 있다는 것을 암시한다. 취약인구(주로 학습장애와 지적장애가 있는 학생)에게 자기결정기술을 가르치는 인지행동개입에 대해 평가하는 최근 연구들의 보고서는 이와 유사한 결과를 도출한 바 있다(Algozzine, Browder, Karvonen, Test, & Wood, 2001; Test et al., 2004).

이 장에서 논의한 개입들이 정신건강과 학교환경에 직접적으로 적용되기는 하지만, 그것들은 다른 취약한 클라이언트나 사회복지실천 분야에도 적용될 수 있다. 미국 연방법은 장애가 있는 성인의 자기결정권 행사의 중요성을 인정하고 있다. 장애

학생들이 IEP와 전환계획회의에 참여할 것을 요구하고 있는 IDA 개정과 유사한 입법(예: 1992년과 1998년의 개정 「재활법」) 역시 장애가 있는 성인의 자기결정권을 권장하고 있다. 현행 법은 장애가 있는 성인이 자신의 개인적인 재활계획을 개발하는 데 참여하고, 독립적으로 생활을 유지하며, 선택을 하고, 미국 사회(Field, 1996; Test et al., 2004)의 모든 방면에 통합되는(예: 정치적, 경제적, 사회적으로) 권리를 인정하고 있다. 앞서 논의한 장애가 있는 학생이 적극적으로 자신의 교육회의에 참여하고 개인목표를 세우고 달성하도록 기술을 강화하는 개입과정 또한 비슷한 장애가 있는 성인의 자기결정행동을 강화하는 데 사용되거나 적용될 수도 있다.

또한 개인적인 평가가 클라이언트 삶의 특정 부분이나 특정 환경에서 클라이언트의 통제를 증가시키기 위해 기술개발이나 의사결정을 위한 더 많은 기회가 필요하다는 것을 제안할 때 이러한 개입이 적용될 수 있다. 추가적인 사회복지실천 분야로는 건강관리, 신체적/직업적 재활 그리고 아동복지 등이 있다. 경제적으로 취약한 사람과 민족적/인종적 소수자 및 성 소수자와 같은 기타 취약계층 클라이언트 역시 자기결정기술을 높이는 개입으로부터 혜택을 받을 수 있다.

자유와 통제, 그리고 사회정의

이 장에서 논의한 모든 개입들은 개인의 통제와 자유를 강화하는 데 초점을 두고 있다. 개입은 클라이언트가 자신의 목표를 설정하고 성취하며 교육회의와 자기 삶에 대해 기타 여러 가지 결정을 내리는 데 적극적으로 참여하도록 지도하고 있다.

모든 인지행동개입이 표준화되어 있기는 하지만, 이 개입에는 참여자의 자유, 투입 및 개입과정에 대한 통제력 등을 강화하는 방법이 포함되어 있다. 예를 들어, 장애가 있는 학생은 자신의 강점, 한계, 필요한 편의증진, 교육적인 선호사항 그리고 목표를 찾아낸다. 장애가 있는 학생과 중증 정신장애가 있는 클라이언트에게는 자신의 목표를 설정하고, 알리며, 행동으로 옮기고, 다양한 환경에서 자신의 결정을 내리는 연습을 할 기회가 주어진다. 물론, 결정을 내리고 목표를 설정하는 것은 여러모로 볼 때 제한적이다. 예를 들어, 학교제도 내에서, 학생의 목표는 이전의 교육회의에서 설정된 목표에 부합하도록 제한받을 수도 있다. 마지막으로, 개입프로그램은 개인의 통제를 강화할 수 있는 문제해결, 자기지시, 자기점검, 자기평가를 포함한 다양한 자기관리전략을 사용한다. 개인적 목표를 달성하기 위한 자기관리전략을 지도하는 '행동 취하기' 프로그램에 참가했던 일부 지적장애가 있는 학생들은 어리석다는 느낌을 받지 않았으며 기술을 배웠다고 보고했다. 이와 같은 반응은 인지행동절차가 학습장애가 있는 학생의 능력을 존중할 수 있다는 점을 시사하는 것이며, 이는 또한 사회정의와 부합하는 점이기도 하다.

사회적 타당성

사회적으로 적절한 목표와 결과

이 장에서 논의한 인지행동개입의 목표에는 자기결정권 및 부모·교사·학생들이 완성한 관련 척도를 향상시키기, 부모가 자녀의 삶에 대해 결정을 내릴 수 있는 기회를 향상시키기, 청소년 스스로 자기 자신의 결정을 더 많이 내리도록 시도를 하기 등이 포함된다. 개입목표의 다른 예로는, 중요한 정보와 기여한 목표의 수를 공유하는 것과 같이 학생의 참여 기술과 IEP 회의에의 기여도를 향상시키는 것이 있다. 다른 평가에서는, 결과측정에 학생이나 클라이언트가 설정하고 성취한 목표의 수가 포함되어 있다. 이러한 개입목표는 모두 사회적으로 가치가 존중되는 자기결정권이라는 개념과 부합하는 것이다. 하지만 여기에는 한계가 있다. 예를 들어, 실제로 IEP에 대한 학생의 기여 내용을 포함시키는 개입목표는 설정되지 않았다.

실천가와 연구자들은 학생의 목표가 바람직하고 용인되며 실행 가능하고 의미를 가지도록 하기 위해 이전에 논의된 인지행동개입에서 사용된 다른 방법들을 채택할 수도 있다. 예를 들어, 학생의 목표는 교사와 협의될 수 있으며, 이전에 학생이 투입했던 IEP와 일치할 수도 있다. 실천가는 중증 정신장애가 있는 클라이언트가 의미 있고 달성 가능하며 현실적인 개인목표를 선택하는 것을 도움으로써 그들의 개입목표의 사회적 타당성을 증가시킬 수 있다.

개입에 대한 평가는, 많은 참여자들이 자신들의 IEP 회의에 대한 기여의 수와 형태에서 그들 자신의 결정을 중시하고 개인적으로 목표설정을 시도하는 경향이 증가한 결과가 보여 주듯이, 참여자의 자기결정권이 강화되었음을 시사하고 있다. 그러나 이와 같이 개입에서 얻는 혜택이 학생이나 클라이언트에게 반드시 사회적으로 적절한 것은 아니다. 예를 들어, 교육회의에서 이루어진 학생의 수행성과의 향상이 학생의 교육적인 경험에 의미 있는 차이를 가져왔는가 하는 것이다. 개입평가 결과가 항상 호의적인 것은 아니었지만, 일부 개입평가는 개입을 통한 향상의 사회적 적절성을 결정하는 방법을 제공하고 있다. 학생은 개입에 참여함으로써 자신이 교육회의를 준비하는 데 도움을 주었는지 아니면 그 교육회의에 대한 만족감이 높아졌는지 여부를 평가할 수 있다. 또한 학생은 개입에 참여한 결과, 자신이 선택을 하는 데 있어서 자기인지력과 자기확신이 높아지는 것과 같이 기타 우호적인 결과를 경험했는지 여부에 대한 피드백을 제시할 수도 있다. 교사는 학생의 목표 및 기타 사회적으로 적절한 지표(예: 학업 및 행동 성과)의 향상에 관한 보고 내용의 기대수준을 개입 이전과 개입 이후로 나누어 평가를 완료할 수 있다.

어떠한 개입에 대한 평가에서도 비우호적인 결과가 조사됐다는 보고는 없다. 부정적인 결과에는 청소년에게 자신의 목표를 세우도록 격려하고 자신의 삶에 대해 더 많은 통제권을 가지도록 한 후에 교사와 학생 간의 또는 부모와 자녀 간의 갈등이 증가된 경우가 있을 수 있다. 개인이 가정, 학교 또는 기관의 기대와 부합하지 않거나 개인의 최고 관심사와 갈등을 일으키는 것으로 인식되는 목표를 선택하거나 결정을 내릴 때 갈등이 일어날 가능성이 있다. 어떠한 평가에서도 참여자가 자신이 바라는 목표를 달성하지 못했을 때, 그 결과로 실망, 슬픔, 사기저하 등과 같은 부정적인 결과가 발생했는지 여부를 파악하지 못했다. 이러한 결과는 실천가와 연구자들이 예상되는 비우호적인 결과에 클라이언트 및 관련자들이 대처할 수 있도록 논의하고 준비해야 할 필요성이 있음을 시사하고 있다.

사회적으로 적절한 개입절차

이 장에서 논의한 어떠한 인지행동개입도 개인에 대한 기능적 평가를 수행하지 않았다. 개입활동 개발자들은 기술의 부족, 그리고 어떤 경우에는 기회의 부족이 참여자들이 자신의 삶에 대해 더 많은 통제권을 행사하지 못하도록 유지시키는 요인으로 추정한다. 사람의 능력에 대한 부정적인 평가, 더 많은 통제권을 가지려는 시도 후의 부정적인 결과에 대한 두려움, 실제 그러한 부정적인 결과 또는 자원의 부족 등과 같이 있을 법한 기타 유지조건에 대해서는 조사가 이루어지지 않았다. 실천가는 좀 더 적절한 개입을 제시할 수 있는 이와 같은 형태의 유지조건을 파악하기 위해 개인적인 기능평가를 수행할 필요가 있다.

개별화된 평가에 대한 관심이 부족함에도 불구하고, 이 장에서 논의한 인지행동개입의 개발자들은 개입의 사회적 적절성을 강화하기 위해 다른 기법들도 사용했는데, 이는 실천과 후속연구에 기초가 될 수 있다. 초점집단(focus group) (예: 장애가 있는 개인, 그들의 부모와 교사들), 자기결정과 그와 관련된 주제들에 대한 연구, 그리고 비슷한 집단에게 서비스를 제공하고 있는 다른 전문가들과의 공동작업으로부터 수집한 정보는 개입자료에 의해 설정된 과제와 반응들이 사회적으로 적절한지 여부를 식별할 수 있다. 참여자에게 그들 자신의 삶의 맥락에서 기술을 연습할 수 있는 기회를 제공하는 것과 가족이 청소년의 자기결정권과 가족의 가치관 사이의 균형을 잡는 것을 지원하는 것은 개입의 수용성과 실행가능성을 증가시켜 주는 전략의 다른 예다.

또한 실천가와 연구자들은 참여자의 특수한 욕구에 부응함으로써 개입을 더 수용 가능하고 사용 가능하게 만들 수 있다. 머릿글자의 사용(예: I-PLAN이나 SMART)과 문제해결과정을 간단한 단계로 나누는 것은 인지적 또는 정신과적 장애가 있는 클라이언트가 문제해결 및 다른 기술 배우기 과정을 기억해 내는 데 도움이 될 수 있다. 목표로 확인된 행동의 표출기회를 제공하기 위해 교사의 협력을 확보하는 것, 매일 촉진과 피드백을 제공하는 것, 그리고 일일목표카드를 만드는 것과 같은 활동들 역시 인지적으로 한계가 있는 학생이 그 확인된 기술을 실행에 옮기는 것을 도울 수 있다. 벽 포스터에 정보를 게시하고 기억카드와 같은 형태로 과제를 주는 것은 실천가가 중증 정신질환이 있는 클라이언트가 기술을 배우고 그것들을 자신의 삶에서 일어나는 상황들에 적용하는 것을 도울 수 있는 추가적인 기술이다.

개입이 사회적으로 타당한 목표를 달성하는 데 성공했을지라도, 그 개입이 학교나 다른 환경들에서 지속되어야 한다면, 이는 반드시 그 개입을 수행하는 참여자, 종사자 그리고 그 밖의 전문가에게 수용이 되어야 한다. 실천가, 연구자 그리고 관리자들은 앞에서 기술한 개입의 평가로부터 인지행동개입의 수용 가능성을 측정하는 방법을 채택할 수 있다. 그러한 전략에는 학생이 개입과정에 대한 만족도와 즐거움을 평가하고 교사가 개입에 대한 학생의 반응(예: 참가에 대한 그들의 즐거움이나 의지)을 관찰하는 활동이 포함된다. 개입을 계속 사용하고자 하는 교사의 의도는 개입절차에 대한 수용 가능성과 사용 가능성의 또 다른 지표다. 하지만 개입을 수행하는 데 관련된 시간이 그들의 수용 가능성의 가장 큰 장애물일 것이다. 예를 들어, 에이버리 등(Abery et al., 1995)이 개발한 교실에 기반을 둔 자기결정 프로그램에는 대략 각

90분 정도의 24주 기간이 포함되어 있다. 연구자들이 인정하듯이, 필요한 교육과정을 가르치려고 고군분투하며 학생의 교육적인 성과를 방해하는 문제들을 다루는 피로가 누적된 교사 및 교직원이 추가적인 기술과 결과를 관찰하고 가르치기에는 시간이 부족할 것이다. IHP의 평가는 학생이 자기결정기술들을 배우도록 도울 수 있는 컴퓨터 소프트웨어가 사용 가능한 대안이 될 수 있음을 시사한다. 결국, IHP 소프트웨어와 앞서 논의한 개입의 수행을 위해 표준화된 매뉴얼의 사용 가능성 덕분에 훈련과 프로그램 개발에 포함되는 대규모의 비용과 시간이 감소될 수 있다.

유지와 일반화

앞에서 기술한 개입과 평가는 취약계층 학생의 자기결정기술을 강화하기 위해 설계된 인지행동방법들과 연구에 대해 빈번히 이루어지는 비판 내용과 일치한다(Abery et al., 1995; Test et al., 2004). 먼저, 개입은 습득된 기술의 유지나 습득된 기술을 공동체, 가정, 직업 그리고 고등교육 환경과 같은 기타 자연적인 맥락으로 이전하기 위한 계획을 가지고 있지 않다는 것이다. 둘째, 평가는 장기간에 걸친 기술의 유지나 일반화를 평가하지 않았다. 또한 다음의 두 가지 예외는 있으나, 이 장에서 논의된 개입들은 부모, 돌봄제공자 및 고용감독자들과 같은 다른 환경에 속하는 개인들을 포함하지 않는다.

첫 번째 예외인 PESL 프로그램은 심각한 정신장애가 있는 클라이언트의 일상생활로 기술을 이전시키는 것을 촉진하기 위하여 사례관리자를 배정하고 자연스러운 지원(예: 가족구성원)을 동원한다. 지적장애학생의 자기결정기술을 강화하는 에이버리(1995)의 복합구성요소 프로그램은 학생들의 가족만이 포함되는 유일한 학교기반 프로그램이다. 흥미롭게도, 이 평가는 가족구성원이 적극적으로 개입에 참여했던 가정이라는 배경 내에서만(학교나 직장 환경이 아닌) 학생이 자신의 자기결정권을 강화시켰다는 사실을 보여 주었다. 이와 같은 연구결과는 실천가가 다양한 환경에서 생활하고 있는 관련된 사람들을 평가에 포함시킬 필요가 있다는 사실을 시사하고 있다. 또한 실천가는 취약한 클라이언트가 자신의 삶에 대한 통제력을 더 행사하도록 돕기 위한 기회, 자원, 강화와 같은 후속사건이 존재한다는 것을 확실하게 하기 위해 관련 환경을 평가할 수 있고, 필요한 경우 여기에 개입할 수도 있다. 후자의 시사점은 에이버리 등이 수행한 초점집단으로부터 도출된 논평의 지지에 근거를 두고 있다. 참여자들은 장애를 가진 청소년을 자기결정을 막는 장애물로 대하는 사회와 전문가들의 태도를 확인하였다.

이 장에서 논의한 개입평가는 클라이언트가 자신의 자기결정기술을 유지하고 이러한 기술들을 다양한 자연적인 환경에 전이시킬 수 있도록 돕기 위한 인지행동개입의 실천 및 후속 개발의 기초가 될 수 있는, 중요하지만 소홀하게 취급되어 온 두 가지 문제를 제시한다. 첫째, 교사와 같은 주요 타인이 학생이 그 기술을 실행에 옮기도록 지원했을 때(예: 촉진하고 특별히 기회를 부여함으로써), 그 학생이 그러한 지원이 없이 그 기술을 유지할 능력이 있었는지의 여부는 파악하지 못했다. 학생과 클라이언트들이 지원 없이 개입으로 인한 개선내용을 유지할 수 없는 경우라면, 필요한 지원이 계속될 수 있는 전략을 사용해야만 한다. 둘째, 실천가가 클라이언트에게 일어날 수 있는 부정적인 느낌(예: 개인적인 목표를 달성하지 못한 데 대한 실망)과 타인으로부터의 부정적인 반응(예: 자신이 내린 결정에 대한 거부)에 대해 논의하고 대비하지 않는다면, 클라이언트는 자신이 획득한 기술을 유지하거나 다른 환경, 상황 및 개인들에게 전이시킬 수 없을 가능성이 있다.

이 요약과 분석은 결론을 낼 수 없는 여러 가지 의문을 제기하고 있지만, 실천가가 취약한 입장에 있는 학생과 클라이언트들이 스스로 결정한 행동을 증가시키기 위해 인지행동개입을 사용할 수 있다는 점을 시사하고 있다. 또한 취약계층의 자기결정권 강화를 위한 인지행동개입의 설계와 평가를 하는 사회복지분야 연구자를 위한 특별한 기회도 제시하고 있다.

다음 장에서는 취약계층의 자기결정행동을 증가시키는 인지행동전략에 대한 기술과 평가가 이어진다. 그러한 개입들은 취약계층 클라이언트에게 선택을 결정하는 기술을 교육시키고 여가/레크리에이션, 직업, 식사, 자기보호와 같은 일상적 활동이나 지역사회 거주결정과 같은 장기적 결정에 있어서의 선택권을 제공함으로써 그들을 임파워시킨다.

일상 및 장기적 의사결정에서의 선택 증가시키기

대부분의 성인은 자신의 삶에서 여러 단기 및 장기적 의사결정을 함으로써 자기결정권을 행사한다. 매일의 또는 일상적인 반복적 선택은 언제 기상을 하고 취침을 할지, 무엇을 입으며 먹을지, 어느 레크리에이션 및 여가 활동에 참여할지, 그리고 집안일과 업무를 어떻게 수행할지 등을 포함하고 있다. 장기적인 선택들은 어디에서 살 것이며, 누구와 살지, 그리고 다양한 교육 및 직업 결정들을 포함한다(Faw, Davis, & Peck, 1996). 아동 · 청소년의 선택은 대체로 성인의 선택보다 제한적이지만, 비슷한 형태의 결정을 내리면서 자기결정권을 행사한다.

선택이란, 자기결정의 여러 정의들에서 발견되는 공통 요소이며 임파워먼트에 있어서는 필수적이다. 셰빈과 클라인(Shevin & Klein, 1984)은 장애가 있는 개인들의 "선택하기"를 "개인이 익숙한 여러 옵션 중에서 선호하는 대안을 선택하는 행위"로 정의한다(p. 160). 안타깝게도 일부 취약계층 인구, 특히 특정 장애가 있는 사람들은, 대부분의 사람들이 당연시 여기는 효과적인 선택기술(choice-making skills), 자신의 선택을 적절히 의사소통할 능력, 그리고 일상적이고 장기적 선택을 할 기회가 부족하다(Argan et al., 2000; Bambara et al., 1995).

이 장은 지적장애, 신체장애 및 복합장애가 있는 클라이언트에게 보다 효과적으로 선택하고 의사소통하도록 하는 인지행동개입들을 제시한다. 이러한 개입들은 또한 클라이언트들이 여가 및 레크리에이션 활동, 업무, 식사, 그리고 자기관리와 같은 일상적인 활동과 장기적으로는 지역사회 거주지를 선택하는 의사결정에 있어 선택할 수 있도록 고안되어 있다. 간단한 요약, 실천과 연구를 위한 시사점을 포함한 개입에 대한 분석을 마지막 부분에 제시한다.

레크리에이션 및 여가 활동

레크리에이션 및 여가 활동이란 개인의 선택에 따라 시간을 소비하는 것이다. 취약한 개인들이 학교, 지역사회 및 가정에서 의미 있는 레크리에이션 및 여가 활동에 참여하기 위해서는 선호하는 내용 확인하기, 선호사항 옵션 준비해 놓기, 선택하기, 그리고 최소의 외부개입으로 한 가지 활동에 참여를 유지하는 것이 필요하다(Nietupski et al., 1986). 이 부분에서는 지적장애, 신체장애 및 학습장애가 있는 개인이 레크리에이션, 여가, 놀이 활동에서 선호사항을 의사소통하고 선택할 수 있도록 지원하는 행동개입에 대해 설명한다.

여기에서 설명하는 개입은 취약한 클라이언트가 선택하고 자신이 한 선택에 대해 의사소통할 수 있도록 지원하는 선호사항의 평가(preference assessments)와 다양한 전략을 포함한다. 선택차트, 활동 책과 카드, 마이크로스위치(microswitch) 통신시스템과 배지(badge) 등도 역시 포함된다. 다양한 행동전략들—예를 들어, 신체적/동작/언어/그림 촉진, 모델링, 역할놀이, 오류없는(errorless) 교육과정, 사회적 강화—은 클라이언트들이 선택기술을 학습하도록 지원한다. 두 개의 행동 프로그램 중에는 장애를 가지고 있지 않은 동료들도 개입에 포함된다. 모든 개입들은 복수기초선설계를 사용하여 평가되었다.

지적장애가 있는 개인

이 행동개입의 주된 목적은 학교 또는 관련된 다른 환경에서 지적장애가 있는 청소년이 자유시간을 가질 때 스스로 선택하고 레크리에이션 및 여가 활동을 할 수 있는 능력을 길러 주기 위함이다(Nietupski et al., 1986). 실천가는 다른 사람들을 관찰한 결과, 각각의 청소년이 즐거워하는 활동을 지정하여 선택차트를 설계하는 것으로부터 시작하였다. 읽기능력이 없는 청소년을 위해서는 4~5개의 가능한 활동사진이 담긴 '사진선택차트'를 만들었다. 다른 청소년들을 위해서는 보드, 비디오 게임, 잡지,

퍼즐 같은 레크리에이션 및 여가 활동들의 이름을 선택차트에 프린트해 두었다. 실천가는 청소년이 흥미를 느끼는 정도에 따라 활동들을 추가하거나 삭제하며 선택차트를 정기적으로 업데이트하였다.

청소년의 학교 또는 다른 곳(지역사회 생활훈련 장소 또는 그룹홈)의 여가시간에 실행되는 개입에서는, 청소년에게 선택차트에서 여가활동을 선택할 수 있는 기회를 주었다. 선택 후, 실천가는 청소년을 칭찬하였다. 만약 청소년이 선택을 하는 데 실패하면 실천가는 행동이나 말로 그들이 선택을 할 수 있고 필요한 자료를 획득할 수 있도록 촉진하였다. 활동이 시작되고 난 후 만약 청소년이 적절히 참여하면 실천가는 칭찬을 하였고, 만약 청소년이 부적절하게 활동에 참여하면 실천가는 구두로 적절한 참여를 촉진하였다. 만약 효과적이지 않으면, 실천가는 필요에 따라 신체적으로 촉진하면서 직접적인 참여를 보여 주었다.

학교환경에서 일어나는 개입에 대한 평가 중 세 명의 참여자는 기회가 주어지면 선택하는 데 거의 실패하지 않는다는 것을 보여 주었다. 참여자는 또한 외부개입 없이 여가시간에 참여하는 시간의 양이 상당히 증가했다. 개선은 1~4주 후에도 유지되었다. 학교관계자들은 이러한 절차가 적합하다고 생각하였으며, 다른 학생들에게도 적용하기 위해 절차를 도입하였다. 제5장에서 다루었던 행동적인 개입은 여기에도 관련이 있다. 그 개입은 지적장애나 그 밖의 도움이 필요한 청소년 학생들에게 레크리에이션 활동을 선택하고 체육수업 동안 다른 학생에게 참여의사를 묻는 것이 필요함을 가르쳤다.

밤바라와 에이저(Bambara & Ager, 1992)는 중증 지적장애를 가진 성인이 여가활동을 선택하고 시간을 계획하며 시작하는 것을 가르치기 위한 행동적인 개입을 설계하였다. 클라이언트와 관계자들의 인터뷰를 기반으로 한 활동들은 집(예: 식물 기르기, 음악 듣기, 친구에게 전화하기, 좋아하는 TV쇼 보기)이나 지역사회(예: 근처 가게, 음식점, 쇼핑몰 가기, 친구나 가족 방문하기)에서 실행될 수 있다. 시장에서 판매되는 활동 책과 카드는 클라이언트가 활동을 선택하고 시간을 분배할 수 있도록 가르치는 데 사용된다. 활동 책의 각 페이지 위에 요일이 씌여져 있으며(글을 읽지 못하는 클라이언트를 위해서는 관련된 사진과 함께) 활동카드를 보여 줄 수 있는 투명한 주머니로 구성되어 있다. 활동카드는 클라이언트의 능력에 따라 사진, 글 또는 이 두 가지가 합쳐진 것으로 구성되어 있다. 도움이나 지원이 필요한 활동의 카드에는 활동의 시간을 계획하기에 앞서 클라이언트가 도움을 요청하도록 안내되어 있다. 예를 들면, 자동차 그림은 클라이언트가 가족을 방문할 때 미리 교통편을 마련하도록 촉진한다.

기술훈련은 클라이언트가 일주일 동안 매일의 카드를 택하여 적절한 주머니에 카드를 넣음으로써 카드를 정리하고, 카드에 나와 있는 필요한 도움을 줄 수 있는 관계자의 지원을 찾는 것 등 스스로 활동을 안배하는 것을 가르치기 위해 사용된다. 관계자 역시 클라이언트가 활동 책을 매일 사용하고 선택한 활동을 스스로 시작할 수 있도록 촉진한다(예: 당신의 책을 가져오세요, 당신의 활동들을 보세요). 매일 저녁, 관계자는 하루의 정해진 활동을 검토하고 레크리에이션 활동참여에 관련된 활동들을 칭찬한다. 만약 클라이언트가 정해진 활동에 참여하지 않았다면, 관계자는 활동에 관한 논의는 하였지만 그와 관련한 불편함을 표현하지 않았다. 개입 이후 촉진과 저녁시간의 검토는 없어지지만 관계자는 클라이언트들이 여가활동 일정을 조정하는 동안은 그들과 매주 만났다.

평가에 참여한 지역사회 생활 서비스를 받은 세 명의 클라이언트들은 모두 스스로 여가활동의 일정을 계획하는 법을 배웠다. 개입 이후 이 능력은 6~8개월 동안 지속되었다. 이 개입은 또한 클라이언트들 스스로가 정한 여가활동이 상당히 빈번해지고 다양해지는 결과를 낳았는데, 이러한 결과는 개입 이후 9~20주까지 지속되었다.

행동개입은 심각한 지적장애나 의사소통에 제한이 있는(예: 몇 가지 단어로만 말할 수 있는) 성인들에게도 특정 레크리에이션 활동에 참여할 수 있는 환경을 선택할 수 있도록 가르칠 수 있다(Browder et al., 1998). 이러한 개입에서, 실천가는 각각 두 명의 클라이언트에게 두 가지 다른 환경(예: 노인센터와 다른 지역사회 환경)에서 예전에 참여한 적이 있으며, 참여를 거부하지 않고 정기적으로 활동할 수 있는 두 가지 활동을 선택한다. 예를 들면, 하나의 활동은 노인센터나 지역도서관에서 잡지를 보는 것이다. 그러고 나서 실천가는 클라이언트가 두 환경에서 활동을 대표할 수 있는 두 가지 물건을 선택하도록 가르친다. 잡지활동에서 노인센터를 대표하는 물건은 잡지 구독 카드가 될 수 있고 지역사회 물건은 도서관 카드가 될 수 있다. 이후 시간지연을 포함한 오류없는 교육과정을 사용하여 클라이언트가 두 물건 중 한 가지를 고를 수 있게 가르쳐 준다.

첫 번째 회기 동안, 실천가는 즉각적인 손짓과 신체로 표현하는 일련의 촉진을 사용한다. 예를 들면, 실천가는 클라이언트의 왼손으로 잡지구독 카드를 가리키고 그의 오른손으로 잡지구독 카드를 집도록 알려 주며, "여기에서 잡지를 보려면 무엇이 필요한지 보여 주세요."라고 말한다. 실천가는 클라이언트의 물건 선택에 대해 칭찬하고 활동에 참여하도록 클라이언트를 데리고 간다. 두 번째 회기에서는, 손짓으로 촉진하면서 5초 후 신체적인 촉진이 바로 행해진다. 만약 클라이언트가 잘못된 물건을 선택했다면, 전문가는 "아니죠, 이게 필요하죠."라고 말하며 클라이언트에게 몸짓으로 옳은 물건을 선택하도록 한 뒤 칭찬을 한다. 그리고 클라이언트는 이와 상응하는 환경으로 가게 된다. 그 이후의 회기에서 실천가는 촉진을 하기에 앞서 5초간 기다린다. 클라이언트가 성공적으로 두 장소를 구별 가능할 때, 두 장소를 대표하는 두 가지 물건을 동시에 보여 주며 클라이언트에게 "어디에 가고 싶습니까?"라고 묻는다. 그러고 나서 한 가지 물건을 집은 후, 클라이언트는 활동장소로 이동하게 된다.

개입에 대한 평가에서 세 명의 클라이언트는 각각의 장소를 대표하는 물건을 선택하는 것을 배웠고 자신이 선호하는 것을 분명히 보여 주었으며 실수는 하지 않았다. 예를 들면, 클라이언트가 노인센터의 활동을 선택했으면, 지역사회활동을 하러 가는 다른 클라이언트들과 함께 떠날 준비를 하지 않았다. 브라우더 등(Browder et al., 1998)이 관찰했던 것처럼, 이 평가에서는 적절한 자료와 개입이 있을 때 심한 지적장애가 있는 사람도 레크리에이션 활동의 장소에 관련된 의견을 표현하고 선택할 수 있다는 것을 보여 준다.

복합장애가 있는 개인

케네디와 해링(Kennedy & Haring, 1993)은 통합형 공립학교에서의 레크리에이션 활동에 변화를 요구하기 위하여 중증 신체 및 발달 복합 장애가 있는 학생들(5~20세)에게 마이크로스위치 통신시스템을 사용할 수 있도록 가르치기 위해 이 행동개입을 개발하였다. 이 개입은 활동이 제한되고 얼굴표정, 다양한 소리와 머리 끄덕임을 통해서만 대화가 가능한 개인들을 위해 고안되었다. 개입은 마이크로스위치 통신시스템과 결합되며, 학생들이 선호하는 레크리에이션 활동을 식별하도록 각 학생의 선호사항을 평가함으로써 시작된다. 평가 동안, 태엽 장난감, 키보드, 퍼즐, 컴퓨터 게임, 말하는 책 그리고 음악과 같이 다양하고 친숙한 활동과 오락적인 물건이 각 학생 앞에 있는 무릎 받침대나 테이블 위에 놓인다. 4일 동안의 한 회기 중, 실천가는 재료나 물건을 적절히 사용하여 학생들이 물건들에 관여할 수 있게(예: 물체를 만지거나 바라보도록) 촉진한다. 각 활동에 참여하는 학생들의 시간 비율은 기록되며(더 자세한 과정은 Kennedy & Haring, 1993, pp. 65-66 참조) 학생들의 참여도가 가장 높거나 낮았던 물건들이 남게 된다.

그러고 나서 실천가는 학생의 활동변화(예: "우리 다른 것 하자.")를 요구하는 친구들의 메시지가 미리 녹음된 테이프 녹음기를 작동시키는 마이크로스위치를 누르는 것을 학생들에게 가르친다. 학생들에게 물건을 보여 주고 그 물건을 보거나 만지게 촉진한 뒤 5초 동안 학생들이 마이크로스위치를 누르거나 참여를 중단할 때까지 상호작용을 계속한다. 만약 학생이 참여를 중단하면 물건을 치우고 마이크로스위치를 누르게끔 신체적으로 촉진한다(예: 학생들의 팔/손이 스위치를 켤 수 있게 움직여 준다). 학생이 스스로 스위치를 누르면 그 물건을 치워 주고 다른 물건으로 대체한다. 학생이 스위치를 작동하는 것을 배운 후 장애가 없는 또래친구들과 모여 휴식시간 동안 마이크로스위치를 이용하여 그들과 교류하게 한다.

평가에 참여한 네 명의 학생 중 세 명은 가능한 한 마이크로스위치를 사용하여 물건이나 활동의 변화를 요구하였으며, 레크리에이션과 관련된 물건에 대한 참여도도 개입 이후에 증가했다. 학생의 마이크로스위치 통신시스템의 사용은 비장애친구들과의 사회적 교류를 일반화시켰으며, 두 명의 학생들은 물건을 바꾸는 시기를 직접 선택했을 때 교류에 더 적극적으로 참여하였다. 그러나 한 학생은 활동 변경 시기를 또래친구가 선택했을 때 더 적극적인 참여를 보였고, 네 번째 학생은 선호도를 나타내지 않았다. 마지막으로, 평가는 중증 복합장애를 가지고 있는 아동 · 청소년들이 특정 물건이나 활동에 확실한 선호가 있음을 보여 주었으나 선호는 시간에 따라 달라질 수 있으므로 지속적인 평가가 필요하다.

이 절에서 논의한 마지막 행동개입은 심한 중증장애(예: 심한 지적장애, 발작장애 또는 뇌성마비)가 있는 말이 서툰 초기 청소년기 학생들이 통합적인 학교환경에서 놀 때에 활동을 선택하고 시작하도록 도와준다(Jolly, Test, & Spooner, 1993). 이 개입은 특히 임파워먼트에 도움이 된다. 제5장에 논의되었으며 이전 절에서 인용된 개입(Hughes et al., 2004)과 마찬가지로, 이 개입은 학생이 놀이친구와 놀이활동을 둘 다 선택하도록 가르친다. 개입은 장애가 있는 학생이 좋아하는 활동의 사진을 가지고 학생의 휠체어에 달 수 있는 배지를 만들면서 시작한다. 실천가는 장애가 있는 학생, 교직원(예: 교사와 보조교사) 그리고 비장애학생들을 포함하는 역할놀이를 시작한다. 역할놀이에서 가장 강제성이 적은 촉진부터 강제성이 높은 촉진 순으로 단계에 따라 장애가 있는 학생이 다른 사람에게 접근하고, 배지를 떼어 내어 선택한 다른 사람에게 내밀 수 있도록 한다. 선택된 사람은 활동배지를 받고 그 학생과 놀이를 한다. 장애가 있는 학생이 독립적으로 배지를 사용할 수 있게 되었을 때 그들은 자유로운 놀이공간으로 이동된다. 실천가는 비장애학생들에게 장애친구들이 무엇을 하며 놀고 싶은지 이야기하는 새로운 방법이 있다고 설명한다. 평가에 참여한 두 명의 장애학생들에게서 활동놀이를 시작하는 수가 증가하였으나 그들과 비장애또래들과의 지속적인 상호작용은 관찰되지 않았다.

매일의 일상적인 활동

이 절에서 논의하는 행동개입은 심한 복합장애가 있는 개인들이 특히 자기결정을 높이는 것과 관련이 있다. 개입은 집안일과 자기관리, 옷 입기와 식사하기, 그리고 업무와 같은 일상생활에서의 선택을 증가시킨다. 서두에서 설명했듯이, 장애가 있는 개인은 대부분의 사람들이 당연시 여기는 삶의 일상적인 부분에서 선택의 폭이 매우 좁다. 클라이언트의 주거공간에서 일상생활에서의 선택을 증가하기 위해 고안된 여러 개의 개입들이 먼저 소개되며, 이후 작업 환경을 결정하고 직원이 작업에 대한 선택이나 작업을 실행하는 방법을 제공하는 기술들이 소개된다. 개입은 설득과 사회기술훈련 그리고 자기점검전략을 포함한다. 두 개의 행동 프로그램은 비장애동료를 포함하고, 몇몇의 개입들은 거주용 시설 직원이 클라이언트에게 선택권을 제공하고 평가할 수 있도록 가르친다. 모든 개입의 평가를 위해 단일사례 조사설계나 복수기초선설계가 사용되었다.

지적장애가 있는 개인

이 사례연구는 그룹홈에서 지내는 50세의 앨(Al) 씨에게 일상생활의 선택기회를 제공한 행동개입의 활용을 보여 준다(Bambara et al., 1995). 앨은 심각한 발달장애로 진단받았으며 32년 넘게 그룹홈 시설에서 생활해 왔다. 그는 한 단어에서 네 단어로 이루어진 구절들로만 의사소통하기 때문에 직원들은 거의 알아들을 수 없었다. 집안일과 자기관리 생활은 스스로 거의 해낼 수 있었지만, 앨은 일상생활에서 종종 다음 단계를 시작하기 전에 촉진하는 것을 필요로 하였다. 불행하게도, 이러한 촉진은 앨 씨가 순응하기를 거절하고 고함지르거나, 폭력 및 재산파괴와 같은 부적절한 행동을 초래하였다. 결과적으로, 앨은 점점 자기관리와 집안일 그리고 공동체 활동에 서서히 덜 참여하기 시작하였다. 개입 이전에 행해진 분석에서는 앨이 직접적으로 무엇을 해야 하는지 지시가 주어졌을 경우에 폭력적이거나 거부적인 행동을 할 가능성이 더욱 높다고 밝혀졌다. 앨은 언제 그리고 무엇을 해야 할지 선택권이 주어지거나 질문을 받은 경우에 그러한 행동을 덜 하는 경향을 보였다.

앨이 먼지털기, 청소기 돌리기 그리고 후식을 만드는 것과 같은 매일의 반복적인 일을 선호한다고 밝힌 후 각각의 일상적인 일의 정의를 확인하였으며, 그다음 선택을 할 수 있도록 수정했다(예: 자료나 장소, 시간과 같은 측면에서). 예를 들어, 청소기를 돌리는 반복적인 일에 있어서의 할 일은 '방으로 청소기를 가지고 가기'와 '청소기 플러그를 콘센트에 꽂기'의 두 가지였으며, 앨에게는 '두개의 방 중 하나'와 '두 개의 콘센트 중 하나'를 선택하는 권리가 주어졌다(각각의 일상 내에서의 선택권은 Bambara et al., 1995, pp. 189-190 참조). 각본으로 쓰여진 선택지들의 도움을 받아, 직원은 앨이 일상적인 활동의 각 단계를 실행하도록 촉진하였다. 예를 들어, 청소기 돌리기를 하도록 설득하는 경우, 직원은 앨에게 청소기를 사무실로 가지고 가고 싶은지 또는 거실로 가지고 가고 싶은지 물었다.

A-B-A-B 역전설계는 앨에게 세 가지의 각기 다른 일상의 반복적인 활동에서 선택하도록 하는 경우의 효과와 그의 부적절한 행동과 작업개시의 빈도를 평가했다. 직원이 앨에게 선택권을 제공하지 않을 경우 기초선 단계 중 작업개시는 거의 또는 전혀 일어나지 않았고, 부적절한 행동의 빈도는 높게 나타났다. 직원이 각각의 일상활동에 선택조건을 시행하자, 앨의 작업개시가 증가하였고 그의 부적절한 태도도 줄었다. 앨은 또한 선택권이 주어진 다음에 일상적인 반복활동을 할 때 더 행복한 것처럼 보였다(예: 미소를 띠거나 다른 이들과 장난을 침).

유사한 다른 행동개입은 심각한 지적장애가 있는 15세의 여학생에게 교육적인 환경에서의 세 가지 활동과 그 활동 내에서 선택할 수 있는 기회를 제공하였다(Dibley

& Lim, 1999). 활동들은 식사시간(아침 차와 점심식사), 화장실을 가는 것과 음악시간에 음악을 듣는 것으로 이루어졌다. 개입 이후, 그 학생의 작업개시는 증가하였고, 심각한 파괴적인 행동도 줄어들었다.

파슨스와 라이드(Parsons & Reid, 1990)는 심각한 지적장애가 있는 청소년과 성인들의 식음료 선호를 확인하고, 그들이 선택할 수 있는 기술을 가르치며, 직원이 그룹홈에 이러한 절차들을 적용할 수 있도록 가르칠 전략들을 개발하였다. 선호도 평가를 하는 동안, 직원들은 클라이언트의 거주시설에서 구할 수 있거나 장애가 없는 사람이 식사시간이나 간식시간에 흔히 고를 수 있는 식음료 물품들을 쌍으로 마련했다. 선택된 쌍의 예로는, 커피에 크림이나 설탕을 넣어서 마시거나 아무것도 넣지 않고 마시는 것, 후식으로 사과소스를 먹거나 푸딩을 먹는 것, 그리고 간식으로 콘칩을 먹거나 자른 바나나를 먹는 것이 있었다. 클라이언트들에게 선택하는 법을 가르치는 평가절차 동안, 직원들은 클라이언트들에게 식음료 선택권이 주어질 것이라고 말하고, 이후 식음료 선택의 각각의 샘플이 주어졌다. 각각의 선택지에 해당하는 두 가지 종류의 샘플이 클라이언트들의 앞에 놓이고, 한 가지를 고를 것을 지시받는다. 각각의 클라이언트가 적어도 한 가지의 선호하는 물품을 고를 때까지 평가는 계속된다(평가의 세부사항은 Parsons & Reid, 1990, pp. 185-186 참조). 실천가는 거주시설의 직원들에게 사회기술훈련을 이용하여 이 절차들을 가르친다.

평가에 참가한 모든 클라이언트들(14명)은 평가 동안 식음료에 대해 분명한 선호도를 보였고, 선택의 대부분은 그들의 일반적인 식사와 간식시간으로 일반화되었다. 직원들(다섯 명)은 어느 정도의 감독하에 행동사정절차를 실행하는 것을 배웠다. 평가 이전에는 직원들이 클라이언트들의 식음료 선호도를 정확하게 파악하지 않았음을 이 평가에서 보여 주었다. 선호하는 식사를 제공하는 것이 취약한 사람들을 위해 일하는 서비스제공자에게 중요한 목표인 만큼 이것은 매우 중요한 조사결과다(Parsons & Reid, 1990). 이 선택절차는 시설 종사자들의 교육에 사용될 수 있기 때문에 또한 실용적이기도 하다.

복합장애가 있는 개인

살멘토와 밤바라(Salmento & Bambara, 2000)는 직원교육 프로그램(Brown, Belz,

Corsi, & Wenig, 1993 개발)이 지역사회에 기반을 둔 거주시설에서 일하는 직원들이 중증 지적장애와 신체장애(예: 발작, 뇌성마비, 척추측만증과 같은)가 있는 성인에게 반복적이고 일상생활에서의 선택의 기회를 제공하는 것을 가르칠 수 있음을 밝혔다. 직원교육은 세 가지의 주요한 단계를 포함한다. 첫째, 슈퍼바이저는 자문회의를 열어 거주자에게 선택의 기회를 주는 것의 중요성을 직원들과 논의한다. 슈퍼바이저는 그 후 거주자가 선택할 수 있는 세 가지의 다른 분야들을 제공하고 논의한다. 이러한 분야들에는 각각 ① 활동 내 또는 활동 사이의 일들, ② 활동에 참여를 할 것인지 안 할 것인지, 누구와 어디서 그리고 언제 할 것인지, ③ 활동을 언제 끝낼지를 선택하는 것이 포함된다. 슈퍼바이저는 그 후 직원이 다양한 일상생활을 위한 여러 가지의 선택기회를 확인하는 것을 돕는다. 예를 들어, 옷을 입는 일상적인 반복 활동에서의 선택기회는 두 가지 물품 사이의 선택(예: 두 가지의 셔츠, 바지, 양말, 탈취제 사이)과 긍정과 부정 사이의 선택(예: "향수를 뿌리고 싶은가 아니면 뿌리고 싶지 않은가?")과 순서의 선택(예: "셔츠를 먼저 입고 싶은가, 바지를 먼저 입고 싶은가?")을 포함한다.

둘째, 슈퍼바이저는 직원이 확인된 선택기회를 제시하는 순서를 이용하고, 클라이언트가 매일 옷을 갈아입고 자신을 가꾸는 일상 동안에 클라이언트의 선택에 반응하는 것을 가르치기 위해 사회기술훈련을 이용한다. 거주자는 신체 움직임, 얼굴표정과 손짓과 같은 특유의 반응으로 선호도를 표현한다. 클라이언트의 제스처는 라이드, 파슨스와 그린(Reid, Parsons, & Green, 1991)이 개발한 절차에 따라 선호도를 가리키는 것으로 입증된다. 순서는 〈표 11-1〉에 나와 있다.

프로그램의 세 번째 단계에서 슈퍼바이저는 직원에게 피드백을 제공한다. 개입에 대한 평가결과, 기초선 동안에 고등학교 교육을 받은 모든 네 명의 직원들이 거주자들에게 선택기회를 제공하지 않았으며, 네 명의 거주자들은 선택을 하지 못한 것으로 나타났다. 개입 이후 거주자들에게 제안하는 선택의 숫자가 증가하였고, 거주자들이 선택을 한 숫자도 증가하였다. 회기 중 선택의 평균은 4.3에서 10.2의 범위 내였다. 선택의 제안과 선택행동의 증가는 1~3개월까지 유지되었다. 그들의 행동은 이러한 거주자 중 한 명과의 점심식사 활동, 그리고 평가에 관련되지 않은 또 다른 거주자와 함께하는 옷을 입고 몸을 단장하는 활동으로까지 확대되었다.

쿠퍼와 브라우더(Cooper & Browder, 2001)는 거주시설 직원을 위해 클라이언트의 선택을 증가시킬 수 있는 또 하나의 행동 프로그램을 설계하였다. 이 프로그램은

〈표 11-1〉 선택기회 제공순서

1. 두 가지 옵션을 모두 제시하고 설명한다. 두 가지 옵션에 대해 설명하되 거주자가 옵션에 대해 반드시 이해할 수 있도록 한다. 옷의 경우에 거주자의 팔에 물건을 문질러 본다.
2. 첫 번째 옵션을 제시한다. 거주자에게 첫 번째 물품을 보여 주어 이를 입거나 사용하기를 원하는지 여부를 물어본다. 이후 거주자가 물품 방향으로 자발적으로 움직이거나 혹은 그 반대 방향으로 움직이며 물품을 거절할 수 있도록 5초를 기다린다.
3. 두 번째 옵션을 제시한다(2번과 동일하지만 두 번째 물품을 사용한다).
4. 옵션을 다시 제시한다. 만일 선택이 불분명하다면(거주자가 물품에 대한 접근이나 거절을 분명히 하지 않은 경우) 2, 3단계를 다시 반복한다. 아무 선택이 이루어지지 않은 경우 거주자에게 옵션을 선택 · 제공한다.
5. 선택을 제시한다. 만일 물품 중 하나가 분명하게 선택된다면(거주자가 한 옵션에 접근하고 나머지 옵션은 거부한 경우) 그 물품을 거주자에게 주고 칭찬해 준다.
6. 수정한다. 만일 거주자가 선택에 만족하지 않은 경우 실수를 인정하고(예: "오, 마음을 바꾸셨군요?") 다른 물품으로 거주자를 촉진한다. 그러고 나서 다른 물품을 제공한다.
7. 반복한다. 이러한 방법으로 다음 선택기회 순서를 반복한다.

출처: "Teaching Staff Members to Provide Choice Opportunities for Adults with Multiple Disabilities" M. Salmento & L. M. Bambara, 2000, *Journal of Positive Behavior Interventions*, 2. P.16. Copyright. 2000 PRO-ED, Inc. 위 내용은 허가받아 게재함.

직원이 심각한 장애(예: 중도 지적장애 및 지적장애와 정신장애의 이중진단을 받은)가 있는 성인이 지역의 패스트푸드점을 방문하였을 때 음식이나 다른 것에 대한 선택을 하는 기술을 배우도록 돕는다. 그 개입은 또한 말을 사용하지 못하고 물체나 그림, 특유의 태도로만 소통할 수 있는 클라이언트의 필요를 충족시킨다. 직원은 클라이언트에게 패스트푸드점 방문 시에 이용하는 다섯 가지의 선택옵션(레스토랑 입구 고르기, 메뉴 고르기, 소스 고르기, 자리 고르기, 레스토랑 출구 고르기)을 가르치는 것을 배운다. 〈표 11-2〉는 직원들이 거주자들에게 두 가지 음식이나 음료수 중에서 선택하는 것을 가르치는 것을 돕기 위해 슈퍼바이저가 사용하는 절차를 보여 준다(모든 선택을 위한 개입단계는 Cooper & Browder, 2001, pp. 5-7 참조).

직원에게 클라이언트의 선택행동을 가르치기 위한 기술을 교육하기 위해서 슈퍼바이저는 사회기술훈련를 이용한다. 직원은 또한 절차를 진행하는 동안 체크리스트를 이용하여 자신의 수행을 자기점검하도록 배우기도 한다. 그에 더해 슈퍼바이저는 지역의 음식점에서 직원이 적절한 태도를 보이는지 관찰하여 그들의 수행에 대한 피드백을 제공한다.

개입 이전에, 평가에 관여한 네 명의 직원들은 8명의 클라이언트들에게 선택할 기

〈표 11-2〉 선택제공 및 촉진수행

선택제공	수행단계	수행촉진
지연 없음: 학습자의 손을 두 옵션 가운데로 안내하며 "어떤 것을 원하나요."라고 질문하면서 각 사진을 가리킨다.	사진을 고르고 계산원에게 고른 사진을 내민다.	학습자가 계산원에게 사진을 내밀 수 있도록 5초 동안 기다린다.
5초 지연: 학습자의 손을 두 옵션 가운데로 안내하며 "어떤 것을 원하나요."라고 질문하면서 5초 동안 기다린 후 각 사진을 가리킨다.		**구체적 진술:** "사진을 계산원에게 주세요."라고 말하고 5초 동안 기다린다. 만일 학습자가 반응하지 않는다면 다음 촉진을 활용한다. **구체적 진술 및 제스처:** "사진을 계산원에게 주세요."라고 말하며 동시에 계산원을 가리킨다. 만일 학습자가 5초 이내에 반응하지 않는다면 다음 촉진을 활용한다. **신체적 촉진:** 부드럽게 학습자의 손을 잡아 학습자가 사진을 계산원에게 건넬 수 있도록 돕는다.

출처: "Preparing Staff to Enhance Active Participation of Adults with Severe Disabilities by Offering Choice and Prompting Performance During a Community Purchasing Activity," K. J. Cooper & D. M. Browder, 2001, *Research in Developmental Disabilities*, 22, p. 5. Copyright. 2001 Elsevier Science Ltd. 허가받아 게재함.

회를 매우 적게 제공했다. 그 대신 직원들은 강요적인 촉진(intrusive prompts)을 하거나 클라이언트들을 대신하여 선택하는 모습을 자주 보였다. 교육을 마친 후, 직원들은 다섯 가지의 선택제공 기회 중 평균적으로 다섯 번 선택할 기회를 제공하였고, 다른 환경과 평가에 참여하지 않은 다른 클라이언트들에게까지 개입을 확대하였다. 교육을 마친 후, 클라이언트들은 그들의 선택기술을 향상시켰으며, 패스트푸드점에서 식사할 때 선택하는 횟수가 증가하였다. 직원들의 상호작용과 클라이언트들의 선택하는 태도는 대략 개입 2~15주 후에 이루어진 후속평가에서도 유지되었다.

라이드, 파슨스와 동료들이 개발한 다음의 두 가지 행동개입(Parsons, Reid, Reynolds, & Bumgarner, 1990; Reid, Parsons, Green, & Browning, 2001)은 장애가 있는 근로자에게 더욱 많은 선택과 그들의 근로환경에 대해 통제하는 기능을 제공한다. 첫 번째 개입에서, 행동주의 방법들은 작업선호도를 측정하며 다양한 장애(중도·중증도의 지적장애, 언어적 의사소통 불가, 발작장애, 시각장애)가 있는 근로자들이 고용환경에서 작업을 정하는 것을 도와준다. 첫째, 업무는 구체적인 작업으로 분할된다. 예를 들어, 명판을 조립하는 업무의 다섯 가지 작업은 명판 놓기, 착색하기, 닦기, 사포질하기 그리고 풀칠하기다. 근로자들의 작업선호도는 작업들의 다양한 조합을 제공하여 근로자들에게 그중 선택하는 것으로 결정되었다. 적어도 하나의 매우 선호하는 작업과 하나의 선호하지 않는 작업이 각 근로자마다 정해진다. 이 평가에 기초를 두어 세 가지의 선택과 관련된 대안이 각 근로자에게 주어진다. 즉, 근로자는 하나의 작업을 선택하고, 선호하는 작업이나 선호하지 않는 작업이 주어진다. 개입의 평가에 참여하는 네 명의 근로자들은 구체적인 작업들에 대하여 뚜렷한 선호도를 보였다. 그들은 선호하지 않는 작업이 주어졌을 때보다 선호하는 작업이 주어졌을 때 대략 두 배나 오랜 시간 동안 작업하는 모습을 보였다.

두 번째 행동적 개입은 몸짓이나 짧은 발성으로만 의사소통을 하는 심각한 발달장애와 신체장애를 가지고 있는 근로자들이 선택을 더욱 많이 할 수 있도록 설계되었다. 선택은 더 독립적으로 일하거나 직업코치의 도움을 받으며 일하는 것을 정하는 것이었다. 각각의 근로자들을 위해서 작업업무를 위한 보조장치가 개발된다. 예를 들어, 작은 출판사에서의 작업은 종이를 순서대로 맞추기가 될 수 있고, 이를 위한 보조장치는 구분된 쪽의 종이뭉치를 잡고 있는 기계가 될 수 있을 것이다. 그 후 직업코치는 근로자들에게 그 보조장치를 사용하여 더 독립심을 가질지 아니면 장치를 사용하는 것을 거절하여 직업코치가 다양한 형태의 도움을 제공하게 할 것인지 선택권을 주었다. 직업코치의 도움은 작업 재료를 다루거나 지시하기, 신체적인 촉진과 칭찬 그리고 피드백을 포함한다. 선택개입 동안, 직업코치는 필요한 자료들을 보조장치를 포함하거나 포함하지 않은 채 근로자의 책상의 양쪽에 놓는다. 근로자들은 그 후 보조장치를 사용하여 작업을 할지 아니면 사용하지 않고 작업할지를 자료들이 놓인 쪽을 가리킴으로써 선택할 것이 요구되었다. 평가에 참여한 세 명의 근로자는 적어도 선택기회의 83% 동안 독립심을 증가시킬 수 있는 장치 쪽을 선택하였다.

지역사회 거주시설

여기에서 설명하는 두 개의 인지행동 프로그램은 이중진단(지적장애와 정신장애)을 받은 클라이언트가 지역사회 거주시설을 평가하고 선택할 수 있는 기술을 가르친다. 자신이 거주할 시설을 선택하는 데에 참여하는 것은 장애가 있는 개인에게 특히나 중요하다. 우선, 거주지를 선택하는 것은 대부분의 성인이 하는 가장 중요한 결정 중 하나에 속한다. 둘째, 장애가 있는 개인을 지역사회 안으로 통합하는 것을 목표로 하는 사회정책은 이들이 자신들의 거주지 결정을 하는 데 있어 참여와 통제력을 극대화하는 것을 도와야 할 필요성을 제안한다(Faw et al., 1996). 이 프로그램들은 사회기술훈련과 자기관리기법, 그리고 클라이언트들의 인식수준에 맞게 조정된 개입자료들을 사용한다. 두 개의 프로그램 모두 복수기초선설계를 이용하여 평가되었다.

이 인지행동 프로그램은 심하지 않은 지적장애와 정신장애를 진단받은 시설에 거주하는 성인이 자신의 선호도에 기반하여 지역사회 거주시설을 선택하는 것을 돕는다(Foxx, Faw, Taylor, Davis, & Fulia, 1993). 거주시설 선택을 묻기 위한 적절한 질문들을 정하기 위하여, 연구자들은 지역사회에 거주하는 지적장애 개인들이 경험한 만족도와 독립심과 관련된 항목들을 이용하여 설문을 만들었다. 설문항목들의 적절성은 클라이언트를 위한 잠재적 거주지정 시 고려되는 그룹홈에서 일하는 전문가와 보조직원을 통해 평가되었다. 이러한 평가에 기반하여 15개의 질문으로 이루어진 두 개의 설문지가 클라이언트의 선호도를 파악하기 위해 만들어졌다. 한 설문지는 가장 중요하고 가장 빈번하게 평가된 질문들을 포함하였고, 다른 설문지는 중요하지 않다고 평가를 많이 받은 질문들을 포함하였다. 클라이언트는 30개의 항목이 결합된 선호도 조사를 통해 자신들이 가장 선호하는 열 가지를 정하였다. 각각의 선호 부분을 위하여, 반대되는 생활방식 옵션을 보여 주는 사진들이 제시되었다. 예를 들어, 클라이언트에게 개인위생활동을 혼자서 할지 아니면 다른 이들과 함께 할지의 옵션을 제안하기 위하여 두 개의 사진이 사용된다. 한 사진은 하나의 샤워부스와 변기가 있는 빈 화장실을 보여 주고, 다른 사진은 하나의 화장실에 두 명의 옷을 입은 거주자들이 있는 것을 보여 준다. 사진들이 설명된 후, 전문가는 클라이언트들에게 자신의 거주지에는 어떠한 옵션이 있는 것이 더 좋을지 표현할 것을 요구한다.

클라이언트는 그 후 거주시설을 보여 주는 안내자에게 질문함으로써 자신의 선호에 대한 정보를 얻어 사회복지사에게 보고하는 것을 배우게 된다. 이를 위해 클라이언트에게는 선호도와 관련된 질문과 안내자의 응답에 기반하여 정보를 기록하고 보고하는 데에 도움을 줄 생활방식 선호도 사진앨범이 주어진다. 사진앨범에는 생활방식 선호(예: 실내에서 담배를 피우는 개인의 모습)를 나타내는 사진과 거기에 해당하는 질문(예: "실내에서 담배를 펴도 됩니까?"), 그리고 "예" "아니요" "아마도"라고 적힌 세 개의 네모 칸이 있다. 전문가들은 집단사회기술훈련을 이용하여 클라이언트에게 질문을 하는 기술, 세 가지의 가능한 대답을 이끌어 내는 기술, 대답을 기록하는 기술, 그리고 그 과정을 스스로 해내는 기술을 가르친다. 질문하는 과정을 스스로 해내기 위해서, 집단운영자는 클라이언트에게 각 앨범 장에 종이클립을 놓고, 그 장에 적힌 질문을 물어본 후에는 종이클립을 다시 옮길 것을 가르친다. 마지막 질문을 한 후, 클라이언트는 남은 종이클립이 있는지 확인한다.

이 프로그램의 평가결과 클라이언트들(여섯 명)이 지속적으로 같은 옵션을 택한 것으로 나타났는데, 이는 클라이언트들이 지역사회 생활방식의 선호사항을 가지고 있고 표현할 줄 안다는 것을 보여 준다. 개입 이후 클라이언트들은 생활방식의 선호사항을 질문하며 보고하는 행동이 증가하였다. 이 행동들은 시설의 직원이 진행하는 실제적인 거주시설 둘러보기와 클라이언트의 사회복지사 직원이 진행하는 인터뷰로 일반화되었다. 여섯 명의 클라이언트들 중 다섯 명이 참여한 후속평가는 6~8주 뒤에도 클라이언트들의 능력이 유지되었음을 보여 주었다. 이 연구 이후에는 배치모델평가가 이 평가가 실행되었던 입원시설에 적용되었다.

포 등(Faw et al., 1996)은 이전에 설명한 거주지선택 프로그램에 시설보호 클라이언트들과 비슷한 진단을 가진 사람들이 그룹홈의 전반적인 선호도를 평가하는 것을 지원하기 위한 연습지(worksheet)를 추가했다. 연습지의 하단에는 집과 정문 앞 20스퀘어의 인도가 그려진 그림이 있다. 그 이후 10스퀘어(집과 가장 가까운)는 음영이 칠해져 있다. 이전에 선택한 선호사항들은 연습지 상단에 나오며 각 질문 옆에는 클라이언트가 "예" "아니요" "아마도"의 응답들을 표시한다. 시각적인 촉진 내용이 각 응답 옆에 배치되었으며, 이는 클라이언트가 특정 숫자만큼의 인도를 표시할 수 있도록 제시한다. "예" 옆에는 두 개의 네모 칸이 있으며, "아마도" 옆에는 하나의 네모 칸이, "아니요" 옆에는 네모 칸이 없다. 연습지 맨 아랫부분에는 "주어진 정보에 따르면, 이 그룹홈은 귀하께서 거주하시기에 적합한 곳입니까?"라는 질문과 함께 "예" "아니요"의 응답들이 제시된다. 만약에 클라이언트가 인도의 음영된 네모를 선택한다면 (이는 클라이언트가 선호 질문사항에서 절반 이상 "예" 또는 "아마도"를 선택했다는 것을 의미) 결정하는 질문에 "예"라고 대답하는 것이다.

사회기술훈련은 지역의 그룹홈 둘러보기 시 선호하는 내용의 정보를 획득할 때, 이 정보를 사회복지사에게 전할 때, 그리고 획득한 정보를 이용하여 그룹홈들을 평가하는 데 필요한 기술들을 가르칠 때 사용된다. 개선된 프로그램의 평가에 참여한 네 명의 클라이언트들은 모두 질문하기, 사회복지사에게 정보 전달하기, 그룹홈 평가하기의 능력에 있어 상당한 향상을 보였다. 네 명 중 세 명의 클라이언트들은 이 기술을 1개월 이후까지 지속하였다.

실천과 연구를 위한 분석과 비판

이 장은 취약한 계층들이 선호사항을 식별하고 선택결정을 잘 할 수 있게 지원하도록 고안된 인지행동개입을 제시하였다. 취약집단들은 지적장애와 복합장애가 있는 사람들을 포함한다(예: 복합적 정신장애, 신체장애 및 시각장애). 여가/레크리에이션, 직업, 자기 관리, 식사, 그리고 나아가서는 집단생활과 같은 장기적인 결정과 같은 일상과 일상생활에서의 선택들이 촉진되었다. 개입으로는 사회기술훈련, 촉진, 자기점검전략, 강화가 자주 사용되었다. 인지행동 방식의 평가결과들은 심각한 장애를 지닌 개인 역시 선호사항이 있다는 것을 보여 준다. 클라이언트는 선호사항을 정할 수 있으며, 상황과 수단이 제공될 때에 선택을 할 수 있다. 더 능력 있는 클라이언트는 지역사회 거주와 같은 장기적이고 중요한 결정을 내릴 때에 필요한 투입을 평가하고 제공하는 데 있어 더욱 활발한 역할을 할 수 있다. 이러한 개입들은 다양한 학교, 기관, 주거 및 기타 지역사회 환경의 실천가, 그리고 취약한 클라이언트에게 서비스를 제공하는 직원이 사용할 수 있다.

효과성과 추가적 적용

앞서 논의한 인지행동개입 평가의 고무적인 결과에도 불구하고, 이러한 개입들 모두는 방법론적 결점을 지니고 있다. 연구 중 어느 것도 무선할당을 사용하지 않았으며, 표본은 작고 대체로 동질적이었으며, 치료패키지들은 다양한 개입의 조합을 사용했다. 이러한 연구방법론을 사용하는 것은 개입들의 효율성과 어느 개입이 선택결정을 하는 데에 더 효과적인지에 관한 결론을 도출할 수 없다. 취약한 클라이언트에게 일상에서 선택을 결정하는 기술과 장기적인 인생결정들을 하도록 가르치는 분야에 추가적인 연구가 필요한 것은 분명하다. 이 책에서 검토한 여러 개입들과 마찬가지로, 모든 클라이언트가 동일한 정도로 혜택을 본 것은 아니라는 사실은 개별적인 평가가 시작되고 지속될 필요가 있음을 제안한다.

방법론적 한계점들이 존재하기는 하나 개입들은 실천가가 장애가 있는 클라이언트가 선호사항을 식별하고 선택기술을 배우는 데, 그리고 학교, 재활, 직업교육, 주거환경에서 여러 종류의 선택을 하는 데 있어 도움을 줄 수 있음을 제안하고 있다. 예를 들어, 클라이언트는 교육방법, 물리적 재활, 기타 치료 옵션, 활동 파트너와 룸메이트, 근무조건 및 의류, 레크리에이션/여가에 필요한 도구와 같은 다양한 구입 결정 등을 선택할 수 있다. 포와 동료들(Faw et al., 1996)은 경미한 지적장애와 정신과적 진단을 받은 클라이언트가 주거지 선호사항들을 평가하는 것을 돕도록 고안된 의사결정모델(decision-making model)이 직업선택하기와 같은 다른 주요 인생결정들을 하는 데에도 적용할 수 있다고 제안했다. 이 개입과 이전에 설명된 다른 개입들은 심각한 정신장애를 가지고 있거나 인지적 결점을 지닌 노인 클라이언트와 같은 그 밖의 취약인구들에게도 적용할 수 있다. 예를 들어, 파슨스, 하퍼, 젠센과 라이드(Parsons, Harper, Jensen, & Reid, 1997)는 심한 장애가 있는 노인의 여가선택기술을 평가하는 방법을 개발하였다. 이 방법은 노인 클라이언트가 여러 여가활동 중 선택하는 것을 도울 수 있도록 실천가 및 직원들이 사용할 수 있다. 인생의 다른 분야에서도 결정할 수 있도록 취약한 클라이언트와 이러한 클라이언트에게 서비스를 제공하는 직원, 그리고 간병을 제공하는 가족에게 적용되는 인지행동개입들에 대한 평가도 미래의 연구분야다.

자유와 통제 그리고 사회정의

클라이언트의 선택을 증가시키는 것(선택하는 것을 원하는 사람에게)은 자유를 강화시키며 개인의 통제력을 증가시키고 사회정의의 관점과 일관성을 갖는다. 이 장에서 설명한 개입의 주된 목적은 취약계층 클라이언트에게 인생의 일부 측면에서 결정권을 높이도록 하는 것이다. 물론 주어진 선택들은 다양한 요인들에 의해 제한된다. 그룹홈의 숫자와 종류, 사회와 학교환경에서 가능한 활동 등과 같은 선택의 이용가능성은 물론 제한되어 있다. 조직의 정책과 교육의무, 선택 및 수정할 수 있는 직업, 클라이언트와 다른 사람의 안전, 그리고 클라이언트의 능력과 같은 다른 요인들도 제한요소들이다.

개입, 특히 심한 장애가 있는 개인을 위한 개입들이 실제로 클라이언트를 임파워시키는지 여부는 쉽게 판단할 수 없다. 클라이언트의 선택을 돕는 언어적 촉진이나 학생이 선택한 활동에 계속 참여하도록 하기 위한 물리적 촉진은 의사결정을 향상시키고 즐거운 활동에 계속 참여하도록 할 수 있다. 그러나 개인이 이러한 활동에 참여하지 않겠다고 선택한다면 이러한 개입들이 그들의 자유와 통제력을 증가시키지는 않는다. 반대로 여가활동에 참여하는 것이 학교와 같이 특정한 환경을 필요로 한다면, 지속적인 감독 없이도 선택사항 식별하기, 선택기술 가르치기, 선택한 활동하기 등은 자유와 통제를 증가시킬 수 있다. 이러한 문제점들은 실천가와 연구자들이 클라이언트의 자유와 통제가 실질적으로 향상될 수 있도록 확실히 할 방법들을 개발하고 활용하는 것을 방해한다. 이와 같은 방법의 예로, 그룹홈의 직원이 클라이언트와 정해진 활동이 실현되지 않은 것을 논의하지만 클라이언트가 활동에 참여하는 것을 거절했을 때에 아무런 반대를 보이지 않는 것을 들 수 있다.

일부 인지행동개입들은 클라이언트의 통제 및 클라이언트의 개입과정을 강화하기 위해 실천가가 적용할 수도 있다. 여가활동을 스스로 선택하고 일정 계획하기, 주거선택에 관한 질문을 자기점검하기 위해 종이클립 사용하기와 같은 다양한 자기관리기법들을 가르치는 것을 포함한다. 실천가들은 또한 클라이언트들의 기술을 인식하고 구축하는 점진적인 촉진전략들과 다양한 전략들을 사용하여 개입들을 개별화할 수 있다. 후자의 예는, 사회적으로 적절한 개입절차를 설명하는 다음 절에서 논의한다.

사회적 타당성

사회적으로 적절한 목표와 결과

이 장에서 설명하고 있는 인지행동개입의 목표는 사회복지사, 상담사, 기타 원조 전문가, 교육자, 그리고 지역의 다른 구성원들이 개인에게 그들 스스로 선택할 수 있는 권리를 부여하는 것의 중요성을 강조하고 있다. 자기결정적인 태도를 위해서는 여러 옵션들 중 식별하고, 의사소통하고, 선택하는 것이 필요하다. 이 목표들을 성취하는 것은 학습하고, 의사소통하며, 선택을 하는 훈련을 할 기회가 자주 없는 지체장애와 다수의 복합장애를 가지고 있는 개인과 특히 연관이 있다. 주거지와 식사 때 음식을 정하는 선택과 같이, 클라이언트에게 주어진 특정 유형의 선택이 가지는 사회적 의의를 뒷받침하는 연구들에서 정보를 도출하는 것도 치료목표의 사회적 타당성을 확립하기 위한 하나의 방법이다.

개입들은 또한 클라이언트의 인지적 · 신체적 기능들과 알맞은 목표들을 세우는 사례들을 제공한다. 그러나 클라이언트의 관점에서 선택하기(choice-making)결정의 목표가 의미가 있는지, 원하는 것인지를 알 수 있는 방법들을 찾는 것은 간과되고 있다. 예를 들면, 두 개의 의류 중 하나를 선택하는 것이 중증 지적장애가 있는 사람에게 의미가 있는 것인가? 케네디와 하링(Kennedy & Haring, 1993)의 평가에서 보면, 한 학생은 다른 학생이 대신 여가활동을 선택하는 것을 선호하였으며 다른 한 학생은 선택에 대해 무관심했다. 실천가들은 선택하기의 목표가 모든 클라이언트나 상황들에 적절하다고 가정해서는 안 된다.

개입에 참여하는 대부분의 클라이언트들은 특정 선택사항들에서 뚜렷한 선호도를 보였으며 선택사항들이 제공되었을 때 가능한 옵션 중 하나를 선택하였다. 이러한 결과들은 개입의 결과들이 사회적으로 타당하다는 것을 보여 준다. 치료결과의 사회적 적절성은 향상된 선택하기에 의해 강화된 클라이언트의 삶의 다른 측면들을 측정함으로써 확립될 수 있다. 다양한 여가/레크리에이션 및 기타 일상적 활동에 대한 자발적 개시(self-initiating), 지속, 참여의 증가, 그리고 부적절한 행동의 감소, 업무에 대한 관심과 업무독립성의 증가 등을 예시로 들 수 있다. 실천가와 연구자들이 치료결과가 심각한 지적장애가 있는 클라이언트에게 의미가 있는지를 평가하기 위해 사용할 수 있는 또 다른 방법 중 하나는 앨 씨에 대한 관찰에서 나타난다. 앨은 선택할 수 있는 일상적인 반복 활동들을 수행했을 때에 더 행복해 보였다(얼굴표정과 농담을 하는 모습에 의해 판단됨).

증가된 선택결정의 기회가 업무, 학교 또는 지역사회 환경에서 클라이언트의 삶의 질을 높였는지에 대해 참여자나 중요한 타인들을 평가하는 조사는 수행되지 않았다. 거주지역을 선택하도록 가르치는 인지행동개입에 참여한 클라이언트들은 관련 정보를 얻을 수 있었으며, 그 정보를 사회복지사에게 전달하고, 또한 프로그램에서 정보를 평가할 수 있도록 했음에도 불구하고 그들은 직접 거주지를 선택하지 않았다. 그러므로 기술을 배우고 사용하는 것이 클라이언트의 거주지역이나 지역사회 거주배치에 대한 만족도를 높이는 것과 같은 사회적으로 타당한 결과를 낳았는지는 알 수 없다.

이전의 측정결과들은 어떤 특정한 선택을 증진시키는 것이 취약계층 인구의 삶의 질을 높일 수 있는지의 정도를 결정할 수 있는 후속연구의 필요성을 보여 준다. 일부 경우에는 심지어 부정적인 결과들이 생길 수도 있다. 예를 들어, 선택한 거주지역 옵션이 사용될 수 없다면(예: 결정을 내린 무렵에 비었던 방이 차게 된 경우) 클라이언트는 분노와 실망과 같은 부정적인 감정들을 경험할 수 있다. 이러한 감정들은 선택의 여지없이 배치된 거주지에 비해 더 낮은 수준의 적응과 덜 원하는 거주지에서 생활하는 것에 대한 만족도 감소를 초래할 수 있다. 안타깝게도, 이 장에서 제시한 개입의 평가들은 불만족스러운 개입 결과가 생겼을 때의 경우를 아무도 제시하고 있지 않다. 연구자와 실천가들은 이러한 결과에 대해 미리 예상하고 계획하여야 한다.

사회적으로 적절한 개입절차

이 장에서 제시된 인지행동개입들은 클라이언트의 선택 선호사항들을 평가하였으나, 한 조사(Bambara et al., 1995)만이 개입 이전의 응답자 행동(일상의 반복되는 일들을 수행해 달라는 지시를 받았을 때 거부적이며 방해적인 태도)에 대한 기능적 평가를 진행했다. 개입 이전의 선택행동을 유지하는 조건들을 결정하기 위한 기능적 평가는 실시되지 않았다. 실천가는 환경적 기회와 처벌의 결과(예: 적절한 요청에 대한 혐오적인 반응)와 같은 기술결핍적인 요인들 이외에 다른 유지조건들이 낮은 선택 행동을 유지시키는 것은 아닌지 결정해야 한다. 앞서 논의한 바와 같이 모든 개인, 특히 취약계층 클라이언트가 내릴 수 있는 선택은 다양한 이유로 제한된다. 그러나 클라이언트의 임파워먼트, 가능한 옵션들 그리고 다른 유지조건들을 철저히 분석한다면, 추가적으로 클라이언트 맞춤시설들이 더 필요하며, 더 많은 옵션이 가능하고 제시될 수 있으며, 개입에 포함되어야 할 중요한 타인들(예: 부모, 직원, 교사, 다른 전문가)을 식별할 수 있다.

특정 클라이언트가 선택하는 것을 증가시키기 위한 치료목표가 정해지면 실천가는 이 장에서 제시되고 있는 옵션을 식별하고 의미 있는 선택들을 클라이언트에게 제시할 수 있도록 하는 몇몇 방법론을 사용할 수도 있다. 방법론들은 클라이언트가 관련된 활동에 참여하는 것을 관찰하기, 직원과 클라이언트 인터뷰하기, 클라이언트가 다양한 활동에 참여하는 시간 측정하기, 그리고 클라이언트에게 다른 대안 중 선택하도록 하기 등을 포함한다. 개입의 사회적 적절성을 강화하는 다른 예시들은 클라이언트가 주거지를 결정하는 데 도움을 주는 개입자료들을 개발할 때에 반영된다. 적절한 선택옵션들은 설문조사 정보와 다른 클라이언트, 직원 및 전문가들의 평가에 의해 식별된다. 주거옵션들은 사진으로 설명되어 있으며, 클라이언트는 자신에게 가장 중요한 옵션을 선택한다. 이것은 향후 거주지에 관한 질문 시 기준점이 될 수 있다.

개입들은 또한 실천가가 클라이언트의 특별한 요구들을 다루기 위해 활용할 수 있는 다양한 편의 증진 및 조정사항들을 설명함으로써 개입의 수용성과 적용가능성을 증진시킬 수 있다. 그림 선택차트의 사용, 특별히 제작된 활동 책과 카드, 선택사항들을 설명하는 사진, 여가 및 레크리에이션 활동 시 변화를 요구할 수 있는 마이크로스위치 통신시스템과 보조작업장치들을 예로 들 수 있다. 선호하는 생활방식에 대한 사진앨범은 인지적 제한을 가진 클라이언트가 주거지역을 선정하는 데에 도움을 주는 개입들의 사회적 적정성을 증진시킬 수 있는 여러 특별한 편의증진의 예를 보여 준다. 편의증진에는 주거지역 옵션의 사진, 주거지역을 둘러볼 것을 요청하는 구체적인 질문들, 응답들을 기록할 수 있는 칸, 모든 관련 질문들을 자기점검할 수 있도록 하는 종이클립들, 그리고 특히 주거옵션들을 평가할 때에 도움이 되도록 제작된 연습지가 포함된다.

사회적으로 적절한 개입들을 발전시키려는 노력에도 불구하고, 이 개입들이 클라이언트, 기관 관리자 또는 직원들에게 적합했는지에 대해 정식으로 평가한 경우는 없다. 어떤 경우에는 그러한 개입들이 자연적 환경에 성공적으로 사용되었기 때문에 그러한 개입의 수용성과 가능성이 가정될 수 있다. 예를 들어, 클라이언트에게 선택 옵션은 주거환경 및 패스트푸드점에서도 제공되었다. 프로그램을 채택하고 있는 기관이나 조직의 기록들은 개입의 수용성, 바람직함, 가능성을 나타내는 또 다른 지표다.

예를 들면, 이중 진단을 받은 클라이언트를 위한 입원시설에서는 클라이언트가 자신의 지역거주지를 선택할 수 있도록 돕기 위해 선호하는 생활방식에 관한 사진앨범을 사용하였다.

그러나 살멘토와 밤바라(2000)는 기관의 직원 및 감독자와 관련된 중증 복합장애 거주자의 일상에서 선택기회가 실행되었을 때 심각한 직원 관련 문제를 관찰할 수 있었다. 한 직원이 클라이언트에게 몇 가지 선택기회를 주었으나 클라이언트에게 여러 선택사항을 제공하는 것은 직원의 시간과 노력을 증가시킨다. 예를 들어, 일부 직원은 거주자의 선택에 대한 응답을 듣기 위해 5초간 기다리는 것을 어려워했다. 연구자들은 직원의 수용과 절차의 활용을 증가시키기 위해서 감독관이 업무설명을 수정하고, 강화된 업무 책임을 제시하며, 필요시 지지회기를 제공할 필요가 있다고 하였다.

이 장에서 제시된 개입들을 평가한 다른 연구자들은 선택사항 평가, 개입자료 준비 그리고 개입실행을 위해 요구되는 시간과 전문적 지식이 이러한 방법들을 대규모 적용하는 데 방해가 될 것이라고 인지하였다. 예를 들어, 라이드 등(Reid et al., 2001)은 보조장치 개발, 선택사항 평가, 선택사항을 제시하기 위한 업무환경 조정이 모든 업무환경에서 가능하거나 적합하지 않을 수 있다고 경고했다. 포 등(Faw et al., 1996) 또한 클라이언트가 주거옵션을 평가하는 것을 돕는 의사결정모형의 실행에는 시간이 소요되고 전문지식이 필요하다는 것에 주목하였다. 이 연구자들은 이 복잡한 절차를 거주지나 직업을 선택할 때와 같이 선택사항이 비교적 안정적이고 장기적 결과만을 나타낼 때에만 사용할 것을 제안했다.

유지와 일반화

이전에 설명한 인지행동개입에 대한 평가는 선택 및 관련 행동이 공식개입 이후 유지되었는지(측정을 하지 않는 때부터 약 5개월까지)의 여부와 습득한 기술들이 다른 선택상황이나 환경으로 전이되었는지 여부를 점검하는 정도에 따라 다양하다. 평가에 참여한 참여자들의 심각한 장애와 선택결정 시 사용되는 특별 제작된 자료와 방법들을 볼 때 자료와 방법들은 개입에서 설명된 것과는 상당히 다르게 선택상황에 적용되어야 할 것이다. 또한 선택행동이 학습된 환경 내에서 유지되도록 하기 위해서는 일부 지속적인 개입과 지원이 필요하다. 예를 들어, 직원들은 그림, 카드 및 녹음된 선택사항들을 제시하고 촉진하도록 교육을 받도록 해야 한다. 활동 책과 카드를 사용하여 여가 및 레크리에이션 활동에 대해 스스로 일정을 조정하도록 배운 클라이언트 중 일부는 지속적으로 거주시설 직원들과 일주일 단위로 만나서 활동들의 일정을 짰다. 직원들은 다른 형태의 지원도 제공했다.

클라이언트의 선택하는 행동을 유지하는 것이 직원의 관여에 의존한다면, 지속적인 평가 및 지원회기는 확실히 필요하다. 또한 클라이언트에게 새로운 취미사항들이 생기며, 특정 식사와 여가 및 레크리에이션 활동들에 지루해할 수 있기 때문에 클라이언트의 선호는 시간에 따라 변할 것이다. 선택을 하는 것이 유지되어야 한다면 직원 및 중요한 타인들은 주기적으로 관련 선택사항들을 평가해야만 한다. 마지막으로, 실천가는 졸리 등(Jolly et al., 1993)의 평가로부터 장애가 있는 클라이언트가 자신의 배지를 사용하여 놀이파트너와 활동을 선택했음에도 또래와 지속적인 상호작용이 나타나지 않았음을 알 수 있다. 이 연구자들은 이 실망스러운 연구결과에 다양한 이유를 제시하였다. 그 이유들은 장애가 있는 학생과 비장애또래의 기술, 관심, 의사소통 능력의 차이를 포함한다. 긍정적 강화와 같은 추가적인 개입은 이러한 상호작용 상태를 유지할 수도 있다. 어떠한 종류의 지속적인 개입 역시 선택을 촉진하는 태도를 유지하기 위해 필요할지도 모른다. 그렇지 않다면 비장애또래가 장애가 있는 친구의 시도를 무시하기 시작할지도 모르며, 이에 따라 클라이언트의 습득된 태도들은 감소되거나 제거될 수 있다.

일부 평가에서는 강화된 선택하기 기술(choice-making skills)이 비슷한 환경(예: 다른 지역의 패스트푸드점)으로 전이되었음을 보여 주기도 하였으나, 어느 개입도 그러한 기술들을 한 환경에서 다른 환경으로(예: 학교에서 집으로) 전이시키는 전략을 사용하지 않았다. 만약 개입이 미래의 클라이언트와 다른 환경에서, 또한 다른 직원, 가족구성원 및 다른 주요 관계자와 사용되고자 한다면, 개입은 다양한 상황과 관련된 개인들에게 쉽게 적용되어야 하며, 다른 사람들도 개입절차에 포함되어야 한다.

개입의 효과성과 목표, 치료결과 및 개입의 사회적 타당성, 그리고 개입의 유지 및 일반화를 확립하는 데 있어 지속적인 어려움이 존재함에도 불구하고 이 장은 인지행동개입이 장애가 있는 클라이언트의 선택결정을 증가시킬 수 있다고 제안한다. 제4부의 다음 장과 마지막 장에서는 취약한 사람들의 장애에 따른 편의증진과 원치 않거나 안전하지 않은 성적 행위에 참여를 거부할 권리와 같은 개인적 · 법적 권리를 확보하도록 지원하는 인지행동개입에 관하여 설명한다.

법적 · 개인적 권리보장

자신의 권리를 주장할 수 있는 능력인 자기옹호(self-advocacy)는 자기결정과 임파워먼트에 필수적이다. 자기옹호는 자기결정에 대한 모든 정의에서 중심이 되는 자유, 선택, 통제와 밀접하게 관련된다(Field, 1996). 컨코난라와 브로더슨(Cunconan-Lahr & Brotherson, 1996)은 자기옹호에 대해서 어떤 개인이 개인적 변화를 이루고 자신의 삶의 질을 개선하며 불공평함에 이의를 제기하고자 자신의 이익을 위하여 주장 혹은 행동하는 것이라고 정의하였다. 장애인 인권운동가는 장애인이 전문가나 가족과 같은 타인에게 의존하는 것 대신에 스스로 행동할 수 있도록 돕는다. 또한 자기옹호는 초기의 노동권 및 시민권부터 최근의 장애인 인권 및 동성애자 인권 운동까지 많은 사회운동에서 근본적인 역할을 해 왔다(Hayden & Nelis, 2002).

자기결정운동이나 자기옹호운동은 재활 및 특수교육 분야에서 가장 중요한 영향을 미치는 것들 중 하나다(Algozzine et al., 2001). 장애가 있는 클라이언트에게 자기옹호기술을 가르치는 것의 중요성은 미국사회사업가협회(NASW)의 정책성명인 '장애가 있는 사람들'에 반영되었다. 이 장의 개입이 설명하는 것처럼 성적 행동 혹은 보호받지 못하는 성적 행동을 함께하는 것을 거부할 수 있는 권리를 주장, 변호하는 것과 같은 자기결정기술을 학습하여 자신의 몸에 대한 소유의식을 증진시키고 건강한 선택을 할 수 있도록 함으로써 여성과 성 소수자를 임파워시킬 수 있다(Levine et al., 1993).

자기주장훈련과 관련된 개입들(예: 자기옹호훈련)은 일반적으로 타인의 권리를 침해하지 않고 클라이언트의 권리를 보장 · 유지하도록 교육하는 데 활용된다. 자기주장훈련은 클라이언트가 자신들의 욕구 · 의견 · 느낌을 표현하고 요청하며 불합리한 요구를 거절하고 자신이 가진 권리를 요구하며, 특정 권리에 대해 옹호할 때 더욱 적극적으로 행동할 수 있도록 돕는다(Alberti & Emmons, 2001). 개인이 자신의 권리를 주장할 수 있는 상황에는 더 심각한 유형의 문제들뿐만 아니라 음식점에서 주문한 대로 음식을 받을 수 있는 권리처럼 상대적으로 사소한 문제도 포함될 수 있다. 이 장에서는 취약계층이 더욱 중요한 성격의 권리를 수호할 수 있도록 돕는 인지행동개입에 대해서 논의한다.

이 장의 첫 절에서는 취약계층이 직업 및 교육 환경에서 장애인 편의에 대한 권리와 시민권 등과 같은 법적 권리를 수호할 수 있도록 도움으로써 그들을 임파워시키는 인지행동개입에 대해서 설명한다. 다음으로 취약계층이 원치 않거나 불안전한 성적 행동을 함께하기를 거부할 수 있도록 돕는 인지행동 프로그램에 대해 설명한다. 이 장은 간단한 요약과 함께 효과성과 추가적 적용, 자유와 통제 및 사회정의, 사회적 타당성의 문제에 대해 논의함으로써 개입에 대한 평가를 마무리한다.

법적 권리보장

장애가 있는 사람들은 다수의 경우 자신의 법적 권리에 대한 지식이 부족하다. 스스로의 권리가 침해받았을 때 장애인은 일반적으로 자신의 이익을 주장하고 타인의 도움을 얻을 수 있는 능력이 거의 없다. 취약계층 클라이언트가 관련 지식 및 기술이 부족할 경우 자신의 시민권을 상실하고, 개인적 목표를 거의 달성하지 못하며, 결코 바람직하지 않은 교육적 · 직업적 결과를 경험할 위험이 있다. 예를 들어, 시각장애가 있는 근로자들이 작업현장에 접근하고 필수작업 활동을 하는 데 있어 감지된 방해요인들은 이들의 작업숙련도와 직업만족도를 낮출 수 있다.

이 절에서 설명하는 인지행동개입은 장애가 있는 사람들(즉, 신체장애, 발달장애, 학습장애, 정신장애, 시각장애, 만성질병)에게 그들의 장애, 법적 권리, 자신의 이익을 위해 주장하는 기술 등을 가르친다. 개입은 일반권리, 작업장 편의증진, 교육적 편의증진과 같은 법적 권리의 세 가지 범주를 목표로 한다. 한 가지를 제외한 모든 개입평가 연구는 개입이 지식 및 기술개발을 향상시켰는지의 여부만을 판단한다. 취약계층이 자신의 법적 권리를 수호할 수 있도록 돕기 위해 고안된 개입연구는 일반적으로 지식 및 기술의 증가가 참여자가 실제로 그들의 권리를 수호하는 결과를 낳는지의 여부를 측정하지는 않는다. 이러한 이유로 참여자의 관련 지식이나 자기옹호기술의 증대에 관한 연구결과들을 가지고 있는 인지행동개입만 여기에 포함하였다.

또한 제10장에서 설명한 세 가지 인지행동 프로그램들은 자기결정을 강화시키는 것을 지원하고자 하는 맥락에서 공립학교 장애학생에게 자기옹호기술을 가르친다. 이러한 기술들은 다양한 환경에서 자기결정행동을 증가시키는 임파워먼트 프로그램(Abery et al., 1995)과 교육회의에서 학생들이 적극적으로 참여하도록 가르치는 자기옹호전략 및 자기주도 개별교육 프로그램(IEP) 등이다. 이러한 목표를 달성하기 위해 공립학교 장애학생의 자기옹호기술을 강화하고자 고안된 인지행동개입에 관심이 있다면 제10장을 참고하면 된다.

이 절에서 논의하는 인지행동개입은 사회기술훈련(지시, 모델링, 역할극, 피드백, 다양한 실천전략)에 상당히 의존한다. 다른 개입으로는 변별훈련, 촉진, 사회적 강화, 문제해결, 숙제 등이 있다. 개입은 복수기초선설계, 무선할당, 비공식 피드백 등을 활용하여 평가되었으며, 한 가지 프로그램은 평가되지 않았다.

일반적 법적 권리

이는 장애를 가진 성인이 자신의 권리를 지킬 수 있도록 자기옹호기술 가르치기 위해 고안된 변별훈련 및 사회기술훈련 프로그램이다(Sievert et al., 1988). 장애로는 뇌성마비, 언어장애, 경도 지적장애, 학습장애, 정신장애 등이 있다. 연구자들은 장애인 권리에 대한 문헌을 검토하여 30개의 법적 권리를 확인하였다. 이 개입에서 권리는 네 가지 일반적 범주로 더욱 세분화되며, 각 권리의 수행에 충족되어야 하는 조건을 명시하였다. 다음은 네 가지 권리범주와 각 권리에 해당하는 예시다(다른 예시는 p. 301 (Sievert et al., 1988, p. 301, table 1 참조).

1. 개인적 권리(예: 결혼할 권리와 투표할 권리)
2. 공동체적 권리(예: 직업을 가질 권리와 주거권)
3. 인적서비스 권리(예: 복지서비스를 받거나 종료할 권리)

4. 소비자 권리(예: 안전한 상품을 구매하고 불만족 시 조치할 권리)

훈련 동안 실천가는 각 권리에 대하여 침해받는 그리고 침해받지 않는 것을 묘사하는 총 두 가지 시나리오를 활용한다. 권리가 침해받지 않는 시나리오는 정당하게 거절되는 요구들에 대해 설명한다. 예를 들어, 어떤 사람이 혼인신고서를 접수할 때 혈액검사를 하는 것과 같은 요구사항을 만족시키는 데 실패하는 것이다. 권리침해 시나리오는 타당한 이유 없이 요청에 대해 거절하는 것을 묘사한다. 예를 들어, 권리가 조건이 없거나 그 개인이 혼인신고서에 대한 모든 요구사항을 충족하는 것처럼 조건부 권리의 모든 필요조건이 충족될 수도 있다.

변별훈련(discrimination training)은 클라이언트에게 그들이 특정 권리를 획득하기 전에 충족해야만 하는 조건뿐만 아니라 그들이 자격을 갖는 법적 권리의 네 가지 범주를 구분할 수 있도록 가르친다. 훈련 동안, 실천가는 권리를 정의하고, 이후 클라이언트는 권리를 제시하고 개발한 시나리오가 권리침해를 묘사하는지 여부를 확인한다. 실천가는 옳은 반응에 대해 칭찬을 하고, 무응답이나 옳지 않은 반응에 대해서는 조언을 해 준다. 일련의 촉진은 시나리오에서 불특정 촉진과 함께 진행하고(예: "시나리오를 자세히 보세요. 모든 조건을 충족하셨나요?") 이후 특정 구두지시(예: "모든 조건을 충족하지 않았으니 이것은 당신의 권리침해가 아닙니다.")가 이어진다. 만일 클라이언트가 여전히 적절하게 반응하지 않는다면 실천가는 구두로 적절한 응답에 대한 예시를 제시한다.

권리침해에 대응하기 위하여 실천가는 소비자 불만과정에 대한 문헌을 바탕으로 세 단계의 절차를 가르친다. 이러한 훈련의 내용은 장애인에게 정보와 법적 지원을 제공하는 기관의 책임자와 숙련된 서비스 제공자가 인증한다. 첫째, 클라이언트는 자신의 권리를 침해한 사람(예: 사례관리자)에게 권리를 주장한다. 둘째, 특정인이 문제를 해결하지 않았다면 클라이언트는 더 높은 지위의 다른 사람(예: 감독자)에게 항의한다. 셋째, 만일 문제가 해결되지 않았다면 클라이언트는 지역사회 옹호기관의 도움을 요청할 수 있다. 클라이언트가 도움을 요청하는 것을 돕기 위하여 실천가는 장애인이 자주 활용하는 관련 기관의 전화번호부를 제공해야 한다. 사회기술훈련은 클라이언트에게 세 단계의 절차에 대한 구체적 대응 반응을 가르치기 위하여 사용된다. 그 대응들은 다음과 같다.

1. 권리를 주장한다(예: "당신은 ~할 권리가 없습니다.").
2. 충족조건에 대해 명시하며 권리가 침해된 근거를 설명한다(예: "저는 돈을 지불하고 시험도 통과하였으며 모든 필요 양식을 작성했습니다.").
3. 문제를 해결하기 위해 이미 수행한 일에 대해 설명하며 감독자나 옹호기관 직원에게 항의한다(예: "판매직원과 담당감독자에게 말했지만 누구도 나를 돕지 않았습니다.").

사회기술훈련에는 실천가가 관련 기술에 대한 지시를 하고 클라이언트에게 확인된 반응을 바탕으로 '권리침해 시정 체크리스트'를 제공하는 것 등이 있다. 또한 클라이언트는 네 가지 유형의 권리와 관련된 상황에서 권리침해를 시정하는 전략에 대한 역할극을 보여 주는 영상을 시청한다. 클라이언트가 영상을 볼 때 영상에서 나오는 각 반응을 점검하도록 체크리스트를 활용한다. 마지막으로 클라이언트는 기술들을 연습해 본다.

복수기초선설계는 재활시설에서 서비스를 받은 8명의 클라이언트들이 법적 권리를 인식 및 확인하고 개입의 결과로써 발생하는 권리침해에 적절히 대응하는 능력이 상당히 증진되었다고 보고하였다. 후자의 기술은 교실 및 지역사회 역할극으로 평가된다. 한 명의 클라이언트를 제외하고 이 기술은 지역사회 역할극에 일반화되었다. 3개월간의 후속평가에서 세 명의 클라이언트 모두가 획득한 기술을 유지하였다.

작업장에서의 편의증진

시각장애

럼릴(Rumrill, 1999)은 시각장애가 있는 클라이언트가 「미국장애인법(ADA)」 제1조에 대한 지식을 쌓고 근무 중 편의에 대해 요구하기 시작하며, 자기효능감을 강화하는 것을 돕기 위하여 사회적 역량 및 자기옹호 개인훈련 프로그램을 개발하였다. 이 프로그램에 대한 평가방식은 독특했는데, 클라이언트가 실제로 작업장에서의 편의를 증진시킬 권리를 수호했는지 여부뿐 아니라 그들의 기술 및 지식을 강화했는지 여부도 판단하였다.

실천가는 작업장 접근성, 직업 편의증진 및 조정, 직업숙련도, 직업만족과 같은 네 가지 작업영역에서 클라이언트가 장애물을 확인하도록 돕는 것부터 시작한다. 이후 클라이언트는 중요도 순으로 상위 세 가지 장애물의 순위를 매기고 각각의 장애에 대한 합리적인 편의증진을 제시하며, 이를 위한 자원을 확인한다. 또한 실천가는 클라이언트에게 「미국장애인법」 제1조 규정에 대한 정보를 제공하고, 근로자와 합리적 편의증진을 요청하고 토론하며 실행할 공동협력의 윈-윈(win-win) 절차를 나타내는 유인물을 제공한다('참고문헌'의 Roessler, Rumrill, Battrsby, & Garnette, 1996 참조). 출판물은 큰 글자, 점자, 오디오테이프 등과 같은 다양한 형태로 클라이언트에게 제공된다.

실천가는 책자의 정보에 대해 논의하며 책자에 설명된 공동협력 접근법을 활용하여 합리적 편의를 요구할 예시를 만든다. 클라이언트의 개인적 상황에 근거하여 제시할 적절한 수정이 이루어지며, 클라이언트는 편의증진을 위한 조정을 요청하고, 실천가는 고용주의 역할을 맡는다. 행동시연 이후 수정을 위한 피드백이 이어지며, 그다음에는 적절한 언어적 · 비언어적 기술의 추가 개선 및 실행이 있게 된다. 또한 클라이언트는 편의증진을 위해 가장 비용 효율적인 방법을 결정하는 문제해결과정에 (실천가가 역할을 담당하는) 고용주가 관여하도록 한다. 마지막으로, 실천가는 클라이언트가 네 가지 항목의 목록을 개발하는 것을 돕는다.

1. 편의증진에 대한 욕구 확인
2. 클라이언트가 자신의 욕구에 대해 고용주와 교섭하는 데 사용할 방법(언어적 · 비언어적 행동 포함)
3. 클라이언트가 직업의무 및 각 의무에 대한 근거를 수행하도록 하는 구체적 편의증진
4. 비용 효율적 편의증진을 확인하고 실시하기 위한 자원

회기가 끝날 때 실천가는 클라이언트가 고용주로부터 편의증진을 위한 검토를 요청하고 획득한 기술을 적용하도록 촉진한다. 후속회기는 과정을 점검하기 위하여 8주 동안 이루어진다.

시각장애가 있고 전문직부터 육체노동직의 범주에 속하는 다양한 직업에 종사하는 46명의 지원자들(주로 백인이지만, 흑인 네 명과 라틴계 두 명 포함)이 평가에 참여하

였다. 지원자들은 관련 특징(예: 나이, 성별, 시각장애 정도)에 따라 짝지어졌으며, 이후 통제집단이나 개입집단으로 무선할당되었다. 개입 이후 6주간 수집된 자료는 통제집단에 비교하여 개입집단의 참여자가 「미국장애인법」 제1조에 대해 더 박식하고 획득한 기술을 수행하는 데 있어 자기효능감의 증가를 보인 것으로 나타났다. 더 중요한 것은 개입집단의 참여자가 자신의 편의증진 욕구에 대해 고용주가 검토할 것을 요구하고, 이에 대해 논의하기 위해 고용주를 만나며 편의를 위해 조정하도록 노력할 가능성이 있다는 점이다.

만성적 건강상태

작업장 편의를 요구하는 관련 기술을 학습하는 것은 페트리데스 등(Petrides et al., 1995)이 설명한 네 가지 모듈 중 한 가지 주제다. 인지행동집단개입은 개인이 제1형 당뇨병에 더 효과적으로 대처하도록 하며, 이는 제6장의 '의료적이고 긴급한 욕구의 충족' 절에서 더 자세히 설명하였다. '특별한 작업 상황에의 대처' 모듈은 집단구성원이 동료나 감독자의 불합리한 요구를 거절하고 적절한 편의를 요청하는 것을 학습하도록 돕기 위해 지시, 토론, 모델링, 역할극을 활용한다. 편의증진에는 병원방문, 식사, 식사조건 등을 반영하기 위한 근무시간표 변경 등이 있다. 집단개입의 효과는 평가되지 않았다.

교육적 편의증진

다음 세 가지 인지행동 프로그램은 학습장애, 신체장애, 복합장애가 있는 학생이 중등과정 이후의 교육환경에서 자신의 교육적인 편의를 도모하기 위한 권리를 이해하고 보장받도록 하기 위해 개발되었다.

더랙 등(Durlak et al., 1994)은 학습장애, 복합 학습장애, 행동/정서장애가 있는 고등학생을 위한 자기결정기술 프로그램을 개발 및 평가하였다. 이 프로그램의 목적은 학생이 중등과정 이후의 교육으로 성공적으로 전환하도록 하는 것이다. 프로그램은 일곱 개의 자기인식 및 자기옹호 과제를 목표로 하며, 이러한 과제는 고등학교 이후 교육환경으로의 성공적 전환을 예측하는, 학습장애가 있는 학생의 특징을 확인하는 연구를 검토함으로써 결정되었다. 과제는 대학교의 학습장애 전문가와 특수교육 프로그램의 코디네이터를 포함한 전문가 위원회의 도움으로 더 심도 있게 확인되었다. 과제는 다음과 같다.

1. 강사에게 강의자료를 명확하게 할 것을 요구한다.
2. 강사에게 학습장애를 알린다.
3. 욕구와 편의증진에 대해 논의하기 위해 강사와 약속을 정한다.
4. 강의를 녹음해도 되는지 강사에게 문의한다.
5. 다른 학생이 필기하거나 다른 학생의 노트를 복사해도 되는지 강사의 승인을 받는다.
6. 도서관 사서에게 도움을 요청한다.
7. 학습도움을 요청하기 위해 외부자원의 사람과 약속을 잡는다.

이후 집단운영자는 확인한 과제의 각 단계에 관련된 기술을 가르치기 위하여 사회기술훈련을 활용하는데, 이 과제들은 미리 과제분석을 통해 확인된다. 〈표 12-1〉은 수업 중 강의자료를 명확하게 하기 위한 단계를 보여 준다.

〈표 12-1〉 강의자료 명확화 단계

1. 수업 중 어떤 것이 불분명할 때 혹은 수업 직후에 손을 들고 다음과 같이 분명히 말한다. "~에 대해 방금 막 언급한 것이 이해되지 않습니다." 혹은 "그것이 어떤 의미인지 설명해 주실 수 있나요?"
2. 강사가 대답하는 데 더 시간이 필요하다고 생각된다면 불분명한 자료를 적어 놓거나 노트에 빨간색 큰 물음표를 적어 수업 후 강사에게 간다.
3. 강사에게 다음과 같이 말한다. "~에 대해 설명할 시간 좀 내주실 수 있나요?" 혹은 "~이 이해되지 않습니다." 혹은 "~은 무엇을 의미하나요?"
4. 강사의 대답을 받아 적는다.
5. 강사의 도움에 감사를 표한다.

출처: "Preparing High School Students with Learning Disabilities for the Transition to Post-Secondary Education: Teaching the Skills of Self-Determination." C. M. Curlak, E. Rose, & W. D. Bursuck, 1994, *Journal of Learning Disabilities* 27, p. 55. Copyright 1994 by PRO-ED, Inc., 허가를 받아 게재함.

학생들이 회기 중에 과제를 완료한 이후 집단운영자는 학생들을 고등학교에 적응시킨다. 교사 및 교직원은 학생들의 요구와 상호작용에 평소와 같이 대응하고 학생들의 작은 체크리스트에 과제를 수행했음을 표시하도록 요구된다. 과제 전반에 걸친 복수기초선설계 결과에서 나타나는 것처럼 프로그램 평가에 참여한 8명의 학생(1명의 라틴계 학생을 제외하고 모두 백인)은 7개의 과제에 대한 기술을 학습했다. 기술은 1주 후에도 유지되었다. 그러나 대부분의 학생이 과제를 수행하였지만 자기인식, 자기옹호, 자아개념, 자기주장의 변화를 평가하는 교사평가척도와 자기보고 중 어떤 것도 개입 이후 눈에 띄는 차이가 발견되지는 않았다.

학생이 교육적인 편의를 도모할 수 있도록 고안된 마지막 두 가지의 인지행동 프로그램은 대학생을 대상으로 실시된다. 첫 번째 프로그램은 학습장애가 있는 학생에게 자기옹호기술을 가르치는 7회기의 여름전환 프로그램이다(Brinckerhoff, 1994). 세미나의 처음 5회기 동안 학생들은 유인물을 받고, 영상을 시청하며, 세미나의 주요주제에 대해 교육을 받고 이에 대해 논의한다. 주요 주제는 다음과 같다.

1. 학습장애 이해
2. 학생의 법적 권리
3. 자기옹호와 보조직원의 역할에 대한 개관
4. 어떤 편의가 가장 유익하며 특수한 욕구와 편의증진에 대해 강사와 논의하는 전략에 대한 결정
5. 자기이익을 옹호하기보다 학생의 문제를 해결하기 위한 학부모 의존에 관련된 문제

5회기에서 집단운영자는 학생이 부모의 개입으로 인해 난처해졌던 과거 상황을 더 잘 다룰 수 있는 효과적인 자기옹호방법을 확인할 수 있도록 하기 위해 집단문제해결을 활용한다. 마지막 2회기 동안에 학생들은 자기옹호 및 협상기술을 실천할 기회를 제공하는 역할극 상황에 참여한다. 협상기술은 다음과 같다.

1. 타인 대면하기
2. 계속 눈 마주치기
3. 적절한 비언어적 행동과 청취행동 활용하기
4. 편의 요구하기
5. 요구에 대한 근거를 명시하기

6. 합의에 도달하면 다른 사람에게 감사를 표하고, 의견이 불일치할 경우 타협을 제안하기

또한 집단운영자는 네 가지 주요 분야에서 교육문제를 해결하기 위해 편의증진의 예를 제공한다.

1. 읽기(예: 교과서 녹음을 요청하기, 읽기숙제를 마치기 위해 추가시간 요구하기)
2. 수학(예: 또래 지도자와 함께 공부하기, 강사에게 구체적인 예시 요구하기)
3. 조직(예: 필요시 지시사항 반복 요구하기, 교재의 명확화를 위해 강사와 약속잡기)
4. 쓰기(예: 교정지원을 요청하기, 강의녹음을 요구하기)

이러한 과정에서의 학습을 지원하기 위해 학생들은 6회기 차에서 I-PLAN 요소를 배운다(요소에 대한 설명은 제10장 참조). 마지막으로, 학생들은 현재 듣고 있는 과정의 강사와 미팅을 잡는 것을 통해 자신들이 새로이 획득한 자기옹호기술과 협상기술을 실생활에 적용한다. 미팅 동안 학생들은 자신의 학습장애에 대해 설명하고 수업 중 필요할 수 있는 편의에 대해 확인한다. 세미나의 정식평가가 이루어지지는 않았으나 교원들의 비공식 피드백에서는 학생들이 적절히 대립되지 않는 방식으로 편의를 도모하고 수업에 대해 요구했던 것으로 나타났다. 또한 학생들은 세미나가 자신들의 독립심과 자신감을 향상시켰다고 보고했다.

팔머와 로슬러(Palmer & Roessler, 2000년)는 장애가 있는 대학생에게 그들의 교육적 편의증진을 위한 권리를 실행하기 위해 자기옹호 및 갈등해결기술을 가르치는 8시간에 걸친 '자기옹호 및 갈등해결 훈련'을 고안하고 평가하였다. 두 가지 모듈 중 첫 번째에서 강사는 자기옹호와 의사소통기술을 가르친다. 훈련은 다음과 같은 17개의 행동에 초점을 두게 되는데, 이는 관련 연구들에서 수업 중 편의를 도모하기 위한 성공적인 자기옹호를 예측하는 것으로 확인된 것들이다.

1. 강사에게 인사하기
2. 자기소개하기
3. 특정 수업에 대해 언급하기

4. 자신의 장애상태에 대해 알리기
5. 장애가 어떻게 학습성취도를 떨어뜨리는지에 대해 설명하기
6. 이미 보장된 편의에 대해 언급하기
7. 그러한 편의의 혜택 설명하기
8. 편의에 대해 요청하기
9. 자원 확인 및 자원이 도움이 되는 방법 설명하기
10. 학생이 해야 할 일을 설명하기
11. 의견 합의를 요청하기
12. 합의 확인하기
13. 편의에 대한 동의 재언급하기
14. 학생의 역할을 명확화하기
15. 강사의 역할을 명확화하기
16. 긍정적인 말로 미팅 마무리하기
17. 강사에게 감사 표시하기

학습장애, 편의증진, 요청과정에 대한 간단한 설명에 이어서 학생들은 효과적 자기옹호에 관련된 17개의 기술을 강사가 모델링하는 것을 관찰한다. 이후 학생들은 강사와 서로에게 그리고 교원 및 사무직원들과 함께 편의증진을 요구하는 연습을 한다.

두 번째 모듈에서 강사는 학생들에게 다양한 상황에서 갈등을 해결하기 위한 협상기술을 가르친다. 학생들은 실제 모델이 갈등문제를 구체화하기, 반영하기, 상호화하기(mutualizing), 협동하기, 고안하기, 선택하기, 요약하기 등과 같은 일곱 가지 분야에서 갈등해결기술을 활용하는 것을 관찰한다. 이후 학생들은 역할극에서 기술을 연습한다. 일반훈련과 더불어 학생들은 대학에 특성화된 추가정보를 제공하는 소책자를 제공받는다. 여기에는 학습편의, 책임, 편의 요청 및 실행에 대한 전략, 의견 불일치 해결을 위한 방안 및 절차 등이 제시된다.

2년제, 4년제, 6년제 대학의 학생 40명(68%가 백인, 16%가 두 번째로 가장 큰 인종집단인 미국 원주민)이 평가에 참여했다. 다양한 장애가 있는 학생들(주로 학습장애와 신체장애)은 각 대학 내에서 치료집단 혹은 통제집단으로 무선할당되었다. 실험집단은 자기옹호 및 갈등해결 기술, 학습 편의증진을 위한 권리 및 책임의 일반지식, 편의요

구와 갈등해결과 관련된 자기효능감 그리고 사회적 역량을 획득하는 데 있어 통제집단을 능가하였다.

원치 않는 무방비한 성적 행동을 거부할 권리

성적 행동 또는 보호받지 못하는 성적 행동을 함께할 것을 거부할 수 있는 권리를 주장하는 자기결정행동은 많은 이유로 취약계층에서 제한될 수 있다. 취약계층 인구는 성적 지식, 안전한 성행위 및 관련 고위험 성행위에 대한 이해, 자신의 욕구를 주장하는 데 필요한 기술 등이 부족하다. 문화적 가치 및 기대, 신념, 보복이나 부정적 결과에 대한 두려움, 경제적 생존을 위한 타인에의 의존, 사회적 고립, 사회적 태도 및 가치 등과 같은 다른 요소들 역시 성적 활동과 관련된 자기결정행동을 단념시킬 수 있다.

일부 여성, 특히 유색인종 여성의 문화적 가치는 그들이 성에 대한 지식을 드러내거나 성행위 혹은 불안전한 성행위를 거부할 권리를 주장하지 못하게 할 수 있다(Hobfoll, Jackson, Lavin, Britton, & Shepherd, 1994). 여성 청소년은 자신이 거절할 권리를 주장할 수 없거나, 남자친구를 기쁘게 하거나 만족시키고자 하는 욕망이 있거나, 그들이 성관계를 가질 것을 예상했다고 믿기 때문에 원치 않는 성관계를 가질 수 있다(Schinke, 1982). 또한 보복이나 다른 부정적 결과에 대한 두려움은 성적 행동에 대한 자기결정에 걸림돌이 될 수 있다. 많은 여성이 성관계나 무방비한 성관계를 거부하는 것이 연인과의 관계에 부정적인 영향을 미칠 것이며, 연인의 화를 초래하거나 당황 혹은 죄책감이 들게 할 것이라고 생각한다(Barth, Middleton, & Wagman, 1989). 또한 자기효능감에 대한 신뢰(예: 행동은 변화될 수 있고 결과도 긍정적일 것이라는 믿음)는 취약계층에서 낮은 경우가 많다(Abery et al., 1995; Hunter & Schaecher, 1994).

경제적 환경 또한 그러한 행동을 삼가고자 할 때도 성관계 혹은 안전하지 않은 성행위를 하려는 개인의 결정에 영향을 미칠 수 있다. 예를 들어, 빈곤은 피임도구를 구매하는 것을 제한할 수 있다. 저소득 여성이 돈, 주거, 정서적 지지 등을 위해 남성에 의존하기 때문에 그들은 성관계나 고위험의 성행동을 거부할 권리를 주장하는 것이 매우 어렵다고 느낄 수 있다(Nyamathi, Flaskerud, Keenan, & Leake, 1998; St. Lawrence, Wilson, Eldridge, Brasfield, & O'Bannon, 2001). 동성애 남성이나 심각한 정신질환을 가진 사람을 포함한, 집이 없는 사람들은 성관계를 돈, 음식, 숙소로 교환할 충동을 강하게 느낄 수 있다(Hunter & Schaecher, 1994; Johnson-Masotti, Pinkerton, Kelly, & Stevenson, 2000). 많은 취약집단들은 고위험 혹은 원치 않는 성 행동을 하는 것을 그들이 매일 직면하는 빈곤, 집이 없는 현실 등과 같은 많은 사회적 · 육체적 위험과 비교하여 그렇게 중요한 위협으로 여기지 않을 수 있다(Harris, Bausell, Scott, Hetherington, & Kavanagh, 1998).

성 소수자에 대한 낙인은 사회적 고립을 야기할 수 있다. 결국 사회적 고립은 성행위를 거부할 권리와 동성애자 · 양성애자끼리 성관계를 안전하게 할 권리를 주장 및 협상하는 것과 관련된 역할모델 및 사회적 지지의 원천이 거의 혹은 전혀 없도록 할 수 있다. 정서적 · 사회적 고립으로 인하여 동성애 남성은 자주 길거리나 바에서 다른 동성애 남성을 탐색하며, 성적 접촉을 하고자 하지만 안전한 성관계를 성사시키는 것은 어렵다. 동성애자인 소수 인종/민족은 그들의 민족적 지역사회에 만연한 동성애 혐오증, 동성애 공동체에서의 인종차별, 더 넓은 사회에서의 태도 및 차별 때문에 사회적 지지를 받는 것이 훨씬 더 어렵다(Hunter & Schaecher, 1994). 이성애 여성이 흔히 그러한 것처럼, 거부나 다른 부정적 결과에 대한 두려움은 원치 않는 성관계나 고위험 성행위를 하도록 성 소수자의 결정에 영향을 미칠 수 있다.

예를 들어, 혼전 성관계와 동성애 관계를 삼가는 도덕성과 같은 사회적 가치 및 태도 역시 성교육 프로그램에 반영되며, 이는 앞서 논의한 문제를 가중시킬 뿐이다. 예를 들어, 만일 성교육 프로그램이 관련 교육과 기술습득활동을 제공하지 않는다면 취약계층 청소년, 특히 성 소수자는 고위험 성행위에 대한 지식과 그러한 행동을 줄일 권리를 행사하는 기술을 습득할 기회를 거의 얻지 못할 수 있다. 또한 필요한 교육과 기술훈련을 제공하는 성교육 프로그램은 대체로 이성애자 유형에만 근거하고 있다(Hunter & Schaecher, 1994).

바람직하지 않은 고위험의 성행위를 거부할 권리를 주장하는 데 실패함으로써 원치 않는 임신, 낙태, AIDS 바이러스 감염과 같은 성병 등의 심각한 결과를 초래할 수 있다. 청소년 임신율과 성병은(또는 성행위로 감염되는 질병은) 저소득층과 아프리카계 미국인에게서 특히 높았다. 또한 AIDS 바이러스 감염도 동성애 남성 혹은 양성애 남성(특히 젊은 아프리카계 미국인과 라틴계 남자), 소수민족 혹은 소수인종의 청소년과 여성, 가난하고 술과 마약을 하며 심각한 정신장애가 있는 사람에게서 불균형적으로 발생한다(Coastes, 1990; Hobfoll et al., 1994; Hovell et al., 1998; Johnson-Masotti et al., 2000).

이 절에서는 취약계층에게 관련 지식과 함께, 원치 않거나 불안전한 성행위를 멀리할 권리를 주장하는 기술을 가르침으로써 임파워시키는 인지행동개입에 대해 설명한다. 취약계층에는 여성, 인종적 · 민족적 소수자, 성 소수자, 저소득층, 심각한 정신장애가 있는 사람, 이중진단을 받은 사람 등이 있다. 처음 두 가지 프로그램은 원치 않는 임신과 성병질환을 막기 위해 설계되었으며, 나머지 개입은 AIDS 바이러스 감염을 막기 위해 고안되었다. 이러한 목표를 위한 개입은 성적 지식 향상, 성행위 혹은 고위험 성행위를 거부할 권리주장기술의 강화, 무방비한 성행위나 고위험 성행위의 절제, 안전한 성관계의 증가 등과 같은 결과를 달성한다.

여기서 논의하는 모든 인지행동개입들은 자기주장, 더 안전한 성행위와 같은 다양한 사회적 기술을 가르치기 위한 사회기술훈련기법과 효과적인 피임법 사용을 가르치기 위한 기술훈련 등을 활용한다. 모든 프로그램들이 사회기술훈련을 활용하지만 이러한 프로그램들은 다양한 방법으로 다른 인지행동개입과 결합한다. 개입으로는 기본 성지식과 피임지식 제공, 촉진 및 동기적(motivational) 전략, 선행 위험조건 확인 및 처리, 문제해결, 인지시연, 인지재구조화, 혐오감 유발, 자기지시 훈련, 사회적 강화, 계약상 동의, 과제 등이 있다. 또한 다양한 재발방지 전략이 프로그램에 포함된다. 여기에서 논의하는 개입은 저소득층 여성과 흑인을 포함한 취약계층의 욕구와 문화에 특히 민감하다. 한 가지 인지행동 프로그램(Artz et al., 2005)을 제외하고, 모든 개입은 참여자를 통제집단이나 일부 비교집단 유형에 무선할당하는 전통적 실험방법을 활용하여 평가되었다.

여성

이 절은 주로 낮은 사회경제적 배경의 청소년과 성인 여성에 대한 다섯 가지 인지행동 프로그램에 대해 설명하고 있다. 첫 번째 개입인 14회기의 집단지식 및 사회기술 구축 프로그램은 10대의 임신을 막고 공립학교 체계 내에서 실시하기 위해 고안되었다(Schinke, Blythe, & Gilchrist, 1981; Gilchrist & Schinke, 1983). 이는 집단운영자가 프로그램에 대한 개관, 생식작용 및 피임법에 대한 기본설명을 제시함으로써 시작된다. 다음으로 문제해결의 기본단계를 소개하며 이후 집단구성원들은 데이트, 성행위, 피임과 같은 분야에서의 자신의 삶의 결정에 그 과정을 적용시킨다. 사회기술훈련은 이후 집단구성원이 피임에 대해 토론하고 피임약 구매에 성공하며 필요한 정보를 요청하고 용납할 수 없는 요구를 거부하도록 돕기 위하여 그들에게 언어적 · 비언어적 의사소통기술을 가르치는 데 사용된다. 학생이 기술을 연습할 때 다른 집단구성원뿐만 아니라 집단운영자도 지시, 지도(coaching), 피드백을 제공한다.

이 프로그램에서는 인지시연(cognitive rehearsal)도 활용된다. 집단운영자가 이완연습(relaxation exercise)으로 학생들을 안내한 이후 그들을 성관계를 할 수 있는 가능성이 있는 상대와 상황에 대해 상상하도록 요구된다. 이후 학생들은 성관계를 할 가능성과 피임법을 활용하고자 하는 그들의 바람에 대해 상상하도록 지시받는다. 그 이후의 과제에서 학생들은 그들이 상상한 대화를 적어 나가고 그것을 역할극으로 수행한다. 학생들에게는 추가과제가 있으며 그들은 습득한 지식과 기술을 이러한 과정 밖에서 활용할 것을 약속한다. 과제의 예로는, 지역사회에서 피임법에 대한 정보를 획득하기, 지역약국에서 피임약의 가격 비교하기, 현재 만나고 있는 상대와 피임에 대해 논의하기, 청소년의 삶에 관련 있는 부모나 다른 사람들에게 성관계에 대한 의견 묻기 등이 있다(예: 성직자, 상담가). 숙제를 수행한 학생들의 경험은 차후 집단만남에서 논의된다.

평가에 참여한 학생들(36명, 남녀 모두 포함)은 개입집단이나 통제집단에 무선할당되었다. 개입집단에 참여한 학생들은 성지식, 대인관계문제의 해결, 녹화된 역할극 대화평가에서 통제집단에 비교하여 더 높은 사후검사 점수를 보였다. 역할극에는 사회적 압박에 대응하고 상대 연인이 피임이나 성적 결정에 책임을 공유할 것을 요구하는 것 등이 포함된다. 6개월 후의 후속평가에서 개입집단의 학생들은 더 자주 피임법을 활용하였고 피임 없이 성관계를 갖는 경우가 거의 없었다고 보고했다. 이들의 교사나 부모뿐만 아니라 당사자인 청소년에게도 프로그램의 유용성에 대한 피드백은 매우 우호적으로 나타났다(Schinke et al., 1981). 길크리스트와 쉰케(Gilchrist & Schinke, 1983) 역시 대형집단(20명 이상)에서 실행될 수 있는 학생들을 위한 유사 인지행동 프로그램을 개발하였다.

두 번째 인지행동개입은 성병 클리닉에 다니고 있는 성인 여성에게 여성용 콘돔(페서리와 같은 여성용 피임기구)의 사용을 촉진하기 위해 설계된 한 시간 길이의 프로그램이다(Artz et al., 2005). 성병을 예방하는 것 외에도 상대 남성 대신에 여성이 여성용 콘돔을 사용하도록 가르치는 주요 이유는 성관계 시 보호장치를 사용하는 결정에 있어 여성이 더욱 통제권을 갖기 위함이다. 이 프로그램은 여성용 콘돔에 대한 문헌과 전문가(예: 보건전문가)와 여성 초점집단과의 인터뷰, 여성 및 상대남성과의 정성적 인터뷰 등을 통해 얻은 정보를 활용하여 개발 · 수정되었다.

개별적으로 클라이언트에게 실시된 인지행동 프로그램은 자기고백 형식의 영상을 클라이언트와 함께 시청하는 것으로 시작된다. 영상에서 여성들은 여성용 콘돔을 사용하는 것에 대한 자신들의 인식을 이야기하며 성병/성행위로 감염되는 질병 위험에 대한 인식과 보호의 필요성을 강화시키는 정보를 제공한다. 이후 강사는 이 점에 대해 논의하며 여성용 콘돔 사용에 대해 설명한다. 여성들은 해부 모형을 가지고 여성용 콘돔 사용을 연습해 본다. 사회기술훈련을 활용하여 강사는 참여 여성들에게 공통의 문제를 다루는 방법, 성관계 대상에게 여성용 콘돔 사용을 촉진하는 기술, 잠재적 문제를 다루는 문제해결기술 등을 가르친다. 여성은 다음 방문 때까지 성관계 시 여성용(이나 남성용) 콘돔을 사용하는 것에 대한 동의서에 서명한다. 또한 여성은 여성용 콘돔 사용을 연습할 기회를 가지며 이후 정확한 방법에 대한 피드백을 받는다(동의서는 다양한 기술요소를 가르치기 위한 상세한 각본을 제공한다). 회기가 끝날 때 여성은 자신이 선택한 피임법과 정보책자를 무료로 제공받는다. 또한 콘돔카드와 피임기구 사용 전에 상대남성에게 보여 줄 수 있는 흥미로운 영상과 같이, 상대남성에게 여성용 콘돔을 소개할 수 있는 방법들을 제공받는다. 사전-사후 실험설계에서 밝혀진 것처럼, 콘돔의 사용은 개입 이후 참여자(1,159명, 흑인 여성이 압도적으로 많음)에게서 상당히 증가하였다. 또한 여성들은 6개월 동안의 사후평가에서도 높은 비율로 피임법을 계속 활용하였다. 여성들 중 최소 79%가 여성용 콘돔을 활용했으며, 이러한 여성의 대부분은 피임기구를 여러 번 사용하였다.

다음에 논의하는 세 가지 인지행동집단개입은 사회경제적으로 불우한 청소년 · 성인 여성을 대상으로 고안된 HIV와 AIDS 예방프로그램이다. 켈리(Kelly)와 그의 동료들(1994)은 저소득 여성이 원치 않거나 무방비한 성적 활동을 거부할 권리를 주장할 수 있도록 하는 프로그램을 개발하였다. 집단회기는 감염위험을 증가 또는 감소시키는 행동과 HIV 위험에 대한 정보를 제공한다. 기술은 사회기술훈련을 활용하여 배우는데, 이 훈련에는 잠재적 상대와 AIDS에 대한 우려와 콘돔의 사용에 대한 토론과 함께 원치 않거나 무방비한 성관계에 대한 압박에 저항하는 역할극 등이 포함된다. 집단운영자는 올바른 콘돔의 사용에 대해 설명하며 이후 여성은 남근모형으로 연습해 본다. 또한 집단운영자는 여성이 음주, 약물 이용, 외로움, 강압적 · 불공평한 성적 관계와 같은 과거의 고위험 성행위를 유발했던 상황에 대해 확인할 수 있도록 한다. 이러한 활동 이후에 집단은 여성이 확인된 선행조건을 다루는 대안전략을 개발할 수 있도록 돕는 문제해결과정에 대해 배운다.

기존 연구들은 행동변화를 촉진하는 사회적 지지의 이점을 옹호하고 있으며(예: 여성이 상대 남성의 저항 또는 반대를 다루고 그들이 자주 직면하는 삶의 많은 스트레스 요인으로부터 스트레스를 완화할 수 있도록 돕는다), 이런 이유로 집단사회적 지지 역시 강화된다. 예를 들어, 집단운영자는 여성이 과거에 고위험 성적 상황을 다루는 데 사용해 왔던 전략들을 공유하도록 한다. 또한 여성은 그들이 콘돔을 이용하지 않는 한 남성에게 성관계를 거부하는 것이 정당하다는 합의를 이루도록 도움을 받는다. 마지막으로, 여성은 AIDS로부터 자녀를 보호하고 직접 자신의 성적 결정을 통제하는 것과 같이 위험이 낮은 행위를 하는 것의 이점을 확인하게 된다.

프로그램 평가에 참여한 여성들(197명, 87%는 흑인)은 도심의 보건소에 다니고 있었던 여성들로 이들은 인지행동개입집단이나 비교집단으로 무선할당되었다. 3개월 후의 후속평가에서 AIDS 교육자가 녹화된 역할극에 대해 평가한 것을 보면 개입집단은 콘돔이 있을 때까지 성관계를 지연하거나 콘돔 없이는 성관계를 거부하는 대화 및 협상기술이 강화된 것으로 나타났다. 또한 개입집단의 여성은 무방비한 성관계가 줄고 콘돔의 사용이 증가한 것으로 보고했다. 비교집단에서는 변화가 없었다.

두 번째 AIDS 예방프로그램은 저소득 소수 인종/민족의 임신여성을 대상으로 고안되었다(Hobfoll et al., 1994; 이 프로그램에 대한 종합적 설명은 Levine et al., 1993 참조). 프로그램 회기들은 참가 여성들과 유사한 배경을 가진 연기자들이 참여한 네 개의 비디오테이프를 활용하여 쌍방향으로 진행된다. 녹화된 부분은 자기주장(예: 콘돔 없이는 성관계 거부), 협상, 계획, 감염위험을 줄이는 관련 기술(예: 약봉지 깨끗이 하기) 등을 설명한다. 영상시청 후 여성들은 이에 대해 토론하고 상황역할극을 한다. 집단운영자는 여성이 자신의 삶에 기술을 적용하고 개인적 경험을 공유하며 AIDS 예방과 관련하여 확인된 문제에 대한 현실적이고 유용한 해결책을 함께 모색하도록 한다. 다양한 문화적 배경을 가진 직원들은 여성이 자신의 기술활용과 성공을 강화함으로써 교육과정의 숙지정도를 확인하고 향상시킬 수 있도록 역할모델을 제시한다. 또한 집단운영자는 여성이 성공할 것이라는 기대를 표현한다.

성관계 중 콘돔의 사용과 같은 더욱 사적인 행위에 대해서 여성은 인지시연을 배운다. 과정 중 여성은 스스로 자신이 선택한 상황이나 그들에게 설명되는 상황(예: 콘돔 없이 성관계하려는 여성)에서 문제를 해결하는 것에 대해 상상한다. 이후 집단구성원들은 상황에 대해 토론하고 상황을 더 잘 다룰 방법을 제시하며 서로를 도와준다. 집단운영자는 또한 여성의 취약성을 증진시키는 혐오감 유발을 활용하기도 한다. 이러한 과정에서 여성은 자신이 혐오감을 불러일으키는 고위험 행동을 하는 장면(예: 콘돔 없이 성관계하기, HIV에 감염되기)을 상상한다. 더 숙련되기 위해 여성은 저위험 행위나 건강한 행위가 긍정적 결과를 가져오는 상황(예: 불법약물사용을 삼가기, 건강한 아이 출산하기)에 대해서도 상상한다. 집단운영자는 여성이 건강한 행동을 지속적으로 또한 더 많이 행하는 것에 대한 잠재적 장애물을 확인하고 계획을 세우도록 하기 위해 그들이 토론, 역할극, 인지시연에 참여하게 한다.

개입을 수행하는 동안 집단운영자는 여성의 사회적 지지 강화, 공동체의식 증진, 여성의 삶의 경제적 · 성적 · 문화적 분위기에 대한 대응 등에 특별한 관심을 쏟는다. 여성 개인적으로 그리고 아직 태어나지 않은 아동, 가족, 인종집단에 대한 행동변화의 중요성이 강조된다. 프로그램은 교통비와 아동 보육 비용을 지불한다. 어머니가 적절한 보육시설을 찾을 수 없는 경우 아동들은 프로그램 현장에서 관리된다. 경제적 상황이 여성의 매일의 의사결정에 영향을 미칠 수 있으므로 프로그램은 그들의 경제적 복지를 향상시킬 수 있는 교육 및 직업 목표를 확인하고 지원한다. 예를 들어, 집단운영자는 학교나 근로 의무를 방해하지 않는 시간 동안 집단만남 시간을 정하도록 하며 토론과 역할극 가운데 교육 및 임파워먼트 목표를 달성할 수 있는 전략을 갖는다. 또한 토론 주제로 남성과 여성의 권력 관계에 대해 다루며, 특히 경제적 어려움과 관련해서는 흑인 남성에 비교한 흑인 여성 수의 불균형, 다양한 인종/민족 집단에서의 성의 의미 등이 다뤄진다.

AIDS 예방개입은 도심지역 진료소에서 산부인과 진료를 원하는 206명의 저소득층 젊은 미혼 임신부들을 하나의 개입집단이나 두 개의 통제집단(건강정보집단과 비치료집단)으로 무선할당하여 평가하였다. AIDS 예방집단에서는 두 통제집단보다 더 안전한 성행위, 콘돔과 살정제 구입, 상대와 AIDS 관련 행위에 대한 토론의 빈도가 더 증가하였다. 여성이 콘돔을 구입하는 것에 대한 약국의 보고도 비개입집단과 비교할 때 AIDS 예방집단과 건강정보집단에서 더 높은 것으로 나타났다. 대부분의 개선은 6개월 이후까지 유지되었다.

캐리 등(Carey et al., 2000)은 저소득층 여성에 대한 최종 HIV 위험감소(HIV-RR, HIV-risk reduction) 개입을 평가했는데, 이는 사회경제적으로 불리한, 도시에 거주하는 성인 여성과 도시의 여성 청소년에 대한 정보동기행동기술모델(information-motivation-behavioral skills model)을 바탕으로 한다. HIV-RR 프로그램은 설문조사 자료와 초점집단을 포함한 다양한 자료를 통해 얻은 정보를 바탕으로 개발된 준비 매뉴얼을 활용하여 소집단에서 실시한다(개입절차는 Carey et al., 1997 참조). 집단운영자는 변화동기를 개선시키기 위하여 동기적(motivational) 인터뷰 전략을 활용한다. 그러한 전략들에는 비심판적이고 공감적 방식을 활용하면서 HIV 감염위험을 줄이는 목표에 대해 직접적으로 대화를 나누는 것 등이 포함된다. 이러한 방식은 여성이 자신만의 가치와 관계 그리고 자신의 삶의 맥락에 부합하는 위험감소행위를 선택하도록 한다. 집단운영자는 HIV 전염 및 예방에 관해 교육하며 여성이 자기동기적(self-motivational) 진술을 확인하도록 돕는다.

HIV에 감염된 지역 여성의 녹화인터뷰를 보여 주고 토론하는 것과 개입 전 설문조사를 바탕으로 HIV 위험에 대한 개별 피드백을 집단구성원들에게 제공하는 것은 위험에 대한 민감성을 증가시킨다. 사회기술훈련은 자기관리기술과 성적 자기주장기술을 가르치기 위해 사용한다. 특정 기술로는 콘돔 구매 및 사용, 고위험 상황 식별(예: 약물사용), 행위변화와 관련된 인식전환(예: 콘돔 사용과 관련된 부정적 태도에 대한 반박), 상대 남성과 콘돔 사용에 대한 협상 등이 있다. 다시 말해, 집단운영자는 여성에게서 위험감소전략을 이끌어 내며 여성이 유용하다고 생각할 수 있는 선택사항으로 입증되는 기술을 제시한다.

HIV-RR 프로그램 평가에 참여한 청소년과 여성들(102명, 흑인이 다수)은 개입집단과 건강증진통제집단에 무선할당되었다. 개입 이후 자료와 후속평가 자료(개입 이후 12주)에서 HIV-RR 프로그램에 속한 여성들이 통제집단 여성들에 비해 위험감소행위를 할 의향이 더 높은 비율로 증가된 것으로 나타났다. HIV-RR 개입 이후 위험예방

행위를 수행하는 데 더 약한 의사를 보였던 여성들은 콘돔사용을 늘였고 콘돔사용과 HIV 검사에 대해 상대방과 더 많은 이야기를 나누었으며 무방비한 성관계를 더욱 거부하려고 한 것으로 나타났다.

흑인 청소년

이 프로그램은 특히 저소득 흑인 청소년 중 HIV 감염위험을 줄이기 위해 고안된 종합적인 8주 인지행동 프로그램이다. 인지행동 프로그램은 AIDS 교육으로 시작하며, 이후 성적 결정 및 가치에 대한 2차 회기 논의를 한다. 가치를 명확하게 하고 관련 성적 주제에 대해 토론하기 위해 집단운영자는 흑인 청소년을 위해 특별히 준비한 영상을 보여 준다. 토론과 관련된 주제로는 청소년의 AIDS 취약성, 더 안전한 성관계 · 콘돔 · 금욕에 대한 태도, 친구나 가족으로부터 개인적 가치에 대한 사회적 지지 획득하기 등이 있다. 3차 회기에서 집단운영자는 청소년들에게 올바른 콘돔사용에 대해 가르치기 위해 남근모형을 사용한다. 또한 운영자는 고위험 성행위를 야기하는 믿음에 대해 반박하고 이러한 잘못된 믿음들을 더 안전한 행위를 이끄는 믿음(예: "만약 그가 콘돔을 이용하지 않는다면 그는 나에 대해 진심으로 신경 쓰지 않는 것이다.")으로 대체하기 위하여 청소년들에게 인지재구조화를 가르친다. 4차 회기에서 집단운영자는 ① 상대방과 콘돔에 대해 보다 심화되고 진보적인 토론하기, ② 무방비한 성행위에 대한 압력에 저항하기, ③ HIV 위험감소에 대해 친구들과 정보 공유하기와 같은 세 가지 맥락에서 소통기술과 자기주장기술을 가르친다. 자기주장훈련기법을 활용하여 집단운영자는 청소년들이 자신의 입장에 대한 근거를 분명하게 명시하고 더 안전한 대안을 제안하여 상대의 무방비한 성행동에 대한 욕구를 거절 혹은 수용하도록 가르친다. (고등학생 초점집단을 통해 얻은 정보를 바탕으로) 유사한 상황에 대해 역할극을 하고 피드백을 받은 후 청소년들은 그들이 유사한 상황에 직면했을 때 이러한 기술을 사용할 당시 느꼈던 편안함에 대해 토론한다. 집단운영자는 청소년들이 실제 삶에서 직면하는 관련 상황에서 기술을 사용하도록 독려한다.

5차 회기에서 'Rap Team'은 청소년들과 HIV 감염에 대해 토론한다. 토론의 목적은 청소년 자신의 위험 및 취약성에 대한 인식을 고취시키는 것이다. 이후 회기에서 청소년들은 친구에게 압력을 가했던 과거를 드러내고 미래의 어려운 상황에 대해 예상한다. 과거에 드러난 상황에 대해 청소년들은 문제를 명확히 하기 위한 문제해결과 위험감소를 위한 구체적 전략수립에 참여한다. 또한 청소년들은 집단구성원들과 성공적인 전략을 공유하며 이후 토론하고 실행한다. 한 가지 예로, '콘돔과 25센트' 카드가 있다. 이 카드에 대해 설명하자면, 청소년이 성관계를 갖기로 결정한 경우의 콘돔과 위험상황에서 벗어나기로 결정한 경우 청소년 자신을 데리러 오라고 다른 사람에게 전화할 25센트가 포함되어 있다. 청소년들에게 또래 협력모델들을 제공하고 그들이 성공적으로 위험감소전략을 실시할 수 있다는 믿음을 강화하는 것이 마지막 회기의 주요목적이다. 이러한 목적을 달성하기 위하여 집단운영자는 청소년들에게 참여결과에 따른 개인적 변화와 프로그램의 가장 유익한 측면을 발견할 것을 요구한다.

이 프로그램은 인지행동개입이나 교육 프로그램으로 저소득 흑인 청소년들(246명)을 무선할당함으로써 평가되었다. 기술구축집단은 비교집단에 비해 상당 부분 자기효능감 비율, 콘돔을 안전하게 사용한 비율, 강압적이고 고위험의 상황을 다루는 것에 대한 행동기술 등이 증가했으며, 무방비한 성관계 비율이 감소하였다. 또한 강화된 위험감소행위는 인지행동집단에서 1년 이후에도 높은 비율로 유지되었다. 참여자들은 인지행동 프로그램에 대한 만족도로 7점 만점(7 = 매우 만족)에 평균 6.8을 기록하였다.

성 소수자

이 프로그램은 빈번한 AIDS 고위험 행동의 내력이 있는 동성애 남성을 위해 고안된 12주 인지행동 프로그램으로, AIDS 고위험 행동은 무분별한 항문 및 구강 접촉과 이를 통한 성관계 등으로 정의된다(Kelly, St. Lawrence, Hood, & Brasfield, 1989). 프로그램은 여성과 소수 민족 · 인종에 대해 앞서 설명한 인지행동 프로그램과 같은 기본요소로 구성된다(Kelly et al., 1994; St. Lawrence et al., 1995 참조). 즉, 프로그램은 교육, 의사소통, 자기주장기술훈련을 제공하며, 집단구성원이 고위험의 성적 행위를 촉발하는 상황을 잘 다룰 수 있는 전략을 개발하도록 한다. 이러한 기본요소 외에 AIDS 고위험 행동의 내력이 있는 동성애 남성을 위한 인지행동 프로그램의 고유한 측면에 대해서는 다음에서 설명한다.

집단구성원이 고위험 성적 행위와 위험행동의 선행조건(예: 분위기, 약물사용, 환경)

이 가능했던 상황에 대해 확인한 후 집단운영자는 다음과 같은 세 가지 주요 자기진술 유형을 확인하고 실천하는 자기관리전략을 가르친다.

1. 나는 더 안전하게 실천할 수 있다(예: "나는 위험한 성생활을 바꿀 수 있다.").
2. 나는 더 안전한 행위를 함으로써 불안을 줄일 수 있다(예: "내가 오늘 밤 어떤 위험한 행동도 하지 않는다면 내일 훨씬 더 좋은 기분일 것이다.").
3. 위험을 감수하는 행위를 줄이는 것은 칭찬받을 만한 일이다(예: "나는 내가 이번 주에 어떤 위험한 행동도 하지 않은 것이 자랑스럽다.").

또한 세 가지 상황 유형에서 성적 자기주장훈련을 배운다. 상황들은 ① 잠재적 성적 대상과 저위험 행동에 대해 논의 시작하기, ② 고위험 행위에 대한 압박에 저항하기, ③ 사회적 관계만을 바라는 남성과의 즉흥적인 성적 제안 줄이기 등과 관련이 있다. 집단운영자는 사회적 지지를 강화할 수 있는 선택사항을 확인하기 위해 문제해결 전략을 남성들에게 가르친다. 이 선택사항으로는 성적 행동을 시작하기 전에 사회적 데이트하기, 성과 관련 없는 방법으로 처음에 애정 표현하기, 자기존중 및 건강한 행동을 강화하는 동성애 공동체 활동에 참여하기 등이다.

프로그램은 104명의 백인, 라틴계, 흑인 동성애 남성들을 대기자명단 통제집단이나 인지행동개입집단에 무선할당하여 평가하였다. 4주와 8주에 걸친 후속평가에서 실험집단의 남성들은 통제집단에 비하여 무분별한 항문 성관계의 빈도가 감소하였으며 성관계 중 콘돔 사용의 증가를 나타냈다. 또한 녹화된 역할극 평가는 개입집단의 남성만이 우발적 제안을 잘 다루고 원치 않는 성적 행동에 대한 압박을 거부하며 더 안전한 성생활을 할 수 있는 기술이 증가한 것으로 나타났다. 인지행동 프로그램 참여자들은 10점 만점(10 = 매우 훌륭함)에 평균 9.8점으로 프로그램 가치를 평가하였으며, 프로그램이 AIDS 위험감소에 직접 도움을 준 정도는 8.9점으로 나타났다.

또한 집단인지행동 프로그램이 HIV 감염위험이 높은 양성애와 동성애 남성을 대상으로 개발되었다(Roffman et al., 1997). 이 절에서 논의한 다른 인지행동 프로그램과 유사하게 이 17차 회기 개입은 많은 인지행동개입을 포함한다. 초기 회기는 집단결속, HIV 교육, 동기강화, 목표설정 등에 초점을 둔다. 개입의 중간 단계에서 집단운영자는 집단구성원이 위험행동의 선행사건을 밝혀내고 위험을 줄이기 위한 대처전략을 개발할 수 있도록 돕는다. 대처기술훈련은 집단구성원의 자기주장과 경청 기술을 강화하고 자기대화, 긍정적 · 부정적 형상화(imagery), 다양한 행동전략(위험상황 회피, 고위험 행동을 긍정적 행동으로 대체, 전혀 안전하지 않을 경우 성적 행동 중단 등)을 활용함으로써 고위험 행위를 줄이는 것을 가르친다. 집단구성원은 그들이 경험한 성공과 문제점들에 대해 논의한다. 프로그램의 마지막 단계에서 사회적 지지 활용, 건강한 생활유지, 자아강화, 더 안전한 성행위 규범 독려 등과 같은 더 안전한 행위를 유지할 전략에 대해 확인한다. 참여자들(159명)은 개입집단이나 대기자명단 통제집단에 짝을 이루어 배정되었다. 개입 이후 3달 동안 집단개입에 참여한 남성들은 통제집단 남성들과 비교하여 무방비한 성행동을 덜 하는 경향을 보였다. 또한 개입집단은 일부 다른 결과 측정(예: 사회적 지지에 대한 만족도, 성적 자기효능감)에서 더 높은 점수를 나타냈다. 그러나 이 개입은 양성애 남성보다 동성애 남성에게 더 효과적인 것으로 나타났다.

또한 여기서 설명한 최종 인지행동 프로그램은 양성애 · 동성애 남성의 HIV 위험을 줄이기 위해 개발되었지만 특히 흑인에 초점을 두고 있다(Peterson et al., 1996). 영상 녹화, 게임, 역할극 등과 같은 훈련자료는 흑인 양성애 · 동성애 남성을 대상으로 정확성과 문화적 적절성에 대해 사전검사되었다. 개입은 흑인 동성애 남성인 집단운영자가 성 소수자집단과 소수인종집단의 구성원으로서 남성의 자아정체성을 강화하면서 시작된다. 흑인 동성애 남성들이 출연한 〈풀어헤쳐진 말들(Tongues United)〉 영화의 일부를 보여 주고 토론하는 것은 이러한 이중정체성을 강화한다. 이후 집단구성원은 자신의 소수집단 지위가 HIV 위험에 영향을 미치는 방법과 두 소수집단의 구성원이 되는 것과 관련된 정서와 경험에 대해 토론한다. 집단운영자는 위험감소행동에 대한 지식과 콘돔의 효과적 사용을 증가시키는 활동들(AIDS 제퍼디 게임과 콘돔게임)을 활용함으로써 집단구성원에게 AIDS에 대해 교육한다. 이후 자기주장훈련은 위험이 적은 성적 활동을 협상하고 현재와 미래의 성적 파트너와 고위험 행동들을 거부하도록 하는 남성의 기술을 강화하기 위해 사용된다. 마지막으로 남성들은 위험을 줄이기 위해 자신들이 사용해 왔던 전략을 공유하고 자신의 위험행동을 변화시키기 위해 집단활동에 전념한다.

흑인 동성애 · 양성애 남성들(318명)은 1회기 실험집단, 3회기 실험집단, 통제집단의 세 가지 집단 중 하나로 무선할당되었다. 두 가지 개입 모두 자아정체성과 사회적 지지, AIDS 위험교육, 자기관리, 자기주장훈련 등을 개발하기 위한 전략들을 포함하였다. 3회기에 참석한 남성들은 12개월 후속평가 기간(46%에서 20%)과 18개월 후속평가 기간(45%에서 20%)에 무방비한 성관계의 빈도를 상당히 줄였으며, 1회기 집단은 무방비한 성관계를 아주 약간 줄였다. 통제집단은 위험행동에 변화가 없었다.

중증 정신질환이 있는 개인

켈리와 그의 동료들(Kalichman, Sikkema, Kelly, & Bulto, 1995)은 도심의 공공정신과병원에서 치료를 받는 저소득의 다민족 · 인종 클라이언트를 대상으로 HIV 감염을 막는 4회기 인지행동 프로그램을 개발하였다. 이 프로그램에 사용된 개입은 사회경제적으로 불리한 청소년 · 성인 여성을 대상으로 개발된 앞서 설명한 프로그램(Kelly et al., 1994 참조)과 매우 유사하기 때문에 여기에서 다시 설명하지는 않는다. 프로그램을 평가하기 위해 클라이언트들(53명)은 AIDS 예방프로그램이나 대기자명단 통제집단에 무선할당되었다. 비교집단에 비하여 개입에 참여한 클라이언트는 성관계 중 콘돔 사용의 비율을 더 증가시켰고 무방비한 성행위를 감소시킨 것으로 나타났다. 행동변화는 2달간의 후속평가에서도 유지되었다.

켈리 등(Kelly et al., 1997)은 또한 중증 정신장애가 있는 클라이언트를 대상으로 HIV 감염을 막기 위한 세 가지 인지행동 프로그램을 비교하였다. 프로그램에는 1회기 AIDS 교육, 7회기 인지행동 HIV 위험감소 집단개입, 클라이언트에게 그들의 친구와 위험감소 옹호자로서 행동할 것을 가르치는 유사 인지행동개입 등이 포함된다. 1회기 교육은 AIDS와 위험에 대해 가르치며, 고위험의 습관적 행동에 대해 설명하고 위험감소 전략에 대한 정보를 제공한다. 인지행동집단개입의 내용은 사회경제적으로 불리한 청소년 · 성인 여성을 대상으로 앞서 논의한 개입과 유사하다(Kelly et al., 1994 참고). 옹호훈련(advocacy training)은 클라이언트가 AIDS와 건강정보에 대해 다른 사람들과 효과적으로 대화를 나누도록 가르치는 사회기술훈련기법을 활용한다. 건강정보는 AIDS의 위험 확인, AIDS에 대한 오해 바로잡기, 감염위험을 줄이는 전략추천, 행동변화를 이루는 중요성과 실현 가능성의 강조 등과 관련된다. 마지막으로, 클라이언트는 자신의 친구들과 대화를 나누고 HIV나 AIDS의 위험을 피하는 것과 관련된 최근에 획득한 지식을 그들과 공유할 것에 동의한다. 클라이언트들(104명)

은 프로그램 중 하나로 무선할당되었다. 개입 이후 3개월 동안 모든 클라이언트는 콘돔 사용과 성적 위험행동에 대한 사회적 규범과 지각된 장애물과 같은 위험 관련 특성에서 변화를 보였다. 그러나 옹호훈련을 포함한 인지행동개입을 받은 클라이언트들만이 무방비한 성적 행동빈도를 줄였다.

중증 정신장애 여성의 HIV 위험을 줄이기 위해 고안된 10회기 집단자기주장훈련 프로그램(Weinhardt, Carey, Carey, & Verdecias, 1998)은 앞서 설명한 인지행동 프로그램과 유사한 요소를 지닌다. 이러한 요소들에는 HIV 관련 문제에 대한 교육, 위험행동을 줄이고자 하는 여성의 동기를 향상시키기 위한 위험에 대한 인식 강화, 그리고 여성에게 파트너와 HIV 예방행동과 콘돔 사용에 대해 논의 및 협상하는 것과 안전하지 않은 성행위를 거부하는 것을 가르치는 자기주장훈련 등이 있다. 최종 회기에서 집단운영자는 여성이 자신의 삶에 기술을 적용하도록 도움을 주며 운영자는 습득한 기술을 검토하고 강화시킨다. 외래 정신장애 여성 클라이언트들(20명)은 개입집단이나 대기자명단 통제집단으로 무선할당되었다. 통제집단과 비교하여 개입집단 여성들의 자기주장기술이 증가되었으며, 이는 2개월, 4개월의 후속평가 기간에도 유지되었다. 2개월의 후속평가에서 콘돔을 활용한 안전한 성행동의 빈도는 증가하였으나, 4개월 후의 후속평가에서는 개입집단과 통제집단 간에 통계적으로 큰 차이가 발견되지 않았다. 여성들은 개입에 대해 매우 흥미롭다고 평가(4점 만점에 평균 3.9)했으나, 다소 당황스럽다는 평가(평균 2.1)도 높았다.

최종 인지행동집단개입은 약물남용과 중증 정신장애라는 두 개의 이중진단을 받은 저소득 성인의 HIV 감염을 줄이기 위해 고안되었다(Hanson, Cancel, & Rolon, 1994). 켈리와 그의 동료들이 평가했던 것처럼 9회기 교육, 자기관리, 성적 자기주장훈련의 내용은 앞에서 논의한 프로그램과 유사하다. 그러나 고위험 성행위에 대한 약물남용의 영향은 일부 회기 동안 보다 분명히 다루어진다. 예를 들어, 집단운영자는 구성원들에게 약물남용이 모르는 사람과 성적 행동을 시작할 가능성과 상대의 무방비한 성관계 압박에 굴복할 가능성을 증가시킬 수 있는 방법을 공유할 것을 요구함으로써 위험한 성생활과 약물사용을 연관 짓는다. 또한 집단구성원은 약물을 거부하고 과거에 그들이 안전하지 않은 성생활을 했던 환경을 피할 수 있는 전략에 대해 토론하고 연습해 본다. 프로그램은 도심 내의 일일치료 프로그램(day treatment program)에 참여하는 저소득 클라이언트 30명의 표본(8명을 제외하고는 모두 흑인)을 통해 평가되었다. 대기자명단 통제집단과 비교하여 개입집단의 클라이언트는 콘돔 사용을 늘렸으며, 성적 경험 중 더 자기주장을 하였고, 고위험 성행동을 덜 할 확률이 큰 것으로 나타났다. 이러한 행위는 2주간의 후속평가에서도 유지되었다.

실천과 연구를 위한 분석과 비판

이 장에서 설명한 첫 개입집단은 자신의 법적 권리를 수호하는 능력을 증대시킴으로써 신체장애, 학습장애, 정신장애, 시각장애가 있는 사람을 임파워시킬 수 있는 다양한 인지행동전략을 사용한다. 법적 권리는 장애인의 교육 · 작업 편의에 대한 권리뿐만 아니라 결혼하고 거주하며 서비스를 받고 안전한 물건을 구매할 권리와 같은 시민적 권리와 일반적 권리를 포함한다. 모든 프로그램은 사회기술훈련(자기주장훈련 포함)을 사용하는데, 이는 문제해결훈련, 변별훈련, 촉진전략, 과제 등과 같은 다른 개입들과 자주 결합된다. 이러한 개입들은 사회복지사 및 사회운동기관과 같은 다른 지역사회 환경, 재활치료, 건강 · 정신건강 · 교육 환경의 클라이언트에게 서비스를 제공하는 원조전문가들에게 적용될 수 있다.

두 번째 개입집단의 주요 목표는 원치 않는 임신, HIV 감염, 기타 성행동으로 감염되는 질환을 막는 것이다. 이러한 목표를 달성하기 위해 개입은 취약계층이 원치 않고 무방비하며 위험성이 높은 성적 행동을 거부할 권리를 주장할 수 있도록 한다. 프로그램은 취약한 클라이언트가 그들의 성적 권리를 주장할 수 있도록 돕는 데 사용될 수 있는 다양한 인지행동개입 유형을 포함한다. 프로그램은 성적 취향, 피임, 위험, 더 안전하고 적극적인 행위와 같은 주제에 대해 설명하며 자기주장훈련을 포함한 사회기술훈련을 활용한다. 다른 개입들로는 문제해결훈련, 인지시연, 혐오감 유발, 과제, 재발방지 등과 같은 것이 있다. 개입은 여성 청소년, 저소득 여성, 소수 인종/민족, 동성애 · 양성애 남성, 중증 정신장애 클라이언트, 이중진단 클라이언트 등을 위해 설계되었다. 실천가는 이러한 개입들이 다양한 정신건강, 보건, 학교, 장애인 그룹홈, 사회개혁을 목표로 하는 단체 환경에서 적용 가능하다고 생각할 수 있다.

효과성과 추가적 적용

이 장의 첫 개입 절에서 설명한 인지행동 프로그램은 취약한 클라이언트와 학생이 그들의 법적 권리를 배우고 획득하도록 도우며, 복수기초선설계, 무선할당, 비공식 참여자 피드백 요약 등을 통해 평가되었다. 당뇨병 환자가 작업장 편의증진를 요구할 수 있도록 돕기 위해 설계된 개입은 평가되지 않았다. 비록 프로그램이 다양한 신체장애, 학습장애, 정신장애가 있는 사람을 위해 고안되었다 하더라도 자기옹호에 필요한 교육용 자료와 기술의 특성을 고려할 때 개입은 중증 인지장애가 있는 클라이언트나 중증 정신장애 증상을 보이는 클라이언트에게 적절하지 않을 수 있다. 인지행동 개입집단이 실시한 평가는 많은 취약계층 클라이언트가 그들의 법적 권리를 배울 수 있고 자신의 이익을 옹호할 수 있음을 나타낸다. 그러나 연구설계의 대부분은 비실험적이었으며 프로그램들은 개입의 서로 다른 조합들을 사용하였다. 이와 같이 개입의 조합이 특정 클라이언트에게 효과적인지 결정하거나 프로그램의 효과에 대해 확고한 결론을 내리는 것은 불가능하다.

평가에서의 결점에도 불구하고, 실천가는 장애가 있는 클라이언트가 그들의 법적 권리를 확보하도록 돕는 데 있어 개입이 효과적이라고 생각할 수 있다. 개입은 또한 다른 취약한 클라이언트에 적용 가능하며 장애가 있는 클라이언트와 취약한 개인이 다른 법적 권리를 보장받을 수 있도록 하는 데에도 가능하다. 또한 연구자가 유사하게 적용하고 평가할 기회를 제공한다. 예를 들어, 법적 권리는 고용, 거주, 그리고 인종, 민족, 나이, 성별, 성적 취향을 바탕으로 한 작업장 성희롱이나 기타 차별 등에 관련될 수 있다. 인지행동개입은 이민자가 이민권리를 이해하고 지지할 수 있도록 하며, 이민자 및 기타 저소득 클라이언트나 장애 클라이언트가 정부혜택(임시가족지원제도, 푸드스탬프, 보충적 소득보장, 사회보장 장애자혜택)을 지원할 때 자신의 권리를 이해하고 옹호할 수 있도록 한다. 또한 인지행동 프로그램들은 아동복지체계와 관련된 취약한 클라이언트, 요양원과 복지 · 정신건강 · 재활시설에 거주하는 클라이언트, 또는 이러한 지역에서 서비스를 받고 있는 취약계층 클라이언트들에게 그들의 권리를 주장하기 위해 필요한 관련 지식 및 기술(예: 특정 치료 유형에 대한 권리를 주장하거나 치료를 거부할 권리)을 가르치기 위해 고안될 수 있다.

클라이언트가 그들의 법적 권리를 확보하도록 돕기 위해 고안된 인지행동개입을 평가하는 연구와는 반대로, 프로그램의 두 번째 집단의 평가는 하나를 제외하고 모든 참여자를 인지행동개입집단이나 일부 비교 및 통제 집단에 배정하였다. 거의 예외 없이 인지행동 프로그램은 다른 개입집단이나 비개입집단과 비교하여 참여자의 관련 지식 증가, 원치 않는 성적 행동을 거부할 수 있는 기술 향상, 안전한 성관계 증가, 관련 고위험 행동의 감소 등에 더욱 효과적이었다. 제4부에서 설명한 개입평가와는 반대로 이 절에서 논의하는 평가의 표본크기는 상대적으로 컸다. 많은 평가에서 표본 또한 인종이나 민족 면에서 다양하게 구성되었다. 그러나 연구자들은 개입의 효과가 참여자의 인종적 · 민족적 정체성에 의해 달라졌는지 여부를 확인하지는 않았다. 이 책에서 나타난 다른 인지행동개입의 경우에서와 같이 개입은 모든 결과 측정에 대하여 혹은 모든 참여자나 참여자 집단(예: 양성애 남성 vs. 동성애 남성)에 대하여 동등하게 효과적이지는 않았다.

취약한 클라이언트가 원치 않거나 무방비한 성적 행동을 거부할 권리를 주장하도록 돕는 인지행동 프로그램 중 하나를 제외한 모든 프로그램이 집단으로 실시되었으며, 이는 많은 이점을 제공할 수 있다. 이러한 이점으로는 전략을 공유하며 공동체 의식, 문화, 성행동 규범의 공유를 증진하기 위해 사회적 지원을 제공할 친구를 갖는 것과 파트너와 역할극을 하는 것 등이 있다. 또한 집단활동은 많은 클라이언트가 동시에 참여할 수 있기 때문에 비용 면에서 효율적이다. 이러한 장점에도 불구하고 많은 클라이언트들은 성적으로 공격적인 행동을 역할극으로 시연하고 남근 모형을 활용하여 콘돔 사용을 연습하는 것과 같은 일부 집단활동에 참여하는 것을 불편하게 느낄 수 있다.

두 번째 개입집단은 동성애 여성, 양성애 여성, 지적장애 및 다른 장애가 있는 사람과 같은 취약계층을 포함하지 않았다. 많은 동성애 여성 청소년들은 술과 약물을 하며 연상의 여인, 젊은 동성애자, 이성애 남성과 성관계를 가지며 동성애 여성 청소년이 원치 않거나 고 위험의 성적 행위를 할 가능성을 증가시킬 수 있는 경험을 한다(Hunter & Schaecher, 1994). 헌터(Hunter)와 섀처(Schaecher)는 동성애 여성과 양성애 청소년을 포함한 취약계층 청소년이 원치 않거나 고위험의 성행위를 거부할 수 있도록 돕는 인지행동전략을 포함한 다양한 프로그램들에 대해 설명하였다. 프로그램은 학교(방과후 프로그램 포함), 거리상담, 다양한 지역사회기관 등에서 제공된다. 그러나 어떤 프로그램의 평가도 제공되지 않았다.

폭스, 맥모로우, 스토리와 로저(Foxx, McMorrow, Storey, & Roger, 1984)는 경도－중등도의 지적장애가 있는 성인에게 사회적 · 성적 기술을 가르치기 위한 사회기술훈련 프로그램을 개발하였다. 사회적 대립(social confrontation)은 집단운영자가 클라이언트에게 보드게임과 특별설계카드를 활용하여 가르치는 여섯 개의 기술들 중 하나다. 카드에 묘사된 상황 중 하나는 파티에서 모르는 사람이 어떤 여성에게 신체적 접촉을 하고 있는 것이다. 평가결과, 이 개입이 사회적 · 성적 기술을 향상시킨 것으로 판단되었다고 해도 클라이언트가 원치 않는 성적 접근을 막을 권리를 주장할 능력이 구체적으로 강화되었는지의 여부는 불분명하다. 앞서 설명한 다른 개입뿐만 아니라 이 프로그램 역시 지적장애가 있는 사람이 원치 않거나 안전하지 않은 성적 행동을 거부할 권리를 주장할 수 있도록 돕는 데 적용되거나 수정될 수 있다. 또한 연구자들은 신체장애나 의사소통장애가 있는 개인과 같은 기타 취약집단의 특수한 요구에 맞추기 위한 인지행동 프로그램을 개발하고 평가할 수 있다.

자유 자기옹호 교육과정(The Freedom Self-Advocacy Curriculum)은 인지행동방법을 정신건강 분야에 관련되는 집단들이 그들의 권리를 주장할 수 있도록 돕는 태도 · 지식 · 기술을 가르치기 위해 고안된 세 가지 워크숍에 포함시키는 프로그램의 한 예다. 이 프로그램은 이 장에서 논의한 프로그램들에 비하여 더 광범위한 인적 · 법적 권리를 포함하기 때문에 더욱 중요하다. 법적 권리의 예로는 사회프로그램 혜택과 비차별적 거주에 대한 권리, 치료에 관한 점진적 지시를 제공할 권리, 기록을 볼 권리, 법원명령 없이 치료를 거부할 권리 등이 있다. 우선순위와 목표를 설정하고 존엄성 있게 다뤄지며 존중받기 위한 비폭력적 환경에 살 권리(예: 경멸적 논평의 대상자가 되거나 빈곤, 장애, 성 소수자 취향, 인종, 문화 등과 같은 특성을 근거로 괴롭힘의 대상자가 되지 않는 것)는 인권에 관련된 예다. 워크숍 운영자들은 지시 · 정보 · 법적 자원 · 정부자원을 제공하고, 자기주장기술과 문제해결기술을 가르치는 것과 같은 다양한 기술을 사용한다. 유감스럽게도, 어떤 프로그램 평가도 제시되지 않았다(훈련매뉴얼을 얻기 위해서는 이 책의 끝에 제시한 '참고문헌'에서 National Mental Health Consumer's Self-Help 참조). 취약계층 인구가 교육, 재활, 정신건강, 건강, 작업환경에서 광범위한 법적 · 인적 권리를 지지할 수 있도록 돕는 효과적 인지행동개입을 설계 및 평가하는 것은 후속연구에 많은 기회를 제공한다.

다른 연구자들(Hovell et al., 1994)은 개인적 수준에서의 인지행동개입이 고위험 혹은 원치 않는 성행위 감소에 효과적이려면 이러한 개입들은 더 광범위한 사회적 환경에 대한 평가와 이에 대한 개입이 동반되어야 한다고 주장한다. 환경적 영향에는 가족(예: 성행위에 대한 적절한 모델의 존재, 성문제에 대한 부모와 청소년의 토론), 공립학교(예: 콘돔에 대한 접근성, 성관계교육 내용, 학교와 가족 간 소통), 친구들(예: 더 안전한 성행동에 대한 지지), 대중매체(예: 더 안전한 성행동을 실천하는 모델 묘사), 정부정책 및 공동체(예: 공중화장실에 콘돔 자동판매기 설치, 더 안전한 성행위를 하는 모델을 묘사하는 대중매체 제작자에게 세금우대 조치) 등이 있다. 더 광범위한 사회적 환경평가와 개입에서는 취약계층 클라이언트의 법적 권리 수호를 돕기 위해 고안된 인지행동개입들의 효과를 향상시킬 필요가 있어 보인다. 이러한 관찰은 클라이언트가 개인적 · 법적 권리를 수호할 수 있도록 돕는 실천가가 가능하다면 더 광범위한 유지조건을 평가하고 변화시킬 필요성이 있음을 제시한다. 또한 관찰은 사회복지의 후속연구 분야를 제시한다.

자유와 통제 그리고 사회정의

이 장에서 설명하는 인지행동개입은 사회정의를 증진하고 취약집단의 자유와 통제를 강화한다. 취약한 클라이언트가 시민권, 장애인의 편의증진 권리, 원치 않고 무방비한 성행위를 거부할 권리 등과 같은 법적 · 개인적 권리를 보장하는 데 필요한 지식과 기술을 습득하도록 돕는 것은 분명히 사회정의와 부합한다. 비록 모든 인지행동 프로그램이 표준화된 절차를 포함하고 있지만 취약계층이 그들의 법적 · 개인적 권리를 확보하도록 돕는 목표는 개인의 자유와 통제를 향상시키는 것에 일치한다. 또한 많은 개입평가는 개입 이후 취약계층 클라이언트가 그들 삶의 중요한 측면에 대해 더욱 통제권을 주장할 수 있다는 증거를 제공한다. 심지어 연구자들이 관련 지식과 기술의 획득이 실제로 참여자가 그들의 권리를 수호하는 결과를 낳는지 여부를 평가하는 데 실패한 경우에도 개입을 통해 향상된 내용들은 취약한 클라이언트가 미래에 자기옹호를 선택하도록 증가된 자유를 부여할 수 있다.

인지행동개입의 유연성은 개입마다 다르지만 실천가들은 개입절차 중 클라이언트의 투입과 통제를 수용하는 방법을 채택할 수 있다. 한 가지 예로, 클라이언트가 그들 자신의 업무에서의 장벽과 합리적 수용을 선택할 수 있도록 도울 수 있다. 표준화된 절차에 클라이언트 투입을 증가시키는 추가적 방법은 사회적으로 적절한 개입절차에 관한 절에서 논의한다. 문제해결, 인지시연, 자기진술, 인지재구조화와 같은 인지행동기법을 완전히 익히는 것은 표준화된 절차를 개별화하는 것과 클라이언트 통제에 대한 기회를 제공한다. 언제 권리침해가 발생했는지 참여자가 결정하는 것을 돕는 일련의 촉진은 지시 전에 클라이언트가 그들의 지식을 드러낼 수 있도록 한다. 또한 집단운영자는 집단과정의 다양한 측면에 대한 집단구성원의 투입 및 통제를 용이하게 할 수 있다. 예를 들어, 실천가는 집단구성원이 경험을 공유하고 그들 삶의 상황에 현실적이고 유용한 반응을 확인하기 위해 함께 일하도록 독려할 수 있다.

사회적 타당성

사회적으로 적절한 목표와 결과

인지행동개입에 대해 앞서 설명한 첫 번째 집단의 중요한 목표는 법적 권리침해를 인지하도록 학습하는 것, 교육적 · 업무적 편의와 관련된 법적 권리에 대한 지식획득, 자기옹호 및 갈등해결 기술의 학습, 자기효능감 및 사회적 역량 강화 등이다. 가장 흥미로운 궁극적 목적인 자기옹호와 권리수호는 단 한 개의 연구에서 정립되고 측정되었다. 럼릴(Rumrill, 1999)은 장애가 있는 참여자가 그들의 작업에서의 편의증진 욕구에 대해 고용자가 검토할 것을 요구하였고, 이에 대해 논의하기 위해 그들의 고용자와 만나며, 편의가 증진되었는지 등의 여부를 판단하였다.

연구자들은 다양한 근거를 제시하고 관련 연구를 인용함으로써 개입 도중 그리고 최종적인 개입 목표의 사회적 중요성을 뒷받침하였다. 예를 들어, 법적 권리를 이해하고 자기옹호기술을 숙련하는 것은 사람들이 성공적으로 자신의 법적 권리를 주장하기 위해 필요한 전제조건이다. 장애가 있는 학생이나 근로자가 필요한 편의를 획득할 수 있도록 돕는 것에 대한 사회적 적절성도 편의증진이 성공적이고 만족스러운 학업 및 직업 수행과 관련된다는 것을 나타내는 연구를 통해 뒷받침된다. 또한 개인의 법적 권리 수호는 현재의 시민권 및 장애인 인권법이 말하는 것처럼 사회적으로 중요한 가치다.

다양한 중요 결과는 두 번째 개입집단에서 설명하는 인지행동 프로그램에서 측정되었다. 목표로는 사회적 압력에 저항하기, 원치 않고 무방비한 성행위와 기타 고위험 행동 거부하기, 피임과 같은 문제에 대해 책임 협상하기 등과 같은 다양한 기술 및 성적 지식을 얻는 것이다. 원치 않고 무방비한 성관계를 거절하고 더 안전한 성행동을 증진시키는 궁극적 목표 역시 평가되었다. 연구자들은 여러 방법으로 그들의 중요 목적에 대한 사회적 적절성을 구축하였다. 예를 들어, 사람들은 안전한 성관계에 대한 결정을 내리기 위해서 성관계와 피임에 대한 정확한 지식을 가져야만 한다. 또한 연구는 원치 않고 안전하지 않은 성행위, 사회적 압력에 대한 동의와 알코올 · 약물의 사용, 필요한 자기주장기술 및 협상기술 부족의 관계성을 뒷받침한다. 원치 않거나 무방비한 성적 활동을 거부하고 안전한 성관계를 증진하는 것의 궁극적 목표는 그렇게 하지 않을 경우 발생할 수 있는 원치 않는 임신과 성행동으로 감염되는 질병(HIV 포함) 때문에 사회적 중요성을 갖는다. 그러나 콘돔을 사용하거나 여성이 남성과 성행동에 대해 협상하는 것과 같은 개입의 목적은 문화적 혹은 종교적 신념 때문에 모든 클라이언트가 받아들일 수 있는 것은 아니다.

앞서 설명한 프로그램의 도구적 · 궁극적 측정에서 참여자의 개입으로 인한 개선 내용이 적절했는지 혹은 의미 있었는지 여부는 많은 경우 결정하기 어렵다. 이는 특히 역할극을 통해 측정한 옹호, 협상, 자기주장기술의 증가에서 그렇다. 비록 기술 향상의 사회적 적절성이 때때로 '전문가'나 검증된 척도를 통해 판단되지만 첫 번째 개입집단의 평가 중 하나만이 참여자가 자신의 이익을 지지하고 권리를 수호하기 위하여 획득한 기술을 사용하였는지 여부를 결정하였다. 물론, 클라이언트가 특정 유형의 권리에 대해 스스로 지지하고 수호하는지의 여부는 특히 단기간에 측정하기 어렵다. 많은 권리침해(예: 결혼할 권리의 거부)는 아마도 특히 적은 표본에서 상대적으로 덜 빈번하게 나타날 것이다. 이 장에서 설명한 인지행동 적용이 단순히 지식과 기술을 증가시키고 태도를 변화시키는 것보다 더 달성되는지 여부를 결정하기 위해서는 더 큰 표본에서의 장기적 후속연구가 필요하다.

개입집단의 근로자가 편의를 더 요구하고 이를 얻을 가능성이 있다고 판단한 럼릴(1999)의 평가에서도 참여자가 편의증진이 실제로 자신의 직업에 대한 근무성적이나 만족감을 향상시켰음을 감지했는지 여부를 평가하지 않았다. 비록 학습장애가 있는 학생을 대상으로 한 대학교의 여름전환 프로그램에서 어떤 공식적인 효과성 평가도 이루어지지 않았지만 브린커호프(Brinckerhoff, 1994)는 사회적으로 적절한 결과의 두 가지 지표를 보고하였다. 교수는 학생들이 수업이나 시험에서의 편의증진을 적절히 요청하였다고 보고했으며, 학생들은 세미나가 그들의 독립성과 자신감을 증진시켰다고 보고하였다. 이러한 두 척도는 개입으로 인한 이점(이점이 있었다고 가정하고) 참여자의 삶의 중요한 부분에 대해 타당하고 의미 있었다는 것을 나타낸다.

두 번째 개입집단의 결과에 대한 사회적 적절성은 많은 경우 불분명하였다. 기술 향상, 안전한 성생활 증가, 원치 않고 안전하지 않은 성생활의 감소 등이 실제로 참여자의 삶을 어느 정도 향상시켰는지 여부는 측정되지 않았다. 참여자가 원치 않거나 무방비한 성적 활동을 거부할 권리를 주장하는 것이 실제로 상대방에게 존중되었는지의 여부처럼 다른 사회적으로 적절한 결과는 평가되지 않았다. 또한 평가는 행동 및 기술 향상에서의 변화와 낮은 비율의 성병과 원치 않는 임신과 같은 중요한 사회적 결과 간의 관계를 판단하지도 않았다. 개입결과가 참여자의 관점에서 의미 있었는지 여부를 보고한 평가는 거의 없다. 예외적으로 프로그램이 AIDS 위험을 감소시키는 데 어느 정도 도움이 되었는지를 참여자가 직접 평가하는 프로그램이 있었는데 평가결과는 높은 수준이었다(Kelly et al., 1989).

앞서 논의한 개입 중 단 하나의 평가만이 예측 불가능하거나 불만족스러운 결과를 보고했다(Durlak et al., 1994). 프로그램에 참여한 학생 일부는 그들이 교사와 함께 자신의 학습장애를 인정하고 그것에 대해 논의했을 때 당혹스러움과 불편함을 경험하였다고 보고하였다. 법적 · 개인적 권리 주장으로 인해 발생할 수 있는 부정적 결과의 가능성을 고려할 때, 이렇게 예상치 못한 개입 결과 혹은 부정적인 개입결과를 평가하지 않은 것은 놀라운 일이라고 할 수 있다. 근무편의에 대한 권리를 주장하는 것은 고용인 혹은 동료와 근로자 간의 부정적 대인관계를 야기할 수 있으며, 고용인은 해당 근로자를 사고뭉치로 여기거나 앙갚음을 할 수도 있다. 학생의 경우 교사에게 장애를 드러내는 것이 당혹스러움을 유발할 수 있으며, 학생들의 인식이나 교사의 학생에 대한 기대를 변화시킬 수 있다. 성적 활동 거부와 피임법 사용은 애원, 협박, 실제적 신체손상, 자기주장에도 불구하고 일어나는 원치 않는 성행위, 관계상실 등을 초래할 수 있다. 마지막으로 갬브릴(Gambrill, 1995a)이 우려했던 것처럼 만일 실천가가 클라이언트가 스스로 혹은 광범위한 사회적 · 경제적 · 정치적 환경의 변화(예: 사회적 태도, 경제적 자원, 추가장애, 시민권법) 없이 성취할 수 있는 것에 대한 비현실적 기대에 대해 이야기한다면 클라이언트는 부정적 결과를 경험할 수 있다. 연구자뿐만 아니라 실천가들도 클라이언트가 개입의 가능한 부정적 결과를 다룰 수 있도록 평가 및 지원하고, 더 광범위한 환경적 요인의 변화에 대해 노력할 필요가 있다.

사회적으로 적절한 개입절차

인지행동개입의 첫 번째 집단 중 몇몇 프로그램은 프로그램 참여자들이 법 지식과 자기주장행위가 부족했기 때문에 추천된 참여자들만을 포함하였다. 두 번째 집단의 일부 개입은 잠재적 참여자가 특정 고위험 행동에 참여하였는지 여부를 결정하는 것과 같이 참여에 선택되기 전에 일부 개별평가를 실시하였다. 다른 개입들은 안전하지 않거나 원치 않는 성행위를 촉발시켰던 선행조건(예: 약물사용과 분위기)을 평가하는 집단구성원을 포함시키기도 하였다. 그러나 어떤 개입도 참여자가 이미 필요한 자기주장, 자기옹호, 다른 기술을 가지고 있었는지 여부나 다른 지속조건이 클라이언트가 이미 획득한 기술을 발휘하는 것을 방해하는지 여부를 판단할 종합적 · 기능적 평가를 수행하지 않았다. 그러한 지속조건에는 타인의 부정적 반응(예: 고용주, 강사, 성적 파트너), 부정적 반응에 대한 두려움이나 기대, 가치 및 문화적 갈등, 관련 기관의 권리정책 시행 실패, 관련 자원의 부족(예: 피임기구나 피임기구 구입 비용) 등이 있다.

앞서 논의한 인지행동 프로그램에 참여하기 전에 완성된 종합적 평가는 더 적절한 개입을 제시할지도 모른다. 그렇다 하더라도 실천가와 연구자는 참여자와 참여자 삶의 환경에 대한 개입의 적절성, 수용 가능성, 적용 가능성을 향상시키기 위해 이전에 사용하였던 방법들을 통해 학습할 수 있다. 예를 들어, 장애가 있는 클라이언트에게 그들의 법적 권리와 자기옹호기술을 가르치기 위해 고안된 개입자료는 장애인 시민권 문헌에 대한 검토와 소비자불만 절차를 근거로 할 수 있다. 법, 옹호, 관련 서비스에 대한 분야에 박식한 사람들은 개입자료의 내용을 평가할 수 있다.

성행동과 대인 관계의 문화적 · 발달적 특성을 고려할 때 인지행동개입의 실천가와 개발자는 이러한 유형의 행동을 변화시키기 위해 고안된 개입의 적절성과 수용 가능성에 특히 관심을 가져야 한다. 연구, 관련 문헌, 설문조사, 초점집단을 통해 성행동과 대인관계에 대한 정보를 획득하고 개입이 목표로 하는 참여자와 유사한 특성(예: 나이, 성별, 인종/민족)을 지니는 사람들과 자료에 대해 사전점검을 하는 것은 앞서 설명한 개입에 대한 정보를 제공하기 위해 사용되는 전략의 예다. 집단개입의 적절성과 수용 가능성을 향상시킬 수 있는 다른 기법은 집단구성원끼리 서로 조언하기, 서로 협동 모델의 역할 하기, 개인적 상황 및 전략 공유하기 등이다. 집단운영자는 안전한 성생활 규범에 대해 여성의 사회적 지지와 합의를 구축하고, 그들의 자녀 · 가족 · 인종집단에 직접적으로 관련된 이점을 확인하며, 특히 경제적 불안, 문화적 · 성적 규범, 남성과 여성의 관계 등의 맥락에서 남성과 여성의 권력관계의 중요성을 강조할 수 있다. 문화적으로 타당하고 나이에 적절한 활동을 수행하는 것과, 성 소수자집단과 소수인종집단 모두의 구성원으로서 흑인 동성애 남성이 지니는 자아정체성에 대해 논의하는 것도 클라이언트의 고유의 특징들과 클라이언트 삶의 전후사정을 설명할 방법이 될 수 있다.

표준화된 프로그램의 맥락 안에서 인지행동개입은 적절성, 수용 가능성, 실현 가능성을 향상시키기 위해 개별화될 수 있다. 예를 들어, 럼릴의 개입에서 클라이언트는 자신에게 필요한 개별적인 근무편의를 도모할 수 있는 분야를 설정하고 실천가는 클라이언트 고유의 상황을 바탕으로 역할극을 수정한다. 또한 실천가는 클라이언트가 개인적 편의 욕구 및 기술 목록과 편의를 증진시키는 데 필요한 전략을 개발하는 것을 돕는다. 학습장애가 있는 대학생이 학습을 위한 편의를 요청할 수 있도록 하는 두 가지 프로그램 중 하나에서 학생들은 편의를 요청하기 위해 대학강사를 만나고 개별적인 편의증진 욕구에 대해 논의하였다.

두 번째 개입집단은 클라이언트 고유의 상황에 초점을 맞추기 위한 추가방법을 제공한다. 예를 들어, 집단구성원은 고위험의 성행동을 촉발하는 개인적 신호 또는 단서를 밝혀내고 집단환경이나 자연적 환경에서 인지행동전략을 개인적 상황에 적용하며, 그들의 가치 및 관계성들과 부합되는 위험감소 행위를 선택한다. 일부 다른 개입은 특히 클라이언트를 임파워시킬 수 있다. 예를 들어, 집단운영자는 긍정적 행위와 과거의 성공을 강화한다. 그들은 클라이언트가 원치 않거나 무방비한 성행위를 거부하고 더 안전한 성행위를 할 권리를 성공적으로 주장할 것이라는 기대를 전달한다.

개입이 적절하고 수용할 만하며 실현될 수 있게 하기 위해서는 개입이 취약한 클라이언트의 특수한 요구를 반영해야만 한다. 장애가 있는 클라이언트의 특별한 편의증진에 대한 일부 예는 첫 번째 개입집단에 포함된다. 클라이언트는 법적 권리수호에 관심이 있는 장애인들을 위한 관련 기관의 전화번호가 적힌 전화번호부, 권리침해를 시정하기 위한 체크리스트, 미국「장애인법(ADA)」제1조의 조항이 적힌 유인물 등을 제공받는다. 시력장애가 있는 클라이언트의 경우 큰 글자, 점자, 오디오테이프 등과 같은 다양한 형태로 정보가 제공된다. 마지막으로, 장애가 있는 근로자가 업무와 관련한 편의를 요청할 수 있도록 하는 개입에서 발전된 개별목록은 클라이언트가 그들의 목표를 달성하기 위해 새롭게 배운 기술을 사용하도록 촉진한다. 실천가는 이러한 자료 및 전략의 다수가 모든 클라이언트와 관련되지만 특별한 학습 및 인지 그리고 기타 특수한 요구 때문에 일부 취약집단과 특히 관련될 수 있음을 발견하였다.

프로그램의 두 번째 집단에서 입증되듯이, 다른 편의증진은 저소득 여성이 원치 않거나 안전하지 않은 성행위를 거부할 권리를 주장할 수 있도록 하는 인지행동개입의 수용 가능성을 강화할 수 있다. 여성이 집단회기에 참여하는 것과 적극적이고 건강한 성생활을 영위하는 것을 못하게 하는 많은 스트레스 요인들과 여성의 경제적 자원부족을 인정하고 설명하는 것도 개입에 속한다. 구체적 예시로는, 교통편 및 자녀돌봄과 관련된 도움 제공, 업무 · 학업과 갈등을 빚지 않는 만남시간 정하기, 교육 · 임파워먼트 목표달성을 위해 집단회기에 전략 포함하기 등을 들 수 있다. 클라이언트의 특성과 삶의 환경에 대한 민감도와 상관없이, 일부 인구집단에 있어 문화적 규범은 집단으로 수행되든 개인적으로 수행되든 성적 행위와 관련된 행동들에 참여하는 것을 막을 수 있다.

마지막으로, 두 번째 개입집단에 대한 평가 중 일부는 참여자, 교사, 부모에게 개입에 대한 질적인 판단을 요청한다. 평가는 개입에 대한 만족, 즐거움, 이익, 가치 등과 관련되었다. 일반적으로 평가는 매우 긍정적이었지만 일부 여성 참여자들은 HIV 예방 개입에 당혹감을 드러냈다. 이러한 사회적 타당성 평가는 실천가가 클라이언트에게 그러한 프로그램을 제공하는 데 주저할 필요가 없음을 나타낸다. 그러나 실천가는 클라이언트가 참여할지 여부를 결정하도록 하기 위해 현실적 이득과 위험을 포함하여 개입에 대해 설명해야만 한다.

유지와 일반화

첫 번째 개입집단에 대한 평가는 향상된 지식, 기술, 자기옹호행위가 공식개입 이후에도 유지되었는지 여부를 측정하는 데 실패했거나, 혹은 행동유지 여부를 짧은 기간 내에서만 측정하였다. 실천가가 자연적 환경으로 클라이언트의 기술을 이전시키고 기술을 유지하기 위한 전략으로 클라이언트가 고용주에게 편의증진에 대한 검토를 요청하고 획득한 기술을 사용하도록 촉진하며, 과정을 모니터링하기 위해 사후 후속평가를 시행할 수 있다. 학생들에게 학업 관련 편의를 요청하도록 가르치는 두 프로그램은 학생이 기술을 자연적 환경으로 이전시키는 것을 돕기 위하여 관련 직원이나 교직원과 함께 기술을 연습할 것을 요구한다. 학생은 자신의 학습장애를 설명하고 수업 중 필요할 수 있는 편의를 확인하며, 적절한 편의를 요청하기 위하여 교사와 만난다. 앞서 설명한 것처럼, 클라이언트의 향상된 자기옹호기술이 자연적 환경에로 일반화되고 실제로 클라이언트의 권리를 보장하는 결과를 낳는지의 여부를 판단하는 것은 평가하기 어려울 수 있으며, 오직 단 하나의 연구만이 그러한 평가를 진행하였다(Rumrill, 1999). 그러나 한 평가는 향상된 자기옹호기술이 지역사회 환경에서의 타당한 역할수행으로 전환되었는지 여부를 측정하였다. 어떠한 연구도 획득한 기술이나 개입으로 인한 이득이 다른 고용주나 교사와 같은 타인이나 다수의 환경으로 일반화되었는지의 여부를 다루지 않았다.

전체는 아니더라도 두 번째 개입집단의 대다수는 개입으로 인한 다른 이득(예: 안전한 성관계의 비율 증가)뿐만 아니라 자기주장기술과 다른 획득된 기술들이 공식개입 이후에도 유지되었는지 여부를 평가하였다. 후속평가 기간은 1~8개월에 이른다. 기술이나 기타 개입으로 인한 향상이 유지되었는지의 여부는 평가마다 다르며, 이는 검사된 결과에 따라 달라진다. 모든 평가는 주로 적극적이고 다양한 성적 행동 및 관련 행위에 관한 자기보고를 통해 개입 시 획득한 행동들이 자연적 환경으로 일반화되었는지에 대해 측정한다. 또한 개입은 실천가가 클라이언트의 획득된 기술을 유지하고 그 기술을 실제 삶에서 발생할 수 있는 상황으로 전이시키기 위해 사용할 수 있는 전략들을 제시한다. 그 예로는 자연적 환경에서 수행할 과제 부여, 클라이언트에게 더 안전한 성행동을 유지할 수 있는 전략지도(예: 사회적 지지 개발 및 균형 있는 삶 유지), 재발방지 실행(예: 클라이언트가 더 안전한 성행동을 지속하며 안전한 성행동의 방해물을 확인하고 계획을 수립하기) 등이 있다. 또한 집단운영자는 집단구성원이 더 안전한 성적 활동을 할 것을 계약 혹은 약속하도록 하며, 더 안전한 성행위를 유지하는 것에 대한 친구의 지지와 지속적인 경계가 얼마나 중요한지 강조할 수 있다.

앞서 논의한 것처럼 몇몇 개입만이 클라이언트의 행동이 의도한 결과를 달성하지 못하거나 부정적 혹은 위험한 결과를 낳는 상황을 잘 처리할 수 있도록 클라이언트를 준비시킨다. 또한 연구자는 개입 이후 개선사항을 유지하기 위하여 클라이언트가 다른 필요 자원이나 정보(예: 무료 피임기구를 얻기 위한 기관명이나 피임기구 구입 비용)를 지녔는지 여부를 검증하지 않았다. 취약한 클라이언트의 한정적 자원, 공격적 행동, 자기옹호의 대립적 속성을 고려할 때 실천가와 연구자들은 이러한 누락사항들에 대해 고려해야 한다. 그렇지 않다면 개입으로 인한 개선은 오래가지 못할 것이다.

켈리와 머피(Kelly & Murphy, 1992)는 안전하고 위험도가 낮은 성행동의 증가를 장기적으로 유지하는 것에 대해 지나치게 낙관해서는 안 된다고 경고하였다. 예를 들어, 그들은 동성애 남성이 처음에는 행동을 변화시킬 수 있지만 빈번하게도 모든 상황에서 혹은 모든 파트너와 시간이 흐름에 따라 변화를 유지하지는 않는다는 것을 증거로 제시했다. 행동변화를 가장 잘 유지할 확률이 높은 남성들은 좋은 교육을 받은 백인이라는 이들의 다른 관찰결과들은 이러한 논의와 관련이 있다. 이는 이 책에서 집중하는 많은 사람들이 개입 이후에 향상된 기술이나 더 안전한 성행동을 유지하는 데 실패할 위험이 있을 뿐만 아니라 개입 이전에 그들의 성적 권리주장에 실패하고 고위험의 성적 행동을 드러내는 위험이 있음을 나타낸다.

켈리와 머피(Kelly & Murphy, 1992)의 요약과 분석은 실천가와 연구자가 개입에 따른 이득을 일반화하고 유지하도록 하며, 취약한 클라이언트가 그들의 법적 · 개인적 권리를 주장할 수 있도록 하기 위해 고안된 개입의 효과를 향상시키는 데 사용할 수 있는 일부 전략을 제시한다. 첫째, 개입 이전에 개별평가를 수행하고 평가에 상응하는 개입을 설계한다. 둘째, 클라이언트가 관련 기술을 수행할 수 있도록 다중 역할극 파트너와 다양한 상황과 같은 많은 기회를 제공한다. 셋째, 클라이언트의 삶 속에서 그들의 기술을 수행할 수 있도록 과제를 부여한다. 넷째, 클라이언트의 인식을 향상시키고, 파트너 · 고용주 · 강사 및 클라이언트가 자신의 권리를 주장할 때 관련된 사람들의 혐오반응이나 가능한 거부반응을 잘 다룰 수 있는 전략을 확인한다. 마지막으로, 실천가는 학교정책, 친구, 가족, 경제적 상황, 더 광범위한 사회정책 등과 같은 유지조건을 평가해야만 하고, 가능하다면 이를 변화시키기 위해 개입해야 한다. 미래의 연구자들은 이러한 조건을 변화시키기 위한 전략을 개발하고 평가할 수 있다.

앞의 두 장과 이 장에서 논의한 것처럼 개인의 목표, 선택사항(options), 선택은 사회정책과 조직적 · 지역사회적 관행에 의해 정의되고 또 제한된다. 이러한 더 광범위한 정책과 관행이 변화되지 않는다면 취약계층의 선택과 기회는 불가피하게 제한될 수 있다. 제5부의 첫 번째 장에서는 취약계층이 제한된 사회정책과 조직적 · 지역사회적 실천을 변화시킬 수 있도록 도와줌으로써 그들을 임파워시키는 인지행동개입에 대해 검토한다.

제5부

거시적 의사결정에의 참여증진 및 요약

제13장 Empowering Vulnerable Populations

사회정책과 지역사회 및 조직의 실천 변화시키기

미국의 정책결정은 주로 정치적 과정을 통해 이루어진다. 정치적 과정과 구조에 대한 이해와 효과적인 정치적 기술과 옹호기술의 사용은 집단들이 그들의 목적에 부합하는 사회정책에 영향을 끼칠 수 있는 확률을 높인다(Baker, Leitner, & McAuley, 2001). 사회복지사가 모든 개인이 자신들의 삶에 영향을 미칠 수 있는 결정에 의미 있게 개입할 수 있도록 돕는 것은 미국사회사업가협회(NASW, 1999)의 윤리강령에 반영되어 있다. 불행히도, 취약계층 인구는 종종 자신들의 교육, 재활, 건강, 정신건강서비스 및 기타 서비스들, 그리고 자신들의 삶의 중요한 부분에 영향을 미치는 거시적 결정에 자신들의 의사를 반영시키지 못한다. 이러한 참여의 부족은 다양한 부정적 결과로 이어질 수 있다.

이 장에서는 먼저, 취약계층 인구의 거시적 의사결정에 대한 제한적인 참여의 다양한 이유에 대해 논의한다. 그다음으로 취약계층 집단이 자신들의 삶에 영향을 미치는 사회정책과 조직 및 지역사회의 실천결정에 참여함으로써 발생할 수 있는 유익한 결과에 대해 살펴본다. 이어서 저소득층, 지적장애·신체장애 및 중증의 정신장애가 있는 사람들, 여성 및 노인과 같은 취약계층이 거시적 정책과 실천에 영향을 끼치도록 돕는 인지행동개입에 관해 설명한다. 끝으로, 이 개입에 좀 더 비판적으로 평가하고, 실천과 후속연구에 대한 함의를 논의한다.

앞 장들에서 논의된 인지행동개입들이 클라이언트의 자기결정을 증진시키는 데 사용된 것처럼, 이 장에서 논의되는 여러 인지행동개입들과 프로그램들은 참여자에게 자기옹호기술을 가르친다. 그러나 이 장에서 논의하는 자기옹호기술 교육의 목적은 취약한 개인이 자원과 서비스를 이용하고 자신의 유익을 위해 변화를 꾀하는 것뿐만 아니라 공통된 문제를 가진 개인의 삶을 증진시킬 수 있는 조직, 지역사회 및 사회정책을 변화시키고자 하는 것이다. 여기에서 논의하는 개입들은 이 책의 앞의 세 부에서 논의된 것들과 세 가지 이유에서 차별화된다. 첫째, 인지행동법 이외에 정부와 민간 부문에서 후원하는 더 복잡하고 복합요소적인 프로그램들은 이전에 논의된 인지행동개입들과는 확연히 차이가 나는 교육기법들을 포함한다. 둘째, 취약계층 인구가 거시적 실천과 의사결정에 영향을 끼치도록 돕는 인지행동개입들의 평가가 상대적으로 적기 때문에 엄격하게 평가되지 않은 프로그램들이나 개입들이 기술의 발달만 증진시켰다는 것을 보여 준 평가들이 이전 장들보다 이 장에 더 많이 포함되었다. 개입의 결과로 조직, 지역사회 혹은 사회정책에 실질적인 변화가 있었는지에 관해서는 덜 평가되었다. 셋째, 취약계층 인구뿐만 아니라, 이 장에서 논의된 많은 프로그램들은 가족구성원들과 이 취약계층 개인들과 관련된 다른 사람들의 옹호 및 정치적 기술과 활동을 증진시킨다.

비록 이 장에서 논의하는 인지행동개입들의 궁극적인 목적이 거시적 정책들과 실천을 바꾸는 것이지만, 이러한 개입들은 실천가가 취약집단을 동원하거나 사회변화를 위한 직접적인 옹호활동을 필요로 하지 않는다. 그 대신, 실천가는 취약계층 및 관심 있어 하는 사람들에게 그들이 거시적 변화를 옹호하기 위한 지식과 기술을 습득하도록 돕는 기법들을 사용한다. 다른 사람에게 의지하는 대신, 자기 자신의 삶과 자신과 비슷한 문제를 겪고 있는 그 밖의 사람들의 삶에 영향을 끼치는 거시적 실천과 정책들을 옹호하는 것은 그들을 특별하게 임파워시킬 수 있다.

취약계층의 거시적 의사결정

제한적 참여

서론에서 제10장까지 논의된 바와 같이, 많은 요인들이 취약계층들의 자기결정행동을 제한할 수 있다. 비슷한 요인들이 취약집단이 자신의 삶에 영향을 미치는 사회정책과 지역사회 및 조직적 실천에 영향력을 행사하는 것을 막을 수 있다. 어떤 취약집단에게는 제한적 인지능력과 중증의 정신질환 증상이 그들이 받고 있는 서비스와 삶의 다른 영역에 영향을 미치는 거시적 결정에 영향을 주기 위해 필요한 새로운 혹은 이미 습득한 기술을 배울 수 있는 능력을 손상시킬 수 있다. 차별, 낙인 및 가부장주의와 같은 요인들로 인해 정책입안자와 서비스제공자들은 취약집단들이 자신들을 위해 건설적인 선택을 할 능력에 대해 부정적인 추측을 하도록 이끌 수 있다. 그 결과로, 취약계층의 의견은 종종 무시되고 저평가된다. 또한 정책입안자와 서비스제공자들은 건강, 정신건강, 노인의학, 장애, 그리고 다른 사회적 서비스의 이용자들이 자신들의 삶에 영향을 미치는 정책, 조직 및 지역사회 결정에 참여할 기회를 축소시키거나 아예 제공하지 않는다. 대신, 정책입안자, 관심 있는 타인들, 그리고 전문적인 종사자들은 그들을 위해 대신해서 부적절한 결정을 내리곤 한다(Sabin & Daniels, 2002; Stringfellow & Muscari, 2003).

거시적 실천과 정책의 효과적인 옹호자가 되기 위해 필요한 지식과 기술을 습득할 기회가 취약계층에게는 거의 주어지지 않는다. 이러한 기술에는 권력관계 및 사회정책과 실천에 관련된 사안들을 이해하고 분석하기, 사안들을 확인하고 보고하기, 정보에 입각한 선택하기, 전략구상에 참여하기 그리고 변화를 위해 옹호하기가 포함된다. 교통수단, 보육서비스, 그리고 근무 중 빠진 시간의 비용을 지급하기 위한 기금과 같은 경제적 자원과 다양한 장애, 노령 및 빈곤과 연관된 힘든 상황과 부수적인 부담을 극복하는 것은 거시적 결정과 실천에 영향력을 행사하도록 개입하는 것을 제한할 수 있다(Baker et al., 2001; Fawcett et al., 1984; Hess, Clapper, Hoekstra, & Gibison, 2001; Stringfellow & Muscari, 2003).

앞서 논의한 제약들은 많은 소수 인종/민족 집단들에게 특히 더 적용될 수 있다. 백인들과 비교했을 때, 소수 인종/민족의 사람들은 빈곤을 비롯해 훨씬 더 많은 장애물을 가지고 있으며, 그들의 삶에 영향을 미칠 수 있는 사회정책과 거시적 실천에 영향력을 행사할 수 있는 정치적 행동에 덜 참여하는 경향이 있다(Marschall, 2001; Putnam, 2000). 이러한 불균형의 원인으로는 지역서비스 기관들로부터 적절한 정보와 도움을 받는 데 더 큰 어려움을 겪도록 하는, 특히 라틴계 사람들에게 있어서 언어와 의사소통의 문제가 있다. 정부 정책들과 프로그램들에 관한 불신과 그들의 법적 권리에 대한 인식의 부족 또한 장애를 지닌 소수자들의 옹호활동과 정치적 활동의 참여를 제한할 수 있다(Balcazar, Keyls, & Suarez-Balcazar, 2001).

지역사회 자조(community self-help)—빈곤과 관련된 지역사회 문제들을 다루는 접근방식의 하나—에 참여하고 있는 저소득층 개인들에게는 효과적인 회의진행 기술 및 집단 문제해결기술이 부족할 수 있고 이러한 기술들을 배울 수 있는 기회가 적었다. 따라서, 체계적이지 못하고 비효과적인 회의는 저조한 참여율과 어설픈 전략들 그리고 미해결 과제들을 초래할 수 있으며 옹호활동의 방향이 불명확해지는 결과를 가져올 수도 있다(Seekins, Mathews, & Fawcett, 1984). 자조집단들이 성공적으로 사회정책과 거시적 실천에 영향을 미치기 위해서는 집단구성원의 참여를 유지시켜야만 한다. 자조집단활동을 통해 이룬 청결한 지역사회 조성과 교육의 향상 등과 같은 장기적이고 간접적인 이익은 저소득층 집단구성원의 자조집단 참여를 유지시킬 만큼의 강한 강화물이 아닐 것이다(Miller & Miller, 1970).

여성은 전통적으로 여성관련 의학과 건강 연구에서의 의사결정과정을 포함하여 자신들의 삶에 영향을 미치는 정치적 그리고 조직의 의사결정에서의 지위가 미약했다. 흔히 여성은 생체의학 연구, 치료옵션, 그리고 유방암과 같이 여성들이 더 많이 겪는 건강상의 문제들에 있어서 가능한 치료에 관련된 결정에 영향력을 행사하기 위해 필요한 지식과 기술이 부족하다(Dickersin et al., 2001; Low et al., 1994).

마지막으로, 아스피스(Aspis, 1997)가 주장하듯이, 장애가 있는 사람들과 같은 취약계층이 거시적 실천과 사회정책에 영향을 끼치기 위한 활동들에 참여하려면 다른 종류의 지식과 동기가 필요하다. 취약계층은 자신의 삶에 즉각적인 영향을 끼칠 수 있는 개인적 차원의 결정을 내리는 것의 중요성뿐만 아니라 사회정책과 조직 및 지역사회의 실천에 변화를 줄 수 있는 장기적 활동에의 참여 또한 중요하다는 것을 인지하고 이해해야만 한다. 또한 취약계층은 자신에게 제안된 선택의 대안책을 명확히 찾아내고 공통된 목적을 달성하기 위해 서로를 격려해 주는 것이 중요하다는 것을 인식하며 자신들의 욕구에 반응하도록 정치적 체제에 도전할 의지가 있어야 하고, 또한 그럴 수 있어야 한다.

거시적 참여의 유익한 결과

취약집단들이 받는 서비스와 다른 삶의 영역에 대한 거시적 결정과정에 그들을 참여시키는 것은 개인적 · 집단적 차원에서 중요한 함의가 있을 수 있다. 예를 들어, 서비스 결정과정에 참여하고 자신들의 노력으로 환경에 변화가 오는 것을 경험하는 것은 중증 정신장애가 있는 개인을 임파워시킬 수 있다. 또한 일부 연구결과는 이러한 경험을 통해서 획득한 개인적 임파워먼트가 중증 정신장애가 있는 개인의 안녕(well-being)을 증진시킬 수 있다고 시사한다(Stringfellow & Muscari, 2003). 뿐만 아니라, 대개 문제를 경험하고 서비스를 직접 이용하는 클라이언트들이 정책 및 서비스의 유용성과 적합성에 관해 가장 잘 평가하고 개선점과 대안책을 제안하기에 가장 좋은 입장에 있다(Hess et al., 2001).

사회정책과 지역사회 및 조직의 실천에 영향력을 행사하는 것은 개인과 비슷한 문제들을 겪는 다른 집단들에게 또 다른 긍정적인 결과를 가져다줄 수 있다. 아스피스(1997)가 지적했듯이, 변화가 권리의 보호로 이어지려면 정책변화를 제도화하는 것이 필수적이며, 서비스 제공자와 같은 다른 사람들의 호의에만 의존해서는 안 된다. 가령, 장애가 있는 한 개인이 자기옹호를 통해서 특정 근로프로그램에서 자신의 근로활동의 임금을 받았다고 하자. 그러나 임금에 대한 권리를 보장하는 법이 없으면, 조직이나 직원은 비슷한 프로그램에 참여하는 장애인 근로자가 임금을 받을 것인지에 대해 임의적으로 결정을 내릴 것이다.

역사적으로 취약계층의 거시적 의사결정 참여의 중요성이 논의되어 왔다. 장애가 있는 개인들과 그 가족들은 1990년도의 「장애인교육법(IDEA)」과 「미국장애인법(ADA)」과 같이 그들의 권리를 보호하는 법안이 통과되는데 중요한 역할을 했다. 신체장애가 있는 개인들도 '자립생활' 운동(Independent Living movements)과 '사람이 먼저' 운동(People First movements)의 일부로 형성된 옹호집단들을 통해 지역사회 실천과 사회정책에 영향을 주었다(Cunconan-Lahr & Brotherson, 1996). 자립생활집단들은 장애가 아닌 환경이 걸림돌을 만든다는 철학에 기반하고 있다(Seekins, Fawcett, & Mathews, 1987). '사람이 먼저' 운동은 장애가 있는 사람들에게 반드시 그들을 대변할 사람들이 필요하다는 고정관념에 대항한다. 장애가 있는 사람들은 적절한 기술을 습득한 후, 때론 가족의 도움을 받으면서, 자신의 삶에 영향을 미치는 사안들에 대해 스스로 대변할 수 있다(Zirpoli, Hancox, Wieck, & Skarnulis, 1989).

이러한 운동들과 관련 법안들의 결과로, 장애가 있는 사람들이 자신의 권리를 보호하고, 자기 삶에 스스로 더 통제력을 갖고, 또 다른 사람에게 장애 관련 사안들에 대해 교육할 수 있도록 임파워되어 왔으며, 이 모든 활동들을 통해 더욱더 통합된 사회로 나아갈 수 있었다(Cunconan-Lahr & Brotherson, 1996). 그러나 법안을 제정하는 것이 조직과 지역사회가 취약계층의 권리를 보호하고 그들의 욕구에 반응하도록 보장해 주지는 않는다. 취약계층은 종종 자신의 권리보호와 그들의 욕구에 대해 지역사회가 반응하도록 하기 위해 스스로를 옹호해야만 한다. 장애가 있는 사람의 지역사회 활동과 자립생활에 대한 지지를 보장하는 것이 그들의 욕구의 예다(Balcazar, Seekins, Fawcett, & Hopkins, 1990).

지역사회 자조(community self-help)는 열악한 주거환경, 교육, 범죄, 실업과 같이 빈곤과 관련된 문제들로부터 영향을 받고 있는 저소득층 지역사회구성원들이 스스로를 돕기 위한 조직적인 노력이다. 자조집단모임은 구성원들이 정보를 공유하고, 문제점들을 찾아내며, 해결책을 제안하여 결정을 내리는 등 찾은 문제점들을 해결해 나아가도록 기회를 제공한다. 효과적인 자조집단에서는 구성원들이 지역에서 이용가능한 자원들을 활용하고 공유된 문제들의 해결책을 찾아 추진한다(Seekins et al., 1984).

끝으로, 취약집단이 정책 관련 활동에 참여함으로써 얻는 이득으로 잘못된 인식과 부정확한 정보를 바로잡을 수 있는 그들의 능력을 꼽을 수 있다. 예를 들면, 노인분야에서 정책입안자들은 노년층, 노인프로그램의 효과성, 그리고 노인들의 특성과 욕구에 관해 지식 혹은 정확한 지식이 부족할 수 있다(Baker et al., 2001). 또한 베이커 등(Baker et al.)은 노인들과 그들을 대변하는 옹호자들이 노인을 위한 공적 프로그램에 사용되는 자원과 관련해서 세대 간 갈등을 유발시킴으로써 이 프로그램을 향한 부정적 시각을 불러일으키는 공공캠페인에 대한 적절한 대응을 할 수 있다고 주장한다. 취약집단 옹호자들은 또한 반응적이고 혁신적인 프로그램을 제공하기 위해 거시적 의사결정자들에게 영향을 끼칠 수 있다.

거시적 의사결정 참여 증진시키기

여기에서 서술하는 인지행동개입들은 취약계층이 받는 서비스와 그들의 삶의 영역들에 영향을 미치는 거시적 결정에 참여하는 것을 막는 여러 가지 요인들을 다룬다. 예를 들어, 개입들은 취약계층과 그 가족들, 그리고 다른 관련자들에게 사회정책의 변화와 조직, 그리고 지역사회 실천을 옹호하는 데 필요한 지식과 기술들을 가르친다. 취약계층에는 다양한 장애가 있는 개인(예: 신체장애, 지적장애, 학습장애, 그리고 중증의 정신장애), 심각한 건강상의 문제를 가진 여성(예: 유방암), 노인 그리고 저소득 개인들이 포함된다.

먼저, 취약집단이 지역사회 및 조직의 실천과 사회정책을 변화시키 위해 적절한 지식과 기술을 배우도록 돕고, 자조모임의 참석률을 높이는 데 도움을 줄 인지행동개입들에 대해 살펴본다. 다음으로 정부와 민간 부문에서 후원하는 더 복잡한 복합요소 프로그램들에 대한 설명을 한다. 이 프로그램들은 취약집단이 지역사회, 주(state) 그리고 국가적 차원에서 정치적으로 활발해질 수 있도록 정치적인 그리고 옹호에 관한 지식과 기술을 가르치고 자원과 기회를 제공한다.

기술훈련과 모임 참석률 높이기

여기에서는 취약집단이 사회정책과 지역사회 및 조직의 실천에 변화를 꾀하기 위한 적절한 지식과 기술을 배우도록 돕는 인지행동개입들을 논의한다. 이 기술들은 공직자 및 신문 편집자들에게 편지쓰기, 공개 포럼에서 사용할 증언을 준비하고 발표하기, 옹호집단의 장을 맡고 집단을 이끌기, 적절한 사안들을 찾아내고 보고하기, 문제해결하기 및 연설하기와 관련된다. 마지막으로, 공유된 지역사회의 문제 해결을 위한 구성원들의 노력의 장인 자조집단의 참석을 높이기 위한 강화물이 사용된다. 따로 언급되지 않는 한, 이 개입들은 단일사례설계와 복수기초선설계를 이용해 평가되었다.

장애가 있는 성인들

이 행동프로그램의 목표는 장애 옹호집단에 참석하는 구성원들의 참여를 세 가지 종류의 옹호활동에서 증진시키는 것이다(Seekins et al., 1987). 이 활동에는 시 위원회 회의와 주정부 입법청문회에서 개인증언을 준비하고 발표하기, 공직자 및 신문 편집자들에게 편지쓰기가 포함된다. 이 개입에서는 직접적인 기술훈련은 이루어지지 않는다. 대신, 집단구성원이 효과적으로 편지와 증언을 준비하도록 돕기 위해 준비된 안내서를 '행동을 도와줄 보조기구(behavioral prosthetic)'로 사용한다. 이 안내서 내용의 사회적 적절성을 확실히 하기 위해서 시킨스 등(Seekins et al.)은 세 가지 옹호

〈표 13-1〉 효과적인 개인증언과 편지쓰기 대응 절차 및 준비

개인증언 절차 및 준비	공직자에게 편지쓰기 절차 및 준비
1. 연단 앞으로 간다.	1. 편지쓰기를 시작한다.
2. 연단 앞에 서서 잠깐 멈춘다.	2. 자신에 관한 내용으로 편지를 시작한다.
3. 패널의 각 구성원을 잠깐씩 바라본다.	3. 편지를 쓰는 이유에 대해 설명한다.
4. 의장을 똑바로 쳐다본다.	4. 고려 중인 사안(결정)에 대해 자신이 이해하는 바를 요약한다.
5. 자신의 이름을 말한다.	5. 특정 결정이 내려져야 하는 이유에 대한 자신의 생각을 말한다.
6. 자신에 관한 진술을 시작한다.	6. 자신에게 개인적으로 이 변화가 무엇을 의미하는지 말한다.
7. 먼저 자신이 처한 상황을 설명한다.	7. 만일 다른 사람들에게도 영향이 미칠 것으로 생각되면, 이 역시 명시한다.
8. 이 상황이 어떻게 발생했는지 설명한다.	8. 과거 해당 공직자의 성원에 감사를 표한다.
9. 자신의 일상 생활에서 이 상황이 무슨 의미인지 말한다.	9. 이 공직자가 취했으면 좋을 조치가 무엇인지 설명한다.
10. 잠시 멈춘다.	10. 만일 이전에 어떤 조치에 대해 반대의견을 피력하는 편지를 쓴 적이 있다면, 대안책을 제안한다.
11. 패널의 결정이 자신의 삶에 어떠한 영향을 미칠지 말한다.	11. 만일 자신에게 시간이 있고 해당 사안에 열정적이라면 본인이 어떻게 도울 수 있는지 물어본다.
12. 패널의 결정이 다른 사람들의 삶에 어떠한 영향을 미칠지 말한다.	12. 편지를 마무리한다.
13. 가치적인 질문을 던진다.	13. 편지에 서명한다.
14. 잠시 멈추고 패널의 구성원들을 돌아본다.	
15. 연단에서 떠난다.	

편집자에게 쓰는 편지 절차 및 준비
1. 편지를 시작한다.
2. 편지를 쓰는 이유에 대해 설명한다.
3. 편지에 쓰는 내용이 왜 중요한지 설명한다.
4. 누군가가 한 말이나 행동을 칭찬하거나 비판한다.
5. 왜 이 말이나 행동이 좋고 나쁜지 서술한다.
6. 어떠한 조치가 취해져야 하는지에 관한 자신의 의견을 피력한다.
7. 보편적인 제안을 내 놓는다.
8. 편지에 서명한다.

출처: From "Effects of Self-Help Guides on Three Consumer Advocacy Skills: Using Personal Experiences to Influence Public Policy," by T. Seekins, S. B. Fawcett, & R. M. Mathews, 1987, Rehabilitation Psychology, 36, p.30. Copyright 1987 by the Division of Rehabilitation Psychology of the American Psychological Association. 허가를 받아 게재함.

기술 분야의 과업분석을 하였다. 개인증언 발표에 도움을 줄 수 있는 적절한 기술들의 선정은 시위원회 회의와 주정부 입법 청문회에서 발표된 증언들에 대한 관찰을 통해 이루어졌다. 공직자들에게 편지쓰기와 관련된 효과적인 기술은 여러 개의 신문의 편지들 속에서 나타난 공통적인 대응요소들을 검토하면서 도출하였다. 옹호집단구성원들은 편지에 어떤 반응요소들을 사용해야 공직자들에게 어필할 수 있는지 결정하였다. 효과적인 증언, 공직자 및 편집자들에게 편지쓰기를 위한 목표 전략들이 〈표 13-1〉에 제시되어 있다.

기술훈련과 마찬가지로, 자조안내서(self-help guides)는 기술을 배우는 이유, 특정 사안에 대한 지지적 혹은 반대 문장의 예제들, 효과적인 기술수행의 행동적 정의, 그리고 개인편지와 증언을 준비할 물리적 공간을 포함해 각 기술 분야에서의 효과적인 대응에 대해 설명하고 있다(안내서를 구하기 위한 정보는 이 책의 끝에 제시한 '참고문헌'에서 Seekins & Fawcett 참조).

여러 유형의 장애가 있는(즉, 다발성 경화증, 간질, 사지마비, 다양한 만성적 건강 문제들) 자립생활 옹호기관의 회원들은 이 개입 평가에 참여하였다. 연구평가는 먼저, 한 명의 여성회원을 대상으로 한 단일사례설계로 진행되었고, 그런 다음 열 명의 회원들을 자조안내서를 받는 치료집단과, 안내서에 대한 소개와 지역의 다른 사안에 대응하기 위해 작성된 샘플편지를 수신하는 비교집단으로 무선할당하였다. 첫 번째 평가의 참여자는 한 신문의 편집자와 공직자에게 지역의 자립생활과 장애인의 권리와 관련된(예: 차별철폐 시조례 수정하기, 주정부 후원의 건강서비스 감소, 자립생활 서비스 자금조달을 위한 세금, 투표의 장애물, 장애인 주차장 문제들) 열한 가지 다른 사안들에 대해 편지를 준비하고 필요에 따라서는 공개증언도 준비하였다. 두 번째 평가에서는, 건축상의 장애물들을 제거하고 장애인 차량을 구입할 수 있도록 지역사회개발 포괄보조금(community development block grant)을 조달하도록 설득하기 위해 모든 회원들이 신문편집자들과 공직자들에게 편지를 썼다.

첫 번째 연구평가에서, (단일사례설계 연구에 참여했던) 여성의 표적증언과 편지쓰기 전략의 빈도가 자조안내서 사용 후 증가하였다. 이 여성의 증언과 편지의 전반적인 수준, 편집자들이 편지를 출판할 가능성, 그리고 증언과 편지들이 공직자들의 결정에 영향을 미칠 가능성에 대한 전문가들의 평가(예: 공무원, 전 시장, 지역사회 조직가, 자립생활센터 이사장)가 개입 이후 모두 향상되었다. 두 번째 평가에서는, 앞서 식별된 옹호편지쓰기의 전략 혹은 요소들의 빈도가 비교집단보다는 실험집단에 속한 사람들이 공직자 및 신문편집자들에게 쓴 편지에서 더 높게 나타났다. 첫 번째 연구평가에서 사용된 것과 비슷한 전문가 평가에서 실험집단이 공직자 및 편집자들에게 편지를 쓰는 데 있어서 더 나은 수행 결과를 보여 주었다. 끝으로, 연구자들은 회원들의 표적전략의 빈도와 전문가 평가 간의 통계적으로 유의미한 상관관계를 발견하였다.

두 번째 행동개입은 옹호편지쓰기 기술에 특히 초점을 맞춘다(White, Thompson, & Nary, 1997). 이 개입방안은 지역사회 옹호집단회원들이 그들에게 영향을 미치는 지역사회의 장애 관련 문제들을 해결하기 위한 방법으로 효과적인 옹호편지 쓰는 것을 도와달라는 한 지방의 자립생활센터의 요구에 응하여 개발되었다. 이 개입방안은 행동편지 포트폴리오(Action Letter Protfolio) 훈련매뉴얼에 담긴 '자기진도에 맞추는 교습(self-paced lessons)'을 수반한다. 매뉴얼의 가독성과 내용의 유용성 향상을 위해서 장애가 있는 개인들의 도움과 피드백으로 매뉴얼이 개발되었다. 두 개의 가독성 점수 매기기 프로그램들 또한 매뉴얼의 내용이 적당한 고등학교의 읽기 수준이라는 것을 확인해 주었다(매뉴얼을 구하기 위한 정보는 이 책의 끝에 제시한 '참고문헌'에서 White, Thomson, & Nary, 1998 참조).

집단구성원들이 각자 사용하는 이 매뉴얼은 다음의 주요 다섯 개의 영역으로 구성되어 있다.

1. 잘 쓰여진 편지의 주요요소들과 그 요소들의 근거
2. 큰 문제들을 작은 문제들로 분석하고 쪼개는 전략(목표는 작은 승리들을 이루는 것이다)
3. 편지에 응답이 없거나 수용할 수 없는 응답이 올 경우 이전에 쓴 편지에 후속조치를 취할 전략
4. 다른 자립생활센터의 회원들이 쓴 옹호편지의 예
5. 장애정책에 관한 적절한 사실, 통계 및 정보

앞으로 있을 매뉴얼 수정을 위해서 저자들은 참여자들로부터 매뉴얼의 명확성과 유용성에 대한 피드백을 수집했다. 정도의 차이는 있었으나 개입 이후, 신체, 정신, 혹은 학습 장애가 있는 네 명의 참여회원들의 옹호편지 쓰기기술이 향상되었다. 이

기술의 유지에 관한 평가는 이루어지지 않았으나, 네 명 중 두 명의 참여자들은 그들이 보낸 개인편지에 대한 답장을 받았다. 그러나 안타깝게도 개입종료 6개월 후, 아무도 추가편지를 쓰지 않았다.

발카사르 등(Balcazar et al., 1990)은 옹호기관에 참여하는 장애를 지닌 개인이 옹호활동과 관련된 세 가지의 목표달성에 도움을 주기 위해서 추가적인 행동개입을 개발하였다. 이 개입의 목표는 ① 행동 중심의 옹호집단회의를 진행하는 의장의 능력을 증진시키기 ② 회의 중 집단구성원의 적절한 옹호사안을 찾아내고 보고하는 능력 증진시키기, 그리고 ③ 집단구성원의 옹호행동과 이 행동의 결과로 인한 관련 성과물 증가시키기다. 이 목표들은 사전관찰, 면접 그리고 집단의 회의녹취록 검토를 토대로 설정되었다. 효과적인 옹호회의를 방해하는 여러 가지 요인들이 평가를 통해 밝혀졌다. 이에는 집단이 비조직적으로 운영되는 것, 대부분의 경우 결론에 도달하지 못하는 것, 제안된 행동을 실천에 옮기지 못하는 것, 그리고 장애가 있는 구성원들에게 직접적으로 연관된 문제보다는 조직의 문제에 더 초점을 두는 것 등이 있다. 개입방안을 개발하는 과정에서 구성원들은 연구자들이 적절한 기술을 찾아내도록 도왔고, 자료와 절차에 관한 피드백을 제공하였다.

찾아낸 두 개의 기술들 중 하나는 장애 관련 사안들을 보고하는 것으로 이는 두 가지로 정의될 수 있다. 첫째, 한 집단구성원이 신체장애가 있는 개인들의 자립생활능력에 영향을 미치는 지역사회의 사안에 대해 보고한다. 사안의 예로 도로경계석을 매끄럽게 해야 할 필요성, 장애주차조례 위반, 그리고 지역의 주거요양시설의 화재안전규정 집행 실패를 들 수 있다. 둘째, 한 집단구성원이 이전에 결정된 안건에 대해 업데이트해 준다. 예를 들어, 이 사람이 지속되는 프로젝트에 관한 보고서를 읽을 수 있다. 두 번째 주된 기술은 새로운 장애 관련 사안에 관한 토론을 마무리하는 것이다. 이 기술은 보고된 사안에 관한 집단구성원들의 행동(action)을 결정하도록 이끄는 의장의 개입과 관련이 있다. 마무리는 세 가지 방법으로 진행될 수 있다. ① 구성원들이 발의에 투표를 하고, ② 행동(action)을 계획하고 진행시킬 위원회가 구성되거나, ③ 다음 회의 때까지 안건이 보류된다. 합의된 행동의 이행을 가르치기 위해 특정 개입법이 사용되는 것은 아니나, 옹호행동들과 이 행동들의 결과를 알아내기 위해서 여러 가지 방법들이 사용된다(예: 집단구성원 면담하기, 관련 기록 검토하기, 회의록 읽어 보기).

집단운영자는 집단구성원이 효과적으로 장애 관련 사안들을 찾아내고 보고하도록 가르치기 위한 약 12시간의 교육을 위해 두 개의 훈련매뉴얼을 사용한다. 첫 번째 매뉴얼은 사안들을 찾아내는 기술들을 설명하고 이와 관련된 보고서를 쓰는 절차, 장애 관련 사안들과 완성된 보고서의 예, 그리고 적절한 사안들을 골라내고 보고서 준비를 위한 연습활동을 제공한다. 두 번째 매뉴얼은 행동을 미루는 것부터 보이콧(boycott)하는 것까지 각기 다른 정도의 복잡함과 노력이 필요한 35개의 가능한 행동들을 담고 있다. 각 행동에 대해 매뉴얼은 관련된 활동들, 필요한 자원들, 그리고 가능한 행동의 긍정적, 부정적 결과에 대한 설명을 담고 있다.

집단구성원들의 훈련매뉴얼과 비슷한 교육형식으로 되어 있는 매뉴얼이 행동중심(action-oriented)의 회의를 이끌기 위한 의장의 기술을 증진시키기 위해 사용된다. 총 네 번의 회기 중 첫 번째 회기에서는 실천가가 의장에게 행동중심의 회의운영에 대한 요약을 제공하고 의제 준비하기, 회의 시작하기, 그리고 사안들에 대한 집단토의 시작하기의 절차에 대해 설명한다. 두 번째 회기에서 의장은 투표처리기술, 사안들에 대한 토의 마무리, 행동절차계획, 그리고 회의를 끝내는 기술들에 대해 배운다. 마지막 두 회기에서 의장은 역할놀이를 통해 이 기술들을 연습한다(훈련매뉴얼을 구하기 위한 정보는 '참고문헌'의 Keelins, Balcazar, & Fawcett, 1986 참조).

21개월간의 매달 진행된 회의에서 훈련을 받은 옹호조직의 구성원들(총 14명의 조직구성원들 중 여섯 명과 두 명의 연임된 의장들)의 장애 관련사안 보고 기술과 능력이 향상되었고, 이러한 변화는 통계적으로 유의미했다. 이에 반해 훈련을 받지 않은 구성원들은 별 다른 의미있는 경향을 보여 주지 못했다. 개입 이후, 두 명의 의장들의 새로운 사안들에 대한 토론 마무리 능력과 집단구성원들의 옹호행동의 빈도와 성공률 모두 증진되었다. 옹호행동의 예는, 휠체어가 다닐 수 있게끔 시내 도로를 매끄럽게 이어주는 잘 다듬어진 도로경계석을 늘리기 위한 필요한 조치들에 대해 시 관리자에게 편지를 쓰고, 시 관리자 및 설계자와 만나는 것을 포함한다. 이러한 행동들은 네 개의 시내 도로에 다듬어진 경계석을 설치하는 결과를 가져왔다. 복합적인 행동들을 통해 성공적으로 문제해결을 한 다른 예로, 재가 장애인을 위해 응급안전 경보시스템을 설치한 것과 요양원에 거주하는 장애인과 노인을 위해 강화된 화재안전절차를 들 수 있다. 끝으로, 참여자들의 개입에 대한 전반적인 만족도는 평균 6.5(1=매우 불만족, 7=매우 만족)였고, 훈련의 중요성에 대한 점수는 평균 7.0이었다.

저소득 성인

한 오래된 연구에서 브리스코, 호프먼과 베일리(Briscoe, Hoffman, & Bailey, 1975)는 사회경제적 취약계층인 농촌의 흑인 자조 지역사회 프로젝트의 정책위원들에게 그들의 문제해결기술을 향상시키기 위해서 문제해결훈련을 사용하였다. 위원회는 지역회관 수리, 교육 및 사교 행사 준비, 그리고 지역사회의 자원 발굴과 주민에게의 배분과 같이 지역사회 문제들을 찾아내고 해결하는 데 초점을 맞추었다. 1년 넘게 진행된 위원회 회의를 초기 분석한 결과 위원들이 명확하게 문제를 정의하지 못하고, 취해야 할 특정 행동에 동의하지 못하며, 행동수행의 책임자를 지목하지 못한다는 것이 발견되었다. 이러한 관찰결과는 효과적인 문제해결을 위해 세 가지의 기본기술을 가르쳐야 함을 시사했다. 그것은 ① 문제 찾아내기, ② 대안책을 말하고 평가하기, 그리고 ③ 문제해결을 위한 특정 행동과 이를 이행할 방법에 합의하기(즉, 누구에 의해, 언제, 어떻게, 무엇이 수행될 것인가?) 등이다. 이 개입은 위원들에게 문제해결과정을 가르치기 위해 주요문구를 이용하는 사회기술훈련기법들을 사용한다. 세 단계의 주요문구의 예로, "문제는 ________이다." "한 가지 해결 방법은 ________이다." "우리는 어떤 행동/조치를 취할 것인가?"가 있다. 첫 번째 단계에서 실천가는 기술을 설명하고 위원에게 해당 주요문구가 적힌 카드를 보여 준다(예: "문제는 ______ 이다."). 실천가와 위원은 먼저 문구를 같이 읽는다. 그다음, 위원이 혼자 문구를 읽고, 끝으로 카드를 보지 않고 문구를 반복한다. 두 번째 단계에서 위원은 카드에 그려진 단순한 문제상황에 이 기술을 적용하고, 점진적으로 구두로 묘사된 더 복잡한 상황에 응용하는 법을 배운다. 예를 들어, 실천가가 위원에게 문제상황을 담은 그림(예: 한 여자아이의 치아를 검진하는 치과의사)을 보여 준 후, 다양한 문제상황들(예: 성인 교육수업 중, 15명의 학생들이 책을 이용해 읽기 연습을 해야 하는데 책이 7권 밖에 없다.)에 대해 읽는다. 두 가지 상황 모두에서 실천가는 위원에게 주요문구인 "문제는 ______이다."를 사용하여 문제가 무엇인지 알아낼 것을 요청한다. 그리고 실천가는 위원이 앞으로 있을 위원회 회의에서 주요 문구를 사용하도록 촉진한다. 나머지 두 가지의 문제해결기술도 비슷한 방식으로 교육된다. 개입 이후, 지역정책위원회에서 활발히 활동하는 지역사회지도자들을 포함한 다른 평가자들은 프로그램 평가에 참여한 집단구성원들(9명, 구성원들의 교육수준의 중간값은 8학년이었다)의 실제 위원회 회의에서의 문제해결기술이 향상되었다고 보고하였다. 그러나 개입 종료 6주 후, 모든 참여자들이 그들의 기술을 높은 수준으로 유지하고 있지는 않았다.

여기에서 논의할 두 번째 행동개입은 저소득층의 지역사회구성원에게 서비스를 제공하는 주민서비스센터에 고용된 준전문가 직원들의 공개연설기술을 증진시키기 위한 것으로, 포셋과 밀러(Fawcett & Miller, 1975)가 개발한 것이다. 이 직원들은 지역사회기관들과 단체들(예: 교회, 사업체, 민간 및 사회 단체들)로부터 센터의 활동과 서비스에 대한 소개와 홍보 요청에 부응하는 강연자 부서(speaker's bureau) 소속이었다. 효과적인 연설행동을 명시한 참고문헌을 기반으로, 이 개입은 세 가지의 주요부분에서의 연설기술에 초점을 둔다. 그것은 눈 마주치기, 제스처, 말하기다. 말하기 기술은 더 나아가 다음의 다섯 개의 도입기술과 네 개의 마무리 단계 기술로 정의될 수 있다.

도입 기술

1. 무대에 설 적절한 위치를 생각한다.
2. 청중을 둘러본다.
3. 자신을 소개해 준 사람에게 감사표현을 한다.
4. 청중에게 인사한다.
5. 주제를 소개한다.

마무리 기술

1. 청중을 마지막으로 둘러본다.
2. 마지막 (감사)인사를 한다.
3. 질문을 받는다.
4. 다음 강연자/발표자를 소개한다(해당 사항이 있을 경우).

연구자들은 기술들의 행동적 정의, 기술된 설명, 예제 그리고 연습문제들을 포함한 공개연설 매뉴얼(Public Speaking Manual, 포셋에게서 구할 수 있다)을 준비하였다. 글로 표현된 설명의 사용이 어려운 참여자들에게는 매뉴얼의 내용이 구두로 전달될 수 있다. 교육자료가 숙지된 후에, 참여자들에게 각 공개연설의 기술을 가르치기 위해서 행동시연기법이 사용된다. 기술들을 습득한 후, 참여자들은 친구들이나 다른 연설훈련 프로그램을 잘 알고 있는 사람들로 구성된 여러 청중 앞에서 연설을 해 보고,

이 청중은 참여자들의 연설에 피드백을 준다. 개입 이후, 평가에 참여한 모든 세 명의 직원들(흑인, 라틴계 여성, 백인 여성)의 특정 기술사용의 빈도가 증가하였다. 다양한 지역사회 행사에서 연설한 직원들에 대한 청중의 전반적인 수행평가에서도 이들의 공개연설기술이 가시적으로 향상되었음을 보여주었다. 뿐만 아니라 개입 이후 세 명 중 두 명의 직원들이 대중 앞에서 말하는 것에 대한 자신감이 높아졌다. 모든 참여자들이 자신들의 훈련만족도를 1~7의 척도 중 7점(매우 행복함)으로 평가하였다.

다음 행동 프로그램은 저소득층 지역주민센터들의 집행이사회(executive board) 의장들의 리더십기술을 증진시키기 위해 고안되었다(Seekins et al., 1984). 이 개입은 저소득층 지역주민 서비스센터 회원들이 집단결정을 내리는 데 도움을 요청하기 위해 개발되었다. 이사회의 주요 책임은 조직의 정책을 설립하고 기관의 일상적인 운영에 관해 직원들에게 조언하는 것이다. 집행이사회 회의의 안건에는 보고서와 공지사항(예: 정부주관의 식량제공 행사 일시) 및 제안서(예: 지역사회 식품저장소 만들기) 그리고 지역사회 문제(예: 응급식량 분배정책이 불공정하다는 불만신고들) 검토와 같은 것들이 포함된다. 효과적인 의장으로서 갖추어야 할 기술에 관한 문헌검토를 토대로 다음의 주요 세 분야의 기술들이 개입의 표적으로 선정된다.

1. 회의를 개회하고 마무리하기(즉, 투표결과에 대해 의사소통하고, 위원회를 구성하며, 토론을 상정하고, 회원의 동의를 발표하거나 보고를 수용함으로써 한가지 사안의 토론을 마무리 하는 것)
2. 토론을 시작하고 동의안을 처리하기
3. 해결책을 브레인스토밍하고 선택하기

관련 기술들의 과업분석과 효과적인 집단회의 진행자들에 관한 관찰을 통해 세 가지의 기술 분야에서 42개의 반응전략이 제안되었다. 이에는, 회의를 개회하고 회원들의 질문과 발언을 격려하기, 발언을 하지 않는 회원들을 참여시키기, 그리고 다양한 제안의 이점에 대해 질문하고 서기에게 이사진의 결정을 요약하도록 부탁하기 등이 포함된다. 분석을 통해 밝혀진 반응전략을 가르치기 위해 매뉴얼(*Chairing Meetings: Building Leadership in Community Organizations*, 시킨스나 포셋에게서 구할 수 있다)이 개발되었다. 매뉴얼은 밝혀낸 기술부문을 다루는 기술의 행동적 정의, 학습

안내서, 예제들 및 시연대본 등으로 나누어져 있다.

개입은 실천가가 의장에게 교육자료를 읽고 학습안내서와 예제들을 숙지하도록 요구하는 것으로 시작되는데, 이때 의장은 적절한 응답을 했을 경우 칭찬을 받고 부적절한 답을 했을 경우 교정피드백을 받는다. 그런 다음, 의장은 대본이 짜여진 역할놀이 상황을 통해 적절한 기술들을 연습한다. 마지막으로, 의장은 이사회 회의가 진행되는 방에서 다른 사람들과 목표 기술들을 연습하며 이후, 이에 대한 적절한 피드백이 주어진다.

이 개입의 평가는 개입에 참여한 두 명의 여성의장들의 기술을 향상시키는 데 있어서 개입이 성공적이었음을 보여 준다. 예를 들면, 개입 이전에는 평균 30%의 안건들이 마무리되었으나 개입 이후에는 85%의 안건들이 마무리되었다. 따라서 개입 이후 이사회는 더 많은 결정을 내렸다는 것을 알 수 있다. 이 두 결과는 조직 발전을 위한 자문위원 컨설턴트 한 명과 도시계획자 한 명을 포함한 전문가 패널의 평가와도 일치했다. 끝으로, 두 여성 모두 훈련에 매우 만족하였다고 보고하였다. 이들은 1~7의 척도에서 7점(매우 행복함)을 주었다.

마지막으로, 저소득 여성의 두 개의 자조집단 참석률을 높히기 위해 고안된 강화개입(reinforcement intervention)은 제6장과 9장에서도 논의하였다(Miller & Miller, 1970). 사회적 지지 증진과 경제적 문제 해결 이외에, 이러한 자조집단의 주요 목적은 집단구성원에게 영향을 끼치는 지역사회 문제들에 관해 토론하고 해결하는 것이기 때문에, 이 개입에 대해 여기에서 간략히 언급하도록 한다. 지역사회 현안들로 도시재건축, 교육위원회 정책, 경찰문제 그리고 시 정부가 포함된다. 모임 중에 구성원들은 한 가지 문제에 주목하기로 합의하고 이 문제를 해결하기 위한 전략을 세운다. 자조집단들의 회장들 또한 분기별로 만나서 전략, 조직적 대응 그리고 구성원들의 반응에 대해 토론하고 그들의 집단활동을 준비한다. 자조집단의 상담가는 한 가지 개입법을 사용하는데, 이는 집단구성원들의 참석을 강화하는 것이다.

이 개입의 평가에서 기부물품(예: 의류, 장난감, 집에서 사용하는 물건들), 적절한 정보(예: 복지혜택 서비스, 피임), 그리고 서비스(예: 복지수당과 관련된 고충협상, 집 주인과의 주택개선 협상, 그리고 경찰/법원의 문제 규명)와 같은 강화물의 제공은 모임의 참석률을 현저히 높였다(52명, 개입 전에는 평균 세 명이 참석하였고, 개입 이후에는 15명이 참석하였다). 두 명의 회장들의 다른 지역사회 집단(예: 시민자문위원회와 학교통합위원회)에의 참석률 향상이 시사하는 것 같이 자조집단에의 참여율 향상은 다른 자조활동에도 영향을 미쳤다. 또한 비형식적인 관찰에서도 집단구성원들의 높아진 지역사회 참여가 나타났다.

정부 및 재단 후원프로그램

앞으로 설명하는 개입들은 모두 인지행동전략들을 복잡한 복합요소적인 프로그램들에 통합하였다. 이 프로그램들에는 먼저, 정부가 후원하는 정책형성의 동반자 프로그램(Partners in Policymaking: PPM)이 있는데, 이는 장애가 있는 개인들과 가족들이 그들 자신 혹은 자녀들을 위해 옹호할 수 있도록, 그리고 지역, 주, 연방 차원에서 정책에 영향을 끼칠 수 있도록 필요한 지식과 기술을 배우도록 지원한다. 또한 정부가 후원하는 리더십아카데미(leadership academies, 지도자 학교)는 중증 정신장애가 있는 성인, 노인 그리고 관련된 사람들(주로 가족들)이 사회정책과 지역사회 및 조직의 실천에 영향을 미칠 수 있도록 적절한 지식과 기술을 습득하는 것을 지원한다. 마지막 프로그램은 프로젝트 리드(Leadership, Education, and Advocacy Development: LEAD)인데, 이는 유방암 활동가들(주로 유방암 병력을 가진 여성들)이 유방암 연구와 관련된 정책결정에 참여하고 영향을 끼치는 데 필요한 관련 과학지식과 기술들을 배우도록 지원하는 프로그램이다.

이 프로그램들에 가장 흔히 적용되는 인지행동방법들에는 필요한 특정 기술 식별법, 표준화된 정보와 교육 제공, 옹호 관련 기술(예: 서비스 확보하기, 당선된 공직자들 접촉하기, 공개 연설하기, 법적 증언하기)을 가르치는 사회기술훈련법, 사회적 강화, 역할 모델링, 숙제, 그리고 공식적 훈련이 종료된 후 참여를 촉진하고 유지하기 위한 전략이 포함된다. 이러한 프로그램들의 평가는 드물며, 있다 하더라도 간략한 설명이 전부다. 네 개의 정책형성 동반자(PPM) 프로그램들 중 단 하나만이 개입 이전과 이후의 결과를 비교하였고, 리더십아카데미의 평가에서도 세 개의 평가중 하나만이 개입 이전과 이후의 결과를 비교하였다. 리드 프로그램의 두 평가는 모두 프로그램의 효과성을 평가하기 위해서 개입 이전과 이후의 결과를 측정하였다.

정책형성 동반자(PPM): 장애가 있는 개인들

정책형성 동반자(PPM)는 연방정부에서 자금을 지원하는 미네소타 주의 세인트 폴(St. Paul)시에 기반을 둔 임파워먼트와 자기옹호 훈련프로그램이다(Zirpoli et al., 1989). 먼저 프로그램에 대한 설명을 하고, 이 프로그램에 대한 네 개의 연구평가에 대해 논의하고자 한다. 정책형성 동반자(PPM)의 목표는 어린 자녀를 둔 부모들과 발달장애가 있는 성인들이 적절한 서비스를 획득하고, 그들의 리더십 잠재력을 증진시키며, 지역과 주, 그리고 전국적인 수준의 정책들에 영향을 미치도록 정보 및 훈련과 필요한 기술들을 제공하는 것이다. 다른 배경의 프로그램 참여자들(예: 소수 인종/민족, 저소득층, 발달장애가 있는 사람, 그리고 주의 여러 지역의 거주자들)을 선정하기 위해서 특별한 노력이 이루어진다. 1년간 진행되는 이 프로그램은 여행, 식사, 숙박, 휴식 그리고 보육비용을 지불한다.

정책형성 동반자(PPM) 프로그램은 세 개의 주요 훈련요소들로 구성되어 있다. 첫 번째 요소는 특정 서비스 주제들과 정부의 각기 다른 행정구역 단위에 초점을 맞춘 훈련을 16일 동안 제공한다. 입법자 및 옹호단체의 대표들로 구성된 다양한 전문가들이 주제발표를 한다. 프로그램의 두 번째 요소에서는 참여자들이 숙제를 마친다. 과제로는 개인이 지역, 주 그리고 전국적인 단위의 정책형성자와 접촉하는 것, 독서(예: 장애가 있는 사람들에게 영향을 미치는 현 법률의 요약본 읽기), 지역사회 모임에 참석하기(예: 시의회나 교육위원회 회의), 그리고 장애가 있는 개인들과 관련된 사안에 대해 발표하기[예: 학부모－교사 연합회(PTA) 모임이나 회의에서의 발표] 등이 포함된다. 세 번째 훈련요소는 참여자들이 인턴십을 맡는다거나 공직자들과의 모임을 조직하는 등의 주요 프로젝트를 완성하는 것을 요구한다. 회기 중에 훈련가는 유인물과 참고자료를 나눠 주고 참여자들이 다양한 주제들에 대해 격식을 차린 발표를 하도록 한다. 이 주제들에는 정부의 여러 행정구역 단위에 적절한 사안들, 옹호단체들과 기술들, 행동 관리, 그리고 개별교육 프로그램(Individualized Education Plans: IEPs)과 같이 장애가 있는 학생들에게 적용 가능한 교육 관련 사안들, 그리고 교실통합이 포함된다.

프로그램 참석 6개월 후, 참여자들(35명)은 어느정도로 프로그램이 자신들의 자기옹호기술을 향상시켰는지(95%가 긍정적으로 응답하였다)와 자신과 가족구성원에게 더 적절한 서비스를 받을 수 있도록 조장했는지(89%가 긍정적인 답변을 하였다)에 대한 평가를 하였다. 또한 참여자들을 정책형성 동반자(PPM) 프로그램이 어느 정도로 효과적인 옹호자가 되기 위해 자신들을 준비시켰는지에 대해서도 보고하였다(82%가 "나는 매우 준비되었다."라고 응답했다). 두 명을 제외하고 모든 참여자들이 편지나 전화, 공식적인 방문과 증언, 혹은 위원회 활동을 포함하여 어떤 방식으로든 공직자들을 접촉했다고 응답하였다. 추가적인 옹호노력에는 신문기사나 편지를 출간하는 것, 학회나 부모집단에서 발표하기, 그리고 대중매체에 출연하는 것이 있다. 프로그램 참여의 이점들로 참여자들은 강한 지지망 형성, 다양한 체계와 이를 이용하는 방법들에 대한 더 나은 이해 습득, 그리고 자신이나 다른 사람들을 위한 더 적절한 서비스 획득, 또한 특히 공직자 및 교육자들과 교류할 때의 향상된 자신감을 꼽았다.

5년간의 프로그램 운영 후, 지폴리와 그의 동료들(Zirpoli, Wieck, Hancox, & Skarnulis, 1994)은 미네소타 주의 정책형성 동반자(PPM) 프로그램에서 시행된 비슷한 평가를 하였다. 당시 프로그램은 163명의 졸업생들을 배출하였고, 다른 여러 주에서도 실행되고 있었다. 참여자들은 주로 여성, 교육받은 사람(73%가 고등학교 이상의 교육을 받았다) 그리고 발달장애 아동의 부모들이었다. 참여자들의 22%는 장애가 있었다. 전반적인 프로그램 평가에서 참여자들의 93%가 '매우 훌륭함' 혹은 '매우 좋음'으로, 그리고 자신들을 더 나은 옹호자로 교육시키는 측면에서의 프로그램 효과성에 대해서는 88%가 '매우 훌륭함' 혹은 '매우 좋음'으로 평가하였다. 공직자들과 접촉하고 자신들과 장애가 있는 다른 사람들을 다른 방법으로 옹호하고, 그리고 대중에게 장애가 있는 개인들의 권리와 욕구에 대해 교육하는 것에 대한 피드백은 첫 번째 평가와 비슷하게 높은 빈도를 보였다.

아이오와 주의 정책형성 동반자(PPM) 프로그램 또한 발달장애가 있는 참여자들과 그들의 가족구성원들의 옹호활동에 대한 영향을 설문, 전화인터뷰, 그리고 초점집단을 통해 평가되었다(Cunconan-Lahr & Brotherson, 1996). 옹호의 장애물을 평가하기 위해서 위에서 언급된 비슷한 방법들이 사용되었다. 앞서 논의한 미네소타 주의 정책형성 동반자(PPM) 프로그램의 평가 결과와 마찬가지로 아이오와 주의 참여자들도 프로그램이 자신들의 자기옹호기술을 강화시켰고, 장애 관련 사안들과 관련된 자신들의 옹호활동과 자신들의 다른 삶의 분야에 중요한 영향을 끼쳤다고 보고하였다. 또한 옹호활동의 예들도 미네소타 주의 프로그램과 매우 흡사했다. 옹호활동의 방해물로 보고된 것들에는 시간, 비용(예: 교통, 개인적 지원을 위한 비용, 보조자, 보육, 결근), 그리고 자신의 이야기를 하면서 드는 수치심과 같은 부정적 감정들이 있다.

발카사르, 키스, 버트램과 리조(Balcazar, Keys, Bertram, & Rizzo, 1996)는 일리노이 주 정책형성 동반자(PPM) 프로그램에서 더 엄격한 평가를 시행하였다. 연구자들은 세 명의 장애가 있는 참석자들(두 명은 지적장애가, 한 명은 다발성경화증이 있었다)과 장애가 있는 21명의 아동들의 부모들의 옹호행동과 결과에 관한 자기기록을 프로그램 시작 이전, 도중 그리고 완료 5개월 후에 검토하였다. 정책형성 동반자(PPM) 프로그램을 통해 훈련 회기와 발표내용의 안건을 검토하고 토의하는 것, 발표 중에 질문에 답하는 것 그리고 숙제에 도움 주는 것을 포함한 지원서비스를 장애가 있는 두 명의 개인들에게 제공했다. 프로그램 평가의 목표중 하나는 프로그램 종료 후, 참여자들의 옹호행동에 대한 변화가 프로그램 참여 이전의 옹호경험 정도와 관련이 있는지 알아보기 위함이었다. 따라서 정책형성 동반자(PPM) 프로그램 참여 이전에 참여자들의 옹호경험을 바탕으로, 그들을 초보자(beginner), 관여자(involved) 그리고 활동가(activist) 등의 세 집단으로 분류하였다.

참여자들이 보고한 옹호행동들에는 전화걸기, 회의 참석하기, 사무실 방문하기, 편지쓰기, 단체 우편 보내기, 대중매체 활동하기(예: 라디오 인터뷰에 참여하기) 및 기타 다양한 활동들(예: 학교에서 발표하기, 청문회에서 말하기, 기금마련활동하기)을 포함된다. 옹호가 필요한 사안은 장애가 있는 개인이나 그 가족에게 영향을 미치고 조치를 요하는 그 어떤 장애 관련 사건이나 상황으로 정의될 수 있다. 예를 들면, 부족한 정보, 서비스 및 지원의 필요성, 서비스와 지원의 부정적 또는 긍정적 변화, 그리고 예산배정이나 정책들이 있다. 성과(outcomes)는 지역사회 내, 그리고/혹은 장애 관련 사안들과 관련된 과정과 최소한 참여자들의 활동의 한 부분으로 이어지는 변화를 말한다.

세 집단—초보자, 관여자, 활동가—모두 기초선 수준보다 옹호 관련 행동들과 결과에 있어 현저한 향상을 보였다. 활동가 집단의 평균은 다른 두 집단보다 월등히 높았다. 추가분석에서는 다른 두 집단과 비교했을 때, 활동가 집단이 지역 또는 주(state) 단위의 참여도와 지지 그리고 활동가 전략에 관한 지식이 증가했기 때문에 정책형성 동반자(PPM) 프로그램으로부터 더 큰 이득을 얻었음을 시사했다. 개입 이후, 초보자 집단에 있던 참여자들은 관련 기관들과 그들이 받는 서비스에서의 회원자격을 더 많이 얻었다. 또한, 활동가 집단에 있는 참여자들은 서비스에 대한 만족도가 크게 향상되었다고 보고하였다.

리더십아카데미: 중증의 정신장애

여기에서는 헤스 등(Hess et al., 2001)의 저널논문을 요약하여 아이다호 리더십아카데미(Idaho Leadership Academy: ILA)를 소개한다. 정신건강 자문위원들이 미국 원주민 휴먼서비스 직원들(Native American health and human services agency)을 포함한 옹호집단들 그리고 연구자들과 함께 ILA를 개발하였다. ILA에는 세 개의 주요 목표가 있다. 첫째, 참여자들에게 정신건강서비스 이용자 및 아이다호 주 정신건강서비스 시스템을 위한 지원을 강화시킬 수 있는 리더십 역할 수행에 필요한 기술들을 가르치는 것, 둘째, 참여자들에게 자신들의 정신건강 리더십활동들의 지역, 주 그리고 전국적 차원에서 어떤 영향을 미치는지 평가하기 위해 필요한 정보수집 기술들을 가르치는 것, 그리고 셋째, 아카데미 졸업생들에게 지속적인 지원시스템과 그들이 습득한 기술들을 지역사회에서 사용할 기회를 제공하는 것이다.

각 다섯 개의 ILA 회기는 이틀 반 동안 진행된다. 회기 중에 강사들은 네 개의 워크북, 토론, 소집단 활동 그리고 역할놀이를 사용하여 리더십과 옹호기술을 가르친다. 워크북은 이 장의 앞 절들에서 논의한(예: Balcazar et al., 1990; Seekins et al., 1987) 신체장애가 있는 개인에게 옹호기술을 가르칠 때 사용하기 위해 개발된 것들을 기반으로 한다. 옹호기술에는 관련 사안들을 찾고 보고하기, 효과적인 회의 진행하기, 찾아낸 사안들을 다루기 위한 행동단계(action steps) 계획하기, 효과적인 편지 쓰기 그리고 공직자들 앞에서 증언하기가 있다. 정신건강전문가들, 한 명의 서비스 이용자(정신장애가 있는 사람), 한 명의 가족구성원 그리고 한 명의 미국 원주민(Native American)으로 구성된 팀은 아이다호 주 참여자들에게 워크북의 내용이 적합하도록 워크북을 수정하였다. 참여자들은 가상회의 진행, 행동방침과 편지 작성 그리고 집단 발표를 통해 기술들을 연습했다.

ILA는 또한 정신건강서비스 이용자들과 가족구성원들이 지역 및 주에서 관련 사안들을 찾도록 가르치기 위해 '관심사안 보고 방법(concerns report method)'을 사용한다. 이 방법은 이전에 장애가 있는 사람들(Fawcett et al., 1988)과 경제적으로 취약한 배경을 가진 사람들(Seekins & Fawcett, 1987)의 관점에서 지역사회의 문제점들과 가능한 해결책을 찾아내기 위해 사용되어 왔다. '관심사안 보고 방법'을 사용할 때, 아카데미 참여자들은 지역사회 집단에게 다양한 사안들의 중요성에 대해 등급을 매기고 각 사안을 해결하기 위한 지역사회의 노력에 대한 만족도를 평가해 달라고 부탁한다. 중요도의 점수와 만족도의 점수를 곱해서 각 사안의 점수를 낸다. 가장 낮은 만족도와 가장 높은 중요도의 점수를 받은 사안들이 높은 우선순위의 쟁점들로 채택된다[이 방법을 사용하는 미국원주민 센터(Native American center)의 보고서를 구하려면 이 책의 끝에 제시한 '참고문헌'에서 Consumer Concerns Report Method 참조].

중증 정신장애가 있는 성인과 그 가족을 위해 높은 우선순위의 쟁점들을 찾아내기 위한 방안으로 정신건강서비스 이용자들과 가족구성원들을 대표하는 집단에게 100개가 넘는 사안들을 담은 목록이 수정작업을 위해 주어진다. 첫 번째 ILA 회기에서 정신건강서비스 이용자들과 가족구성원들은 수정된 목록을 간추린다. 이 목록에는 고용, 주거, 건강서비스 그리고 낙인과 같은 사안들을 포함시킬 수 있다. 이러한 과정을 통해 각각 20개 문항을 담은 두 개의 관심사안 보고 설문조사(concerns report surveys)가 만들어진다. 한 설문조사는 소비자의 관심사안을 다루는 것으로 서비스이용자들을 대상으로 하며, 또 다른 설문조사는 가족들을 대상으로 한다. 두 개의 설문조사는 미국 원주민 보호구역과 같은 소수인구층을 대표하는 지역을 포함하여 아이다호 주 여러 지역에 거주하는 정신건강서비스 이용자들과 가족들에게 배포된다. 가장 중요한 네 가지 사안들과 가장 강한 네 가지 장점들을 결정한 후, 정신건강서비스 이용자들과 그 가족들, 대중매체, 정부직원 그리고 일반대중이 참석하는 타운 회의를 여러 지역에서 개최한다. 회의 중에는 쟁점들뿐만 아니라 장점, 장애물 그리고 자원에 대해서도 토론하며 명확하게 짚고 넘어간다. 참여자들은 관심사안들을 다루기 위해 여러 가지 방법들에 대해 토론하고 행동계획을 세운다. 그리고 확인된 사안들에 관한 활동을 시작하기 위한 여러 팀을 구성한다.

ILA는 세 번째 목표인 아카데미 졸업생들에게 지속적인 지지체계와 그들이 습득한 기술을 지역사회에서 사용할 기회를 제공하기 위해서 여러 가지 전략을 통합한다. 졸업생들은 아카데미에서 계속해서 진행되는 회기에 참석하도록 초청되고, 이 자리에서 새로운 참여자들에게 역할모델이 되어 준다. 졸업생들은 오리엔테이션을 해 주고 그들의 최근의 옹호행동들에 대해 보고하며, 지역 옹호집단들의 관심사안과 활동들에 대해서도 논의한다. 졸업생들은 또한 법적 증언을 연습하고 대중매체와의 교류, 공개연설, 지역 옹호단체 개발, 기금 모금, 그리고 컴퓨터 네트워킹을 위한 기술들을 배울 수 있는 고급훈련에 참여할 기회를 얻는다. 더 많은 지원과 네트워킹의 기회를 제공하기 위해서, 매 6~8주 단위로 전화회의를 개최한다. 전화회의에서 졸업생들은 자신들의 성과와 옹호에 관련된 정보를 교환하고, 문제해결에 참여하며, 서로에게 지지를 해 준다.

ILA의 평가연구에는 행동과 성과에 대한 두 가지 평가가 포함한다. 여기서 행동은 "행사를 기획하는 것과 같이 한 가지 사안에 대한 절차 밟기, 기금정보 찾기, 여러 통의 전화걸기, 우편자료 준비하기, 회의 참석하기 또는 증언 준비하기"로 정의된다. 성과로는 "한 가지 이상의 옹호행동에 대한 가시적인 생산물, 입법자로부터의 회답, 정신장애서비스 이용자의 새로운 서비스 경험, 행사개최, 기사의 신문 게재, 또는 보조금 수혜"(Hess et al., 2001, p. 260) 등으로 정의된다. 데이터는 27개월간 160명의 아카데미 졸업생들로부터 수집되었다(단 1%의 아이다호 주 인구가 미국 원주민이지만 졸업생의 20%가 미국 원주민이었다). 이 기간 동안, 졸업생들은 1,345개의 옹호행동에 참여하였고, 이 결과로 400개의 옹호성과를 달성하였다.

지역 차원에서의 구체적인 성과의 예로, 중증 정신장애가 있는 개인에게 일시보호(respite care)와 숙박을 제공하는 시설을 개관한 일, 그리고 강연부서를 개설하고 교육적인 책자를 배포함으로써 지역사회 내 낙인을 줄이는 일을 들 수 있다. 주 차원에서는 정신건강서비스 이용자들과 그들의 가족들이 가족참여와 정신건강서비스와 관련된 소비자 권리정책을 채택하는 데 도움을 준 과업전담반(task force)에 참여함으로써 소비자 권리에 관한 정보의 이용을 증진시켰다. 뿐만 아니라, 이 과업전담반은 위의 주제로 정보책자를 작성하였는데 이는 주 전체로 배포되었다. 또한 쇼숀-반낙(Shoshone-Bannock) 부족의 옹호자들은 자살방지 전담반을 형성하였다.

또 다른 평가연구에서는 최초 네 회기의 ILA에 참여한 130명의 참여자들 중 68%가 아카데미를 다닌 지 6개월 후에도 정신건강 옹호활동에 계속해서 참여하고 있다고 밝혔다. 그리고 최초 세 회기 중 한 회기에 참석한 43%의 참여자들이 1년 후에도 옹호활동을 지속하고 있었다. 질병 또는 개인/가족의 위기상황, 학교나 직장에 다니는 경우, 그리고 거주지 변경이 옹호활동을 중단하는 주된 이유였다. 프로그램 졸업생들은 다른 서비스 이용자들 및 그 가족들과 연계할 기회, ILA 참여를 통해 획득한 증진된 지원과 자신감, 그리고 옹호기술을 배우는 것을 프로그램에서 가장 도움되는 것으로 보고하였다. 참여자들은 받고 싶은 추가적 지원의 유형으로 옹호훈련을 가장 많이 꼽았다. 참여자들이 보고한 어려움으로는 이슈 선택의 어려움, 옹호노력을 주력해야 할 정부단위 결정하기, 개인적 삶과 옹호활동 사이에서 시간과 에너지의 균형 맞추기가 포함되었다.

1995년도에 로버트 헤스(Robert Hess)는 정신장애가 있는 사람 및 그 가족들을 위한 옹호조직들과 협력하여 서비스 이용자들과 그 가족들을 위해서 웨스트버지니아 리더십아카데미(West Virginia Leadership Academy for Consumers and Families: WVLA)를 설립하였다(Sabin & Daniels, 2002). 여기에서는 스트링펠로우 무스카리(Stringfellow Muscari, 2003)의 저널논문을 요약하여 WVLA에 대해 설명한다. WVLA의 목표와 훈련은 ILA와 비슷하며, 훈련은 두 개의 주요요소들로 구성되어 있는데, ① 3~4일간의 구조화된 훈련, ② 습득한 기술들의 활용을 강화시키고 지지하기 위해 고안된 연계활동이 그 뒤를 따른다. 대부분의 훈련은 표준화된 매뉴얼을 사용하며 리더십아카데미 졸업생들이 자원봉사자로 활동한다. 수업내용은 포셋 등(Fawcett et al., 1984)이 지목한 여섯 개의 중요한 옹호 지식과 기술을 습득하는 것 위주로 구성되어 있다. 이는 다음과 같다.

1. 관련된 문제들에 대한 지식
2. 이슈들을 보고하는 기술
3. 집단형성과 리더십기술
4. 전략 세우기
5. 의사결정가들을 위해 긍정적 · 부정적 결과 통제하기(예: 선출된 공직자에 대한 투표와 부정적인 미디어의 관심)
6. 구조적 변수들(선출된 공직자들의 회의안건과 같이 다양한 출처에서 중요한 정보 이용하기)

기술과 태도를 발전시키는 것과 더불어, WVLA는 집단옹호(collective advocacy)와 일관되게 집단과 수업에서 행동을 강화한다. 예를 들어, 강사는 토론에 대한 재조명과 옹호행동 강화를 통해 아카데미 참여자들이 환자나 클라이언트의 역할에서 벗어나 학생 혹은 옹호자로서의 역할로 전환하는 것을 돕는다.

WVLA는 아카데미, 웨스트버지니아 행동건강과 건강시설을 위한 사무국(West Virginia Bureau for Behavioral Health and Health Facilities) 그리고 주의 정신건강 옹호 단체와 협력해서 옹호활동의 연계를 제공하면서 두 번째 훈련 요소—습득된 지식과 기술 유지—의 목적을 달성한다. 이 활동의 예로, 졸업생들이 옹호사안들에 대해 보고하고 토론할 기회를 제공하는 전화회의를 주선하는 것이 있다. 졸업생들은 추가훈련과 발표할 기회가 제공되는 아카데미 연례회의와 주의 정신건강체계를 옹호하고 계획 · 감독하는 웨스트버지니아 정신건강계획위원회의 격년제 회의에 초대된다.

또한 졸업생들은 주 전역에서 소비자 단체에 참여하고 아카데미나 졸업생 스스로가 시작한 다양한 연계 활동에도 활발히 참여하도록 격려받는다. 연계 활동의 예로, 이슈 알리기, 서로 관계형성하기, 다양한 회의 참석하기가 있다(추가자료를 보려면 이 책의 끝에 제시한 '참고문헌'에서 Consumer Organization and Networking Technical Assistance Center 참조). WVLA는 375명 이상의 졸업생들을 배출했다. 서비스 이용자 조직 및 연계 기술지원센터(CONTAC) 서비스의 일환으로, WVLA는 전국적으로 정신건강서비스 이용자들을 조직하고 훈련시키는 것을 지원했다. 그러나 WVLA에 대한 공식적인 평가는 제공되지 않았다.

리더십아카데미: 노인

오클라호마 노년옹호 리더십아카데미(The Oklahoma Aging Advocacy Leadership Academy: OAALA)는 노인과 다른 관련 있는 사람들이 노인서비스와 프로그램을 옹호하는 것을 지원하기 위해 기술과 지식을 제공하는 주 전역에서 시행되는 훈련프로그램이다(Baker et al., 2001; 다음에서 설명하는 내용들은 이 참고서적을 요약한 것이다). 이 프로그램은 노인과 고령화 분야에 대한 옹호와 리더십기술훈련의 내용을 다루는 10주간의 주말 회기들로 구성되어 있다. 교육과정의 적절성을 확실히 하기 위해서, 프로그램 개발자들은 노인옹호자들과 관련 조직[예: 미국은퇴노인협회(AARP)와 고령화에 관한 주 자문의회(State Council on Aging)]의 회원들 및 지도자들과 초점집단을 진행하였다. 이 집단들은 프로그램의 주제 선정과 개발중인 교육과정 평가에 도움을 주었다. OAALA 참여자들은 은퇴자나 베이비부머 인구에서 동원되었다. 후자는 노인과 관련된 문제에 자주 대처하기 때문에(특히 간병인 역할에서) 동원되었다. 참여자들은 지원서, 자기소개서 그리고 추천서를 기반으로 선정되었다. 그러나 성별, 나이, 지역 그리고 고용의 형태 면에서 대표성을 갖는 참여자들을 뽑기 위한 노력 또한 이루어졌다.

아카데미의 교육방법은 노인학생의 욕구와 관심사를 고려한다. 일대일 교습은 간단하고 한계가 있다. 따라서 강사는 토론, 경험적 활동과 소집단활동, 그리고 습득한 기술과 지식을 응용하도록 고안된 과제를 강조한다. 예를 들어, 과제로써 고령과 관련된 주제의 개인자료 파일만들기와 정보수집하기, 참여자가 사회정책으로 만들어졌으면 하는 사안에 대해 연구하기, 그리고 관련된 사안에 대해 입법자에게 편지쓰기가 있다. 회기 동안, 참여자들은 자신들의 프로젝트를 발표하며, 비판적 사고 연습문제들을 마치고, 역할놀이 연습에 참여한다. 두 가지 교육과정—고령 관련 내용과 옹호기술훈련—의 내용들은 10회기에 걸쳐 다루어진다. 10회기의 기본 내용은 다음의 주제들과 관련이 있다. 훈련의 목적, 고령화와 관련된 사회문제들, 주 정부 법안, 사회변화 꾀하기, 노인의 건강과 안녕, 장기적 보호, 간병, 결정 내리기, 그리고 윤리, 다양성, 고령화와 미디어에 영향주기, 가정보호서비스, 그리고 이 모든 것을 종합해 보기 등이다. 옹호기술훈련은 의사소통, 로비활동, 변화를 위한 전략, 미디어 활용, 그리고 가정보호서비스 합의를 위해 협상하기에 대해 가르친다.

OAALA에서 교육한 65개의 옹호와 자원리더십(volunteer leadership)에 관한 내용을 참여자들이 얼마나 이해하였는지를 알아보기 위한 훈련전후의 자가평가결과를 보면, 훈련후 이 두 분야 모두에서 참여자들이 스스로 부여한 이해도의 점수가 현저히 증가하였다. 또한, 참여자들은 아카데미의 18가지 측면(예: 주제와 경험들의 발표와 적절성)에 대한 평가에서 높은 점수를 주었다(1~6점의 척도에서 평균 5.7점; 6 = 매우 훌륭함). 아카데미에 등록한 11개월 동안 참여자들은 다양한 옹호와 자원봉사 활동에 참여하였다. 예를 들어, 참여자들은 치과와 안과 서비스를 필요로 하는 노인을 위해 지역자원봉사조직을 설립하였고, 노인과 장애가 있는 사람들이 겪는 농촌지역의 교통문제를 다룬 비디오를 제작하고 주정부 산하 교통국과 다른 공무원들에게 이를 보여 주었다. 뿐만 아니라 노인 및 지역서비스 단체들이 무료 컴퓨터의 설치 및 소프트웨어를 구하도록 돕고, 판매세를 늘려서 지역사회 병원을 살리도록 조직화하였다.

여성 건강이슈: 유방암

미국유방암연대(National Breast Cancer Coalition: NBCC)의 직원은 유방암 운동가들이 유방암 관련 의학연구와 정책 의사결정에 참여할 수 있도록 이에 필요한 과학지식과 기술들을 가르치는 프로젝트 리드(Project LEAD)를 개발하였다(Dickersin et al., 2001). 이 프로젝트는 5일간 진행되며 1년에 4번 미국 전역의 여러 도시에서 제공된다. 또한 미국유방암연대에서 무료로 수업을 진행하고 수업자료와 식사를 제공한다. 이 조직은 자격요건이 되는 참여자들에게 여행경비도 제공해 준다. 참여자 선발은 개인의 유방암 관련 경험과 과학적 개념들을 배우고자 하는 의지, 그리고 수업에 열심히 참여할 의사와 유방암 연구와 정책과정에 관여할 다짐을 토대로 이루어진다.

리드 프로그램의 주된 주제는 ① 기초과학과 역학 개념 소개, ② 과학적인 문헌과 연구/프로그램 지원비 신청서에 대한 비판적 검토, ③ 유방암의 임상적 특성과 연구과정, ④ 연구결정에 참여하기 위한 옹호훈련, 그리고 ⑤ 연구관여를 위한 개인 행동방침 세우기 등이다. 참여자들은 매 회기마다 강의개관, 과제, 스터디 집단 질문들, 그리고 참고자료가 담긴 표준화된 수업자료를 받는다. 프로그램에서는 다양한 수업방식이 사용된다. 예를 들어, 과학교육에 초점을 둔 주제들로 저명한 과학자들이 대학수준의 강연을 한다. 이때 강사들은 사례들을 이용한 대화식의 토론방식으로 강의를 진행한다. 강의주제는 연구활동에 개입할 때와 관련 단체의 회원으로 활동할 때 필요한 행동적 전략을 포괄하며, 관련 옹호활동의 기회도 제공된다. 매 저녁마다 참여자들은 개별 혹은 조별 과제를 완성한다(예: 강의 자료 토론하기). 참여자들에게 연구윤리심의위원회(Institutional Review Board)나 연구지원비 검토과정에 참여하도록 준비시키기 위해서 조별로 성공적인 연구/프로그램 지원비 신청서를 검토하고 그들의 토론의 요점을 역할극을 통해 발표한다. 강사들과 다른 참여자들은 조원들에게 그들의 과학적 접근법, 문제해결기술 그리고 상호작용에 대해 피드백을 해 준다(Dickersin et al., 2001).

4년 간, 460명(백인 81.7%, 흑인 11.6%, 다른 인종/민족 집단 6.7%, 한 명을 제외하고 모두 여성)이 프로젝트 리드에 참여하였다. 수업 전과 후의 평가측정에서 참여자들의 기초과학 개념에 대한 이해가 향상되었고, 비판적 사고능력이 증진되었으며, 유방암에 관련된 질문들에 답하기 위해 다른 사람들(예: 친구)의 조언보다는 학계자료에 더 많이 의존하는 경향을 보였다. 또한 참여자들은 기초과학과 역학 개념을 다른 사람들에게 설명하는 능력에도 자신감을 얻었다. 비록 프로젝트 리드가 활동가들에게 과학현장에서 자신들의 옹호활동에 대한 다짐을 행동으로 옮기는 데 필요한 옹호훈련을 제공하긴 하지만 미유방암연대의 연간 옹호학회(Annual Adovacy Conference)는 구체적으로 활동가들의 훈련에 더 초점을 둔다(Dickersin et al., 2001; 학회에 대한 정보는 '참고문헌' 에서 National Breast Cancer Coalition 참조).

유방암 옹호활동가들을 위한 프로젝트 리드와 흡사한 훈련프로그램은 캐나다와 일부 유럽 국가 그리고 호주에서도 개발되었다. 호주의 한 프로그램을 연구자들이 평가하였는데(Davis, Salo, & Redman, 2001), 이 프로그램의 주요 목표는 여성이 유방암과 관련된 결정이 내려지는 다양한 포럼에 참여하도록 그들을 임파워시키는 것이다. 이 프로그램은 역할놀이, 비판적으로 연구 검토하기 그리고 지역의 정치인 인터뷰하기의 기법을 사용하는 3일간의 과학 및 옹호 훈련으로 이루어져 있다. 여성들은 연구, 의사결정하기(정부, 과학 커뮤니티, 산업 분야에서), 유방암에 대한 의식 높이기, 관련 위원회에서 활동하기, 정책변화를 위해 로비활동하기, 공개연설에 참여하기, 미디어에 투고하기 그리고 연계하기에 관한 기술들을 배운다.

호주 세 개 주에서 시행된 프로그램에 참여한 51명의 여성들(84.3%는 유방암 생존자들이였고 대부분 대학교육을 받음)이 평가연구에 참여하였다. 훈련 전후의 평가에서 프로그램 참여 후, 참여자들의 유방암 옹호활동과 옹호단체에의 참여가 크게 증가하였음을 보여 주었다. 옹호활동으로는 이사회나 위원회 회원으로 봉사하기, 임상실험에서 실험참여자 동원과 관련된 문제점들에 대해 다루기, 환자들을 위한 자원 증진하기(예: 지지모임이나 환자옹호 프로그램 만들기) 그리고 유방암 옹호집단에 참여하기가 있다. 훈련 후, 참여자들은 유방암 문제들과 관련된 옹호에 관여하는 데 있어서 자격을 갖추었다는 느낌을 많이 받았다고 보고하였다. 그러나 연구자들은 다른 옹호 분야, 예를 들어 변화를 위한 로비활동, 탄원서 돌리기, 연구절차 검토하기, 편집자에게 편지쓰기 또는 주요 유방암 조직에 개입하기와 같은 분야에서는 달라진 점을 찾지 못했다고 보고하였다.

실천과 연구를 위한 분석과 비판

종종 다른 교육 기법들과 복합요소적인 프로그램들로 통합되는 이 장에서 설명된 인지행동개입들은 개인적 · 집단적 권리 옹호, 지역사회와 조직적 실천의 향상 그리고 그들의 삶에 영향을 미치는 거시적 의사결정에의 적극적인 참여를 통해서 취약계층 인구들을 임파워시킨다. 인지행동개입들로써 문제해결훈련과 강화도 포함되지만, 주로 기술의 구체화, 교육, 예시와 연습, 리허설, 강화제, 피드백 및 과제들을 적용하는 사회기술훈련이 사용된다. 프로그램을 통해 얻은 개선을 촉진하고 유지하기 위한 전략들도 사용된다. 개입법들과 복합요소적인 프로그램들의 평가연구는 이러한 개입들이 신체, 발달 장애, 정신장애가 있는 개인, 저소득층, 노인, 유방암 병력을 가진 여성 그리고 그 밖의 관련자들의 지식을 향상시키고 옹호와 정치적 기술들을 증진시킬 수 있다고 시사한다.

이러한 많은 개입들은 취약집단(그리고 중요한 타인들)들이 거시적 의사결정에 영향을 끼치기 위한 지식과 기술을 습득하고, 자신의 권리를 옹호하며, 기관과 지역사회 서비스와 실천들이 그들의 욕구에 더 반응하도록 도전하기를 열망하는 그 어떤 환경에서라도 일하고 있는 사회복지사, 지역사회조직가, 교육자 또는 다른 원조전문가들에 의해 사용될 수 있다. 재활, 건강, 정신건강, 교육, 아동복지 분야, 지역사회 행동 기관들, 그리고 노년층을 위한 서비스가 그 현장이 될 수 있다. 물론, 정책형성 동반자(PPM), 리더십아카데미 및 프로젝트 리드와 같은 정부 및 재단 후원프로그램들을 개발하고 시행하려면 많은 재정적 자원이 필요하다. 사회복지사들은 이미 현존하는 프로그램들의 이용이 가능하다면 적절한 의뢰(referral)를 통해 프로그램의 혜택을 취약계층들에게 제공할 수 있을 것이다. 사회정책이나 이와 관련된 행정적 위치에 있는 사회복지사 역시 이 장의 내용의 적절성을 발견할 것이다. 사회복지사는 주정부와 연방정부가 취약계층의 리더십과 정치적 기술을 발전시킬 수 있는 프로그램들을 지원하는데 영향력을 행사하거나 그들 자신의 기관에서 비슷한 프로그램들을 조성할 수 있는 독특한 지위에 있다.

효과성과 추가적 적용

앞서 논의한 인지행동개입들의 평가연구는 방법론 측면에서 엄격하지 않았다. 오로지 한 연구만이 참여자들을 개입집단과 비교집단에 무선할당하였다. 연구자들은 대부분의 경우 복수기초선설계와 사전-사후 실험설계를 도입하였다. 연구자들은 단지 참여자들에게 프로그램의 효과성에 대해 점수를 매기고(예: 프로그램이 어느 정도 그들의 옹호기술을 향상시켰는지) 훈련종료 후 그들의 옹호 및 정치적 활동에 대해 보고해 달라고 요청하는 방식으로 여러 복합요소적인 프로그램을 평가하였다. 기초선 측정이나 비교집단은 사용되지 않았다. 조금 더 복잡한 복합요소적인 프로그램들에서는, 인지행동개입들이 다른 교육 접근방법들과 함께 사용되었다. 이러한 연구설계의 한계점을 감안했을 때, 프로그램들이나 특정 인지행동개입법이 어느 정도 참여자들의 지식과 기술들을 향상시킬 수 있는지와 거시적 의사결정과 실천에 영향력을 행사하기 위한 시도를 했는지는 알 수 없다. 옹호와 정치적 활동의 개입이 실제로 거시적 차원의 변화로 이어지는지를 증명하는 것은 더욱더 어렵다.

개입들과 프로그램들이 설정된 목표를 달성하는 데 효과적이라 할지라도, 어떤 취약계층 집단과 개인이 이로부터 이득을 취할 수 있는지가 불명확하다. 이는 특히 프로그램 참여 전에 이루어진 자기선택적 참여(self-selection)와 (혹은) 자격심사로 인해 더욱 그러하다. 다양한 참여자들을(예: 다른 사회경제적 지위, 다른 인종/민족) 동원하기 위한 노력이 가끔씩 이루어졌으나 참여자들의 배경은 대체적으로 비슷했다. 많은 개입에서 참여자들은 훈련에 참가하기 이전에도 옹호와 다른 지역사회와 정책 관련 사안들에 있어서 활발히 활동하고 있었다. 조금 더 포괄적인 프로그램들의 경우[예: 프로젝트 리드, 주 정부 정책형성 동반자(PPM) 프로그램들, OAALA], 참여자들은 옹호에 대한 책임감, 동기, 그리고 프로그램에서 교육하는 지식과 기술을 습득하고 활용할 수 있는 다른 개인적 자원과 같은 여러 가지 기준에 의해 자격요건 심사를 받았다. 효과적인 편지쓰기와 개인적 증언에 필요한 기술들을 가르치는 매뉴얼 같이 인지적 능력이 덜 요구되는 훈련자료를 사용할 때도 약간의 읽고 쓰고 그리고/혹은 설득력 있게 말하기의 능력이 요구되었다. 중증의 신체적 · 인지적 장애가 있는 개인들, 차도가 없는 중증의 정신질환, 그리고 영어를 사용하지 않는 사람들과 같은 많은 취약계층 집단은 아마도 이러한 개입법들로부터 혜택을 받을 수 없거나 추가적 도움을 받아야 할 것이다.

이러한 한계에도 불구하고, 개입들과 프로그램들은 실천가에게 클라이언트가 거시적 의사결정에 더 활발히 영향력을 행사할 수 있도록 도울 수 있는 특별한 기회를 마련해 준다. 실천가는 클라이언트가 자신이 받고 있는 서비스의 종류와 자신의 삶에 영향을 끼치는 다른 지역사회와 사회정책 결정에 적극적으로 개입할 수 있는 능력을 증진시킬 지식과 기술을 가르칠 수 있다. 또한 인지행동개입들과 프로그램들의 기존 평가 연구는 연구자들이 앞으로 이에 대한 더욱 엄격한 평가 연구를 시행해야 함을 보여 준다.

또한 실천가는 같은 취약집단이 다른 분야에서 거시적 의사결정에 영향력을 행사하도록 돕거나 다른 취약집단이 자신의 삶에 영향을 끼치는 문제들을 찾아내고 거시적 변화를 옹호하도록 돕기 위해 이 장에서 설명된 개입들을 사용할 수 있다. 연구자 역시 추가적인 인지행동개입들과 프로그램들을 고안하고 평가할 많은 기회를 가진다. 다른 분야에는 복지개혁(welfare reform)과 저소득층을 위한 다른 정부프로그램들, 동등한 임금, 고용과 승진 차별, 출산휴가 그리고 직장 내 여성희롱 등이 포함될 수 있다. 연구자들은 소수 인종/민족의 사람들, 동성애/양성애자들 그리고 최근의 이민자들과 같은 다른 취약집단이 자신의 집단 권리를 옹호하고, 그들의 삶에 영향을 주는 거시적 결정과 실천에 영향을 끼치는 데 도움을 줄 수 있는 인지행동 프로그램들을 개발하고 평가할 수 있을 것이다. 집단의 권리와 거시적 정책 및 실천은 이민, 취업과 주거의 차별, 다른 종류의 차별, 아동복지체계의 개입, 높은 수준의 교육과 건강 서비스 이용, 안전하고 인간적인 근로환경, 그리고 AIDS 치료와 관련된 것과 같은 건강문제들과 관련될 수도 있다.

자유와 통제 그리고 사회정의

이 장에서 논의한 인지행동개입들과 복합요소적인 프로그램들의 궁극적인 목표, 즉 취약계층의 삶에 영향을 미치는 조직적 및 지역사회 실천 그리고 사회정책에 영향력을 행사하는 것은 개인의 자유와 통제의 증진과 직접적인 연관을 가진다. 이 목표들은 사회정의와 사회복지전문직의 사명인, 모든 사람이 적절한 정보에 접근하고 자신들의 삶에 영향을 끼칠 수 있는 결정에 적극적으로 참여하는 것을 보장하는 것과도 일치한다.

이 장에서 논의한 개입들의 표준화의 정도는 다르나, 실천가와 연구자들은 개인의 의견과 통제를 증진시키기 위해서 개입들에 사용된 기법들을 표준화된 개입과정에서 사용할 수 있다. 예를 들어, 자기 진도에 맞추는 자조안내서는 옹호편지와 개인적 증언을 할 때 '행동을 도와줄 보조기구'로 사용될 수 있다. 이 안내서 개발시 연구자들은 특정 내용을 가르치는 것과 우려가 되는 특정 문제를 선정하는 것을 자제하고(예: 개인이 무슨 말을 해야 할지 알려 주는 것) 효과적인 방식과 구성을 촉진시킬 수 있는 전략들을 사용하였다. 이 장에서 논의한 다른 개입들과 프로그램들 또한 개입과정 중과 종료 후에 참여자들에게 선택의 기회와 자신들의 목표를 설정할 기회를 제공함으로써 개인의 자유와 통제를 증진시켰다. 예를 들어, 옹호집단들이 문제해결, 리더십, 의사결정, 편지쓰기, 공공 연설하기와 같은 특정 기술을 배운 후, 이 기술들을 집단과 구성원들이 선정한 문제에 적용할 수 있을 것이다. 끝으로, 이 장에서 논의한 더 포괄적인 프로그램들은 참여자 자신들의 관심사 및 목표를 반영하는 숙제와 프로젝트를 선택하도록 촉진하는 전략들을 사용했다.

사회적 타당성

사회적으로 적절한 목표와 결과

인지행동개입과 복합요소적인 프로그램의 개발자들은 다양한 방법으로 연구결과의 사회적 타당성을 확립하였다. 개인과 집단의 권리옹호와 거시적 의사결정에의 참여라는 궁극적 목표는 사회적 그리고 지역사회 집단(예: 자립생활운동)의 가치와 일치한다. 참여자들이 어떤 사안들과 어느 행정단위(예: 지역, 주, 또는 전국)의 개입에 자신들의 옹호활동의 중점을 둘지를 결정하기 때문에 개입과 프로그램의 궁극적인 목표들은 참여자들의 관점에서 중요하고, 바람직하며, 수용될 만한 것이어야 한다. 변화를 위해 중요한 성과물로 확인된 옹호와 정치적 기술 및 지식의 사회적 적절성을 보장하기 위한 조치도 취해졌다. 이러한 조치들은 기존의 연구, 해당 분야의 전문가 및 옹호집단들을 대상으로 한 설문조사와 공개포럼에서의 실제 증언의 관찰을 통해 선정되었다.

상당수의 평가연구는 개입들이 참여자들의 도구적 유형의 목표를 성취하도록 했는지만 판단하였다. 이 목표들에는 문제해결, 집단 의사결정, 공개 연설, 증언, 편지쓰기 및 기타 다른 옹호행동들, 그리고 집단에 참석하기와 같은 지식과 기술을 증진시키는 것이 해당된다. 반면, 지식, 기술, 그리고 집단참석률 및 집단 진행과정의 향상이 거시적 의사결정 참여 혹은 실천에 영향력을 행사하는 데 있어 의미 있는 개입으로 이어졌는지는 확인되지 않았기 때문에 이 개입들의 결과에 대한 사회적 타당성에는 한계가 있다.

다른 평가연구들은 거시적 의사결정 내리기와 관련된 활동들(예: 공직자들 접촉하기와 미디어에 출연하기)과 개입들의 목표들과 일관된 기관, 위원회 그리고 집단에의 관여가 개입프로그램 참여 이후에 증가하였음을 보여 주었다. 그러나 이 평가들은 옹호활동의 증가가 옹호집단들이나 참여자들의 성공적인 목표 달성으로 이어졌는지에 대해서는 거의 측정하지 않았다. 사회적으로 더 적절한 결과의 예로 발카사르 등(Balcazar et al., 1990)의 평가결과를 들 수 있다. 연구자들은 장애옹호집단의 집단진행과정이 개입을 통해 향상된 후에 옹호활동들과 이 활동들의 긍정적인 결과(예: 휠체어가 다닐 수 있게끔 시내 한 곳의 도로에 다듬은 경계석을 늘리는 것)가 증진되었음을 보여 주었다.

또한 인지행동개입과 복합요소적인 프로그램의 평가들은 연구방법과 개입을 통해 획득한 개선이 참여자들에게, 또는 기술들이 사용될 현장에서 의미 있고 적절한가에 관한 측정의 정도에 있어 각기 달랐다. 어떤 평가는 지식의 변화(예: 기초과학 개념들과 옹호쟁점들)를 참여자들의 자기보고나 설문조사를 사용해서 평가하였으나 평가된 변화가 의미가 있었는지를 판단하는 데에는 기준을 제시하지 않았다. 다른 평가연구들은 실천가와 연구자들이 개입결과의 사회적 타당성을 결정하는 데 사용할 수 있는 방법에 대해 제안한다. 공공행정가, 이전 시장 그리고 자립생활센터 이사회 회장과 같은 전문가 평가단이 공개 증언과 공직자에게 편지쓰기와 같은 옹호행동들의 전반적인 질과 영향력 정도에 대해 평가할 수 있다. 전문가 평가와 참여자가 보여 준 목표행동들(예: 공개 증언하기)의 비율의 상관관계를 확립하는 것은 사회적으로 타당한 개입의 결과를 보여 줄 수 있는 또 다른 방법이다. 저소득층을 위한 정책위원회 회의에서 사용된 문제해결기술을 평가하는 것과 같이 자연적인 환경에서 목표 기술들을 수행하는 것을 관찰할 수도 있다. 연구자들은 또한 참여자에게 자신의 태도(예: 특정 지식과 기술을 적용함에 있어서의 자신감), 프로그램의 효과성(예: 자기옹호기술의 향상) 그리고 훈련의 중요성에 관한 평가를 요청함으로써 개입을 통한 개선내용이 참여자의 관점에서 의미가 있는지, 적절한지 그리고 중요한지 평가할 수 있을 것이다.

참여자에게 다양한 옹호행동에 가담하는 것에 대한 가능한 긍정적 · 부정적 결과들에 대해 공지하는 것에 관한 예는 장애를 지닌 개인이 옹호활동과 관련된 목표 달성을 돕기 위해 준비된 매뉴얼들에 나와 있다. 그러나 이 장에서 언급된 개입들의 평가연구들은 부정적인 결과가 옹호와 정치적인 행동에서 비롯되었는지에 대해서는 거의 보고하고 있지 않다. 예를 들어, 개인의 인생사를 얘기한 후 수치심을 느낄 수 있다. 개입의 부정적 그리고 예기치 못한 결과를 평가하는 것은 개입의 사회적 타당성 평가에 중요한 부분이다. 더불어, 이러한 평가는 다른 중요한 함의를 가지고 있다. 실천가들과 연구자들은 클라이언트와 참여자들이 이러한 결과를 예측하고 계획할 때 이러한 정보를 이용하여 개입의 효과를 유지하도록 도움을 줄 수 있다.

사회적으로 적절한 개입절차

이 장에서 소개된 개입들과 복합요소적인 프로그램 내용의 사회적 타당성을 확립하려는 노력은 다양했다. 어떤 프로그램은 동기와 옹호활동에 대한 전념과 같은 특정 기준에 의해 사람들을 선별했으나 그 어떤 개입에서도 개인의 기능적 평가는 하지 않았다. 기능적 평가를 통해 참여자들이 이미 소유한 기술들을 수행하는 데 방해가 될 수 있는 개입참여 유지의 선행조건(예: 시간, 교통수단, 다양한 장애로 인한 한계점들, 그리고 문화적 가치)과 결과(예: 타인의 혐오적인 반응)를 가려낼 수 있었을 것이다. 이러한 평가결과들은 추가적으로 적절한 개입이 필요한지 알려 줄 수 있을 것이다. 그러나 연구자들은 자조 및 옹호 집단들이 효과적으로 기능하는 것을 돕기 위한 개입들을 개발하기 전에 이 집단들의 진행과정을 평가하였다. 문제해결능력의 부족, 분열, 결정을 내릴 능력의 부재, 행동 실행력의 부족 그리고 조직의 내부문제에 초점을 두는 것과 같은 문제들을 평가하였고 이에 근거하여 이러한 유지조건들을 변화시킬 적절한 기술들을 찾아냈다.

기능적 평가를 작성하는 것 이외에 실천가와 연구자들은 자신들의 개입의 사회적 타당성을 향상시키기 위해서 이 장에서 논의된 다른 방법들을 적용할 수도 있다. 예를 들어, 특정 주제의 전문가들(예: 과학 교육)이 프로그램의 해당 내용을 가르칠 수 있을 것이다. 또한 최근의 문헌들이 적절한 대응법, 연습 그리고 예제들을 결정하기 위해 조사될 수 있다. 효과적인 옹호편지에 사용할 사회적으로 적절한 내용은 비슷한 문제를(예: 장애) 가진 다른 사람들이 쓴 옹호편지들을 검토함으로써 찾아낼 수 있을 것이다. 해당 분야(예: 노령화)의 옹호가와 지도자들이 교육과정의 계획과 평가에 참여할 수도 있다. 다양한 관련 사람들로 구성된 팀(예: 정신건강전문가, 서비스 이용자, 가족, 미국 원주민)은 특정 사안(예: 정신건강)의 옹호에 관심이 있는 참여자에게 적합한 내용의 워크북을 제공하기 위해서 워크북 평가와 수정 작업에 도움을 줄 수 있다. 마지막으로, 연구자와 실천가들은 개입종료 후 참여자에게 전반적인 프로그램의 질과 내용 면에서의 만족도와 행복감에 대해 평가해 달라고 요청함으로써 훈련과정의 수용성과 유연성에 대해 평가할 수 있을 것이다.

문제해결, 공개 연설, 증언, 편지쓰기 그리고 집단 의사결정과 같은 옹호 지식과 기술을 가르치고, 집단참석률을 높이기 위한 많은 인지행동개입들이 인지행동방법들을 훈련받은 실천가에 의해 다양한 현장에서 사용될 수 있을 것이다. 개입매뉴얼의 도움을 받을 경우 더 실행가능할 수 있다. 일부 현장에서는 복합요소적인 프로그램에서 몇 가지의 개입들을 활용하는 것이 실용적이고 가능할지 모르지만 전반적인 프로그램의 관리는 시간, 노력, 전문적인 자원(예: 과학적 지식)을 요구하며, 정부나 다른 종류의 재정지원이 항상 가능하지 않을 수 있다.

아울러, 실천가들과 연구자들은 이 장에서 논의된 개입들과 복합요소적인 프로그램들에서 사용된 편의증진과 조정방법에 대해서도 배울 수 있다. 이는 공개연설기술을 가르칠 때 참여자들의 교육수준을 고려해서 문서화된 지시 대신 구두지시를 사용하는 방법과 문서화된 자료들을 고등학교 읽기수준에 맞추는 방법이 포함된다. 또한 프로젝트 리드와 같은 프로그램들은 무상으로 훈련을 제공하고 자격을 충족시키는 참여자들에게는 여행경비를 지원해 주며, 일리노이의 정책형성 동반자(PPM) 프로그램은 발달장애가 있는 개인들에게 지원서비스를 제공하였다. 이러한 서비스에는 의제와 훈련 회기의 내용검토와 토론, 질문에 답하기 그리고 과제에 도움제공하기가 포함된다. 나이 많은 학습자를 위한 편의증진으로는 간략하고 한정된 교훈적인 교육과 경험적이고 활동적인 학습활동에 초점을 두는 것을 포함한다.

유지와 일반화

이 장에서 소개된 많은 개입들과 복합요소적인 프로그램의 평가연구들은 특정 기술, 지식 혹은 옹호활동과 같은 개입을 통해 얻은 개선이 공식적인 개입이 종료된 후 유지되었는지 보여 주는 데 실패하였다. 한 평가연구에서는 훈련종료 6개월 후에 집단 문제해결능력을 평가하였는데, 일부 참여자들만이 높은 수준에서 이 능력을 유지하고 있었다. 다른 연구들은 개입종료 5~6개월 사이에 자연적인 환경에서(예: 조직 및 지역사회의 실천과 사회정책에 영향을 줄 수 있는 옹호 관련 활동에 개입하기) 습득한 기술들이 유지되고 전이될 수 있는지 평가하였다. 한 연구(White et al., 1997)는 참여자들이 6개월 후 실시된 후속평가에서 옹호편지를 전혀 쓰지 않았다고 보고하고 있으나, 이러한 결과에 대한 가능한 이유에 대해서는 밝히지 못했다.

실천가와 연구자들은 정책형성 동반자(PPM) 프로그램과 리더십아카데미 참여자들이 습득한 기술이 어떤 이유에서 자신들의 삶이나 지속적인 옹호활동으로 전이되지 못했는지에 대해 연구할 수 있을 것이다. 옹호활동에 관여하거나 지속적으로 참여하는 데 장애물로 작용하는 것들로는 시간, 비용, 개인사를 밝히는 데서 오는 부정적 감정들, 질병, 개인적 혹은 가족의 위기상황, 학교 입학, 새로운 직장으로의 출근 그리고 이사가 있다. 이는 옹호개입을 가르치는 실천가들과 관련 프로그램을 개발하는 연구자들이 그러한 조건을 참여자들이 찾아내고 다룸으로써, 옹호활동을 자연적 환경으로 옮기고 지속시킬 수 있도록 도울 수 있음을 시사하고 있다.

이 장에서 논의된 복합요소적인 프로그램들은 프로그램 졸업생들에게 지속적인 강화제, 촉진, 옹호기술을 연습할 기회, 그리고 그들의 기술을 유지·발전시키기 위한 추가훈련이 필요하다는 것을 보여 준다. 실천가와 미래의 옹호프로그램 기획자들은 이러한 전략들을 채택할 수 있을 것이다. 예를 들어, 프로그램 졸업생은 새로운 참여자들에게 오리엔테이션을 제공하고 지역 옹호집단의 활동과 우려사항에 대해 토론할 수 있는 후속 회기에 초대된다. 졸업생에게는 고급훈련에 참여할 기회도 제공된다. 습득된 지식과 기술을 사용하도록 촉진하고 강화하는 지지적인 옹호 연계를 확립하는 것은 훈련에서 얻은 수확을 유지시켜 줄 수도 있다. 이에 해당하는 예로서, 전화회의, 연간 학회, 다른 졸업생들로부터의 지속적인 격려, 그리고 새로운 이슈 경보(alerts)와 입법 관련 자료 발송 등이 있다. 또한 발카사르 등(Balcazar et al.,1996)이 과거 일리노이 주 정책형성 동반자(PPM) 프로그램 참여자들과 수행한 평가는 지속적인 옹호 관련 행동의 참여와 적절한 성과의 달성에 있어서 사회적 지지와 사회변화에 대한 지식의 중요성을 설명해 준다.

이 장과 앞의 9개 장은 취약계층이 사회적 자원을 증진시키고 이용하며, 경제적 자원을 확보하고, 자기결정권을 증진시키며, 조직, 지역사회 및 사회정책에 영향력을 행사하는 네 가지 주요 목표를 달성하도록 도움으로써 그들을 임파워시키는 인지행동개입들에 대해 설명하고 평가하였다. 다음의 마지막 장은 개입을 다룬 이전 장들에서 논의된 개입들의 효과성에 대해 간략히 언급하고, 임파워먼트와 인지행동개입의 일관성에 대해 논의한 후, 실천과 후속연구를 위한 방향을 제시하고자 한다.

요약, 실천적 함의 및 향후 연구

앞의 열 개 장에서도 제안하였듯이, 인지행동개입들은 취약계층이 임파워먼트 관점과 일관되는 네 가지의 광범위한 목표를 달성하도록 돕는 데 사용될 수 있다. 이 마지막 장에서는, 앞서 논의한 개입들을 요약하고 추가적용을 위한 제언을 하고자 한다. 개인의 자유와 통제, 사회정의 그리고 사회적 타당성의 문제들을 포함해서, 인지행동방법과 임파워먼트의 일관성에 대해 다시 한번 고찰한다. 또한 각 절에서는 취약계층이 임파워먼트 관련 목표들을 이룰 수 있게 돕는 인지행동개입에 대한 실천과 향후 연구에 대한 제안을 한다. 그리고 맺음말로 이 장을 마무리한다.

효과성과 추가적 적용

앞의 장들에서 설명된 인지행동개입들에 대한 여러 평가연구에서 개입들이 인종/민족 소수자들, 성 소수자들, 빈곤자, 노인, 여성, 그리고 정신건강의 문제, 발달장애, 학습장애 그리고 감각 장애가 있는 개인들을 포함한 취약계층의 임파워먼트 목표 달성을 도울 수 있다는 증거에 있어 상당한 차이를 보였다. 이러한 목표들에는 ① 사회적 상호작용과 우정, 여가 및 레크리에이션 활동 그리고 안녕(well-being)증진을 위한 지원과 같은 사회적 자원의 이용과 증진, ② 고용과 공공 및 민간 정보를 통한 경제적 자원의 확보 및 유지와 증진, ③ 개인 의사결정과정에 있어서 통제의 증진과 더 많은 의견의 제안, 일상적인 결정과 장기적 결정을 내리는 데 있어서의 선택권 확대, 그리고 법적 및 개인적 권리의 확보를 통한 자기결정권 증진, ④ 취약집단의 삶에 영향을 미치는 사회정책과 조직 및 지역사회 실천에 영향력 행사 등이 있다.

기술훈련, 사회기술훈련, 촉진, 강화, 물리적 · 사회적 환경을 풍요롭게 하고 변화시키기, 인지재구조화, 문제해결하기, 그리고 자기기록, 자기지시, 자기점검, 및 자기강화와 같은 여러 가지 자기관리전략들을 포함한 다양한 인지행동개입들이 사용되었다. 어떤 인지행동 적용은 몇 가지 간단한 절차를 요하는 반면, 다른 적용에서는 다양한 개입을 표준화된 매뉴얼이나 훈련모듈과 함께 시행하는 복합요소적인 프로그램에 통합시키고 있다. 비록 많은 개입들과 프로그램들이 인지행동기법들만 다루고 있지만, 일부 복합요소적인 프로그램들은 이와 함께 다른 교육적 기법들을 함께 사용하기도 한다(예: 제13장).

앞서 필자가 언급했듯이, 인지행동개입들을 평가한 연구의 질적 수준에는 차이가 있으나 대부분 단일사례설계, 복수기초선설계 그리고 사전－사후평가설계에 의존하였다. 상대적으로 적은 개입들이 참여자들을 인지행동개입집단이나 통제 혹은 다른 개입집단으로 무선할당하는 실험설계를 통해 평가되었다. 또한 개입에 대한 연구평과결과에서 개입대상이 궁극적인 변화를 보였다고 해서(예: 외로움, 고용 상태의 변화) 이러한 변화들이 향상된 사회적 기술 혹은 직장 면접기술과 같은 도구적 목표달성의 결과였는지에 대한 공식적 고찰은 드물다. 뿐만 아니라, 참여자들은 개입들을 통해서 동등한 혜택을 받지 못했고, 심지어 몇 명의 클라이언트들은 결과측정에서 부정적 결과를 보였다. 끝으로, 인지행동개입에 대한 평가연구들은 특정 클라이언트가 특정 결과를 얻기 위한 가장 효과적인 개입이 무엇인지에 대한 결론을 내리지 못했다. 이 책에서 소개한 대다수의 개입 평가에 대한 연구설계의 한계점을 감안한다면, 후속연구 없이 개입들이 특정 결과를 얻는 데 있어서 효과적이었는지, 또한 다른 방법들보다 더 효과적인지에 대한 결론을 내릴 수 없다.

앞 장들에서 설명한 개입들은 성별, 저소득, 인종/민족 혹은 장애와 같이 공통된 특성을 가진 개인들이 특정 목표를 이룰 수 있도록 고안되었기 때문에 선정되었다. 그러나 연구결과가 비슷한 특성을 가진 다른 사람들에게도 적용될지의 여부는 불확실하다. 이는 그 어떤 평가연구도 참여자격 요건을 충족시키는 인구집단에서 연구참여자들을 무선할당하지 않았기 때문이다. 참여자들은 스스로 의뢰하였거나 기관의 직원, 교육자 혹은 의미 있는 타인들로부터 의뢰되었다. 어떤 면에서는 비슷한 특성들(예: 정신 혹은 신체 장애)이 있으나 다른 측면에서는 특성이 다른(예: 인종/민족) 참여자들을 포함시킨 연구들에서 연구자들은 개입들이 모든 참여자들에게 동등하게 효과적이었는지 알아내지 못했다. 특정 수준의 의사소통능력이나 학교참석률이 뛰어난 참여자들만 연구에 포함시키는 것과 같은 선별과정 또한 공통된 취약점을 가진 클라이언트들을 위한 개입활용을 결정하는 데 어려움을 준다.

서로 다른 취약점들을 가졌으나 비슷한 목표달성을 위해 분투하는 개인들에게 개입이 적용 가능한지를 결정짓는 것은 후속연구를 통해서 이루어져야 한다. 개인 및 지역사회의 목표와 사회정책적 목표를 달성하기 위한 지식과 자기옹호기술들을 가르치는 개입의 경우 확실히 특정 집단들(중증 인지장애가 있는 사람들)에게 적용될 수 없다. 여기에서 언급된 개입들은 또한 취약계층 클라이언트에게 닥친 복잡하고 복합적인 문제들을 해결할 수 있는 만병통치약이 아니다. 중증 정신장애가 있는 클라이언트에게 약물적 개입이 필요한 것과 같이 상당수의 클라이언트들은 부가적인 지원을 요한다.

비록 개입의 효과성에 대해서는 결론에 도달하지 못했지만, 사회복지사와 그 밖의 전문가들은 취약계층 클라이언트들이 이 책에서 지적된 임파워먼트 목표를 달성하도록 돕는 데 있어 개입의 유용성을 발견할 수 있을 것이다. 다양한 현장에서 다른 취약계층 클라이언트를 위한 개입적용에 관한 추가적 제안은 각 장의 마지막 '요약'부분에 나와 있다. 실천가는 개입의 효과성을 입증하는 증거, 대안적인 개입의 증거자료, 그리고 개입의 잠재적 이득과 위험에 대한 설명과 함께 이 개입들을 개인이나 집단이 상호 간에 설정한 목표를 달성하기 위한 방법으로 제공할 수 있다. 참여자들이 이전에 기술된 개입들에 동등하게 반응하지 않았다는 점은 두 가지 중요한 실천적 함의를 시사한다. 첫째, 실천가는 계획된 개입들의 적절성을 결정하기 위해 개입 전에 개인기능평가를 시행해야 한다. 둘째, 클라이언트의 목표 달성 여부를 판단하기 위해서 지속적인 평가가 이루어져야 한다. 클라이언트에게 정보에 근거한 선택권을 제안하는 것, 개인평가를 시행하는 것, 그리고 목표달성을 평가하는 것은 모두 임파워먼트 관점과 일치한다.

이 책에서 기술한 인지행동개입들을 평가한 연구의 질적수준은 연구자들이 더욱 강화된 평가를 할 기회가 있음을 시사한다. 취약계층 인구를 위해 그들이 가진 비슷한 목표들을 달성하기 위해 지금까지 개발·평가되지 않은 현재의 개입들을 개발하고 평가할 기회도 있다. 각 장의 마지막 '요약' 부분은 이러한 적용에 대한 제안을 하고 있다. 다른 분야의 연구 또한 취약한 클라이언트들을 위한 인지행동개입들의 효과성을 증진시킬 수 있다. 이에 해당하는 것으로 참여자들의 목표달성의 실패나 결과측정 시 나타난 저하(deterioration)에 대한 원인을 알아내고 이를 더욱 효과적인 개입을 개발하는데 사용하는 것이다. 신체장애와 같은 비슷한 특성들을 공유하는 표본들 안에서 목표달성의 다른 특성들(예: 성별, 성정체성, 그리고 인종/민족)의 영향을 평가하는 것 또한 더욱 효과적인 개입을 개발하는 데 도움이 될 수 있다. 특정 기술(예: 사회적 기술, 옹호기술)의 습득과 궁극적인 목표달성(예: 우정을 쌓거나 개인의 법적 권리를 보호하는 것)의 관련여부를 밝혀내는 것 또한 중요한 연구분야다. 끝으로, 이상적인 개입회기의 강도와 시간을 조사하고, 타당하고 신뢰할 수 있는 평가도구를 개발하며, 복합개입 프로그램의 필수요소들과 특정 취약집단들을 위한 편의증진을 알아내는 것은 취약계층 인구를 임파워시킬 수 있는 인지행동개입들을 개발하는 데 있어서 중요한 공헌을 할 것이다.

또한 이 책에서 소개한 개입들의 범위와 깊이는 취약집단들의 임파워먼트를 위한 후속 인지행동개입의 개발과 평가를 위해 힘써야 할 부분들에 대해 강조한다. 예를 들어, 제2부에서 기술된, 취약계층이 사회적 자원을 이용하고 증가시키는 것을 돕는 개입들은 상대적으로 많이 있다. 그러나 제13장에서 논의된 취약계층집단들이 조직, 지역 및 사회정책에 영향력을 행사하는 것을 돕는 인지행동방법들의 상대적 부재는 이러한 분야에서의 개입의 적용이 미비함을 보여 준다. 또한 다른 분야(예: 교육학, 심리학, 지역사회 심리학, 정신의학)의 연구자들에 비해서 사회복지연구자들은 개입을 논하는 여러 장에서 이러한 내용이 부재하거나 잘 드러나지 않고 있다. 이는 취약계층의 개인적 통제, 그들의 법적 권리의 옹호, 그리고 그들의 삶에 영향을 미치는 거시적 의사결정에의 참여를 논하는 장들에서 특히 그러하다. 이러한 결과를 가져오는 인지행동개입 적용에 관한 사회복지연구의 부재에 따라 일부 사회복지학자들이 인지행동개입이 정치적으로 보수적이라는 결론을 내리는 것으로 추측된다. 즉, 인지행동개입들은 개인과 집단이 사회적 상황의 변화를 꾀할 수 있도록 지원하기보다는 반응하지 않거나 불공정한 환경에의 적응만 돕는다는 것이다. 그러나 이 책에서 기술된 개입들은 취약계층 집단들이 사회경제적 자원을 이용하는 것뿐만 아니라 자신들의 목표들을 달성하고 개인적 · 법적 권리를 확보하고, 또 그들의 욕구에 부당하거나 반응하지 않는 환경을 변화시키기 위해 연구자들이 인지행동방법들을 개발하고 실천가들이 이를 사용할 수 있다는 것을 보여 준다.

앞 장들에서 소개한 개입들은 상대적으로 오래되었다. 특히 제3부에서 소개한 '경제적 자원의 획득과 증진'에 초점을 둔 것들이 그러하다. 취약집단이 자신들의 사회지지망과 다른 지역사회의 정보를 통해 경제적 자원을 이용하도록 지원하는 인지행동개입에 대해 논의하는 제3부의 마지막 장은 비교적 짧다. 이러한 개입들은 경제적으로 취약한 사람들의 복지에 관심을 둔 전통적 사회복지에 특히 더 적절하다. 사회복지학자들이 주장해 온 것처럼, 사회복지전문직은 실업자, 최근의 이민자, 노인근로자, 그리고 근로연계복지 프로그램(Welfare-to-Work programs)에 참여하는 클라이언트들이 자신들의 경제적 안녕을 증진시키는 것을 지원할 개입방안들을 개발하고 평가할 수 있는 고유한 위치에 있다(Iversen, 1998; Mor-Barak & Tynana, 1993). 사회복지연구자는 경제적으로 취약한 상황에 있는 개인들이 그들의 경제적 자원을 획득하고 이를 유지 · 증가시키도록 돕는 데 필요한 단독 혹은 다른 다양한 개입들과 병행하여 사용할 수 있는 인지행동방법들을 개발하고 평가할 수 있다.

임파워먼트와 인지행동개입

개인의 자유와 통제

특정 목표를 달성하기 위해 개발된 인지행동개입들이 클라이언트를 '임파워시키는 것(empowering)'으로 명시하는 것은 사회복지사이나 다른 전문가들이 사회통제 기능을 담당하지 않는다는 의미는 아니다. 이는 단지, 클라이언트 개인의 자유를 다른 방법으로 제약한다는 것을 의미한다. 치료 목표와 개입의 선정은 클라이언트 자신의 특성, 능력 및 기술, 사회적 기준과 법, 그리고 조직 혹은 기관의 규범, 목표, 그리고 금전적 자원을 포함한 많은 요인들의 제한을 받는다. 실천가의 가치와 실천에 있어서의 이론적 접근에 관계없이, 실천가는 클라이언들의 목표, 개입, 그리고 클라이언트가 의사결정과정에 어느 정도 개입할지에 관한 결정을 최종적으로 내리는 주된 책임이 있음을 인지한다(Rothman, 1989). 실천가는 치료 목표와 개입을 선택함에 있어서 클라이언트에게 자신들의 지위가 갖는 사회통제 기능에 대해 적절하게 설명해 주고 클라이언트와 필요에 따라서는 그들의 중요한 타인들을 되도록 최대한 개입시켜야 한다.

갬브릴(Gambrill, 1985)이 언급했듯이, 개인들 간 권력 차이가 클수록, 실천가, 슈퍼바이저, 기타 사람들은 더욱 주의를 기울여야 하며, 클라이언트가 목표와 개입을 선정함에 있어서 중요한 역할을 하도록 보장해야 한다. 이 책에 기술된 많은 개입들의 적용은 클라이언트들과 연구자, 실천가, 교육자, 그리고 개입 목표 설정과 개입의 선정 및 운영에 있어 중요한 역할을 하는 직원들과의 권력불균형을 명백히 강조하고 있다. 이러한 권력의 불균형은 참여자들의 인지적 · 정신적 · 신체적 장애를 포함한 특성과 개입이 이루어지는 다양한 환경에서 오는 제약들(예: 학교, 요양시설, 그룹홈, 직장)에 따라 커진다. 반네만, 셸던, 셔먼과 하칙(Bannerman, Sheldon, Sherman, & Harchik, 1990)에 따르면, 많은 이러한 환경에서 개인의 선택과 거부의 권리, 서비스 목표들, 그리고 개인이 '훈련받을 권리(right to habilitation)'들 간의 마찰이 존재한다. 끝에 언급한 권리는, 이들의 정의를 따르자면, '가능한 한 독립적으로 사는 데 필요한' 기술들을 배우는 것이다.

안타깝게도, 실천가, 교육자, 기관의 직원, 가족, 그리고 법적 보호자들은 훈련의 목표를 달성하기 위해 불필요하게 개인의 자유를 제한한다. 예를 들어, 장애가 있는 클라이언트들은 자신들의 목표를 설정하고 목표에 도달하기 위해 선호하는 것을 설정하는 데 있어서, 혹은 자신들의 목표를 이루기 위한 과정을 선택하는 데 있어서 적게 내지는 거의 의견을 내지 못한다. 반너만 등(Bannerman et al., 1990)의 제안처럼, 또한 이 책에서 설명한 것처럼, 실천가는 취약계층 클라이언트가 명확하게 자신들의 선호하는 바를 전달하는 데 어려움을 겪을 때 그들이 원하는 것을 알아낼 수 있는 방법들을 사용할 수 있다. 이 방법들에는 관찰하기, 중요한 타인 면담하기, 그리고 클라이언트들이 개입의 여러 대안들 중에서 선택하는 것을 가르치기 등이 포함된다. 다음으로 실천가는 클라이언트의 선택하기 기술에 대해 교육하고 적절한 선택안들을 제안할 수 있다. 또한 실천가는 직원과 중요한 타인들이 클라이언트에게 선택할 수 있는 제안들을 제시하고 스스로 결정을 내리게끔 가르칠 수 있도록 직원과 중요한 타인들을 훈련시킬 수 있다. 그리고 클라이언트는 자신의 선택사항들을 소통하기 위해 의사소통-증진 장치들이나 다른 전략 사용(예: 의사소통 책들, 선택차트, 증진된 소통시스템)에 대해 교육받을 수도 있다.

그러나 인지행동개입과 기술(technology)은 클라이언트에게 주어진 선택의 정도와 관련된 문제들뿐만 아니라, 훈련이나 교육적 목표 혹은 다른 목표들과 상충되거나 자신들의 안전과 안녕을 위협하는 선택과 관련된 문제들을 해결할 수 없다. 이러한 선택과 자유의 문제들은 오직 사회적 그리고 직업적 가치와 윤리, 기관과 조직의 의무사항들, 재원의 출처, 그리고 클라이언트의 기술과 능력에 의해서만 분별될 수 있다. 그러나 실천가와 행정가들은 취약계층 클라이언트의 자유가 조직, 교육, 주거, 직장 그리고 시설의 환경에서 불필요하게 제약을 받는지 평가할 의무를 지닌다. 예를 들어, 직원이 훈련이 되지 않아서 클라이언트에게 선택의 기회를 적게 혹은 전혀 주지 않고, 클라이언트는 자신들의 결정을 소통하기 위한 필요한 기술을 갖고 있지 않을 수 있다. 이러한 제약은 기관과 조직의 관행으로 종종 자리 잡는다. 이때 실천가는 변화를 위한 옹호활동을 펼칠 수 있고, 클라이언트와 혹은 그들의 중요한 타인들에게 스스로 변화를 옹호할 수 있도록 옹호기술을 가르칠 수 있다. 클라이언트에게 행정적 결정에 의견을 낼 수 있는 기회들을 제공하는 것도 이점으로 작용할 수 있다. 예를 들어, 제4장에서 언급한 노인환자들을 위한 정신과 시설의 물리적 환경변화에 대한 평가(Bakos et al., 1980)는 이러한 작업에 동참한 시설거주자들이 그렇지 않은 거주자들보다 자신들의 사회적 상호작용을 향상시켰다는 것을 보여 주었다.

앞 장들에서 설명한 표준화된 인지행동개입이나 복합요소적인 프로그램의 사용은 확실히 클라이언트의 자유를 어느 정도 제한하는 측면이 있는데, 이는 임파워먼트 관점과 일치하지 않을 수도 있다. 동일한 진단의 장애나 문제를 공유한 클라이언트에게 통상적으로 사용되어 온 표준화된 혹은 매뉴얼에 기반한 개입의 사용을 지지하는 사람들과 이의를 제기하는 사람들은 모두 존재한다(Eifert, Schultz, Zvolensky, Lejuez, & Lau, 1997). 이의를 제기하는 쪽은 클라이언트가 동일한 장애나 문제를 공유한다고 해도, 유지조건들이 반드시 같지 않다고 주장한다. 이러한 경우, 표준화된 개입들이 부적절하고 불충분한 개입으로 이어질 수도 있다고 지적한다. 또한 어떤 클라이언트는 표준화되거나 매뉴얼에 기반한 개입들의 모든 요소들이 필요하지 않을 수 있고, 이러한 개입들을 엄격히 적용한다면 오히려 부작용을 낳을 수도 있다. 예를 들어, 부적절하고 불필요한 활동에 참여하라고 요구받은 클라이언트는 치료 도중 하차할 수도 있다. 이러한 주장과 일치하는 한 일화적 사례는 실천가들이 구조적이고 직접적 개입들을 사용할 때, 클라이언트에게는 지시(directing)가 필요하다는 의미를 전달할 수도 있고, 이는 거부를 유발하고 자기효능감을 무시하는 결과를 초래한다는 점을 제기한다(Goldfried & Castonguay, 1993).

다른 한편으로, 아이퍼트 등(Eifert et al., 1997)은 표준화된 개입의 매뉴얼이 근거기반치료의 개발, 평가 및 확산에 중요한 공헌을 해 왔다고 주장한다. 표준화된 개입의 사용은 시간적으로 효율적이고 비용 면에서 효과적이며, 이는 클라이언트와 기관들에게, 그리고 기금제공처와 사회에 분명히 이득이 된다. 이 연구자들은 또한 많은 일반적인 문제들에 있어 임상적 진단을 넘어선 개별화된 치료가 개입의 결과를 향상시키지 않는다는 증거를 제시하면서 개입이 항상 개인의 행동과 이것의 유지조건에 맞추어 협소하게 조정되어야 한다는 가정에 의문을 던진다. 특정 장애나 문제를 위해서 어떤 상황에서 목표 행동의 유지조건에 개입을 맞추는 것이 표준화된 개입을 사용하는 것보다 더 효과적인지에 대한 결정을 내리기에 충분한 증거가 없다는 점에서는 학자들 간 합의에 도달한 듯하다(예: Eifert et al., 1997; Gresham, 2003; Heckaman, Conroy, Fox, & Chait, 2000; Van Acker et al., 2005).

개인들과 집단들이 얼마나 구조화되고 직접적이며 교훈적인 지시(instruction)를 중요하게 생각하는지 그리고 이러한 개입들로 인해 어느 정도 부정적 결과들(예: 불응, 거부, 혹은 치료중단)이 초래되는지는 불명확하다. 이는 후속연구를 통해 다루어야 할 주제들이다. 이러한 지속되는 논쟁에도 불구하고, 실천가들이 클라이언트의 자유와 통제를 증진시키는 데 사용할 수 있는 인지행동개입들이 존재한다. 실천가들은 집단운영자들이 HIV 위험감소개입의 한 방법으로 사용한 것과 같이 더욱 협력적이고 비판단적이며 감정이입에 기반한 상호작용 형식을 도입할 수 있다(Carey et al., 2000). 이는 강사나 훈련가가 아닌 컨설턴트나 촉진자(facilitator)와 유사한 교육방식을 취하는 것이 임파워먼트에 중요하다는 구티에레즈(Gutiérrez, 1990)의 신조와 일관된다. 실천가들은 고정된 전략들보다는 평가과정, 특정 상황에 적절한 모듈의 사용에 대한 안내와 선택적인 부분들을 포함하고, 입증된 행동의 원리를 적용함으로써 융통성 있게 고안된 치료매뉴얼의 장점을 활용할 수 있다(Eifert et al., 1997; Henin, Otto, & Reilly-Harrington, 2001). 앞 장에서 언급한 개입들은 특정 상황의 클라이언트에게 통상적으로 수용되는 개입들을 각색하여 사용할 수 있는 많은 예들을 제시한다. 이들 중 일부는 이 장의 '사회적 타당성' 절에서 논의하였다.

또한 클라이언트의 개입과정에서의 자유와 통제는 자기기록, 자기지시, 자기촉진,

자기평가, 자기강화, 그리고 문제해결과 같은 다양한 자기관리전략의 교육을 통해서 증진될 수 있다. 실천가는 직접 지시와 모델링과 같은 기법들을 사용하기 전에 클라이언트들에게 목표 행동(예: 사회적, 일자리, 여가, 옹호 기술들)을 보여 줄 기회를 제공할 수 있다. 클라이언트가 표적기술을 수행하는 것을 돕는 데 있어서 최소한의 필요한 개입만 사용하는(예: 시각적 촉진 사용부터 물리적 지도까지) 점진적 촉진기법들 또한 클라이언트의 강점과 능력을 알아감과 동시에 개입에 대한 그들의 통제권을 증진시킬 수 있다.

마지막으로, 인지행동과정과 임파워먼트 사이의 상충되는 점은 제3장에서 다루었다. 여기에서 클라이언트들이 개입에 관한 지식을 가지고 개입을 선택했다면 표준화된 개입들과 임파워먼트 간에 모순되는 점은 없다고 주장되었다. 또한 만일 개입이 한 클라이언트나 집단이 원하는 지식과 기술들의 습득으로 이어졌다면, 이러한 개입의 성과는 선택의 자유와 통제를 증진시킬 수 있다. 예를 들어, 개인은 사회적 관계 확립에 대한 선택, 특정 여가, 직업 그리고 일상적인 활동에 관여할지에 대한 선택, 고용, 교육 및 개인의 목표 수립 및 달성에 관한 선택, 자신들의 법적 · 개인적 권리 옹호와 관련된 선택, 그리고 자신들이 받는 서비스나 다른 삶의 영역에 영향을 끼치는 거시적 결정의 참여에 대한 선택을 할 수 있다. 이 책에서 논의한 많은 표준화된 인지행동개입들은 이러한 영역에 있어 개인의 자유와 통제를 증진시키기 위한 구체적인 목표를 고려해 고안되었다.

지금의 이 논의와 각 장의 마지막 부분의 '요약'은 실천가, 행정가, 그리고 취약한 클라이언트의 자유와 통제, 그리고 개입과정과 그들의 삶에 영향을 미치는 다른 결정에 있어 그들의 의견을 증진시키기 위한 사회정책결정에 더 직접적으로 관여하는 사람에게 많은 방법들을 제안하고 있다. 또한 연구자는 정신건강, 아동복지, 교육, 고용, 건강과 재활, 그리고 사회행동을 포함한 다양한 영역에서 클라이언트의 자유와 통제를 증진시킬 수 있는 추가적인 인지행동개입들을 개발하고 평가할 수 있다. 이 개입들은 ① 개인의 기능적 평가를 위한 지침을 제시하고, ② 클라이언트가 목표 및 개입 선정에 대한 선택을 할 수 있도록 유연성과 기회를 최대화하면서 인지행동원리들과 연구에 기반한 개입방안들을 포함하고, ③ 클라이언트가 자신들의 선호사항과 목표를 선택하고 소통하는 데, 또 개입진행의 의사소통에 어려움을 겪는 클라이언트를 돕는 데 사용될 수 있으며, ④ 취약집단이 자신들의 치료와 삶의 다른 영역에 영향을 미치는 거시적 결정에 더 많은 통제를 가질 수 있도록 자기결정권, 자기옹호 그리고 정치적 행동기술을 증진시킬 수 있다.

사회정의 관점

마골린(Margolin, 1997)은 사회복지전문직이 임파워먼트라는 용어에 호소함으로써 스스로와 다른 이들을 속이고 있다고 비판하였다. 그녀는 임파워먼트라는 용어의 사용은 사회복지전문직이 인종차별주의와 빈곤과 같은 사회문제의 구조적·제도적, 그리고 태도적(attitudinal) 원인을 바꾸는 관점을 촉진한다고 주장한다. 마골린에 따르면, 현실에서는 사회복지사들이 불평등을 영구화하는 개인적 차원에서의 개입을 주로 사용한다. 제3장에서 논의하였듯이, 사회정의와 강점주의 관점들의 학자들 또한 이와 비슷한 이유에서 개인의 결핍에 초점을 둔 개입들을 비판해 왔다.

이 책 또한 임파워먼트라는 용어를 사용하며 취약계층에게 부족하다고 가정되는 지식·기술의 습득을 돕기 위해 개인과 집단 차원의 개입들에 초점을 둔다. 개입의 직접적인 목표물은 사회적 태도나 제도, 혹은 정치적 구조가 아니다. 예를 들어, 장애가 있는 아동에게 사회적 기술 혹은 선택 결정하기 기술을 가르치는 것이 다른 사람들의 장애에 대한 부정적 태도의 변화, 충분하지 않은 자원을 제공하는 정치적 과정에 영향력 행사, 혹은 제한된 선택권을 제공하는 기관의 관행을 바꾸는 것도 아니다. 고용을 획득하고, 일자리를 구하며 직무관련 사회적 기술을 습득하는 것은 개인이 고용을 확보하고 유지했다 하더라도 그들이 (최저) 생활임금과 합리적인 근로복지혜택을 요구할 수 있다거나, 직장에서 사회적으로 융합되고, 혹은 차별이 없는 근무환경에서 일할 수 있다는 것을 보장하지 않는다. 개입의 궁극적인 목표가 법적 권리의 확보와 태도, 사회정책, 그리고 지역사회와 조직의 관행을 변화시키는 것과 같은 전통적인 사회정의의 쟁점들에 더 일치할 때에도 취약집단과 중요한 타인들은 이러한 목표를 달성하기 위한 지식과 기술에 대해 훈련받는다.

다른 한편으로, 취약계층집단들이 현존하는 사회경제적 자원을 적절하게 이용할 능력을 증진시키고, 직장·교육·지역사회 환경에 더 융합되며, 원하는 선택을 하고, 자신들의 개인적·법적 권리를 확보하기 위한 지식과 기술을 습득하는 것은 사회정의 및 임파워먼트 관점과 일치한다. 또한, 사회변화는 개인의 행동을 통해서만 일어날 수 있다. 취약계층집단과 중요한 타인들에게 자기옹호 및 정치적 지식과 기술을 배우고 활용할 수 있는 기회를 제공하는 것은 사회정의와 인본주의적인 관점과 상충되지 않는다. 오히려, 취약계층집단들은 위와 같은 활동들에 참여하기를 요구해 왔다. 제4부 그리고 제5부의 제13장에서 기술한 인지행동개입들의 평가는 취약계층집단이 습득한 지식과 기술을 자신들을 옹호하고 자신들의 권리를 보장하며 지역 · 주 · 전국적 차원에서 구조적 · 태도적 제약에 영향을 끼치기 위해 사용할 수 있다는 증거를 제시한다. 그러나 주의해야 할 사항이 있다. 대부분의 경우, 취약계층집단이나 다른 관심 있는 사람들에게 단순히 관련 지식과 기술을 가르치는 것은 의사결정과정에의 참여 및 사회경제적 자원과 동등한 기회의 이용에 필수적인 정책과 구조적 변화를 일으키기에 불충분하다. 다른 전략적 접근과 집단들로부터의 도움 없이 이러한 목표를 언급하는 것은 비현실적이다.

또한 사회정의 및 임파워먼트 관점과 자신의 개입들의 일관성을 향상시키기 원하는 실천가는 각 장의 마지막 '요약' 부분에서 배울 만한 점을 찾을 수 있다. 예를 들어, 비록 유지조건들은 개인의 한계점(예: 지식, 기술의 부족)을 포함할 수 있으나, 다음과 같은 조건들도 포함한다. 주거, 조직, 교육 그리고 다른 지역사회 환경에서 오는 타인으로 부터의 부정적 반응, 불충분한 기회, 부적합한 사회경제적 자원, 그리고 조직 · 지역사회 · 사회의 제약적 정책들이 그 조건들에 해당할 수 있다. 개별화된 평가를 통해 실천가는 이러한 유지조건들을 식별하고 변화시킬 전략들을 세울 수 있다.

비록 이 책은 취약한 개인과 집단들이 지역사회 문제와 사회문제들의 해결을 돕기 위한 인지행동개입들에 초점을 두었지만, 다른 학자들은 인지행동 이론과 관점을 사회와 지역사회의 문제들을 분석하고 적절한 개입, 프로그램 그리고 사회정책들을 제안하는 데 사용해 왔다. 해당 문제들에는 약물남용, 세계분쟁, 복지개혁, 친환경적 지역사회 설계, 그리고 학교에서의 차별 등이 포함된다(예: Biglan, Glasgow, & Signer, 1990; Ellis, 1992; Fawcett, Mathews, & Fletcher, 1980; Thyer et al., 1986). 어느 정도까지 인지행동 원리들과 방법들이 정책변화를 꾀하기 위한 개인과 집단의 능력 증진을 통해서 혹은 직접적으로 정책입안자들에게 변화요구사항을 알림으로써 거시적 실천과 정책의 분석, 보고 및 변화에 사용될 수 있는지는 미지수다. 그럼에도 불구하고, 이 학자들과 이 책의 내용은 이러한 기회들이 있음을 시사한다.

사회적 타당성

여러 이유에서 페미니스트와 학자들은 인지행동 평가, 개입 그리고 평가연구 과정들을 비판해 왔다(제3장 참조). 인지행동학자들의 지적에 따르면, 비판의 상당 부분은 사회적 타당성 혹은 적절성의 문제들이다. 사회적 타당성은 사회적으로 적절한 개입목표 설정과 의미 있는 변화를 보여 줄 수 있을 뿐만 아니라 사회적으로 수용될 수 있고 적절하며 또 실현 가능한 개입, 그리고 개입의 성과 유지와 일반화의 확립과 관계된다. 행동치료연구자들이 반드시 그들의 목표, 개입 그리고 결과의 사회적 타당성을 측정하고 치료효과의 유지 및 전이와 관련된 문제들의 역사적 중요성을 가늠해야 한다고 주장하는 울프의 중요한 논문(Wolf, 1978)은 최근의 평가연구들에서 이러한 현안들을 다룰 것으로 기대하게 할 수 있다. 그러나 이 책과 다른 자료의 문헌고찰(Carr, Austin, Britton, Kellum, & Bailey, 1999)에서 논의한 인지행동개입들에 관한 평가에서 보여 주듯이, 이는 실제와 거리가 멀다. 사회적 타당성에 대한 부족한 관심에도 불구하고, 이 책과 다른 자료들에서 설명하는 개입에서 이와 관련된 많은 실천적 그리고 연구 함의를 도출해 낼 수 있다. 다음의 네 개의 절에서는 이러한 함의에 대해 논의한다.

사회적으로 적절한 목표 설정하기

사회적으로 적절한 치료목표들은 개입에 관여하는 클라이언트와 다른 사람들의 관점에서 중요하고 수용되며 바람직하고 달성 가능한 것들이다. 개별화된 평가의 시행과 함께, 이 책의 앞 장들은 실천가와 연구자들이 측정도구의 사회적 타당성을 높이고 궁극적인 개입목표들을 증진시킬 수 있는 여러 다른 방법들을 제안한다. 이 중 다섯 가지에 대해 살펴보면 다음과 같다.

첫째, 사회적 관계 형성하기, 여가 및 레크리에이션 활동하기, 경제적 자원 늘리기, 자기결정권 증진하기(예: 법적 · 개인적 권리보장하기), 그리고 개인의 삶에 영향을 미치는 거시적 의사결정에 참여하기와 같은 사회적 가치와 일관된 개입목표들을 설정한다. 물론, 아동에게 선택결정하기와 자기옹호기술을 가르치는 것과 같이 어떤 개입목표들은 부모, 문화 혹은 조직의 가치들과 상충될 수 있으므로 실천가와 연구자들은 주의를 기울여야 한다.

둘째, 선정된 목표(예: 장애가 있는 개인의 편의를 증진해 주는 것)와 다른 관련 결과물(예: 일과 교육성과의 만족도)의 관계를 확립한 연구문헌들을 고찰한다.

셋째, 중요하고 수용적이며 바람직하고 달성 가능한 개입목표들의 확립을 지원하기 위해서 비슷한 특성들을 가진 개인들, 중요한 타인들(예: 부모, 교사, 시설보호직원, 직업코치, 직장 슈퍼바이저), 그리고 전문가 혹은 해당 분야의 경험이 있는 사람들(예: 옹호프로그램의 목표들을 선정하기 위해 장애 옹호집단회원들에게 자문을 구하는 것)을 대상으로 설문 조사를 실시한다.

넷째, 개입목표들로 설정된 관련 행동들을 찾아내기 위해서 자연적인 환경에서 상호작용을 관찰한다(예: 사회적으로 적절한 사회기술들을 선정하기 위해서 아동들이 학교에서 상호작용하는 것을 관찰하기).

다섯째, 표준화된 프로그램의 목표 안에서 개인의 목표선정이 이루어지도록 한다(예: 지역・주・전국 단위의 정부에서 내려지는 결정에의 개입을 증가시킨다는 프로그램의 거시적 목표에 부합되도록 개인과 집단들은 자신들의 정치적 옹호목표들을 세운다).

이러한 제안들에도 불구하고, 이 책의 이전 장들에서 필자는 사회적으로 타당한 개입목표들을 설정하는 데 있어서 실천가들과 연구자들이 고려해야 할 몇 가지 문제점들을 지적하였다. 많은 취약한 클라이언트들, 특히 복합 그리고/혹은 중증의 신체적・발달적・정신적 장애를 지닌 사람들을 위해 달성 가능한 목표들을 찾고 선정할 때 특별한 주의를 기울여야 한다. 예를 들어, 조현병과 같은 중증 정신장애가 있는 클라이언트들에게 상근직 근로자로 독립적으로 일하는 것은 실현 가능하지 않은 목표일 수 있다. 대신, 일하는 것을 유지하기 위해 최소한의 지원을 받으며 시간제로 일하는 것이 사회적으로 타당한 목표일 수 있다. 중증의 신체나 발달장애가 있는 클라이언트를 위한 성공 가능하고 중요한 목표는 구제적인 행동에 아주 작은 변화를 이루는 것일 수 있다.

선택하기(choice making)가 사회적으로 적절한 목표라고 가정됨에도 불구하고, 제11장에 소개한 예에서 중증의 장애가 있는 몇몇 학생들은 레크리에이션 활동에서 선택하기에 무관심하거나 다른 학생들이 대신 선택해 주기를 희망했다. 이는 다음의 세 가지 실천 및 연구 함의를 시사한다.

첫째, 실천가와 연구자들은 한 가지 목표가 사회적・직업적 혹은 중요한 타인들의 가치와 일치한다고 해서 이것이 반드시 모든 클라이언트에게 혹은 모든 상황에서 선호될 것이라고 가정할 수 없다. 둘째, 치료목표가 현재 그리고 앞으로도 수용적일지를 알기 위해 초기 및 지속적인 클라이언트 평가가 중요하다. 끝으로, 자신들의 목표와 욕구를 소통하는 데 제한적 능력을 가진 클라이언트의 의사소통능력을 증진하기 위한 방법을 찾기 위해서는 추가작업이 필요하다.

또한 많은 개입목표들은 사회적 타당도의 일부 측면에서는 부족한 점이 있다. 예를 들어, 사회적 관계를 증진시키는 목표들은 주로 횟수, 기간 그리고 질적수준을 측정하지만 관계를 확립한다거나 다양한 상황에서 사회적으로 능숙한지와 같은 더 의미 있는 목표를 도외시하고 있다. 어떤 개입들은 법적 권리에 관한 지식을 향상시키고 옹호기술을 증진시키기 위한 도구적인 목표를 선정한다. 그러나 법적 권리를 보장하기 위해 실제로 습득한 기술들을 사용하는 것과 관련된 궁극적인 목표들은 빠뜨리고 있다. 아마도 많은 클라이언트들은 사회적 상호작용 및 법적 권리에 관한 지식과 기술들의 향상과 같은 목표들이 관계 확립 및 법적 권리를 보장하는 목표들과 연관되지 않는다면, 이를 수용적이고 바람직하다고 생각하지 않을 것이다. 이러한 관찰은 실천가와 연구자들이 개입에 참여하는 사람들에게 실행가능하고 의미 있는 개입목표들을 수립할 것을 요구한다.

사회적으로 적절한 결과

실천가와 연구자들은 자신들의 개입결과들이 사회적으로 적절한지 결정해야 한다. 사회적으로 타당한 결과는 개입의 성과가 어느 정도 의미가 있는지, 적절한지, 혹은 참여자들 그리고/혹은 관련된 사람들이 참여자들의 삶의 중요한 영역에 변화가 생겼다고 결론 내리기에 충분한지와 관련된다. 앞 장들에서 기술된 인지행동개입들에서는 도구적 그리고 궁극적 결과 모두에서 사회적으로 타당한 변화를 평가하고 확립하기 위해 다양한 방법들이 사용된다. 다음은 그중 여섯 가지 방법들이다.

첫째, 개입변화의 정도를 측정하려면 타당도와 신뢰도가 확립된 표준화된 척도(예: 생존기술지식, 자기결정권, 사회적 지지, 자기효능감, 사회적 역량)를 사용해야 한다.

둘째, 레크리에이션 활동 중의 사회적 상호작용 혹은 정책위원회 회의에서 사용된 문제해결기술들과 같이 자연스러운 환경에서 사용된 기술들을 관찰한다. 그러나 실천가와 연구자들은 행동척도나 관찰을 통해서 집단 혹은 개인의 특정행동들이 향상되었다고 해서 반드시 이 변화들이 클라이언트들과 관련자들에게 적절하거나 의미가 있다는 것을 나타내는 것이라고 가정할 수 없다.

셋째, 클라이언트와 관계자들(예: 부모, 교사, 보호시설 직원, 보호자, 직업코치, 친구, 전문가)의 질적판단력을 요하는 인터뷰와 질문지를 이용한다. 예를 들어, 클라이언트는 자신들의 태도(예: 습득한 지식과 기술 적용의 자신감), 프로그램 효과성에 관한 인식(예: 자기옹호기술의 향상), 그리고 자신들의 삶의 어떤 부분에 훈련이 중요했는지에 관해 평가할 수 있다. 자립생활센터의 이사장과 같은 전문가들은 공개증언과 공직자들에게 편지쓰기와 같은 행동 변화의 전반적인 수준과 영향력에 대해 평가할 수 있다.

넷째, 개입 이후 다른 적절한 행동들의 측정 결과가 향상되는지를 살핀다. 예를 들어, 실천가와 연구자들은 선택하기 기술의 사회적 적절성을 클라이언트가 선택들이 존재할 때 선택에 대한 결정을 할 가능성이 더 높은지, 그리고 어떤 선택을 한 후에 클라이언트가 선택한 활동을 더 유지하는지를 기초선 측정과 비교 관찰하여 평가할 수 있다. 근로자의 업무에 대한 집중도, 직장에서의 독립성 및 자신감의 증진은 고용환경에서 증진된 선택하기가 사회적으로 적절하다는 것을 시사한다. 또 다른 예로, 학습장애가 있는 학생들이 도움요청기술을 배운 후 수업 과제들의 완성도와 정확성을 얼마나 향상시켰는지를 알아볼 수 있다.

다섯째, 개입의 성과물을 가령 생산성과 사회적 상호작용의 증가, 표준 혹은 '보통의' 표본들의 수행과 비교한다. 그러나 일부에서는 신체적 · 인지적 장애 혹은 시각장애가 있는 클라이언트와 많은 취약한 클라이언트들을 위한 기준으로 '보통' 사람들의 행동을 이용하는 것이 과연 사회적으로 적절한가에 대해 문제를 제기해 왔다(Erin et al., 1991; Foster & Mash, 1999). 이에 해당하는 문제들로 적절한 표준데이터의 이용 가능성과 수용될 수 있는 행동 혹은 수행의 '정상' 범위를 표시하는 기준점 선정의 어려움 등이 포함된다. 또한 복합장애나 중증 장애가 있는 클라이언트, 여성 클라이언트, 저소득층 클라이언트, 그리고 성적 소수자와 인종적/민족적 소수자들에게 의미 있는 변화는 반드시 그들의 장애, 능력, 문화, 그리고 그들이 교류하는 사람들과 학습한 행동을 수행하는 환경을 고려해서 정의되어야 한다.

예를 들어, 에린 등(Erin et al., 1991)은 실천가가 시각장애가 없는 클라이언트에게 수용적이고 바람직하다고 여겨지는 사회적 기술이 시각장애가 있는 클라이언트에게도 정상적인 시각적 세상(sighted world)의 경험을 보장할 것이라고 가정할 수 없다고 주장한다. 더 나아가, 시각장애가 없는 개인을 위한 사회적 기술은 시각장애인이 만족스러운 사회적 상호작용을 하기 위해 필요한 모든 기술을 포함하고 있지 않을 수 있다. 따라서 다른 종류의 장애가 있는 클라이언트들을 위한 사회적으로 적절한 변화에 대한 개입, 평가 그리고 측정에는 특별한 주의와 훈련이 필수적이다. 예를 들어, 청각장애가 있는 클라이언트를 위한 개입에 있어 주의를 기울여야 할 점으로, 의사소통에 관한 우려와 그들의 언어와 청각장애인으로서의 자부심과 같은 청각장애인의 문화에 대한 이해를 들 수 있다(Myers & Thyer, 1997).

여섯째, 개입 결과들이 사회적으로 타당한지를 알 수 있는지에 대한 또 다른 지표인 부정적 결과들에 대해서도 평가해야 한다. 안타깝게도, 앞 장들에서 논의된 개입들의 평가연구들은 예기치 못하거나 부정적인 결과들에 대한 공식적인 평가와 보고를 하지 않았다. 그러나 이러한 평가를 수행한 연구자들은 이의 중요성을 언급했다. 예를 들어, 장애가 있는 학생들은 그들의 장애에 대해서 교사와 이야기할 때 수치심을 느꼈고, 조현병을 진단받은 몇몇의 클라이언트들의 정신분열적 증상들이 사회기술훈련에 참여한 후 증가하였다.

논의된 많은 개입에의 참여가 부정적 결과로 이어질 가능성이 높은 것을 감안했을 때, 부정적 결과들에 대한 관심 부족은 놀랍다. 예를 들어, 아동이 자신들의 목표를 스스로 설정하고 자신들의 선택을 스스로 하도록 배운다면, 아동과 교사, 부모, 그리고 다른 사람들 사이에 갈등이 발생할 수도 있다. 개인이 설정한 목표들을 달성하지 못했을 때 실망감과 다른 부정적인 반응들도 생길 수 있다. 사회적 상호작용을 먼저 시작했을 때 혹은 개인의 법적 권리를 주장했을 때 다른 불리한 결과도 생길 수 있다. 예를 들어, 만일 자신의 직장에서 편의증진과 관련된 권리를 옹호하는 행동이 거절된다면, 이는 고용주와의 갈등으로 야기될 수도 있고, 동료들과의 관계를 망가뜨릴 수도 있으며, 분노, 실망감, 또는 사기저하로 이어질 수도 있다.

습득한 기술을 이용함으로써 일어날 수 있는 부정적 결과들에 클라이언트가 대응할 수 있도록 돕고, 이에 대해 평가하고 확인하는 것은 좋지 않은 결과들(예: 실패, 거절, 조롱)을 자주 경험한 적이 있는 취약계층 클라이언트에게는 중요하다. 이러한 결과들에 대응하도록 클라이언트를 돕는 것은 다음의 두 가지 이유에서도 중요하다. 첫째, 만일 클라이언트가 발생 가능한 부정적 결과들을 예측하고 이에 효과적으로 대응하는 법을 배운다면, 그들은 자신들의 치료성과를 더 유지하고 전이시킬 것이다. 둘째, 임파워먼트 관점 및 사회복지 가치들과 일관되게 클라이언트와 연구참여자들은 개입참여의 위험에 대해 알고 있어야 한다.

치료성과의 사회적 적절성을 측정할 수 있는 기법들이 있음에도 불구하고, 이 책에서 논의된 개입들의 평가연구들은 이 분야의 중요한 한계점에 대해 강조한다. 일부 평가연구는 외로움, 도움요청행동, 여가 및 레크리에이션 활동, 생산성의 증진 그리고 고용확보와 같은 결과측정에서 변화가 있었음을 보고했다. 그러나 이 연구들은 이러한 변화들이 참여자들의 삶의 질을 어떤 방식으로 증진시켰는지, 의미 있는 활동과 관계로 이어졌는지, 혹은 근로자와 그의 가족의 욕구를 충족시킬 충분한 임금과 다른 근로복지혜택을 제공했는지에 대해 밝히는 데는 실패했다. 개입을 통해 클라이언트의 선택 결정이 증가했을 때에도, 이러한 선택들이 클라이언트에게 바람직했는지 혹은 유의미했는지(예: 중증 지적장애가 있는 시설거주자에게 어떤 옷을 입을지 선택의 기회를 제공하는 것)에 관한 평가가 항상 이루어진 것은 아니었다. 이러한 예가 시사하듯이, 중증·복합장애, 혹은 제한된 의사소통의 문제가 있는 취약한 클라이언트의 삶에 개입성과들이 유의미했는지를 평가하는 것은 매우 어렵다. 이러한 클라이언트를 위한 개입성과의 사회적 적절성을 평가하기 위한 특별한 방법을 개발하는 것은 현재와 후속연구의 과제로 남는다. 한 예로, 행복지수(happiness indices)의 개발을 들 수 있다(Yu et al., 2002). 지수를 이용하여, 중증과 극심한 장애가 있는 클라이언트들이 목표행동을 자연스럽게 근무나 여가활동을 하고 있을 때 미소짓거나 웃는 것과 같은 그들의 반응을 평가할 수 있다.

언급된 전략들은 또한 여러 정보원의 사용을 제안하며 질적·양적 방법론을 통합해서 평가하는 것이 개입 성과의 사회적 타당성을 결정하는 데 필요하다고 제언한다(Gresham et al., 2001). 그러나 다른 연구자들(Foster, Mash, 1999; Schwartz & Baer, 1991; Wolf, 1978)이 관찰한 것처럼, 여러 응답자들의 주관적 의견들은 종종 서로 일치하지 않는다. 따라서 타당성 있고 신뢰할 수 있는 사회적 타당성 평가를 고안하고 응답자들 간의 다른 인식들을 이해하고 평가할 방법들을 찾기 위한 후속연구가 필요하다.

사회적으로 적절한 개입절차

사회적으로 타당한 개입들은 클라이언트와 개입에 관여하는 다른 사람들에게 실현가능하고, 적절하며, 수용적이다. 사회적으로 타당한 과정들은 클라이언트의 문화,

가치, 순응, 그리고 비용, 특별한 자원과 훈련의 필요성, 행정/관리의 용이성, 그리고 다른 환경으로의 전이가능성을 고려한다. 물론 개입이 수용될 수 없고, 비실용적이거나 클라이언트와 이를 시행하는 사람들에게 적절치 않다면 채택될 가능성이 낮다. 따라서 사회적으로 적절한 개입들을 구별하는 것은 매우 중요하다. 적절한 개입들을 식별해 내기 좋은 방법 중 하나는 개인의 기능적 평가를 시행하는 것이다. 이 평가는 목표행동을 유지시킬 조건들을 찾아내고 클라이언트의 독특한 상황과 특징들을 고려하기 때문에, 적합한 개입들을 개발하는 데 도움이 될 수 있다. 그러나 학자들이 발견한 것(Clarke et al., 2002; Van Acker et al., 2005)과 이 책에서 소개된 개입들에서 나타나듯이, 개별화된 평가(individualized assessment)와 개입의 공공연한 중요성과 이를 추구한다는 다짐에도 불구하고, 인지행동 연구자와 실천가들은 종종 기능적 평가 수행과 이 사전평가에 기반한 개입들을 설계하는 데 실패했다. 대신, 기술의 결핍과 같은 유지조건들이 가정되었고 표준화된 개입들이 적용되었다. 후자의 경우와 관련된 문제점들은 이 장의 앞에서 논의하였고, 마지막 요약부분에서도 언급될 것이다.

이 책의 앞 장들은 기능적 평가수행과 함께, 실천가와 연구가들이 개입의 사회적 타당성을 평가하고 증진시키기 위해 여러 다른 전략들을 사용할 수 있음을 시사한다. 이중 열 가지 방법들을 다음과 같다.

첫째, 인지행동개입들은 투명하게 진행되기 때문에 실천가와 연구자들은 개입 절차에 대해 설명하고 피드백 요청을 통해 개입에 참여하는 사람들의 개입 수용 가능성과 개입이 그들의 가치, 문화 그리고 자원과 부합하는지를 알아볼 수 있다.

둘째, 목표 행동을 수행하는 데 필요한 특정 행동들에 관한 과제 및 상황적 분석은 자연적인 환경에서 시행될 수 있다. 이에 해당하는 예로, 놀이터에서 아이스크림 판매하기와 직장에서 작업활동 수행하기가 있다. 그러나 과업분석은 지적장애가 있는 성인에게 커피 구입 기술을 가르치기 위해 46개의 분리된 업무를 찾아내는 것과 같이 불필요하게 협소하고 기계적인 행동들로 이어질 수도 있다(Storey et al., 1984).

셋째, 다양한 출처에서 정보를 획득하는 것은 정치적·사회적 기술, 옹호기술, 그리고 업무 관련 기술들을 가르치는 것과 같은 적절한 개입과 자료(예: 정치적 구조에 관한 지식, 역할놀이 시나리오, 적절한 응답들)를 식별할 수 있도록 한다. 관련 문헌, 초점집단, 설문조사 그리고 인터뷰를 통해서 정보를 수집하고 개입자료들을 잠재적 클라이언트와 다른 관련 개인들을 대상으로 사전평가해 볼 수 있다. 관련 개인들로는, 원조전문가, 고용주, 전문가, 옹호운동가, 그 밖의 다양한 이해관계자들로 꾸려진 팀이 포함되며, 클라이언트나 참여자들로는 비슷한 특성을 가진 사람들(예: 신체장애, 인종/민족, 문화, 성별, 나이)이 포함된다.

넷째, 자연스럽게 발생하는 상황들과 적절한 환경을 개입에 접목시킬 수 있다. 이전 장들에서 든 예로, 집단운영자는 집단구성원들의 특정 행동의 수행이 적합한 사회환경을 찾아내는 것을 돕는다(예: 제1형 당뇨병에 관련된 정보를 공유하는 것). 한편, 다른 사회기술훈련과 문제해결개입법들에서, 실천가는 클라이언트가 자신의 개인적 상황을 선정하고 자신들을 위해 문제를 가장 잘 해결할 답들을 찾는 것을 도와준다. 예를 들어, 클라이언트는 자신의 사회지지망에서 개인적 목표달성을 도와줄 구성원들을 찾는다. 클라이언트가 자신들의 고위험군 행동들을 촉발하는 신호를 알아내고 자신들의 가치, 문화, 관계 그리고 개인적 삶의 맥락과 일치되는 위험감소 행동들을 선택한다. 클라이언트에게 자신들의 문제와 실제 인생상황과 관련된 과제를 내 준다.

다섯째, 사회적으로 적절한 개인들은 개입에 관여할 수 있다. 이전에 제시된 예들로는 비슷한 특성과 배경을 가진 집단구성원들이 코칭을 해 주고 역할모델과 서로에게 역할놀이 상대가 되어 주며, 개인적 상황과 전략 그리고 과제 결과에 대해 공유하는 것들이 포함된다. 집단구성원과 비슷한 특성을 공유한 집단운영자 역시 역할모델이 된다. 교사, 시설종사자, 친구, 동료, 돌봄제공자들은 장애가 있는 클라이언트들이 목표 기술들을 사용하도록 가르치고 촉진하며 강화하고, 또한 기회를 제공한다.

여섯째, 클라이언트의 독특한 특징들을 감안한 방법들을 시행할 수 있다. 이러한 특징들에는 클라이언트의 문화, 가치, 사회경제적 지위, 성별, 장애, 연령이 포함된다. 원하지 않거나 무방비한 성적 행위를 거부하기 위한 개인의 권리를 주장하는 데 필요한 지식과 기술을 가르치기 위해 고안된 집단개입에서, 집단운영자는 집단 내에서 공유된 공동체의식, 문화, 성적 행동의 규범을 발전시키고, 집단구성원들 간 사회적 지지와 안전한 성적 규범에 관한 합의를 쌓아 가도록 한다. 운영자는 집단구성원이 자신의 자녀, 가족 그리고 민족집단과 직접으로 관련된 혜택을 찾도록 돕고 남성과 여성의 관계에서 권력의 중요성에 대해 —특히 경제적 불안정, 문화적 · · 성적 규범, 남성-여성 관계의 맥락에서— 강조한다. 장애가 있는 학생들에게 자기결정기술을 가르치는 개입 중 가족지지 요소는 청소년의 자기결정권 증진과 가족의 가치 사이에서 발생할 수 있는 갈등에 대해 다룬다.

이 책에서 논의된 여러 집단개입 또한 클라이언트의 경제적 상황을 민감하게 다룬다. 실천가는 클라이언트들의 개입회기 참석과 단호하고 건강한 성적 행동들과 같은 목표 행동의 수행을 방해할 수 있는 경제적 상황들과 복합적인 스트레스 요인들을 인정하고 다루어야 한다. 이러한 문제들을 해결하기 위한 예로, 교통수단과 보육서비스 제공하기, 직업/교육의 책임과 상충되지 않게 모임의 일정 정하기, 그리고 교육과 고용의 목표달성을 위한 전략들을 집단회기에 포함시키기 등이 있다. 마지막으로, 정치옹호 프로그램들은 자격이 되는 참여자들에게 무료훈련과 여행경비를 제공할 수 있다.

인지행동개입들이 신체, 감각, 발달, 학습, 그리고 정신건강 장애가 있는 사람들과 같은 취약계층 클라이언트에게 실행 가능하고 수용되려면, 이들의 독특한 특성들을 고려한 편의를 제공해야 한다. 각 장의 마지막 요약 부분에 이에 해당하는 많은 예들이 있다. 예를 들어, 청각장애가 있는 클라이언트를 위해 표적기술들과 자기관리기법들을 벽과 바닥에 붙여 놓고, 시각장애가 있는 클라이언트를 위해 출판물을 크게 출력하거나 점자와 녹음테이프를 제공한다. 사회기술훈련에 참여하는 또래는 장애가 있는 아동의 특별한 의사소통행동에 민감해지도록 한다. 의사소통 문제를 가진 클라이언트를 위해 기계적 · 전자적 장치들과 특별히 고안된 의사소통, 사진, 교과서가 개발 · 사용되었다. 실천가는 학습 및 인지장애가 있는 클라이언트에게 패스트푸드점에서 음식을 주문할 때 정확한 거스름돈을 받았는지 알기 위해 손과 손가락을 사용하도록 가르치며, 수행평가를 촉진하고 제공하기 위한 방법으로 사진이나 벽에 부착된 물건들과 그래프를 사용하도록 교육한다. 그리고 문제해결 및 다른 기술 쌓기 절차들을 기억하기 위해 축약된 자기관리 문구들이나 줄임말들을 사용하도록 가르친다. 또한 인지장애가 있는 개인이 옹호훈련 프로그램들에 참여할 수 있도록 지원서비스(예: 훈련내용을 검토하고 숙제 도와주기)를 제공한다.

다른 다양한 기법들이 문제해결과 사회기술을 가르칠 때 조현병 진단을 받은 클라이언트의 특별한 욕구를 충족시킬 수 있다. 예를 들어, 주위를 산만하게 하는 외부의 자극을 줄이고 정신적 증상들을 통제할 수 있는 기법들을 가르치는 것이다. 다른 편의증진법들도 종종 정신장애가 있는 클라이언트가 고용을 확보하도록 돕는다. 예를 들어, 정신건강치료를 돕는 직원과 함께 구직프로그램 계획하기, 일상생활 문제 해결을 위한 지원 제공하기 부가적인 자원(예: 교통수단, 의류, 생활비, 우편함) 제공하기가 있다.

청소년에게는 비디오, 게임 그리고 역할모델들의 개인적 증언을 사용하는 것이 특히 더 적절한 개입일 것이다. 실천가와 연구자들은 노인에게는 간략하고 한정된 교훈적인 교육법을 사용하며 경험적이고 동적인 학습활동에 초점을 맞추도록 한다(노인을 위한 숙제 사용에 관한 실용적인 안내는 Kazatzis, Pachana, & Secker, 2003 참조).

일곱째, 실천가와 연구자들이 수용적이고 적절한 인지행동개입들을 설계하고 제공하려면, 클라이언트의 개인적 관심과 선호사항에 따라 편의증진이 이루어져야 한다. 이 장에서 기술된 기법들 이외에 다른 예들로는 부모와 청소년들이 자신들의 강화제와 촉진제를 스스로 찾아내기, '의사소통 책'에 나온 대화주제들을 개별화하기, 그리고 개인적인 쓰기와 말하기 유형과 우려사항들을 보완하기 위해 옹호편지쓰기법과 개인적 증언하는 법을 가르치기 위한 매뉴얼 개발하기가 있다. 클라이언트는 자신의 안녕을 증진시키기 위한 활동(예: 우울증 극복하기)을 선택하고 스트레스 상황을 극복하기 위해 독특한 혼잣말하기 기법을 사용할 수 있다. 장애가 있는 학생은 자신의 선택사항들, 강점, 한계점, 필요한 편의증진 그리고 교육에서의 선호내용을 스스로 알아낸다. 학교와 직장에서의 편의증진을 도모하기 위해 자기옹호기술을 가르칠 때, 클라이언트는 직장과 학교에서의 편의증진에 대한 욕구와 이를 이행하는 방법의 선호사항들에 대한 목록을 작성한다.

여덟째, 실천과 연구 두 분야 모두에서 중요한 함의가 있는 치료에 순응하는지를 살펴보는 것 또한 개입들의 사회적 적절성을 측정하는 방법이다. 만일 클라이언트와 개입들에 관여한 다른 사람들이 회기에 참석하기를 거부하며, 회기 중에 적극적으로 참여하지 않고, 그리고 자연적인 환경에서 숙제하기를 거부한다면, 개입들은 효과적일 수가 없다. 앞 장들에서 논의된 개입 평가에서, 왜 클라이언트나 중요한 타인들이 치료에서 중도하차했는지 혹은 숙제하기를 거부했는지에 대해 평가한 연구자들은 거의 없다. 이는 (잡클럽에서) 중도하차율이 특정 클라이언트 집단(예: 중증의 정신장애가 있는 클라이언트들)에서 높게 나타났을 때도 마찬가지였다. 치료의 지속여부에 대한 평가에 주의를 기울이지 않는 것은 다른 인지행동개입들의 분석과 평가에서도 나타난다(Hansen et al., 2000).

한센 등(Hansen et al., 2000)은 실천가가 이 문제해결을 위한 적절한 전략을 찾기 위해서 클라이언트의 불응(noncompliance)에 대한 기능적 분석을 할 것을 제안했다. 취약한 클라이언트에게 있을 수 있는 불응의 유지조건들은 다음과 같다. 지속되는 스트레스와 빈곤, 그리고 힘든 생활여건과 관련된 다른 급한 요구(예: 교통수단, 보육서비스 혹은 치료중단 대신 다시 전화 예약할 전화기 등의 미비)가 그것이다. 장애가 있는 클라이언트에게는 의사소통 문제들과 그들의 복합적인 욕구, 만성적인 건강 문제, 그리고 인내심 부족이 선행조건들이 될 수 있다. 앞서 논의된 것처럼, 개입 실행의 결과로 발생한 예상치 못한 부정적 결과들은 불응으로 이어질 가능성이 크다.

한센 등(Hansen et al., 2000)은 실천가가 취약한 클라이언트의 개입참여를 유지 혹은 증가시키기 위해 사용할 수 있는 전략들을 소개한다. 이에는 명확하고 자세한 설명해 주기, 촉진제(예: 기억상기카드) 사용하기, 숙제의 양을 점차적으로 늘려 가기가 있다. 치료지속에 방해물들을 찾아내고 해결하기 위해 문제해결방법을 가르치기, 불응의 선행 혹은 동반조건들을 찾아내고 변화시키기, 그리고 순응에 대해서는 빈번한 피드백과 정적 강화 제공하기가 추가적인 방법들이다. 실천가들은 목표 기술들의 수행에 필요한 기회와 지원의 제공을 보장하기 위해서 적절한 의뢰를 하고, 서비스를 조직하며, 클라이언트를 위해 옹호할 수 있다. 치료에 불응하는 이유들을 찾아내고 취약계층 클라이언트를 위해 치료의 지속을 증가시키기 위한 전략의 개발과 평가는 후속 질적 및 양적 연구의 중요한 영역이다.

아홉째, 앞 장들에서 기술한 개입평가연구는 개입의 사회적 타당성 평가시 개입종료 후 실시하는 인터뷰와 질적 설문조사가 가장 일반적으로 사용되는 방법임을 보여주었다. 개입법들을 다양한 측면에서—적합했는지, 도움이 됐는지, 즐거웠는지, 다른 방법들을 선호했는지—평가하기 위한 방법으로 클라이언트뿐만 아니라 개입에 관여한 다른 사람들(예: 교사, 동료, 슈퍼바이저, 직원, 부모)에게 질문하는 것을 포함한다. 개입과정에 관여한 다른 사람들(예: 교사들)은 참여자가 개입에 적극적으로 참여하고 즐거워했는지를(예: 장애가 있는 학생들이 자신들의 목표를 스스로 선정하고 유지하는 것) 관찰하고 보고한다. 개입의 사후평가는 대체적으로 매우 긍정적이었고, 이는 인지행동개입들의 사회적 타당성을 조사한 다른 연구의 결론과도 일치한다(Heckaman, Conroy, Fox, & Chait, 2000).

이러한 인지행동개입들의 긍정적인 평가는 이러한 유형의 개입들을 클라이언트들에게 제안하거나 개발·평가하는 것을 주저하는 실천가와 연구자에게 적용될 수 있다. 이러한 주저함은 이 개입들의 특징들(예: 상대적으로 직접적이고 특정 행동수정에 초점을 두는 것)이 클라이언트와 중요한 타인들에게 받아들여지지 않을지도 모른다는 우려에서 비롯될 수 있다. 논의된 인지행동개입의 평가와 헥케이먼 등(Heckaman et al., 2000)의 검토는 이렇게 주저할 필요가 없음을 시사한다. 물론, 인지행동개입은 모든 환경에서 모든 사람들에게 수용되지 않을 것이다. 이는 참여를 거부하는 사람들과 앞서 기술된 개입들의 평가에서 보고된 사회적 타당성 측정에 대한 반응들에서도 나타난다. 예를 들어, 청각장애가 있는 유치원 아동과 또래들 간의 사회적 상호작용을 증진시키기 위해 고안된 구조화된 놀이개입은 아동 놀이에 관한 몇몇 교사들의 철학과 상충될 수 있다. 또한 어떤 프로그램들—예를 들어, 학교에서 사용할 자기결정권 기술을 가르치는 것—은 다른 필수적인 교육과정과 경쟁해야 할 수도 있다. 클라이언트나 중요한 타인에게 다른 종류의 개입들과 비교해서 인지행동방법들이 덜 수용적인지는 중요한 연구주제다.

열째, 개입을 같은 현장에서 계속해서 사용하고 다른 현장에서 이 개입을 적용하는 것은 사회적 타당성의 지표다. 예를 들면, 잡클럽(Job Club) 방안이 다양한 현장에서 다양한 클라이언트에게 사용되어 왔다는 점은 이 방안의 절차가 클라이언트, 기관직원 그리고 사회정책 입안자들에게 비용, 가치, 필요한 자원, 그리고 관리/행정의 용이성 측면에서 수용적이고 실행 가능하다는 것을 시사한다. 그러나 개입들이 같은 현장에서 지속되거나 다른 현장에서 적용되려면, 반드시 개입 사용의 장애물에 대한 평가가 이루어져야 한다. 예를 들어, 고용현장에서 진행 중인 근로활동에 방해가 되는 훈련이나 지속적인 전략의 사용은 거절당할 가능성이 크다. 만일 개입들이 비슷한 혹은 다른 현장들에서 수용되고 실행 가능해지려면, 실천가는 필요한 자원들(예: 시간, 교통수단, 전문성, 그리고 특별 제작된 자료와 장치의 구입비용)이 사용 가능한지, 그리고 이들을 제공하는 데 도움이 필요한지를 결정해야 한다. 자연적인 환경(예: 그룹홈)에서 직원들이 인지행동개입에 대해 배울 수 있다는 점으로 인해 개입이 수용되고 실행 가능한 것처럼 보일 수 있으나, 개입의 지속적인 적절성, 실행가능성 그리고 수용성을 위해서는 직원들에게 지속적인 훈련, 평가, 지원 그리고 최신 개입자료를 제공하는 것이 필요하다.

앞서 기술된 많은 인지행동개입에서 보여 주듯이, 연구자들은 문화, 연령, 사회경제적 지위, 인종/민족, 성적 성향, 장애, 그리고 특별한 인생 상황들을 포함한 취약계층 인구의 특성에 자주 민감하다. 그러나 이 책에서 논의한 개입들 또한 취약집단들의 사회적 관련성과 관련된 한계점들을 지닌다. 예를 들어, 개입을 개발할 때, 더 광범위한 사회문화적 맥락이 항상 고려되는 것은 아니다. 예를 들면, 어떤 상황에서 특정 사회적 기술과 옹호기술이 가장 적절한지에 대해 식별하지 못한다거나, 개입의 부정적인 결과를 미리 예측하고 대비하는 못하는 것, 혹은 참여자들의 다른 특성들(예: 사회경제적 지위, 인종/민족, 문화, 성별)이 사회기술훈련 프로그램의 적절성에 미치는 영향에 대해 고찰하지 못하는 것이 이에 해당된다. 개입들의 사회적 타당성에 대한 평가를 위해서 개입이 종료될 때까지 기다리기보다는, 개입을 설계하는 단계에서 클라이언트와 잠재적 참여자들, 그리고 중요한 타인들을 개입시키고 개입들의 사회적 타당성의 지속적인 평가를 위해 끊임없는 기회를 제공하는 것이 더 나은 방법이다. 비록 취약집단의 특수한 욕구를 충족시키기 위해 개입절차를 조정하는 방법들의 예가 앞에서 논의된 개입들에 분명히 나와 있긴 하지만, 실천가와 연구자들은 계속해서 추가적인 방법들을 찾고 개발하며 평가하도록 도전받는다.

개입성과의 유지와 일반화

앞 장에서 기술된 개입의 평가에서도 보여 주듯이, 연구자와 실천가들은 개입종료 후 곧바로 관찰된 성과들이 다른 현장, 상황, 자료 혹은 개인들에게로 전이되거나 유지될 것이라고 추정해서는 안 된다. 개입성과의 일반화와 유지는 반드시 계획되어지고 평가되어야 한다. 비록 치료의 성과를 유지하고 전이시키는 것은 개인의 권리 면에서 중요한 사안이긴 하지만, 이는 사회적으로 타당한 개입 목표, 결과 그리고 절차 및 치료효과와도 맞물린다. 한센 등(Hansen et al., 2000)의 주장처럼, 목표와 개입이 최대한 사회적으로 타당할 때 클라이언트가 개입에 참여할 가능성이 더 높아진다. 만일, 클라이언트가 개입을 수행한다면, 개입이 더 효과적일 수 있고, 또 개입의 성과들이 자연스러운 환경에 더 전이되고 유지될 수 있다. 끝으로, 치료의 성과가 더 많이 일반화되고 유지될수록 개입의 결과는 더욱더 사회적으로 타당하다.

비록 공식적인 개입이 종료된 후 얼마 동안 치료성과가 유지되어야 하는지에 관한 합의는 없으나, 어떤 연구자들은 최소한 6개월을 제안한다(Dobson & Khatri, 2000; Kennedy, 2002). 이 책에서 검토한 개입들은 치료성과의 유지와 전이를 계획하고 평가하는 데 있어서 큰 정도의 차이를 보였다. 개입성과의 전이와 유지를 평가하는 방법들로는 자연적인 환경에서의 역할놀이 관찰, 자연스럽게 발생하는 행동 관찰, 평준화된 척도의 사용, 그리고 참여자들과 중요한 타인들의 보고가 있다. 그러나 개입들에 대한 평가는 개입성과 유지 및 효과 측정에 어려움이 따를 수 있다는 것을 보여 준다.

만일, 개인의 법적 권리를 확보하거나 응급상황 시 도움요청기술과 같은 표적기술들이 드물게 사용되었다면, 특정 종류의 기술과 결과들이 자연적인 (비실험적인) 환경에 일반화되고 유지될 수 있는지를 결정하는 것은 어렵다. 또 다른 문제는, 도구적 결과물의 성과(예: 선택하기와 사회기술) 유지에 관한 평가는 있으나 습득된 이 기술들이 궁극의 목표들(예: 실제로 선택하고 사회작용을 먼저 시도하기)을 달성시켰는지에 관한 평가가 없다는 점이다. 개입성과의 유지를 평가한 연구들은 공식적인 개입종료 후 모든 참여자들이 자신들의 성과를 유지하지 않았다는 것을 보여 준다. 그러나 이러한 바람직하지 못한 결과의 원인에 대해서는 거의 고찰되지 않았다. 습득한 기술들(예: 사회적 기술, 자기옹호, 여가 및 레크리에이션, 고용, 자기결정)이 다양한 환경으로, 개인에게, 또 상황으로 어느 정도 전이됐는지에 관한 평가는 차이를 보이고 있다. 비록 어떤 평가연구는 개입성과가 다양한 현장과 새로운 일, 자료 그리고 개인들에게 전이되었다고 결론짓고 있으나, 이 개인과 현장들은 주로 개입이 이루어진 같은 기관이거나 조직이었다(예: 학교나 그룹홈). 다른 평가들은 일반화시키기 전에 추가적인 개입의 필요성을 지적한다.

비록 실천가와 연구자들은 개입성과의 유지와 다양한 현장과 맥락으로의 전이를 계획하고 평가해야 하나, 이전에 기술된 한계점들은 다른 문헌의 인지행동개입 연구의 검토와 일관된다(Brown & Odom, 1994; Gresham et al., 2001; Hansen et al., 2000; Harchik, Sherman, & Sheldon, 1992; Stokes & Osnes, 1989). 또한, 이 연구자들은 클라이언트가 개입성과를 유지하고 일반화시킬 수 있는 방안들을 제시한다. 스토케스와 오스네스(Stokes & Osnes)의 제언에 대해서는 추가적인 논의를 해 볼 만하다.

스토케스와 오스네스(1980)는 실천가와 연구자들이 적극적으로 개입성과의 일반화와 유지를 계획하는 데 사용할 수 있는 세 가지 주요 방안들을 확인하였다. 일반적인 방안들은 ① 현재의 기능적 우연성, 특히 자연적인 환경에서의 강화제 활용하기, ② 다양하게 교육하기, ③ 기능적 매개체 활용하기다. 이러한 방안들을 논의한 후, 여러 추가적인 전략들을 간략히 살펴보겠다.

현재의 기능적 우연성 활용하기

첫 번째 방법인 현재의 기능적 우연성(functional contingencies)의 이점 취하기란, 목표로 확인된 행동을 할 가능성을 증가시킬 수 있는 자연스럽게 발생하는 선행사건과 결과를 활용하는 것이다. 문헌에 나오는 대부분의 예들과 앞서 설명된 인지행동개입법들이 이 방법과 일관되며, 이 방법은 일반적으로 자연적인 환경 속의 강화제를 사용한다. 만약 목표 행동들이 수행될 집, 학교, 직장 그리고 지역사회 환경에서 자연스럽게 강화된다면, 이 행동들은 이러한 환경들로 이전되고 유지될 가능성이 더 크다.

실천가와 연구자들은 세 가지 주요전략을 통해 자연스럽게 발생하는 강화제들을 활용할 수 있다. 첫째, 자연스럽게 강화가 될 만한 사건 뒤에 일어날 행동들을 가르친다. 둘째, 강화적인 결과(reinforcing consequences)를 제공할 다른 사람들을 클라이언트가 동원할 수 있도록 가르친다. 셋째, 클라이언트의 일상환경에서 클라이언트에게 강화적인 결과를 줄 수 있는 사람들을 동원한다. 또한, 앞으로 전개될 내용은 선행조건(예: 지지와 자원)을 확실히 준비하는 것의 중요성에 대해 논하고 개입의 성과가 자연스러운 환경에서 유지되고 전이되도록 이러한 도움을 줄 사람들을 동원하는 예들을 제공한다.

만일 개입의 목표, 표적기술, 개입자료들이 사회적으로 타당하다면, 자연스러운 강화적 결과들이 뒤따를 것이다. 예를 들어, 클라이언트가 원하는 여가 및 레크리에이션 활동을 선택하고 자신의 목표를 설정하며 또래에게 받아들여질 수 있는 반응들과 사회적 상호작용기술들을 배운다면, 선택된 활동 수행, 목표 달성, 그리고 이 사회기술과 반응들은 자연스럽게 강화될 것이다. 자연스럽게 발생하는 강화제들에는 기쁨, 만족감, 성취감의 감정들, 긍정적 관심, 그리고 다른 사람들과의 소속감을 포함한다. 이러한 자연발생적인 결과들로 인해 외부 촉진제나 강화제는 종종 중단될 수 있다. 예를 들어, 학교사회복지사는 초기 개입단계에서 장애가 있는 학생들과 그들의 비장애인친구들 간의 사회적 상호작용을 촉진시키고 학생들에게 칭찬을 해 준다. 학생들이 긍정적인 사회적 상호작용을 경험한 후에 실천가는 촉진과 칭찬을 서서히 철회하고, 사회적 상호작용에서 비롯되는 자연스러운 정적 강화제가 행동들을 유지시킨다.

그러나 습득한 사회적 기술, 옹호, 문제해결 그리고 기타 기술들의 사용은 클라이언트나 상호작용에 관계된 다른 사람들을 위해 언제나 자연발생적인 강화작용으로 이어지지 않는다. 예를 들어, 파트너와의 원치 않는 성관계를 거부한 여성은 원하는 관계를 잃을 수 있고, 학습장애가 있는 학생이 중요한 개인적 목표달성에 실패하면 사기저하를 느낄 수 있으며, 장애가 있는 청소년이 비장애또래에게 대화를 시도하려다 웃음거리가 되고 굴욕감을 느낄 수도 있다. 제4장에서 논의된 것처럼, 장애가 있는 학생을 향한 비장애또래의 인식과 태도를 바꿀 수 있는 또래 연계망을 확립하는 것조차 취약한 학생과 그들의 비장애또래들 간의 상호작용을 유지시키고 일반화시키기에는 불충분할 수 있다. 만일 사회적 상호작용이 자연발생적인 결과들로 유지되고 다양한 환경과 또래들로 전이되려면, 사회적 상호작용은 이에 관여된 모든 사람들을 강화시켜야 한다. 개입이 끝난 후에도, 장애가 있는 어떤 학생들의 신체적 · 인지적 능력, 의사소통 능력 또는 레크리에이션이나 여가 활동의 선정은 그들의 비장애또래들에게는 강화작용이 되지 않을 수도 있다.

부정적 결과와 함께, 많은 선행조건들이 취약계층 클라이언트들의 습득한 기술들과 목표달성을 제한할 수 있다. 그러한 요인들에는 정신적 증상을 통제하는 어려움 혹은 더 나빠진 만성질병과 같이 특정 장애와 관련된 문제들을 수반한다. 또한 선택사항, 교통, 특수 장비와 자료들을 찾아내고 제곱하는 것과 같은 기술을 사용하기 위해 필요한 기회, 지지, 지원들을 이용하지 못할지도 모른다. 수치심, 공포, 혹은 타인의 부정적 반응에 대한 예상을 클라이언트가 치료성과를 유지하고 일반화하는 것을 방해할 수도 있다. 다른 문제들로는 광범위한 사회경제적 환경의 변화가 있다. 과거 공적부조의 수혜자였던 사람이 고용을 유지하기를 희망했던 회사가 폐업한 경우가 이에 해당한다.

자연발생적인 강화제 활용의 두 번째 전략은 클라이언트가 강화적인 결과를 제공할 다른 사람들을 동원할 수 있도록 가르치는 것을 포함한다. 이 기법의 여러 예가 이전 장들에서 기술된 개입들에도 등장한다. 실천가는 장애가 있는 클라이언트에게 놀이 및 레크리에이션 상대들을 동원하는 법을 가르치고 장애가 있는 학생이 수업과제를 완수하는 데 있어서 피드백과 칭찬을 해 줄 교사와 또래들을 동원하는 법을 가르쳐 준다. 또한 생산성을 증가시키기 위해, 지적장애가 있는 근로자는 그들의 슈퍼바이저들로부터 칭찬을 이끌어 내는 법을 배운다. 잡클럽 상담사는 집단구성원이 자신들의 구직활동을 강화해 줄 사람들을 동원하는 데 조력한다. 집단운영자는 클라이언트가 습득한 행동(예: 안전한 성적행동)의 이행을 강화할 수 있는 사회적 지지를 발전시키는 것을 돕는다.

또한 이전에 기술된 많은 개입들은 클라이언트가 자신들의 교육, 고용 그리고 다른 개인적 목표 달성을 위해, 일상생활 수행(예: 문 열기, 가게에서 물건 찾기, 도로경계석 오르기)과 응급 시 도움을 요청하기 위해, 그리고 의료 및 정신과적 요구들을 충족시키기 위해 필요한 정보, 자원 및 사회적 지지를 획득하도록 가르친다. 예를 들어, 소수 청소년과 장애가 있는 청소년들은 자신들의 개인적 목표 달성을 위해 잠재적인 조력자들을 동원하는 법을 배운다. 잡클럽 상담사는 집단구성원들이 일자리 정보나 교통과 같은 취업 관련 도움을 줄 수 있는 사람들을 동원하는 법을 가르친다. 임신을 했거나 자녀를 키우는 청소년 그리고 저소득층 개인은 다양한 개인적·경제적 지원을 제공해 줄 자신들의 사회지지망 내의 구성원들을 동원하는 법을 배운다. 중증의 정신장애를 진단받은 환자와 노인들은 의료전문가들로부터 약에 대한 정보를 구하는 법과 병원 예약을 지키는 것을 도와줄 사람들을 동원하는 방법을 배운다. 클라이언트에게 자신들의 일상적인 환경에서 강화적인 경험과 필요한 정보, 원조 그리고 지지를 제공해 줄 수 있는 다른 사람들을 동원하는 기술을 가르치는 것은 개입의 성과를 유지하고 전이시킬 수 있는 결과로 이어질 것이다.

마지막으로, 현재의 기능적 우연성의 활용은 실천가가 클라이언트에게 강화적 결과 및 필수자원과 지지를 제공하기 위해 중요한 타인들을 동원하는 방법을 사용한다. 앞 장들에서도 설명한 것처럼, 실천가는 교사, 또래/동료, 직원, 그리고 돌봄제공자들이 아동·청소년, 그룹홈 거주자, 그리고 시설치료센터의 거주자들에게 다양한 기술들(예: 사회적 기술, 여가, 선택하기)을 가르칠 수 있고, 이 기술들의 수행과 개인적 목표달성을 자연적인 환경에서 강화시키도록 교육시킬 수 있다. 클라이언트 또한 서로를, 예를 들어 게임놀이를 하는 동안 칭찬하도록 교육받는다.

앞 장들에서 기술한 많은 개입들을 시행한 후, 클라이언트가 기술이나 다른 활동들을 계속해서 수행하기 위해서, 실천가는 반드시 서비스 종료 전에 지속적인 지지를 동원해야 한다. 장애가 있는 클라이언트를 위한 개입과 같이 많은 개입들은 특별히 제작된 자료와 방법들(예: 의사소통 책)을 포함하는데, 이는 클라이언트가 목표한 활동들(예: 사회적 상호작용, 여가 및 레크리에이션, 선택하기)을 이행하는 데 필수적이다. 이러한 자료와 방법들은 개입이 실시된 장소와는 매우 상이한 환경과 상황들에 맞추어져야 한다. 개입이 진행되었던 환경이나 상황이 똑같거나 비슷한 곳에서조차도 기술이나 활동들이 유지되려면 특정 형태의 지속적인 지지가 많은 클라이언트에게 필요하다. 예를 들어, 어떤 노인 요양시설 거주자는 자신들의 지속적인 서신교환을 유지하기 위한 수단인 편지쓰기에 도움을 필요로 한다. 선호도 또한 시간이 흐르면서 바뀔 수 있고, 클라이언트는 같은 음식이나 여가 및 레크리에이션 선택 사항에 지루해할 수 있다. 만일 획득한 선택의 자연스러운 강화제를 통해 선택하기가 유지되려면, 직원과 중요한 타인들은 반드시 주기적으로 적절한 선택사항들에 대해 조사하고 제공해야 한다.

이 책에서 소개된 인지행동개입들은 조직, 기관, 지역사회 그리고 주거현장에서 다른 관련 개인들에 관한 개입을 조정할 전략에 관해서는 거의 다루지 않았다. 지적장애가 있는 학생들의 자기결정권을 증진시키 위해 고안된 에이버리 등(Abery et al., 1995)의 복합요소적인 프로그램은 이 학생들의 가족을 개입시킨 학교기반 프로그램의 한 예다. 조현병을 진단받은 클라이언트를 위해 행동기법을 훈련받은 사례관리자를 활용하는 것은 치료현장에서 습득한 사회적 기술들을 클라이언트들의 일상생활에서 유지하고 전이시킬 수 있도록 조정하는 노력의 한 예다. 사례관리자는 다른 치료 관련 직원, 가족구성원, 지역사회 기관들과 함께 클라이언트의 연계자로 활동한다. 그들은 기회를 만들고 클라이언트가 습득한 기술들을 활용했을 때 격려와 강화제를 제공한다. 끝으로, 노인, 발달장애 혹은 중증 정신장애가 있는 개인들, 그리고 다른 관심 있는 사람들에게 정치적 옹호기술을 가르치는 리더십아카데미는 지지, 강화, 그리고 프로그램 성과를 향상시킬 수 있는 전략들을 활용한다. 그중 한 예는 졸업생들이 자신들의 성과와 옹호 의견들을 교환할 목적으로 활용하는 전화회의다. 또한 졸업생들은 소비자 단체에 참여하고, 서로 사회적 네트워크를 형성하고 학회에 참석하는 것과 같이 다양한 지지활동들에 참여하도록 격려받는다.

이제까지 논의된 현재의 기능적 우연성을 활용한 전략들은 클라이언트가 개입성과를 이전시키고 유지하도록 돕는 많은 방안들을 제시하였다. 뿐만 아니라, 이 논의는 추가적인 실천적 함의를 시사한다.

첫째, 실천가는 반드시 클라이언트가 습득한 기술들이 사회적으로 타당하다고 여겨지더라도, 이 기술의 사용으로 올 수 있는 부정적 결과들에 대응할 전략들을 평가하고 클라이언트에게 가르쳐야 한다. 어떤 경우에는 지속적인 지원, 외부적 강화제, 그리고/혹은 변화하는 상황에의 적응이 필요하다.

둘째, 개입들에 관여하는 다른 사람들(예: 직원, 교사, 돌봄제공자)은 반드시 적절히 훈련되어져야 한다.

셋째, 개입절차에 다른 사람들이 관여 하는 경우(예: 교사가 학생들이 특정 사회적 기술을 수행하도록 기회와 강화제를 제공하는 것), 클라이언트가 이러한 개입 없이도 기술들을 유지할 수 있는지 서비스가 종료되기 전에 반드시 평가되어야 한다. 필요하다면, 실천가는 촉진제, 강화제 그리고 자원들과 같이 필요한 지원들이 준비되었는지 확인해야 한다. 끝으로, 개입절차에 참여하는 다른 사람들이 필요한 행동을 하고, 긍정적 강화와 지지 그리고 개입에 필요한 수정을 하려면 그들에게도 보상과 지지가 필요할 수 있다. 예를 들어, 조직 현장에서, 기관 행정가들은 직원이 자신에게 주어진 업무(예: 장애가 있는 거주자들에게 선택권을 주는 것)를 수행하기 위해서 기존의 근무조건에 대한 설명과 평가절차를 수정하고, 지지, 동기부여 그리고 지지회기를 제공해야 할 수도 있다.

다양하게 교육하기

다양하게 교육하기(teaching diversely)는 개입성과를 다양한 환경과 맥락에서 유지 및 일반화시키는 것을 증진시킬 수 있는 스토케스와 오스네스(1989)의 두 번째 방안이다. 즉, 실천가는 개입 조건들을(선행자극, 반응, 결과들을 포함해서) 다양하게 만들어야 하며, 개입에 사용되는 선행사건들 및 결과들은 실제의 사건들과 흡사해야 한다. 이 책에서 설명된 인지행동개입들은 다양하게 교육하기 위한 많은 예제들을 담고 있다.

첫째, 선행사건들은 여러 강사, 연습 상대, 환경 및 자료의 활용으로 다양해진다. 예를 들어, 놀이, 여가, 자기옹호 그리고 면접기술 및 다른 사회적 상호작용을 가르치는 개입들에서 다양한 강사와 또래들이 관여하게 된다. 클라이언트는 학교 내 여러 교실에서 또는 다른 자연적인 환경(예: 식당, 술집, 그룹홈, 개인 주거지)에서 적절한 기술들을 연습한다. 정신과 환자들은 의사를 포함한 많은 사람들과 약 관련 정보 구하기와 협상기술을 역할놀이로 해 보고 연습한다. 노인 클라이언트는 자신들의 약에 관한 정보획득의 기술을 배우기 위해 여러 약사 및 의사들에게 전화를 건다. 장애가 있는 개인들이 도움요청하기 기술을 연습하기 위해 많은 다른 환경에서 다양한 상황들이 연출된다. 여러 다른 자료들과 활동들도 많은 기술 형성 개입들에서 사용된다. 이에는 놀이재료들과 장난감, 여가 및 레크리에이션 활동, 그리고 일자리 지원서가 포함된다. 끝으로, 클라이언트가 목표 기술들을 다양한 자연적인 현장에서 연습하도록 숙제를 내 준다.

둘째, 적절한 사회적 기술들과 관련 반응들의 많은 예들이 기록된 자료, 모델링 및 시연을 통해 개입에 통합된다. 앞 장들에서 설명된 것처럼, 클라이언트는 다양한 반응들을 요하는 역할놀이 상황에서 사회적 기술, 자기옹호기술, 그리고 정치적 기술들을 연습하고, 자연적인 환경에서도 이 반응들을 연습한다. 다른 종류의 강화제들, 예를 들어 사회적, 구체적(물질적), 그리고 먹을 수 있는 강화제들이 다양한 결과에 맞게 사용될 수 있다. 이 강화제들은 다양한 사람들(예: 실천가, 집단구성원, 교사, 부모, 다른 돌봄제공자), 그리고 클라이언트 자신들에 의해 관리될 수 있다.

셋째, 선행사건들은 자연적인 환경과 유사한 상황으로 구성하도록 한다. 따라서 클라이언트가 오직 협소한 상황에서만 목표 행동을 이행하도록 촉진할 가능성을 낮춘다. 스토케스와 오스네스는 이를 '느슨한 훈련(loose training)'이라고 부른다. 자연적인 환경에서 개입을 시행하는 것에는 다양한 자연발생적 사건들과 사회적 반응들이 존재한다는 이점이 있으며, 이는 목표 행동 유지와 다른 환경으로의 전이를 증진시킬 수 있다. 이 책에서 논의된 많은 개입들은 개인주거지, 그룹홈, 식당, 학교, 보호작업장 그리고 일반경쟁고용의 일상적인 환경에서 사용되도록 고안되었다. 선행조건들을 자연적인 환경과 구별되도록 하기 위한 마지막 전략은 인공적 촉진들, 예를 들어 점검장치들, 구두 문구, 사진 신호, 그리고 각본들을 철회하는 것이다.

넷째, 결과(consequences)들은 덜 구별 가능하게 만들어져야 한다. 즉, 개입종료 후에도 개입효과가 되도록 자연스럽게 유지될 수 있도록 한다. 점진적으로 약해지는 강화제 사용 및 인공 강화제(예: 토큰과 먹을 것)와 자연발생하는 강화제를 짝으로 묶어 두고 인공 강화제를 점차적으로 줄여 가는 방법이 결과들을 덜 구별 가능하게 만드는 기법들이다. 예를 들어, 또래는 지적장애가 있는 학생의 놀이행동을 칭찬하고 촉진과 피드백을 사용하도록 교육받는다. 학생들의 기술이 향상됨에 따라, 실천가는 또래들이 점진적으로 칭찬하는 것과 촉진 및 피드백 제공을 그만하게 하는데, 이때 놀이 상호작용에서의 자연적 강화제가 특정 행동을 유지시킬 것으로 기대한다. 결과들을 덜 구별 가능하게 만드는 추가적인 기법들로는 강화제를 늦게 제공하고 자연적인 환경에서의 자발적인 행동의 이행을 강화하는 것이 있다.

기능적 매개체 활용하기

기능적 매개체(functional mediator)의 활용은 개입 성과들을 전이시키고 유지하는 것을 증진시키기 위해 스토케스와 오스네스가 제안한 마지막 방법이다. 기능적 매개체는 자연적인 환경에 있거나, 목표 행동의 일반화를 이루기 위해서 클라이언트가 이행하는 한 사건이다. 또한 기능적 매개체는 개입과 자연스러운 환경에 존재하는 변별자극(discriminatory stimuli)으로 작용한다. 변별자극은 클라이언트가 목표 행동을 해야 할 상황과 맥락을 알아내는 것을 돕는다.

앞 장들에서 고찰한 개입들에는 다른 여러 종류의 기능적 매개체들이 사용되었다. 예를 들어, 응급상황을 나타내는 그림과 같은 물리적 매개체는 도움요청기술들을 촉진시킬 수 있고, 직원이 일하고 사진은 작업행동을 촉진시킬 수 있다. 자연적인 지원도 매개체로 기능할 수 있다. 또래과외, 또래 네트워크, 동료, 그리고 슈퍼바이저들이 다양한 사회적 기술, 놀이기술 그리고 일관련 기술의 전이와 유지에 조력하기 위해서 개입 및 자연스러운 환경에 참여할 수 있다. 또한, 특수제작된 자료들과 장치, 예를 들면 의사소통 책들과 녹음된 의사소통시스템들도 기능적 매개체에 해당된다.

표적행동의 종류(예: 원치 않는 성적 행동의 거부) 혹은 기관 및 조직의 제약때문에 자연적인 환경에서 개입이 시행되지 못할 때, 기능적 매체들을 개입에 통합시킬 수 있다. 클라이언트가 자신의 실제 삶에서 마주칠 가능성이 있는 사람들과 비슷한 사람들을 개입시키는 것이 개입성과의 전이를 촉진할 수 있다. 예를 들어, 장애가 있는 학생이 교육적 편의증진을 받도록 배울 때, 학생은 교직원 및 교수진과 연습하도록 한다. 자연적인 환경에서 접할 수 있는 것들과 동등하거나 매우 유사한 자료들을 사용하는 것도 클라이언트들이 개입 성과를 전이시키는 데 조력할 수 있다. 예를 들어, 지적장애가 있는 성인 클라이언트에게 지역사회 패스트푸드점에서 더 독립적으로 식사하도록 교육하는 개입은 인공적인 현장에서 이루어지지만 실제 식당에서 볼 수 있는 재료들(예: 카운터와 벽에 부착된 메뉴)을 적용한다.

마지막으로, 실천가는 클라이언트에게 기능적 매개체로 사용할 수 있는 다양한 자기중재 기법들에 대해 가르친다. 앞서 언급된 예들은 클라이언트들이 사회적 상호작용과 일을 시작하고 유지하기 위한 자기지시법의 활용을 보여 준다. 예를 들어, 클라이언트는 자신들의 일과 사회적 기술들의 수행을 자기기록, 타이머 그리고 자가 작동하는 음성촉진시스템을 사용하여 스스로를 점검한다. 과제, 주거선호 결정, 그리고 권리침해 시정을 위한 체크리스트, 클라이언트들이 약에 관련된 질문을 하도록 촉진시키는 문서양식, 그리고 클라이언트들이 옹호편지 쓰는 것을 도울 자기조력안내서들을 사용하는 것이 또 다른 예들이다. 클라이언트가 스스로를 강화시키고 자신들의 목표를 설정하고 점검하도록 한다. 문제해결은 사회적 상호작용을 증진시키고 클라이언트가 문제상황에 직면했을 때 그들의 의사들과 함께 대처 전략을 개발하는 것을 도울 수 있다. 이 모든 전략들이 클라이언트가 개입성과를 유지하고, 그들이 거주하며 여가활동을 하고 일하며 배우고, 또 다른 활동을 하는 환경에서 그 성과를 일반화시키는 데 도울 수 있다.

추가전략

스토케스와 오스네스가 주장한 이상의 세 가지 주요방안들 이외에 앞 장들에서 설명된 개입들은 다른 유지 및 일반화 전략을 제시한다. 이에는 재발 방지, 계약하기, 그리고 후속회기 및 지지회기가 있다. 재발 방지를 위해서, 실천가는 클라이언트가 배운 기술, 예를 들어 원치 않는 성적 행위를 거부할 권리를 주장하는 기술을 유지하거나 향상시키는 데 방해가 되는 장애물들을 찾아내고 대비하도록 돕는다. 클라이언트는 목표 행동에 가담하기 위해 계약을 하거나 다짐하고, 실천가는 더 안전한 성적 행동과 같은 행동 유지를 위해 지속적으로 조심할 것과 또래/동료 지지의 중요성에 대해 강조한다.

장애가 있는 클라이언트의 고용주로부터 직장에서의 편의증진에 대한 검토를 요청하는 것과 같은 기술들의 유지 및 전이에 대한 과정을 점검하기 위해서 후속회기들이 시행된다. 실천가는 클라이언트의 기술들을 상기시키기 위해 지지회기를 열고 예기치 못한 상황과 장애물에 대처하도록 돕는다. 이는 습득한 기술과 궁극적인 결과들(예: 개인적 관계 획득)의 유지와 지속적인 향상 가능성을 높일 수 있다. 마지막으로, 클라이언트에게 자신의 기술들을 사용하고 발전시킬 수 있는 기회들이 주어진다. 예를 들어, 리더십아카데미는 졸업생을 위해 모임을 개최하고, 네트워크 기회를 제공하며, 훈련을 시행할 역할을 준다.

이와 같이, 개입성과들의 유지와 전이를 증가시킬 방법들이 있지만, 앞의 논의는 이 영역의 추가적인 연구의 필요성을 시사한다.

첫째, 연구자는 어떤 치료의 성과가 어느 정도로 다른 환경, 개인, 자료, 그리고 맥락으로 전이되었는지, 또한 도구적·궁극적 목표의 성과가 최소 6개월간 지속되었는지 평가하고 보고해야 한다.

둘째, 연구자는 개입성과들의 일반화와 유지를 측정하기 위해서 타당하고 신뢰할 만한 방법들을 개발해야 한다. 이 방법들은 질적측정법과, 신뢰도와 타당도가 검증된 척도, 사전 정의된 기술의 직접적 관찰방법과 같이 더 전통적인, 객관적 측정법 두 가지 모두를 사용해서 개발될 수 있다.

셋째, 유지와 일반화 전략에서 발생할 수 있는 부정적 결과들도 다루어져야 한다. 예를 들어, 잉글리시 등(English et al., 1997)은 '짝꿍(peer buddies)'과 발달장애가 있는 취학 전 아동들 사이에 우정이 쌓이지 않는 주 요인으로 연구자들이 여러 또래 친구들을 개입에 관여시킨, '다양하게 가르치기' 방법을 꼽았다. 돌아가면서 또래를 만나는 것은 우정이 생기기에 충분한 시간을 허락하지 않는다. 넷째, 개입을 다른 여러 환경 안에서 통합시키고 조직하기 위한 효과적인 방법들을 찾아내려면 후속연구가 필요하다.

넷째, 비록 자기관리전략들이 클라이언트가 기술을 배우고 유지하며, 또 다른 환경과 상황으로 옮기는 것을 도울 수는 있으나 후속연구는 반드시 어떤 자기중재전략들이 어떤 행동, 클라이언트 그리고 상황에 적절한지 알아내야 한다. 많은 취약계층 클라이언트에게 적용되는 자기관리전략들의 후속연구를 위한 부분에 대해서는 하칙 등(Harchick et al., 1992)이 논의하였다. 예를 들어, 연구자는 자기관리전략들을 배우는 데 필요한 사전지식, 능력 혹은 기술(예: 언어수준, 인지능력, 숫자를 셀 수 있는 능력, 행동이 일어났는지 알아내는 기술)을 알아내야 한다. 또한 이 연구자들은 특정 절차를 설계하고 선정할 때, 그리고 클라이언트와 관련된 사람들(예: 부모, 스태프, 교사)이 클라이언트에게 자기관리절차를 자연적 환경에서 사용하도록 가르치도록 하는 훈련 방법들을 개발할 때도, 클라이언트들을 개입시킬 것을 주장한다.

이러한 사회적 타당성에 관한 논의가 보여 주듯이, 그리고 학자들이 관찰해 온 것처럼(예: Foster & Mash, 1999), 사회적 타당성은 이분화된 개념(존재하거나 존재하지 않거나)이 아닌, 다양한 방법으로 평가될 수 있는 다차원적 개념이다. 이 책에 나온 예제들은 연구자와 실천가들이 개별화된 사전평가를 시행하고, 사회적으로 적절한 목표, 개입, 그리고 치료성과들을 확립하기 위한 방법들을 개발하고 사용하며, 치료성과가 취약계층 클라이언트가 거주하고, 일하며, 배우고 또 다른 활동을 하는 환경에서 유지되고 전이되도록 보장해야 한다고 제안한다. 끝으로, 목표, 개입, 결과가 사회적으로 타당한 것처럼 보인다 해도, 개입들이 효과적이라는 결론을 내릴 수는 없다. 사회적 타당성이 효과성을 위해 필요할지 모르나, 효과성을 입증하지는 못한다. 연구자들과 실천가들은 개입의 목표 행동의 변화를 측정하는 기존 연구방법들을 사회적 타당성 척도로 보완해야 한다.

맺음말

이 책에서 기술한 인지행동개입들은 취약계층 인구가 겪는 문제들을 해결할 만병통치약이 아니다. 그러나 평가(assessment)에 따라서 취약계층 클라이언트가 임파워먼트 관련 목표들을 달성하도록 돕기 위해 개입들을 단독으로 혹은 다른 형태의 개입들과 함께 사용할 수 있다. 이 목표들에는 사회적 자원 이용하기 및 증가시키기, 경제적 자원 획득, 유지 및 증가시키기, 자기결정권 증진시키기(예: 개인적 목표들을 선정하고 달성하기, 선택하기, 그리고 법적 및 개인적 권리 확보하기), 그리고 조직과 지역사회의 실천과 사회정책과 같이 그들의 삶에 영향을 미치는 거시적 결정에 영향력 행사하기가 있다.

일부 연구자나 실천가들이 사회적 타당성이 결여된 인지행동의 적용을 개발했을지도 모른다. 혹은 이들이 인지행동개입을 불필요하게 취약집단을 통제하고 사회규범에 순응하도록 강요하는 방법으로 사용했을지도 모른다. 그러나 그렇다고 해서, 인재행동개입이 그러한 방식으로 적용되어야 한다는 것을 의미하지는 않는다. 이 책에서 설명된 많은 개입들이 보여 주듯이, 인지행동개입은 희망을 줄 수 있을 뿐만 아니라 복합, 중증 장애가 있는 사람을 포함해서 사회에서 가장 힘이 없는 개인과 집단들에게, 기회, 기술, 자원을 향상시키고 임파워시킬 수 있다. 이 책에서뿐만 아니라 다른 문헌(예: Hurst & Genest, 1995; Lewis, 1994; Martell et al., 2004; McNair, 1996; Organista & Muñoz, 1996)에서 설명된 개입들은 페미니스트, 성적 소수자, 민족적/인종적 소수자에게 서비스를 제공하는 실천가와 연구자들이 페미니스트 철학과 일관되고 취약계층의 문화와 사회정치적 환경에 반응하는 인지행동적용법들을 개발하고 사용할 수 있음을 보여 준다.

약 20년 전에, 하워드 골드스타인(Howard Goldstein, 1990)은 그가 정의한 사회복지 전문직(social work profession)의 역사적 모순을 관찰했다. 즉, 과학적 관점을 적용하면서 사회사업 전문직의 인본주의적 사회적 이상을 완전히 버리지 않았다는 점이다. 그는 두 개의 뚜렷히 다른 방향으로 발전한 전문직을 묘사했다. 하나는 인본주의적 전통의 고수이고, 다른 하나는 과학적 방법의 객관성과 행동심리학 이론을 포함한 사회과학 이론의 적용 시도다. 이 책은 사회복지전문직의 인본주의적인 사회적 이상과, 사회과학 이론들 및 과학적 방법 사이에 내재된 모순이 있는 것은 아니라는 것을 보여 주고자 했다. 전통적인 과학적 방법은 취약 인구를 위한 개입의 효과성을 평가하는 데 사용될 수 있고, 이는 사회적으로 타당한 목표, 개입 그리고 결과를 발전시키기 위해, 또한 치료성과를 유지하고 다른 환경에 적용하기 위해서 질적연구 방법과 결합될 수 있다. 또한 인지행동이론들과 이 이론들이 통상적으로 기반되는 개입들은 사회복지의 직업적 가치 및 인본주의적 전통과 일관된 개인 및 집단목표를 달성하는 데 사용될 수 있다. 사회복지 연구자와 실천가들은 이러한 도전에 대응할 효과적인 방법을 반드시 찾아내야 한다.

참고문헌

Abery, B., Arndt, K., Greger, P., Tetu, L., Eggebeen, A., Barosko, et al. (1994). *Self-determination for youth with disabilities: A family education curriculum.* Institute on Community Integration, University of Minnesota, 102 Pattee Hall, 150 Pillsbury Drive SE, Minneapolis, MN 55455. Ordering information can be found at http://www.ici.umn.edu/products/curricula.html#self

Abery, B., Rudrud, L., Arndt, K., Schauben, L., & Eggebeen, A. (1995). Evaluating a multicomponent program for enhancing the self-determination of youth with disabilities. *Intervention in School and Clinic, 30*, 170-179.

Agran, M. (1997). Student-directed learning: Teaching self-determination skills. Pacific Grove, CA: Brooks/Cole.

Agran, M., & Moore, S. C. (1994). *How to teach self-instruction of job skills.* Washington, DC: American Association on Mental Retardation.

Agran, M., Blanchard, C., & Wehmeyer, M. L. (2000). Promoting transition goals and self-determination through student self-directed learning: The self-determined learning model of instruction. *Education and Training in Mental Retardation and Developmental Disabilities, 35*, 351-364.

Agran, M., Blanchard, C., Wehmeyer, M., & Hughes, C. (2002). Increasing the problem-solving skills of students with developmental disabilities participating in general education. *Remedial and Special Education, 23*, 279-288.

Agran, M., Fodor-Davis, J,. & Moore, S. (1986). The effects of self-instructional training on job-task sequencing: Suggesting a problem-solving strategy. *Education and Training of the Mentally Retarded, 21*, 273-281.

Agran, M., Salzberg, C. L., & Stowitschek, J. J. (1987). An analysis of the effects of a social skills training program using self-instructions on the acquisition and generalization of two social behaviors in a work setting. *Journal of the Association for Persons with Severe Handicaps, 12*, 131-139.

Ahluwalia, I. B., Dodds, J. M., & Baligh, M. (1998). Social support and coping behaviors of low-income families experiencing food insufficiency in North Carolina. *Health Education & Behavior, 25*, 599-612.

Alber, S. R. (2000). Teaching students to recruit positive attention: A review and recommendations. *Journal of Behavioral Education, 10*, 177-204.

Alberti, R. E., & Emmons, M. L. (2001). *Your perfect right: A guide to assertive living* (8th ed.). San Luis Obisop, CA: Impact.

Algozzine, B., Browder, D., Karvonen, M., Test, D. W., & Wood, W. M. (2001). Effects of interventions to promote self-determination for individuals with disabilities. *Review of Educational Research, 71*, 219-277.

Alinsky, S. D. (1971). *Rules for radicals: A practical primer for realistic radicals*. New York: Vintage.

Americans with Disabilities Act of 1990, Pub. L. No. 101-336, 104 Stat. 327 (1991).

Amrine, C., & Bullis, M. (1985). The Job Club approach to job placement: A viable tool? *Journal of Rehabilitation of the Deaf, 19*, 18-23.

Arnold, B. R., & Parrott, R. (1978). Job interviewing: Stress management and interpersonal-skills training for welfare-rehabilitation clients. *Rehabilitation Counseling Bulletin, 22*, 44-52.

Arns, P. G., Martin, D. J., & Chernoff, R. A. (2004). Psychosocial needs of HIV-positive individuals seeking workforce re-entry. *AIDS Care, 16*, 377-386.

Artz, L., Macaluso, M., Kelaghan, J., Austin, H., Fleenor, M., Robey, L., et al. (2005). An international to promote the female condom to sexually transmitted disease clinic patients. *Behavior Modification, 29*, 318-369.

Aspis, S. (1997). Self-advocacy for people with learning difficulties: Does it have a future? *Disability and Society, 12*, 647-654.

Austin, M. J., Coombs, M., & Barr, B. (2005). Community-centered clinical practice: Is the integration of micro and macro social work practice possible? *Journal of Community Practice, 13*, 9-30.

Azrin, N. H., & Besalel, V. A. (1980). *Job-Club counselor's manual: A behavioral approach to vocational counseling*. Baltimore: University Park Press.

Azrin, N. H., & Phillip, R. A. (1979). The Job Club method for the job handicapped: A comparative outcome study. *Rehabilitation Counseling Bulletin, 23*, 144-155.

Azrin, N. H., Flores, T., & Kaplan, S. J. (1975). Job-finding club: A group-assisted program for obtaining employment. *Behaviour Research and Therapy, 13*, 17-27.

Azrin, N. H., Philip, R. A., Thienes-Hontos, P., & Besalel, V. A. (1980). Comparative evaluation of the Job Club program with welfare recipients. *Journal of Vocational Behavior, 16*, 133-145.

Azrin, N. J., & Besalel, V. A. (1980). *Job-Club counselor's manual: A behavioral approach to vocational counseling*. Baltimore: University Park Press.

Baer, D. M., Wolf, M. M., & Risley, T. R. (1987). Some still current dimensions of applied behavior analysis. *Journal of Applied Behavior Analysis, 20*, 313-327.

Baker, P., Leitner, J., & McAuley, W. J. (2001). Preparing future aging advocates: The Oklahoma aging advocacy leadership academy. *The Gerontologist, 41*, 394-400.

Bakos, M., Bozic, R., Chapin, D., & Neuman, S. (1980). Effects of environmental changes on elderly residents' behavior. *Hospital and Community Psychiatry, 31*, 677-682.

Balcazar, F. E. (1993). Intervention research and the empowerment of African-American men. *Journal of Men's Studies, 1*, 277-286.

Balcazar, F. E., Fawcett, S. B., & Seekins, T. (1991). Teaching people with disabilities to recruit help to attain personal goals. *Rehabilitation Psychology, 36*, 31-42.

Balcazar, F. E., Garrate-Serafini, T., & Keys, C. B. (1999). *A road-map for success: Setting goals and recruiting mentors*. Department of Disability and Human Development. Chicago: University of Illinois at Chicago.

Balcazar, F. E., Keys, C. B., & Garate-Serafini, L. (1995). Learning to recruit assistance to attain transition goals: A program for adjudicated youth with disabilities. *Remedial and Special Education, 16*, 237-246.

Balcazar, F. E., Keys, C. B., & Suarez-Balcazar, Y. (2001). Empowering Latinos with disabilities to address issues of independent living and disability rights: A capacity-building approach. *Journal of Prevention &Intervention in the Community, 21*, 53-70.

Balcazar, F. E., Keys, C. B., Bertram, J. F., & Rizzo, T. (1996). Advocate development in the field of developmental disabilities: A data-based conceptual model. *Mental Retardation, 34*, 341-351.

Balcazar, F. E., Majors, R., Blanchard, K. A., Paine, A., Suarez-Balcazar, Y., Fawcett, S. B., et al. (1991). Teaching minority high school students to recruit helpers to attain personal and educational goals. *Journal of Behavioral Education, 4*, 445-454.

Balcazar, F. E., Seekins, T., Fawcett, S. B., & Hopkins, B. L. (1990). Empowering people with physical disabilities through advocacy skills training. *American Journal of Community Psychology, 18*, 281-296.

Bambara, L. M., & Ager, C. (1992). Using self-scheduling to promote self-directed leisure activity in home and community settings. *Journal of the Associationfor Persons with Severe Handicaps, 17*, 67-76.

Bambara, L. M., Koger, F., Katzer, T., & Davenport, T. A. (1995). Embedding choice in the context of daily routines: A experimental case study. *Journal of the Association for Persons with Severe Handicaps, 20*, 185-195.

Bandura, A. (1969). *Principles of behavior modification*. New York: Holt, Rinehart & Winston.

Bandura, A. (1977). *Social learning theory*. Englewood Cliffs, NJ: Prentice-Hall.

Bannerman, D. J., Sheldon, J. B., Sherman, J. A., & Harchik, A. E. (1990). Balancing the right to habilitation with the right to personal liberties: The rights of people with developmental disabilities to eat too many doughnuts and take a nap. *Journal of Applied Behavior Analysis, 23*, 79-89.

Baptiste, D. R., Paikoff, R. L., McKay, M. M., Madison-Boyd, S., Coleman, D., & Bell, C. (2005). Collaborating with an urban community to develop an HIV and AIDS prevention program for black youth and families. *Behavior Modification, 29*, 370-416.

Barbee, J. R., & Keil, E. C. (1973). Experimental techniques of job interview training for the disadvantaged: Videotape feedback, behavior modification and micro-counseling. *Journal of Applied Psychology, 58*, 209-213.

Barth, R. P. (1996). *Reducing the risk: Building skills to prevent pregnancy, STD and HIV* (3rd ed.). Santa Cruz, CA: ETR Associates.

Barth, R. P., & Maxwell, J. S. (1985). Preventing depression and dysfunction among adolescent mothers. In L. D. Gilchrist & S. P. Schinke (Eds.), *Preventing social and health problems through life skills training* (pp. 15-28). Seattle: Center for Social Welfare Research, University of

Washington.

Barth, R. P., & Schinke, S. P. (1984). Enhancing the social supports of teenage mothers. *Social Casework, 65*, 523-531.

Barth, R. P., Middleton, K., & Wagman, E. (1989). A skill building approach to preventing teenage pregnancy. *Theory into Practice, 28*, 183-190.

Barth, R. P., Schinke, S. P., & Maxwell, J. S. (1985). Coping skills training for school-age mothers. *Journal of Social Service Research, 8*, 75-94.

Beaulaurier, R. L., & Taylor, S. H. (2001). Social work practice with people with disabilities in the era of disability rights. *Social Work in Health Care, 32*, 67-91.

Beck, A. T. (1976). *Cognitive therapy and the emotional disorders*. New York: International Universities Press.

Beck, J. S. (1995). *Cognitive therapy: Basics and beyond*. New York: Guilford.

Beebe, D. W., & Risi, S. (2003). Treatment of adolescents and young adults with high-functioning autism or Asperger syndrome. In M. A. Reinecke, F. M. Dattilio, & A. Freeman (Eds.), *Cognitive therapy with children and adolescents: A casebook for clinical practice* (2nd ed., pp. 569-401). New York: Guilford.

Behavior and Social Issues. Edited by M. Mattaini. An online journal that advances the analysis of human social behavior, with an emphasis on issues of social justice and human rights. Available at http://www.bfsr.org/

Belfiore, P. J., Browder, D. M., & Mace, C. (1994). Assessing choice making and preference in adults with profound mental retardation across community and center-based settings. *Journal of Behavioral Education, 4*, 217-225.

Bell, M., Lysaker, P., & Bryson, G. (2003). A behavioral intervention to improve work performance in schizophrenia: Work behavior inventory feedback. *Journal of Vocational Rehabilitation, 18*, 43-50.

Bellack, A. S. (2004). Skills training for people with severe mental illness. *Psychiatric Rehabilitation Journal, 27*, 375-391.

Belle, D. E. (1982). The impact of poverty on social networks and supports. *Marriage and Family Review, 5*, 89-103.

Berger, R. M. (1981). Social interactions in nursing homes. In S. P. Schinke (Ed.), *Behavioral methods in social welfare* (pp. 223-252). New York: Aldine de Gruyter.

Berlin, S. (1980). A cognitive-learning perspective for social work. *Social Service Review, 54*, 537-555.

Berlin, S. B. (2002). *Clinical social work practice: A cognitive-integrative perspective*. New York: Oxford University Press.

Biglan, A., Glasgow, R. E., & Singer, G. (1990). The need for a science of larger social units: A contextual approach. *Behavior Therapy, 21*, 195-215.

Blackman, D. K., Howe, M., & Pinkston, E. M. (1976). Increasing participation in social interaction of the institutionalized elderly. *The Gerontologist, 16*, 69-76.

Blandford, J. M. (2003). The nexus of sexual orientation and gender in the determination of earnings. *Industrial and Labor Relations Review, 56*, 622-642.

Blankstein, K. R., & Segal, Z. V. (2001). Cognitive assessment. In K. S. Dobson (Ed.), *Handbook of cognitive-behavioral therapies* (2nd ed., pp. 40-85). New York: Guilford.

Bloom, D., & Michalopoulos, C. (2001, May). How welfare and work policies affect employment and income: A synthesis of research. Retrieved November 23, 2004, from http://www.financeprojectinfo.org/win/workreq-evals.asp

Bond, G. R. (1992). Vocational rehabilitation. In R. P. Liberman (Ed.), *Handbook of psychiatric rehabilitation* (pp. 244-275). New York: Macmillan.

Bond, G. R. (2004). Supported employment: Evidence for an evidence-based practice. *Psychiatric Rehabilitation Journal, 27*, 345-359.

Braddy, B. A., & Gray, D. O. (1987). Employment services for older job seekers: A comparison of two client-centered approaches. *The Gerontologist, 27*, 565-568.

Breen, C., Haring, T., Pitts-Conway, V., & Gaylord-Ross, R. (1989). The training and generalization of social interaction during breaktime at two job sites in the natural environment. *Journal of the Association for Persons with Severe Handicaps, 10*, 41-50.

Brey, P., Zadny, J. J., Gonzalez-Huss, M. J., & Ament, P. A. (1989). A Job Club at a state hospital. *Behavioral Residential Treatment, 4*, 15-22.

Brieland, D. (1995). Social work practice: History and evolution. In *Encyclopedia of social work* (19th ed., Vol. 3, pp. 2247-2257). New York: NASW Press.

Brinckerhoff, L. C. (1994). Developing effective self-advocacy skills in college-bound students with learning disabilities. *Intervention in School and Clinic, 29*, 229-237.

Briscoe, R. V., Hoffman, D. B., & Bailey, J. S. (1975). Behavioral community psychology: Training a community board to problem solve. *Journal of Applied Behavior Analysis, 8,* 157-168.

Brooks, F., Nackerud, L., & Risler, E. (2001). Evaluation of a job-finding club for TANF recipients: Psychosocial impacts. *Research on Social Work Practice, 11*, 79-92.

Browder, D. M., & Minarovic, T. J. (2000). Utilizing sight words in self-instruction training for employees with moderate mental retardation in competitive jobs. *Education and Training in Mental Retardation and Developmental Disabilities, 35*, 78-89.

Browder, D. M., & Shapiro, E. S. (1985). Applications of self-management to individuals with severe handicaps: A review. *Journal of the Association for Persons with Severe Handicaps, 10*, 200-208.

Browder, D. M., Cooper, K. J., & Lehigh, L. (1998). Teaching adults with severe disabilities to express their choice of settings for leisure activities. *Education and Training in Mental Retardation and Developmental Disabilities, 33*, 228-238.

Brown, F., Belz, P., Corsi, L., & Wenig, B. (1993). Choice diversity for people with severe disabilities. *Education and Training in Mental Retardation, 28*, 318-326.

Brown, M. A., & Munford, A. M. (1983). Life skills training for chronic schizophrenics. *Journal of Nervous and Mental Disease, 171,* 466-470.

Brown, W. H., & Odom, S. L. (1994). Strategies and tactics for promoting generalization and maintenance of young children's social behavior. *Research in Developmental Disabilities, 15*, 99-118.

Browne, C. V. (1995). Empowerment in social work practice with older women. *Social Work, 40*, 358-364.

Bryson, G., Bell, M. D., Lysaker, P., & Zito, W. (1997). The work behavior inventory: A scale for the assessment of work behavior for people with severe mental illness. *Psychiatric Rehabilitation Journal, 20*, 47-55.

Calabrese, D. N., & Hawkins, R. P. (1988). Job-related social skills training with female prisoners. *Behavior Modification, 12*, 3-33.

Cannella, H. I., O'Reilly, M. F., & Lancioni, G. E. (2005). Choice and preference assessment research with people with severe to profound developmental disabilities: A review of the literature. *Research in Developmental Disabilities, 26*, 1-15.

Caplan, R. D., Vinokur, A. D., Price, R. H., & van Ryn, M. (1989). Job seeking reemployment, and mental health: A randomized field experiment in coping with job loss. *Journal of Applied Psychology, 74*, 759-769.

Carey, M. P., Braaten, L. S., Maisto, S. A., Gleason, J. R., Forsyth, A. D., et al. (2000). Using information, motivation enhancement, and skills training to reduce the risk of HIV infection for low-income urban woman: A second randomized clinical trial. *Health Psychology, 19*, 3-11.

Carey, M. P., Maisto, S. A., Kalichman, S. C., Forsyth, A. D., Wright, E. M., & Johnson, B. T. (1997). Enhancing motivation to reduce the risk of HIV infection for economically disadvantaged urban women. *Journal of Consulting and Clinical Psychology, 65*, 531-541.

Carr, E. S. (2003). Rethinking empowerment theory using a feminist lens: The importance of process. *Affilia, 18*, 8-20.

Carr, J. E., Austin, J. L., Britton, L. N., Kellum, K. K., & Bailey, J. S. (1999). An assessment of social validity trends in applied behavior analysis. *Behavioral Interventions, 14*, 223-231.

Cartledge, G., & Milburn, J. F. (Eds.). (1995). *Teaching social skills to children and youth: Innovative approaches*. Boston: Allyn & Bacon.

Casas, J. M. (1988). Cognitive behavioral approaches: A minority perspective. *The Counseling Psychologist, 16*, 106-110.

Cather, C., Penn, D., Otto, M. W., Yovel, I., Mueser, K. T., & Goff, D. C. (2005). A pilot study of functional cognitive behavioral therapy (CfCBT) for schizophrenia. *Schizophrenia Research, 74*, 201-209.

Certo, N., Mezzullo, K., & Hunter, D. (1985). The effect of total task chain training on the acquisition of busperson job skills at a full service community restaurant. *Education and Training of the Mentally Retarded, 20*, 148-156.

Chadsey-Rusch, J., Drasgow, E., Reinoehl, B., Halle, J., & Collet-Klingenberg, L. (1993). Using general-case instruction to teach spontaneous and generalized requests for assistance to learners with severe disabilities. *Journal of the Association for Persons with Severe Handicaps, 18*, 177-187.

Charlop, M. H., & Milstein, J. P. (1989). Teaching autistic children conversational speech using video modeling. *Journal of Applied Behavior Analysis, 22*, 275-282.

Christian, L., & Poling, A. (1997). Using self-management procedures to improve the productivity of adults with developmental disabilities in a competitive employment setting. *Journal of Applied Behavioral Analysis, 30*, 169-172.

Cipani, E. (1990). "Excuse me: I'll have……": Teaching appropriate attention-getting behavior to young children with severe handicaps. *Mental Retardation, 28*, 29-33.

Clarke, S., Dunlap, G., & Stichter, J. P. (2002). A descriptive analysis of intervention research in emotional and behavioral disorders from 1980 through 1999. *Behavior Modification, 26*, 659-683.

Coates, T. J. (1990). Strategies for modifying sexual behavior for primary and secondary prevention of HIV disease. *Journal of Consulting and Clinical Psychology, 58*, 57-69.

Collet-Klingenberg, L., & Chadsey-Rusch, J. (1991). Using a cognitive-process approach to teach social skills. *Education and Training in Mental Retardation, 26*, 258-270.

Community Service Society of New York, 105 East 22nd Street, New York, NY 10010. Available at http://www.cssny.org/index.html

Consumer Concerns Report Method. Lawrence, KS: Research and Training Center on Independent Living, University of Kansas. A report on using this method by the American Indian Disability Technical Assistance Center is available at http://rtcil.org/concerns.htm

Consumer Organization and Networking Technical Assistance Center, P.O. Box 11000, Charleston, WV 25339. Additional information is available at http://www.contac.org

Cooper, K. J., & Browder, D. M. (2001). Preparing staff to enhance active participation of adults with severe disabilities by offering choice and prompting performance during a community purchasing activity. *Research in Developmental Disabilities, 22*, 1-20.

Corrigan, P. W. (1997). Behavior therapyempowers persons with severe mental illness. *Behavior Modification, 21*, 45-61.

Corrigan, P. W., Reedy, P, Thadani, D., & Ganet, M. (1995). Correlates of participation and completion in a Job Club for clients with psychiatric disability. *Rehabilitation Counseling Bulletin, 39*, 42-53.

Council on Social Work Education. (2001). *Educational policy and accreditation standards.* Washington, DC: Author.

Cowger, C. D. (1994). Assessing client strengths: Clinical assessment for client empowerment. *Social Work, 39*, 262-268.

Cowick, B., & Storey, K. (2000). An analysis of functional assessment in relation to students with serious emotional and behaviour disorders. *International Journal of Disability, Development and Education, 47*, 55-75.

Craft, M. A., Alber, S. R., & Heward, W. L. (1998). Teaching elementary students with developmental disabilities to recruit teacher attention in a general educational classroom: Effects on teacher praise and academic productivity. *Journal of Applied Behavior Analysis, 31*, 399-415.

Crouch, K. P., Karlan, G. R., & Rusch, F. R. (1984). Competitive employment: Utilizing the correspondence training paradigm to enhance productivity. *Education and Training of the Mentally Retarded, 19*, 268-275.

Culturally sensitive CBT [Special issue]. (1996). *Cognitive and Behavioral Practice, 13*(4).

Cunconan-Lahr, R., & Brotherson, M. J. (1996). Advocacy in disability policy: Parents and consumers as advocates. *Mental Retardation, 34*, 352-358.

Curl, R. M., & Hall, S. M. (1990). *Put that person to work! A manual for implementors using the coworker transition model*. Logan, UT: Utah State University.

Cuvo, A. J., Leaf, R. B., & Borakove, L. S. (1978). Teaching janitorial skills to the mentally retarded: Acquisition, generalization, and maintenance. *Journal of Applied Behavior Analysis, 11*, 345-355.

Danziger, S., Corcoran, M,. Danziger, S., & Heflin, C. M. (2000). Work, income, and material hardship after welfare reform. *Journal of Consumer Affairs, 34*, 6-30.

Dattilo, J., & Camarata, S. (1991). Facilitating conversation through self-initiated augmentative communication treatment. *Journal of Applied Behavior Analysis, 24*, 369-378.

Davis, C., Brady, M. P., Hamilton, R., McEvoy, M. A., & Williams, R. E. (1994). Effects of high-probability requests on the social interactions of young children with severe disabilities. *Journal of Applied Behavior Analysis, 27*, 619-637.

Davis, C., Salo, L., & Redman, S. (2001). Evaluating the effectiveness of advocacy training for breast cancer advocates in Australia. *European Journal of Cancer Care, 10*, 82-86.

Davis, P., Bates, P., & Cuvo, A. J. (1983). Training a mentally retarded woman to work competitively: Effect of graphic feedback and a changing criterion design. *Education and Training of the Mentally Retarded, 18*, 158-163.

Delamater, R. J., & McNamara, J. R. (1986). The social impact of assertiveness: Research findings and clinical implications. *Behavior Modification, 10,* 139-158.

Dibley, S., & Lim, L. (1999). Providing choice making opportunities within and between daily school routines. *Journal of Behavioral Education, 9*, 117-132.

Dickersin, K., Bruan, L., Mead, M., Millikan, R., Wu, A. M., Pietenpol, J., et al. (2001). Development and implementation of a science training course for breast cancer activists: Project LEAD (leadership, education and advocacy development). *Health Expectations, 4*, 213-220.

Dickerson, F. B. (1998). Strategies that foster empowerment. *Cognitive and Behavioral Practice, 5*, 255-275.

Dickson, M. B. (1979). Job seeking skills program for the blind. *Journal of Visual Impairment and Blindness, 73*, 20-25.

Dickson, M. B., & MacDonell, P. K. (1982). Career clubs for blind job seekers. *Journal of Visual Impairment and Blindness, 76,* 1-4.

Dilk, M. N., & Bond, G. R. (1996). Meta-analytic evaluation of skills training research for individuals with severe mental illness. *Journal of Consulting and Clinical Psychology, 64,* 1337-1346.

Diner, S. J. (1970). Chicago social workers and blacks in the Progressive Era. *Social Service Review, 44*, 393-410.

DiPipi-Hoy, C., & Jitendra, A. (2004). A parent-delivered intervention to teach purchasing skills to young adults with disabilities. *Journal of Social Education, 38*, 144-157.

Dobson, K. S., & Khatri, N. (2000). Cognitive therapy: Looking backward, looking forward. *Journal of Clinical Psychology, 56*, 907-923.

Donohue, B., Acierno, R., Hersen, M., & Van Hasselt, V. B. (1995). Social skills training for depressed, visually impaired older adults: A treatment manual. *Behavior Modification, 19*, 379-424.

Donohue, B., Acierno, R., Van Hasselt, V. B., & Hersen, M. (1995). Social skills training in a depressed, visually impaired older adult. *Journal of Behavior Therapy and Experimental Psychiatry, 26*, 67-75.

Dow, M. G., Verdi, M. B., & Sacco, W. P. (1991). Training psychiatric patients to discuss medication issues: Effects on patient communication and knowledge of medications. *Behavior Modification, 15*, 3-21.

Downing, J. (1987). Conversational skills training: Teaching adolescents with mental retardation to be verbally assertive. *Mental Retardation, 25*, 147-155.

Drake, R. E., McHugo, G. J., Becker, D. R., Anthony, W. A., & Clark, R. E. (1996). The New Hampshire study of supported employment for people with severe mental illness. *Journal of Consulting and Clinical Psychology, 64*, 391-399.

Ducharme, D. E., & Holborn, S. W. (1997). Programming generalization of social skills in preschool children with hearing impairments. *Journal of Applied Behavior Analysis, 30*, 639-651.

Duncan, G. J., & Brooks-Gunn, J. (1997). *Consequences of growing up poor*. New York: Russell Sage Foundation.

DuPage Federation on Human Services Reform, 146 West Roosevelt Rd., Villa Park, IL 60181. Available at http://www.dupagefederation.org/

Durlak, C. M., Rose, E., & Bursuck, W. D. (1994). Preparing high school students with learning disabilities for the transition to postsecondary education: Teaching the skills of self-determination. *Journal of Learning Disabilities, 27*, 51-59.

Dyer, K., Dunlap, G, & Winterling, V. (1990). Effects of choice making on the serious problem behavioral of students with severe handicaps. *Journal of Applied Behavior Analysis, 23*, 515-524.

D'Zurilla, T. J., & Nezu, A. M. (1999). *Problem-solving therapy: A social competence approach to clinical intervention*. New York: Springer.

Eamon, M. K. (2001). Antecedents and socioemotional consequences of physical punishment on children in two-parent families. *Child Abuse &Neglect, 6*, 787-802.

Eamon, M. K. (2005). Social-demographic, school, neighborhood, and parenting influences on the academic achievement of Latino young adolescents. *Journal of Youth and Adolescence, 34*, 163-174.

East, J. F. (2000). Empowerment through welfare-rights organizing: A feminist perspective. *Affilia, 15*, 311-328.

Eckert, S. P. (2000). Teaching the social skill of accepting criticism to adults with developmental disabilities. *Education and Training in Mental Retardation and Developmental Disabilities, 35*, 16-24.

Eifert, G. H., Schulte, D., Zvolensky, M. J., Lejuez, C. W., & Lau, A. W. (1997). Manualized behavior therapy: Merits and challenges. *Behavior Therapy, 28*, 499-509.

Elksnin, L. K., & Elksnin, N. (1991). The school counselor as job search facilitator: Increasing employment of handicapped students through job Clubs. *School Counselor, 38*, 215-220.

Elksnin, L. K., Elksnin, N., & Sabornie, E. (1994). Job-related skills instruction of adolescents with mild mental retardation. *Journal for Vocational Special Needs Education, 17*, 1-7.

Elksnin, N., & Elksnin, L. K. (2001). Adolescents with disabilities: The need for occupational social skills training. *Exceptionality, 9*, 91-105.

Ellis, A. (1992). Rational-emotive approaches to peace. *Journal of Cognitive Psychotherapy: An International Quarterly, 6*, 79-104.

Ellis, A. (1998). *Better, deeper, and more enduring brief therapy*. New York: Brunner/Mazel.

Engleman, K. K., Altus, D. E., & Mathews, R. M. (1999). Increasing engagement in daily activities by older adults with dementia. *Journal of Applied Behavior Analysis, 32,* 107-110.

English, K., Goldstein, H., Shafer, K., & Kaczmarek, L. (1997). Promoting interactions among preschoolers with and without disabilities: Effects of a buddy skills-training program. *Exceptional Children, 63*, 229-243.

Erin, J. N., Dignan, K., & Brown, P. A. (1991). Are social skills teachable? A review of the literature. *Journal of Visual Impairment and Blindness, 85*, 58-61.

Ethnic and cultural diversity in cognitive and behavioral practice [Special issue]. (1996). *Cognitive and Behavioral Practice, 3*(2).

Evans, I. M. (1997). The effect of values on scientific and clinical judgment in behavior therapy. *Behavior Therapy, 28,* 483-493.

Everhart, G., Luzader, M., & Tullos, S. (1980). Assertive skills training for the blind. *Journal of Visual Impairment and Blindness, 74*, 62-65.

Farley, R. C. (1987). Rational behavior problem-solving as a career development intervention for persons with disabilities. *Journal of Rational-Emotive Therapy, 5*, 32-42.

Farley, R. C., & Akridge, R. L. (1987). Training in relationship skills and rehabilitation clients' behavior in career settings. *Rehabilitation Counseling Bulletin, 30*, 148-156.

Faw, G. D., Davis, P. K., & Peck, C. (1996). Increasing self-determination: Teaching people with mental retardation to evaluate residential options. *Journal of Applied Behavior Analysis, 29,* 173-188.

Fawcett, S. B., & Miller, L. K. (1975). Training public speaking behavior: An experimental analysis and social validation. *Journal of Applied Behavior Analysis, 8*, 125-135.

Fawcett, S. B., Mathews, M., & Fletcher, R. K. (1980). Some promising dimensions for behavioral community technology. *Journal of Applied Behavior Analysis, 13*, 505-518.

Fawcett, S. B., Seekins, T., Wang, P. L., Muiu, C, & Suarez de Balcazar, Y. (1984). Creating and using social technologies for community empowerment. *Prevention in Human Services, 3*, 145-171.

Fawcett, S. B., Suarez de Balcazar, Y., Whang-Ramos, P. L., Seekins, T., Bradford, B., & Mathews, R. M. (1988). The concerns report: Involving consumers in planning for rehabilitation and independent living services. *American Rehabilitation, 14*, 17-19.

Fawcett, S. B., White, G. W., Balcazar, F. E., Suarez-Balcazar, Y., Mathews, R. M., Paine-Adres, A., et al. (1994). A contextual-behavioral model of empowerment: Case studies involving people with physical disabilities. *American Journal of Community Psychology, 22*, 471-496.

Fernandez-Ballesteros, R., Izal, M., Diaz, P., Gonzalez, J. L., & Souto, E. (1988). Training of conversational skills with institutionalized elderly: A preliminary study. *Perceptual and Motor Skills, 66,* 923-926.

Field, S. (1996). Self-determination instruction strategies for youth with learning disabilities. *Journal of Learning Disabilities, 29,* 40-52.

Field, S., Martin, J., Miller, R., Ward, M., & Wehmeyer, M. (1998). A *practical guide for teaching self-determination*. Reston, VA: Council for Exceptional Children.

Finn, C. A., & Sladeczek, I. E. (2001). Assessing the social validity of behavioral interventions: A review of treatment acceptability measures. *School Psychology Quarterly, 16*, 176-206.

Fodor, I. G. (1988). Cognitive behavior therapy: Evaluation of theory and practice for addressing women's issues. In M. A. Dutton-Douglas & L. E. Walker (Eds.), *Feminist psychotherapies: Integration of therapeutic and feminist systems* (pp. 91-117). Norwood, NJ: Ablex.

Foss, G., Autry, W. P., & Irvin, L. K. (1989). A comparative evaluation of modeling, problem-solving, and behavioral rehearsal for teaching employment-related interpersonal skills to secondary students with mental retardation. *Education and Training of the Mentally Retarded, 24*, 17-27.

Foster, S. L., & Mash, E. J. (1999). Assessing social validity in clinical treatment research: issues and procedures. *Journal of Consulting and Clinical Psychology, 67*, 308-319.

Foxx, R. M., Faw, G. D., Taylor, S., Davis, P. K., & Fulia, R. (1993). "Would I be able to ……?" Teaching clients to assess the availability of their community living preferences. *American Journal on Mental Retardation, 98*, 235-248.

Foxx, R. M., McMorrow, M. J., Storey, K., & Rogers, B. M. (1984). Teaching social/sexual skills to mentally retarded adults. *American Journal of Mental Deficiency, 89*, 9-15.

Freedberg, S. (1989). Self-determination: Historical perspectives and effects on current practice. *Social Work, 34*, 33-38.

Freedom Self-Advocacy Curriculum. National Mental Health Consumers' Self-Help Clearinghouse, 1211 Chestnut Street, Suite 1207. Philadelphia, PA 19107. Curriculum for conducting three workshops (attitudes, skills, and knowledge) to teach self-advocacy skills to mental health consumers can be downloaded at http://www.mhselfhelp.org/training/view.php?training_id=7.

Furman, W., Geller, M., Simon, S. J., & Kelly, J. A. (1979). The use of a behavior rehearsal procedure for teaching job-interviewing skills to psychiatric patients. *Behavior Therapy, 10*, 157-167.

Galinsky, M. J., Schopler, J. H., Safier, E. J., & Gambrill, E. D. (1978). Assertion training for public welfare clients. *Social Work with Groups, 1*, 365-379.

Galinsky, M. J., Terzian, M. A., & Fraser, M. W. (2006). The art of group work practice with manualized curricula. *Social Work with Groups, 29*, 11-26.

Gambrill, E. (1985). Social skills training with the elderly. In L. L'Abate & M. A. Milan (Eds.), *Handbook of social skills training and research* (pp. 326-357). New York: Wiley.

Gambrill, E. (1994). Concepts and methods of behavioral treatment. In D. K. Granvold (Ed.), *Cognitive and behavioral treatment* (pp. 32-62). Pacific Grove, CA: Brooks/Cole.

Gambrill, E. (1995a). Assertion skills training. In W. O'Donohue & L. Krasner (Eds.), *Handbook of psychological skills training: Clinical techniques and applications* (pp. 81-118). Needham Heights, MA: Allyn & Bacon.

Gambrill, E. (1995b). Behavioral social work: Past, present, and future. *Research on Social Work Practice, 5*, 460-484.

Gambrill, E. (1997). *Social work practice: A critical thinker's guide*. New York: Oxford University Press.

Gaylord-Ross, R., Park, H., Johnston, S., Lee, M., & Goetz, L. (1995). Individual social skills training and co-worker training for supported employees with dual sensory impairment. *Behavior Modification, 19*, 78-94.

Gee, K., Graham, N., Sailor, W., & Goetz, L. (1995). Use of integrated, general education, and community settings as primary contexts for skill instruction for students with severe, multiple disabilities. *Behavior Modification, 19*, 33-58.

German, S. L., Martin, J. E., Marshall, L. H., & Sale, R. P. (2000). Promoting self-determination: Using

Take Action to teach goal attainment. *Career Development for Exceptional Individuals, 23*, 27-38.

Gilchrist, L. D., & Schinke, S. P. (1983). Coping with contraception: Cognitive and behavioral methods with adolescents. *Cognitive Therapy and Research, 7*, 379-388.

Gitterman, A. (Ed.). (1991). *Handbook of social work practice with vulnerable populations*. New York: Columbia University Press.

Glueckauf, R. L., & Quittner, A. L. (1992). Assertiveness training for disabled adults in wheelchairs: Self-report, role-play, and activity pattern outcomes. *Journal of Consulting and Clinical Psychology, 60*, 419-425.

Glynn, S. M., Marder, S. R., Liberman, R. P., Blair, K., Wirshing, W. C., Wirshing, D. A., et al. (2002). Supplementing clinic-based skills training with manual-based community support sessions: Effects on social adjustment of patients with schizophrenia. *American Journal of Psychiatry, 159*, 829-837.

Gold, J. A. (1981). Incorporating cognitive-behavioral techniques into a traditional group work model. *Social Work with Groups, 4*, 79-89.

Goldfried, M. R., & Castonguay, L. G. (1993). Behavior therapy: Redefining strengths and limitation. *Behavior Therapy, 24*, 505-526.

Goldfried, M. R., & D'Zurilla, T. J. (1969). A behavior analytic model for assessing competence. In C. D. Spielberger (Ed.), *Current topics in clinical and community psychology* (pp. 151-196). New York: Academic.

Goldman, B. (1989). Job search strategies for women on welfare. In S. Harlan & R. Steinberg (Eds.), *Job training for women* (pp. 389-413). Philadelphia: Temple University Press.

Goldstein, H. (1990). The knowledge base of social work practice: Theory, wisdom, analogue, or art? *Families in Society: The Journal of Contemporary Human Services, 71*, 32-43.

Goldstein, R. S., & Baer, D. M. (1976). R.S.V.P.: A procedure to increase the personal mail and number of correspondents for nursing home residents. *Behavior Therapy, 7*, 348-354.

Gorey, K. M., Thyer, B. A., & Pawluck, D. E. (1998). Differential effectiveness of prevalent social work practice models: A meta-analysis. *Social Work, 43*, 269-278.

Goroff, N. N. (1983). Social work within a political and social context: The triumph of the therapeutic. In S. Ables & P. Ables (Eds.), *Social work with groups: Proceedings of 1978 symposium* (pp. 133-145). Louisville, KY: Committee for the Advancement of Social Work with Groups.

Granholm, E., McQuaid, J. R., Auslander, L. A., & McClure, F. S. (2004). Group cognitive-behavioral social skills training for older outpatients with chronic schizophrenia. *Journal of Cognitive Psychotherapy: An International Quarterly, 18*, 265-279.

Granvold, D. K. (1994). Concepts and methods of cognitive treatment. In D. K. Granvold (Ed.), *Cognitive and behavioral treatment: Methods and applications* (pp. 3-31). Pacific Grove, CA: Brooks/Cole.

Gray, D. (1983). A Job Club for older job seekers: An experimental evaluation. *Journal of Gerontology, 38*, 363-368.

Gray, D. O., & Braddy, B. A. (1988). Experimental social innovation and client-centered job-seeking programs. *American Journal of Community Psychology, 16*, 325-343.

Greenberg, D., Meyer, R., Michalopoulos, C., & Wiseman, M. (2003). Explaining variation in the effects of Welfare-to-Work programs. *Evaluation Review, 27,* 359-394.

Greenberg, M. H., Levin-Epstein, J., Hutson, R. Q., Ooms, T. J., Schumacher, R., Turetsky, V., et al. (2002). The 1996 welfare law: Key elements and reauthorization issues affecting children. *The Future of Children, 12*, 27-77.

Greif, G. L., & Ephross, P. H. (2005). *Group work with populations at risk* (2nd ed.). Oxford: Oxford University Press.

Gresham, F. M. (2003). Establishing the technical adequacy of functional behavioral assessment: Conceptual and measurement challenges. *Behavioral Disorders, 28*, 282-298.

Gresham, F. M., Mclntyre, L. L., Olson-Tinker, H., Dolstra, L., McLaughlin, V., & Van, M. (2004). Relevance of functional behavioral assessment research for school-based interventions and positive behavioral support. *Research in Developmental Disabilities, 25*, 19-37.

Gresham, F. M., Sugai, G,. Horner, R. H. (2001). Interpreting outcomes of social skills training for students with high-incidence disabilities. *Exceptional Children, 67*, 331-344.

Griffiths, D., Feldman, M. A., & Tough, S. (1997). Programming generalization of social skills in adults with developmental disabilities: Effects on generalization and social validity. *Behavior Therapy, 28*, 253-269.

Groden, G. (1989). A guide for conducting a comprehensive behavioral analysis of a target behavior. *Journal of Behavior Therapy and Experimental Psychiatry, 12*, 163-169.

Grossi, T. A. (1998). Using a self-operated auditory prompting system to improve the work performance of two employees with severe disabilities. *Journal of the Association for Persons with Severe Handicaps, 23*, 149-154.

Grossi, T. A., & Heward, W. L. (1998). Using self-evaluation to improve the work productivity of trainees in a community-based restaurant training program. *Education and Training in Mental Retardation and Developmental Disabilities, 33,* 248-263.

Gutiérrez, L. M. (1990). Working with women of color: An empowerment perspective. *Social Work, 35,* 149-153.

Gutiérrez, L. M., & Ortega, R. (1991). Developing methods to empower Latinos: The importance of groups. *Social Work with Groups, 14*, 23-43.

Hacker, J. S. (2004). Privatizing risk without privatizing the welfare state: The hidden politics of social policy retrenchment in the United States. *American Political Science Review, 98,* 243-260.

Halasz-Dees, M., & Cuvo, A. J. (1986). Teaching a functional leisure skill cluster to rehabilitation clients: The art of macrame. *Applied Research in Mental Retardation, 7,* 79-93.

Halford, W. K., & Hayes, R. (1991). Psychological rehabilitation of chronic schizophrenic patients: Recent findings on social skills training and family psychoeducation. *Clinical Psychology Review, 11*, 23-44.

Hall, C., Sheldon-Wildgen, J., & Sherman, J. (1980). Teaching job interview skills to retarded clients. *Journal of Applied Behavior Analysis, 13*, 433-442.

Hall, J. A., Dineen, J. P., Schlesinger, D. J., & Stanton, R. (2000). Advanced group treatment for developmentally disabled adults with social skill deficits. *Research on Social Work Practice, 10,* 301-326.

Hall, J. A., Schlesinger, D. J., & Dineen, J. P. (1997). Social skills training in groups with developmentlly disabled adults. *Results on Social Work Practice, 7*, 187-201.

Hampton, B. A. M., James, J. E., Wrigley, J. D., & Fullwood, F. C. (1980). Brief social skills training and peer involvement with an isolated resident of a psychiatric rehabilitation center. *Journal of Behavior Therapy and Experimental Psychiatry, 11*, 321-325.

Hansen, D. J., Zamboanga, B. L., & Sedlar, G. (2000). Cognitive-behavioral therapy for ethnic minority adolescents: Broadening our perspectives. *Cognitive and Behavioral Practice, 7,* 54-60.

Hanson, M., Cancel, J., & Rolon, A. (1994). Reducing AIDS risks among dually disordered adults. *Research on Social Work Practice, 4,* 14-27.

Harchik, A. E., Sherman, J. A., & Sheldon, J. B. (1992). The use of self-management procedures by people with developmental disabilities: A brief review. *Research in Developmental Disabilities, 13*, 211-227.

Haring, T. G., & Breen, C. G. (1992). A peer-mediated social network intervention to enhance the social integration of persons with moderate and severe disabilities. *Journal of Applied Behavior Analysis, 25*, 319-333.

Harris, R. M., Bausell, R. B., Scott, D. E., Hetherington, S. E., & Kavanagh, K. H. (1998). An intervention for changing high-risk HIV behaviors of African American drug-dependent women. *Research in Nursing &Health, 21*, 239-250.

Hart, T. A., & Heimberg, R. G. (2001). Presenting problems among treatment-seeking gay, lesbian, and bisexual youth. *Psychotherapy in Practice, 57*, 615-627.

Hasenfeld, Y. (1987). Power in social work practice. *Social Service Review, 61*, 469-483.

Hayden, M. F., & Nelis, T. (2002). Self-advocacy. In R. L. Schalock, P. C. Baker, & M. D. Croser (Eds.), *Embarking on a new century: Mental retardation at the end of the 20th century* (pp. 221-233). Washington, DC: American Association on Mental Retardation.

Haynes, S. N., & O'Brien, W. H. (2000). *Principles and practice of behavioral assessment.* New York: Kluwer Academic/Plenum.

Hays, P. A., & Iwamasa, G. Y. (Eds.). (2006). *Culturally responsive cognitive-behavioral therapy: Assessment, practice, and supervision.* Washington, DC: American Psychological Association.

Heckaman, K., Conroy, M., Fox, J., & Chait, A. (2000). Functional assessment-based intervention research on students with or at risk for emotional and behavioral disorders in school settings. *Behavioral Disorders, 25*, 196-210.

Heimberg, R. G., Cunningham, J., Stanley, J., & Blankenberg, R. (1982). Preparing unemployed youth for job interviews: A controlled evaluation of social skills training. *Behavior Modification, 6,* 299-322.

Henin, A., Otto, M. W., & Reilly-Harrington, R. (2001). Introducing flexibility in manualized treatments: Application of recommended strategies to the cognitive-behavioral treatment of bipolar disorder. *Cognitive and Behavioral Practice, 8*, 317-328.

Henly, J. R., & Lyons, S. (2000). The negotiation of child care and employment demands among low-income parents. *Journal of Social Issues, 56*, 683-706.

Hepler, J. B. (1997). Evaluating a social skills program for children with learning disabilities. *Social Work with Groups, 20*, 21-36.

Hess, R. E., Clapper, C. R., Hoekstra, K., & Gibison, F. P., Jr. (2001). Empowerment effects of teaching leadership skills to adults with a severe mental illness and their families. *Psychiatric Rehabilitation Journal, 24*, 257-265.

Hicks-Coolick, A., & Kurtz, P. D. (1997). Preparing students with learning disabilities for success in postsecondary education: Needs and services. *Social Work in Education, 19*, 31-43.

Hildebrand, R. G., Martin, G. L., Furer, P., & Hazen, A. (1990). A recruitment-of-praise package to increase productivity levels of developmentally handicapped workers. *Behavior Modification, 14*, 97-113.

Hobfoll, S. E., Jackson, A. P., Lavin, J., Britton, P. J., & Shepherd, J. B. (1994). Reducing inner-city women's AIDS risk activities: A study of single, pregnant women. *Health Psychology, 13*, 397-403.

Hollar, D. (2003). A holistic theoretical model for examining welfare reform: Quality of life. *Public Administration Review, 63*, 90-104.

Horner, R. H., & Carr, E. G. (1997). Behavioral support for students with severe disabilities: Functional assessment and comprehensive intervention. *Journal of Special Education, 31*, 84-104.

Hovell, M. F., Hillman, E. R., Blumberg, E., Sipan, C., Atkins, C., Hofstetter, C. R., et al. (1994). A behavioral-ecological model of adolescent sexual development: A template for AIDS prevention. *Journal of Sex Research, 31*, 267-281.

Hovell, M., Blumberg, E., Sipan, C., Hofstetter, C. R., Burkham, S., Atkins, C., et al. (1998). Skills training for pregnancy and AIDS prevention in Anglo and Latino youth. *Journal of Adolescent Health, 23*, 139-149.

Huang, W., & Cuvo, A. J. (1997). Social skills training for adults with mental retardation in job-related settings. *Behavior Modification, 21*, 3-44.

Huber-Marshall, L., Martin, J. E., Maxson, L. L., Hughes, W., Miller, T. L., McGill, T., & Jerman, P. (1999). *Take action: Making goals happen*. Longmont, CO: Sopris West.

Hudson, B., & Macdonald, G. M. (1986). *Behavioral social work: An introduction*. London: Macmillan.

Hughes, C., & Petersen, D. L. (1989). Utilizing a self-instructional training package to increase on-task behavior and work performance. *Education and Training of the Mentally Retarded, 24*, 114-120.

Hughes, C., & Rusch, F. R. (1989). Teaching supported employees with severe mental retardation to solve problems. *Journal of Applied Behavior Analysis, 22*, 365-372.

Hughes, C., Fowler, S. E., Copeland, S. R., Agran, M., Wehmeyer, M. L., & Church-Pupke, P. P. (2004). Supporting high school students to engage in recreational activities with peers. *Behavior Modification, 28*, 3-27.

Hughes, C., Harmer, M. L., Killian, D. J., & Niarhos, F. (1995). The effects of multiple-exemplar self-instructional training on high school students' generalized conversational interactions. *Journal of Applied Behavior Analysis, 28*, 201-218.

Hunt, P., Alwell, M., & Goetz, L. (1990). *Teaching conversation skills to individuals with severe disabilities with a communication book adaptation: Instructional handbook*. Conversation and Social Competence Project. San Francisco: San Francisco State University.

Hunt, P., Alwell, M., Goetz, L., & Sailor, W. (1990). Generalized effects of conversation skill training.

Journal of the Association for Persons with Severe Handicaps, 15, 250-260.

Hunter, J., & Schaecher, R. (1994). AIDS prevention for lesbian, gay, and bisexual adolescents. *Families in Society: The Journal of Contemporary Human Services, 75,* 346-354.

Hunter, P., & Kelso, E. N. (1985). Feminist behavior therapy. *The Behavior Therapist, 10,* 201-204.

Hurst, S. A., & Genest, M. (1995). Cognitive-behavioral therapy with a feminist orientation: A perspective for therapy with depressed women. *Canadian Psychology, 36,* 236-257.

Individuals with Disabilities Education Act of 1990, Pub. L. No. 101-476, Title 20, U.S.C. 1400 et seq.

Iversen, R. R. (1998). Occupational social work for the 21th century. *Social Work, 43,* 551-566.

Iwamasa, G. Y. (1997). Behavior therapy and a culturally diverse society: Forging an alliance. *Behavior Therapy, 28,* 347-355.

Jacobs, H. E., Collier, R., & Wissusik, D. (1992). The job-finding module: Training skills for seeking competitive community employment. *New Directions for Mental Health Services, 53,* 105-115.

Jacobs, H. E., Kardashian, S., Kreinbring, R. K., Ponder, R., & Simpson, A. R. (1984). A skills-oriented model for facilitating employment among psychiatrically disabled persons. *Rehabilitation Counseling Bulletin, 28,* 87-96.

Johnson-Masotti, A. P., Pinkerton, S. D., Kelly, J. A., & Stevenson, L. Y. (2000). Cost-effectiveness of an HIV risk reduction intervention for adults with severe mental illness. *AIDS Care, 12,* 321-332.

Jolly, A. C., Test, D. W., & Spooner, F. (1993). Using badges to increase initiations of children with severe disabilities in a play setting. *Journal of the Association for Persons with Severe Handicaps, 18,* 46-51.

Jung, R. S., & Jason, L. A. (1998). Job interview social skills training for Asian-American immigranss. *Journal of Human Behavior in the Social Environment, 1,* 11-25.

Kahn, S. (1970). *How people get power: Organizing oppressed communities for action.* New York: McGraw-Hill.

Kalichman, S. C. (1998). *Preventing AIDS: A sourcebook for behavioral interventions.* Mahwah, NJ: Erlbaum.

Kalichman, S. C., Sikkema, K. J., Kelly, J. A., & Bulto, M. (1995). Use of a brief behavioral skills intervention to prevent HIV infection among chronic mentally ill adults. *Psychiatric Services, 46,* 275-280.

Kamps, D. M., Potucek, J., Lopez, A. G., Kravits, T., & Kemmerer, K. (1997). The use of peer networks across multiple settings to improve social interaction for students with autism. *Journal of Behavioral Education, 7,* 335-357.

Kantrowitz, R. E., & Ballou, M. (1992). A feminist critique of cognitive-behavioral therapy. In L. S. Brown & M. Ballou (Eds.), *Personality and psychopathology: Feminist reappraisals* (pp. 70-87). New York: Guilford.

Kaplan, H., Hemmes, N. S., Motz, P., & Rodriguez, H. (1996). Self-reinforcement and persons with developmental disabilities. *Psychological Record, 46,* 161-178.

Karvonen, M., Test, D. W., Wood, W. M., Browder, D., & Algozzine, B. (2004). Putting self-determination into practice. *Exceptional Children, 71,* 23-41.

Kazantzis, N., Pachana, N. A., & Secker, D. L. (2003). Cognitive-behavioral therapy for older adults:

Practice guidelines for the use of homework assignments. *Cognitive and Behavioral Practice, 10*, 324-332.

Kazdin, A. E. (2001). *Behavior modification in applied settings* (6th ed.). Pacific Grove, CA: Brooks/Cole.

Kazdin, A. E., & Weisz, J. R. (Ed.). (2003). *Evidence-based psychotherapies for children and adolescents*. New York: Guilford.

Kearney, C. A., & McKnight, T. J. (1997). Preference, choice, and persons with disabilities: A synopsis of assessments, interventions, and future directions. *Clinical Psychology Review, 17*, 217-238.

Kearney, C. A., Bergan, K. P., & McKnight, T. J. (1998). Choice availability and persons with mental retardation: A longitudinal and regression analysis. *Journal of Developmental and Physical Disabilities, 10*, 291-305.

Kelly, J. A., & Murphy, D. A. (1992). Psychological interventions with AIDS and HIV: Prevention and treatment. *Journal of Consulting and Clinical Psychology, 60,* 576-585.

Kelly, J. A., McAuliffe, T. L., Sikkema, K. J., Murphy, D. A., Somlai, A. M., Mulry, G., et al. (1997). Reduction in risk behavior among adults with severe mental illness who learned to advocate for HIV prevention. *Psychiatric Services, 48*, 1283-1288.

Kelly, J. A., Murphy, D. A., Washington, C. D., Wilson, T. S., Koob, J. J., Davis, D. R., et al. (1994). The effects of HIV/AIDS intervention groups for high-risk women in urban clinics. *American Journal of Public Health, 84*, 1918-1922.

Kelly, J. A., St. Lawrence, J. S., Hood, H. V., & Brasfield, T. L. (1989). Behavioral intervention to reduce AIDS risk activities. *Journal of Consulting and Clinical Psychology, 57*, 60-67.

Kelly, J. A., Urey, J. r., & Patterson, J. T. (1980). Improving heterosocial conversational skills of male psychiatric patients through a small group training procedure. *Behavior Therapy, 11,* 179-188.

Kelly, J. A., Wildman, B. G., & Berler, E. S. (1980). Small group behavioral training to improve the job interview skills repertoire of mildly retarded adolescents. *Journal of Applied Behavior Analysis, 13*, 461-471.

Kelly, J. L., Laughlin, C., Claiborne, M., & Patterson, J. (1979). A group procedure for teaching job interviewing skills to formerly hospitalized psychiatric patients. *Behavior Therapy, 10,* 299-310.

Kendall, P. C., Chu, B., Gifford, A., Hayes, C., & Nauta, M. (1998). Breathing life into a manual: Flexibility and creativity with manual-based treatments. *Cognitive and Behavioral Practice, 5*, 177-198.

Kennedy, C. H. (2002). The maintenance of behavior change as an indicator of social validity. *Behavior Modification, 26,* 594-604.

Kennedy, C. H., & Haring, T. G. (1993). Teaching choice making during social interactions to students with profound multiple disabilities. *Journal of Applied Behavior Analysis, 26,* 63-76.

Keogel, L. K., Koegel, R. L., Hurley, C., & Frea, W. D. (1992). Improving social skills and disruptive behavior in children with autism through self-management. *Journal of Applied Behavior Analysis, 25*, 341-353.

Keogh, D. A., Faw, G. D., Whitman, T. L., & Reid, D. H. (1984). Enhancing leisure skills in severely retarded adolescents through a self-instructional treatment package. *Analysis and Intervention in Developmental Disabilities, 4,* 333-351.

Kern, R. S., Liberman, R. P., Kopelowicz, A., Mintz, J., & Green, M. F. (2002). Applications of errorless learning for improving work performance in persons with schizophrenia. *American Journal of Psychiatry, 159*, 1921-1926.

Kim, R. Y. (2000). Factors associated with employment status of parents receiving Temporary Assistance for Needy Families. *Social Work Research, 24*, 211-222.

King, G. A., Specht, J. A., Schultz, I., Warr-Leeper, G., Redekop, W., & Risebrough, N. (1997). Social skills training for withdrawn unpopular children with physical disabilities: A preliminary evaluation. *Rehavilitation Psychology, 42*, 47-60.

Klebanov, P. K., Brooks-Gunn, J., & Duncan, G. J. (1994). Does neighborhood and family poverty affect mothers' parenting, mental health and social support? *Journal of Marriage and the Family, 56*, 441-455.

Konarski, E. A., Jr., Johnson, M. R., & Whitman, T. L. (1980). A systematic investigation of resident participation in a nursing home activities program. *Journal of Behavior Therapy and Experimental Psychiatry, 11,* 249-257.

Kondrat, M. E. (1995). Concept, act, and interest in professional practice: Implications of an empowerment perspective. *Social Service Review, 69*, 405-428.

Kopelowicz, A. (1998). Adapting social skills training for Latinos with schizophrenia. *International Review of Psychiatry, 10*, 47-50.

Kopels, S. (1995). The Americans with Disabilities Act: A tool to combat poverty. *Journal of Social Work Education, 31*, 337-346.

Krantz, P. J., & McClannahan, L. E. (1998). Social interaction skills for children with autism: A script-fading procedure for beginning readers. *Journal of Applied Behavior Analysis, 31*, 191-202.

Kregel, J., Wehman, P., & Banks, P. D. (1989). The effects of consumer characteristics and type of employment model on individual outcomes in supported employment. *Journal of Applied Behavior Analysis, 22,* 407-415.

Lagomarcino, T. R., Hughes, C., & Rusch, F. R. (1989). Utilizing self-management to teach independence on the job. *Education & Training in Mental Retardation and Developmental Disabilities, 24*, 139-148.

Lancaster, P. E., Schumaker, J. B., & Deshler, D. D. (2002). The development and validation of an interactive hypermedia program for teaching a self-advocacy strategy to students with disabilities. Le*arning Disability Quarterly, 25*, 227-302.

Lancioni, G. E., O'Reilly, M. F., & Emerson, E. (1996). A review of choice research with people with severe and profound developmental disabilities. *Research in Developmental Disabilities, 17*, 391-411.

Latimer, P. R., & Sweet, A. A. (1984). Cognitive versus behavioral procedures in cognitive-behavior therapy: A critical review of the evidence. *Journal of Behavior Therapy and Experimental Psychiatry, 15*, 9-22.

Laushey, K. M., & Heflin, L. J. (2000). Enhancing social skills of kindergarten children with autism through the training of multiple peers as tutors. *Journal of Autism and Developmental Disorders, 30*, 183-193.

LeBlanc, L. A., & Matson, J. L. (1995). A social skills training program for preschoolers with developmental delays. *Behavior Modification, 19*, 234-246.

LeCroy, C. W. (2006). Social skills training in school settings: Some practical considerations. In R. Constable, C. R. Massat, S. McDonald, & J. P. Flynn (Eds.), *School social work: Practice, policy, and research* (6th ed., pp. 599-617). Chicago: Lyceum.

Lee, J. A. B. (1996). The empowerment approach to social work practice. In F. J. Turner (Ed.), *Social work treatment: Interlocking theoretical approaches* (4th ed., pp. 218-249). New York: Free Press.

Lee, S., Simpson, R. L., & Shogren, K. A. (2007). Effects and implications of self-management for students with autism: A meta-analysis. *Focus on Autism and Other Developmental Disabilities, 22*, 2-13.

Lemanek, K. L., Williamson, D. A., Gresham, F. M., & Jensen, B. J. (1986). Social skills training with hearing-impaired children and adolescents. *Behavior Modification, 10*, 55-71.

Leslie, J. C. (1997). Ethical implications of behavior modification: Historical and current issues. *Psychological Record, 47*, 637-648.

Levine, O. H., Britton, P. J., James, T. C., Jackson, A. P., Hobfoll, S. E., & Lavin, J. P. (1993). The empowerment of women: A key to HIV prevention. *Journal of Community Psychology, 21*, 320-334.

Lewis, S. Y. (1994). Cognitive-behavioral therapy. In L. Comas-Díaz & B. Greene (Eds.), *Women of color: Integrating ethnic and gender identities in psychotherapy* (pp. 223-238). New York: Guilford.

Liberman, R. P., & Corrigan, P. W. (1939). Designing new psychosocial treatments for schizophrenia. *Psychiatry, 56*, 238-249.

Liberman, R. P., & Kopelowicz, A. (2002). Teaching persons with severe mental disabilities to be their own case managers. *Psychiatric Services, 53*, 1377-1379.

Liberman, R. P., DeRisi, W. J., & Mueser, K. T. (1989). *Social skills training for psychiatric patients*. New York: Pergamon.

Liberman, R. P., Eckman, T. A., & Marder, S. R. (2001). Training in social problem solving among persons with schizophrenia. *Psychiatric Services, 52*, 31-33.

Liberman, R. P., Glynn, S., Blair, K. E., Ross, D., & Marder, S. R. (2002). In vivo amplified skills training: Promoting generalization of independent living skills for clients with schizophrenia. *Psychiatry, 65*, 137-155.

Liberman, R. P., Wallace, C. J., Blackwell, G., Eckman, T. A., Vaccaro, J. V., & Kuehnel, T. G. (1993). Innovations in skills training for the seriously mentally ill: The UCLA social and independent living skills modules. *Innovations and Research, 2*, 43-60.

Liberman, R. P., Wallace, C. J., Blackwell, G., Kopelowicz, A., Vaccaro, J. V., & Mintz, J. (1998). Skills training versus psychosocial occupational therapy for persons with persistent schizophrenia. *American Journal of Psychiatry, 155*, 1087-1091.

Likins, M., Salzerg, C. L., Stowitschek, J. J., Kraft, B. L., & Curl, R. (1989). Co-worker implemented job training: The use of coincidental training and quality-control checking on the food preparation skills of trainees with mental retardation. *Journal of Applied Behavior Analysis, 22*, 381-393.

Lindstrom, L. E., Benz, M. R., & Johnson, M. D. (1996). Developing Job Clubs for students in transition. *Teaching Exceptional Children, 29*, 18-21.

Linhorst, D. M., & Eckert, A. (2003). Conditions for empowering people with severe mental illness. *Social Service Review, 77,* 279-305.

Linsk, N., Howe, M. W., & Pinkston, E. M. (1975). Behavioral group work in a home for the aged. *Social Work, 20,* 454-463.

Lock, R., & Layton, C. (2001). Succeeding in postsecondary ed through self-advocacy. *Teaching Exceptional Children, 34,* 66-71.

Lohrmann-O'Rourke, S., & Browder, D. M. (1998). Empirically based methods to assess the preferences of individuals with severe disabilities. *American Journal on Mental Retardation, 103,* 146-161.

Lohrmann-O'Rourke, S., Browder, D. M., & Brown, F. (2000). Guidelines for conducting socially valid systematic preference assessments. *Journal of the Association for Persons with Severe Handicaps, 25,* 42-53.

Long, D. A. (2001). From support to self-sufficiency: How successful are programs in advancing the financial independence and well-being of welfare recipients? *Evaluation and Program Planning, 24,* 389-408.

Lovett, D. L., & Harris, M. B. (1987). Important skills for adults with mental retardation: The client's point of view. *Mental Retardation, 25,* 351-356.

Low, K. G., Joliceour, M. R., Colman, R. A., Stone, L. E., Fleisher, C. L., et al. (1994). Women participants in research: Assessing progress. *Women &Health, 22,* 79-98.

Luthar, S. S. (1999). *Poverty and children's adjustment.* Thousand Oaks, CA: Sage.

Lynn, L. E. (2002). Social services and the state: The public appropriation of private charity. *Social Service Review, 76,* 58-82.

MacDonald, G., Sheldon, B., & Gillespie, J. (1992). Contemporary studies of the effectiveness of social work. *British Journal of Social Work, 22,* 615-643.

Marder, S. R., Wirshing, W. C., Mintz, J., McKenzie, J., Johnston, K., Eckman, T. A., et al. (1996). Two-year outcome of social skills training and group psychotherapy for outpatients with schizophrenia. *American Journal of Psychiatry, 153,* 1585-1592.

Margolin, L. (1997). *Under the cover of kindness: The invention of social work.* Charlottesville, VA: University Press of Virginia.

Marschall, M. J. (2001). Does the shoe fit? Testing models of participation for African-American and Latino involvement in local politics. *Urban Affairs Review, 37,* 227-248.

Martell, C. R., Safren, S. A., & Prince, S. E. (2004). Cognitive behavioral assessment. In C. R. Martell, S. A. Safren, & S. E. Prince (Eds.), *Cognitive-behavioral therapies with lesbian, gay, and bisexual clients* (pp. 18-37). New York: Guilford.

Martin, G. L. (1995). A staff manual to help developmentally disabled persons improve their work habits and productivity. *Behavior Modification, 19,* 325-338.

Martin, G., & Hrydowy, E. R. (1989). Self-monitoring and self-managed reinforcement procedures for improving work productivity of developmentally disabled workers: A review. *Behavior Modification, 13,* 322-339.

Martin, G., Pallotta-Cornick, A., Johnstone, G., & Goyos, A. C. (1980). A supervisory strategy to improve work performance for lower functioning retarded clients in a sheltered workshop.

Journal of Appled Behavior Analysis, 13, 183-190.

Martin, J. E., Marshal, L. H., Maxson, L. L., & Jerman, P. (1993a). *Student workbook: Self-directed IEP*. Colorado Springs: University of Colorado at Colorado Springs.

Martin, J. E., Marshal, L. H., Maxson, L. L., & Jerman, P. (1993b). *Teacher's manual for the self-directed IEP video and workbook*. Colorado Springs: University of Colorado at Colorado Springs.

Marwell, N. P. (2004). Privatizing the welfare state: Nonprofit community-based organizations as political actors. *American Sociological Review, 69*, 265-291.

Mathews, R. M. (1984). Teaching employment interview skills to unemployed adults. *Journal of Employment Counseling, 21*, 156-161.

Mathews, R. M., & Fawcett, S. B. (1984). Building the capacities of job candidates through behavioral instruction. *Journal of Community Psychology, 12*, 123-129.

Mathews, R. M., & Fawcett, S. B. (1985). Assisting in the job search: A behavioral assessment and training strategy. *Journal of Rehabilitation, 51*, 31-35.

Mathews, R. M., Whang, P. L., & Fawcett, S. B. (1984). *Learning job-finding skills*. Lawrence, KS: Research and Training Center on Independent Living, University of Kansas. Available at http://www.rtcil.org/products/index.shtml

Mathews, R. M., Whang, P. L., & Fawcett, S. B. (1984). *Occupational skills assessment instrument: Monograph 17*. Lawrence, KS: Research and Training Center on Independent Living, University of Kansas.

Mathur, S. R., & Rutherford, R. B., Jr. (1996). Is social skills training effective for students with emotional or behavioral disorders? Research issues and needs. *Behavioral Disorders, 22*, 21-28.

matson, J. A., & Adkins, J. (1980). A self-instructional social skills training program for mentally retarded persons. *Mental Retardation, 18*, 245-248.

Matson, J. L., & Andrasik, F. (1982). Training leisure-time social-interaction skills to mentally retarded adults. *American Journal of Mental Deficiency, 86*, 533-542.

Mattaini, M. A. (1993). Behavior analysis and community practice: A review. *Research on Social Work Practice, 3*, 420-447.

Mattaini, M. A. (1997). *Clinical practice with individuals*. Washington, DC: NASW Press.

Mattaini, M. A., & Thyer, B. A. (Eds.). (1996). *Finding solutions to social problems: Behavioral strategies for change*. Washington, DC: American Psychological Association.

McClannahan, L. E., & Krantz, P. J. (2004). Some guidelines for selecting behavioral intervention programs for children with autism. In H. E. Briggs & T. L. Rzepnicki (Eds.), *Using evidence in social work practice: Behavioral perspectives* (pp. 92-103). Chicago: Lyceum.

McClannahan, L. E., & Risley, T. R. (1975). Design of living environments for nursing home residents: Increasing participation in recreation activities. *Journal of Applied Behavior Analysis, 8*, 261-268.

McCuller, G. L., Salzberg, C. L., & Kraft, B. L. (1987). Producing generalized job initiative in severely mentally retarded sheltered workers. *Journal of Applied Behavior Analysis, 20*, 413-420.

McDonnell, J., Nofs, D., Hardman, M., & Chambless, C. (1989). An analysis of the procedural components of supported employment programs associated with employment outcomes. *Journal of Applied Behavior Analysis, 22*, 417-428.

McEvoy, M. A., Nordquist, V. M., Twardosz, S., Heckaman, K. A., Wehby, J. H., & Denny, R. K. (1988). Promoting autistic children's peer interaction in an integrated early childhood setting using affection activities. *Journal of Applied Behavior Analysis, 21*, 193-200.

McLeod, J. D., & Kessler, R. C. (1990). Socioeconomic status differences in vulnerability to undersirable life events. *Journal of Health and Social Behavior, 31,* 162-172.

McMahon, C. M., Wacker, D. P., Sasso, G. M., Berg, W. K., & Newton, S. M. (1996). Analysis of frequency and type of interactions in a peer-mediated social skills intervention: Instruction vs. social interactions. *Education and Training in Mental Retardation and Developmental Disabilities, 31*, 339-352.

McNair, L. D. (1996). African American women and behavior therapy: Integrating theory, culture, and clinical practice. *Cognitive and Behavioral Practice, 3*, 337-349.

McNally, R. J., Kompik, J. J., & Sherman, G. (1984). Increasing the productivity of mentally retarded workers through self-management. *Analysis and Intervention in Developmental Disabilities, 4,* 129-135.

Meichenbaum, D. (1993). Stress inoculation training: A twenty year update. In R. L. Woolfolk & P. M. Lehrer (Eds.), *Principles and practices of stress management* (2nd ed., pp. 373-406). New York: Guilford.

Meichenbaum, D. H., & Goodman, J. (1971). Training impulsive children to talk to themselves: A means of developing self control. *Journal of Abnormal Psychology, 77*, 115-126.

Melin, L., & Götestam, K. G. (1981). The effects of rearranging ward routines on communication and eating behaviors of psychogeriatric patients. *Journal of Applied Behavior Analysis, 14*, 47-51.

Mennuti, R. B., Freeman, A., & Christner, R. W. (Eds.). (2006). *Cognitive-behavioral interventions in educational settings: A handbook for practice*. New York: Routledge.

Meyer, L. H., & Evans, I. M. (1993). Science and practice in behavioral intervention: Meaningful outcomes, research validity, and usable knowledge. *Journal of the Association for Persons with Severe Handicaps, 18*, 224-234.

Michalopoulos, C., Schwartz, C., & Adams-Ciardullo, D. (2000, August). *National evaluation of Welfare-to-Work strategies. What works best for whom: Impacts of 20 Welfare-to-Work programs by subgroup*. New York: Manpower Demonstration Research Corporation.

Mickelson, K. D., & Kubzansky, L. D. (2003). Social distribution of social support: The mediating role of life events. *American Journal of Community Psychology, 32,* 265-281.

Miller, L. K., & Miller, O. L. (1970). Reinforcing self-help gorup activities of welfare recipients. *Journal of Applied Behavior Analysis, 3*, 57-64.

Miller, M. C., Cooke, N. L., Test, D. W., & White, R. (2003). Effects of friendship circles on the social interactions of elementary age students with mild disabilities. *Journal of Behavioral Education, 12,* 167-184.

Mithaug, D. E., Wehmeyer, M., Agran, M., Martin, J. E., & Palmer, S. (1998). The self-determined learning model of teaching: Engaging students to solve their learning problems. In M. Wehmeyer & D. J. Sand (Eds.), *Making it happen: Student involvement in educational planning, decision-making and instruction* (pp. 299-328). Baltimore: Paul Brookes.

Moes, D. R. (1998). Integrating choice-making opportunities within teacher-assigned academic tasks to facilitate the performance of children with autism. *Journal of the Association for Persons with Severe Handicaps, 23,* 319-328.

Montague, M. (1988). Job-related social skills training for adolescents with handicaps. *Career Development for Exceptional Individuals, 11,* 26-41.

Moore, S. C., Agran, M., & Fodor-Davis, J. (1989). Using self-management strategies to increase the production rates of workers with severe handicaps. *Education and Training in Mental Retardation and Developmental Disabilities, 24,* 324-332.

Mor-Barak, M. E., & Tynan, M. (1993). Older workers and the workplace: A new challenge for occupational social work. *Social Work, 38,* 45-55.

Morgan, R. L., & Salzberg, C. L. (1992). Effects of video-assisted training on employment-related social skills of adults with severe mental retardation. *Journal of Applied Behavior Analysis, 25,* 365-383.

Mosley, J., & Tiehen, L. (2004). The food safety net after welfare reform: Use of private and public food assistance in the Kansas City metropolitan area. *Social Service Review, 78,* 267-283.

Msall, M. E., Avery, R. C., Tremont, M. R., Lima, J. C., Rogers, M. L., & Hogan, D. P. (2003). Functional disability and school activity limitations in 41300 school-age children: Relationship to medical impairments. *Pediatrics, 111,* 548-553.

Mueser, K. T., Foy, D. W., & Carter, M. J. (1986). Social skills training for job maintenance in a psychiatric patient. *Journal of Counseling Psychology, 33,* 360-362.

Murphy, V. B., & Christner, R. W. (2006). A cognitive-behavioral case conceptualization approach for working with children and adolescents. In R. B. Mennuti, A. Freeman, & R. W. Christner (Eds.), *Cognitive-behavioral interventions in educational settings: A handbook for practice* (pp. 37-62). New York: Routledge.

Myers, L. L., & Thyer, B. A. (1997). Social work practice with deaf clients: Issues in culturally competent assessment. *Social Work in Health Care, 26,* 61-76.

National Association of Social Workers. (1999). *Code of ethics of the National Association of Social Workers.* Washington, DC: Author.

National Association of Social Workers. (2000). *Social work speaks: National Association of Social Workers policy statements, 2000-2003* (5th ed.). Washington, DC: NASW Press.

National Breast Cancer Coalition, 1101 17th St., NW, Suite 1300, Washington, DC 20036. Additional information on the NBCC is available at http://www.natlbcc.org/, on Project LEAD at http://www.natlbcc.org/bin/index.asp?strideq552&depid=18&btnid=7, and on the Annual Advocacy Conference at http://www.natlbcc.org/bin/index.asp?strid=713&depid=7&btind=2

Nietupski, J., & Svoboda, R. (1982). Teaching a cooperative leisure skill to severely handicapped adults. *Education and Training in Mental Retardation and Developmental Disabilities, 17,* 38-43.

Nietupski, J., Hamre-Nietupski, S., Green, K., Varnum-Teeter, K., Twedt, B., LePera, D., et al. (1986). Self-initiated and sustained leisure activity participation by students with moderate/severe handicaps. *Education and Training in Mental Retardation and Developmental Disabilities, 21,* 259-264.

Norman, J. L. (1996). Culturally sensitive implementation of cognitive therapy in treating depression. *Journal of Multicultural Social Work, 4,* 75-88.

Nyamathi, A., Flaskerud, J., Keenan, C., & Leake, B. (1998). Effectiveness of a specialized vs. traditional AIDS education program attended by homeless and drug-addicted women alone or with supportive persons. *AIDS Education and Prevention, 10*, 433-446.

O'Reilly, M. F., & Chadsey-Rusch, J. (1992). Teaching a social skills problem-solving approach to workers with mental retardation: An analysis of generalization. *Education and Training in Mental Retardation and Developmental Disabilities, 27*, 324-334.

O'Reilly, M. F., Lancioni, G. E., & O'Kane, N. (2000). Using a problem-solving approach to teach social skills to workers with brain injuries in supported employment settings. *Journal of Vocational Rehabilitation, 14*, 187-194.

Okazaki, S. M., & Tanaka-Matsumi, J. (2006). Cultural considerations in cognitive-behavioral assessment. In P. A. Hays & G. Y. Iwamasa (Eds.), *Culturally responsive cognitive-behavioral therapy: Assessment, practice, and supervision* (pp. 247-266). Washington, DC: American Psychological Association.

Oklahoma Aging Advocacy Leadership Academy (OAALA). Additional information is available at http://www.workworld.org/wwwebhelp/aging_services_overview_oklahoma.htm

Olmeda, R. E., & Kauffman, J. M. (2003). Sociocultural considerations in social skills training research with African American students with emotional or behavioral disorders. *Journal of Developmental and Physical Disabilities, 15,* 101-121.

Opulente, M., & Mattaini, M. A. (1997). Toward welfare that works. *Research on Social Work Practice, 7,* 115-135.

Organista, K. C., & Muñoz, R. F. (1996). Cognitive behavior therapy with Latinos. *Cognitive and Behavioral Practice, 3*, 255-270.

O'Hare, T. (2005). *Evidence-based practices for social workers*. Chicago: Lyceum.

O'Reilly, M. F., Lancioni, G. E., & Kierans, I. (2000). Teaching leisure social skills to adults with moderate mental retardation: An analysis of acquisition, generalization, and maintenance. *Education and Training in Mental Retardation and Developmental Disabilities, 35*, 250-258.

Paine, A. L., Suarez-Balcazar, Y., Fawcett, S. B., & Borck-Jameson, L. (1992). Supportive transactions: Their measurement and enhancement in two mutual-aid groups. *Journal of Community Psychology, 20*, 163-180.

Palmer, C., & Roessler, R. T. (2000). Requesting classroom accommodations: Self-advocacy and conflict resolution training for college students with disabilities. *Journal of Rehabilitation, 66*, 38-43.

Palmer, S. B., & Wehmeyer, M. L. (2003). Promoting self-determination in early elementary school: Teaching self-regulated problem solving and goal-setting skills. *Remedial and Special Education, 24,* 115-126.

Palmer, S. B., Wehmeyer, M. L., Gipson, K., & Agran, M. (2004). Promoting access to the general curriculum by teaching self-determination skills. *Exceptional Children, 70*, 427-439.

Park, H., & Gaylord-Ross, R. (1989). A problem-solving approach to social skills training in employment settings with mentally retarded youth. *Journal of Applied Behavior Analysis, 22*, 373-380.

Parsons, M. B., & Reid, D. H. (1990). Assessing food preferences among persons with profound mental retardation: Providing opportunities to make choices. *Journal of Applied Behavior Analysis, 23,* 183-195.

Parsons, M. B., Harper, V. H., Jensen, J. M., & Reid, D. H. (1997). Assisting older adults with severe disabilities in expressing leisure preferences: A protocol for determining choice-making skills. *Research in Developmental Disabilities, 18,* 113-126.

Parsons, M. B., Reid, D. H., Reynolds, J., & Bumgarner, M. (1990). Effects of chosen versus assigned jobs on the work performance of persons with severe handicaps. *Journal of Applied Behavior Analysis, 23,* 253-258.

Partners in Policymaking. Further information on state programs and online courses are available at http://www.partnersinpolicymaking.com/

Pedlow, C. T., & Carey, M. P. (2003). HIV sexual risk-reduction interventions for youth: A review and methodological critique of randomized controlled trials. *Behavior Modification, 27,* 135-190.

Peeks, A. L. (1999). Conducting a social skills group with Latina adolescents. *Journal of Child and Adolescent Group Therapy, 9,* 139-153.

Perez-Johnson, I., Hershey, A., & Bellotti, J. (2000, June). *Further progress, persistent constraints: Findings from a second survey of the Welfare-to-Work Grants Program.* Princeton, NJ: Mathematica Policy Research Inc.

Peterson, J. L., Coates, T. J., Catania, J., Hauck, W. W., Acree, M., Daigle, D., et al. (1996). Evaluation of an HIV risk reduction intervention among African-American homosexual and bisexual men. *AIDS, 10,* 319-325.

Peterson, L. (1997). Commentary on "The Effect of Values on Scientific and Clinical Judgment in Behavior Therapy." *Behavior Therapy, 28,* 495-497.

Peterson, R. F., Knapp, T. J., Rosen, J. C., & Pither, B. F. (1977). The effects of furniture arrangement on the behavior of geriatric patients. *Behavior Therapy, 8,* 464-467.

Petrides, P., Petermann, F., Henrichs, H. R., Petzoldt, R., Rölver, K. M., & Schidlmeier, A., et al. (1995). Coping with employment discrimination against diabetics: Trends in social medicine and social psychology. *Patient Education and Counseling, 26,* 203-208.

Plienis, A. J., Hansen, D. J., Ford, F., Smith, S., Jr., Stark, L. J., & Kelly, J. A. (1987). Behavioral small group training to improve the social skills of emotionally-disordered adolescents. *Behavior Therapy, 18,* 17-32.

Pollard, N. L. (1998). Development of social interaction skills in preschool children with autism: A review of the literature. *Child &Family Behavior Therapy, 20,* 1-16.

Princeton Child Development Institute, 300 Cold Soil Rd., Princeton, NJ 08540. Private nonprofit program offering a broad spectrum of science-based services to children, youths, and adults with autism. Available at http://www.pcdi.org/

Purcell, D. W., Campos, P. E., & Perilla, J. L. (1996). Therapy with lesbians and gay men: A cognitive behavioral perspective. *Cognitive and Behavioral Practice, 3,* 391-415.

Putnam, P. (2000). *Bowling alone: The collapse and revival of American community.* New York: Simon & Schuster.

Quattrochi-Tubin, S., & Jason, L. A. (1980). Enhancing social interactions and activity among the elderly through stimulus control. *Journal of Applied Behavior Analysis, 13,* 159-163.

Rainwater, L., & Smeeding, T. M. (2003). *Poor kids in a rich country*. New York: Russell Sage Foundation.

Rappaport, J. (1981). In praise of paradox: A social policy of empowerment over prevention. *American Journal of Community Psychology, 9*, 1-25.

Rappaport, J. (1984). Studies in empowerment: Introduction to the issue. *Prevention in Human Services, 3*, 1-7.

Rasing, E. J., Coninx, F., Duker, P. C., & Van den Hurk, A. J. (1994). Acquisition and generalization of social behaviors in language-disabled deaf adolescents. *Behavior Modification, 18*, 411-442.

RealBenefits, 30 Winter St., Boston, MA 02108. Available at http://www.realbenefits.org/

Reid, D. H., & Parsons, M. B. (1991). Making choice a routine part of mealtimes for persons with profound mental retardation. *Behavioral Residential Treatment, 6*, 249-261.

Reid, D. H., Parsons, M. B., & Green, C. W. (1991). *Providing choices and preferences for persons who have severe handicaps: Practical procedures for good times*. Morganton, NC: Habilitative Management Consultants.

Reid, D. H., Parsons, M. B., Green, C. W., & Browning, L. B. (2001). Increasing one aspect of self-determination among adults with severe multiple disabilities in supported work. *Journal of Applied Behavior Analysis, 34*, 341-344.

Reid, W. J. (2004). Contribution of operant theory to social work practice and research. In H. E. Briggs & T. L. Rzepnicki (Eds.), *Using evidence in social work practice: Behavioral perspectives* (pp. 36-54). Chicago: Lyceum.

Reid, W. J., Kenaley, B. D., & Colvin, J. (2004). Do some interventions work better than others? A review of comparative social work experiments. *Social Work Research, 28*, 71-81.

Reinhard, J. (2000). Limitations of mental health case management: A rational emotive and cognitive therapy perspective. *Journal of Rational-Emotive & Cognitive-Behavioral Therapy, 18*, 103-117.

Remler, D. K., & Glied, S. A. (2003). What other programs can teach us: Increasing participation in health insurance programs. *American Journal of Public Health, 93*, 67-74.

Research and Training Center on Independent Living, University of Kansas, Dole Center Room 4089, 1000 Sunnyside Ave., Lawrence, KS 66045-7555.

Rife, J. C., & Belcher, J. R. (1994). Assisting unemployed older workers to become reemployed: An experimental evaluation. *Research on Social Work Practice, 4*, 3-13.

Risley, R. M., & Cuvo, A. J. (1980). Training mentally retarded adults to make emergency telephone calls. *Behavior Modification, 4*, 513-525.

Roessler, R., & Rumrill, P. (1994). Strategies for enhancing career maintenance self-efficacy of people with multiple sclerosis. *Journal of Rehabilitation, 60*, 54-59.

Roessler, R., Rumrill, P., Battersby, J., & Garnette, M. (1996). *Employee's guide to the Americans with Disabilities Act: The "win-win" approach to reasonable accommodations*. Hot Springs, AR: Arkansas Research and Training Center in Vocational Rehabilitation.

Roffman, R. A., Downey, L., Beadnell, B., Gordon, J. R., Craver, J. N., & Stephens, R. S. (1997). Cognitive-behavioral group counseling to prevent HIV transmission in gay and bisexual men: Factors contributing to successful risk reduction. *Research on Social Work Practice, 7*, 165-186.

Rose, S. D. (1989). *Working with adults in groups*. San Francisco: Jossey-Bass.

Rose, S. D., & Edleson, J. L. (1987). *Working with children and adolescents in groups*. San Francisco: Jossey-Bass.

Rosen, A., & Proctor, E. K. (1981). Distinctions between treatment outcomes and their implications for treatment evaluation. *Journal of Consulting and Clinical Psychology, 49,* 418-425.

Rothman, J. (1989). Client self-determination: Untangling the knot. *Social Service Review, 64*, 589-612.

Ruben, D. H. (1987). Improving communication between the elderly and pharmacies: A self-initiative training program. *Journal of Alcohol and Drug Education, 32*, 7-12.

Rumrill, P. D., Jr. (1999). Effects of social competence training program on accommodation request activity, situational self-efficacy, and Americans with Disabilities Act knowledge among employed people with visual impairments and blindness. *Journal of Vocational Rehabilitation, 12,* 25-31.

Rumrill, P., Roessler, R., & Brown, P. (1997). *Self-advocacy training: Preparing students with disabilities to request classroom accommodations*. University of Arkansas: Arkansas Research and Training Center in Vocational Rehabilitation.

Rusch, F. R., & Hughes, C. (1989). Overview of supported employment. *Journal of Applied Behavior Analysis, 22*, 351-363.

Rusch, F. R., & Menchetti, B. M. (1981). Increasing compliant work behaviors in a non-sheltered work setting. *Mental Retardation, 19,* 107-111.

Rusch, F. R., Hughes, C., & Wilson, P. G. (1985). Utilizing cognitive strategies in the acquisition of employment skills. In W. O'Donohue & L. Krasner (Eds.), *Handbook of psychological skills training: Clinical techniques and applications* (pp. 363-382). Boston: Allyn & Bacon.

Rusch, F. R., McKee, M., Chadsey-Rusch, J., & Renzaglia, A. (1988). Teaching a student with severe handicaps to self-instruct: A brief report. *Education and Training in Mental Retardation, 23,* 51-58.

Rusch, F. R., Morgan, T. K., Martin, J. E., Riva, M., & Agran, M. (1985). Competitive employment: Teaching mentally retarded employees self-instruction strategies. *Applied Research in Mental Retardation, 6,* 389-407.

Sabin, J. E., & Daniels, N. (2002). Strengthening the consumer voice in managed care: IV. The leadership academy program. *Psychiatric Services, 53,* 405-411.

Safren, S. A., & Rogers, T. (2001). Cognitive-behavioral therapy with gay, lesbian, and bisexual clients. *Psychotherapy in Practice, 57*, 629-643.

Safren, S. A., Hollander, G., Hart, T. A., & Heimberg, R. G. (2001). Cognitive-behavioral therapy with lesbian, gay, and bisexual youth. *Cognitive and Behavioral Practice, 8*, 215-223.

Saleebey, D. (1996). The strengths perspective in social work practice: Extensions and cautions. *Social Work, 41*, 296-305.

Saleebey, D. (2002). Power in the people. In D. Saleebey (Ed.), *The strengths perspective in social work practice* (3rd ed., pp. 1-22). Boston, MA: Allyn & Bacon.

Salend, S. J., Ellis, L. L., & Reynolds, C. J. (1989). Using self-instruction to teach vocational skills to individuals who are severely retarded. *Education and Training in Mental Retardation and Developmental Disabilities, 24,* 248-254.

Salmento, M., & Bambara, L. M. (2000). Teaching staff members to provide choice opportunities for adults with multiple disabilities. *Journal of Positive Behavior Interventions, 2,* 12-21.

Sands, D. J., & Wehmeyer, M. L. (Eds.). (1996). *Self-determination across the life span: Independence and choice for people with disabilities*. Baltimore: Paul Brookes.

Satterfield, J. M. (1998). Cognitive behavioral group therapy for depressed, low-income minority clients: Retention and treatment enhancement. *Cognitive and Behavioral Practice, 5*, 65-80.

Sauter, A. W., Jr., & Nevid, J. S. (1991). Work skills training with chronic schizophrenic sheltered workers. *Rehabilitation Psychology, 36*, 255-264.

Schinke, S. P. (1982). School-based model for preventing teenage pregnancy. *Social Work in Education, 4,* 34-42.

Schinke, S. P., Bythe, B. J., & Gilchrist, L. D. (1981). Cognitive-behavioral prevention of adolescent pregnancy. *Journal of Counseling Psychology, 28*, 451-454.

Schinke, S. P., Gilchrist, L. D., Smith, T. E., & Wong, S. E. (1978). Improving teenage mothers' ability to compete for jobs. *Social Work Research and Abstracts, 14,* 25-29.

Schleien, S. J., Kiernan, J., & Wehman, P. (1981). Evaluation of an age-appropriate leisure skills program for moderately retarded adults. *Education and Training of the Mentally Retarded, 16,* 13-19.

Schloss, P. J., & Wood, C. E. (1990). Effect of self-monitoring on maintenance and generalization of conversational skills of persons with mental retardation. *Mental Retardation, 28*, 105-113.

Schloss, P. J., Santoro, C., Wood, C. E., & Bedner, M. J. (1988). A comparison of peer-directed and teacher-directed employment interview training for mentally retarded adults. *Journal of Applied Behavior Analysis, 21*, 97-102.

Schlosser, R. W., Wendt, O., Angermeier, K. L., & Shetty, M. (2005). Searching for evidence in augmentative and alternative communication: Navigating a scattered literature. *Augmentative and Alternative Communication, 21*, 233-255.

Schwartz, I. S., & Baer, D. M. (1991). Social validity assessments: Is current practice state of the art? *Journal of Applied Behavior Analysis, 24,* 189-204.

Seekins, T., & Fawcett, S. B. (1987). Effects of a poverty-clients' agenda on resource allocations by community decision makers. *America Journal of Community Psychology, 15,* 305-320.

Seekins, T., & Fawcett, S. B. (n.d.). (1984). *A guide to writing letters to public officials: Contributing to important decisions affecting you and others; A guide to writing letters to the editor: Expressing your opinion to the public effectively; a guide for personal testimony: The art of using your personal experiences to influence policy decisions.* Lawrence, KS: Research and Training Center on Independent Living, University of Kansas. Available at http://www.rtcil.org/products/index.shtml

Seekins, T., Balcazar, F., & Fawcett, S. B. (1986). *Consumer involvement in advocacy organizations. Vol I: Monitoring and reporting events. Vol II: Conducting effective meetings. Vol III: Project planning guide. Vol IV: Teaching advocacy skills.* Lawrence, KS: Research and Training Center on Independent Living, University of Kansas.

Seekins, T., Fawcett, S. B., & Mathews, R. M. (1987). Effects of self-help guides on three consumer advocacy skills: Using personal experiences to influence public policy. *Rehabilitation Psychology, 32*, 29-38.

Seekins, T., Matherw, R. M., & Fawcett, S. B. (1984). Enhancing leadership skills for community self-help organizations through behavioral instruction. *Journal of Community Psychology, 12*, 155-163.

Shevin, M., & Klein, N. K. (1984). The importance of choice-making skills for students with severe disabilities. *Journal of the Association for Persons with Severe Handicaps, 9,* 159-166.

Sievert, A. L., Cuvo, A. J., & Davis, P. K. (1988). Training self-advocacy skills to adults with mild handicaps. *Journal of Applied Behavior Analysis, 21*, 299-309.

Sigafoos, J., Couzens, D., Roberts, D., Phillips, C., & Goodison, K. (1996). Teaching requests for food and drink to children with multiple disabilities in a graphic communication mode. *Journal of Developmental and Physical Disabilities, 8*, 247-261.

Sigafoos, J., Roberts, D., Couzens, D., & Kerr, M. (1994). Providing opportunities for choice-making and turn-taking to adults with multiple disabilities. *Journal of Developmental and Physical Disabilities, 5*, 297-310.

Simmons, T. J., & Flexer, R. W. (1992). Community based job training for persons with mental retardation: An acquisition and performance replication. *Education and Training in Mental Retardation, 27*, 261-272.

Simon, B. L. (1994). *The empowerment tradition in social work: A history*. New York: Columbia University Press.

Sisson, L. A., Van Hasselt, V. B., Hersen, M., & Strain, P. S. (1985). Peer interventions: Increasing social behaviors in multihandicapped children. *Behavior Modification, 9,* 293-321.

Snyder, E. P. (2002). Teaching students with combined behavioral disorders and mental retardation to lead their own IEP meetings. *Behavioral Disorders, 27,* 340-357.

Solomon, B. B. (1976). *Black empowerment: Social work in oppressed communities*. New York: Columbia University Press.

Sommer, K. S., Whitman, T. L., & Keogh, D. A. (1988). Teaching severely retarded persons to sign interactively through the use of a behavioral script. *Research in Developmental Disabilities, 9,* 291-304.

Sowers, J., & Powers, L. (1995). Enhancing the participation and independence of students with severe physical and multiple disabilities in performing community activities. *Mental Retardation, 33*, 209-220.

Sowers, J., Verdi, M., Bourbeau, P., & Sheehan, M. (1985). Teaching job independence and flexibility to mentally retarded students through the use of a self-control package. *Journal of Applied Behavior Analysis, 18,* 81-85.

Spiegler, M. D., & Guevremont, D. C. (2003). *Contemporary behavior therapy* (4th ed.). Belmont, CA: Wadsworth & Thomson.

St. Lawrence, J. S., Bradlyn, A. S., & Kelly, J. A. (1983). Interpersonal adjustment of a homosexual adult: Enhancement via social skills training. *Behavior Modification, 7,* 41-55.

St. Lawrence, J. S., Brasfield, T. L., Jefferson, K. W., Alleyne, E., O'Bannon, R. E., III, & Shirley, A. (1995). Cognitive-behavioral intervention to reduce African American adolescents' risk for HIV infection. *Journal of Consulting and Clinical Psychology, 63*, 221-237.

St. Lawrence, J. S., Wilson, T. E., Eldridge, G. D., Brasfield, T. L., & O'Bannon, R. E., III. (2001).

Community-based interventions to reduce low income, African American women's risk of sexually transmitted disease: A randomized controlled trial of three theoretical models. *American Journal of Community Psychology, 29*, 937-964.

Staab, S., & Lodish, D. (1985). Reducing joblessness among disadvantaged youth. In L. D. Gilchrist & S. P. Schinke (Eds.), *Preventing social and health problems through life skills training* (pp. 63-72). Seattle: Center for Social Welfare Research, University of Washington.

Staples, L. H. (1990). Powerful ideas about empowerment. *Administration in Social Work, 14*, 29-42.

Stevenson, C. L., Krantz, P. J., & McClannahan, L. E. (2000). Social interaction skills for children with autism: A script-fading procedure for nonreaders. *Behavioral Interventions, 15*, 1-20.

Stidham, H. H., & Remley, T. P., Jr. (1992). Job Club methodology applied in a workfare setting. *Journal of Employment Counseling, 29*, 69-76.

Stokes, T. F., & Osnes, P. G. (1989). An operant pursuit of generalization. *Behavior Therapy, 20*, 337-355.

Storey, K., & Garff, J. T. (1999). The effect of coworker instruction on the integration of youth in transition in competitive employment. *Career Development for Exceptional Individuals, 22*, 69-84.

Storey, K., & Provost, O. (1996). The effect of communication skills instruction on the integration of workers with severe disabilities in supported employment settings. *Education and Training in Mental Retardation and Developmental Disabilities, 31*, 123-141.

Storey, K., Bates, P., & Hanson, H. B. (1984). Acquisition and generalization of coffee purchase skills by adults with severe disabilities. *Journal of the Association for Persons with Severe Handicaps, 9*, 178-185.

Stringfellow, J. W., & Muscari, K. D. (2003). A program of support for consumer participation in systems change: The West Virginia Leadership Academy. *Journal of Disability Policy Studies, 14*, 142-147.

Sundel, M., & Sundel, S. S. (2004). *Behavior modification in the human services: A systematic introduction to concepts and applications* (5th ed.). Newbury Park, CA: Sage.

Survival Skills Education & Development, 436 Spring Garden Street, Greensboro, NC 27401. Available at http://www.ssed.org/

Sweetland, J. D. (1990). Cognitive-behavior therapy and physical disability. *Journal of Rational-Emotive and Cognitive-Behavior Therapy, 8*, 71-78.

Tanaka-Matsumi, J., Seiden, D. Y., & Lam, K. N. (1996). The Culturally Informed Functional Assessment (CIFA) Interview: A strategy for cross-cultural behavioral practice. *Cognitive and Behavioral Practice, 3*, 215-233.

Taras, M. E., Matson, J. L., & Leary, C. (1988). Training social interpersonal skills in two autistic children. *Journal of Behavior Therapy and Experimental Psychiatry, 19*, 275-280.

Test, D. W., & Neale, M. (2004). Using the self-advocacy strategy to increase middle graders' IEP participation. *Journal of Behavioral Education, 13*, 135-145.

Test, D. W., Mason, C., Hughes, C., Konrad, M., Neale, M., & Wood, W. M. (2004). Student involvement in Individualized Education Program meetings. *Exceptional Children, 70*, 391-412.

Thomas, E. J. (1967). *The socio-behavioral approach and applications to social work*. New York: Council on Social Work Education.

Thomason, B. T., Bachanas, P. J., & Compos, P. E. (1996). Cognitive behavioral interventions with persons affected by HIV/AIDS. *Cognitive and Behavioral Practice, 3,* 417-442.

Thurston, L. P. (1990). Women surviving: An alternative approach to "helping" low-income urban women. *Women & Therapy, 8*, 109-127.

Thurston, L. P. (1994). *Survival skills for women: Facilitator manual & materials*. Manhattan, KS: Survival Skills Education and Development.

Thurston, L. P., Dasta, K., & Greenwood, C. R. (1984). A program of survival skills workshops for urban women. *Journal of Community Psychology, 12*, 192-196.

Thyer, B. A. (1991). Behavioral social work: It is not what you think. *Aretê, 16*, 1-9.

Thyer, B. A., Himle, J., & Santa, C. (1986). Applied behavior analysis in social and community action: A bibliography. *Behavior Analysis & Social Action, 5*, 14-16.

Tice, C. (1994). A community's response to supported employment: Implications for social work practice. *Social Work, 39*, 728-736.

Truax, C. B. (1966). Reinforcement and nonreinforcement in Rogerian psychotherapy. *Journal of Abnormal Psychology, 71*, 1-9.

Tsang, H. W. H. (2001). Applying social skill training in the context of vocational rehabilitation for people with schizophrenia. *Journal of Nervous and Mental Disease, 189*, 90-98.

Tsang, H. W. H. (2003). Augmenting vocational outcomes of supported employment with social skills training. *Journal of Rehabilitation, 69*, 25-30.

Tumlin, K. C., & Zimmermann, W. (2003). *Immigrants and TANF: A look at immigrant welfare recipients in three cities* (Occasional Paper No. 69). Washington, DC: The Urban Institute.

Twamley, E. W., Jeste, D. V., & Lehman, A. F. (2003). Vocational rehabilitation in schizophrenia and other psychotic disorders: A literature review and meta analysis of randomized controlled trials. *Journal of Nervous and Mental Disease, 191*, 515-523.

U.S. Census Bureau. (2001). *Overview of race and Hispanic origin: 2000* (Census 2000 Brief, C2KBR-01-1). Washington. DC: U.S. Government Printing Office.

U.S. Census Bureau. (2003). *Disability status: 2000* (Census 2000 Brief, C2KBR-17). Washington, DC: U.S. Government Printing Office.

U.S. Census Bureau. (2004). *We the people: Aging in the United States* (Current Population Reports, P23-211). Washington, DC: U.S. Government Printing Office.

U.S. Census Bureau. (2005). *65+ in the United States: 2005* (Current Population Reports, P23-209). Washington, DC: U.S. Government Printing Office.

U.S. Census Bureau. (2006). *Income, poverty, and health insurance coverage in the United States: 2005* (Current Population Reports, P60-231). Washington, DC: U.S. Government Printing Office.

U.S. Department of Health and Human Services. (2000). *Vol. 1. Healthy people 2010* (2nd ed.). Washington, DC: U.S. Government Printing Office.

U.S. Department of Labor. Bureau of Labor Statistics. (2006, May). *Employment situation summary* (USDL 06-777). Retrieved May 6, 2006, from http://www.bls.gov/news.release/empsit.nr0.htm

UCLA Center for Research on Treatment and Rehabilitation of Psychosis, West LA VA Medical Center, 11301 Wilshire Blvd., Los Angeles, CA 90073. Ordering information for skills training modules, related assessment tools, and training materials available at http://www.mentalhealth.ucla.edu/projects/irc/index.html or through Psychiatric Rehabilitation Consultants, P.O. Box 2867, Camarillo, CA 93011. Available at http://www.psychrehab.com

Ulman, J. D. (1995). Marxist theory and behavior therapy. In W. O'Donohue & L. Krasner (Eds.), *Theories of behavior therapy: Exploring behavior change* (pp. 529-552). Washington, DC: American Psychological Association.

Valenti-Hein, D. C., Yarnold, P. R., & Mueser, K. T. (1994). Evaluation of the dating skills program for improving heterosocial interactions in people with mental retardation. *Behavior Modification, 18*, 32-46.

Van Acker, R., Boreson, L., Gable, R. A., & Potterton, T. (2005). Are we on the right course? Lessons learned about current FBA/BIP practices in schools. *Journal of Behavioral Education, 14*, 35-56.

Van Den Bergh, N. (2002). Feminist social work practice: Where have we been. . . Where are we going? In N. Van Den Bergh (Ed.), *Feminist practice in the 21st century* (pp. xi-xxxix). Washington, DC: National Association of Social Workers.

Van den Pol, R. A., Iwata, B. A., Ivancic, M. T., Page, T. J., Neef, N. A., & Whitley, F. P. (1981). Teaching the handicapped to eat in public places: Acquisition, generalization and maintenance of restaurant skills. *Journal of Applied Behavior Analysis, 14*, 61-69.

Van Hasselt, V. B., Hersen, M., Kazdin, A. E., Simon, J., & Mastanuono, A. (1983). Training blind adolescents in social skills. *Journal of Visual Impairment and Blindness, 77*, 199-203.

Van Reusen, A. K., Bos, C. S., Schumaker, J. B., & Deshler, D. D. (1994). *The self-advocacy strategy*. Lawrence, KS: Edge Enterprises.

VanBiervliet, A., Spangler, P. F., & Marshall, A. M. (1981). An ecobehavioral examination of a simple strategy for increasing mealtime language in residential facilities. *Journal of Applied Behavior Analysis, 14*, 295-305.

Wacker, D. P., Fromm-Steege, L., Berg, W. K., & Flynn, T. H. (1989). Supported employment as an intervention package: A preliminary analysis of functional variables. *Journal of Applied Behavior Analysis, 22*, 429-439.

Wall, M. E., & Gast, D. L. (1997a). Caregivers as teachers: Using constant time delay to teach adults how to use constant time delay. *Education and Training in Mental Retardation and Developmental Disabilities, 32*, 213-228.

Wall, M. E., & Gast, D. L. (1997b). Caregivers' use of constant time delay to teach leisure skills to adolescents or young adults with moderate or severe intellectual disabilities. *Education and Training in Mental Retardation and Developmental Disabilities, 32*, 340-356.

Wall, M. E., Gast, D. L., & Royston, P. A. (1999). Leisure skills instruction for adolescents with severe or profound developmental disabilities. *Journal of Developmental and Physical Disabilities, 11*, 193-210.

Wallace, C. J,. Tauber, R., & Wilde, J. (1999). Teaching fundamental workplace skills to persons with serious mental illness. *Psychiatric Services, 50*, 1147-1153.

Webb, B. J., Miller, S. P., Pierce, T. B., Strawser, S., & Jones, W. P. (2004). Effects of social skill instruction for high-functioning adolescents with autism spectrum disorders. *Focus on Autism and Other Developmental Disabilities, 19*, 53-62.

Wehman, P., Hill, J. W., & Koehler, F. (1979). Placement of developmentally disabled individuals into competitive employment: Three case studies. *Education and Training of the Mentally Retarded, 14*, 269-276.

Wehmeyer, M. L., & Garner, N. W. (2003). The impact of personal characteristics of people with intellectual and developmental disability on self-determination and autonomous functioning. *Journal of Applied Research in Intellectual Disabilities, 16*, 255-265.

Wehmeyer, M. L., & Palmer, S. B. (2003). Adult outcomes for students with cognitive disabilities three-years after high school: The impact of self-determination. *Education and Training in Developmental Disabilities, 38,* 131-144.

Wehmeyer, M. L., Agran, M., & Hughes, C. (1998). *Teaching self-determination to youth with disabilities: Basic skills for succesfful transition*. Baltimore: Paul Brookes.

Wehmeyer, M. L., Baker, D. J., & Blumberg, R., & Harrison, R. (2004). Self-determination and student involvement in functional assessment: Innovative practices. *Journal of Positive Behavior Interventions, 6*, 29-35.

Weinhardt, L. S., Carey, M. P., Carey, K. B., & Verdecias, R. N. (1998). Increasing assertiveness skills to reduce HIV risk among women living with a severe and persistent mental illness. *Journal of Consulting and Clinical Psychology, 66*, 680-684.

West Virginia Leadership Academy, Technical Assistance Center, P. O. Box 11000, Charleston, WV 25339. Additional information is available at http://wvla.wvmhca.org/

West, M. D., & Parent, W. S. (1992). Consumer choice and empowerment in supported employment services: Issues and strategies. *Journal of the Association for Persons with Severe Handicaps, 17*, 47-52.

Westbrook, L. E., Silver, E. J., & Stein, R. E. K. (1998). Implications for estimates of disability in children: A comparison of definitional components. *Pediatrics, 101*, 1025-1030.

Westwood, M. J., Mak, A., Barker, M., & Ishiyama, F. I. (2000). Group procedures and applications for developing sociocultural competencies among immigrants. International *Journal for the Advancement of Counseling, 22*, 317-330.

Whang, P. L., Fawcett, S. B., & Mathews, R. M. (1984). Teaching job-related social skills to learning disabled adolescents. *Analysis and Intervention in Developmental Disabilities, 4*, 29-38.

Wheeler, J. J., Bates, P., Marshall, K. J., & Miller, S. R. (1988). Teaching appropriate social behaviors to a young man with moderate mental retardation in a supported competitive employment setting. *Education and Training in Mental Retardation, 23,* 105-116.

White, G. W., Paine-Andrews, A., Mathews, R. M., & Fawcett, S. B. (1995). Home access modifications: Effects on community visits by people with physical disabilities. *Journal of Applied Behavior Analysis, 28*, 457-463.

White, G. W., Thompson, R. J., & Nary, D. E. (1997). An empirical analysisof the effects of a self-administered advocacy letter training program. *Rehabilitation Counseling Bulletin, 41*, 74-87.

White, G. W., Thomson, R., & Nary, D. E. (1998). The action letter portfolio. Lawrence, KS: Research and Training Center on Independent Living, University of Kansas. Available at http://www.rtcil.org/products/index.shtml

Williamson, P. N., & Ascione, F. R. (1983). Behavioral treatment of the elderly: Implications for theory and therapy. *Behavior Modification, 7*, 583-610.

Wilson, A., Arnold, M., Rowland, S. T., & Burnham, S. (1997). Promoting recreation and leisure activities for individuals with disabilities: A collaborative effort. *Journal of Instructional Psychology, 24,* 76-79.

Wilson, P. G., Schepis, M. M., & Mason-Main, M. (1987). In vivo use of picture prompt training to increase independent work at a restaurant. *Journal of the Association for Persons with Severe Handicaps, 12,* 145-150.

Wodarski, J., & Horme, J. (1981). *Behavioral social work*. New York: Human Services Press.

Wolf, M. M. (1978). Social validity: The case for subjective measurement or how applied behavior analysis is finding its heart. *Journal of Applied Behavior Analysis, 11,* 203-214.

Wolfe, J. L. (1995). Rational emotive behavior therapy women's groups: A twenty year retrospective. *Journal of Rational-Emotive and Cognitive-Behavior Therapy, 13*, 153-170.

Wolford, P. L., Heward, W. L., & Alber, S. R. (2001). Teaching middle school students with learning disabilities to recruit peer assistance during cooperative learning group activities. *Learning Disabilities Research &Practice, 16*, 161-173.

Wolpe, J. (1977). Inadequate behavior analysis: The Achilles heel of outcome research in behavior therapy. *Journal of Behavior Therapy and Experimental Psychiatry, 8*, 1-3.

Wolpe, J. (1986). Individualization: The categorical imperative of behavior therapy practice. *Journal of Behavior Therapy and Experimental Psychiatry, 17,* 145-153.

Wong, S. E. (1996). Psychosis. In M. A. Mattaini & B. A. Thyer (Eds.), *Finding solutions to social problems: Behavioral strategies for change* (pp. 319-344) . Washington, DC: American Psychological Association.

Wong, S. E., & Woolsey, J. E. (1989). Re-establishing conversational skills in overtly psychotic, chronic schizophrenic patients: Discrete trials training on the psychiatric ward. *Behavior Modification, 13*, 415-430.

Wong, S. E., Wilder, D. A., Schock, K., & Clay, C. (2004). Behavioral interventions for severe and persistent mental disorders. In H. E. Briggs & T. L. Rzepnicki (Eds.), *Using evidence in social work practice: Behavioral perspectives* (pp. 210-230). Chicago: Lyceum.

Wood, P. S., & Mallinckrodt, B. (1990). Culturally sensitive assertiveness training for ethnic minority clients. Professional Psychology—Research & Practice, 21, 5-11.

Wu, C., & Eamon, M. K. (2007). Public and private sources of assistance for low-income households. *Journal of Sociology and Social Welfare*.

Yilmaz, I., Birkan, B., Konukman, F., & Erkan, M. (2005). Using a constant time delay procedure to teach aquatic play skills to children with autism. *Education and Training in Mental Retardation and Developmental Disabilities, 40*, 171-182.

Yu, D. C. T., Spevack, S., Hiebert, R., Martin, T. L., Goodman, R., Martin, T. G., et al. (2002). Happiness indices among persons with profound and severe disabilities during leisure and work activities: A comparison. *Education and Training in Mental Retardation and Developmental Disabilities, 37*, 421-426.

Zedlewski, S. R. (2002). Family economic resources in the post-reform era. *The Future of Children, 12*, 121-145.

Zhang, J., Gast, D., Horvat, M., & Dattilo, J. (1995). The effectiveness of a constant time delay procedure on teaching lifetime sport skills to adolescents with severe to profound intellectual disabilities. *Education and Training in Mental Retardation and Developmental Disabilities, 30*, 51-64.

Zirpoli, T. J., Hancox, D., Wieck, C., & Skarnulis, E. R. (1989). Partners in policymakig: Empowering people. *Journal of the Association for Persons with Severe Handicaps, 14,* 163-167.

Zirpoli, T. J., Wieck, C., Hancox, D., & Skarnulis, E. R. (1994). Partners in policymaking: The first five years. *Mental Retardation, 32*, 422-425.

찾아보기

저자 소개

메리 키간 이몬(Mary Keegan Eamon)

일리노이대학교 어바나-샴페인(University of Illinois at Urbana-Champaign)에서 사회복지학과(School of Social Work) 교수로 2014년까지 재직하였으며, 현재는 명예교수로 있다. 이몬 교수는 아동복지분야를 포함하여, 만성 정신질환을 진단받은 성인과 아동 및 가족에게 정신건강서비스를 제공하는 등 12년간 임상실천가로서 활동해 왔으며, 사회사업 임상실천과 이론을 가르쳐 왔다. 이몬 교수는 빈곤이 아동과 가족들의 안녕에 미치는 영향과 그들이 받는 서비스의 효과성에 관한 연구에 대해 수많은 논문을 저술하였다. 최근의 연구관심사는 개인과 그 가족이 공적부조 프로그램을 이용할 수 있도록 돕는 훈련프로그램을 개발하고 평가하는 것과 그들의 정치적 활동의 개입을 증진시키는 데 있다.

역자 소개

김희진(HeuiJin Kim)

현재 국무총리실 산하 정부출연 연구기관인 한국청소년정책연구원에서 연구위원으로 재직 중이며, 주요 연구분야는 아동 · 청소년 복지다. 저소득층 아동 · 청소년의 복지와 인권 관련 연구과제를 수행하였으며, 특히 저소득층 아동 · 청소년의 성장 · 발달과 성인기로의 건강한 이행과 자립에 많은 관심을 갖고 있다.

이현정(HyunJung Lee)

현재 백석대학교 사회복지학부에서 사회복지학 전공 조교수로 재직 중이며, 주요 관심분야는 여성복지와 다문화 관련 주제다. 사회복지 교육현장에서는 여성복지, 인간행동과 사회환경, 사회복지 실습 등을 가르쳐 왔다.

최가영(GaYoung Choi)

현재 노던아이오와대학교(University of Northern Iowa) 사회복지학과(Department of Social Work)에서 부교수로 재직 중이다. 주요 연구분야는 사회복지사의 2차 외상후 스트레스(Secondary Traumatic Stress), 여성복지, 이민자 삶, 그리고 다문화/문화적 민감성이다.

취약계층을 위한 인지행동개입의 활용
- 임파워먼트 관점에서의 접근 -

Empowering Vulnerable Populations:
Cognitive-Behavioral Interventions

2016년 8월 25일 1판 1쇄 인쇄
2016년 8월 30일 1판 1쇄 발행

지은이 • Mary Keegan Eamon
옮긴이 • 김희진 · 이현정 · 최가영
펴낸이 • 김진환
펴낸곳 • (주) 학지사
04031 서울특별시 마포구 양화로 15길 20 마인드월드빌딩
대표전화 • 02)330-5114 팩스 • 02)324-2345
등록번호 • 제313-2006-000265호

홈페이지 • http://www.hakjisa.co.kr
페이스북 • http://www.facebook.com/hakjisabook

ISBN 978-89-997-1053-7 93330

정가 21,000원

이 도서의 국립중앙도서관 출판시도서목록(CIP)은 서지정보유통지원시스템 홈페이지(http://seoji.nl.go.kr)와 국가자료공동목록시스템(http://www.nl.go.kr/kolisnet)에서 이용하실 수 있습니다.
(CIP 제어번호: CIP2016018663)